外国信托法经典译丛

石俊志 主编

TRUSTS LAW
(FIFTH EDITION)

By Charlie Webb & Tim Akkouh

信托法
（第五版）

[英]查理 · 韦伯 [英]蒂姆 · 阿库赫 | 著
汤淑梅 | 译

法律出版社
LAW PRESS · CHINA
北京

Trusts Law, 5th Edition
by Charlie Webb & Tim Akkouh

著作权合同登记号
图字：01-2024-5118

总　序

现代信托制度的建立,是人类社会法律制度上的一个伟大进步。

中世纪黑暗中的英国社会,为克服普通法的烦琐和僵化,转向由法官凭借公平和良知判案形成的法律制度,由此产生了与普通法并行的衡平法。正是衡平法的出现和实施,催生和哺育了现代信托制度。

“溥天之下,莫非王土;率土之滨,莫非王臣。”中世纪后期,英国君王和各地领主对百姓及其财产的占有,严重地阻碍了财产的市场流转和效益的提高。为打破这种封建桎梏,经历了一个漫长的过程,用益制度在英国逐步演化形成。用益制度实现了财产上的所有权与收益权的分离:所有权继续遵循封建传统的规定,收益权转向符合市场经济的需求,从而起到了承上启下、促进社会平稳发展的作用。

英国法律史学家和衡平法律师 F. W. 梅特兰(Frederic William Maitland)高度评价英国人创立信托概念的贡献:“如果有人要问,英国人在法学领域取得的最伟大、最杰出的成就是什么,那就是历经数百年发展起来的信托概念。”

信托的发展,是在不断挑战原有法律的约束,又在不断促进法律修正的过程中,传播衡平法的公平、公理、良知、正义等理念,并不断促进经济和社会的发展和进步。

美国、日本等国家和地区,在引入现代信托制度的同时,结合本土的信托实践,相继建立了完善的信托法律体系。

现代信托制度传入中国,发生在辛亥革命推翻皇帝专制制度之后。

1921 年,中国历史上第一家标明为“信托公司”的企业——中国商业信托公司——在上海成立。此后,在短短数年里,先后有十余家信托公司成立。

1949 年,中华人民共和国成立。信托受经济环境的影响,被全面停办。

1978 年,党的十一届三中全会拉开了改革开放的序幕,我国信托业重新起步。

1979 年,中国国际信托投资公司成立。随后,各种类型的信托投资公司在全国各地如同雨后春笋般诞生,我国信托业进入了一个崭新的时期。但是,由于缺少法规和监管约束,再加上没有明确的业务范围和主营定位,信托投资公司迅速切入经济发展和金融发展的各个领域,催生了我国债券、证券、基金业的发展,其自身由于缺乏规范而成为治理整顿的对象。

2001 年 4 月,全国人民代表大会常务委员会通过了《中华人民共和国信托法》,由此奠定了我国信托法律的基石。随后,中国人民银行陆续颁布实施了《信托投资公司管理办法》(已失效)和《信托投资公司资金信托管理暂行办法》(已失效),由此构成了我国信托业“一法两规”的基本法律法规框架,结束了我国自引入现代信托制度以来近一个世纪无法可依的历史。

2007 年,原中国银行业监督管理委员会颁布施行了《信托公司管理办法》和《信托公司集合资金信托计划管理办法》(已被修改)。从此,我国信托业开启从“融资平台”向“受人之托,代人理财”的专业机构之转变。在上述规章引导下,我国信托业飞速发展。截至2012年年底,我国信托业管理信托资产规模超过了证券业、保险业、基金业等金融行业的业务规模,成为仅次于银行业的第二大金融行业。

目前,我国信托业管理信托资产规模超过26万亿元。投资信托产品,已经成为我国居民最重要的理财方式之一。信托业在我国经济建设和社会发展中发挥着越来越重要的作用。然而,与国外市场经济成熟国家相比较,我国信托业在功能定位、法律制度、社会实践等方面还存在较大的差距。

“他山之石,可以攻玉。”国外市场经济成熟国家的信托业历史悠久,经验丰富,法律法规体系健全。特别是相关法律制度,对我国信托业的发展,具有十分重要的借鉴意义。为此,国民信托有限公司博士后科研工作站与中国社会科学院法学研究所博士后科研流动站联合招收博士后,重点研究信托法律问题。在此基础上,我们邀请了一批国内从事信托法教学、研究的学者以及具有实践经验的信托业专家,经过认真的调查研究,筛选出一批国外信托法规和经典著作,翻译成中文,介绍给国内读者。

我们相信,这套“外国信托法经典译丛”的出版,对我国普及信托法律知识,完善信托法律体系,繁荣信托市场,促进信托业更好地服务于实体经济、社会发展和改善民生,具有一定的参考价值。

石俊志

2018年2月7日

前 言

我们推出新版书的目的依然是希望通过启发与激励的方式向大家清晰地解释法律条文。我们的见解不一定标新立异,但显然与其他课本不同。每本书都有自己的主题,通过把法律以及法理分析的各种观点和来源汇集起来,形成一个连贯的整体(并在缺乏连贯的地方作出相应的解释),最终将精髓提供给读者。一般而言,学生需要通过法律课程和考试来掌握知识。

法律考试通常不需要如百科全书般的知识。相反,它们旨在测试你应用和评估一套核心规则和原则的能力,这的确是法律真正的挑战。假设你未来会对法律产生极大热情,那这正是你热情的根源。法律作为现今都能适用的解决争端的一套规则,无论其历史和政治起源如何,即使只参照其体现的原则,根据其所追求和保护的政策和利益,我们也可以进行评估和证明。换言之,在你完全不了解一个规则时,你无法判定这个规则是好是坏。但如果像考题通常所要求的那样,你要知道这些规则可能或应该如何适用于这些问题案件,或是要对这些规则的优点和可能的改革建议作出评论,那么对你来说,思考构成这些法律规则的原理,与了解这些规则的内容同等重要。

事实上,法律考试并非记忆测试,它倾向于要求知识的深度而不是广度,这种要求对(或应该对)教科书的编写产生了影响。如果某一篇章要引导你了解某一主题,那它应该为你提供能用以解决法律课程和考试中各种重点问题的材料。因此,当涉及描述法律的定义时,通过对一系列关键案例集中和仔细的审查,你会得到更好的答案,这好过对更多、范围更广的案例进行浅尝辄止的研究。此外,如果想要在考试中取得优异的成绩,仅仅知道法律的概念是远远不够的,因为除提供对案例和法规的纯粹性客观描述外,一本教科书应当还要分析它们所反映和体现的原则和政策,而这就是本书所要做的。

从某种意义上来讲,这是一本教科书。它主要面向学习信托的初学者(虽然它也可以为已经熟悉该内容的人提供一些帮助),以及之前没有接触过信托法的人,甚至是对基本法律不了解的人。它的目的是引导你进入一个看似晦涩难懂的法律领域,但本书并不能完全作为一本教科书,因为它只提供了一些进入法律领域的方法。所以虽然市场上有大量厚重密集的法律文本,并有着冗长的案例表和密集的脚注,但是它们没能给学生提供法律课程和考试的关注焦点,因此往往使学生们应对法律课程和考试时力不从心。相比之下,我们相信,本书虽然篇幅简短,但增补了对重要案例和条款的研读,使其包含了信托法本科课程和为考试做准备所需要的全部内容。

我们对在本书的筹备过程中施以援手的各位表示衷心感谢。特别是 Charlotte Ford、Sarah Worthington、Aimée-Shirin Daruwala、Ewan McGaughey、Michael Blackwell、Jonathan Jervis、Emily Gillett 以及 Nicholas Le Poidevin QC,他们对本书的大量稿件进行了阅读和评论。感谢帕尔格雷夫(Palgrave)出版社的所有人,感谢他们的耐心、慷慨和专业。

本书是共同创作而成。Tim 主要负责第 11 章、第 15 章和第 16 章以及第 3 章、第 5 章和第 12 章的内容;Charlie 主要负责剩余部分。我们旨在阐明时至 2016 年 11 月及之前的法律状况。

此书献给 Enyo、Kasper 以及 Izzy。

Charlie Webb

Tim Akkoull

致　谢

在第 16 章出现的自由裁量信托、指定契约以及辞任都是作者参考 2014 年的 James Kessler QC 关于起草信托和遗嘱信托中的案例撰写的:*A Modern Approach*（12th edn, Sweet & Maxwell）, Menikins 2015。本书得到 Thomson Reuters（Professional）UK Limited via PLSc1ear 的允许后再次出版。

目录

第1章　衡平与信托的简介

1.1　我们在做什么

首次学习信托法的人会面临一个直接且重要的问题：什么是信托？一般而言，当你在阅读第一个案例或法律文本前，比如，刑法或合同，你应该对相关领域的法律是什么（或者可能是什么）有基本的了解。这很重要，因为这样让你有一个立足点来熟悉由此产生的各种问题。它意味着当你开始阅读法律时，就已经知道在看什么以及在找什么。信托并非如此。大多数人从未接触过信托这个概念，除非信托是他们在攻读法律学位时不可避免的一部分。此外，与侵权法不同，这并不是一个简单的被陌生术语所掩盖的常见领域。

这意味着我们别无选择，只能从零开始，这也意味着信托法是一个在一段时间内让人感到陌生的学科。作为首次学习信托的学生，你要在还不清楚这些复杂的规则是什么的情况下去理解、学习，并应用它们。克服这个困难的唯一方法就是充分利用时间，你花越多的时间去阅读思考,就会对信托越了解,理解就越深刻。本章和下一章的主要作用是,通过介绍信托法中的一些基本思想、主题和原则来帮助你在初始阶段奠定基础,这些内容在之后的章节会再次出现。之所以在此先介绍这些,是因为它们不仅提供了信托包罗万象的主题和思想,而且紧密联系了这些主题和思想的实际应用,同时使我们在今后遇到案件和法规细节时能更容易掌握。

1.2 什么是信托

我们可以从接触的第一个问题开始:什么是信托?我们很难给出一个直接的答案,因为信托不是一个单一的概念。从某种意义上说,信托应该是相关概念的集合。简言之,信托不仅有不同的形式和规模,而且具有不同的功能。正是这种多样性和可塑性,使信托被广泛运用,并在英国法律中占据举足轻重的地位,但这一特点也使初学者难以轻易地全面掌握它。

鉴于信托及信托相关概念的多样性,一种选择是给信托作出一个统一的、能涵盖所有角度并能够适用所有信托案例的定义。尽管这种构想很有意义,希望能完全概括信托法的广度,但他们还是不能给信托一个特别明确或直接的定义。另一种选择是通过定义信托的典型范例或核心案例的形式,展开对信托更翔实的介绍,其他形式的信托便可以视为这种基本形式的变形。因此,我们将在下一节中介绍信托的核心案例。为了帮助理解,必须先从财产法谈起。

1.3 财产和信托

一般意义上,我们日常所拥有的财物、物品等在法律上被认为“我们的(私人的)"。财产法阐述了我们对事物的法定请求权和法定权利("物"不仅是指物理的、有形的物体,还包括无形财产,比如,公司股票、银行账户余额及商标等,"资产"这个词给人的印象更准确)。我们对衣服、书籍、口袋里的钱以及无数其他东西拥有所谓的法定所有权["法定"在此意味着"普通法(其含义可见第 1.6.1 节)下的财产规则","所有权"与"法定权利"同根]。法定所有权赋予我们关于使用和处置相关财产的一系列选择。因此,如果你是这本书的法定所有权人,你可以选择如何使用它(阅读或者把它当作挡门物,又或是装饰品),同时你可以选择别人如何使用它。同样地,你也可以将它卖掉或送人,甚至毁掉。但是这些选择不是无限制的:你不能因为这本书是你的,就随心所欲地拿它来敲别人的脑袋。抛开这类限制,只针对本书来说,法定所有权表明了你是那个有选择权的人。此外,在做选择时,你可以自由地谋私和自利,决策是建立在利己而非利他的基础之上。你的财产是被用来追逐私利或实现自身利益的。

如果是信托,情况就不一样了。信托也有一个法定所有权人——现在被称为受托人——他可以选择如何使用相关"物"。所不同的是,这里的法定所有权人被禁止为自身利益而使用财产。在标准信托中,他有义务将财产用于为他人获利,这些人被称为受益人(或有时也称为信托受益人)。这项义务的内容是变化的:有时,受托人被简单地要求将财产交给受益人;有时,受托人有义务暂时持有财产,并监督为受益人最大利益运用该财产。所以,如果我以信托的方式为你保管一笔钱,我的职责就是把钱花在对你有益的地方,通常是通过投资这种方式给你带来收益。受托人仅为受益人利益而运用信托财产的义务被称为信义义务,作为该义务的必然结果,受益人享有对抗受托人的权利,即受托人只能为受益人的利益而利用其法定所有权人的地位及使用其被赋予的有关财产的权利。

但受益人的权利并不止于此:法律也赋予了他对抗与该财产相关的第三人的权利(见第 2.3.2 节)。由于这些附加的权利,受益人被视为对该财产拥有自己的所有权。这一所有权与受托人所拥有的所有权不同——受托人仍然拥有对财产的法定所有权——受益人拥有的是一个全新的、独特的所有权:衡平法上的所有权("衡平法"意味着"源自公平的规则";见第 1.6 节)。在这些情况下,受托人被认为为了受益人"以信托的方式"而持有财产。

1.4 信托的种类

不同的普通法和衡平法上的财产所有权,与受托人对受益人信义义务的结合,便形成了我们可能认为的信托范例。信托中可能有不止一个受托人和(或)受益人[换言之,法定的和(或)衡平法上的所有权可以在多个人之间共享],而且在有些情况下,同一个人可以既是受托人又是受益人。唯一的限制是同一个人不能同时是唯一受托人和唯一受益人。如果一个对如何使用财产作出决定的人与有权受益该决定的人是同一个人,那就不是信托,而是标准的法定受益所有权。

与这个范例相比,信托有以下不同:

1. 拥有法定所有权的受托人可以像以前一样基于信义义务持有该财产,但此时存在一个潜在的受益人群体,受托人必须从中选出谁将获得信托财产的利益。在这种情况下,由于没有一个潜在的受益人对财产利益拥有固定的或确定的权利,因此,传统观点认为,此时不存在独立的衡平法上的财产所有权(见第 2.4 节)。这种信托被称为自由裁量信托(discretionary trust)(见第 2.1 节)。

2. 拥有法定所有权的受托人可以基于信义义务像以前一样持有财产,但受托人在处理财产时不负有为一个或多个受益人的利益行事的义务,而是被要求将财产运用于实现特定目的。同理,由于没有人对财产获益拥有固定的权利,因此,就该财产而言,也不存在衡平法上的所有权。这种信托被称为目的信托(purpose trust)(见第 4 章)。

3. 受托人可能基于信义义务为受益人利益而持有财产,但同时受托人自己对财产拥有衡平法上的所有权,因为他自己是这个财产的信托受益人(在这种情况下,称为子信托)或者因为该财产是被衡平法财产规则承认的财产[如《1925 年财产法》第 1 条第(3)款]。在这些情况下,受托人和受益人都将拥有(不同的)衡平法上的所有权。

4. 受托人(或更常见是受信人)对另一方(通常称为委托人)负有信义义务,但他对任何相关财产没有所有权,要么因为该义务没有涉及对财产的处置(如律师向客户提供法律意见),要么因为委托人对与该义务相关的财产拥有法定所有权(如代理人处置他的委托人的货物)(见第 10.13 节)。

1.5　意定信托与强制信托

信托是一种独特的财产安排。信托法如此重要的一个原因——也是为什么法律学生需要学习它——信托是法律运用于许多不同领域并能够解决各种问题的一种安排。简言之,信托在不同的情况下基于不同的原因而产生,本书将探究这些不同的情况和原因。现在应该关注信托的两个基本类别。

第一类是基于财产所有人(法定受益所有权人)的意思表示而设立的信托。这类信托传统上称为明示信托(也有观点认为,这是法院没有称为明示信托的意定信托)。第二类是不依赖于财产所有人的意思表示而设立的信托。这类信托基本上属于强制的,而非意定的,但也可能出现这类信托恰好与委托人的意图相一致的情况(对这类信托更准确的定义应当是不以委托人意思表示而是由于某种原因设立的信托。但这个定义并没有告诉我们原因是什么)。传统上的信托类别一般分为归复信托和推定信托,但这对解释清楚信托产生的时间和原因也没有太大的帮助。这些问题将在后面的章节中进行具体阐述。

这里探究的关键点在于有些信托的产生是由于当事人的需要,而有些信托的产生甚至可能是当事人所不想要的。

这个区分很重要,原因有很多。信托形成规则在意定信托和强制信托之间必然是不同的。它们的区分对受托人在处理和解决信托财产时所承担的义务也产生影响(见第 10 章)。更普遍的是,信托既可以被财产所有权人作为安排他们的事务以及运用其财产为他们身边人获利的方式,也可以由法院在其认为当前的权利分配不公平时用以重新对财产进行裁决,这使信托在英国法律中异常重要,并广泛适用(见第 1.9 节)。

在此介绍一些有用的基本术语。就意定信托而言,信托的产生是由于一些财产所有人希望利用自己的财产去做一些事。他可以决定在他活着的时候设立一个信托,这个信托称为生前信托(inter vivos trust),或者他可以决定设立一个在他去世后生效的信托,在这种情况下,称为遗嘱信托(testamentary trust)(见第 6.5 节)。对于生前信托,我们称其设立者为财产授予人(类似地,信托有时也被称为金钱或财产转让契约)。对于去世后生效的信托(通过遗嘱设立的信托),我们一般将设立者称为遗嘱人或立遗嘱人。

换言之,在决定成立一个信托时,委托人可以选择自己承担受托人的角色,在这种情况下,我们称为宣言信托(self-declaration of trust)。委托人也可以指定其他个人、一个群体或者公司作为受托人(见第 6.2 节)。当然,委托人还可以选择信托的受益人。委托人自己可以是该信托的受益人或受益人之一,但限制要求是他不能同时作为唯一受托人和唯一受益人。

1.6 衡平法

在描述典型信托时,我们会发现一个特征,即相关财产的法定所有权和衡平法所有权是分离的。我们还会注意到“法定的”和“衡平法上的”分别是“普通法”和“衡平法”的形容方式。在对普通法和衡平法知之甚少的情况下,掌握现今英国法律中关于信托的概念并理解信托法的规则,也是有可能的。我们可以将“法定的”和“衡平法上的”视为受托人和受益人享有的不同所有权的便利标签,但仍需研究为何信托会成为法院解决各种问题的手段,特别是为何它会形成这样的模式。要了解这一点,需要快速了解英国法律史的一个独特之处:衡平法的角色。

1.6.1 衡平法与普通法

法律体系通常将不同的法律部门分开管理。比如,包括我们自身在内的许多法律体系都有单独进行刑事审判和民事审判的法院。其他司法管辖区也将宪法或公法案件与其他案件分开宣判。但一个法律体系有不止一类法院来处理同类纠纷的情况则非比寻常。更不寻常并令人费解的是,不同的法院对同一类案件还适用不同的规则,而这正是英国法律在几个世纪以来所采用的形式。

随着封建制度的消亡,以及依靠地方法院适用当地规则来解决地方纠纷的制度的消亡,国王设立了一套全国性、中央集权的法院,对其臣民之间所有纠纷适用一套单一的、共同的规则。普通法最终涵盖了大部分的合同法、几乎所有的侵权法以及财产法基本原则。

在现阶段值得注意的是,“普通法”一词有许多不同的含义。最广为流传的是它呈现了一个其中存在的不是包罗万象的成文法律制度,而是法院在一定情况下自行制定和完善的规则体系,这是普通法系和民法法系司法权的对比。第二种理解是其将法官制定法律全部纳入这个体系之内,这是普通法和成文法之间的对比。第三种理解就是现在所提到的,与衡平法形成的对比:该判例法源于特殊的法院,即国王法院或普通法法院。

普通法在发展初期出现了一些问题,由于在程序和内容上尚有缺陷,偶尔会导致不公正的判决。在普通法法院得到不公平待遇的原告开始向国王请愿,请求国王为他们主持正义,国王有时会同意这种请求。随着时间的推移和请愿书数量的增加,国王将大量伸张正义的工作交给了他的大臣,最后由于一人之手不足以应付大量增加的请愿书,他们便成立了一套独立的法院系统,用以处理这些问题,即所谓的大法官法院。不出所料,由于一定量投诉请愿的反复出现,以及因为没有一个称职的法官会对类似案件采用不同的处理方式,大法官法院设立了一套自己的司法规则,这套规则就是我们所知的衡平法。这意味着"普通法"实际上由两套不同的规则组成,并且由两套不同的法院系统管理:普通法法院制定和适用的规则以及大法官法院添加和适用的补充规则。

以合同法为例了解它是如何运作的。在普通法中,如果原告认定商品是假货,他可以通过出示证据证明合同是在被告知道或怀疑提供的是虚假信息的基础上签订的,从而请求撤销合同。然而,如果被告误导了原告但是无意的,普通法对非恶意虚假陈述的情况没有救济。在这种情况下,如果没有虚假信息,原告原本不会同意签署这份合同,尽管被告没有过错,但他对原告被误导负有责任。因此,被告能够使原告签订合同,并利用其虚假陈述的有利因素,这看起来并不合理。大法官法院同意了这一观点。所以,当普通法认为,尽管原告是非恶意虚假陈述的受害者但也必须履行合同时,衡平法则给原告提供了撤销合同的选择。最后的结果是,关于合同在什么情况下可以因虚假陈述而撤销问题的完整答案,只有同时参考普通法和衡平法才能作出,其中,普通法规则解决欺诈的问题,对非故意虚假陈述的情况则由衡平法干预作为补充。

1.6.2 衡平法与信托法

信托法的发展也有类似的情况。普通法中的财产法规定了个人对特定财产有权获益的基本情形。同时,法律规定在这种情形下某人拥有对该财产的法定所有权。然而,普通法规则有时也会出现不公平。在一些情况下——例如,由于他所作的一项承诺或他获得财产的情况——允许法定所有权人为其自身的利益而保留并使用财产是不公正的。如果普通法没有自己的解决办法,大法官法院将会介入并裁定,财产必须由法定所有权人持有,但不是为了他自己的利益,而是为了他人的利益。这一发展最终在我们今天所知的信托中达到了顶点。因此,正如实际履行的救济是对普通法中合同法的补充一样,信托法是对普通法关于财产受益权利规则的补充和完善。普通法规定了个人通过法定所有权的分配而有权享有特定财产利益的情况清单。随后,衡平法对该清单进行了补充,从而解决了法定所有权规则致使财产受益权利落入"错误的人"手中的情况。

由此产生了两个要点:第一,只有在普通法不完善的情况下,才需要衡平法的干预。如果普通法在某一特定问题上是完全公平和公正的,那么衡平法就没有什么可补充的了。因此,衡平法上所有权的概念得到了发展,但只有在法定所有权分配规则没有限制条件而被认为将导致不公正时才会被需要。这是因为没有信托——就是说普通法所有权规则完全合乎需要——就根本不会有衡平法上的所有权的存在,所有权人拥有的只是法定受益所有权(见第2.5节)。

第二,在形式方面,衡平法的介入不是废除有关的普通法规则,而是对其进行补充。因此,在认为法定所有权规则使不适当的人从财产中获益时,衡平法的干预不是剥夺该人的法定所有权,而是授予一个单独的衡平法所有权给被视为有权享有该受益的个人。因此普通法仍然完整,但其许多不公平后果则通过衡平法的补充和提出的限定条件得以避免。正因为如此,衡平法常常被认为是对普通法的一种"注解"。

1.7 普通法与衡平法的融合

通过普通法和衡平法的发展,我们发现只有将最终制定的两套规则结合起来,才能全面准确地代表"法律"。但是,这同时产生了问题。显而易见,普通法和衡平法的规则必然是有区别的。当然,这并非完全不好。衡平法的亮点就是与众不同,普通法造成的许多不公正都得到了纠正,但是这不是理想的解决方案。

一个问题是,如果不知情的原告一开始并不知道普通法会使他们陷入困境,那么,他们将不得不承担两次单独的诉讼带来的费用和不便。早在1616年,普通法与衡平法规则冲突时,衡平法规则被认为优于普通法规则,且已经被人们接受,因此,明显地,普通法本身并不能全面反映原告的合法权利和义务,但普通法法官仍会拒绝那些他们明知在衡平法上会胜诉的索赔要求。事实上(虽然没有明确表明)他们还会说,适用了一半的相关规则,你败诉了,但如果你想适用其余的规则——那些使你的索赔能够成功的规则——你应该去其他地方,再次从头开始,这显然不能令人满意。不过《1873~1875年司法组织法》最后解决了这一问题,他们设立了一个单独的法院系统,这个法院系统可以适用普通法和衡平法的全套规则。

因此,现在一个法院系统可以采用两套规则,一套是在1875年之前制定且仅在普通法法院适用的规则,另一套是在1875年前制定且仅在衡平法院适用的规则,这无疑是一件好事。但是,它是否解决了"普通法—衡平法"二元论所产生的所有问题,则是一个更具争议性的问题。有一种观点认为,问题更为严重了,这就是讨论普通法与衡平法融合的原因。

1.7.1 实质性融合的案例

普通法和衡平法必然处理了许多相同事实的情形,它们也必然(因为这是衡平法的要点)制定了不同的规则来处理这些问题。事实上,无论是过去还是现在,衡平法规则凌驾于普通法对问题的看法之上也是一件好事。在这种情况下,普通法规则的意图和目的不再是"法律"。尽管有"衡平法遵从法律"这一误导性准则,衡平法救济总是能有效地推翻一些普通法规则。换言之,衡平法一旦介入,就会采用一种不同的解决方法和一套不同于普通法的规则,此时普通法便不再处理此类案件,但仍然还有许多衡平法没有介入且据称从未介入的普通法遗留案件。

然而,衡平法对普通法偶尔的、间隙的干预中也留下了一些粗糙地带,从而有时出现不公正的情况,或至少使不公正情况得以持续。这一方面可以以下面的例子为例: Birks, 1996a; Burrows, 2002; Worthington,2006。关于被告应当对其所导致的对原告的不公正承担责任,普通法制定了一系列规则,这些规则构成了侵权法。此外,普通法的规则保护了个人对其身体健全和精神健康的权益,也保护了他们的财产和名誉。然而,也有一些利益是在普通法保护范围之外的,包括知识产权和机密信息权。因此,早期关于禁止侵犯知识产权和泄露商业秘密的规则都源于衡平法。所以衡平法可以被看作是填补了普通法在侵权方面的空白。不过,为了填补这一空白,大法官法院针对违反义务的法律救济工作制定了自己的规则,而这些规则在一些重要方面与普通法的规定有所不同。例如,在普通法中,违反义务一般只会引起赔偿损失的请求,而在衡平法中,除了有赔偿请求的可能性之外,法院表现出非常大的意愿允许原告追回被告所获得的利益的索赔。这意味着,普通法侵权行为(民事侵权行为)的救济不同于衡平法侵权行为的救济。例如,如果A公司通过发布诋毁B公司消息而获利(一种普通法侵权行为),B公司只能获得对其遭受损失部分的赔偿;反之,如果A公司违反义务泄露B公司机密信息而获利(一种衡平法侵权行为),那么B公司可以选择剥夺A公司的这部分获利。

这种差异在衡平法侵权案例中的特征并不明显,相反,在普通法案例中体现得更为突出。允许原告从被告获益中获得赔偿的观点在普通法侵权中似乎同样适用。对普通法和衡平法侵权行为的不同规定,似乎仅仅是因为事实上各自的规则是由不同的人在不同时期制定的,而不是由于相关规则的应用。因此,虽然衡平法填补了普通法留下的空白,但这些落脚点看似相当随意。

另一个例子是关于财产法的。假设我拥有法定受益所有权的财产被偷走了,然后小偷将财产赠与第三人,而第三人完全不知道他收到的财产是盗来的。在这种情况下,虽然我失去了对财产的占有,但我仍拥有所有权,因为我从来没打算放弃我的所有权。因此,虽然不知情的第三人拥有财产的物理所有权,但我才是对该财产享有法定物权和受益权的人,因此,我有权向他索赔。然而,在一些特殊情况下,法律判决不将该财产退还给我,而是允许我从第三人手中获得体现该财产价值以及我因失去财产而遭受的其他任何损失的一笔资金作为损害赔偿。

与之相反的情况是,第三人取得的财产是我拥有衡平法上受益所有权的一项财产。这时法律允许我收回财产本身,而不是强迫我勉强接受它的货币价值。相反,我没有权利要求赔偿因长时间没有该财产而遭受的任何其他损失。因此,普通法和衡平法在处理看似相同的问题上有着不同的规则。在两个案例中,原告拥有受益所有权的财产结果却落到了无辜的受赠者手中。这两个案例的唯一区别就是,原告在第一个案例中拥有的是普通法上的所有权,而在第二个案例中拥有的是衡平法上的所有权。

现在,很清晰的是,就像我们将在下一章看到的更多的细节一样(见第2.4节和第2.5节),普通法上的所有权和衡平法上的所有权有着不同的概念及运作方式,因此我们不能假定它们必须始终遵循匹配规则。然而即使考虑到它们之间的差异,对普通法和衡平法在所举案例中的不同回应,我们能否证明其合理性,尚不清楚。比如,衡平法上的所有权效力通常被认为比法定所有权弱,但当财产被他人侵占时,衡平法上的所有权似乎(在某种程度上)可以更好地保护原告,因为他可以收回财产本身。再次强调的是,普通法和衡平法对待同一问题设计了不同甚至相矛盾的解决方法。

双重法院体系增加了这种情况发生的可能性。尽管衡平法在传统上是作为普通法的一种补充或注释，但事实上衡平法在某种程度上与普通法是相冲突的：普通法所述法律地位是一回事，而衡平法则认为是另一回事。如此一来，我们不能期望大法官在制定新的规则时会追求或实现与普通法保持一致。因此，在单一的法院系统内将普通法和衡平法的行政机构进行融合，提供了识别和消除二者不一致的机会。这就要求在必要时实现处理的一致性，将衡平法规则适用于在1875年前仅有普通法实行的情况，相反，要求普通法规则适用于在1875年前由衡平法主导的情况。比如，我们认为故意侵权人不应从他的侵权行为中获利，那么我们也有充分的理由，将衡平法侵权规则扩展到普通法，即原告应获得被告侵权所得的收益，而不是简单地为自己的损失寻求赔偿。

我们期待的普通法规则和衡平法规则实现协调的过程通常被称为融合（或实质性融合，以区别于《司法组织法》规定的普通法和衡平法的行政融合）。总的目标是确保同类案件得到同等对待，我们不与法律的不一致以及因此导致的不公正挂钩，原因只是这是《司法组织法》前的立场。

1.7.2　反融合理论

如果这一切听起来很合理，那是因为它确实很合理，但是，并不是所有人都认同。有人认为，我们不该尝试并允许普通法和衡平法融合发展，相反，他们认为尽管在行政管理方面两套法律已经融合，但实质性规则现在且将来应继续被视为不同。这一观点认为，普通法和衡平法的区分，不仅具有历史意义，而且具有持续的意义。

他们为什么会这么认为？本质上是有历史渊源的。《司法组织法》的目的只是融合这两个法律机构的管理，而非改变实体法，即改变案件的实际结果。因此，有人争辩，那些主张普通法与衡平法实质性融合的人误解了《司法组织法》的目的，立法并没有在很大程度上支持普通法与衡平法在实质层面上的融合。同样地，那些支持这种实质性改变的人被指控是犯了“融合谬误”(见 Heydon, Leerning and Turner, 2015, 47 –9)。

这是正确的,但不会让我们走得很远。诚然,《司法组织法》无意影响实体法,因此,它们本身并不能作为改变法律的合理理由,但是,这并没有回答上述实质性融合倡导者所提出的问题。此处的争论点并不是《司法组织法》证明了法律的实质性改变的正当性,相反,这种变化是基于伸张正义的需要:正义要求我们对待案件一视同仁,要求我们随时留意法律行为不一致或任意的情况。一旦发现,我们就应该撤销该案,法院也不需再引用《司法组织法》或其他成文法来做这些。《司法组织法》出台的重大意义仅仅在于,如今普通法和衡平法上的规则都由同样的法院适用,法官有机会研究全部的、整合的规则,并更好地消除双重体系所引发的任何矛盾。简言之,反对融合谬论不是不正确,它只是没有抓住要点。

但是,第二种支持普通法和衡平法之间继续保留差异的观点看起来似乎更有说服力。该观点认为,衡平法本质上与普通法不同,因此你不能指望比较两套法律的规则与原则,更别说融合了,因为这不是同类比较。然而,这种差异究竟是什么却很难下定论。

1.7.3 衡平法、道德以及自由裁量权

一般观点认为,普通法不过是一系列基本规则的组合,可以提高透明度,增强确定性,但也正是因为这种一般性,在个别案例中也可能导致不公正。相比之下,衡平法被视为一套更加灵活,对具体情况更为敏感的原则,旨在减轻普通法规则偶尔出现的不公正现象。因此,衡平法为普通法注入了亟须的公平。但是,要做到这一点,衡平法必须拥有并保持自己独特的理论基础和特性。这个论点倾向于通过引入“道德”的概念来支撑,即衡平法的存在是要阻止“违背道德”或“不合理”的行为。这一措辞可能模糊,不够精确,但如果要在普通法规则需要衡平法补充的案件中适用,就必须如此。这种保持灵活性的需要

意味着衡平法概念的适用涉及行使自由裁量权,而普通法的明确且严格的规则的适用则不涉及这一点。总而言之,衡平法应被看作意识形态上的不同,而试图将普通法和衡平法进行实质性融合会受到抵制。

鉴于衡平法的起源,这一叙述具有历史意义。然而,我们可能会怀疑,这是否使我们有理由拒绝将普通法与衡平法进行实质性融合。

首先,这种二分法,即一方面是明确但一成不变的一般规则,另一方面是更灵活多变但也更模糊或抽象的道德原则,事实上是否对法律的准确描述尚不清晰。另外,广义上的一般规则整体上永远无法取得道德上的理想结果。世界太复杂,存在发生各种情况的可能性。因此,任何法律制度都需要具备为维护公平而偏离这些规则的能力。这就是衡平法在《司法组织法》制定以前所起的作用。

但是,试想一下法院行使权力偏离现行规则从而避免不公正时会发生什么。与其让这些规则不受法院裁决的影响而保持原样,我们更倾向于将法院裁决视为规则的补充或例外,用改进的新版本取代不完善的旧规则。这是因为,如果以同样的方式对待类似案件,那么这种"偏离"必须不仅适用于第一个被承认的案件,更要适用于未来所有性质类似的案件。因此,行使衡平法这一权力偏离普通法不会导致普通法上一般的、偶尔不公正的规则和一系列衡平法的特殊例外或这些规则的偏离情况之间的对立。相反,它带来一个单一的、日益复杂和丰富的同时也(希望)更公平的规则体系。

因此,衡平法的一个固有特征是导致背离普通法规则的"自由裁量权",一旦它做出了这种背离,就留给我们一个新的(衡平法的)规则,它和被取代、被补充的普通法规则一样具有约束力。所以,尽管衡平法规则可能源于某些司法自由裁量权的行使,但这并不意味着当涉及其应用时,法院拥有持续的自由裁量权(关于自由裁量权的不同类型和含义,见第9.15节)。既然如此,我们没有理由认为,衡平法的实质性规则在本质上与普通法的实质性规则有任何不同,因此,我们也没有理由认为他们不能或不应该融合。

其次,很明显,发展或改变现有法律规则这项重要工作历来是由普通法和衡平法共同推动的。虽然大法官法院推动了许多重要的法律完善,但普通法规则在几个世纪里也并非保持一成不变。相反,双重体系的存在,使英国法律有两个调整法律的审判来源:普通法有时会自行改变,有时会被衡平法所改变。因此,我们没有理由认为普通法和衡平法在类别或性质上有什么不同。

再次,即使与上述说法相反,法律确实是由明确但不灵活的规则与广泛的、开放式的原则组合而成,也不可能认为这种区分是普通法与衡平法的"分水岭"。正如我们将看到的,许多衡平法和普通法一样缺乏灵活性。相反,普通法的某些方面似乎同样适用灵活但模糊的标准,而这正是衡平法的标志。侵权法中的注意义务是一个很好的例证,法院有很大的余地确定被告是否应被认定为对原告负有责任。历史上,衡平法可能被夸大了其灵活性和自由裁量权,而普通法则淡化了这一点,但我们不应该停留在法院所使用的语言上,而应该看到他们真正所做的事情。同样,我们也不能说衡平法比普通法更重视道德或公平。过失侵权法的发展就是普通法法院通过明确提及道德原则来完善法律的一个良好范例[见 *Donoghue v. Stevenson* (1932) AC 562]。与之形成对比的是,衡平法院完善有关明示信托或目的信托的确定性要求时似乎没有考虑道德要素。

事实上,甚至在衡平法规则下,也会出现个别案件的不公平现象。正如我们所注意到的,衡平法对法律的最重要的贡献之一就是承认信义义务。在后面的章节里我们应该看到这些义务相当严格,即使被告出于惩戒性动机且没有对周围的人造成伤害时,他也可能会被认为违反了义务[见 *Boardman v. Phipps* (1967) 2 AC 46; Section 10.6]。这时,常常会发现律师解释说,这些规则可能造成偶尔的不公正,但这对推动更广泛地鼓励受信人达到最高行为标准的政策是必要的。对于法律来说,这也许是(也许不是)合法的做法。然而,有一点是可以明确的,即根据这些规则,我们并不能简单地认为衡平法对道德、公平或个人正义有任何垄断或坚定不移的承诺。

总而言之,认为普通法和衡平法在根本上是不同的追求的论点显然是软弱无力的。当然,这并不是说衡平法没有形成自己独特的实践,而这些实践可以被视为区别于普通法的显著特征。它显然是有的(见 Smith,2005)。然而,始终存在的问题是,任何这种持续的区别能否在原则基础上得到支持。如果我们仅依靠历史就能够解释这些差异,那么应该做好完善并修订普通法和衡平法的准备,以便形成一个原则性的、连贯的和公平的单一法律体系。

当然,关键而又麻烦的问题是,在普通法和衡平法方法上的差异被视为对(或许是微妙的)不同类型问题作出的原则性回应的情况下,这种差异应予保留。相反,当它们是对相同基本问题作出的可替代的和不一致的回应时,则需要协调差异。举例来讲,如之前已经提到并将在下一章(见第 2.8 节)更详细地看到的,普通法承认的所有权权益通常与衡平法承认的所有权权益发挥不同作用。当财产落入他人之手时,这一点最为明显。法定所有权权益按照一般规则约束每个人,而衡平法所有权权益通常仅约束那些知道(或应该知道)它们存在的人和那些无偿获得财产的人。因此,在对待获得原告享有权益的财产的第三人方面,普通法和衡平法的处理方法是存在差异的。

然而,这并不意味着这种差异是不合理的。事实上几乎可以肯定,法律上有充分的理由划分出至少两种类型或层次的所有权权益,其中一种权益的效力更强、更持久。如果是这样,我们应该保持这种法定所有权权益和衡平法所有权权益在运作上的区别(尽管我们可能会找到比"普通的""衡平的"字面意思更能说明其各自内容的标签)。但是,接下来的问题是,衡平法承认所有权权益的情况是否相当于原告应得的仅仅是较弱的所有权权益的情形,这更值得怀疑。因此,虽然我们应保留普通法上的,或者说效力更强的所有权权利和衡平法上的,或者说效力更弱的所有权权利之间的区别,但也许需要重新考虑每个类别的所有权权益的划分问题。

最后,我们可能注意到一个反对普通法和衡平法实质性融合的非常糟糕的论点。这一论点仍然不时地被拿出来炫耀,以为会给支持融合论者致命一击。最为人熟知的是一段引用自 Selborn 勋爵的名言:

> 人们可能会问……为什么不立即废除普通法和衡平法之间的所有区别呢?我可以通过问另一个问题来很好地回答这个问题:你希望废除信托吗?如果信托继续存在,就必须在我们所称的法定财产和衡平法财产之间作一个区分。

答案是显而易见的。融合的观点并不是让我们在普通法和衡平法中进行挑选,然后将另一个扔到垃圾堆。相反,它只是要求我们确保普通法和衡平法规则的融合能够形成一个单一的、连贯的、有原则的法律体系。它所倡导的唯一实质性改变是当普通法和衡平法相互影响导致规则相互矛盾或不一致时,我们需要改变现有的规则,并在确保一致性和公平性的必要范围内作出改变。在许多情况下,普通法与衡平法和谐共处,没有矛盾或不一致,我们不需要改变它们。

以信托为例。没有人认为信托本质上是矛盾的或无原则的。就其自身而言,它们并非不公正。信托所依赖的法定所有权和衡平法上的所有权之间的区分,乍看起来似乎涉及一种冲突(普通法认为受托人拥有财产,而衡平法则认为财产应由受益人拥有),然而,信托的实际运作方式是作为一种特殊的财产安排,即一般权利和"所有权"权力在两人之间是分离的,因此,受托人与受益人事实上拥有互补的利益,而不是对信托财产享有相互冲突的索赔权:受托人(通常)有保管和处理财产的权力,受益人则有权获得这种交易可能带来的利益。简言之,没有人主张取消信托,实质性融合也肯定不会强迫我们这样做。现在的问题变得简单了,我们是否应该让历史上的差异阻碍对正义的追求。答案显而易见:我们不会被阻止。

1.8 衡平法箴言

衡平法学更不寻常的特征之一是众所周知的"衡平法箴言",这是一系列旨在阐明衡平法的功能和运行的命题。这些命题意义重大,因为它们和其他法律准则一样,既告诉我们法律是什么,又在为解决法律不确定情形下的纠纷提供指导。然而,衡平法箴言并不像你在其他法律中发现的准则类别。在合同法中,你会发现涉及"协议必须履行"的原则(通常以拉丁语的形式出现,*pacta sunt servanda*),且在侵权法中有 Atkin 勋爵著名的"邻里原则",即我们必须采取合理谨慎措施,不伤害那些可以合理预见可能因我们的行为而受到伤害的人[见 *Donoghue v. Stevenson* (1932) AC 562],而在衡平法中,我们则被告知,除其他外,"衡平法拒绝空白"、"衡平法把应做之事看作已做之事"以及"衡平法不会帮助无偿受益人"。

这些表述所存在的问题不仅在于它们的意思表达不够清楚,而且在于它们与普通法不同,它们没有明显的道德分量。因此,一旦你理解了"无偿受益人"(对于承诺或财产转让未给予任何对价的人)的概念,显然也能理解他们不会,至少在有些情况下不会获得"帮助"的原因。不过,当你仔细观察某些案例时,你就会发现,事实上衡平法在很多情况下也帮助了无偿受益人。因此,该箴言更准确的表述是,"衡平法有时不帮助无偿受益人"或"衡平法不会帮助无偿受益人,但也有例外"。这样表述虽然有些烦琐,但较为明确。

在此我们还有一个问题,它不仅晦涩难懂,没有明确的道德基础,而且具有误导性,因为它只是断断续续地适用。许多其他衡平法箴言也存在类似问题。以箴言"衡平法是对人的"为例,它可能表示(已经被用来支持该观点),衡平法只涉及人身权和人身请求权,并不赋予或承认所有权权利和所有权请求权(关于人身权与所有权的区分,见第

2.3.1 节和第14.2 节)。然而,正如我们将看到的(见第2.3.2 节和第2.3.3 节),无论过去的情况如何,信托法的发展已使受益人毫无意外地被视为对信托财产拥有所有权权利或利益,即衡平法所有权。此外,衡平法在信托法之外设立了一系列所有权权益。但是,该箴言一直被吹捧,似乎它体现了关于衡平法运作的一个重要真理。

当然,还有一些衡平法箴言,它们造成的问题较少。例如,箴言"衡平法注重意图而非形式"既清晰且大致准确,基本要点依然成立。有些衡平法箴言是不可靠的,虽然它们很少完全没有意义或错误,但它们往往使人混淆,并且妨碍对影响法律发展的真实原则和政策的分析。它们不是开启衡平法和信托法的钥匙,尽管这些箴言由于被有些法官一直在利用和滥用而不能完全忽略,[见 *A - G for Hong Kong v. Reid* (1994) 1 AC 324],但是它们也应该受到怀疑。因此,尽管许多书(以及一些课程)对衡平法和信托的迷恋是从研究箴言开始的,但更好的方法是推迟对具体箴言的讨论,直到我们在本书后面研究特定的具体问题时再讨论它们(见 *Glister and Lee*, 2015, 25 -9)。

1.9 信托的作用

到目前为止,我们一直在讨论什么是信托这个问题,但同样重要的一个问题是,信托用来做什么?综观本书,当你浏览这些案例时,你会看到信托有许多不同的用途和应用。关注信托不同的用途和应用,可能有助于为开始讨论应遵循的规则和原则提供一些背景。

这里有必要回到前文(见第1.5 节)对意定信托和强制信托之间基本划分的分析。就目的而言,这种划分的意义在于它反映了信托在实践中的不同用途。当我们审视一个有意设立的信托,法律赋予该类信托产生效力的理由是很明显的。财产所有人想要一个信托,而法律通常允许个人随意处置他们的财产。有趣的问题是为什么会有人选择设立一个信托。相反,当我们面对的是以其他原因设立的信托时,重要的问题则是为什么法律要违背或不顾所有者意愿而强加一个信托。

首先,为什么人们选择设立信托?(明示)信托是一种便利机制,这意味着它是法律提供的一种工具,人们可以利用它以最适合他们目的的方式来安排其事务。通过这种方式,信托与合同及其他大部分财产法并驾齐驱。因此,选择设立一项信托的简单原因就是它符合你的目的,且比其他法律提供的便利机制做得更好。那么,什么是信托能够提供而其他机制缺乏的呢?信托原则上是通过对财产的安排而使人们获益的机制,也就是说,信托是一种方式,我们可以将我们所拥有的财产的利益转让给他人。当然,你不需要信托也可以做这些。如果你拥有财产——金钱、一本书、一些股票——而你希望其他人享有并从中受益,最简单和最普遍的选择是直接转让该财产给他们,或换句话说,将其赠与他们。此种转让的效果是受赠人从你手中接过"所有者"和财产持有人的身份。这种方式的一种变形是将财产转给若干人,他们将成为共有人[尽管这种方式在土地方面受到更多限制:见《1925 年财产法》第 1 条第(6)款和《1925 年受托人法》第 34 条]。也可以设立一项租赁,给予其他人在固定时期内使用该财产的权利。除此之外,普通法可以提供的选择并不多。

这些选择对于大部分诉求而言是足够的。但是,有时你可能想做一些不同的事情,利用你的财产以某种其他方式或形式使某人受益。合同是一种可能性。根据合同法,你可以给予他人使用并获益于你的财产的合法权利。此外,由于有一般的契约自由,你有相当大的自由来设定这些权利以适应你的最终目的。通过这种方式,合同提供了普通的财产法所缺乏的灵活性,但是,合同权利的最大不足之处在于,作为一般规则,它们仅约束合同当事方。因此,合同仅在原始所有权人和合同当事方持有财产期间有效。因此,如果你关注的是你去世后财产的去处,合同并无太大作用。此外,在财产所有权人破产的情况下,合同权利提供的保护极其有限,因为届时相关财产将会被出售,其出售所得将会被用于清偿财产所有人的债权人(见第 2.3 节和第 8.10 节)。如果你希望某人享有从财产中获益的权利且该权利不会轻易丧失,那么,你需要给予这个人某种针对该财产的权利或利益。

这就是信托出现的契机。实质上信托允许你以不同的、更复杂的方式分割所有权,并转移财产受益权利。例如,信托允许设立对财产继承的权利。因此,如果你想要留下一些财产给配偶,然后留给你的孩子,留给你的孙辈,你将需要设立一项信托。信托能够为你在财产上设置不同形式且并存的权益。普通法共有所有权给予所有共有人在财产所有方面享有并存的份额以及财产所带来的收益,而在信托情形下,例如,你可以将财产收益归于一个人,将资本归于另一个人。

假如你希望财产用于使他人获益但又使其不控制财产,你可以设立信托。正如我们所见,信托的显著特征是,虽然受益人有权享有财产所产生的任何利益,但(通常)受托人拥有信托财产的保管权和如何运用信托财产的决定权。当你希望获益的人尚不成熟或能力不足导致他自己无法作决定时,或因为他的冲动和愚蠢,你不相信他能够负责地行使这些权利时,信托将会是一个更具吸引力的选择。同样,如果你想利用一个人的投资智慧而让另一个人受益,那么控制权与受益权的分离便是可取的。如果你想立即处置你的财产,同时想保留一定的灵活性以适应变化的环境,那么你可以选择信托。正如我们很快就会看到的(见第 2.1 节),设立一个由受托人决定究竟谁从财产中获益以及获益金额的信托是有可能的。

例如,那些有统治野心的人利用信托的这些特点,将信托作为一种方式,以确保自己的财产留在家族中,并为后代提供生活保障。信托也是许多职业养老金和其他投资计划的基础。在第 5 章我们将看到,信托是慈善机构获得和持有捐赠财产的主要机制之一。控制权和受益权的分离,以及信托通常可以不需要书面形式即可成立的事实(见第 6 章),也使信托在避免或尽量减少纳税责任的计划中发挥了重要作用。近年来,在商业交易领域,信托也越来越多地在债务人破产的情况下被用作担保的一种形式[见第 8.12 节中和 *Kayford Ltd.*(1975) 1 WLR 279 案中关于特殊目的信托的讨论]。

再来看看因所有者意图以外的其他原因而设立的信托。在大多数情况下,强制实施信托的目的和效果是将财产从某个人转移给其他人。因此,当不加限制地适用普通法所有权规则导致不公正时,这类信托可以理解为一种对财产进行重新分配的手段。这方面的一个例子是通过不法手段获得财产。在这种情况下,法律可以对该财产强制实施一个信托,以剥夺不法行为者通过该行为的获益并将获益转给受害者(见第 9.13 节)。另一个有争议的例子是有瑕疵的财产转让(见第 8.9 节和第 9.11 节)。如果我由于误信或受胁迫将财产转让给你,普通法通常会认为你对该财产拥有所有权,而我仅享有收回该财产价值的个人索赔权。然而,在某些情况下,信托的出现可能使我能够收回财产,理由是我从未打算一开始就放弃该项财产。对不动产施加信托的第三种主要情形发生在房产共享的背景下。依照信托法,法院根据同居者对购买房产的贡献来分配他们对房产的权益(这种情况似乎)在伴侣关系中更为普遍(见第 9.10 节)。事实上,近年来有人提出,法院应该拥有强制实施信托的一般权利,从而在他们认为这是正义的要求时取得财产重新分配的效果(见第 9.15 节)。

虽然还未进行深入研究,但还是能够看到信托是多么多才多艺,以及为什么尽管它们看起来陌生而笨拙,但它们仍在英国法律中扮演如此重要的角色(见 Garton, 2015, 5 - 13, 32 - 3; Oakley, 2008, 6 - 13)。信托提供了一种机制,为所有权人提供了广泛的自由和灵活性,让他们以最适合其目的的方式处理自己的财产,与此同时,其为法院提供了在他们认为被告将财产据为己有是不公正时重新分配财产的一种手段。信托可以促进家庭成员和商务人士的目标,信托法则在解决从关系破裂到公司破产等各种问题方面发挥作用。简言之,在法律和社会的极少领域,没有信托法的身影。

1.10　本书的脉络

在这一章中,我们简要介绍了信托框架、信托的起源及其某些用途。但正如最初所说的那样,只有通过案例,你才会了解信托的概念,因为这些案例提供了信托在法律中是如何以及在什么情况下被运用的真实世界的例子。读得越多,越会觉得内容即使不那么熟悉至少也不再那么陌生。本书将从信托形成的规则开始:法律认为什么情况下信托设立?由此出发,将研究关于受托人义务的法律规定:受托人究竟应该做什么?最后,将考察违反信托的有关事项:如果受托人没有做其应该做的事,法律如何应对?

总　结

1. 信托是持有财产的一种特殊形式,与标准的绝对所有权不同。在绝对所有权中,所有人(法定受益权持有人)可以任意使用财产,而在存在信托的情况下,法定所有权持有人必须专门为了他人的利益而运用财产。

2. 在这种情况下,持有财产的人被称为受托人,而受托人为其利益而持有财产的人被称为受益人,设立信托的人(如果有)通常被称为委托人。

3. 在典型的信托中,受益人不仅有权要求受托人仅为其利益而运用财产,而且对信托财产享有自己的衡平法上的所有权。受托人对受益人负有(信托)义务与财产的法定所有权和衡平法所有权的分离同时存在,被称为信托的精髓。

4. 有些信托之所以出现,缘于财产所有人的意愿。这些信托通常被称为明示信托。其他信托则是由法律强制设立的,不受财产所有人意愿的影响。这是传统上对归复和推定信托类别的划分。

5. 在很长一段时间里,英国法律有两个独立的法院系统,适用两套不同的规则。国王法院适用普通法,大法官法院适用衡平法。信托法的起源就在于此。

6. 1875 年以来,普通法和衡平法的行政管理就已经融合了。一个比较好的观点就是,为确保普通法和衡平法的实质性规则能够形成一个连贯的且原则性的整体,还需要做更多的工作。这项工作不应使信托法受到伤害。

7. 信托是一种功能非常强大的法律安排。委托人可以利用它来供养家庭成员并保护他们的商业利益。法律强制实行信托,以确保在家庭关系破裂时公正地分割家庭住房,剥夺不法分子的获益,并归还挪用的财产。这也是信托在英国法律中扮演如此重要角色的原因。

练 习

1.1 以信托方式持有财产与直接拥有财产有何不同?

1.2 什么是普通法和衡平法的"融合"? 提出融合的理由有哪些? 拒绝的理由是什么?

1.3 如果英国法律不承认信托,英国法律会失去什么?

拓展阅读

欲了解更多关于衡平法及其起源的信息,请看以下内容:

1. Baker, *An Introduction to English Legal History* (4th edn, Butterworths 2002), 97 – 115.

2. Heydon, Leeming and Turner, *Meaghet*;*Gummow and Lehane's Equity*: *Doctrines and Remedies* (5th edn, LexisNexis: Butterworths 2015), 5 - 102.

3. Holdsworth, *A History of English Law*, Vol. 1 (7th edn, Methuen 1976), 395 - 476.

4. Maitland, *Equity*: *A Course of Lectures* (rev edn, Cambridge University Press 1936).

5. Smith, *Fusion and Tradition* in Degeling and Edelman (eds.), *Equity in Commercial Law* (Thompson 2005).

6. Worthington, *Equity* (2nd edn, Oxford University Press 2006).

关于普通法与衡平法的融合以及它们的关系,见:

1. Birks, *Equity*, *Conscience and Unjust Enrichment*, (1999) 23 MULR 1, 17 - 22.

2. Burrows, *We Do This at Common Law but That in Equity*, (2002) 22 OJLS 1.

3. Heydon, Leeming and Turner, Meagher, *Gummow and Lehane's Equity*: *Doctrines and Remedies* (5th edn, LexisNexis: Butterworths 2015), 47 - 9, 61 - 6.

4. Jaffey, *Private Lawand Property Claims* (Hart Publishing 2007), 111 - 29.

5. Smith, *Fusion and Tradition in Degeling and Edelman* (eds.), *Equity in Commercial Law* (Thompson 2005).

6. Worthington, *Equity* (2nd edn, Oxford University Press 2006).

第 2 章　基本概念和原则

2.1　固定信托与自由裁量信托

前一章介绍的信托范例或核心案例，就是我们所说的固定信托（fixed trust）。信托之所以固定，是因为受托人对受益人享有的信托利益没有自由裁量权：受益人得到的利益始终是"固定的"。固定信托可以有任意数量的受益人，一项对于 A 为终身获益、而剩余利益归属于 B 的信托是固定信托，同样，一项 A、B、C 和 D 享有均等（或特别不均等）份额的信托也是固定信托。在这种情况下，委托人会明确什么财产分配给什么人。因此，分配信托财产时，所有受托人需要做的是遵循委托人的指示。

但是，信托需要的不是这种方式的运作。委托人可以通过受托人将财产在一个指定的独立受益人群体中分配，但是由受托人决定究竟谁获得什么。这类信托被称为自由裁量信托（discretionary trust），即受托人享有自由裁量权，有权决定财产在受益人群体（或者，像我们在这种情况下更通常所称的"对象"）之间如何进行分配。给予受托人的自由裁量权可能很宽泛,也可能不太宽泛。委托人可以让受托人自由决定(如果是多个)每个受益人得到多少财产,或者,委托人可以规定每个受益人必有所得,但具体每个人得到什么,由受托人决定。自由裁量信托包括以下主要内容:

1. 受托人有义务在指定的受益人群体中分配财产;和

2. 在某种形式或某种程度上,受托人有自由裁量权决定如何在受益人群体中分配财产。

2.2 信托与权力

所有信托的最终结果都要求受托人将财产分配给受益人。固定信托和自由裁量信托的区别在于由谁决定财产分配。因此,虽然自由裁量信托的受托人可以选择谁来接受信托财产,但他应当将财产发放出去。因此,当信托终止时,信托财产应当已经用尽。

在这方面,信托与指定的权力(powers of appointment)不能混为一谈。在受托人被给予指定的权力的情况下,他可以选择分配多少财产(如果有)给指定的对象,但指定的权力的持有者没有义务将全部财产分配给指定的对象。任何指定的权力都隐含着至少有一部分财产最终可能不会分配给指定的对象。

因此,拥有指定的权力的受托人就相关财产分配享有自由裁量权,然而,需要注意的是,这种权力与自由裁量信托中受托人持有的权力是不同种类的自由裁量权。在后面的案例中,自由裁量权涉及财产如何分配,也就是每个受益人获得的信托基金的比例。在拥有指定的权力的情况下,自由裁量权还涉及财产是否对全部受益人进行分配的问题。由此可见,受托人有两种自由裁量权:

(a)决定是否(如果有,何种范围)在全部对象类别中分配财产的自由裁量权;和

(b)(财产在上述类别之间进行分配的范围)决定信托财产分配比例的自由裁量权。

特定受托人可能没有任何一种自由裁量权或只有其一或两者皆有。自由裁量权的有无(a)决定了该处置是信托还是权力,以及(b)该权力是固定的还是自由裁量的。这就产生了以下四种基本可能性:

1. 受托人必须将财产分配给指定对象,且对财产的分配没有自由裁量权[受托人既没有(a)类自由裁量权,也没有(b)类自由裁量权]。这是固定信托。

2. 受托人必须将财产分配给指定对象,但对其如何分配具有自由裁量权[受托人有(b)类自由裁量权,没有(a)类自由裁量权]。这是自由裁量信托。

3. 受托人有自由裁量权决定是否(在什么程度上)将财产分配给指定对象,以及如果在某种程度上他决定分配,有权决定他分配财产的比例[受托人既有(a)类自由裁量权,也有(b)类自由裁量权]。这是自由裁量的指定的权力。

4. 受托人有自由裁量权决定是否将财产分配给指定对象,但是,如果他决定分配,他必须以预先确定的比例进行分配[受托人有(a)类自由裁量权,而没有(b)类自由裁量权]。这是固定的指定的权力[这是四种情况中最不常见的:比如,我给受托人留下 1000 英镑,并指示他可以(但不是必须)分别分配 250 英镑给我四个孩子中的每一个孩子]。

所有强制实施的信托都是第一种类型,而当它是意定信托时,可以是这四种中的任意一种。委托人可以选择他想要的类型,而当委托人表达含混不清时,由法院来确定他的意图以及哪一个可能性最能反映他的意图。为此目的,强制性语言如“待分配”显然意味着是一项信托而不是一种权力,而诸如“我的受托人认为合适”这类短语则说明这种处置是自由裁量而非固定的。

以下两种因素会使上述类型的区分变得更复杂。第一,在实践中,委托人在安排一项财产时,可能结合两种或两种以上的选择。回想一下指定的权力中暗含的意思,即受托人最终可能不会将部分或全部财产分配给该项权力的对象。所以,明智的委托人也可以作出规定应对部分财产剩余的情况(如果委托人未能作出这样的规定,则默认权力持有人有权受益于该财产,例如,委托人去世,该财产将与他的其他财产一起遵照遗嘱分配[*Re Weekes' Settlement* (1897) 1 Ch 289])。

委托人关于剩余财产如何处置的规定可以采取固定信托或自由裁量信托的形式作出。此外,该信托的对象与权力的对象可能相同,也可能不同。比如,我可以给受托人 1000 英镑,并授予他按照合适比例分配财产给我儿女的权力,同时在没有指定的情况下他以信托方式为我的儿女和孙子女持有该财产,其中儿女和孙子女享有同等份额。这里所描述的是有利于我儿女的自由裁量指定权,同时也是以我的儿女和孙子女为受益人的剩余财产的固定信托。这意味着在实践操作中,受托人能够决定以任何比例将部分或全部财产分配给我的儿女,但假如他没有这样做,他也必须将财产平均分配给我的儿女与孙子女。

委托人的实际意图往往并不清晰。例如,在 *Burrough v. Philcox* (1840) 5 My & Cr 72 案中,委托人安排财产给其孩子,指示受托人以自认为合适的比例在他的侄子侄女或其子女之间进行分配。委托人的孩子没有作任何分配就去世了,问题随之产生,现在谁对财产拥有所有权。法院的结论认为,这是以信托的方式为他的侄子侄女持有的财产,且他的侄子侄女享有相同的份额。这种做法解释了授予委托人的孩子有利于侄子侄女的自由裁量指定权,以及在没有指定的情况下则为一个以侄子侄女为受益人且享有同等份额权益的固定信托的规定。

虽然这些不同类型的安排原则上存在明显区别,但这些明显的区别被相互矛盾和相互重叠的术语所掩盖。例如,不仅法院和教科书有时使用“信托权力”一词，而这本身就会引起混乱，而且他们还在不同的时间使用该术语来表示不同的事物（关于该领域术语的区别的更详细阐述，见 Garton, 2015, 231 – 8）。不过，虽然这些术语在案件与条款中的含义存在偏差，但在早期我们还是需要继续使用这些术语。

2.3　信托受益人权益的性质

到目前为止，我们已经介绍了构建于以下两个独立特征基础之上的信托的典型案例：

1. 信义义务，由受托人作为财产法定所有权持有人对另一人（受益人）承担；

2. 受益人拥有自己的、确定的衡平法上的财产所有权。

然而，衡平法上的所有权概念本身一度引起相当大的争议。起初，受益人被认为对其受托人只拥有一项权利（或多项权利的组合），即受托人应根据其条款执行信托，因此，受益人对信托财产本身不享有任何权利。近年来，有关信托受益人权益的真实性质的争论再度兴起。为了理解这场辩论以及为什么受益人对信托财产拥有平等的所有权，我们首先需要花费一些时间来探讨财产所有权的意义。

2.3.1　财产和所有权权益

财产法涉及对物的法定权的分配和保护，而所有权或权益是一种对特定物或关于物的法定权利（“财产”一词有时被用作“物”的同义词，有时也用来表示在某件事情上享有的一种法定权利。这种双重性术语会困扰一些人，但这是很常见的，很少引起混淆）。所有权权益的特点是排他性。所有权权益是专门用来确定如何使用或享用某物的法定权利，也就是说，当你拥有所有权权益时，意味着在该权益范围内,由你而不是他人来决定如何或由谁来使用或享用此物。

例如,如果你拥有一本书(拥有其法定受益所有权),那就意味着你,也只有你,可以选择如何使用它:你可以打开阅读,做笔记或者撕下一页等。你可以做的另一个选择是把你对书的权益转给其他某个人——如把它作为礼物——在这种情况下,接受者取代你成为有权做选择的人。除此之外,你可以选择允许其他人有限制性或暂时性地使用这本书,比如,你可以把它借给朋友在周末阅读。但是,没有你的许可,其他任何人都无权使用它。

以下是对所有权两个最重要的附带条件或特征的说明:

1. 只要所有权人坚持,他们可以对意外收到财产或接触到财产的第三人强制执行;

2. 如果目前占有财产的人破产,所有权人享有优先权。

以下面的例子为例。我想买一台笔记本电脑,看到你在打广告说要出售一台二手电脑。我们互相发送电子邮件,确定价格并签订销售合同。这份合同授予我一项权利,要求你把电脑转让给我。然而,这项权利的保护是有限的。你认为与其将笔记本电脑转让给我,不如选择将电脑赠与他人。在这种情况下,我当然可以起诉你违反合同。如果我这样做,法庭将要求你赔偿因违约而给我造成的损失,但是我无法得到你已同意卖给我的电脑,因为你不再拥有它,你也不能交给我你没有的东西,且我对现在拥有电脑的第三方也没有索赔权,因为合同授予我的权利只对你有约束力。

或者说,在你将电脑转让给我之前,你就已经被宣告破产了。破产的前提是个人无力偿债。当某人(或某家公司)破产时,就意味着他没有足够的可供支配的资产应付他们的各种债务,即他没有偿还债务的财力。在接下来的破产过程中,一个独立的受托人被指定负责出售破产资产,所得金额用来偿还各个债权人的债务。然而,由于债务人破产意味着没有足够的资金周转,所有债权人都能得到全额偿还是不可能的。这种情况下的默认规则是,所有债权人得到的是相同比例的债务偿付,因此他们在可供使用的资金中占有一定比例的份额,但也承担一部分损失。所以,如果你在笔记本电脑交给我之前宣告破产,我的合同权利不能阻止破产财产受托人出售笔记本电脑和你的其他所有资产。此外,虽然我对你违反合同的行为有权提出索赔,但你的破产意味着我的损失最多也只有一小部分能得到赔偿。

对于以上两种情形,如果我能够证明,虽然你从未将电脑交付给我,然而我获得了电脑的所有权,那么,我的处境将得到改善(这似乎匪夷所思,但不仅如此,很明显,在电脑交付之前,其法定所有权可以转给我,事实上,这在货物是明确或确定的情况下货物买卖合同中的默认规则:见《1979 年货物买卖法》第 17 条和第 18 条)。首先,所有权,作为所有权权益,有可能使我能够从你将电脑交给的第三人或当前持有者手里收回电脑,或至少得到赔偿。合同仅授予我针对作为合同另一方的你的权利,毕竟你是唯一一个承诺将电脑交给我的人。但是,拥有一项对电脑的权利使我(至少可能)有权对任何可以接触到它的人提出索赔。这是因为,我的所有权,我的所有权权益,确认我且只有我有权决定谁可以占有、使用和受益于该电脑。所以,我可以(在抗辩的情况下)从占有它的任何人处收回电脑或至少得到赔偿,原因很简单,我从未同意他们拥有它,这是我的决定。

同样地,如果你把电脑交给我之前就已破产,我的所有权权益给予我保护(见第 8.10 节、第 9.11 节和第 9.13.2 节)。正如我们所见,你的破产受托人承担出售你的资产并在你的不同债权人之间分配所得的工作,但是,我对电脑享有的所有权意味着我可以在破产受托人能够对它做任何事情之前提出索赔。原因很简单,所有权权益使我有权决定如何使用以及由谁使用电脑,我没有同意破产受托人拿走并出售它,也没有同意你的其他债权人取走它任何份额的收益。简单地说:我可以要求你的债务不能从我的财产中支付,因为我可以在任何其他人拿到电脑或出售之前收回电脑。我们倾向于认为,我的所有权权益使我优先于其他债权人。这一优先权具有重要意义,在一般情况下,债权人都按比例份额承担因被告破产而产生的损失,而通过确认对被告持有资产的所有权权益,我可以确保这些损失不会落到我的身上。

此外,以上案例表明,并非所有与物有关或与物有某种联系的权利都是所有权。我的合同的权利是要求你把电脑转让给我,虽然它明显涉及的是物——电脑,但没有超出要求你遵守承诺的权利,因此,不能对你之外的任何人主张权利,不能将其定性为一项对电脑的权利或专有权利。

2.3.2 衡平法上的所有权的设立

所有权权益的两个特征——他们能向接触到相关物的第三人维护自己的权利,以及当目前持有者破产时,他们有优先权——可以用于测试授予的一项权利是否为所有权权利,换句话说,如果我们希望了解一项权利是否属于所有权类别,是否属于对物权,我们可以问一问,这项权利是否可以对取得该物的第三人维护自己的权利,以及这项权利是否赋予权利持有人在破产中享有优先权。如果该项权利确实具有这些特征,则表明它是一项所有权权利。这也使我们能够理解为什么受益人通常被视为对信托财产拥有所有权权益——衡平法上的所有权。

起初,受益人被视为仅拥有对抗受托人的权利:受托人应善良守信且以受益人最大利益为目的而行事,他在处理信托财产时应尽到合理的注意义务,不应将财产转给受益人以外的任何人,等等。这意味着,如果受托人违反信托条款,挪用信托财产将其赠与第三人,受益人可以提出的唯一索赔是针对受托人的违约行为,而对于第三人,受益人没有索赔权。因此,受益人的地位类似于上例中"我"的地位,即我有合同权利要求你把电脑转让给我,但是没有对电脑的所有权或权利。

然而,该地位随着时间的推移改变了。衡平法加强了对受益人的保护,给予了受益人对某些第三人的索赔权。首先,在第三人明知或应该知道该财产源于违反信托时,它允许受益人向取得信托财产的第三人提出索赔。这些索赔本身可以简单解释为对接收人不当干预信托履行的反应,而不是基于受益人对信托财产享有权益。但是,法院也开始允许对善意取得但并未对所接收的信托财产支付任何对价的第三人提出索赔。受益人的权利也被认为在受托人去世后对财产持有者具有约束力。其次,在受托人被宣告破产时,受益人的权益对受托人的破产受托人具有约束力,能够使受益人在受托人破产的情况下享有优先于受托人其他债权人的权利。

提出这种索赔的可能性与受益人仅可要求受托人适当履行信托的权利是不相容的,这清楚地表明,法律已经发展到受益人对信托财产拥有自己的权利或权益的阶段[见 Scott, 1917 和 *Baker v. Archer-Shee* (1927) AC 844;对比 Stone, 1917 和 *Webb v. Webb* (1994) QB 696]。因此,现在经常看到,受益人被描述为对信托财产拥有衡平法上的所有权[见 *Westdeutsche Landesbank Girozentrale v. Islington London BC* (1996) AC 669, 705 (Browne-Wilkinson 勋爵)]。

2.3.3　对物权与权利的权利

尽管毫无疑问,至少在一个标准的固定信托中,受益人享有的不仅仅是要求受托人履行信托义务的个人权利,但是受益人对信托财产拥有所有权的传统观点近期受到了挑战:见 Smith, 2004a;McFarlane and Stevens, 2010。按照这一观点,受益人的权利既不是(完全)个人权利,也不是所有权权利;相反——该观点认为——受益人的权利应该被看作第三类所谓的持久性权利(persistent rights):见 McFarlane, 2008, 206 - 27。所有权权利与持久性权利的关键区别在于,所有权权利依附于一个物,因此,原则上它可以对任何接收该物或接触该物的人主张权利,而持久性权利则依附于一项权利,原则上它可以对任何接受该权利(或一些派生的权利)的人主张权利。所以,该主张是指,受益人拥有的不是针对信托财产或对信托财产的权利,而是支持或反对受托人对该财产的权利(受托人的所有权)。

为什么我们应该这样理解受益人的权利呢?这显然不会使信托法变得更简单,反而会更加复杂。但是,这种提法的明显优点是,它解释了信托法的某些特征,这些特征似乎与受益人对信托财产拥有所有权的观点不相符。我们已经看到,受益人可以对受托人向其错误地转让信托财产的第三方行使其权利,并且在受托人破产的情况下,受益人还可以优先于受托人的债权人收回该财产。正是这些特征使法院和大多数评论家将受益人的权利视为所有权。然而,在其他情况下,如果它们是真正的所有权,受益人的权利似乎并不像我们所期望的那样发挥作用。

举一个案例:T 以信托方式为 B 保管一幅画作。第三方 X 偷走或损坏了这幅画作。如果 B 真的对该画作拥有所有权,那么我们可以期待 B 对 X 提出索赔。毕竟,X 偷走或损坏了属于受益人 B 的财产。但这不是法院传统上的说法。相反,法院会说,这是 T,而且只有 T 可以对 X 提起诉讼,因为 X 错误地拿走或损坏了这幅画作[见 *MCC Proceeds Inc v. Lehman Brothers International* (*Europe*) (1998) 4 All ER 675;*Leigh and Sillivan Ltd. v. The Aliakmon Shipping Co. Ltd.*, *The Aliakmon* (1986) AC 785;见第 9.12 节]。B 当然可以要求 T 起诉 X,且 T 从 X 处收回的任何损害赔偿金将以信托的方式为 B 持有。但是,(该观点认为)T 应该成为索赔的一方,B 不能简单地以自己的权利提起诉讼,这是很重要的。

然而,如果 B 不享有所有权权利,而仅拥有持久性权利———一项支持或反对 T 的权利(T 对该画作的法定所有权)的权利——那么,我们似乎可以理解这些规则。按照这一观点,B 有权对那些,也只能对那些获得 T 对画作的权利的人提出主张。X 没有获得 T 对画作的权利。尽管他偷窃了画作,但他并没有因此取得 T 的权利或该幅画作的所有权,画作仍然属于 T。由于 T 对画作的权利没有转移,而 B 的权利依附于 T 的权利,B 对 T 之外的任何人都没有索赔权。因此,B 的权利使他可以要求 T 起诉 X,但他不能直接起诉 X。重要的是,这一关于受益人权利的观点也能够解释为什么受益人可以对受托人向其错误地转让信托财产的第三人提出索赔,以及为什么在受托人破产时,受益人能够优先于其他债权人追回这些财产。当 T 滥用信托财产时,第三人——不像小偷——获得了 T 对财产的所有权。由于 B 的权利依附于这项所有权,B 可以对拥有该所有权的第三人行使他的权利。在 T 破产的情况下也是如此:T 的破产受托人将获得 T 对信托财产的所有权,B 可以要求新的所有权人将财产转让给 B 自己而不是转给 T 的其他债权人。

这一切都非常明确,但在我们急于放弃所有权观点前,我们应该作出一些提示。首先,不需要遵从受益人的权利是所有权以及他有权向偷窃或损坏信托财产的人——如 X 提出索赔的观点。事实上,从其性质来讲,所有权权利假定可以对抗所有相关人,同时有权要求他人不干预权利人享有相关权利或获得该项财产的权利。但我们在对受益人是否应该对 X 拥有索赔权问题得出结论前,我们需要认真思考,受益人的所有权权利赋予了他对财产何种类型的权利。只有当 X 实施了侵犯受益人对财产的权利的行为时,我们才会期待受益人享有索赔权。

为了便于理解,我们暂且将信托放到一边。假设我拥有一块土地,出租给你十年。现在,没有人怀疑我对土地的法定所有权和你的法定租赁权都属于所有权权利,而且这些所有权权利是共存的,也就是说,我们两人在同一时间对同一土地拥有所有权权利。然而,如果租赁期间一个陌生人 X 擅自侵占这块土地,则通常由你且只有你有权提出索赔。原因在于,在租赁期间,你对该土地拥有直接所有权,而不是我。因此,在租赁期间,对该土地的使用权和控制他人对土地的使用以及利用这块土地的机会,都属于你而不是我,因此,X 侵犯的是你的权利,而不是我的。相反,如果 X 对该土地造成了永久性损害,那么我也将有权提出索赔,因为 X 也侵犯了我的财产权利[见 *Mayfair Property Co. v. Johnston* (1894) 1 Ch 508]。

因此,我们不能根据一个人在被告不当干预特定财产的情况下没有索赔权这一事实就推断此人对该财产没有所有权权利,这只是一个可能的解释。另一种情况是,尽管他拥有这样的一项权利,但是该权利没有受到被告行为的影响或侵犯。有充分的理由认为,当信托财产被盗时,受益人就可能遇到这种情况。毕竟,除非受益人行使了 *Saunder v. Vautier* 权利(见第 2.6 节),否则他们通常无权占有信托财产。因此,我们不太可能期望他们对那些从受托人那里偷窃并因此占有该财产的人提出索赔。而且,如果事实如此,那么,他们没有索赔权则使我们更没有理由怀疑他们的权利是真正的所有权。

其次,从所有权角度看,我们应该期望受益人能够有权起诉盗窃或损害信托财产的人,但是对于法律为什么还未如此规定也可以理解。如前文所述,在信托发展早期,受益人被视为对受托人只享有个人权利。按照这一观点,受益人唯一能够起诉的就是他的受托人。然而,随着时间的推移,法院开始倾向于受益人对信托财产享有权利,即所有权权利。因此,受益人逐渐开始被赋予向收到通知而获得信托财产的第三人、没有支付对价的受让人以及受托人的破产受托人等提出索赔的权利。

因此,我们可以看到这样一条规则:受益人不能起诉偷窃或损害信托财产的人,索赔必须由他的受托人提出,这是旧观点的最后一点留存,即受益人唯一的权利是对抗受托人。此外,我们可以理解为什么这条规则一直存在,因为正如我们所见,受益人不仅可以要求受托人起诉第三人,而且收回的任何损害赔偿金都将归属于受益人,换句话说,即使受益人没有直接提出索赔,他最终也会得到保护。因此,我们可以理解为什么法律并不需要采取最后一步,即简单地让受益人直接起诉。

此外,如果要求受托人提起诉讼的做法被认为对受益人不利,法院显示了允许受益人提起诉讼,并以受益人自己的名义获得损害赔偿金的意愿。例如,在 *Shell 11K Ltd. v. Total 11K Ltd.* (2010) EWCA Civ 180 案以及(2010) 3 WLR 1192 案中,上诉法院允许 Shell(一个因 Total 的疏忽造成的爆炸而使油罐和管道受到损害的信托受益人)起诉 Total 以收回其因此而损失的收益。按照受益人只享有一项持久性权利(针对受托人对信托财产拥有所有权的权利)的观点,这一决定应该是错误的。如果索赔应该由 Shell 的受托人提出,那么,受托人能否收回 Shell 损失的收益,至少是令人怀疑的,因为一般规则是索赔人可以收回自己而非他人的损失。因此,作为法定所有权人,受托人虽然可以收回信托财产本身的损失赔偿,但似乎没有依据可以收回另一方即 Shell 受到的间接损失。持久性权利的命题在这里是存在问题的,不仅有关持久性权利的分析与 *Shell* 案的结果不一致,而且 *Shell* 案的结果显然是公正的。相反,这一决定完全符合(事实上它还提供了进一步的支持)普遍接受的受益人事实上对信托财产拥有所有权权利的观点。

再次,即使持久性权利的命题存在合理性——术语本身是有意义的,且支持我们在案例中所看到的结论——但它看上去仍是武断的。换言之,对于受益人为什么应该被视为拥有持久性权利而不是所有权权利的问题,我们还未找到合适的答案。这里的要点是,如果我们希望理解信托法的规则——它们是否可以解释为对现实生活中某些事件的一系列合理的法律应对——我们就需要能够说明受益人在获得权利的情形下其获得这些权利的原因。所以,就如同明示信托一样,我们需要能够解释,为什么委托人的信托声明为受益人设立了某些权利。

对于上述问题,现在还无法作出充分说明,但可以简要地指出,我们能够提供合理的解释。这些解释要么支持历史观点,即受益人享有纯粹的个人权利,要么支持受益人应被视为拥有信托财产的所有权权利的(现代正统)观点。因此(更全面地分析这些可能性,见第 2.6.2

节),我们可以看到,信托和信托权利都源于受托人为受益人获益而持有资产的保证或承诺。这表明,从广义上看,信托义务与合同义务相似——受托人的义务,同时也是受益人的权利,即受托人应遵守其所承诺的条款——类似情形在合同法中,这将表明受益人应该仅享有要求受托人履行承诺的个人权利。或者,我们可以将一份信托声明视为委托人将其信托财产的受益权益给予预期受益人的安排或同意。这也说明,明示信托更接近赠与而非合同,因此,我们将受益人视为获得该财产权利(所有权权利)的人是正当的。相反,很难构想一份信托声明,它可以解释为什么我们应将它们看作为设置了持久性权利,即对抗受托人以及从受托人处获取权利的人的权利,而不是对抗可能通过其他方式接触信托财产的其他第三人的权利。当然,如果委托人在宣告信托时有意设置这种持久性权利,则另当别论。但是,值得怀疑的是,是否有委托人曾有这种意愿。

最后,如前文所述,法官们认为受益人对信托财产享有衡平法上的所有权权利,这是很常见的。此外,法院也没有将其视为有争议的表述。相反,没有法官提过受益人享有持久性权利或对抗某权利的权利。法官谈及衡平法上的所有权权利时,虽然这些权利不同于普通法中的同类权利,但法官们仍将该等权利视为真正的所有权权利,这似乎存在疑问。现在,这些法官全部都错了也不是不可能的,事实上他们在无意中设立、承认并运用的并非所有权权利,而是一种新的第三类权利,但这也许并不太可能。我们至少应清楚地认识到,与所有权观点相比,持久性权利的观点更符合目前的规则和实践。

总之,持久性权利的命题是有价值的,因为它迫使我们认真考虑受益人权利的性质,以及我们是否能够支持现有的详细说明受益人能够和不能够起诉谁的规则。但是,最终更好的观点仍是长久以来被视为正统的观点:受益人至少在标准的固定信托中(见第 2.4 节自由裁量信托)对信托财产享有衡平法上的所有权权利。

2.4　所有权权益的多样性

所有权权益有不同的形式。它们之间的区别与其内容和持续性有关。内容问题涉及该权益的范围：专门为持有人保留了哪些资产的用途？一些所有权权益相较于其他权益在资产的使用方面可以拥有更广泛或完全不同的特权和权力。持续性则涉及权益的强度或弹性：它在什么情况下将由谁废除？一般来说，所有权权益可以赠与他人。但在持有人无赠与意愿的情况下，这种权益也可能灭失。与其他权益相比，所有权权益更容易出现这种情况。

正如我们所指出的，在典型信托中存在两种类型的所有权权益。受托人拥有法定所有权，而受益人享有他自己独特的衡平法上的所有权。这些所有权权益可以共存的原因之一就是他们在内容上有所不同。在信托存续期间，受托人凭借其法定所有权，根据明确的信托条款，绝对有权持有信托财产并决定如何运用信托财产。例如，受托人可以选择如何进行信托财产的投资。同样，正如我们刚刚所述（见第2.3.3节），如果第三人因疏忽损害或毁损了信托财产，那么受托人可以起诉第三人索要损害赔偿金。与此相反，作为衡平法上的所有权人，受益人根据信托条款的约定仅有权获得财产中可能产生的收益。因此，虽然受托人决定信托财产的投资，但他的决定应该以使受益人的获益最大化为目的，而且所取得的任何获益都属于受益人而不是受托人。尽管通常第三人对受托人的信托财产负有注意义务，且受托人有权在第三人违反义务时启动法律程序［见 *Shell 11K Ltd. v. Total 11K Ltd.* (2010) EWCA Civ 180,(2010) 3 WLR 1192］，但任何损害赔偿金都是以信托的名义收回，因此受益人将最终得到赔偿。

一般来说，我们认为法定所有权和衡平法上的所有权反映了不同种类的财产请求权或财产所有权。法定所有权是决定财产如何使用和运用的法定权利,而衡平法上的所有权则是从该财产的使用和运用中受益的权利。

所有信托都涉及这种法定所有权和衡平法上的所有权的划分吗?如果受托人 T 为拥有相同份额的 A 和 B 以信托方式持有财产,则不难发现 A 和 B 为信托财产的衡平法上的共同所有人。同样,如果 T 为 A 终身以信托方式持有财产,剩余部分属于 B,则 A 和 B 对信托财产都拥有衡平法上的所有权权益,尽管此时这些是不同类型的权益,即 A 的权益是终身权益,B 的权益是剩余权益。难以确认的是自由裁量信托的情况。如我们所见,在自由裁量信托中,受托人可以选择每一受益人获得的信托财产的份额(如果有)。因此,很难看出任何受益人个人都对信托财产享有权益。当然,一旦受托人行使其自由裁量权并且作出决定,那么相关的受益人将获得对分配给他的财产的法定受益所有权。然而,在此类决定作出之前,每个受益人个人似乎只拥有在受托人行使自由裁量权时将其考虑在内的权利[见 *Gartside v. IRC* (1968) AC 553 和 *Sainsbury v. IRC* (1970) Ch 712]。

但是,因为我们知道,财产将以这样或那样的方式在不同的对象之间进行分配,有人则认为我们应将这些对象视为持有衡平法上受益所有权的群体。Reid 勋爵在 *Gartside v. IRC*, 605 - 06 案中反驳了这个观点。这似乎表明最好的解释是(见第 2.6 节),所有对象可以共同要求受托人将信托财产直接转给他们。此外,存在的疑问是,假如自由裁量信托的受托人滥用信托财产,那么该财产可能会从占有它的第三人处收回。这又与自由裁量信托的对象,无论是个人还是团体,仅享有要求受托人适当履行其义务的个人权利的观点不一致。相反,一个明显的情况是,在目的信托中,对于信托财产不存在单独的衡平法上的所有权,因为根据定义,没有可以将该衡平法上的所有权权益归属于其的受益人。

2.5　衡平法上的所有权和受益所有权

我们看到,在标准的信托中,受益人在衡平法上的权益被看作对源自信托财产利益的独有的法定权利。这通常体现在受益人被称为拥有对信托财产的“受益权益”或“受益所有权”。因此,“受益权益”和“受益所有权”这两个术语是“衡平法上的所有权”的同义词的结论可能是诱人的。不过,这不是完全正确的。

当他们被授予排他的受益于一项资产的法定权利意味着他们拥有对该项资产的所有权权益时,我们说某人拥有对该特定资产的受益权益或受益所有权。当然,在典型的信托中,受益人享有这样的法定权利。所以,在这种情况下,受益人的衡平法上的所有权就是受益所有权。相反,在没有信托的情况下——财产被直接持有——唯一有权受益于财产的人是法定所有权人。在这种情况下,我们可以说他享有该财产的受益所有权或受益权益。因此,与财产以信托方式被持有的情况不同,当我们说受托人拥有“名义上的法定所有权”时,我们用术语“法定受益所有权”描述的是完整的所有权。然而,就如之前提到的(见第 1.6.2 节),如果没有信托,该财产就没有衡平法上对财产的所有权[见 *Westdeutsche Landesbank Gimzentrale v. Islington London BC* (1996) AC 669, 706 (Browne-Wilkinson 勋爵)]。财产持有人也只拥有法定受益所有权而没有其他权利。衡平法上的所有权随着信托的产生而出现,同时随着信托的终止而灭失。

因此,并非所有受益所有权都是衡平法上的所有权。但要说并非所有的衡平法上的所有权都是受益所有权就没那么简单了。为了便于理解这个问题,我们需要做一个简短的描述。所有权权益通常可以转让给其他人。因此,如果你拥有财产(对财产拥有法定受益所有权),你当然可以将该财产赠与他人,将你的权利完全地转让。如果你在信托项下拥有对财产的衡平法上的权益,也是如此。这一衡平法上的权益也可以转让(分配)给其他人(我们将在后面深入探讨,见第6.6节)。法定受益所有权人的另一种选择当然是设立一个信托。这样的结果就是法定所有权成为一个名义上的(非受益的)法定所有权,受益人获得了对该财产的新的衡平法上的权益。存续信托项下的受益人也可如此选择。他可以表明设立一个以其衡平法上的权益为信托财产的信托,其衡平法上的权益成为该信托项下的一个名义上的衡平法上的所有权,就新的(第二)受益人而言,一个新的、独立的衡平法上的受益所有权产生了。这就形成了我们所谓的子信托:原受托人T为原受益人B以信托方式拥有其法定所有权,而B依次为C(子受益人)以信托方式拥有衡平法上的权益(见第6.6.4节)。在这种情况下,B和C对财产享有不同的衡平法上的所有权,但只有C享有受益所有权,因为只有他而非B最终有权获得财产中产生的利益。

2.6 *Saunders v. Vautier* 规则

关于受益人在衡平法上的所有权还有一个重要方面。如果受益人达到法定年龄(现在是18岁)且具有成熟心智,那么他对(部分)信托财产享有绝对权益时,他可以要求受托人将该财产的法定所有权转让给他,从而使信托(至少就财产而言)终止(通常见Matthews,2006)。其结果是受益人最终获得财产的法定受益所有权。换句话说,他不再是信托的受益人,而是完全的所有权人。

这就是 *Saunders v. Vautier* 规则,是以适用该原则的案例命名[*Saunders v. Vautier* (1841) 4 Beav 115]的。立遗嘱人为Vautier设立了一个股权信托。受托人的职责是累积股本股息,到Vautier 25岁时,才能将股本和股息转让给他。但是Vautier在21岁时要求立即将财产转让给自己。法院认为他有资格要求转让。虽然委托人要求

Vautier 在 25 岁之前不能接手财产，但受益人的权益是绝对的，没有其他人有权对该股权提出主张。这意味着，法院得出的结论是，Vautier 有权选择现在获得财产，而不是等到委托人规定的 25 岁。

同样的原则也适用于存在不止一个受益人的信托。例如，如果我为 A 和 B 以相等的份额设立了 1000 英镑的信托，作为完全行为能力人，A 可以要求立即转给他 500 英镑，因为他对一半的信托基金拥有绝对权益。然而，允许一个受益人行使要求立即转让基金份额的 *Saunders v. Vautier* 权利，如果该行为会给其他受益人带来不利影响，则是不可以的［见 *Stephenson v. Barclays Bank Trust Co. Ltd.*（1975）1 WLR 882］。例如，如果信托基金是由私人公司的股份而不是资金组成的，而这样的行为将降低剩余信托财产的价值（B 的持股），则 A 就不能主张取得一半的股份。同样，如果 A 和 B 在土地上拥有同等的份额，A 若要求立即转让他的份额，唯一的办法就是卖掉土地，一半的收益支付给他。这样做也可能损害 B 的权益，如果是这样，则该请求将会被拒绝。

如果没有一个受益人对任何部分信托基金拥有绝对权益——因此没有人能够要求立即转让基金的任何部分——受益人可以联合起来共同行使他们的 *Saunders v. Vautier* 权利。因此，如果 A 和 B 共同持有该土地，虽然 A 和 B 都不能单独要求转让土地或土地的任何部分，但他们可以联合起来要求将土地转到他们的共同名下，这也同样适用于自由裁量信托。正如我们所见（见第 2.1 节），在自由裁量信托中，受托人决定每一受益人可以收到信托基金的哪一部分（如果有）。因此，如果我为 A、B、C、D 设立 1000 英镑的自由裁量信托，那么任何受益人都不能单独要求转让该基金的任何部分，因为没有人对基金有固定权益。直到受托人决定谁将得到什么，没有人知道每个受益人将获得什么（如果有）。但是，我们知道，资金最终会以某种方式分配给 A、B、C、D 中的一人或多人。因此，除了这四位受益人，没有人有权对该信托基金提出受益请求。如果承认 A、B、C、D 可以共同享有信托财产的绝对受益所有权,则可以要求将资金整体转给他们[见 *Re Smith* (1928) Ch 915]。

当然,在许多信托中,特别是我们会在后文[见 *McPhail v. Doulton* (1971) AC 424;第 3.82 节]看到的广泛的自由裁量信托,获得信托项下所有受益人的同意是不可行的。尽管如此,该原则依然存在。假如那些实际或潜在的有权受益于信托财产的人都已达到法定年龄且心智成熟,那么他们可以要求将财产完全转让给他们。

2.6.1 *Saunders v. Vautier* 规则的证明

为什么法律允许这样做?毕竟,该规则的重要意义在于,它使受益人能够得到信托财产,尽管委托人已经限制了(或试图限制)他们索赔的权利。这一点从 *Saunders v. Vautier* 案本身就可以看出来。尽管委托人的意图是 Vautier 一个人从股票中获利,但也打算股票在他年满 25 岁后再转给他。因此,该规则有效地使得受益人的意图胜过了委托人的意图。这看起来很奇怪,因为我们承认一个信托的根本原因——以及受益人对信托财产拥有任何权利的原因——正是委托人的意图。换言之,不依靠委托人的意图,受益人无法构造一项对信托财产的权利,但是,基于他对财产的权利,我们允许他提出对财产的主张,即使实际上这与委托人的意图相冲突。

允许这样做的一个原因可能是,法律倾向于财产被直接拥有而不是以信托方式持有。基于此,尽管法律准备承认和认可信托,但也鼓励提出终止信托的尝试。他们认为信托是对财产自由使用的一种约束。只要信托存在,信托财产就被“捆绑起来”,因为受托人只有基于信托目的才可以使用和运用信托财产。相反,在财产被直接持有的情况下,所有人根据一般规则可以对财产自由地做任何他喜欢的事情,包括将财产转让给他人。后一种方式经济上是可取的,因为它促进了财产的自由转让,使财产最终落入最珍惜该财产的人的手中。因此,我们也许能够支持 *Saunders v. Vautier* 规则,因为通过使一个绝对有权的受益人提出信托终止，该规则有利于财产的自由转让，同时证明了有限偏离委托人意图的合理性[我们将在后面看到，同样的政策是信托法另一项重要规则（反永续原则）的基础：第 4.8 节]。

Saunders v. Vautier 规则也可能被视为整个信托法中存在的一种特殊矛盾的具体体现，即受益人的愿望与委托人有所偏差。例如，很明显的是，虽然明示信托的产生是因为这是委托人的意图，但委托人本人没有权利执行该信托。相反，执行权留给了受益人，受益人当然可以选择不起诉，或者可能无法起诉（如由于缺乏资源）。同样，也很明显的是，受益人也可以授权受托人为违反信托行为，从而背离了委托人设立的条款（见第 13.8.1 节）。可以说，受托人的信义义务是为受益人的最大利益而行事，不是为了委托人的最大利益或委托人可能认为的受益人的最大利益。所有这些例子都说明受益人的意图和愿望优先于委托人。*Saunders v. Vautier* 规则与这些情况相符。

但是，在其他方面，在另一些领域，委托人的意图似乎依然被放在首位。当然，在确定一项信托是否已经产生以及受益人在信托项下享有何种权益时，情况就是如此。另一个例子是该规则关于除外条款的规定。委托人可以为受托人提供除外条款的保护，免除他在违反某些信托条款时的责任（见第 13.8.3 节）。这显然对受益人不利，因为它剥夺了他们向受托人收回因受托人违反信托而造成的赔偿损失的权利，但是它被允许是因为这是委托人选择的条款，也是他作出的选择。同样地，虽然他们可以同意受托人准备违反或已经违反信托，但受益人也不能随意要求受托人承诺代表他们违反信托。除了通过利用其 *Saunders v. Vautier* 权利提出信托提前终止，在信托仍然存续的情况下，受益人无权要求受托人如何行使他的权力。例如，他们不能要求受托人以特定的方式投资财产，除非这也是委托人的要求[对于基本原则的应用见 *Re Brock-bank*（1948）Ch 206，虽然争议问题的关键点已被《1996 年土地信托与受托人任命法》第 12.2 条所颠覆]。但是，需要指出的是，同样的结果也可通过以下方式取得，即受益人行使

Saunders v. Vautier 权利以终止信托,并立即将财产重新设立新的信托,新的信托不同于原来的信托仅在于规定了一项受托人按照期望的方式行事的义务。

2.6.2 视为赠与的信托与视为合同的信托

一般来讲,上述矛盾反映了明示信托的两种对立观点(见第 4.4 节和 Penner,2002)。一种观点认为,信托就像一个由委托人送给受益人的礼物,受托人就是使这个礼物生效的媒介,一旦赠与人将这个礼物交付给他人,他就丧失了对受赠人如何使用该财产的发言权。因此,如果把信托的设立视为赠与,那么应当允许受益人决定如何使用和享有委托人"给予"他在衡平法上的受益权。另一种观点则认为,明示信托并不类似于赠与,而是类似于委托人与受托人为了第三人(受益人)的利益而订立的合同(见 Langbein,1995)。基于这个观点,由委托人和受托人确定所有他们希望的条款,而受益人只能获得委托人和受托人希望受益人获得的财产,这种做法在法律对受托人的免责条款和报酬条款的处理中比比皆是。

我们应该如何看待明示信托——无论它们是更贴近于赠与或合同,还是事实上与两者都类似——这可能是学术上的问题。尽管在大多数情况下,信托法律的解释和运用与我们为何实行明示信托无关,但最终,亦如其他方面,法律是由它背后的原则和政策所构成的,而在信托方面存在的重要问题是,信托法规定的含义的不同会导致不同的结果,上面的案例便说明了这一点。此外,对这个问题的更多关注可能有助于我们解决信托法中的某些长期争议。

我们已经通过有关案例讨论了信托项下受益人权利的性质(见第 2.3.3 节)。正如我们所了解的,确定安排受益人权利的方法首先要弄清信托声明设置信托受益人权利的原因。受益人取得的权利的种类首先应取决于我们承认他获得了权利(无论哪种)。另一个相关案例是关于受益人原则的规则。在第 4 章将看到,作为一般规则,法律禁止目的信托,认为信托必须存在受益人,然而是否有充分的理由解释这一规则还有很大疑问。如果认为信托类似于合同,法律禁止目的信托这一规则似乎很难理解:委托人和受托人为什么不能自由安排受托人持有并运用信托财产以达到某些目的而非特定个人获益?如果认为信托类似于赠与,则更加不可能成立目的信托,因为财产不能因某个目的而被给予或取得,你不能因某个目的而设立信托。

我们必须要说的是,按照法律规定,明示信托似乎没有一个单一的模式或概念。不同的观点似乎鼓励和塑造了信托法的不同方面,虽然这并不意味着法律是矛盾的或无原则的,但仍需更多的分析以确定这些观点是否适用。如果适用,这些观点如何与一系列公平的规则相统一。

2.7　信托和基金

我们提过受托人有权进行信托财产的投资运用,事实上这是设立信托的关键。当信托财产用于投资时,受托人将该财产转让给第三人,而后者为受托人提供其他资产作为回报,新获得的资产就变成信托财产。因此,如果当信托资金投资于股票时,受托人向公司或现有股东支付信托资金以换取股份,交易的最终结果是,公司或股东直接获得资金,他们与信托无关,股份本身成为信托财产,而受益人实际上的所有权从货币转到了股份。

这显示了受益人对信托财产享有的衡平法上所有权的另一个重要特征:其对特定信托财产的所有权可因受托人行使投资权利或以其他方式处置信托财产而不复存在。受托人忽略受益人权益而处置信托财产的过程构成越权(见第 9.4 节)。由于信托的这个特点(或者至少是明示信托的特点;归复信托以及推定信托的受托人通常不会拥有投资的权力),我们认为受益人是对流动资产基金拥有所有权权益,而不是对某个时点基金项下的每一资产拥有所有权权益(见 Penner, 2006)。这可能说得太远了。受益人既可以通过行使 *Saunders v. Vautier* 权利从受托人处对特定信托财产主张权利,也可以对抗非法获得资产的第三人(依据善意购买规则:见第 2.8 节)来主张权利,这不符合受益人无权参与信托基金的情形。但是,受托人改变信托财产性质的权利是明示信托的一个重要特征,也是在个人信托财产中对受益人权利的一个重要限制。

2.8 善意购买规则

我们之前(见第 2.4 节)提到,不同类型的所有权权益的区别表现在两个方面:内容和持续性。到目前为止,我们一直把重点放在衡平法上的所有权的内容,以及确定受益人对属于信托的财产享有的权利的类型。然而,衡平法上的所有权与法定所有权在持续性方面也是不同的。

如前所述(见第 2.3.1 节),所有权权益的特征是其赋予对特定物的使用和(或)享有的排他的权利。正是由于这种排他性,所有权权益通常对相关财产的第三方接受者也具有约束力。以最简单的情况为例,第三人未经你同意取得你的财产,你可以要求他归还,因为只有你自己有权决定该如何使用以及由谁使用该财产。但是,只有少数所有权权益能够在任何情况下对所有人具有约束力。有时即使持有人没有同意放弃所有权权益或将其转让给其他人,所有权权益也可能已经丧失。与其他类型的权利相比,所有权权益更容易在未经持有人同意的情况下丧失。

案例:我们签订了一份合同,基于你的信用我将一些电脑出售给你,这意味着你在没有支付全部款项之前就可能收到电脑。但为了保护我的利益,避免到时你不能付款,合同还规定了在收到款项前,我将保留对电脑的所有权(对电脑的法定受益所有权)(这就是所谓的所有权保留或 Romalpa 条款)。简言之,虽然从一开始你就可以自由使用电脑,但在你付款前它们仍属于我。然而,设想一下,如果在你付款之前,你打算将电脑卖给第三人,而该第三人完全不知道电脑实际上法定所有权人是我。在这种情况下,我没有同意第三方接受并使用电脑,因此你可以期待,我可以对他行使我的所有权权益,要么收回电脑,抑或起诉他未经我允许而使用电脑。然而,《1979 年货物买卖法》第 25 条规定,第三人不仅不受我的索赔的影响,而且事实上还取得对电脑的法定受益所有权。

因此,第 25 条规定了一种情形,其中,即使所有权权益持有人未同意转让该项权益,所有权权益也可能丧失。法律为什么允许这种情形发生?在本案例中,如果我对法律判定持有的所有权转让给第三人表示不服,我可以在侵权和违反合同两个方面因你非法出售我的财产而对你提起索赔,但如果你无力偿还或无法找到你,索赔便没有意义。但是,如果我继续持有所有权,并能对第三人行使该权利,那么第三人会遭受损失,因为他向你支付了款项并期待取得电脑的所有权。他将可以起诉你违反合同或收回在索赔中的花费,但一旦你逃跑或无力偿还,这些权利就再次变得无意义了。所以,法律面临两难的境地,即有两个同样没有过错且应当取得财产所有权的当事人,却只有一方当事人可以获得财产的所有权。法律可以保护我预先存在的财产权,或者保护他对获得这种权利的要求,但不能同时两者都满足。在这种情况下,因为人们普遍认可商业交易的可靠性和安全性,要求人们在不必过分关心卖方的销售权的情况下就可以获得财产,从而天平向第三人的利益倾斜。

但是,这样的案例并不常见。一般情况下,法定所有权权益(这里的“法定”指的是“普通法规则所承认的”)将对所有在未经过权益持有人的同意而接触财产的人具有约束力,因此,只有在持有人有意转让权益时,所有权权益才会丧失。换言之,普通法的出发点是所有权权益在任何情况下对所有接触财产的人均具有约束力,但设立了一系列的限制性例外。

然而,衡平法对此有不同的立场。作为一般规则,衡平法上的所有权权益仅约束以下两类人:

1. 知道或应当知道索赔人对相关财产享有权益的人(已被通知索赔人权益事项的人);或

2. 取得财产但未给予任何对价的人(受赠人)。

相反,衡平法上的所有权权益对那些不知道也无法预料原告享有财产权益且支付了财产的法定权益的对价的人没有约束力[见 *Pilcher v. Rawlins* (1872) 7 Ch App 259]。我们将这些人称为未经通知的善意有偿购买人,而这类当事人不受衡平法上的权益约束的规则被称为善意购买规则。

善意购买规则可以细分为三个要素:

1. 被告必须为财产的利益支付一定的对价,因此他会以金钱或其他财产来换取信托资产。对价也可以体现为其他有客观价值的行为或表现。例如,你给我信托财产,我为你擦窗户或给你唱一首歌作为对价,那么我就是有偿买受人,重点在于对价是有价值的,与其价值多大或是否匹配所收到的财产价值无关。

2. 该规则适用于所有取得对财产的法定(普通法)权益的被告。这当然包括接受受托人向其转让法定所有权的人,也包括其他类型的法定所有权权益,如那些被给予信托财产上的法定按揭的人(关于抵押贷款的更多细节,见第 8.12 节和第 14.2 节)。

3. 被告未接到原告对财产拥有衡平法上的权益的通知。通知的人包括知悉原告拥有权益的人(事实通知)以及在一定情况下通过合理调查知晓原告拥有权益的人(推定通知)[近期关于购买人合理要求的讨论,见 *Papadimitrious v. Crédit Agricole Corpn and Investment Bank* (2015) UKPC 13, (2015) 1 WLR 4265]。如果被告代理人获得财产是在已知原告拥有权益的情况下,无论是通过事实通知还是推定通知(责任通知),都认为被告已接到通知。不确定的是,对被告的"善意的"行为的考量是否以他未接到原告拥有权益的通知为标准:见 *Armstrong DI-W GmbH v. Winnington Networks Ltd.* (2012) EWHC 10 (Ch), (2013) Ch 156, (121)。

因此,如果我的受托人以信托方式为我持有股票,但他违反信托将股票卖给了你。如果你不知道或无法知道信托以及我在信托项下的权利,你将取得对这些股票的法定受益所有权。但是,如果你知道或应当知道这些股票是信托财产(在这种情况下,你不是未经通知的)或者你无偿接受了这些股票(在这种情况下你不是支付了对价的购买人),那么你将以实现我对股票的衡平法上的权益(以及受托人转让的法定所有权)为前提而获得股票。

重要的是,在你遵守规则的情况下,你不仅可以不受我的权益的限制而取得财产,而且未来受让你转让的财产的人也可以,无论该受让人是不是未经通知的善意有偿购买人。实质上,善意购买人取得财产会产生损害或消灭我对该财产的衡平法上的权益的效果。这个规则也有例外,即财产或其可追踪的收益归还给原始受托人,在这种情况下,受益人可以对他主张其财产的衡平法上的所有权,尽管该财产经过了善意购买人之手:*Wilkes v. Spooner* (1911) 2 KB 473; *Independent Trustee Services Ltd. v. GP Noble Trustees Ltd.* (2012) EWCA Civ 195, (2013) Ch 91。

也有人认为,由于受益人的权益不能对抗未经通知的善意有偿购买人,因此不能称为所有权,这是错误的。没有理由认为所有权权益必须在任何情况下都能够对抗所有人(尽管所有权权益在定义上是对物权,但它们必须能够在某些时候至少能够对抗第三人)。事实上,正如我们所指出的,即使能够推定约束所有人的法定所有权有时在未经持有人同意的情况下也会丧失,但我们不会怀疑它们是真正的所有权。从根本上讲,一个人的权利偶尔被他人的权利剥夺或为公众利益牺牲并不意味着这些权利是虚幻的。例如,仅仅因为你在某些必要和自卫的情况下,可以未经我的同意对我进行殴打,这并不表示我对自己的身体完整和自我管理没有权利。较为合理的观点是,善意购买规则并没有威胁到受益人实际拥有信托财产所有权权益(衡平法上的所有权)。它仅仅意味着,这类所有权权益就其性质比法律所承认的其他所有权权益更易受到损害。

最后,我们可能会问,为什么衡平法在这方面采用了与普通法不同的做法,使衡平法的所有权权益明显弱于普通法同类权益。值得注意的是,普通法在货币的转让和受让中适用于善意购买规则[见 *Miller v. Race* (1758) 1 Burr 452]。有人提出一个观点认为,信托项下的衡平法上的权益通常是“隐藏的”,因为受托人通常将保管实物财产。因此,信托容易误导第三人。受托人凭借其对财产的占有,在表面上有权从财产中获益,而事实上受益权归属于其他人。因此,善意购买规则保护了信托财产的第三方受让人免受因信托财产的受益权利和财产占有相分离所造成的风险。这一分析也得到了之前我们提到的《1979 年货物买卖法》第 25 条的支持。在这里,普通法破例将善意购买规则适用于已经拿到其同意购买的商品但所有权还没有转给他的人对该财产的转让。同样,在受益权隐藏的情况下,占有财产的人,因而在全世界看来有权享有财产受益的人,事实上并没有受益权利。

但是,人们可能怀疑这是否实际上证明了衡平法采用与普通法通常所采用的不同的规则的合理性。当然,在所有权权益被隐藏的情况下,获得财产的第三人很有可能不知道这些权益的存在,因此,如果他们后来发现自己受到这些权益的约束,那么将已经受到了不公正的损害。但是,如果我们确实认为,我们不应该行使所有权权益以对抗那些不可能合理地知悉所有权权益的人,那么,我们应该在所有情况下都适用善意购买规则,而无论所涉所有权权益的性质以及内容如何。换言之,尽管衡平法上的所有权权益比法定所有权权益更有可能不被发现,但这仅仅意味着善意购买规则在后者情况下更难以满足,而不是说该规则根本不应适用。因此,可以提出一个有说服力的论点,即这是其中的一个领域,普通法和衡平法通过自身的发展,对同一基本问题给出了截然不同且相互矛盾的答案(见第 1.7.1 节)。因此,尽管这种改变不可能发生,但平等对待同类案件可能要求我们抛弃普通法和衡平法在处理所有权权益方面的这种系统性差异。

总　结

1. 信托可以是固定的,也可以是任意的。在固定信托中,委托人明确规定谁将得到什么财产。在自由裁量信托中,委托人至少在一定程度上保留了受托人决定如何分配财产的权利。

2. 信托与指定的权力是相对的。无论是固定信托还是自由裁量信托,受托人都有义务将财产分配给指定的对象。指定的权力则使"受托人"可自由选择是否将财产分配给指定的类别。

3. 受益人,至少在标准的固定信托中,对信托财产拥有权益——衡平法上的所有权。与其他所有权权益一样,受益人有权向持有或处理过信托财产的(一些)第三人提出请求权,并在目前持有信托财产的受托人或第三人破产的情况下享有优先权。

4. 受益人对信托财产的衡平法所有权不同于其他形式的所有权。第一,受托人将信托财产有效地处分给第三人,使该财产不再属于受益人的利益,可能构成越权。第二,如果财产是被真正善意的、未经通知的购买人支付对价而取得,受益人对该财产的衡平法所有权将被击败。第三方支付对价以换取某项财产的合法权益,而此时他既不知道也没有理由知道该财产源于违反信托,即属于这种情况。

5. 受益人在信托项下的权利的另一个方面是,如果他是成年人且智力健全,以及对信托财产有绝对的权利(不存在其他对该财产享有利益请求权之人),他可以要求受托人将该财产直接转让给他,即使这与委托人的愿望相矛盾。这就是 *Saunders v. Vautier* 规则。

6. 衡平法上的所有权和受益所有权不是同义词。受益所有权由目前有权享有该财产利益的人持有。在没有信托的情况下,由法定所有权人持有。衡平法上的所有权只有在信托成立的情况下才会存在,且只有在信托存续期间才会持续。

练　习

2.1　受益人是否始终或确实曾经拥有信托财产的所有权?为什么重要呢?

2.2　受益人将接收信托财产的第三方作为对信托财产没有任何利益之人提出索赔,这是否正当?

2.3　衡平法上的所有权和受益所有权的概念有何不同?

2.4　为什么我们应该允许一个对信托财产享有绝对权利的受益人要求将信托财产移交给他,即使这与委托人的意愿不一致?

2.5　为什么受益人在信托财产上的权利会在未经通知的情况下被善意的有偿购买人击败?为什么财产法定所有权人的权利在同样的情况下不会被击败?

拓展阅读

1. Birks, *In Rem or in Personam? Webb v. Webb*, (1994) 8 Tru Ll 99.

2. Jaffey, *Explaining the Trust*, (2015) 131 LQR 377.

3. Langbein, *The Contractarian Basis of the Law of Trusts*, (1995) 105 Yale LJ 625.

4. Matthews, *The Comparative Importance of the Rule in Saunders*

v. Vautier, (2006) 122 1 – QR 274.

5. McFarlane, *The Structure of Property Law* (Hart Publishing 2008), 206 – 27.

6. McFarlane and Stevens, *The Nature of Equitable Property*, (2010) 4 J Eq I.

7. Penner, *Duty and Liability in Respect of Funds in Lowry and Mistelis* (eds.), *Commercial Law: Perspectives and Practice* (Butterworths 2006).

8. Penner, *Exemptions in Birks and Pretto* (eds.), *Breach of Trust* (Hart Publishing 2002).

9. Scott, *The Nature of the Rights of the Cestuique Trust*, (1917) 27 Colum L Rev 269.

10. Smith, *Unravelling Proprietary Restitution*, (2004) 40 Can Bus LJ 317.

11. Scott, *The Nature of the Rights of the Cestuique Trust*, (1917) 27 Colum L Rev 269.

12. Webb, *The Double Lives of Property*, (2011) 2 Jurisprudence 205.

第3章　确定性

3.1　三个确定性

每个明示信托都必须满足一些基本的有效性要求。例如,我们关注的明示信托,显然第一个要求就是委托人一方有设立一个信托的意图;其次是标的,即以信托方式持有的财产;还有受托人持有财产的获益群体或目的(统称为信托对象),这些都必须足够清晰。这些要求被称为三个确定性[见 *Knight v. Knight* (1840) 3 Beav 148, 173 (Langdale 勋爵)]。

3.2　确定性要求的必要性

上述要求有两方面意义。第一个要求是意图的确定性,意图的确定性表明是否存在一个承认信托的理由。明示信托作为对信托意图的回应而设立并生效。所以,若没有这样的意图,就无法找到明示信托存在的任何基础。对标的与信托对象的要求则具有另外不同的意义,该要求能够确保受托人(如果有必要,还有法院)有足够的信息来执行体现委托人意图的信托。这是一个比意图的确定性更有感觉的问题,因为法院在承认一个信托有效之前会选择他们需要的信息。这里关键的问题是,为了避免委托人意图的完全落空,法院应准备在多大程度上适应和解决信托中委托人声明缺乏确定性的问题。

3.3　意图

一般情况下,委托人意图设立一个信托是显而易见的。如果委托人获得了法律意见,并起草了信托契约,详细说明了受托人的义务和权力以及受益人受益的方式,那么他的意图通常是明确的。

然而,在不提及"信托"一词的情况下,也可以设立信托,因为事实上我们并没有把信托作为法律概念。相反,尽管可能使用了"信托"一词,但实际上也并不代表希望设立一个信托[见 *Singha v. Ileer* (2016) EWCA Civ 424, (2016) TLR 1189]。重要的是意图的实质,而不是用来表达意图的语言。如果你的意图是形成一个被律师称为信托的法律关系,那么你就是有意设立一个信托,而你是否听说过信托、受托人、受益人等词语则无关紧要。就像 Megarry 法官在 *Kayford Ltd.* (1975) 1 WLR 279 案中所说的,"信托的设立无须使用'信托'或'信任'等词或类似的用语;关键在于是否显现了一个设立信托的充分意图"[相似的情况,见 *Schebsman* (1944) Ch 83, 104 (du Parcq 法官)]。

3.3.1　不完善赠与

当财产所有人意图让另一方获益,但不确定他是否意图通过信托方式给予这种利益,这里就产生了更复杂的问题。其出发点是法律提供了各种方式,使我们可以通过处置我们的财产使人受益。信托是其中的一种方式,但不是唯一的方式,而最明显的另一种选择就是将财产完全转让给预期的“受益人”(我们通常所说的赠与)。的确,这是使我们相互获益更为常见的方法。

这意味着,如果我有一些股份,我想让你从中受益,我可以选择如何让你受益,一个简单的方式就是将股份全部转让给你,另一个方式就是以这些股份设立一个以你为受益人的信托。法院通常允许我们选择更能使我们达到目的的方式。然而,当财产所有人打算直接赠与却未能遵守所有权转让的法律规则,这意味着赠与无效,此时问题就产生了。在这种情况下,失望的“受益人”能否利用衡平法更宽松的规则来建立信托,并主张失败的直接转让仍然能成功设立一个他为受益人的信托?换言之,我们能否把一次失败的赠与当作一个成功的信托声明?一般情况下,答案是否定的。法院将会认为信托只有在委托人明确意图设立信托的时候产生(见第6.3节)。

这可见于 *Jones v. Lock* (1865) 1 Ch App 25。一位父亲因公出差。他回来后,他的家人责怪他没有为他的宝贝儿子带礼物。作为回应,他开了一张900英镑的支票,把支票放在婴儿的手里,说:“看这儿,我把这个给宝宝;这是给他自己的,我会为他收起来,并且会给他更多的东西。”当他的妻子表示担心孩子可能会把支票撕掉时,父亲回答说:“这是他的(孩子的),他可以做他喜欢的事。”随后,父亲把支票锁在了自己的保险箱里。可悲的是,父亲于6天后去世了,法院将要裁决该支票属于谁。显然,父亲是打算把支票直接转让给他的儿子,但仅仅把支票交给某人还不足以说明其所有权也转让了,相反,父亲必须背书这张支票(在支票背面签上字,并注明它已被转给他的儿子)。因此,意图赠与无效。当时的问题是,父亲的话是否能视为他打算为他儿子设立一张支票信托的表示,因为一个成功的信托声明并没有要求支票也要背书。上诉法院认为不能,因为尽管父亲有着清晰的意图,将支票的利益转让给儿子,而信托就是一个有效的方法,但是他的意图是直接转让,法院拒绝通过将一个失败的直接转让视为一个成功的信托声明，从而完善一个不完善赠与。

但有些情况下法院也会表露出一种更为宽容的态度。最好的例子就是 *Paul v. Constance*（1977）1 WLR 527［也可见 *Rowe v. Prance*（1999）2 FLIR 787］。Constance 先生在与他的妻子分居后，与 Paul 女士在一起了。在他获得 950 英镑的工伤赔偿后，Constance 先生决定与 Paul 女士一起将钱存入一个银行账户。由于他们还没结婚，所以账户是以 Constance 先生的名义独自设立的，但 Constance 先生多次向 Paul 女士保证说"这笔钱你和我所分一样多"。之后，他们将在"宾戈"（bingo）中所赢得的钱存入了账户，并且取出了 150 英镑并平分。Constance 去世时没有留下遗嘱，Paul 女士声明她有权获得该账户里的部分财产，因为 Constance 先生的话语和行为就等于以她为受益人的信托声明。

正如我们所看到的，Constance 先生从未使用过"信托"这个词，但是这并不是决定性的。就像 Scarman 法官所说，

我们面对的是一般人，即不了解衡平法细节的人，但他们对自己的家务事非常了解。所以将原告和 Constance 先生在一起的时候在他们所处的背景和情景下的所说所做等纳入考虑是正确的。

Scarman 法官认为，当考虑到这些因素后，Constance 先生的话语和行为就可以表明，银行账户里的钱是他为自己和 Paul 女士设立的信托：

当考虑到 Constance 先生淳朴的性格以及在他生命最后几年里与原告的关系，原告律师认为，他不止一次地说"这笔钱你和我所分一样多"，清楚地表达了一个这样的主张，即对于现有的基金，他自己和原告所分一样多。法官接受了这个结论。我认为他这样做是有道理的，事实上，我认为他这样做是正确的。正如原告律师所提醒我们的，在

原告和 Constance 先生曾经的关系中,还有其他特征可以支持将这些话语理解为一个明确的信托声明的解释。我已经描述了账户设立时对银行经理的采访情况。我也提到了他们将在“宾戈”中所赢得的钱存入了账户中,且这次取款是有利于他们双方的。

当然,Scarman 法官承认这是一个难以定夺的个案。此外,这一判决会产生一些难题,但结果证明,这些难题没必要都解决,特别是这类信托何时产生还尚未可知,因为法院还没有以某一事件作为等同信托声明的参考。

3.3.2 主观意图与客观意图

在确定设立信托的意图是否存在时,我们是否需要找到委托人的实际意图(主观方法)或找到一个合理的人可以证明委托人的所说所做代表了他的意图(客观方法)? 在合同法中,通常确定意图是通过客观的方法,而法院认为应当询问委托人是否有意图设立信托的时候,同样的方法也适用[见 *Thvinsectra Ltd. v. Yardley* (2002) UKHL 12, (2002) 2 AC 164, 1711 (Millett 勋爵)]。这意味着,委托人自己是否想要设立信托并不重要,重要的是任何明理的人都可以从他的语言和行为中推断出这就是他的意图。不过有两点尚存争议。

第一,作为一个原则问题,我们通常不能以这种方式忽视或推翻委托人的真实(主观的)意图。订立合同时,另一方往往倾向于合理相信合作伙伴的意图,因此在合同法中采用客观方法确定合作伙伴的意图以保护合同的另一方。事实上,在缔约方实际知道对方真正意图是什么的情况下,不应使用客观方法[见 *Hartog v. Colin and Shields* (1939) 3 All ER 566]。当涉及明示信托的设立时,没有人需要通过客观方法使其与合同另一方处于同等地位。同样地,客观方法也不适用。因此,禁止反言的主张缺乏合理化事实(见第 6.3.5 节),信托的设立仍需由主观意图决定。

第二,一系列案件表明,主观和客观的方法对设立信托意图会给出不同的答案,而法院将采取主观的方法。涉及这些问题时,法院必须考虑据称由委托人设立的信托是否虚假。委托人可能想营造一种为他的孩子设立信托的现象,而实际上他是打算将财产留给自己处置。委托人为什么会这样做呢?一个不诚实的委托人可能希望说服所有人,如警察、税务和海关、债权人或前配偶,相信他身无分文,但事实上他控制着大量的资产,这样做他就可以避免在被起诉时资产被没收。这种类型的信托被称为骗局,因为它的目的是误导外界对委托人真实意图的认知[见 *Midland Bank plc v. Wyatt*(1995)1 FLR 697]。在这种情况下,如果债权人能够证明委托人而非名义上的受益人是信托的真正对象,他们则可以求助于信托财产来满足他们的要求。但只有采用主观方法确定意图,他们才能够证明真正的信托是为了委托人而不是名义上的受益人。

3.3.3 恳求性用语

我们知道,信托的设立可以不使用"信托"这个词语,真正重要的是委托人的意图本质。在一定情况下,赠与人有时将财产转让给他人,表示的愿望或希望是,受让人将财产用于其指定的某个人的利益。例如,立遗嘱人将财产留给他人,"完全信任"或"坚定期望"他能以一种特别的方式处理这笔财产。当这些或类似的语言在遗嘱中出现时,它们就是恳求性用语。像这样的表达是否表明了建立信托的意图或他们是否强烈希望受让人遵守赠与人的愿望?

例如,在 *Mussoorie Bank Ltd. v. Raynor*(1882)7 App Cas 321 案中,立遗嘱人将财产留给他的妻子,并"相信当她不需要这笔财产的时候,她会公平地将财产分给他的孩子们"。这意味着什么?这里似乎有三种可能性。第一种可能是,委托人打算将信托的相关财产留给他的三个孩子,而让他的妻子作为受托人。在这种理解下,妻子将对该财产没有任何受益权。第二种可能是,这笔财产是以信托的方式给予他的妻子用于她未来的生活,而剩余财产留给立遗嘱人的孩子。这种情况下,他的妻子可以将这笔信托财产作为自己的收入用于自己以后的生活,在她死后将资产完整地留给她的孩子。第三种可能是,立遗嘱人将财产完全留给他的妻子,表示只有当他妻子死后她才可以将这些财产留给她的孩子。这些不同解释之间的差异(尤其是前两个和最后一个)是十分重要的,因为在最后一种解释中,他的妻子在法律上享有随意处置这笔财产的权利且不需要为孩子留一分钱。

法院目前采取的方法明确支持把这些术语看作受让人对相关财产的使用没有强制法律义务,因此就没有设立信托[见 *Lambe v. Eames* (1871) LR 6 Ch App 597]。对这种做法的最好解释是,由于受让人托管的义务是烦琐的,因此在使用语言含混不清或随意草率的情况下,受让人的义务不应被强制,特别是在像遗嘱这类正式文书中包含这类处置时。

这在 *Adams* 案以及 *Kensington Vestry* (1884) 27 Ch D 394 案中得到了很好的证明。其中,立遗嘱人将他的个人财产用于"我的妻子 Harriet Smith 的绝对使用权……充分信任她将在我的孩子之间进行正确的安排,不论是在她生前还是在她死后的遗嘱中"。总结法院如何解释这些表达的转变时,Cotton 法官强调:

> 可以毫不犹豫地说,我认为有些年长的权威人士过分地认为遗嘱中出现的某些词足以设立信托。毫无疑问,如果遗嘱中的其他内容表明信托是有意为之,则可以设立信托,但必须注意的是遗嘱的整体……如果这种信任是指相信她会正确处理这些财产,那么基于对遗嘱的真实解释,我不能说这是强加于她的信托。

其他关于恳求性用语的例子,我们会发现一些没有设立信托意图的用语,包括"这是我的愿望[*Diggles* (1888) 39 Ch D 394]以及我希望……"[*Hamilton* (1895) 2 Ch 370]

因此，可以明确的是：如果你想将你的遗嘱设立为一个信托，以使取得你财产的人在处置这些财产时必须遵从你的意愿，那么应使用命令式的语言，甚至最好用“委托人”、“信托”、“受托人”以及“受益人”等词语。

Cotton 法官还指出，对整个文本的解释是至关重要的。这在 *Comiskey v. Bowring-Hanbury*（1905）AC 84 案中得到体现。本案中，立遗嘱人通过遗嘱将他的财产留给他的妻子，“完全信任”她将在死后把遗产赠与她认为合适的立遗嘱人的侄女。如果这些内容包括在条款内，那么这些话语可毫无疑问地解释没有对他的妻子强加法律义务。但遗嘱继续指出：“我在此指出，在我的遗嘱中，我所有的地产和财产（我妻子要求的）在她死后必须公平地分配给还在世的侄女们。”上议院的大多数人提出该强制性的语言取代了之前随意性的语言，由此设立了一个他妻子死后使侄女们根据他妻子的遗嘱按一定比例获益的信托，或如果没有明确比例，则各比例相同。

3.3.4　信托财产的隔离

关于意图的最后一个问题涉及受托人如何对待信托财产。正如在上一章所提到的，受托人在处理信托财产时由于信义义务的限制，其关键的一点是，他必须利用信托财产来提升受益人的利益，而不是他自己的利益。他必须用与处理自己的资产不同的方式来运用信托财产。法律通常要求受托人将信托财产与他们自己的资产相隔离，因此，隔离信托财产的义务是一个表明信托确实是按照当事人的意图为之的很好的证据。正如 Channell 法官在 *Henry v. Hammond*（1913）2 KB 515，521 案中提出的，

很明显，如果此人获得这笔钱的条件是，他必须将这笔钱单独存放（无论放在银行或其他地方），并把这笔钱作为一个独立基金，交给有权享有它的人，那么他就是这笔钱的受托人且必须将这笔钱交给他

的信托受益人。另外,如果他不一定要把这笔钱单独存放,而是有权把这笔钱和自己的钱混在一起,且随心所欲地处理,那么当被要求交出相当数额的金钱时,我认为他不是这笔钱的受托人,而只是一个债务人。

这里需要关注的是,因为受托人必须用与处置自己的财产不同的方式来处置信托财产,因此应该要求禁止受托人将信托财产与他们自己的财产混在一起。然而,我们没有必要反对将受托人持有的财产与不同受益人的财产混合组成一个共同基金。对此,Watkins 法官在 *Clowes* (1994) 2A11 ER 316 案中说道:

关于基金隔离问题,当局的作用似乎是,要求保持资金的独立是一个令他们对信托印象深刻的正常的标志,缺少了这项要求,如果没有其他的信托的标志,通常会否定信托。因此,一项交易出现基金混合的事实对于信托并不是必然灾难性的。

基金混合是否与设立信托的当事人的意图不一致,取决于信托财产将与谁的资金混合。如果要与受托人的财产混合在一起,那么这似乎表明当事人不可能有意设立信托。相反,如果财产与其他受益人的财产相混合,则该协议与当事人希望财产以信托方式被持有并不矛盾。其原因是,虽然每个受益人的财产与其他受益人的财产并未隔离,但是所有受益人的财产都与受托人自己的财产相隔离,且后者的要求对信托而言至关重要。

最后一点,即使信托财产与受托人的财产混合在一起,也可以产生信托,这是一种例外情况。例如,在 *Kayford Ltd.* (1975) I WLR 279 案中,即使这笔本来应按信托处理的钱存入了一个已有一小笔资金的账户中,但是委托人公司也被认定设立了该信托。此处的意思是,虽然我们没有理由认为委托人由此放弃他对这笔已存在银行账户里的钱享有权利,但其意图是,对这笔存在账户里的钱的处理方式应与对他自己存在其他账户里的钱的处理方式不同。

因此,委托人的意图是,他不会再让自己的钱存进信托账户,也不会从这个账户中取款以满足自己的使用和享有。

3.4　意图之外

由于明示信托是有意设立的,因此很清楚为什么要有一个要求,即委托人必须意图设立一个信托。但信托有不同的形式和规模,如果使委托人的意图生效,我们需要了解他想要什么样的信托。对标的和对象确定性的要求可以完善信托条款并确保受托人和法院能明确委托人的意图。

首先要强调的是,对标的和对象确定性的要求与意图确定性的要求不同。一般来讲[见 *Mussoorie Bank Ltd. v. Raynor* (1882) 7 App Cas 321, 331 (Arthur Hothouse 爵士)],对标的和对象定义的不确定性可能反映出缺乏设立信托的真正意图。换言之,这种不确定性可能意味着所谓的委托人并没有打算使他的指示产生法律效力,或者说他还没有完全下定决心,这种情况是存在的。但也有委托人的确有意设立一个信托,不过由于标的和对象的不确定性,未能设立信托。因此,即使意图是明确的,还必须确定标的和对象是否足够明确,如果不够明确,那么即使委托人有意图,也不能设立信托。

这样做的原因是,法院和受托人只有知道委托人的意图,他们才能知道要做什么。标的和对象确定性的要求主要是确保受托人和法院拥有他们所需的信息,以便能够在信托运作中发挥各自的作用。受托人具有管理信托的职责,其中最主要的是对信托财产的分配,因此,他们需要知道他们持有的信托财产是什么,为谁持有,换言之,谁可以得到什么。法院的职责是监督受托人的行为,特别是检查他们是否妥善分配信托财产:把正确的财产交给正确的人。要做到这一点,还需要了解信托的标的和对象。在受托人要求时,法院也需要提供相同的信息,就信托的适当管理作出指示。事实上,如果受托人不愿意或不能运作信托,法院甚至可能接管。关键的问题是,受托人和法院需要知道多少信息才能完成这些工作以及哪些信息可以保证确定性。

3.5 不确定性的形式

意图的确定从根本上来说是一个简单的事实问题:委托人是否有意图。标的和对象确定性的要求有些复杂。原因之一就是不确定性有不同形式。当受托人和法院所需要的用于确定信托财产是否合理分配的信息缺失时,对象或标的的不确定性就会产生。我们可以根据不同的信息区分不同类型的不确定性。

我们必须从委托人对标的和对象的定义出发,寻找明确的标准,通过这些标准来识别哪些是信托财产,哪些是信托对象。当委托人所认定的标的和对象有部分不准确或模糊时,不确定性也会相应产生。在这种情况下,无法确定委托人想要的信托财产是什么,或者委托人想要谁作为信托对象。这种不确定性通常称为概念的不确定性(有时它也被称为语义或语言的不确定性)。例如,委托人声明以他持有的部分股份设立一个信托,或者是设立一个以他的朋友为受益人的信托。在这两种情况下,委托人的意图都是不清晰的。

第一个例子很简单,我们只是不知道有多少份额要以信托的方式持有;第二个例子可能需要多一点解释,虽然能指出谁是我们的朋友,但关于朋友的界限划分并不清楚,朋友和那些仅仅是熟人、同事之类的人之间的界限是模糊的。实际上我们会在自己的脑海里划出这条界线,不同的人会在不同的节点划线,对你来说是朋友的人对别人来说可能只是个熟人。因此,除非委托人提供了进一步的指示说明谁是他的朋友，否则根本无法确定哪一个人属于该对象。

但是，明确定义只是开端，要使委托人的意图生效且将正确的财产给予正确的人，那么这些定义就需要在实践中被运用。因此，即使委托人给予对象和标的非常明确的定义，但如果不掌握实质信息以确定什么人或财产与委托人给出的定义相匹配，仍会存在不确定性，况且将委托人给出的定义运用到现实这个问题本身就有许多形式。

首先，把正确的财产交给正确的人（避免给错误的人提供错误的财产）要求我们以事实证据来确定它是信托财产的一部分以及此人是被定义的受益人。在某些场合，如果对某些关键事实的不了解导致我们无法确定该财产或人是否属于委托人给出的定义范围之内或之外，那么标的和对象就将是不确定的。例如，如果委托人声明设立一个以所有在特定大学学习法律的学生为受益人的信托，那么受托人和法院需要知道，任何主张自己是受益人的个人是不是在规定的类别之内。这很可能取决于该大学是否保留了所有在那里学习法律的人的全部记录，如果记录从未保留，或者它们已经遗失或毁坏，那么我们可能无法确定有些人是否可以作为受益人。这种不确定性被称为证据（有时是事实）的不确定性。

证据的不确定性本质上是被动的，它要求在面对一个特定的人或一项财产时，对于是否属于委托人规定的信托对象和标的的定义范围，我们可以回答“是”或“不是”。然而，要做到这点，只是简单地识别个别信托财产和对象是不够的，还需要知道初始时有多少财产或人与委托人给出的定义相匹配，这个问题是可枚举的。例如，如果委托人声明为所有超过 6 英尺高的人的利益设立一个信托，那么我们可以知道任何给定的个人是否属于对象类别（我们只需要一个卷尺），但是不知道符合条件的人的总数。如果信托要求在对象之间平均分配信托财产时，那该信息就与信托有关系了，因为需要知道客体的总数，才能计算出每个受益人能享有多少利益（见第 3.8.1 节）。

最后一个问题涉及所谓的可确定性。即使我们知道有人符合对象的定义,可能仍然不知道在哪里能找到他们。如果需要将信托财产交给预期受益人,那么就需要这些信息。

在这一点上你可能想知道,如果最终他们产生一个共同问题,即我们不清楚需要知道什么,那么我们为什么要努力区分不同形式的不确定性。简单来说,法院本身已经作出区分,并对不同形式的不确定性作出了不同的回应。此外,与其他因素相比,一些确定性因素(如列举的)与信托类型有更大的相关性。因此,我们不仅需要清楚标的和对象是否不确定,还要清楚它们不确定的方式。

3.6 不确定性的程度

理想状态是在标的和信托对象方面都有完全的确定性,但在极端情况下,也会出现对标的或对象的定义特别不明确,或是在实践中很难适用这些定义,由此造成信托无法保留的情况(如之前提到的委托人一些股份的信托:见第3.5节)。但是,不明确和适用困难都是程度问题,在这两种情况之间存在巨大的中间地带,一个定义的精确度可以或多或少,适用困难也可大可小,而且虽然完全的不确定性无法克服,但一个较小程度的不确定性很可能是可以补救的。

例如,S声明设立一个以他朋友为受益人的1000英镑的自由裁量信托。标的和对象二者都不是清晰且完全确定的。我们不知道将作为信托财产的S的1000英镑的财富是来自他的银行账户,或来自他钱包里的现金,还是来自他其他资产的出售?也不清楚谁属于受益人,因为我们已经看到,"朋友"这个词在概念上是不确定的,因为即使在事实清楚的情况下,也不可能确切地说某个特定的人是朋友或仅仅是熟人。然而,这里的不确定性只是到目前为止。我们可以补充或修改由委托人提供的信息,以确保信托不会无效。所以,虽然不知道1000英镑是从哪里来的,但可以从他的银行账户中提取;虽然不知道

S 对友谊的定义类别,但可以通过制定一些可操作性的定义或“友谊”标准以适用于 S。这样至少从广义上讲,我们可以使 S 的意图生效。另一种选择,即信托无效,将导致 S 的意图完全被否定。

因此,我们是否应该准备以这种方式补救不确定性呢?想要使委托人的意图生效,就要尽一切可能支持法院在这类案件中伸出援助之手。但是,这不是唯一的考虑因素,我们还必须了解法院这么做是否合法,法院如何确定 1000 英镑的出处或谁算作他的朋友。意图的不确定性导致委托人的意图缺少指导性,因此法院作出的任何选择都有武断性的风险。法院自然不愿意作出武断决定,尤其是这个决定将影响产权分配。不同的因素会导致不同的结果,法院必须决定他们应优先考虑哪一个,或者在他们之间寻求某种妥协。

3.7 标的

由于信托涉及财产持有义务的强制性,因此我们需要知道哪些财产属于信托。此外,如果有不止一个受益人,我们需要知道他们各自在财产方面的权利,即每个受益人获得的是信托基金的哪些部分。

任何可以直接转让(购买、出售和赠与)的财产都可以成为一种信托标的。因此,财产不仅包括土地、绘画和马匹等有形资产,而且包括债权、股份和知识产权等无形资产。但是,当委托人没有明确表示他希望将什么作为信托财产时,就会产生问题。

例如,在 *Palmer v. Simmonds* (1854) 2 Drew 221 案中,委托人想对其“大部分”的剩余遗产设立一个信托。遗嘱中的剩余遗产信托(也就是除去所有明确被遗赠的财产剩下的遗产部分)是确定的,但“大部分”意味着法院无法确定哪一部分的剩余遗产属于信托。尽管这个术语在信托标的问题上不经常使用,但这里的问题是概念上的不确定性:委托人没有明确定义他的信托财产是什么。

Palmer v. Simmonds 是一个典型案例,它可以与 *Golay's Will Trusts* (1965) 1 WLR 969 案形成对比。在后者中,信托需要向受益人提供"一份合理收入"。Ungoed-Thomas 法官认为这已经足够明确了:

> 由立遗嘱人确定的尺度不是他或其他指定的人主观上认为合理的收入,而是他客观上认为合理的收入。法院经常参与对合理的事物作出客观的评估,因此不能因为永远无法排除主观影响而停止继续这样做。在我看来,立遗嘱人意在通过合理收入确定尺度,法院将这个尺度用于量化金额,因此,遗嘱中的指示才不会按我所说的因不确定性而无法生效。

这里的区别主要在于人们(主观上)认为什么是合理收入以及什么才是真正的(客观上)合理,目的就是找到委托人打算确定的信托标的。然而,困难在于即使我们接受"什么是客观的合理收入"这一问题的唯一答案,我们也无法避免不同的人(事实上不同的受托人和法官)对它的不同想法,这意味着这个想法在概念上确实不确定。这并不是说法院在 *Golay* 案中设立信托是错误的;相反,最好是承认该信托。虽然合理收入是不确定的,但受托人和法院可以通过运用自己对合理情况的判断来弥补这一点。

在 *Palmer v. Simmonds* 案中,信托财产的来源是清楚的:它源于委托人的剩余遗产。不确定的是这笔财产中有多少是为受益人持有。当委托人明确知道信托财产的来源以及其中有多少属于信托,但不能确定哪一部分具体资产属于信托财产的时候,就会产生细节问题。例如,委托人声明以其房子或一半的绘画收藏设立一个信托,但没有明确是哪一栋房子或哪些具体的绘画。通常情况下,法院会认为该信托无效。因此,委托人必须明确哪部分资产(哪一栋房子或哪一幅画)属于信托。

传统的观点可见 *London Wine Co.*（*Shippers*）*Ltd.*（1986）PCC 121。当优质葡萄酒的供应公司破产时，已经订购和付款但还未收到葡萄酒的顾客是否可以申请获赔该公司葡萄酒库存的问题就会随之产生。顾客提出的观点是，公司为他们以信托方式持有相关瓶装葡萄酒，但该公司没有为特定顾客指定任何特定的瓶装葡萄酒，这就意味着没有明确的标的。顾客索赔的主要障碍是，该公司实际上没有承诺从目前的库存中供应葡萄酒，这甚至连信托财产将出自哪一确定来源也不清楚。即使公司曾说过葡萄酒来自当时的库存，但我们不知道顾客将收到多少（相关类型和年份）以及葡萄酒来自哪里。标的是不明确的，信托也仍然会无效。Oliver 法官说：

> 要设立信托，不仅要确定受益人的利益是什么，而且要确定它要依附的是什么财产。例如，如果一个农民声明自己是两只羊的受托人（没有明确是哪两只），我不明白如何认为他设立了一个完善且完整的信托。在我看来，他在那时拥有一群羊来满足自己的利益，因此设立信托是不需要的。

为了保证标的的确定性，公司就必须进一步从库存中找出每一位顾客特定的瓶装葡萄酒。

3.7.1　无形财产与可替代财产

在个人资产的来源不尽相同的时候，要求委托人确定特定信托财产的规则是有意义的。上述提到的关于委托人的一套房子和一半的绘画收藏的信托就是这种情况。没有两所房子是相同的，同理在绘画收藏中的各幅画都不尽相同。在 *London Wine Co.* 案中也是如此，因为不可能所有相同类型和年份的葡萄酒都是完全相同的。因此，哪一套房子，哪些画以及哪些瓶装酒属于信托财产也会产生差异。如果委托人未能确定具体的信托财产，法院便没有依据选择将哪些财产归于信托,作出的任何选择都必然是武断的。这正是我们想要避免的,而确定性要求的目的就是解决这种情况。

然而,我们并没有因为指定来源的个人资产都是相同的(这样的资产通常被描述为可替代的)而产生问题。即使委托人没有说明具体哪部分归于信托,但法院和受托人可以从来源中找出相关数字,他们选择什么并不重要,因为所有的个人资产都是一样的。例如,如果委托人声明以他银行账户里的 100 英镑设立一个信托,假设他的账户里至少有这么多钱,那么法院将会认为这 100 英镑是从账户中取出的,并作为信托财产。对于以一半数量的石油设立的信托也可以作类似处理。

尽管如此,Oliver 法官在 *London Wine Co.* 案中认为,即使标的物是部分同种类物,同样的规则也适用,"因此,个体的特定身份并不重要,例如在标的物是货币的情况下"。但是,上诉法院后来在 *Hunter v. Moss* (1994) I WLR 452 案中考虑这个问题时采用了不同的观点,上诉法院认为,是否需要对特定资产进行识别的确取决于所涉及财产的种类。

在 *Hunter v. Moss* 案中,委托人 Moss 拥有 950 股的莫斯电器有限公司(MEL)股份。法院发现他宣布了一个为 Hunter 公司持有其中 50 股股份的信托,但 Moss 完全不能确定哪一部分股份应属于 Hunter 公司。法院认为,该标的是充分确定的,应继续维持信托。Dillon 法官认为:

> 就像一个人可以通过其意愿将其特定数量的股份给予某一公司的某一群体一样,根据我的判决,他可以宣布自己是 MEL 公司或其他任何公司 50 股普通股的受托人,在信托下向受益人提供受益所有权权益是有效的。

Hunter v. Moss 案的判决结果褒贬参半。Dillon 法官将信托声明

和在遗嘱下的赠与作了一个类比,遭到了大量的批判(见 Hayton,1994)。此外,Dillon 法官拒绝 London Wine 有限公司的理由是该公司考虑了财产的流动性而没有考虑到信托声明,这忽略了 Oliver 法官对该案的说辞。这一判决随后在 *Harvard Securities Ltd.* (1997) 2 BCLC 369 案中出现,最近又在 *Lehman Brothers International* (*Europe*) (2010) EWHC 2914 (Ch)案中得到确定和详细阐述,见(2011) EWCA Civ 1544, (2012) 2 BCLC 151。

Briggs 法官在初审时认为,对 Hunter 公司信托最好的解释不是 Hunter 公司成为 Moss 的 950 股股份中的 50 股股份的信托受益人,而是他获得了总股份的 50/950 的股份。因此,不是由 Hunter 公司获得 50 股(还未确定)的股份,剩余的股份归 Moss 所有,而是所有 950 股股份的基金由 Hunter 公司和 Moss 按照 50 : 900 的比例共同拥有。赞同这种说法的一个论点是,它反映了股票的运作方式,任何股权就是股份,即在公司的权益比例。你名下的股份数量仅仅是一种向他人传递你相对公司其他股东所拥有的公司股份比例(总股本)的方式(见 *Goode* 案)。因此,当你拥有 50 股股份时,并不是说你拥有 50 个单独的、原则上可分离的股份。你拥有的只是该公司单一股权,它的比例取决于所发行股票的总数。债务也是如此,100 英镑的债务不是指 100 个债务,如果你拥有该债务 50% 的衡平法上的权益,如果没有独立的部分可以被分离,那么自然不会要求你确认一半的债务。

Hunter 案非常清楚地暗示,在有形资产可以分割的情况下,它不适用于有形资产。这也是 Neuberger 法官在 *Harvard Securities*(1997) 2 BCLC 369 案中所持的观点。因此,当信托是有形资产时,即使信托财产来自相同资产的集合,仍需要确定具体的信托资产。这一点从枢密院在 *Goldcorp Exchange Ltd.* (1995)1 AC 74 案的决定中也可以清楚地看出:在相似的事实问题上,认可 *Re London Wine Co.* 案的判决。

但我们可能仍然会问,为什么同种类的有形资产在信托设立之前必须具体确定。这是因为,虽然区别于诸如股票一类的无形资产,有形资产可能是被分离和具体指定的,然而,即便如此,我们仍需要更多的理由来认定这一结论。毕竟,正如我们已经注意到的,这类资产的可替代性意味着受益人从哪部分资产获益并不重要。我们需要担心的是,如果一些财产遗失或被盗,那么受益人将获得什么财产。我从保险箱中的950个金条中拿出50个未指明的金条为你设立一个信托,如果其中500个金条被偷了,应该由谁承担损失?这些问题依然没有答案(特别是第14.8~14.16节中的追溯规则),但仅仅是这些问题的存在就使我们有理由认为这些信托是无效的(对这些案件所产生的问题的讨论见 Worthington, 1999)。

虽然上述观点在 *Lehman Brother* 判决中有所模糊(见第3.7.2节),但 *Hunter v. Moss* 案形成的规则以及处理同种类有形资产案件的方法的任何合理的延伸,仅适用于委托人确定相关财产的来源出自其现有资产的情形,且是清晰的。换言之,Moss 声明设立的 MEL 公司的950股股份中的50股的信托是至关重要的。如果他没有指明其拥有所有权的某些资产集合或"大部分"资产,并从中确定信托财产,那么信托就不会成立[见 *Macjordan Construction Ltd. v. Brookmount Erostin Ltd.* (1992) BCLC 350 和 *Goldcorp Exchange Ltd.* (1995) 1 AC 74]。此外,上诉法院明确指出,信托财产所来自的资产集合必须是同种类的,正如 Dillon 法官[(1994) 1 WLR 452, 457]指出的,"委托人在没有指明他持有的股份是所有他拥有股份的公司的哪一个具体公司的股份之前便声明他将为 B 设立一个50%的股份信托,这种做法是不厚道的"。

3.7.2 浮动信托

S 将钱转让给 T,规定 T 在他有生之年随意使用这笔钱,但在他死后必须将剩下的钱以信托形式留给 B,但由于标的的不确定性,法院拒绝浮动或暂缓信托。例如,在 *Sprange v. Barnard* (1789) 2 Bro CC

585 案中，立遗嘱女子为她丈夫留下了 300 英镑的养老金让他独自使用，并可以将他死后留下的剩余财产分给指定的受益人。法院认为信托没有成立，而她的丈夫反而取得了财产权益。

很明显，我们在开始时不知道受益人最终会得到什么财产，因为不知道受托人一生中会花掉多少。从这个角度上来说，标的是不确定的。但我们怀疑这是不是信托无效的充分理由，虽然在受托人去世之前，受益人都不能对财产主张任何权利，而只有在受托人去世时，才能够确定剩下的财产以及受益人将获得的财产。我们可以用特定财产收入进行类比，即虽然不可能提前知道会产生多少收入，因而也不可能知道受益人将会得到什么，但是我们仍然可以在向受益人支付收益时计算出来。

反对浮动信托的真正原因可能并非标的的不确定性，而是认为浮动信托与受托人能够自由地按照他的意愿使用和处置财产（尽管只是在一段时间内）的信托相冲突。由于信义义务，受托人通常不能从信托财产中获得任何好处。但是如果委托人愿意，受托人可以获益，我们也没有理由阻止其设立浮动信托。

基于这个原因，似乎没有任何足够有力的论据支持这种信托必须无效。的确，在 *Ottaway v. Norman*（1972）Ch 698 案中，Brightman 法官也认为该信托可以维持；虽然因为此案涉及秘密信托（见第 6.5 节），有些人怀疑他的陈述是否具有普遍适用性（见第 6.57 节）。无论如何，我们也可以通过另一种没有争议的方式取得同样的结果，即只给予最初受赠人对财产的终身权益，但他在生前有权处分该财产，最后的受益人有权获得剩余财产。一项措辞与 *Sprange v. Barnard* 案相似的规定就是采用这种方式在 *Re Last*［1958］P 137 案中生效的。

Re Iehman Brothers International（*Europe*）（2010）EWHC 2914（Ch），（2011）*EWCA Civ* 1544，（2012）2 BCLC 151 案也有相同观点。原告与 Lehmans 签署合同，且由 Lehmans 代表他们获得证券。然而，合同允许 Lehmans 可在商业活动的正常贸易中随意处置（买和卖）

这些证券,同时允许原告在需要证券时,有权要求 Lehmans 提供给他们等价的证券。存在的问题是,该标的是否有足够的确定性能够使以原告为受益人的证券信托生效。虽然所有原告都享有特定证券的特定数量,但没有为任何原告分离特定证券。正如我们所见,在 *Hunter v. Moss* (1994) 1 WLR 452 案中没有这类问题。

另一个问题是,Lehmans 没有义务向原告提供他们现持有的证券,Lehmans 可以自由处置其所持有的证券,而原告所能要求的是让 Lehmans 在将来向原告提供等价的证券。届时,Lehmans 可能并未持有足够的,或真正如所描述的那么多的证券。这与 Hunter 公司相反,其中 Moss 在 MEL 的股权一直保持不变。但是,Briggs 法官总结认为,这对信托来说不是至关重要的,他认为"如果信托术语足够确定未来的标的,那么仅仅是因为信托的标的目前不确定,不会导致其无效"。这似乎表明,确实有可能设立一种在给定描述的一系列资产上徘徊的浮动信托,且该信托要求特定的资产只能在未来某个规定时点使用(在这一点上,与上诉法院的判决相比,这是在信托开始运行且标的在一开始就足够清楚的情况下,对潜在不确定性的回应)。

最后,如果委托人已将决定权授予受托人,那么委托人未明确指定受益人获得哪些资产对信托的有效性而言并不是至关重要的。例如,如果在 Golay's Will Trusts 案(见第 3.7 节)中,委托人认为受益人将收到受托人所认为的合理收入,那么案件就变得简单了。

委托人似乎也可以将此决定权授予受益人。例如,在 *Boyce v. Boyce* (1849) 16 Sim 476 案中,立遗嘱人将他的房子设立一个信托,要求他的长女 Maria 选择其中一栋房子,连同其他的房子交给他的另一个女儿 Charlotte。结果,Maria 在她父亲之前去世,因此该信托无法生效,因为这时无法确定 Charlotte 将获得哪些房子。但我们的假设是,如果 Maria 还活着并能够作出选择,那么将维持该信托。类似地,在 *Barlow's Will Trusts* (1979) 1 WLR 278 案中,立遗嘱女子将其众多画作作为信托财产而设立为一个信托,并指示受托人允许她的任何朋友或家人购买其画作。尽管我们不清楚哪个人最终会得到哪幅画,但这种信托得到了维持。我们能清楚地知道哪些画作归于信托似乎就已足够,而谁将获得哪些画作由受益人来决定。

3.8　对象

确定信托对象所需的信息取决于所设立信托的性质,即取决于受托人所承担义务的性质。因此,我们应回顾一下固定信托和自由裁量信托。

3.8.1　固定信托

固定信托有两种形式:一种是每个受益人的权利都是独立的,区别于其他受益人;另一种是受益人的利益相互依赖,在未确定和量化某个受益人的权利时,无法确定或量化其他受益人的权利。前者可以以“给我的每一个朋友100英镑”为例;后者可以以“将100英镑平均分配给我的朋友”为例。我们往往会忽视这种差异,但在确定信托对象时,这个问题至关重要。

在前一个案例中,某人声明自己属于受益人,即他认为自己是委托人的朋友,他有权要求获得100英镑,这类信托的其他受益人是谁或在哪儿对他并不重要,他的主张是独立的,不依赖于别人对权利主张的成功或失败;而在后一个案例中,信托利益具有相互依赖性,如果某人声明自己是委托人的朋友,他有权获得部分信托财产,但在确认委托人还有多少朋友前,无法知晓该人能获得多少财产,此时对受益人来说,仅对自己的财产提出主张是不够的,因为他所拥有的份额还取决于受托人指定的其他受益人。

这种差异使两类固定信托在确定对象方面产生了不同的标准。如果信托利益相互独立,原告为了能够享有对信托财产的权利,他只要说服受托人(或法院)他符合委托人所规定的受益人的要求,即使该要求的定义含混不清或信息不全,使受托人无法确定其他潜在受益人的身份,也无关紧要。虽然"朋友"在概念上是一个模糊的术语,但只要我指示受托人给我的每个朋友 100 英镑,即便在说明谁是我朋友方面有实质困难,此信托也依然有效。还有一种解释方法,就是把"给我的每一个朋友 100 英镑"理解成"给我的朋友 A 100 英镑;给朋友 B 100 英镑;给朋友 C 100 英镑"等。这些规定能为受托人提供一系列自由裁量的处置方式,即使出现因无法确定部分朋友而使信托未生效的情况,也不妨碍以其他朋友为受益人的信托生效[见 *Barlow's Will Trusts* (1979) 1 WLR 278]。只有当受托人完全无法获知委托人意图,无法找到任何一个属于受益人类别的人,该信托才会无效。这个标准也被称为"单个人"标准。

在第二个案例中,由于受益人的利益相互依赖,它需要一个更严格的标准。单个受益人的利益只有在确定全部受益人数量后才能计算出来,所以为了使信托生效,受托人必须编写出一套完整的由委托人确定的受益人名单,这种要求称为名单确定性。如果在遗产继承成员的定义上有歧义(以致在理论上我们不知道谁属于遗产继承成员),或者没有足够的证据(只有零碎的事实信息)能让我们确定实际符合该定义的所有人,那么信托也会无效。简言之,这种固定信托需要概念和证据的确定性。

如果我们知道遗产继承成员的数量最大值,但无法确定实际是否会小于这个数,那这个标准可以适当放宽[见 *Settlements* (1970) AC SOS, 524]。例如,我们要将 1000 英镑的信托财产平均分给委托人的孩子们,判断委托人有多少个孩子并不难,假设有五个,难点在于能否与他们都取得联系,受托人可能已经找不到一个或多个继承人,甚至不清楚他们是否还活着。在这种情况下,让每个确定的孩子获得 200 英镑的赔偿(基金的 1/5)是合理的,因为他或她至少有权获得这些,失踪的受益人份额可以在未得到相关必要信息前交给法院,法院基于受托人无法找到其他受益人,准许现有受益人平分剩余金额。

需要说明的是,我们将“单个人”标准适用于“每人100英镑”的固定信托,而其在教科书中通常只适用于“有先决条件的赠与”或“个人赠与”。前者表述确有不妥,在上述案例中,每个委托人的朋友都能获得100英镑,但潜在受益人对100英镑主张权利前,必须先向受托人证明自己符合受益人要求。因此,他的法定权利受限于先决条件,他必须先证明自己是委托人的朋友。但是,这并不意味着这是该类信托的基本特征,因为无论是固定信托还是自由裁量信托都以这种方式运作。一个潜在受益人能否享有信托项下的利益取决于他是否能够证明他是规定受益人类别内的一员,无论该类别是以共同特征定义的(如是委托人的朋友或亲戚),还是通过其姓名而确定的。

第二种表述虽然更接近于该标准,但也具有误导性。它强调每个受益人的利益是独立非附属的,但“赠与”的参照模糊了一个事实:我们讨论的标准,不仅适用于直接转让,也适用于固定信托[见*Tuck's Settlement Trusts*(1978)Ch 49;也隐含在*Barlow's Will Trusts*(1979)1 WLR 278案中,其中适用于赠与和适用于信托的对象确定性规则之间没有任何区别]。

3.8.2 自由裁量信托与指定受益的权力

法院起初认为,只有在有可能列出受益人类别中所有人的完整名单的情况下,自由裁量信托的对象才是充分确定的,即在第3.8.1节中提到的关于固定信托的名单确定性标准[见*IRC v. Broadway Cottages Trust*(1955)Ch 20]。原因之一是法院认为将信托财产平均分配给所有受益人是可以强制执行信托的唯一办法,而前提是需要确定受益人名单,除非委托人提供了相关依据,否则法院没有权利选择一个受益人而排除另一个,这将违背“平均分配”原则。

采用名单确定性标准的另一因素涉及自由裁量信托如何运作。如在前一章所见,自由裁量信托包含对受托人处置裁量权的授予。因此,受托人可以选择谁受益并获得什么,但为了作出有意义的选择,他们需要衡量各个成员的状况。如 Wilberforce 勋爵在 *McPhail v. Doulton*（1971）AC 424, 449 案中提道,一份完整的名单只能提供少许信息,但它至少能使受托人对其需要的信息作进一步问询。

然而,该标准并没有一直延续下去。20 世纪中叶,人们开始利用自由裁量信托和广泛定义对象的权力进行避税,这导致了确定性标准的放宽。在 *Gulbenkian's Settlements*(1970) AC 508 案中,上议院赞成上诉法院关于指定受益的权力的权威意见(见第 2.2 节):不需要名单的确定性,相反,只要可以确定任何指定的个人是或不是这一类别的成员,信托的对象就是充分确定的,从而拒绝了名单确定性的要求。虽然 Upjohn 勋爵(主判官)重申了名单确定性依旧是自由裁量信托的标准,但在 *McPhail v. Doulton*（1971）AC 424 案中,*Gulbenkian* 案也被上议院大多数人当作采用相同的自由裁量信托标准的基石。

McPhail 案涉及为委托人公司的员工和他们的家属、亲戚设立的一个自由裁量信托,如果适用完整的名单标准,信托会因对象不确定而失效,它的有效性依赖于上议院对标准的放宽。Wilberforce 勋爵的多数判决强调了自由裁量信托和权力之间的相似性(事实上 *McPhail* 案的信托被理解为初审法院和上诉法院的权力),他反对存在不同的确定性标准,甚至否定了自由裁量权的司法执行只能采取成员平均分配的形式,即要求名单的确定性。Wilberforce 勋爵认为,平均分配是委托人在这种情况下最不想采用的方式,并解释:

> 如果要求执行信托权力,那么法院将采用能最优计算出使委托人或立遗嘱人意图生效的方式。可以通过指定新的受托人,或指定或安排受益人群体中的代表来准备分配方案,或甚至如果有适当的分配基础,还可以委任受托人来分配。

但在较小的家族信托中,的确存在当受托人未能或无法行使他们的自由裁量权时,委托人希望采取平均分配的方式[见 *Burrough v. Philcox* (1840) 5 My & Cr 72]。在这种情况下,我们仍然需要名单的确定性,因为没有它,平均分配是不可能的。

3.8.3　适用"是或不是"标准

继 *Gulbenkian* 案和 *McPhnil* 案后,对象确定性的单一标准既适用于自由裁量信托,也适用于权力:我们能够确定任何特定个体是或不是受益人吗? 标准(有时所指的"任何特定的个人"或"是或不是"标准)的要求又是什么? 从表面上看,这似乎并不复杂,需要知道出现的人是否属于该类别,如果不能确定,这个标准就没有意义。我们必须回答"是"或"不是",而不应该说"不知道"。

基于对象类别的精确定义和充分事实信息两方面对某个人进行判断,简言之,我们需要的是概念和证据的确定性(见第 3.5 节)。如果类别定义不明确或没有足够的事实来证明某些人是否符合这个定义,我们就无法确定这些人是否是受益人。

但这并非易事,在 *McPhail* 案中,上议院采用了"是或不是"标准,参考了之前高等法院采用此标准处理的信托案例以及上诉法院 *Baden's Deed Trust* (*No.* 2) (1973) Ch 9 案。三位法官中,只有 Stamp 法官采用了上面提到的方法,虽然他并未提及概念和证据的确定性,但显然他认为要确定谁是或不是该类别成员,对类别的精确定义和提供充分事实信息是必要的。Stamp 法官判定信托生效是基于法院能决定谁是他们的家属,且亲属可以合法地限定在近亲之中。

Sachs 法官和 Megaw 法官对该标准有不同的理解。Sachs 法官认为,*McPhail* 案中的标准只要求概念上的确定性,"法院永远不会被证据的不确定性所击败",相反,如果证据使我们不能确定一个人是否符合定义要求,那么此人将被视为不属于该类别:

一旦受益人类别在概念上是确定的,那这就变成了一个有待确定的事实问题,即是否已通过问询证明有任何个人属于该类别成员:如果没有被证明,那么他就不属于。

因此,所有那些由于事实上的不确定性而“不知道”的人都被视为“不属于者”。相较于 Stamp 法官的观点以及下文 Sachs 法官对 McPhail 信托认定有效的观点,包括对“亲戚”等同于“来自同一祖先的后代”的理解,“是或不是”标准显然更宽松。

与 Stamp 法官不同,Megaw 法官提出了另一种观点,他愿意容忍“不知道”这一类别的存在,即我们不能确定他们是否符合委托人所定义的人。他认为如果能认定每个人“是”或“不是”该类别成员,那就应采用在 *McPhail* 案中被否定的名单确定性标准,但他也不赞同 Sachs 法官提出的证据确定性是无关紧要的,因此,他对两个观点进行了折中理解:

在我看来,如果(至少就大部分对象而言)这个标准可以确定这些对象符合信托要求,那么这个标准就是令人满意的;即使就大部分其他人而言,他们因为某种特别原因而被考虑在内,那么答案就一定不是“他们不在信托范围之内”,而是“没有证据证明他们是否在该范围之内或之外”。

Megaw 法官愿意接受一些证据不确定性(不是概念的不确定性),但并不接受全部。虽然构成的大量不确定性无法详细说明且各案件有所差异,但证据的不确定性过多必定会使信托无效。因此,Megaw 法官也赞成该信托有效,且采用 Sachs 法官提出的将亲属视为具有同样宽泛含义的观点。

综上,可以看出虽然三名法官对同一标准的解释各不相同,且没有明显的多数和少数,但他们对概念确定性的必要性达成了一致意见(虽然在 *Megaw* 案中并不完全清晰):如果对对象的定义不够精确则信托无效。若能同时保证概念确定性和证据确定性,该标准就是最合理的。概念的确定性虽是主要问题,但对于证据不确定性的意义,三位法官也持不同的看法。早期有人提出,Stamp 法官的方法最符合在 *Gulbenkian* 案和 *McPhail* 案中制定的标准,Megaw 法官的观点和这些案例中形成的标准不符,不过最终采用哪种观点还是取决于法院所管理的信托方式。反对法院修改委托人意图的人倾向于 Stamp 法官的观点;而认为即使当委托人的意图不能完全有效、法院也应维持信托的人,则倾向于 Sachs 法官的更宽容的方法。

我们可以对 *Baden*(*No. 2*)案中法官提出的观点作一些评论。首先,Sachs 法官和 Megaw 法官都认为,"不是"可以从"是或者不是"标准中去掉,因为如果可以确认任何指定的个人是指定类别成员,就不需再证明哪些人不属于该类别了。这似乎在鼓励两位法官至少接受一些证据的不确定性,但去掉"不是"的部分没有改变什么:无论我们是否在标准中保留"不是"这一部分,标准的意义都一样。如果我们不确定某个人是否在该类别之外,那么我们同样不确定他是否在该类别之内。不能证明某个人不是该类别的成员,也就不能证明他是该类别的成员。在这方面,两位法官的推论是有缺陷的。

其次,Megaw 法官认为 Stamp 法官提出的完整的概念确定性和证据确定性就是完整的名单标准。这个观点是错误的,"是或不是"标准本质上是被动的,它只要求我们在面对某些人时可以说出他们是不是受益人,正如之前(见第3.5节)提到的,它并不要求我们(或者说不同于)提前列出所有人名单。

再次,Sachs 法官和 Megaw 法官都支持证据不确定性而非概念不确定性。这两种类型的不确定性都会导致我们无法确定某些人是否属于受益人,你可能会想,基于何种原因我们会选择一种不确定性而忽略另一种不确定性。Sachs 法官认为证据不确定性问题的解决要依赖于举证责任理论:如果无法证明一个人属于受益人类别,那他就不属于这个类别。但是在概念不确定性的情况下,可以参照以下做法:

如果定义(部分)不精确,那么任何导致无法证明其在定义之内的人,都会被认为在定义之外。

如果法院认定亲属是不确定的怎么办?信托还会保证员工和家属这另外两个群体受益吗?*Baden*(*No. 2*)案没有给出这一问题的答案,但*Wright's Will Trusts*(1999)13 TLI 48 案的答案是否定的。在类别定义中,任何概念不确定性都会导致信托无效。法院没有权力忽视定义的模糊部分而仅保留清晰部分。

最后,本节是从确定性开始,指出对象的确定性是确保受托人和法院拥有管理信托所需要的信息,但仅从这方面解释"是或不是"标准远远不够。*McPhail* 案中的标准本质上是被动的,只要求我们能确定被考虑在内的受益人和非受益人,但受托人除了在受益人出现时确定受益人身份之外,还需要做更多事情。受托人在执行自由裁量权时,首先要衡量各受益人之间权利主张的是非曲直,这要求他们对受益人类别规模和人员组成有充分了解。如上文所述,支持名单确定性标准的原因之一在于它为受托人提供了调查所需的材料。在受托人不清楚受益人群体的规模以及成员组成的情况下,*McPhail* 案中的标准尚能令人满意,更何况是确定受益人名单了。

3.9 管理的不易操作性

Wilberforce 勋爵在 *McPhail v. Doulton*(见第 3.8.2 节)案判决的最后有以下内容[(1971) AC 424, 457]:

可能还存在第三种情况(除概念和证据的不确定性外),即所用语言的含义是明确的,但受益人的定义可能过于宽泛,以至于无法形成"一个类似的团体",导致信托出现管理上的不易操作或不能实行。我担心举例可能会影响未来的案例,但以"大伦敦的所有居民"为例也许有用。我不认为为亲属，甚至在世的人所设立的自由裁量信托应列入这个类别。

他想表达什么呢？Wilberforce 勋爵认为如果使自由裁量信托有效，还需要满足另一个要求。即便通过了“是或不是”标准，但假如出现“管理的不易操作性”，信托也会无效。那在什么情况下以及为什么信托会由于管理的不易操作性而无效呢？Wilberforce 勋爵指出可能是对类别的定义问题，因为它阻碍了受托人和法院对信托的管理。关于类别定义的显著问题就是不精确性，这是概念上的不确定性，但 Wilberforce 勋爵要说的并不在此。如果类别定义是明确的，那又会出现怎样的问题？

一种观点认为，委托人不仅要明确谁属于该目标类别，还要明确受托人和法院在分配信托基金时作出选择的依据。没有相应的信息，他们如何知道谁应该获得什么？该观点的问题在于，它会默认（大部分是暗示的）对委托人的分配指令不作要求，让受托人来制定分配的标准。显而易见，尽管在信托对象的定义或其他术语中缺乏明确的分配原则，法院仍会执行该信托，*McPhail* 案中的信托本身就是这样的一个例子（见 McKay，1974）。原则上讲，只要委托人愿意，他完全可以将这类事务留给受托人处理。

另一种观点认为，管理的不易操作性涉及团体规模。如果规模过大，也就是说如果有太多人包含在内，那么信托就会无效。从表面上看，这个观点在 Wilberforce 勋爵举出的以大伦敦所有居民为受益人的信托的例子中得到了支持，但在考虑背景因素时，显然并非出于他的本意。我们难以理解为何大规模的受益人团体本身会导致信托不能执行。受托人为确定需分配信托财产的受益人，确实有责任调查该团体，且该团体规模越大，深入调查工作就越困难，越昂贵，在这种情况下，缩小调查范围好过于让信托无效。

以一个信托无效的案例——*R v. District Auditor No. 3 Audit*

District of West Yorkshire Metropolitan CC, ex parte West Yorkshire Metropolitan CC（1986）RVR 24 来说明管理的不易操作性标准。在这个案例中,郡议会试图设立一个自由裁量信托基金,其中 40 万英镑的信托基金将用于一份目的清单,以造福于西约克郡的任何或全部或部分居民。Lloyd 法官在地区法院的判决中指出,"在我看来,一个有多达 250 万潜在受益人的信托是不可执行的。这个团体太大了"。关于规模本身使信托不可执行的原因尚不清楚,但是 Lloyd 法官对该信托与 *McPhail* 案中所举大伦敦居民的例子之间的相似性印象深刻:

在我看来,这个信托属于 Wilberforce 勋爵提到的第三种情况。我希望我不会因为受到它的影响而感到愧疚。但它确实能最恰当,或者最准确地符合本案的事实。

District Auditor 案仍是存有疑问的,除未能确定管理的不易操作性要求的基本原理外,信托的无效无论怎样应给出一个更纯粹的理由。在后文会看到,英国法律已有禁止为非慈善目的设立信托的规则,正如 Lloyd 法官所认可的,这是郡议会曾试图在这方面实行的规则。因此,本案不用考虑任何管理的不易操作性的问题就可以作出判决。不过 Lloyd 法官提出的信托受益人规模越大,就越容易因管理的不易操作性而无效的观点,在 *Harding*（2007）EWI-IC 3（Ch），(2008) Ch 235 案中得到了支持。

3.10 变化性

管理的不易操作性要求并不适用于权力。尽管在 *McPhail* 案中采用了"是或不是"标准,但自由裁量信托和权力的有效性要求并不完全一致,这在 *Manisty's Settlement*（1974）Ch 17 案和 *Hay's Settlement*

(1982) 1 WLR 202 案中得到明显体现。

Templeman 法官在 *Manisty* 案中指出,“仅是权力的宽度不能导致受托人无法履行其职责,也不能阻止法院判定受托人是否处于违约状态”。然而,他继续指出,如果权力是变化的,那么该权力(以及必须假定是自由裁量信托)就会无效。“否定委托人的合理意图”致使信托对象成为“一群与委托人或任何机构无关的偶然组合人群”,上述情况就会出现。Templeman 法官以“大伦敦居民”为受益人的权力为例。这当然也是 Wilberforce 勋爵在 *McPhail* 案中用来解释管理的不易操作性的例子。不可避免地,这引起了某些人的质疑,管理的不易操作性与变化性是否真的是不同的概念。从 *Manisty* 案本身来看,它们存在区别是明确的,这在 *District Auditor* 案中也得到了证实。在该案中,信托因管理的不易操作性而无效,但被认为不是变化的。

变化性的要求和管理的不易操作性一样,根植于受托人和法院对能够执行信托的需要。然而,现在的问题不是对团体或团体成员的定义的广度问题,而是这些成员是谁以及为什么委托人要选择他们。该观点认为,委托人应该对其选择的对象给出合理的理由,如果团体的确定表现出任意性(在这个意义上,与他们有关的唯一因素就是它本身没有提供任何一个人应该成为受益人的依据),那么受托人就不能在分配财产时根据任何合理依据从中作出选择。但我们不能得出以下结论:对象是个体的,任意集合的事实并不意味着受托人的行为在决定向谁支付时就应该是随心所欲的。无论该类别如何定义,无论谁属于该类别,受托人都应制定出合理连贯的准则,以行使其自由裁量权(见 McKay,1974)。

3.11　不确定性的解决

当委托人对类别的定义出现不确定时,他会规定不确定性由指定的第三人或受托人自行解决,以使信托避免出现不确定性和无效。前文[见 *Coxen* (1948) Ch 747]提及,这类规定虽然可以解决证据的不确定性,但无法解决概念的不确定性,同时它会剥夺法院的管辖权,导致违背公共政策。此外,有人质疑如果连法院都无法解决概念的不确定性,第三人又将如何解决? 不过这种情况后来有所改善。

在 *Tuck's Selllement Trusls* (1978) Ch 49 案中,一位男爵委托人为他的男爵继承者设立了一个信托,要求他们必须迎娶一位犹太教的妻子,且她要继续信奉犹太教,同时他规定,若产生疑问,"伦敦葡萄牙人社区或盎格鲁—德国人社区的首席拉比的决定……都将是决定性的"。问题在于,所提到的犹太教血统和犹太教信仰本身都是模棱两可的,信托是否会因为不确定性而无效。Denning 勋爵认为,首席拉比条款可以有效地解决这些条款中的概念不确定性问题。然而,由于上诉法院的另外两名成员可以以其他理由维持信托, Denning 勋爵的观点没有成为该判决的理由。

使问题变得更加混乱的,还有第三种可能的方式,它在一些案例中得到了支持[见 *Dundee General Hospitals Board of Management v. Walker* (1952) 1 All ER 896;*Leek* (1969) Ch 563, 579 以及 Eveleigh 法官在 *Tuck* 案中的判决;参见 *Wright's Will trusts* (1999) 13 TLI 48]。实际上有两种不同的方式让第三人解决类别定义中潜在的不确定性:一种是第三人可能被要求解决类别定义的不确定性(如"将 100 英镑给我的朋友,且当出现不确定性时,将由特定的 X 来决定"),另一种是第三人的意见本身就可能形成了由委托人规定的类别定义的一部分(如"将 100 英镑给 X 所认为的我的朋友们")。前一种情况,类别成员(朋友)的定义是概念不确定且第三人不能解决的;但后一种情况避免了概念的不确定性,因为概念确定的类别成员(由 X 指定的朋友)替代了概念不确定的类别成员(朋友)。在 *Tuck* 案中,Eveleigh 法官认为,所提及的首席拉比的决定是后一种情况,因此他能够确认该信托是有效的。

但是,我们有三种法院可以采用的不同的方法进行判定,因为任何一种方法都有其支持者。不过哪种方法能够代表英国法律尚无定论,权威人士仍支持传统方法,否定了所有解决概念不确定性的尝试,但从 *Tuck* 案中能够看出,还有支持其他观点的人,因此这是一个长期有待解决的问题。

在评估这些备选方法时,我们需要考虑一些问题。首先,第三人所说的没有事实依据的语言能否作为概念确定性的认定方式,第三人是否要对委托人指定的受益人类别有专业鉴别能力和一定程度的了解。比如,在 *Tuck's Settlement Trusts* 案中,通过将潜在的不确定性的定义(拥有犹太教信仰)交给有专业知识的首席拉比,该问题便得到了解决。我们无法判断拥有专业技能或知识是否有必要,但考虑到定义中的不确定性,关于由合约规定的第三人解决这些困难是否可行,我们需要斟酌。

其次,有人质疑是否所有概念不确定性均能够通过这种方法得到解决。每个人对不确定的词语或概念的理解各有千秋,我们不知道哪种含义才是委托人想要表达的,这时可以通过参考第三人的意见确定委托人的意图。然而,概念不确定性远不止含义多样性这一个问题。有些概念很模糊,即使你向某个人询问它的含义也仍然无法确定,比如,高大、有吸引力、聪明等词语,大多数人对这类词语没有具体概念,以至于他们无法轻易对所有人说出他们是否符合这个定义。因此,在信托文件中提及第三人对该条款的解释并不能消除其不确定性。

再次,有人提出,通过第三人解决概念不确定性和通过第三人对部分概念提出的意见来避免不确定性,两者区别过于细微。大多数委托人无法分清这两种情况的区别,因为都是通过第三人解决歧义之处,而且仅从委托人话语中也无法辨别它是哪种情况。由此产生一个问题,即信托的有效性是否取决于这一区别。

最后,根据司法实践情况,我们来讨论一下这些标准的严密性。虽然法院认为概念确定性对某些信托的有效性至关重要,但在大多数案例中,法院用晦涩的术语解决模糊性,并以此把不明确的条款确定下来。正如 Upjohn 勋爵在 *Gulbenkian's Settlements*（1970）AC 508, 522 案中所说,

> 法院的职责是通过运用法院在相关事务上的经验、专业常识和愿望,来理解委托人或者第三人表达的意图,在不过分阐释的前提下,赋予使用的语言(无论该使用的语言是多么晦涩与模糊)以合理的意义。法院需要明确条款对于一个特定的目的是不是"确定的",这一事实并不剥夺法院除此(上文提到的理解)之外的其他权利。

在 *Gulbenkian* 案中,权力的对象包括所有在一段时间"居住"的被指定的个人。有人认为这是不明确的,如 Reid 勋爵所说"在特定情况下,要确定一个临时逗留是否等同于'居住'的案例通常是很困难的"。然而,法官认为这些困难是可以克服的,并且如果有必要,法院可以裁定一个指定的个人是否符合该描述。在 *Baden's Trusts*（*No.* 2)案中显然也有类似的做法,其中法院认为家属是足以确定的。

法院通常不会以不确定性为依据宣布信托无效。如在 *Roberts*（1881）19 Ch D 520, 529[也可见 *Minshull v. Minshull*（1737）1 Atk 411, 412（Hardwicke LC 勋爵)]案中的 Jessel 先生所言,

> 除非根本无法使其有意义,现代的准则不会因不确定性而使遗嘱无效。法院的职责是对其所使用的术语给予恰当的含义,而不是如在上述案例中所说的,简单地回答所有这些都是因不确定性而无效。

之后的案例会明确指出这一点[见 *Brown v. Gould*（1972）Ch 53],这种方法不仅适用于遗嘱,也适用于其他形式的文件。

值得注意的是,以上情况也属于概念确定性问题,都源于定义本身的不精确性:一个人要在那里待多久才算是居住在那里？如何亲近

才算是家属？这些问题常常被法院淡化了[见 Sachs 法官在 *Baden* (*No.* 2) (1973) Ch 9, 21 案中的判决]。问题是法院为何没有，也未能在其他案件中这样做呢？

3.12 不确定性的后果

如果信托因为不满足前述三个不确定性中的一个或多个而无效将发生什么？如果意图不确定，那么任何对相关财产拥有法定所有权的人都能享有该财产利益。因此，如果 S 转让财产给 T，且无法证明 S 有意使 T 以信托方式持有该财产，那么该转让属于完全转让，T 可以按照自己喜欢的方式自由使用该财产。假如存在标的或对象不确定，且委托人打算设立一个以他自己为受托人的信托，则没有信托产生，委托人继续保留对财产的绝对权利。相反，如果他希望通过转让财产给另一个人 T 而设立一个信托，T 将为他以信托方式持有财产，然后，T 将基于归复信托一直为委托人持有该财产(见第 8.6 节)，直到委托人被视为另有企图。在这种情况下，受益权将归于其他人，即受托人或其他受益人[见 *Hancock v. Watson* (1902) 1 AC 14]。

总　结

1. 要设立一个有效的明示信托，必须满足许多要求。委托人必须有设立信托的意图；信托财产必须充分确定；受益人必须被充分确认。这些统称为三个确定性：意图、标的和对象。

2. 设立信托和直接赠与是不同的，只有当委托人意图设立信托时，信托才会被认可。失败的赠与不会被重新解释为成功的信托。

3. 设立信托的意图包含了要求另一方即受托人承担处理和处置

财产有关的法律义务的意图。因此,如果委托人仅仅表示希望或期待“受托人”将为他人的利益使用财产,则任何信托都不会成立。

4. 法院表示,在确定必要的意图是否存在时,他们采取了客观的方法,询问一个理性的人是否理解这是委托人的意图,而不是询问这是不是委托人的实际(或主观)意图。

5. 标的和对象确定性的要求涉及保证受托人和法院都有足够的信息以管理信托。

6. 信托的标的和对象可能以多种方式和不同程度存在不确定性。不确定性的主要形式主要有委托人用词不准确(概念的不确定性)和没有足够的事实信息来说明委托人的定义(证据的不确定性)。

7. 法律应该决定多少信息才足以使委托人的意图产生合理的效果。要求更多的信息则会让法院在管理和监管信托时的工作更为直观,也就更有可能使信托准确地反映委托人的意图。然而,这也使有明确意图的信托更有可能无法满足法律的确定性要求,从而完全违背委托人的意图。

8. 关于标的的确定性,一般的规则是,信托财产的明确特征和所在地,以及信托财产的哪些部分将归哪些受益人所有,均应明确规定。然而,同质无形财产是一个例外,仅确定信托财产的来源和信托持有部分所占比例就足够了。

9. 对象的确定性要求因信托的性质而异。这是因为某些类型的信托比其他类型的信托需要更多的信息才能运作。

10. 如果委托人以“我的每一位朋友或亲戚或雇员可以获得×英镑”的形式设立固定信托,只要任何一个人被确认属于定义的受益人类别,即使从所有其他方面来看,对所有其他人而言,定义是不清晰的,但信托仍将是有效的。

11. 如果委托人设立了一个固定信托,其形式为“×英镑将在我的朋友或亲戚或雇员等之间平均分配”,则只有在能够拟定一份完整的受益人名单的情况下,该信托才是有效的。

12. 如果委托人设立了自由裁量信托，只有当任何特定的人可以说他是或不是受益人类别的成员时，信托才是有效的。然而，这一标准所要求的是什么还不确定。一般的建议是，该类别必须在概念上是确定的，因此，如果受益人的定义以任何方式都含混不清，该信托将不成立；但证据确定性可能不是必要的，或者至少可以容忍一定程度的不确定性。

13. 自由裁量信托如果被认定在管理上不可行或反复无常，即使所有事项充分确定，信托也会无效。这两种标准的内容和相互关系尚不清楚。管理上的不可行似乎与受益人有关——受益人群体是否太大了？而反复无常则与委托人选择这些人作为他的受益人的理由有关——委托人是否有足够好的理由选择了指定的受益人（而不是其他任何人）？

14. 通过规定由第三方来解决标的或对象的不确定性这类问题是可能的。这些规定在解决证据不确定性方面是有效的。但对于概念上的不确定性是否可以通过这种方式得到解决，还存在相当大的疑问。

15. 如果委托人寻求采取宣言方式设立信托，那么任何不确定性都将导致他继续绝对持有该财产。如果他试图设立信托，通过将财产转移给另一个人并以信托方式持有，那么对象或标的的不确定性将导致受托人为委托人以信托方式持有财产。

练　习

3.1　如 *McPhail v. Doulton* 案和 *Hunter v. Moss* 案所示，现代对标的确定性的要求有所放松。这是不是一件好事？

3.2　区分不同类型的不确定性（例如，概念性和证据性）是否有意义？

3.3 关于标的的确定性,我们是否有理由对可替代的有形财产(如石油或金条)和可替代的无形财产(如股票)适用不同的规则?

3.4 Ed 是一名退休歌手,住在新十字镇,他决定在活着的时候放弃自己的财富,并将大部分资产转移给他唯一的兄弟 Colman,由他托管。信托包含以下条款:

(a)5000 万元将分配给我的子女和临时家庭;

(b)500 万元将由我的受托人酌情分配给我过去和现在的许多商业伙伴,以感谢他们宝贵的帮助和支持;

(c)向在大伦敦缴纳地方税的每个人发放 10 英镑;

(d)1000 万英镑用于建造和维持一个录音棚,供 Goldsmith's College 学生使用;

(e)我的每一位好朋友都有权从我的收藏中得到一把吉他;及

(f)剩下的钱将平均分配给我的孩子们。

Ed 结过两次婚,第一次婚姻有三个孩子;他与第二任妻子收养了两个孩子。Ed 与他第一任妻子所生的一个孩子关系疏远,自从他 10 年前移民到厄瓜多尔后,就再也没有他的消息了。

请给 Colman 提出建议。

3.5 行政上的不可行和反复无常的标准是否也适用于固定信托?

3.6 委托人是否可以约定指定的第三方解决在其对信托标的或受益人的定义中可能存在的任何概念上的不确定性?

拓展阅读

1. Goode, *Are Intangible Assets Fungible*?, (2003) LMCLQ 379.

2. Hayton, *Certainty of Subject-matter of Trusts*, (1994) 110 LQR 335.

3. McKay, *Baden and the Third Class of Uncertainty*, (1974) 38 Conv 269.

4. Parkinson, *Reconceptualising the Express Trust*, (2002) CLJ 657, 663 – 76.

5. Worthington, *Sorting out Ownership Interests in a Bulk: Gifts, Sales and Trusts*, (1999) JBL.

第 4 章　目的信托

4.1　受益人原则

到目前为止，我们接触的信托都是为自然人设立的。然而，委托人也许希望设立一个有着不同的目的的信托。在寻求使特定个人受益的同时，他也许希望看到自己的财产运用于特定的事业或目标。比如，委托人可能希望设立一个信托以促进法律研究或确保他的宠物得到看护。我们称这些信托为目的信托（purpose trust）。

然而，英国信托法的基本规则是，信托必须有受益人——信托财产为其受益而持有和运用——因此，设立目的信托是不可能的。这一规则被称为受益人原则，它不是英国法律的组成部分，尽管备受批评，但现在已经根深蒂固。引用 Evershed 勋爵在 *Endacott*（1960）Ch 232，246 中所述："英国法律主张信托（非慈善信托）必须有确定的或可以确定的受益人才能生效，或许没有一个原则比这个原则背后所拥有的制裁或权威更强大的了。"上诉法院将受益人原

则运用于 *Endacott* 案，认为立遗嘱人以纪念意义为目的而试图设立的信托并不成立。但是，Evershed 勋爵的声明中提及慈善信托时表明事实上受益人原则也有例外。很清晰的是，该限制仅适用于目的信托，不适用于基于目的而授予的权力[见 *Douglas*(1887)35 Ch D 472]。我们将在适当时候研究这些例外情况，以及适用该规则的具体案例。在此之前，有必要花些时间思考一下，为什么按照一般规则我们不允许设立目的信托。

4.2　规则的正当性证明

需要注意的是，反对目的信托的规则意味着即使确信委托人打算设立信托，并且该信托财产或其目的不存在任何不确定性，这类信托也不能设立。事实上，因为促进有价值的事业的目的信托往往以慈善信托形式存在，所以许多违背受益人原则的信托的目的都相当古怪或深奥难懂。然而，如果委托人有需求，为什么不允许他们设立该类信托呢？毕竟，明示信托是一种促进手段：它们能使所有者看到他们的财产是按照他们的意图使用的。但是，无论委托人可能多么希望确保他的财产被用于一个特定的目的，法律(或至少信托法)都不会使他这么做。这需要一些正当理由。

4.3　强制性

关于该规则的基础，出自 *Morice v. Bishop of Durham* (1804) 9 Ves 399，并在(1805)10 Ves 522 得到了肯定的表述，且是最经常被引用的。William Grant 爵士阐述其基本原理如下：

不可能有信托而法院对其执行没有控制的权力;因为,一项不可控制的处分权是所有权而不是信托。如果有一个明确的信托,但是由于对象不确定,作为信托标的的财产是未处分的,而且这类信托的受益应该归于在前任所有者未处置的情况下法律赋予所有权的人。但是,这一学说并不适用于慈善信托。每一个信托都应该有一个确定的对象。必须有一个人,法院能够为他而裁定执行信托。

具有类似效果的是 Roxburgh 法官在 *Re Astor* (1952) Ch 534, 541 –2 中所述:

如果该(信托)目的不是慈善的,那么在理论和实践中都会出现很大困难。理论上,考虑到衡平法的历史起源,没有人可以强制执行的衡平法上的义务是难以想象的;在实践中,如果将大量资金用于非慈善目的的基金的设立,这是无法平静思考的,因为法院和政府部门都无法控制这些基金;而且,在管理不善的改革的情况下设立这些基金,也是不可能的。

这里的论点是,为了使一个信托有效,该信托必须能够被法院监督,以确保受托人义务得到强制执行以及委托人意图受到重视。为了使法院能够监督信托的运行,需要有人在其认为受托人可能未能尽到管理信托财产职责而对受托人提出诉讼。如果没有受益人——目的信托必然没有——那么就没有人能够做到这一点。这一论述也是对慈善目的信托的有效性作出的解释,因为慈善信托是由总检察长以及现在的慈善委员会强制执行的。

然而,关于受益人原则的论述近年来受到了抨击。本质上,争论部分基于两个命题,若能以此证明禁止非慈善的目的信托是合理的,那么这两个命题皆成立:

(1)不能被强制执行的信托应该不成立;

(2)只有受益人能够强制执行信托。

受益人原则的批判者绝大部分都已接受了第 1 个命题,他们抨击的焦点主要是第 2 个命题。

4.3.1　谁能够强制执行信托

受益人显然是强制执行信托的理想人选。因为信托是为他们受益而存在,如果受托人没有适当履行其职责,他们将受到损失。因此,他们有一个明显的动机,监督受托人运行信托,以及如果他们担心存在违反信托的情况,就将受托人诉诸法院。然而,这并不意味着受益人是唯一能够强制执行信托之人。尽管缺少受益人,但如果我们能够找到强制执行目的信托的人,禁止目的信托的理由也就不成立了。

那么,谁能够扮演受托人义务的强制执行者的角色?一种选择是允许委托人强制执行目的信托。这样做的明显优势在于委托人自己就是设立的人,他必然希望看到信托适当实施,因此他有动力监督受托人,并在必要时诉诸法院。然而,尽管如此,信托法的一项既定规则是,委托人没有资格强制执行信托(尽管他们是受益人时可以这么做)。信托一旦设立并运行,委托人就没有进一步的投入并且退出了。但是,其中的原因并不清楚。有观点认为,委托人可能无法更长时间强制执行信托。根据遗嘱设立的大量信托的情况就是这样。但是,这没有解释为什么委托人在他活着以及活得很好的时候也没有资格强制执行他设立的信托。

也许,最好将该规则解释为一个关于信托性质的特别观点的例子。根据这一观点,信托是一种处置方式,委托人转让或放弃其对信托财产的受益权给受益人。因此,信托在这方面类似于赠与。在两个案例中委托人或所有权人将其对相关财产的部分或全部权益作出转让(见第 2.6.2 节和第 4.4 节)。一旦你将财产赠与出去,你就无权控制接受者对财产的行为;一旦你设立了信托,情况也是如此。委托人放弃了其对财产的权益,便无权进一步指示或干扰该财产的使用。

第二种可能性是允许委托人指定一名独立的信托的强制执行人。这涉及使委托人能够选择某人,且该人尽管不是受益人,但承担监督受托人并在必要时将其诉诸法院的职责。这一论点最终由 Hayton (2001)提出,并被许多“离岸”管辖区内的信托立法所采纳。主要的相反论点是,由于执行者是独立的,因而在信托实施过程中不存在个人利益,我们如何确定他会履行职责?(见 Parkinson, 2002, 680)更糟糕的是,存在他和受托人有可能串通以瓜分财产的风险。为避免这一风险,有人建议,我们需要第二个执行人来监督第一个执行人的行为,并以此无限循环下去。

显而易见,基于这些原因,独立的强制执行人并不优于受益人作为强制执行人,问题在于我们应该考虑受益人作为强制执行人是否足够优于独立强制执行人。归根结底,我们是否担心强制执行不仅具有可能性,而且发生概率很大。在这方面应当指出的是,由于资源的缺乏、无知、冷漠等,即使存在受益人,仍无法保证信托能够得到强制执行。

最后一种可能性是,是否有任何人,尽管不是受益人,对看到信托实施同样感兴趣,因而也会有同样的动机去强制执行它。就目的信托而言,这些人就是希望看到特殊目的实现的人。尽管不是所有目的信托都有可能让人们有足够的兴趣花时间和精力予以强制执行,但是由感兴趣的当事人作为强制执行人很多时候能够避免独立强制执行人带来的问题。正如我们将看到的(见第 4.7.2 节),这一论点在这些案件中得到了许多支持,尽管它依然备受争议。这里也有反对的观点,认为我们不应把强制执行人的权利交予任何希望看到受托人履行义务的第三人。可以与合同法作类比,第三人传统上没有权利起诉,即使在执行对他们有益的情况下,甚至根据《1999 年合同(第三人权利)法》,他们也只有在合同双方同意后才拥有这样的权利。

4.3.2 信托必须被强制执行吗

即使没有受益人,我们也能够找到一个强制执行信托的人,这一点至少是有争议的。然而，正如已经注意到的，如果我们得出结论认为强制性对于信托有效是必不可少的，则我们仅需要找到一个强制执行人。这也是可以质疑的（见 Gardner，2011，231－6）。为什么我们需要担心强制执行人？因为如果没有强制执行人，就存在受托人可能（或极大可能）不会履行其义务的（更大的）风险。为什么我们又应该关注不可预防和不可补救的违反信托的问题？因为，除一些一般公共利益的受托人未滥用他们的地位外，受托人也可能阻碍委托人设立信托的意图的实现。因此，为了使信托不被执行并因此阻碍委托人意图实现的风险最小化，我们认为不可强制执行的信托是无效的，财产的受益权将归于委托人或作为其遗产（见第8.6节）。

然而，尽管这种做法大大减少了受托人挪用信托财产的机会，但它也使信托财产不会按委托人的意图，即委托人所选择的目的予以运用。换言之，目前禁止目的信托带来的影响是，即使受托人尽责执行信托，且他们的诚信和能力被认可，法律也会阻止他们执行信托和实现预期目的而运用财产。

另一种做法是坚持认为不可强制执行的信托仍然有效。这意味着诚实和有能力的受托人可以自由地按照委托人意图使信托生效。当然，有些受托人会存在欺骗或采取不称职的行为，结果是委托人的意图无法实现。但是，与完全禁止此类信托相比，它至少有成功的机会。此外，鉴于这是委托人在最初情况下选择愿意做他的受托人的人，因此，即使没有受益人或其他执行人的严密监督，这个人也极有可能努力实现委托人的意图。简言之，如果我们关心的是委托人意图的实现，有一个有说服力的观点认为，目前禁止目的信托比允许目的信托（即使无法强制执行）造成的危害更大。至少，如果委托人愿意承担信托将不被执行的风险，法律似乎没有任何有说服力的理由阻止目的信托。

4.4 受益人及信托的本质

基于这些原因,*Morice v. Bishop of Durham* 关于受益人原则的基本原理所依据的两个命题似乎都很难站住脚。也许正因为如此,那些支持这一原则的人们开始在其他方面寻找理由。他们最常提出的论点是,在某种程度上,信托的本质是必须有受益人,没有受益人的信托根本就不是真正的信托。

有人提出,没有权利,义务就不能存在。义务应该由某人承担,而该人反过来应有权履行那些义务。因为所有信托都包含受托人一方的义务,只有我们能够确定哪些人应该承担这些义务时,这些义务才有可能被履行(见 Mathews,1996)。据此,信托需要的并不只是一个执行人,它需要一个有权要求强制执行信托且受托人对其受益负有义务的人,或者,就是一名受益人。没有这一点,有人认为,受托人的义务以及该信托都是幻觉。

这种论点的第二个例子是,财产必须始终拥有一名受益所有权人。在没有信托或存在一个有受益人的信托的情况下,这并不是问题,但是当我们谈到目的信托时,它就是个问题。因此,财产的受益权不可能"消失"或"处于悬念之中"意味着目的信托必然是不可能的[见 *Twinsectra Ltd. v. Yardley* (2002) UKHL 12,(2002) 2 AC 164,(90)(Millet 勋爵)]。

上述两种论点都不能令人信服。对于义务应该总是有人承担的建议,我们不禁要问,这是不是真的。当然,许多义务是针对特定个人或群体,并与其他个人或群体享有的权利相对应。例如,如果你和我签订了一份合同,我们每个人都有义务履行,这个义务对应的是另一方享有的要求执行的权利。同样,如果我违反了你我之间的合同,我对你就有义务补偿你的损失。这项义务对应的是你拥有要求我支付赔偿金的权利。但是,看到很多义务在被描述时并没有提到权利或权利持有人,这种情况并不罕见。刑法义务就属于这种情况,它告诉我们不要做杀人、偷窃、殴打、造成刑事损害之事以及类似的行为。也许我们可以说,这些义务由那些其利益会受到上述行为威胁的社会成员承担。但是,仅简单地说"不要杀人或偷窃"而没有规定,或者甚至不考虑谁(如果有人)负有义务,它不荒谬吗?即使这些义务由被上述行为威胁的人承担,但对于诸如停车法或环境法规,我们真的可以说出同样的话吗?慈善目的信托是一个更为清晰的例子。毫无疑问,它既没有受益人,也没有人主张受托人承担的义务是无意义或空洞的。如果说这些义务由总检察长或慈善委员会承担,这似乎也不正确。当然,事实上他们可以要求强制执行这些信托和义务,但如果这是我们所关心的全部,我们就回到了起点,即 *Morice* 案的主张,必须始终有人能够使信托义务得到履行。

同样地,对于为什么必须始终要有某个人或群体拥有财产受益权的问题也不清楚。世界上有很多资源不归任何人所有(见 Gray,1991),如果法律未能考虑到任何人至少在一段时间内受益持有没有所有权的财产的可能性,那将是不可思议的。事实上,正如法律所规定的,在一些情况下某项资产的受益权会被暂时搁置[见 *Commissioner of Stamp Duties* (*Queensland*) *v. Livingston* (1965) AC 694 以及慈善信托]。

也许,反对目的信托最好的观点是基于对信托本质的特殊理解。如前文所述(见第 4.3.1 节),关于明示信托的一种观点认为,明示信托是财产所有人对其财产受益权的处置。根据这一观点,信托类似赠与,委托人或所有人将其(部分)权益转给受益人或受赠人。我们认为这是对委托人无权要求强制执行信托规则很好的解释:他们一旦处置了自己对财产的权益,就不能再决定该财产如何使用。但是,更为重要的是,这种对明示信托本质的理解支持了受益人原则和目的信托的禁令(或更确切地说是不可能)。如同你不能对一个目的进行赠与

(完全转让),按照这个观点,你也不能基于某个目的而设立一个信托(基于该目的处置你的受益权)。在两种情况下,都需要有人最终担任受让者。信托需要受益人,就像赠与需要接收人一样。

将信托理解为受益转让有相当多的可取之处。正如我们所看到的,它解释了为什么在一个独立受托人被指定后,自我声明的信托是可能的,它解释了为什么强制执行属于受益人的事而非委托人的事。同时,从某种程度上也解释了信托不会因缺少受托人而无效,甚至解释了法律允许受托人进行更换,允许替换原来的受托人而指定新的受托人。从信托的本质出发,受托人身份并不重要。相反,我们只需要有人——任何人——来负责监督和实施委托人发起的受益转让。

尽管如此,这一论点——就像所有认为目的信托在概念上是不可能的论点一样——面临一个重大障碍:法律确实承认受益人原则的一系列例外,最引人注目的就是慈善信托。这就留下了这样一个命题:没有受益人的信托就不能是信托的观点看起来十分不真实。此外,即使英国法律不承认任何特定的目的信托有效,也并不意味着我们应该只能接受有受益人的信托,换言之,我们需要能够证明所使用的概念结构的合理性。如果信托概念不允许有目的信托,我们应质疑这个信托概念是否值得保留,或者是否应该有一个新的信托概念,一个允许委托人为目的而设立信托的新的信托概念。

4.5 规则的影响

受益人原则是否得到论证以及受益人原则是在什么基础上得到论证的问题还存在疑问。尽管如此,该规则的存在是显而易见的。适用该规则的良好的案例,包括 *Astor's Settlement Trust* (1952) Ch 534。在该案例中,委托人试图为包括“维护……国家之间……良好了解”和“保留报刊的独立性和完整性”在内的一系列目的设立一个信托。

Roxburgh 法官认为该信托不成立的原因有二:缺少受益人和其所陈述的目的的确定性不充分(见第 4.8 节)。

Shaw（1957）1 WLR 729 案有着相似情况。立遗嘱人 George Bernard Shaw 曾尝试用资金设立信托,以研究引进一个新的由 40 个字母组成的字母表的可能性。在确定该信托的目的不具有慈善性以及该项规定不能理解为规定了一项权力(权力可能会有效,见第 4.1 节)而不是信托后,Harman 法官认为该信托无效。

4.6　目的信托与个人信托

当然,受益人原则只有在确实没有受益人的情况下才会导致目的信托无效。因此,如果通过调查,该信托事实上完全不是目的信托,而是一个有受益人的简单的信托,我们可以称为个人信托,那么该规则所带来的问题就可以避免了。两者之间的差别并不总是很明显。毕竟,绝大多数目的信托都会使某些人受益,要么是因为有人对目的的推进感兴趣,要么是因为该信托财产最终将落入某些人手中。

从根本上说,问题在于受托人是否有义务使某些个人或群体受益,但该类受益是次要的(这种情况下,信托是个人信托),或者其义务是否将该基金用于规定的目的,而无论是否有任何个人碰巧从中获得任何利益,在这种情况下,信托是目的信托。在后一种情况下,尽管有人可能从信托目的的执行中受益,但是他们对信托财产没有权利或无权要求以其他方式为他们的利益而运用信托财产。该信托和受托人义务的焦点是目的而非某个人的个人利益。由此产生的一个必然结果是,在目的信托项下获益的人不享有 *Saunders v. Vautier* 案中要求结束信托的权利,对财产也没有要求将该财产转让至他们名下的法定所有权(见第 2.6 节)。相反,在个人信托中,这一权利似乎总是以某种形式存在,至少是潜在的。

因此,某项信托是个人信托还是目的信托,涉及对信托契约(如果有)和委托人所使用词语解释的问题,目的在于查明委托人的真实意图。显而易见,无论是因为不希望委托人意图落空,还是仅因为这将使处置信托财产更加简单,法院有时对委托人的意图会采用牵强附会的解释,以避免得出某项信托是目的信托的结论。

这方面最好的例子是 *Bowes* (1896) 1 Ch 507 案。立遗嘱人给受托人留下了 5000 英镑,用于"在 Wemmergill 庄园种树庇荫"。除了立遗嘱人清晰的用语外,受到这笔财产实际远多于种树目的所需要的金额的鼓励,North 法官感觉可以将这笔财产视为基于该遗产所有权人的受益而设立的信托。这意味着,作为受益人以及可以行使 *Saunders v. Vautier* 案中的权利的所有权人,他们可以以自认为合适的方式自由使用该笔资金。

Andrew's Turst (1905) 2 Ch 48 是该情形的另一个案例。资金被募集用于已故牧师的孩子的教育,并且只能用于此目的。在提供了孩子教育的全部费用之后,问题出现了,即如何处理剩下的资金。Kekewich 法官认为,如有必要,他将对"教育"作宽泛的解释,以便涵盖孩子们更普遍的需求。但在任何情形下,对教育的提及应被理解为仅仅是对赠送礼物动机的确认。由此,这些孩子们有权受益于剩余基金。

在 *Osoba* (1979) WLR 247,257 中,Buckley 法官阐述了这一解释原则:

如果立遗嘱人已经将所有资金——无论是本金还是收入,无论是以直接方式还是以有受托人的中介方式——给予了受益人,在没有任何相反迹象的情况下,均认为他已经表明有意图使此人享有该所有资金的权益,即使他可能已经明确声明该赠与只能用于特定目的,而该目的可能被证明是不可能实现的,或可能不会用尽标的物。这是因为立遗嘱人已经赠与了所有资金;他赠与的不是达成该目的的所足够或所需要的资金数额，也不是受托人或其他任何人可以确定的资金数额，而是所有资金。这必须与立遗嘱人已经指明的赠与目的一致。该一致的实现，需要将提及的目的仅仅看作立遗嘱人赠与动机的一个声明。对该赠与的任何其他解释都会妨碍立遗嘱人所表达的让所有资金受益于受益人的意图。我认为，这些考虑再次证明，如果标的是立遗嘱人的剩余遗产，那么该赠与的任何失败都将导致没有遗嘱的后果。

这似乎有两个可替代的选择。对于明确的目的信托，该信托财产必须且只能用于规定目的，在这种情况下，该信托很可能会违背受益人原则；或者，委托人提及的目的因不具法律意义而被忽略，在这种情况下，尽管是以曲解委托人意图为代价，该信托也是有效的。但是，令人些许疑惑的是，似乎还存在第三种可能性，也就是说，尽管信托是个人信托，从而不受受益人原则的影响，但所涉及的目的仍然不可以被忽视。受益人所获得的信托基金的数量需参照推进相关目的所需或将需要的金额而确定。

Sanderson's Trust (1857) 3 K & J 497 可能提供了一个这方面的案例[见 *the Trust of the Abbott Fund* (1900) 2 Ch 326]。在这个案例中，立遗嘱人设立了一个信托，“将其不动产和个人财产的全部或任意部分的租金、债权、收益”用于其兄弟，使其“得到赡养、照顾和舒适的生活”。当他的兄弟去世时，问题出现了：该如何处理剩余的财产？法院认为有两种可能性。一种可能性是，该信托应当被理解为一个为了其兄弟以所有财产而设立的简单的信托，因此忽略所提及的事项，像案例 *Bowes* 一样。这意味着剩余财产将成为其兄弟遗产的一部分。另一种可能性是对其兄弟的信托，其总金额是满足他“得到赡养、照顾和舒适生活”的总费用。这么做的结果是，剩余的、没有受益人的财产返还归于归复信托项下的立遗嘱人的遗产(见第 8.6 节)。

考虑到立遗嘱人的用语，法院得出结论认为，第二种解释是正确的。这暗示它不是一个目的信托,而是一个为了其兄弟的信托,此信托中,他的兄弟将接收到的数额通过参考他的赡养费用计算出来。换言之,参考目的确定了该信托的标的,他的兄弟作为受益人将得到这笔财产。法院的声明支持了这一观点,该声明称,如果他的兄弟用自己的积蓄养活自己,那么他将有权从信托基金中得到相应金额的补偿,也很可能意味着这笔财产随后将由他自由支配。

因此,10 万英镑交给 T,用于 B 的教育(当然原则上超出了教育信托范畴)的信托,可以有以下三种理解:

(1)可以理解为一个目的信托,在该信托中,T 有义务使用该笔资金以实现 B 接受教育的目的(比如,买书,支付学费)。B 无权为自己索要任何资金。它将因为受益人原则的要求而无效,除非它属于例外之一(见第 4.7 节)。

(2)可以理解为一个为了 B 的简单的(个人)信托,提及教育仅看作委托人目的的一种表达,T 和 B 都可被忽略。B 可以行使其 *Saunders v. Vaulier* 权利,要求将所有金额转让给他,因此他可以按照他认为合适的方式自由使用财产。

(3)可以理解为一个为了 B 的(个人)信托,B 仅有权获得资助其教育所需要的信托资金数额。因此,通过行使 *Saunders v. Vautier* 案中的权利,B 可以转给自己的不是 10 万英镑的全部,而仅是其教育所需或将来所需花费的金额。但是,B 随后可以按照他认为合适的方式自由使用这笔钱。

当然,为了确定哪种解释适用于赠与案件,我们应该尝试了解哪种解释最符合委托人意图。

4.7 规则的例外

在上述案例中我们看到,为了避免与受益人原则发生冲突,只能将初看似乎是目的信托的信托理解为个人信托。因此，它们不是严格意义上受益人原则的例外：这些信托被解释为符合该原则的要求。但是，存在一系列真正的受益人原则的例外，其中，法院将有目的的信托确认为目的信托。最明显的例外是我们提到的慈善目的的信托。我们将在下一章中对这些信托进行仔细研究。现在，我们将要探讨的是信托应该有受益人规则的其他例外。

4.7.1　异常的目的信托

首先，有一些被称为"异常的"目的信托。这些目的信托尽管是非慈善的，但得到了支持，法院在过去这么做似乎也没有什么更好的理由。没有原则或政策可以证明或者解释为什么这些特定目的的信托运行正常，而其他目的的信托则不可以。他们仅仅是法律史上的偶然结果。

目前属于这种例外的只有三类案例：

(1) 照顾并饲养特定动物的信托。在 *Dean* (1889) 41 Ch D 552 中，为抚养立遗嘱人的马和猎犬，同时以维护他们的马厩和狗屋为目的而设立的信托(为动物福利设立的信托通常更可能作为慈善信托而有效：见第 5.15 节)。

(2) 为修建和(或)维护坟墓和墓碑而设立的信托：见案例 *Hooper* (1932) 1 Ch 38。

(3) 为民众私人言论设立的信托：见 *Bourne v. Keane* (1919) AC 815。

另一例外是促进猎狐的信托：见 *Thompson* (1934) Ch 342，但是随着猎狐禁令的颁布，这个例外可被完全忽视。

然而，法院强调，这些异常的有效的目的信托的类别不应该被扩大，即使类推也不可以。因此，法院在 *Endacott* (1960) Ch 232 案中，拒绝将坟墓和墓碑案件扩大为立遗嘱人尝试设立信托用于为自己建造一座纪念碑。如果该信托无效或没有用尽信托资金，这些异常的信托可以由那些将得到信托财产或剩余信托财产的人强制执行。考虑到违约情况下持有人的权益,这样通常可以有效地防止受托人挪用财产,但对预期目的的实现几乎没有保证。因此,异常的目的信托与目的权力的效力一样:受托人不能将财产用于规定的目的之外,但通常也不会被强迫运用该财产以实现这个目的。

4.7.2 *Denley* 案中的信托

另一个有争议的(尽管如果其正确则更有意义)的例外来自 *Denley's Trust Deed* (1969) 1 Ch 373 案。在该案中,委托人公司转让土地给受托人,"希望受托人维护土地并将土地用于娱乐或运动场地的目的,以使该公司的员工受益,其次使那些被受托人允许使用该场地的个人或个体(如果有)受益"。有观点提出这是一个非慈善的目的信托,因此应该基于受益人原则而无效,对此,Goff 法官这样认为:

> 我认为可能有一个目的或对象信托,其执行有益于个人或个体,而受益是间接或无形的,或者,这类信托被另外设定不给予这些人享有任何诉诸法院的权利来强制执行该信托,在这种情况下,受益人原则的适用将使信托无效,而与任何不确定性或永久性无关。如果出现这样的案例,可以作此考虑。依我判断,目前的情况并不是慈善的,可以看出……该信托契约确实准确表明……公司员工应有权使用或享用该土地。除了这个可能的例外之外,在我看来,受益人原则……局限于抽象或客观的目的或对象信托……那么,虽然被表述为一种目的,但该信托是直接或间接为了个人或个体受益,在我看来,它仍在受益人原则损害的外围。

因此,Goff 法官认为该信托是有效的。*Denley* 案明确示意我们,如果有一位或一类确定的成员会直接或间接从用于规定目的的财产中获益,那么这个目的信托将会成立,但条件是该受益对这些人员来说并不是完全间接或无形的。在 Goff 法官看来,受益人原则只关注于确定该信托是否具有可执行性,以及有权强制执行该信托的人是否对继续实现该目的感兴趣。所以,我们不仅没有理由认为此信托无效,而且还可以在没有将其视为个人信托的情况下实施该信托。

如果这是正确的,该判定则具有重大意义。它意味着大量非慈善目的信托将是有效的。*Denley* 案中仅存的障碍如下:

1. 实施该目的应该采取不过于轻微或间接的方式使个人或个体受益。*Endacott* 案、*Shaw* 案和 *Astor* 案中的信托想必因此而无效。

2. 查明哪些人是会因此而受益的个体必须是有可能的。在第二次查询中,Goff 法官采用了 *IRC v. Broadway Cottages Trust* (1955) Ch 20 案的确定性标准清单,尽管有所突破,但还是强烈建议我们应该采取更为宽松的标准。

按照对该案的这一理解,受托人的义务是将财产运用于实现规定的目的。即使有而且需要有可以强制执行该信托的可确定的人,这些人也不能被视为受益人,至少对这个词语的传统的理解就是如此。因此,尽管 Goff 法官没有深入研究,但我们应该推测,他们仅有权要求将财产用于该目的,他们不享有 *Saunders v. Vautier* 案中的权利,如允许他们联合起来并要求将该财产完全转给他们。

然而,并非所有人都赞成这是对 *Denley* 案的正确解读。该判决在后来的案件中被予以考虑,其趋势是否认该判决的意义,并基于传统信托法对它作出解读。因此,在 *Lipinski's Will Trust* (1976) Ch 235 案中,Oliver 法官在称赞 Goff 法官早先所言“既有权威又有常识”的同时,却把 *Denley* 案当作 *Bowes* 类的案件(见第 4.6 节),在该类案件中,他们忽视目的而将该信托确定为了个体信托。同样,在 *Grant's Will Trusts* (1980) 1 WLR 360 案中,Vinelott 法官也认为 *Denley* 案“完全超出”了目的信托的类别。他对该判决有以下看法:

> 我看不出以下两种信托之间原则上的区别:一种信托是允许参照雇佣关系所界定的类别,他们根据受托人行使自由裁量权而制定的规

则使用并享用土地;另一种信托是基于受托人的自由裁量权,在类别成员之间分配收益,该类别的界定比如可以参照和委托人的关系。在这两种情况下,类别中的任一成员获得的权益都取决于受托人的自由裁量权,但类别中的任一成员均可按信托条款约定向法院提交申请,强迫受托人执行该信托。

这看起来 *Denley* 案中的信托与为了个体的自由裁量信托并没有区别,从而再次否认其对目的信托的意义。然而,许多评论家强调,Vinelott 法官作出的类比是错误的,因为确定谁将从财产中受益(如在一个标准的自由裁量信托中)的自由裁量权和确定财产如何被有权使用它的人享用的自由裁量之间存在重大区别。

这给我们带来了什么?很难把这两个案例中的任何一个看作对 Goff 法官观点的准确解释,尽管有时还有歧义,但显然 *Denley* 案中的信托应被作为有意图的以及作为目的信托去实施。此外,它没有否决但也没有证明 *Denley* 的判例。但是,它们的确显示出了一种司法倾向,即轻视案例的重要性。那些支持受益人原则和禁止非慈善目的信托的人赞成这一倾向,而反对者则对此感到惋惜。

这把我们再次带回到受益人原则的正当性问题上。除了信托必须是可强制执行的之外,这一规则还有更多的真正的内容吗?如果可执行性是我们关注的唯一问题,则难以理解我们为什么要反对将 *Denley* 案视为证明一些目的信托有效的一种方式。相反,如果除此之外在禁止目的信托的背后还隐藏着什么东西,那么,我们需要一个关于它是什么的清晰的说明。

4.8 目的信托的其他要求

如果受益人原则的一个例外被采用,那么一个既定的目的信托就不会仅因为缺少受益人而无效，但要使其生效还需解决三个难题。

首先，该目的必须有足够的确定性，以便法院能够强制执行该信托。这等同于在上一节个人信托中所讲述的对象的确定性。就像 *Astor's Settlement Trust*（1952）Ch 534 案一样，*Morice v. Bishop of Durhan*（1804）9 Ves 399 案也是这方面一个很好的例子。此案中，法院认为，即使没有禁止目的信托，保持国家之间的理解和保护新闻独立性和完整性的意定信托也不会成立，因为它没有在如何运用该信托财产方面给受托人或法院提供足够的指示。

其次，如果目的被认为是反复无常的或不合法的，那么，一个明确定义的目的信托依然不会成立。这方面的一个标准的例子是 *Brown v. Burdett*（1882）21 Ch D 667。该案件很奇怪地涉及一个将一幢房子中的房间锁上 20 年的信托。

最后，对于非慈善目的信托，甚至是非慈善个人信托，如果他们不能满足反永续规则，也将无法成立。这涉及信托法的规则，从广义上来讲，信托必须有时间限制，目的是确保财产或早或晚绝对归于某个人或群体，然后可以没有负担地予以处置。传统的永久持有权的时限为生前时间再加 21 年。它是指，在信托设立之日所规定的某人去世至少 21 年后，信托项下的受益权必须授予指定受益人。这是非慈善目的信托的相关期限。在其他情况下，该规则受到成文法限制：《1964 年永续和积累法》规定可选择将某些固定的期限增加到 80 年；如今《1964 年永续和积累法》第 5(1) 章适用于 2010 年 4 月 6 日以后制定的文书，该章节规定“相关永续期限为 125 年(且无其他期限)”。

4.9　非法人组织

人们曾认为，在非法人组织中能找到受益人原则的另一种例外情况。事实上，尽管根据 *Denley* 案，目的信托会发挥作用，这段时间传统的立场仍认为这些案例与目的信托无关。但是,我们首先应该谈谈什么是非法人组织,以及由此产生的法律问题是什么。

典型的非法人组织始于 Lawton 法官在 *Conservative and Unionist Central Office v. Burrell* (1982) 1 WLR 522,525 案中提出的定义:

> 我认为非法人组织指的是两个或多个人因为一个或多个共同的非商业目的而紧密联系在一起,通过相互承诺,各方相互负有责任和承担义务。在这个组织中,有规则规定谁管理它,它的资金为谁设立,以及根据什么条款可任意加入或退出该组织。

这定义是在解释特定法定条款的语境下给出的(《1970 年收入与企业所得税法》第 526 条),但在其他语境下,我们不确定在此列出的所有特征对于将一个组织视为非法人组织是否必要。比如,任意加入或退出该组织这一规定似乎不是必要的。

事实上,作为一个原则问题,确定非法人组织如何获取并持有财产的规则应适用于(以下面的团体为准)两人或两人以上联合起来并基于某种共同目的而将财产汇集在一起的任何情形。这样的目的是多种多样的:一个团体的形成可能是为了促进一项事业或者促成一个政党,或者其成员可能会因为他们个人兴趣而简单地联系在一起,组成一个俱乐部,如体育俱乐部。就一切情况而论,这两个团体都可能拥有一套规则,或至少是非正式约定或谅解,这些约定或谅解关系到该团体如何运行,并需要财产来帮助实现其目的。

非法人组织存在三个关键问题,以下章节将集中讨论:

(1)他们如何获得这些财产;

(2)一旦获得,如何持有该财产;和

(3)如果该非法人组织解散,如何处理该财产。

关于目的信托在回答这些问题方面可以发挥作用的观点是根据对非法人组织在实践中工作方式的两方面观察得出的。第一,该组织的成员通常知道他们不能自由地将组织财产视为己有,如在未经允许的情况下,网球俱乐部的成员知道他们不能将俱乐部的球拍和其他设备带走;第二,如果你将财产转让给一个非法人组织,例如,你给当地体育俱乐部提供捐赠,并希望该款项将只用于俱乐部的目的,那么该笔款项将不能被俱乐部成员当作自己的钱来使用,比如,用于节假日出游或晚上聚会。

如果该组织的财产是为了团体而以信托形式持有,我们就能够解释这两种特征了。成员不能将财产视为己有,因为该财产以信托形式被持有,因而并不属于(受益人)他们;赠与人可以确保他们的捐赠仅用于该团体,同目的信托的效果一样,此类财产只为实施目的信托而获得和持有。因此,一项目的信托分析似乎能够完美符合非法人组织所涉及的意图和期望。

只有一个问题:受益人原则。由于信托必须有受益人的规则,致使(非慈善的)目的信托无效,这种简单的解决方式被认为在法律上是不可能的。法院需要找到一个用法律工具解决问题的方法。我们先从非法人组织如何持有财产的问题入手,因为我们将看到,这也回答了以下问题:财产是如何转让至非法人组织的?该组织解散后,如何处理该财产?

4.10　非法人组织如何持有财产

之所以产生非法人组织如何持有财产这一问题,是因为这些组织是非法人,它包含了一群人,这群人并未按照《公司法》的规定组成法律形式上的公司。在法律上,一个公司被视为一个自然人,它可以承担和被承担义务,可以持有财产,但不同于公司中的任何个体或集体所承担的义务或所持有的财产,这种方式有助于人们对公司如何处理财产进行分析。然而,这种方式不适用于非法人组织,因为它没有独立的法律人格,导致没有独立法人可以转让并持有财产。此外,该组织持有的财产必须严格委托于一个或多个成员,所以问题的重点在于委托给谁。

4.10.1 合同持有理论

理论上,这主要取决于该组织所选择的运行方式。一种可能性是,该财产在法律上为所有成员共同拥有,也就是说,他们共同持有该资产的法定所有权。另一种可能性是,该财产在法律上委托于一个或多个成员,通常是会计或财务部,他们以信托形式为所有人管理财产。在实际情况中,第二种可能性要普遍得多。一方面因为将财产委托于少数人更简单易行,另一方面因为规则限制了持有特定财产的法定所有权的人数(见《1925 年财产法》第 34 条,限定法定共同所有人的最多人数为 4 人)。因此,下面的分析也是我们关注的重点。

首先,在此基础上,受益人原则不存在任何问题,虽然是信托,但它有明确的一群受益人,即该类别的所有成员;其次,在一般案件中,无论是普通法还是这里的衡平法,如果财产被共同拥有,至少在可操作的情况下,个别共同所有人可以分离他的份额来处理自己的财产(依据 *Saunders v. Vautier* 案中确立的规则,假设共同所有权是平等的),不受其他共同所有人的约束。由于这将阻碍非法人组织的目的,因此该团体会作出安排,让每位成员承诺团体财产只能用于该组织。这种安排将写进该组织的正式章程,或是作为默认行为规则。只要法律认为这种安排具有约束力,可以阻止个别成员违反组织的规定或将财产占为己有,我们就可以将这种安排看作合同(值得注意的是,在很多案件中,就要约、承诺、对价和确定性而言,合同不会进行仔细审查)。

4.10.2 成员变更

基于以上分析,该财产会在任一适宜时间以信托形式由一位或多位财务人员(受托人)持有,其受益人为全体成员,但成员处理该财产的权利由他们之间的合同管理。然而该分析并非毫无漏洞,组织的成员总是随时变化,现有成员将会离开,新成员又会加入。这带来了两个问题。

第一,假定有一位新成员加入,由此根据团体的章程或规定,他需要和其他所有成员另外签订一份合同。这明显是一个实用的分析并且是可取的,但至少从合同形成规则来看,它看上去有点不合理(可能与那些规则的狭隘性有关)。

第二,更为重要的问题是,会员变更对团体财产所有权产生什么影响。假设该财产暂时由为团体成员设立的信托持有,并且以衡平法的方式由该团体成员共同拥有。因此,当成员退出时,退出的成员就失去了他们在该财产中的所有权,且当新成员加入时,新加入的成员就获得了该利益。这是一个潜在的问题,因为法律有一系列规则,规定了为有效转让所有权权益所应采取的正式步骤。最值得注意的是,正如在第6章第6.6节中将会看到的更多细节,对信托项下某人衡平法上的利益的有效处理必须根据《1925年财产法》第53条第(1)款第(c)项的规定以书面形式确定并签署。而对于目前的分析,如果所有成员对团体财产拥有衡平法上的权益,该团体财产由财务人员管理下的信托持有,那么当一个成员退出时,其衡平法上的权益必须转给剩余成员,若新成员加入,该新成员就从现有成员那里获得该权益。这似乎属于第53条第(1)款第(c)项的规定,但是在实际操作中,成员无须任何正式文件即可随时退出或加入这些团体。

法院从未研究过这个问题。Penner(2016,275)对此提出了一个解决方案,他认为为成员持有团体财产的信托包含一种(通常隐含的)增加或减少受益人类别的权力,因此当一位成员离开时,受托人可以从受益人中移除此人,当有新成员加入时,该成员又可以被加进受益人中。根据Penner的观点,受托人行使该权力时并没有对现有的衡平法上的利益进行处理,因此第53条第(1)款第(c)项依然成立。这个做法很明智,问题似乎也得到了解决,但其代价是将从未在其脑海中出现过的意图作为该当事方的意图(尽管这个意图符合他们的目的)。

4.10.3 合同变更

因此,现在对非法人组织如何持有财产的传统分析的结论是资产受益由信托项下的成员拥有,该团体的财务人员即受托人,所有成员之间签署合同用以管理该财产的使用。这就是众所周知的合同持有理论,并且其在 *Neville Estates Ltd. v. Madden* (1962) Ch 832 案和 *Recher's Will Trusts* (1972) Ch 526 案中被法院认可。其主要优势在于,它允许我们解释为什么单个成员不能将团体财产视为己有而只能用于团体目的,却又不违背受益人原则。能够阻止单个成员拥有或撤销其在团体资产中相应份额的是合同而非目的信托的存在。然而,合同持有理论也有一个重要缺点。

正如我们所知,团体财产的利益由团体成员持有。正常情况下,该受益权使单个成员有权带着所持比例的财产一起离开,阻碍这一行为的唯一原因是他们对其他成员的合同义务,该义务规定他们只能为团体使用该财产。然而,该合同的其他方可以放弃或改变该合同。正如 *Recher* 案中认可的那样,全体成员可以自由同意终止该合同或变更该合同,以撤销该合同对单个成员自由处置所占财产份额的法律限制。如此,其成员可自由分配该财产,并且按照自己的意愿使用所占的财产比例,不用考虑团体的目的。

4.11 将财产转让给非法人组织

一旦非法人组织如何持有财产的问题得到解决,回答第 4.9 节中的其他两个问题就变得简单了:组织如何获得财产与该组织解散财产如何处理。对于第一个问题——关于财产的获取,我们必须回答一个人是如何将财产转让给非法人组织的。

在 *Leahy v. A-C for New South Wales*（1959）AC 457 案中，枢密院认为有三种可能性：

(1)赠与人可将财产转让给该团体的现有成员使其受益；

(2)赠与人可将财产转让给该团体的现有和将来的成员使其收益；

(3)赠与人可将财产转让给为组织目的而设立的信托。

第一种方式可通过两种不同的途径完成。赠与人可以将法定受益权完整转让给成员，或者为了整体成员的利益，他可以以信托的形式将财产转让给成员中的一个或多个成员。但就目的而言，没有必要对他们进行区分。

第一种方式存在的一个问题是，成员似乎可以按照他们认为合适的方式自由处理财产，因此单个成员退出时可以带走他们所占的比例的财产。在大多数案例中，这样做将违背赠与人希望该财产仅用于组织的意图。此外，还有一个问题是，它似乎没有考虑到团队成员变更的情形（也就是说，该财产的权益由财产转让时现有的成员拥有，忽视了他们之后是否依然是成员以及之后是否会有新成员加入）。

但第二种和第三种方式存在更多问题。第二种方式为受益转让给现有和将来的成员，该种方法考虑了团体成员的替换，除非得到授权，否则该做法将违背禁止永续规则（见第 4.8 节）。第三种方式是为组织目的而设立信托，虽然明确指出成员只能将该财产用于组织的目的，却以牺牲受益人原则为代价。因此，除非能找到这一原则的例外情况，否则该信托将无效。

因此，在排除第二种和第三种可能性之后，保留了第一种方式：在处置财产时对成员个人进行受益转让。这似乎使该法陷入不能令人满意的境地。该唯一将财产转让给非法人组织的方式会导致成员不受限制地自由使用那笔财产，并违背转让人起初发起转让时的意图。

合同持有理论的发展使法院可以避免这一不可取的结论。遵循

Cross 法官在 *Neville Estates Ltd. v. Madden*（1962）Ch 832 案中的做法,Brightman 法官在 *Recher's Will Trusts*（1972）Ch 526, 539 案中提出以另外一种方式将财产转让给非法人组织,或由非法人组织接收该财产。

如果一份捐赠没有附带任何实施信托目的的文字,在我看来,该赠与生效有利于组织的现有成员,因为它是对作为这些成员内部所订立的合同的标的物资金的一种累积,其处理方式与成员自己所认购基金完全相同。所以,在有遗产而没有文字表明其目的是实施一项信托的情况下,该遗产对于成员来说是一份有益的赠与,作为这些成员内部所订立合同标的物资金的一种累积,而不是像共同共有人或普通共有人一样,可以使每个有权利的成员立即分配份额。

这段话所述并不是完全没有困难的。首先,它似乎暗示了在共同共有和普通共有之外的第三种形式的共同受益所有权。但是,正如 Lewison 法官在 *Hanchett-Stamford v. A-G*（2008）EWHC330（Ch）,（2009）Ch 173,(47)案中记录的,我们无须使用任何新的共同所有权的形式。更确切地说,赠与人将财产转让给(部分或全部)成员(要么作为共同共有人,要么作为普通共有人),避免了受益人原则的问题,但是该财产是被成员以团体财产的形式接收的——作为团体资金的累积——意味着它的使用受成员之间就如何使用该财产而签订的合同的管理。受限于上面提出的统一放弃合同的限制条件,这避免了由成员决定分割转让财产的个人份额而由自己保管的风险。若我们按 Penner 的信托分析,会计持有团体的财产,成员变更的问题也解决了。

还有一个亟待解决的小问题。Brightman 法官在 *Recher* 案的判决中的章节所述是基于对非法人组织的捐赠采取直接转让的方式(不是以信托方式转让),最有可能的是转给团体的财务主管。那么,现在的问题在于如此一个直接转让如何成为团体资金的增加。一般情况下,直接获得财产的人可以按自己的方式使用该财产。因此如何防止会计做同样的事情？我们如何确保转让给会计的财产不仅是由他以信托的方式代成员们持有,而且受到管理成员们对现有团体财产的合同约束？

Matthew（1995）认为这取决于合同:这份合同的条款适用于在这些情况下获得的财产吗？如果适用,接受捐赠的会计将负有合同义务持有这笔财产,相当于自愿接受了由他持有团体的所有财产的信托。然而,赠与人不能确保该笔财产被接受后只用于团体的目的,而取决于合同中规定的成员的意愿。对此,有另一个备选解决方式,不将对非法人组织的捐赠视作对会计的直接转让,而是将其视为为所有成员而设立的信托项下的转让。然而,尽管这保证了该财产的受益权转让给了所有成员,但是它似乎没有提供担保以保证成员之间的合同会“守住”并管理他们对该财产的使用。

4.11.1　受益人原则的满足

Recher 案的分析包含两个要素:其一,该财产是将受益权转让给部分或者全部成员,这并没有违背受益人原则;其二,团体成员之间的合同规定了他们使用财产的权利和义务,这避免了单个成员在合同被撤销或变更前取走自己的份额,也确保了该财产只适用于团体。因此,有些人认为成员对团体财产的权利是建立在合同基础之上的,这是一个误导。成员之间的合同并没有取代成员对财产的用益所有权,合同确实至关重要,而正是因为成员是团体财产的利益所有人,且能在没有合同的情况下有权按照他们自己选择的方式处理基金中自己的份额。

其中的重点是,*Recher* 案的方法认为对非法人组织的捐赠作为团体资金的增加而生效,只适用于两个因素都存在的情况,尤其是仅在赠与人将财产的利益转让给成员的情况下。如果赠与人的捐赠仅仅是作为对非法人组织的转让,或者作为对团体或其会计为所有的成员以信托形式的转让,那么我们很容易断定 *Recher* 案的方法可以适用。然而,若赠与人没有将财产以受益方式转让给团体和其成员,问题就由此产生了。

假设我想给我之前的学生法律协会(称为 Eldon 协会)留下一笔钱,我们可以使用 *Recher* 案的方法,若我只是把钱转让给 Eldon 协会,该团体以及成员将拥有财产;若我为 Eldon 协会设立信托,虽然该处置方式非直接转让,但受益权是给团体的,也是给成员的。然而,我如果将钱转让给 Eldon 协会,让他们举办酒会或用于毫无意义的比赛,那就产生一个问题,我的捐赠意图是将资金用于协会特定目的或目标,而不是让协会成员获得受益财产。此时我要对团体强加义务,使他们只能以我确定的目的运用这笔钱,这种方式更像目的信托,若无法提出受益人原则的例外,该信托将无法成立。

为避免这一结果,唯一的方法是忽视这笔钱被用来举办酒会或资助无意义的事情,而将这份捐赠视作受益转让。途径之一是当我提及酒会和无实际意义的事情时,表明这只是建议如何使用该财产或仅仅反映了我捐赠的动机,我并没有对团体如何使用该财产强加法律限制。这实际上和 *Bowes* (1896) 1 Ch 507 案(在第 4.6 节中讨论过)中使用的方法一样,表面上的目的信托被解释为个人信托,将遗产用于种树仅作为一种建议,并没有强加任何法律义务,委托人的主要意图是使遗产所有人受益。

在 *Lipinski's Will Trusts* (1976) Ch 235 案中,法院面临这样一类问题:法院必须决定 Hull Judeans(Maccabi)组织的动产遗赠的有效性,该遗赠"只能用于为组织修建新的建筑和(或)修缮指定建筑"。问题在于立遗嘱人对如何使用这笔钱的指示是否会妨碍遗产作为一项受益转给该组织,这一转让作为该组织的基金的累积而生效,这相当于试图设立一个目的信托但该信托不会成立。Oliver 法官解决了这个问题,如下所示:

就我而言,基于常识,规定的目的明显是使确定的或可确定的受益人获益的案件,特别是在受益人有权拥有该财产的情况下,与完全没有受益人的案件之间的区别似乎很明显……或者,如果一份有效的赠与作为仅是这些成员内部所订立的合同的标的物的资金的一种累积而转让给非法人组织……受益人是无法确定的……我无法理解一项其指定的目的在组织权力范围内,并使该组织成员成为受益人的赠与,无法成立……当受赠组织本身就是所述目的的受益人时,在我看来,最有说服力的论点从常识上讲是应该将该赠与理解为第二类别中的一份绝对赠与(作为团体资金的累积)。

这意味着什么?首先,如果我们解读赠与人已指示组织只能以特定的确定目的使用该财产,这就相当于设立了一个目的信托,因此除非能找到一个违背受益人原则的例外,否则该目的信托将不会成立[最近一个案例抵制了合同持有理论,因为法院认为赠与人并不打算让组织成员受益接受该财产,请参见 *Andrew's* (*Cheam*) *Law Tennis Club Trust* (2012) EWHC 1040 (Ch), (2-12) 1 WLR 3487]。

其次,转让不会不成立,如果我们找到一个方法可以忽略赠与人提到的财产只用于特定目的,而是将其视为一项对团体的无条件的受益转让。我们什么时候才有权忽略赠与人似乎已经规定的条件呢?Oliver 法官认为,如果赠与人规定使用该财产的特定目标的目的是让组织成员受益,那我们就可以这么做,也就是说,在这类案件中,让成员受益的目的是最重要的,而规定的特定目的是可以忽略的。然而,如果赠与人的意图不是对任何人授予特殊权益,或是使一群不确定的人受益,那么在确定目的的时候,我们就不能这么做。因此,Oliver 法官能够得出结论:由于为组织建造和改善建筑物将使组织成员受益,立遗嘱人的最初意图是让那些成员受益,因此,尽管立遗嘱人意思很清晰,但该组织没有义务按照规定目的使用该款项,这也就不能被理解为试图设立目的信托。相反,如果组织成员将财产受益作为组织基金的累积,在这种情况下,他们随后便可以按照合同中许可的任何方式使用该财产。

4.12 非法人组织的解散

最后的问题是,如果非法人组织基于某个原因解散,财产应该如何处理。我们会将该财产以归复信托的形式归还给原所有人(见第8章),或者作为无主物,我们只能将其归属于王室。

这一点可以在 *West Sussex Constabulary's Widows, Children and Benevolent* (1930) Fund Trusts (1971) Ch 1 案中看到。他们设立了一项基金,以便向 West Sussex 警署已故警员的遗孀和家属提供津贴。如果成员决定清算该基金,那么他们该如何处理剩余款项。Goff 法官认为这取决于该款项是如何筹集的。事实上,款项筹集的方式多种多样。有些来自成员本身,有些来自抽彩、彩票,有些来自募捐箱,还有一些来自捐赠或遗产等。

在依次考察了每一个成员后,Goff 法官认为成员的权利应按其合同条款的规定执行。该合同条款规定,如果他们去世,他们的遗孀或家属将得到金钱补偿。但是,除此之外,合同条款没有赋予他们对基金的任何权利和请求权,而且合同并未赋予其于基金终止时分享剩余资金的权利。因此,Goff 法官认为,来自成员捐赠的款项应被视为无主物,因而也是无人继承的财产。

对于通过抽彩和募捐而来的款项,Goff 法官认为也是无主财产,因为提供该款项的人是按照合同规定(参与抽彩或彩票)行事,他们除了合同授予的权利外,别无其他。通过募捐箱筹集的款项也是无主财物,因为捐赠人被视为已完全捐出资金,即使该基金结束,剩余款项也无法返还给捐赠人。相反,对于那些通过捐赠或遗赠设立基金的,在基金运作期间,该款项被视为由受赠人保管,而任何剩余资金都应以归复信托的方式返还给捐赠人。

这一判决存在许多问题。首先,通过募捐箱进行捐赠的人的意图和遗赠方式捐款的人是否有区别?此外,如果将那些通过购买奖券或彩票而为基金捐款的人必须视为赢得抽奖或抽奖机会,而不是简单地以另一种方式捐款,这似乎有点不真实。

其次,Goff 法官的方法存在概念问题。他判定大部分剩余的款项为无主物,并以无主财产的形式交归王室所有。然而,显然这笔款项在基金终止之前并非无主物,那么,当成员决定终止该基金时,它如何变成了无主物?

对于 Goff 法官得出的来自捐赠和遗产的款项将以归复信托的形式为其捐赠人持有这一结论也存在问题。A 以信托方式将财产转让给 B,在该信托终止之后,B 以归复信托的形式为 A 持有该财产,这似乎就是 Goff 法官认为的归复信托类型:捐赠人或遗赠人以信托形式转让财产,在基金终止时,信托便失效了。但是,基金终止后唯一能继续有效的信托类型是为基金目的而设立的信托。正如我们所看到的,这个问题是,目的信托是不被允许的。因此,只有该财产以目的信托的形式持有,而且我们不能说它没有违反受益人原则,归复信托的结论才会成立。

合同持有原理再次得到运用,正如我们在第 4. 10. 1 节中看到的,当非法人组织成立并运作时,该财产受益权由成员拥有,尽管他们对财产的使用受到了相互间合同约定条款的限制。如果他们决定解散该组织,不再继续运用财产以达成某个目的(该目的是组织成立时所追求的),那么他们将放弃所签订的合同,撤销合同对他们使用该财产作出的限制,但成员对该财产的受益权不会受到影响。唯一变化的是,受益人可以自由任意处理并使用该财产。由于各成员拥有该财产同等的受益权,在非法人组织解散时,他们会拥有同等份额的财产,*Bucks Constabulary Widows "and Orphans" Fund Friendly Society* (*No.* 2) (1979) 1 WLR 936 案证实了这个观点。

正如我们所看到的,Goff 法官在 *West Sussex* 案中拒绝了成员索要财产份额的请求,理由是合同未赋予他们这种权利。不过,我们现在可以看到,对此正确的回复应是,他们无须依赖合约主张财产权利,他们可以对财产份额主张权利,因为对财产有受益的权利。Goff 法官还认为,只有当团体为成员的利益而存在时,在成员之间分配财产才是可能的。而 Walton 法官在 *Bucks* 案中则认为这些都是无关紧要的:

我看不出有什么理由认为这个分析有多么不同,无论协会成员联合在一起的目的是成立一个社交俱乐部,还是一个体育俱乐部,抑或设立一个寡妇和孤儿基金,为康沃尔获得一个单独议会,或推进炼金术的进展。

当然,正如成员可以自由设定他们组织规则和约束他们的合同条款,当解散时他们同样可以自由接受团体财产的分配原则,如果法院认为某个原则是成员所期望的,即使没有明确的条款规定,财产也将按照该原则进行分配。*Sick and Funeral Society of St John's Sunday School*, *Golcar* (1973) Ch 51 中出现了这一情况,该组织有两种类型的会员,半会员只支付了一半的资金并只获取全会员的一半利益。据此,Megarry 法官的结论认为解散后全会员得到的财产份额应该是半会员所得到的两倍。

需要强调的是,这仅仅是指在解散时仍属于成员且有权索取财产份额的人。在 *Bucks* 案中,Walton 法官认为,除非另有规定,否则曾经的成员在财产中没有任何权利,这意味着了解组织具体的解散时间很重要。通常情况下这是清楚的,比如,成员会投票决定或者法院法令决定解散的时间。但还有人认为,"如果协会或基金设立的基础没有了,这个团体也可能会解散"[*William Denby & Sons Ltd. Sick and Benevolent Fund* (1971) 1 WLR 973, 979 (Brightman 法官)],在这种情况下,该团体解散的日期就可能不确定[见 *St Andrew's Allotment*

Association (1969) 1 WLR 229]。

在 *Bucks* 案中,Walton 法官认为团队解散后成员分配该团队财产的规则存在例外:团队解体或结束时,该团队只有一个成员。在这种情况下,Walton 法官认为一个人不能和自己组成一个团体,他不能作为组织,也就无权拥有该财产,因此该财产必须被视为无主物,以无主财物的形式归王室所有。

这个结论遭到很多怀疑,*Hanchett Stamford v. A-G* (2008) EWHC 330 (Ch), (2009) Ch 173 案对此进行了反驳。显然,一个非法人组织需要一个以上的成员,如果成员减至一人,这个组织必须解散,但这不会影响剩余成员在相关财产上的受益权益。如果团体中的一个成员去世,他的受益权益也灭失,但剩余成员的受益权益依然存在。假如最后只剩 A 和 B 两位成员,他们将分享团体财产上的受益权益,一旦 B 去世,我们没理由认为 A 必须同 B 一样失去他的利益,将财产视为无主物。*Hanchett-Stamford* 案更有说服力的观点是, B 的死亡结束了之前约束成员的合同(由于不可能存在单人合同),A 将作为唯一在世的人享有财产的受益权益。

Hanchett-Stamford 案对 *Bucks* 案的解释消除了 *West Sussex* 案中出现的不确定性问题。然而(见 Gardner,1992),*Davis v. Richards & Wallington Industries Ltd.* (1990) 1 WLR 1511 案中又重新提出一些不确定性,Scott 法官在决定如何处理养老金剩余财产时,采用了 *West Sussex* 案的做法。Scott 法官认为雇主贡献的财产应以归复信托的形式归还雇主,但由于无法将返还财产的意图归咎于员工,员工的财产将成为无主财产。合同持有理论和 *Bucks* 案对此并未讨论。

但这可能不是问题。雇员在信托项下的受益权益由方案条款规定,并参照多种因素计算,包括雇员为公司工作的时间长短。由此产生的后果是,不同雇员的受益利益并非一成不变,而是会随着时间的推移而改变。这也意味着,在某个时点,信托基金中的资金可能超过满足雇员应享权利所需资金数额。事实确实如此:在所有雇员收到信托规定的应得款项后,信托基金仍有剩余资金。如在此情形下所申报的受益权益未能用尽信托基金,则至少可以推定,剩余财产是为其捐赠者以归复信托方式持有。因此,尽管我们会质疑 Scott 法官关于雇员贡献的推论被取代的主张的恰当性,但是他基于归复信托法而对案件作出回答的结论是正确的。*Bucks* 案的方法是建立在成员为该基金的受益所有人的基础上的,而对于剩余财产并未表明相应的受益权益,因而不能简单地采用该方法。

4.13 政党

在两个案例中,法院均认为非法人组织的合同持有理论不能适用于政党的财产持有问题。两种情形下的障碍均在于发现该党派不同成员之间存在的合同,该合同管理着他们对该财产的使用。

Grant's Will Trusts (1980) 1 WLR 360 案是关于对选区工党的遗赠物,其问题在于约束保守党成员的条例可以由一个非党派更改,该非党派称为国会工党。这不同于非法人组织的标准案例,成员不能一致同意放弃条例并且自己分配财产。Vinelott 法官认为可以采用 *Recher* 案的分析,该案例的捐赠以团体资金的累积而生效,并且受成员之间的合同约束。

与 *Conservative and Unionist Central Office v. Burrell* (1982) 1 WLR 522 案相似,上诉法院认为 *Recher* 案的分析并不能解释保守党的捐赠物,因为无法确定合同的各分支,即党派的成员。Brightman 法官认为,这使我们无法解释对党派的捐赠是如何生效的。他的建议是,我们应该这样理解,党派的赠与人对党派财务人员做了一个授权,使财务人员有权(只)为了党派使用该财产。该授权包括个人代理关系,即赠与人允许财务人员以特定的方式使用财产并且财务人员承担使用该财产的义务。正因为如此,Brightman 法官注意到,这种分析不能适用按遗嘱进行的产权处理，因为如果赠与人死亡，代理关系将不复存在，如何解释按遗嘱进行的产权处理则是不确定的。

有人认为在这些案例中，法院过早放弃了合同持有理论。政党享有的法律权利毫无疑问将授予一些人或者一群人受益拥有该财产，或以信托的形式持有该财产。若以信托形式持有，该信托必须有不能随意将该财产视为己有的受益人，必须有条例或公约约束着他们对财产的使用，并应该用于该党派。这些法律也许不符合传统的合同法原则和合同形式，该条例也可能不固定或可能被不享有相关财产受益利益的人修改，但这些并不重要。合同持有原理的本质是由一群人受益持有财产，但因为法律条例的约束而无法随心所欲地使用该财产。

在政党的情况下同样如此。谁制定规则以及我们是否应将它们视作合同（而不是其他形式的具有法律约束的安排）对于最终目的来说并不重要。如此，赠与人可能将财产作为党派基金的累积转让给政党，将受益利益转让至那些对政党财产拥有所有权的人，并根据管理该财产的使用条例来处理。简言之，*Recher* 案的方法是可以适用的。

4.14　目的信托的作用

正如我们对非法人组织所做的分析，研究这些组织如何持有财产的有效方法在于了解以信托形式持有的目的，但受益人原则不允许我们这样做。正是这个原因，法院不得不适用合同持有理论。然而，只要法律承认目的信托，它就可以用来解释非法人组织如何持有和接受财产。因此，如果组织的目的完全是慈善性的，那么我们就有理由将组织的财务人员作为信托持有该财产的人。更重要的是，如果把 *Denley's Trust Deed* (1969) 1 Ch 373 看作违反目的信托条例（见第4.7.2节）的例外，我们就能用目的信托解释大多数非法人组织如何持有财产。

正如我们早些时候看到的,*Denley* 建议,如果有一群确定的人将直接或间接从信托目的中获益,那么该目的信托就会得到支持。因此,如果非法人组织存在的目的和该非法人组织使用财产的目的确实对确定的人群有益,*Denley* 认为可以这样表述,组织的财务人员基于这个目的以信托的形式持有该财产;它是一份能被从财产中受益之人强制执行的信托(无论受益之人是不是成员)。只有当非法人组织有难以理解的目的或让一些不确定的人(或者没有人)受益时,我们才适用合同持有理论。在其他案例中,合同持有理论和 *Denley* 类的目的信托能为团体财产的持有方式提供有选择且互不相斥的答案。

总结以下两个重点:第一,如果我们认为财产被以目的信托的形式持有,则成员根据合同持有理论在其之间分割该财产是不可能的。这是因为,基于这个角度,他们对该财产不享有受益的权利,因而对该财产或财产利益亦无权提出要求。第二,如果组织终止,该财产将不能像受益所有权人一样归属于成员,他们对财产仍然不享有受益利益。相反,团队的解散意味着该财产的目的信托将终止,因此原则上无论剩余的财产是什么,都应以归复信托的形式返还给捐赠人。

总　结

1. 委托人可能希望设立一个信托,其目的不是使某个特定的人或某一类人受益,而是促进某个特定的原因或目的。这类信托称为目的信托。

2. 作为一般原则,法律禁止设立目的信托,相反,要求信托必须为人而设立。这一规则被称为受益人原则。

3. 受益人原则的传统理论基础是,需要受益人来强制执行信托。没有受益人,就没有人监督受托人,也没有人确保受托人妥善地履行职责。然而,是否需要受益人来强制执行信托,以及可强制执行性对于信托的有效性是不是必不可少的，目前还不清楚。对此，有人认为，禁止目的信托不仅是可执行性的问题，而且在某种意义上，信托的本质或性质决定了信托必须有受益人。按照这种观点，目的信托应被视为概念上的不可能性。

4. 尽管如此，法律承认一般规则的若干例外也是很明显的。最明显和最重要的就是慈善目的信托。

5. 另一系列目的信托的例外是异常目的信托：饲养特定动物的信托；建造和维护坟墓及墓碑的信托；以及私人群体述说的信托。不过，法院已清楚表明，这些类别的目的信托是不可以扩展的，即使是类推。

6. 最后一个例外可能来自 *Denley* 的信托契约，它似乎表明，只要有一个可确定的类别，其中的个人将直接或间接地从所追求的目的中受益，目的信托就将得到支持。这些人可以作为强制执行信托之人。

7. 如果一个明显的目的信托经过更仔细的审查变成个人信托，那么受益人原则就得到了满足。在这方面，法院有时愿意推翻或淡化委托人关于财产必须用于实现特定目的的印象的陈述，因为他的首要意图是使那些可以从所追求的目的中受益的个人受益。

8. 非法人组织是联合起来、集中资源、追求一个特定目的（通常是非商业）的人组成的团体，但没有像公司一样的法人资格。有关这类团体的关键问题是它们如何获得和持有财产，以及在团体解散时这些财产如何处理。

9. 尽管一度认为这是非目的信托规则的另一个例外，现代观点认为，团体成员实际持有所有相关财产利益，但成员之间存在一份合同，限制他们使用该财产，要求他们只能基于团体的目的使用该财产。这就是所谓的合同持有理论。

10. 因此，捐赠给这类团体的财产使成员获益，但在收到财产时，受他们之间存在的合同的约束，并且阻止个体成员带走他们的财产份额，至少在合同仍然存在的情况下。

11. 当一个非法人组织终止时，其结果是先前约束它们的合同被放弃或被撤销。其后每个成员便可以自由地分享团体的财产。因此,在合同解除的情况下,除非发现有相反的意图,否则财产应在成员之间平均分配。

练　习

4.1　为什么信托是必须可执行的?

4.2　我们是否有充分理由禁止非慈善目的信托?

4.3　*Denley* 信托契约决定了什么?

4.4　Annabel 在遗嘱中将 10 万英镑和她的乡间别墅留给了她所属的网球俱乐部。这份礼物是为俱乐部提供适当的设施。大多数成员希望把 Annabel 的乡间别墅变成一个高尔夫俱乐部,并建议花费 10 万英镑开发高尔夫球场。然而,其他成员主张其对 Annabel 的礼物份额享有受益的权利,并提出在他们退出俱乐部时带走它。其中一些人是在 Annabel 去世后加入的俱乐部。

讨论 Annabel 遗赠的有效性,并就成员们使用礼物的计划提出建议。

4.5　对于非法人组织如何取得和持有财产的会计问题,我们是否已解决了所有问题?

拓展阅读

1. Baughen, *Performing Animals and the Dissolution of Unincorporated Associations:The "Contract Holding" Theory Vindicated*, (2010) Conv 216.

2. Gardner, *New Angles on Unincorporated Associations*, (1992) Conv 41.

3. Gardner, *An Introduction to the Law of Trusts*, (3rd edn, Oxford University Press 2011), 216 –37.

4. Hayton, *Developing the Obligation Characteristic of the Trust*, (2001) 117 LQR 96.

5. Hay – ton, "*Overview*" *in Birks and Pretto* (eds.), Breach of Trust (Hart Publishing 2002) ,379 –83.

6. Matthews, *A Problem in the Construction of Gifts to Unincorporated Associations*, (1995) Conv 302.

7. Matthews, *From Obligation to Property, and back Again? The Future of the Non – Charitable Purpose Trust*, Hayton (ed.), Extending the Boundaries of Trusts and Similar Ring – fenced Funds (Kluwer 2002).

8. Matthews, *The New Trust: Obligations Without Rights?*, Oakley (ed.), Trends in Contemporary Trust Law (Oxford University Press 1996).

9. Parkinson, *Reconceptualising the Express Trust*, (2002) CLJ 657, 657 –63, 676 –83.

第5章　慈善信托

5.1　慈善目的

正如在前一章所见，一般情况下认为目的信托无效的受益人原则存在许多例外情况。在本章中，我们将着眼于这些例外情况中规模最大、最完整的部分：以慈善为目的的信托。有效的慈善信托的基本要求如下：

(1)用于设立信托的财产必须是(完全)用于慈善目的。

(2)信托必须使(部分)公众受益。

为了弄清目的信托在此基础上何时可以成立，我们应了解法律将哪些目的视为慈善目的以及设立什么样的信托其目的才被视为有益于公众。

首先，值得注意的是，尽管判断是否符合要求的工作大部分由法院完成，但目前这些责任也会由慈善委员会承担一部分，该委员会有很大权力解释和实施法律的规定。因此，要充分了解该法律规定，我们需要借助案例和成文法研究慈善委员会所作的决定和形成的文件。

5.2　慈善、信托和法律

开展慈善事业的不同方式：

(1)你可以将财产用于特定的慈善目的，将自己或指定第三人(更为普遍的做法)作为受托人设立信托。

(2)你将财产转让给已有的慈善团体或组织，比如，乐施会或者英国防止虐待动物协会(RSPCA)。可以通过以下两种方式运作：

(a)你的财产以(慈善)目的信托的形式转交给相关团体(成员)。此方式除了受托人在接受委托人财产时要以信托形式为同一目的持有其他人财产外，与方式(1)没有本质区别。从这一层面来讲，委托人只是在增加预先设立的信托基金。

(b)该财产并没有以信托形式转让给相关机构，而是直接转让。这只有在慈善机构作为公司时才会发生。公司随后根据章程(其中规定了公司的义务、权利和组织安排)将财产用于慈善目的(如果我将财产直接转让给一个或多个的个体而不是公司，这种慈善安排无法生效，因为它只是对个体的受益转让——赠与)。

关于哪些目的以及何种安排属于慈善，所有案件中的认定规则都是相同的，然而，只有方式(1)和方式(2)(a)涉及信托法，其规则对慈善目的来说至关重要。

对慈善目的和非慈善目的的区分是关键所在，原因不仅在于慈善目的信托往往容易设立而非慈善目的信托则不容易设立，还在于法律会在其他方面将慈善目的信托与标准的私益信托和目的信托区别对待。例如，慈善信托能够永久持有(见第4.5节)；他们不需要像私益信托那样达到相同的明确性标准，并且如果没有实现预期的慈善目的，信托也不会自动失效(见第5.21节)。

另外，慈善信托有一定的财务优势。慈善信托可在一些税收中享受免税待遇,包括所得税、资本利得税和印花税:《2007 年所得税法》第 10 部分、《1992 年可征税收益的税收法案》第 256 条、《2003 年财务法》第 68 条。那些向慈善机构捐献的个人也享有税率优势;慈善机构可以按照纳税人的捐赠申请额外进行礼品援助,向慈善机构的赠与可免征资本利得税和遗产税,向慈善机构捐款的企业纳税人也享有财政特权。

法律鼓励慈善赠与的做法不足为奇,相比标准的私益信托,我们更有理由优待慈善信托。那么除了参考裁决结果外,法院如何才能明确判断一个信托是不是慈善信托呢?

Cross 勋爵在 *Dingle v. Turner*(1972) AC 601 624 案[同时参见 *Re Compton* (1945) Ch 123,136 案]中对这一观点进行了阐述:

在回答任何特定信托是不是慈善信托的问题时,法院——在我看来——无法避免不考虑给予慈善机构财政特权……令慈善法长期感到困扰的是,慈善信托享有两种截然不同的特权。一方面,它们不受永续性和不确定性规则的约束,即使潜在的个人受益人也不能通过诉讼来强制它们执行这些规则,在这些规则之下产生的公共利益受到总检察长的保护。如果这就是全部,在一项信托看起来是为了给那些打算从中受益的人带来一些真正的利益且无论他们是谁的情况下,那么法院就没有理由不赞成将任何目的信托视为慈善机构的主张,如果信托不被视为慈善机构,则该信托是失败的。但是,这并不是全部。慈善机构自动享有财政特权,随着税收负担的增加,这种特权变得越来越重要,在裁定这样或那样的信托是慈善信托之时,法院正授予它享受大量的由纳税人负担的年度补贴……当然,可惜的是,任何信托被承认为有效的慈善信托都可以自然得到财政特权,因为,一个信托是否促进某种目的几乎不可能使公众受益而应该被宣布无效的问题,以及它是否可能给公众带来巨大的利益而应该享有财政豁免权的问题,实际上是两个完全不同的问题。合乎逻辑的解决办法是把它们分开并表明……只有部分慈善机构应该享有财政特权。但是,有效性和财政豁免权事实上是齐头并进的。

尽管上议院的其他议员同意 Cross 勋爵在法庭上对实质性问题的判决(见第5.19.1节),但其中四位中的三位 Dilhorne 子爵、MacDermott 勋爵和 Hodson 勋爵明确地将自己与 Cross 勋爵关于财政含义的评论区别开来,该评论是为了决定慈善安排的有效性。相反,大多数情况下,法院往往只是通过类比现有案例进行判决,而不是呼吁慈善机构提供更广泛的政策和目标来支持其依慈善地位而享有的区别待遇。《2011年慈善法》大致也是如此,它将迄今为止的大部分判例编纂成法典。

5.3 慈善目的的定义

慈善的法律定义并未完全脱离日常理解,但也存在分歧。慈善的法律定义有时会延伸到传统意义上的非慈善目的;有时又会与大多数非律师人士看法不一,把他们眼里的慈善目的视为非慈善目的。因此,唯一的有效方式是把传统的慈善定义搁置一边,去探究法律的定义。

判断某个目的是否为慈善目的需从《1601年慈善用益法》(常称为《伊丽莎白法》)的序言入手。作为早已被废除的法律,它不是为了定义慈善而颁布的,而是为了防止慈善信托的滥用。但根据法律规则,法院评估某一目的是不是慈善目的时,会考虑该目的是否符合序言中的"精神和意图",换句话说,只有符合以下情况才能归为慈善目的:

(1)在序言所列出的慈善目的范围内;

(2)类似序言中所列出的某个目的(或类似于通过类比一项"原

始”序言目的里已经被认为慈善目的的目的)。

慈善目的的类别是根据序言中确定的目的清单(相当偶然)逐步发展而来的：

> 救济老弱贫困的人,救护伤病残疾的士兵和水手,资助学校教育,修筑桥梁、港口、避风港、堤道、教堂、海堤和公路,优先养育孤儿……援助和提供资金资助教养所……资助贫困的未婚女子结婚……援助年轻商人、手工艺人和老弱人士,救济囚犯和俘虏……援助或缓解任何贫民的相关款项[动产税]、士兵及其他赋税。

根据 Macnaghten 勋爵在 *Commissoioners for Special Purposes of the Income Tax v. Pemsel* (1981) AC 531, 583 的发言,慈善目的被缩减分类成以下四个基础部分或类别：

(1)救济贫困;

(2)促进教育;

(3)促进宗教;

(4)不属于前述任何一类,但对社会有益的其他目的。

5.4 《2011 年慈善法》

Pemsel 分类已被《2006 年慈善法》首先提出的法定定义所取代,现在又被《2011 年慈善法》所取代。按照《2011 年慈善法》第 2 条第(1)款的规定,慈善目的是：

(1)属于《2011 年慈善法》第 3 条第(1)款规定的 13 个目的之一;

(2)为了公共利益。

这是法院在界定一个目的是否属于慈善时所采用的两个关键的基本步骤。

第3条第(1)款规定的13个目的如下:

(a)预防或救济贫困;

(b)促进教育的发展;

(c)促进宗教的发展;

(d)促进卫生或援助生命的发展;

(e)促进公民意识或促进社会发展;

(f)促进艺术、文化、历史遗产保护或科学的发展;

(g)促进业余体育运动的发展;

(h)促进人权、冲突解决或和解,及促进宗教或种族和谐、平等及多样性的发展;

(i)促进环境保护或改善的发展;

(j)救济需要帮助的青年人、老年人、病人、残疾人、经济困难或有其他难处的人;

(k)促进动物福利事业的发展;

(l)有利于提高皇家武装部队的效率或者提高警察、消防和救援服务或者急救服务的效率;

(m)任何以下其他目的——

(i)不包括在第(a)项至第(l)项内,但根据第5条的规定(娱乐及类似信托等)或旧法律可视为慈善目的的;

(ii)可合理地视为与上述第(a)项至第(l)项或第(i)分项列出的任何目的相类似或符合其精神的,或者;

(iii)根据英格兰及威尔士的相关慈善法,可合理判定与第(ii)分项和此分项中的慈善目的相类似的。

第4条提供了一些关于公共利益的标准的指导。它确定,如果它是慈善目的,则该目的必须是公共利益;它还规定"不能假定其中某一特定描述的目的是公共利益":第4条第(2)款。

虽然判定是不是慈善目的必须从该法的第3条开始,但显然慈善目的的法定范围在很大程度上与法院已经判定的慈善目的是紧密相连的。实际上,《2011 年慈善法》第 3 条第(3)款明确规定,第 3 条第(1)款第(a)项至第(l)项中所列的条款在慈善法中已经具有特别的含义,则其出现在第 3 条第(1)款时被视为有相同含义。此外,第 3 条第(1)款第(m)项通过类比已存在的分类保留了法院先前采用的相同渐进的方法,以发展新的慈善目的。许多旧的判例法在判断慈善目的范围上仍起着关键作用。

尽管如此,将《2011 年慈善法》视为仅仅对原有法律的编纂是错误的,因为第 3 条第(1)款规定慈善机构的某些目的在普通法下不属于慈善,或至少不明确属于慈善。在下文中,根据以前的判例法,第 3 条第(1)款所列出的各种目的将酌情参考。

首先要说明的一点是,慈善信托不需要完全属于这 13 个类别之一。首先,正如我们将看到的,这些类别有些是重叠的。我们不能反对设立类似既用于救济扶贫,又用于促进教育发展的慈善信托。法院认为,如果委托人仅仅声明某信托是"为了慈善"而设立,但未表达其特定目的,那么该信托也是有效的慈善信托。法院和慈善委员会有权确定受到监督的信托的具体慈善目的:《2011 年慈善法》第 69 条。同样,仅"为了"或"有利于"某个特定地区或其居民的利益而设立的信托将被视为针对当地的慈善目的的信托:*Goodman v. The Mayor and Free Burgesses of the Borough of Saltash in the County of Cornwall* (1882) 7 App Cas 633。

然而,如果明示目的既包括慈善目的,也包括非慈善目的,信托就会无效,除非非慈善因素可以从信托的慈善因素中分离出来[如 *Salusbury v. Denton*(1857)3 K & J 529 中的例子]。因此,"慈善或仁慈"的信托目的无效原因就在于并非所有仁慈的目的都是慈善性的:*Chichester Diocesan Fund v. Simpson* (1944) AC 341;另可见 *Morice v. Bishop of Durham* (1804) 9 Ves 399("仁慈和慷慨的对象")和 *Macduff* (1896) 2 Ch 451("慈善或博爱目的")。这条规则有时被认为慈善信托目的必须是完全慈善的。

5.5　预防或救济贫困

贫困是一个非常简单的概念,它所经历的困难显然只是一个程度问题。因此,尽管有很多明显的贫困的案例,但事实上在很多情况下,信托不能说是为了减轻贫困,有时并没有明确的答案。因此,我们不会惊讶,不同的法院在裁决事实非常相似的案件时,常常会对信托目的是否可以被认为是预防或救济贫困的问题持有不同看法。

如果信托被明确强调是为了救济贫困,那么当然在这一标题下就不会有任何问题。如果信托指向穷人或其他等同于穷人的阶层时,情况也是如此:例如,"在贫困环境中"[*Scarisbrick* (1951) Ch 622],"有限的钱财"[*Gardom* (1914) 1 Ch 664],"为贫困的绅士提供永久性援助"[*Young* (1951) Ch 344]。困难在于,当委托人确定的信托目的并没有通过提及贫困、穷人或一些同等术语予以明确时,法院这时就必须判定信托目的是否在实质上和效力上属于预防或者救济贫困。

在 *Coulthurst* (1951) Ch 661, 666 中,Raymond Evershed 爵士认为,"贫困并不意味着赤贫;这是一个宽泛而模糊的含义;出于当下目的,考虑到其生活地位等,将贫困解读为日常用语里所接受的有'短缺'的人,似乎不无公平"。因此,当我们判定一份信托是否属于该类别时,实际上,需要看它是否针对(某些)某个人的需要。

如果信托也能使那些不在慈善机构名单中的人受益,那么从信托中受益的人仅包括穷人,是远远不够的。在 *Gwyon* (1930) 1 Ch 255 中,为居住在法纳姆及其周围地区的男孩提供短裤的信托被认为非慈善信托,原因在于并非该地区内的所有男孩都是贫困者。同样,在 *Sanders' Will Trusts* (1954) Ch 265 中,Harman 法官认为,一项为工人阶级提供住房基金的信托是非慈善的,因为不是所有的工人阶级都是穷人。

相比之下,在 *Niyazi's Will Trusts* (1978) 1 WLR 910 中,该项基金是以信托的形式为修建工人招待所捐资。Megarry 大法官之所以能够辨别 *Sanders' Will Trusts*,是因为"招待所"这个词具备"为那些有临时需要并愿意接受此标准的住宿者提供尚且舒适的住宿环境的建筑意义"。因此,如果经过恰当的解释,某项信托的目的是救济穷人,那该信托就是慈善信托。

5.6 发展教育

与贫困一词相似,教育也是一个简单直白的概念。教育慈善信托最明显的例子包括为学校和大学教育提供资金,或者为这些机构的学生提供援助。但显然,教育也涵盖其他形式的学习。因此,在 *Incorporated Council of Law Reporting for England and Wales v. AG* (1972) Ch 73 中,上诉法院认为提供准确的法律报告的目的是慈善的,因为其有助于法律的研究和探知。

在 *Hopkins' Will Trusts* (1965) Ch 669 中,Wilberforce 勋爵认为一项以基金寻找培根·莎士比亚原稿(以证明被认为莎士比亚的作品实际上是弗朗西斯·培根所著)为目的的信托属于慈善信托。在他看来,寻找这样的原稿并不是徒劳的,一旦原稿被发现,那将是"历史和文学上的最高价值"。

在先前 *Shaw* (1957) 1 WLR 729 案中,一个立遗嘱人的信托目的是研究 40 个字母的好处,该信托被视为不具有慈善性,主要原因为其明示的目的是独自研究且没有包含教授和教育的要求。对于有观点认为研究信托不应被归为教育类,"除非研究人员从事传统意义上的教学或教育",Wilberforce 表示怀疑,他倾向于教育应作以下理解:

在广义上讲,研究肯定是超出了教学的范围,而为了达到慈善的要求,研究必须对研究者具有教学价值,或者其研究成果能传播大众,又或者在教育领域上可以传播知识、受益大众。

随后,Slade 法官在 *Re Besterman's Will Trusts*(1980)[未经报道但在 *McGovern v. AG* (1982) Ch 321, 352 – 3 中被引用]中采取了介于 *Shaw* 和 *Hopkins* 之间的立场,总结了相关原则如下:

(1)一项以研究为目的的信托通常满足作为慈善信托的要求,如果,但仅仅是如果:

(a)被提议的研究对象是一个有益的研究课题;

(b)根据预期,研究成果所获得的知识将传播给其他人;

(c)信托是为了公众的利益,或是足够重要的部分公众的利益。

(2)在没有出现相反语境的情况下,法院倾向于将研究信托解释为对成果的进一步传播。

(3)如果一项以研究为目的的信托被认为是促进教育发展的有效的信托,则以下任一条都不是必要的:

(a)在预期中存在一种师生关系,或;

(b)从获得的知识中受益的人应该是在常规情况下已经在接受教育的人。

Hopkin's Will Trusts 中认为,教育不仅覆盖了发现和传播事实,也包括实践技术的发展和艺术品的制作、维护和研究。例如,在 *Royal Choral Society v. IRC* (1943) 2 All ER 101 中,一份"为了促进唱诗班的表演而建立唱诗班"的信托被维持,其原因就是这有利于培养艺术品位。为了"鼓励练习,维持工艺标准和手工艺人资格"的一份信托……在*Commissioners of Inland Revenue v. White* (1980) 55 TC 651 中被明确。在 *Dupree's Deed Trusts* (1945) Ch 16 中,一份慈善信托的目的是在朴次茅斯市组织 21 岁的男女进行象棋锦标赛。道德或政治学习也很重要(即使与第 5.20 节对比)。在 *South Place Ethical*

Society (1980) 1 WLR 1565 中"为伦理原则的研究和传播"以及在 *Koeppler's Will Trusts* (1986) Ch 423 中"为形成国际舆论观点"为目的的两份信托均成立。

IRC v. McMullen (1981) AC I 或许能有利于证明慈善信托背景下教育的广度,它作为一项足球协会设立的信托,为学校和大学生提供设施以踢足球或进行其他运动,"从而帮助确保学生的体育教育和消遣及性格发展得到应有的重视"。上议院驳回上诉法院的判决,认为该信托目的是慈善的。Hailsham 勋爵给出了他的主判决意见:

> [这些案例和数据]显示出的年轻人的教育画面是复杂而多变的……它是一幅平衡和系统的教学过程的图画,包括精神、道德、心理和生理因素……的训练和实践……我拒绝任何将年轻人限制在学校或大学教学大纲内,限制在学校或大学校园内,限制在传统的教学内,或者在练习技能中丧失乐趣的想法。

[*Mariette* (1915) 2 Ch 284 中关于在教育机构之外促进体育运动的信托的有效性,请参见第 5.11 节和第 5.17 节。]

然而,并非所有提供获取和传播信息或实践学习的目的都将因此被视为慈善性。除非相关信息或知识具有某种价值或用途,否则法院不会承认信托是真正具有教育意义的,是慈善的("扒手学院无慈善性可言"):*Shaw* (1957) 1 WLR 729, 737 (Harman 法官)。判定一个目的是否可行,关乎价值观判断,不同的人理所当然持有不同的观点,因此如有必要,法院也会征求专家意见。

通过对比以下两个审美艺术学科的案件,我们就能看出法院对这些问题的处理方式。第一个案件,审理了女遗嘱人为推广已故丈夫[*Delius* (1957) CH 299]的音乐作品而设立的信托,最终信托成立的部分原因是 Delius 的作品达到了高标准。第二个案件是上诉法院在 *Pinion* (1965) Ch 85 中的判决,涉及信托有效性,一名立遗嘱人想将他的工作室及室内物品陈列给公众。Harman 法官认为,"至少有必要了解其展品价值,这样才能判断它们是否有利于公众教育"。但由于这些展品质量太差,无法证明其慈善地位的合理性,Harman 法官便直接指出:

大量证据表明,该收藏作为教育手段是毫无价值的。立遗嘱人自己的画作……专家评价其"极其糟糕"……除了画作,还有些随意的组合——没有任何目的、没有时代象征也没有风格的家具及物品的组合——对此所谓"艺术",专家的意见是一致的,没有发现任何超过三流的收藏品。其中一名专家甚至表示,如此贪婪的收藏家是不可能碰巧收集到一件有价值的藏品的……法官认为,这其中极少有收藏品脱颖而出致使信托成立。从另一个角度看,我想象不出任何有价值的物件能呈现给公众。

5.7　发展宗教

就信托法目的而言,《2011 年慈善法》第 3 条第(2)款目前是分析宗教构成的起点。该条款规定宗教包括"(i)信仰多个神的宗教,和(ii)不信仰神的宗教"。因此,一神教(如伊斯兰教和基督教)、多神教(如印度教)和无神教(如佛教的某些类型)都属于这个范围。

问题的关键在于,一个信仰体系,尤其是一个不信仰神的信仰体系,何时能构成宗教。慈善委员会(2013a)从判例法中识别了以下宗教信仰特征:

(1)信仰的宗教对象是神灵,或是上帝,或是超自然力量,又或是实体或精神的原则;

(2)信徒与上帝或实体之间的关系通过对其崇拜或尊敬或敬畏而表现;

(3)有信服力、凝聚力、严肃性和重要性的等级之分;

(4)有积极的、有益的、道德或伦理的框架结构。

《2006年慈善法》和《2011年慈善法》对宗教定义的修改并未摒弃法院之前提出的"崇拜"概念。在 *South Place Ethical Society* (1980) 1 WLR 1565 中,法院认为基于"宗教的本质属性是信仰和崇拜",一项"研究和宣传道德原则和培养理性的宗教情绪"的信托不能被归类为宗教信仰(即使它在教育指导下取得了成功:见第5.6节)。正如Dillon法官所说(1571年),"宗教关注的是人与神的关系,而伦理关注的是人与人的关系"。出于类似的原因,共济会和山达基教被认为不符合法律对宗教的定义,参见 *United Grand Lodge of Ancient Free and Accepted Masons of England v. Holborn BC* (1957) 1 WLR 1080 和 *R v. Registrar General, ex parte Segerdal* (1970) 2 QB 697。

然而,一旦我们剔除了对神的信仰的要求,崇拜者们就不清楚有什么地方需要敬拜。事实上,用慈善委员会的话来说,如果宗教的核心是信仰一种精神原则,那么崇拜的必要性就显得难以理解。在 *R v. Registrar General of Births, Deaths and Marriages* (2013) UKSC 77, (2014) AC 610 中,联邦最高法院指出了解决这一困难的办法。根据《1855年宗教礼拜场所注册法》第2条,法院必须认定山达基教会的教堂是否为"宗教礼拜的聚会场所"。最后的结果是,法院不仅判定山达基可以视为一种宗教,而且认为宗教礼拜的要求应被理解为需要通过宗教仪式和宗教典礼而得到满足。尽管法院指出"宗教"一词在不同情况下可能不会具有相同的含义,但是将这一推理延伸到慈善法也不会太牵强。

在《2011年慈善法》第3条第(1)款第(c)项中提到宗教的发展。在 *United Grand Lodge of Ancient Free and Accepted Masons v. Holborn BC* (1957) I WLR 1080 中,Donovan 法官认为其目的必须是"促进[宗教]向更广泛的人群传播其教义,以及采取积极措施维持和增强其宗教信仰"。

5.8　促进健康和救助

《伊丽莎白法》序言中提到“救济伤病残疾的士兵和海员”，表明了救济病人是一种慈善目的，其中明确包括为医院提供资金或支持的信托。在 *Rescll's Will Trusts* (1969) 1 AC 514 中，上议院针对向非营利性质的私人医院的赠与是否属于慈善作出了最后判决，其结论是肯定的。Wilberforce 勋爵提出，由于医院不是为个人利益而盈利，因此，即使有时会出现少量盈余（主要为医院用途），也不会使信托无效。关于另一个问题，即既然病人须支付他们治疗费用，那么这种信托是不是有益于社区（见第 5.18 节），他认为这是有公共利益的，因为收费医院提供了附近综合医院没有的特殊护理和治疗，且综合医院将因其靠近收费医院而受益（如通过释放其资源）。

《2011 年慈善法》第 3 条第（1）款第（d）项提到了促进健康或救助。依据第 3 条第（2）款第（b）项，促进健康的考量包括“对疾病或人类苦痛的预防或救济”，该定义似乎足以广泛适用于精神和身体健康。在 *Funnell v. Stewart* (1996) 1 WLR 288 中，法官认为现代救济病人的方法包括了精神治疗。以拯救生命为目的的组织包括诸如皇家救生船协会和皇家意外防治协会（曾经是在 Pemsel 分类的第四任负责人领导下的慈善组织）等。

5.9　提升公民意识或促进社区建设的发展

公民意识和社区发展是相对现代的术语，很难认同它们与《伊丽莎白法》序言中规定的任何目的类似。因此，尽管一些得到 Pemsel 分类的第四任负责人支持的信托与之相适应，但几乎没有有用的判例法,例如,在 *Webber*(1954)1 WLR 1500 案中,一项支持童子军运动的信托被认为是慈善的。《2011 年慈善法》第 3 条第(2)款第(c)项提供了更多的帮助,该条规定,慈善包括"农村或城市的更新"和"公民责任、志愿服务、志愿机构或慈善机构的有效性或效率的提升"。慈善委员会亦列举了以下属于该类慈善的范例:

(1)提升公民责任和良好的公民意识,如良好的公民奖励方案、童军和指导小组等;

(2)促进农村和城市的更新;

(3)促进志愿服务;

(4)促进志愿组织;

(5)提升慈善组织的效率和有效性,有效利用慈善资源;

(6)促进社区能力建设;

(7)与社会投资有关的慈善机构。

尽管一个城市再造计划可能包括建造新房,但在 *Helena Partnerships Ltd. v. The Commissioners of Her Majesty's Revenue and Customs* (2012) EWCA Civ 569, (2012) 4 All ER 111 案中,上诉法院认为,住房供给本身不属于慈善目的,要把一个住房协会归类为慈善机构,其目的必须满足其他一些慈善分类(如降低贫困)。本案难点涉及 2001 年至 2004 年 Helena 的纳税义务。因此,该案是根据普通法规则来判定的,意味着法院不得不确定协会的目的是否属于序言的"精神和意图"(见第 5.3 节)。法院没有考虑根据《2011 年慈善法》,该立场是否会有所不同。

关于"提升公民责任"的概念,我们以名为 Encams 的慈善机构为例,它开展了"保持英国清洁"运动。志愿服务和志愿组织都是易于理解的概念(比如,海外志愿服务也在其范围之内)。促进"慈善组织的有效性或效能"的机构的例子应该是英国国家志愿组织理事会,它对其他慈善组织的运作提供协助和咨询。

从这个标题中还可以注意到另一点:"社区发展"一词及其包含的

一些目的,似乎拥有非常广泛的定义(例如,“城市更新”,可能适用于大型房屋开发商)。那么,我们可以有把握地推测,公共利益是对慈善机构的第二个要求,此标题具有重要意义。

5.10 促进艺术、文化、遗产和科学

很多 Pemsel 分类的教育类别下先前曾处理的目的将在这里找到更适合的归属。首先,从 *Pleasants* (1923) 39 TLR 675 中对园艺学的认可看出,“科学”不能被狭义地解释。其次,由于《2011 年慈善法》中没有对“艺术”、“遗产”或“文化”等术语提出任何定义,我们推测法院和慈善委员会会作出类似在 *Delius* (1957) Ch 299 和 *Pinion* (1965) Ch 85 (见第 5.6 节)中的判决。尽管如此,许多案例仍然可以明确划分,如国家美术馆、国家信托基金和英国国家歌剧院等机构必然属于该类别。

5.11 发展业余体育

我们已经看到,学校和大学的体育基金被教育分类看作是慈善的:*IRC v. McMullen* (1981) AC1;第 5.6 节。对于成年人的业余运动,还很少有直接的讨论。

在 *Nottage* (1895) 2 Ch 649 案中判决一项为游艇比赛提供奖金的信托不成立,因为它是基于促进体育运动的发展而不是基于慈善目的。虽然《1958 年娱乐慈善法》授予了慈善机构提供娱乐设施的权利(另见第 5.17 节),但体育运动本身并不作为慈善而存在:见 *IRC v. McMullen* (1981) AC 1,15,21。

《2006 年慈善法》和《2011 年慈善法》标志着一个重大突破,这两

个法案认可了涉及身体或精神的技能或努力以促进健康的所有运动和比赛为慈善信托:见《2011 年慈善法》第 3 条第(2)款第(d)项。被认可的运动如足球、橄榄球、板球和网球等均属于这一定义。但我们不会把日常满足心理技能或努力的活动看作运动,比如,象棋、桥牌甚至是数独。

5.12 发展人权、解决冲突或和解、促进宗教或种族和谐或平等

这代表了一个新的、公认的慈善的分类,它可能囊括一些以前在教育和宗教类别的发展中被认为是慈善的案例[见 *Harwood* (1936) Ch 285 案,其中促进和平的信托被判定属于慈善]。

The Human Dignity Trust v. The Charity Commission for England and Wales (2015) WTLR 789 案认为,本节所述的人权不仅限于国内法所承认的人权,还延伸至国际文件所涉及的文件诸如《世界人权宣言》《公民权利和政治权利国际公约》《欧洲人权公约》中的人权。特别法庭还表示,该条款的权利可能随着我们对人权理解的发展和新人权的承认而演变。

下文会提到(见第 5.20 节),如果某个信托具有政治目的,那么通常其慈善地位会被否认。这一规则会大大地缩小慈善目的的范围,例如,在 *McGoven 7 AG* (1982) Ch 321 中,Slade 法官认为维护和观察人权方面进行和传播研究是慈善性的,而信托无法成立是因为它的目的延伸到实施更多保护人权的政策。

然而,*The Human Dignity Trust v. The Charity Commission for England and* (2015) WTLR 789 中,特别法庭的结论是,信托基金的工作包括支持国外法院寻求强制执行国际人权文书的法律挑战,该工作并不违反政治信托的规定,因为这些国家签署了有关人权的文书,信

托基金只是在设法维护这些国家的法律。

5.13　促进保护和改善环境

法院以前认为对保护“土地和房屋……景观或历史名迹，以及保护具有自然景观特色和动植物生命的土地”[*Verrall* (1916) 1 Ch 100]而设立的信托属于慈善信托。这个新标题证实了环境保护是一个慈善目的的信托。

慈善委员会(2013a)亦据此列出了以下非详尽无遗的、属于本款的目的的清单：

(1)通常与保护动植物群或环境有关的慈善机构；

(2)与保护特定地理区域有关的慈善机构；

(3)与保护特定物种有关的慈善机构；

(4)动物园；

(5)可持续发展和生物多样性的推广项目；

(6)对可回收利用和可持续的废弃物品管理的推广项目；

(7)使用可再生能源的研究项目。

5.14　扶持需要帮助的老、幼、病、残、贫或者其他弱势群体的事业

此分类显然与《2011 年慈善法》第 3 条第(1)款第(a)项有关预防或减轻贫穷的规定以及第 3 条第(1)款第(d)项有关促进健康的规定有所重叠。长久以来，以救济老年人为目的的信托被认为是慈善的：见 *Robinson* (1951) I Ch 198(“Hednesford 附近的 Hazel Slade，65 岁以上的老人的例子”)；针对残疾人的信托也是如此：见 Lewis (1955)

Ch 104(盲人女孩与男孩)。

慈善信托必须以一种或多种情况为由向需要的人提供救济。根据《2011年慈善法》第3条第(2)款第(e)项的规定,其包括"为所述人士提供食宿或照料的救济"。在 *Joseph Rowntree Memorial Trust Housing Association v. AG* (1983) Ch 159中,一个住房互助协会希望开展一项为超过退休年龄的人提供住房的慈善工作。根据计划,该协会准备以资本溢价支付作为交换(低于该等租赁的市值),长期租赁小型独立公寓(特别适合长者的需要)。Peter Gibson 法官认为,"救济"一词意味着受益人"诸如老年人,无能力人或穷人的状况是需要帮助的,这些人无法缓解或很难用自有资源缓解现状"。如果该计划是针对住在伦敦上流住宅区的百万富翁,它就不属于慈善,因此旨在缓解特殊住房困难的计划是慈善的。

5.15 发展动物福利

毫无疑问,信托提供基金进行关爱动物的工作属于慈善,因此,在 *Moss* (1949)1 All ER 495中,一项以"照顾和关注猫和小猫的福利"为目的的信托得以设立。同样在 *Murawski's Will Trusts* (1971) WLR 707中,一项"为流浪、被忽视和遗弃的各类动物提供护理和庇护,并保护其不受虐待、折磨和痛苦"的赠与被认为是慈善的。在 *Wedgwood* (1915) 1 Ch 113中提出的促进动物福利发展的一个非典型案例信托是以改善屠宰方法为目的的信托。

如前所述,涉及政治目的的信托,通常会被否认其慈善意义(见第5.20节)。因此,如果信托的目的之一是确保动物福利法律的变更,则该信托不被认为是慈善的。*Hanchett-Stmnford v. AG* (2008) EWHC 440 (Ch),(2009) Ch 173中,它否认了为争取禁止动物表演的动物防御联盟的慈善地位。

这个领域的另一个重要的判决是 *Grove-Grady*（1929）1 Ch 557。在该案中，上诉法院认为某信托的目的是建立动植物保护区"以提供一个或多个避难所来保护所有鸟类动物和其他非人类动物……并使所有鸟类动物和其他非人类动物免于受到人类的干扰和伤害"。法院以多数票认定这一信托是非慈善的，理由是，对其他动物或该动物本身来说，来自人类的伤害不可避免，建立动物保护区以保护区内的动物不会被人类伤害，仍然无法避免保护区内的动物"可能被该地区的其他非人类动物所干扰和杀害"。鉴于现代人对自然保护的观点，本案今天可能会有不同的裁决，只是此类信托得到确认或许是根据《2011 年慈善法》第 3 条第（1）款第（i）项而非第 3 条第（1）款第（k）项。

5.16　提高皇家武装部队或警察、消防和救援服务或急救服务的效率

这些目的是慈善的，属于 Pemsel 分类里的第四类。因此，在 *Gray*（1925）Ch 362 中，一项为军团设立基金以促进体育运动（包括当时仅有的射击、钓鱼、板球、足球和马球）发展的赠与被认为是慈善的。这些运动自然被看作为了提高体能，Romer 法官提出，"显然为了公众的利益，那些被安排保卫王国的人不仅要有精神上的效率，而且要有身体上的效率"。在先前 *Good*（1905）2 Ch 60 的案例中也采用了相同理由，该案中，一项为特定军团的军官餐厅提供一个图书馆的赠与被认定是慈善的。

5.17　其他目的

《2011 年慈善法》第 3 条第（1）款第（m）项中提到了另外三类慈

善目的。第一类是在现行的慈善法下曾被确立为慈善性的其他目的,它保留了早期判例法下一些被认定为慈善的,但不能被归于之前任何12个类别中的目的。除了这些杂项外,其他分类所涉及的是该法第5条中列出的之前关于《1958年娱乐慈善法》的内容。

《1958年娱乐慈善法》是在上议院对 *IRC v. City of Glasgow Police Athletic Association* (1953) AC 380 案和 *IRC v. Baddeley* (1955) AC 572 案作出确认娱乐目的的信托不属于慈善的判决后出台的。其条款被纳入《2011年慈善法》第5条。该条款规定如下。

1. 提供或援助提供以下设施,以——

(a)达到休闲目的;

(b)达到消遣其他休闲时间的目的。

如果这些设施是为了社会福利而提供的,那么就是慈善的。

2. 如果不符合基本条件,就不能满足为社会福利而提供设施的要求。

3. 基本条件是——

(a)提供这些设施的主要目的是改善主要人群的生活条件;

(b)以及——

(i)那些由于年少、年老、身体虚弱或残疾、贫困或社会和经济环境需要设施的人群,

(ii)这些设施应可供广大市民使用。

4. 第(1)款特别适用于——

(a)为村政厅、社区中心和妇女协会提供设施;

(b)为维修用作娱乐或休闲的场地和建筑物提供设施,为扩大场地以组织任何以上目的的活动提供设施;

(c)但受限于为社会福利而提供的设施。

5. 基于本条不得有任何违背公共利益的要求。

《1958年娱乐慈善法》第1条[现为《2011年慈善法》第5条第(1)款]的范围是由上议院在 *Guild v. IRC* (1992) 2 AC 310 案中审议

的。该案中,有一笔"捐给北贝里克镇议会用于北贝里克体育中心或其他有关体育项目的遗赠",国家税务委员会认为这笔遗赠不属于慈善,不符合免税的规定,因为娱乐设施应该是为了满足那些在社会上处于相对不利地位的人群的需要。在 *IRC v. McMullen* (1979) I WLR 130 案中,上议院驳回了申请,Bridge 法官判决如下:

> 我无法得出只有被剥夺权利人群的生活条件才能得到改善的结论,就像海德公园改善了梅费尔和贝尔格莱维亚区的生活条件一样,位于皮姆利科或波多贝罗路的村务大厅也可以改善乡绅及其家庭和农舍的生活条件。

Keith 勋爵总结道,就现在第 5 条第(3)款第(b)项第(ii)目而言,"只要提供的设施能改善普遍社区成员的生活条件就足够了"。

第 3 条第(1)款第(m)项中的第二类慈善目的,类似于第 3 条第(1)款第(a)项至第(I)项所述的慈善目的,或符合其慈善目的精神。第三类包含了第二类慈善目的[类似于第(3)条第(1)款第(a)项至第(I)项所述的目的]。在《2011 年慈善法》之前的判例法就考虑到慈善目的相同的增量式发展,案例见 *Foveaus* (1895) 2 Ch 501, 504。

将某个目的与其他相似的慈善目的进行类比并不容易。Reid 勋爵在 *Scottish Burial Reform and Cremation Society Ltd. v. Glasgow Corporation* (1968) AC 138,147 案中也许作了最好的诠释:

> 法庭似乎首先通过将序言中提到的对象与他们将要作出决定的对象进行类比。接着,他们似乎进一步研究且满意于能够在已认定慈善对象与新的慈善对象中找到一个类比。

因此,在这个案件中,通过以下步骤,提供价格合理的火葬场被认定为是慈善的:首先,通过与序言中提及的教堂维护相类比,认定维护教堂墓地的目的也是慈善的;其次,提供墓地被认为是慈善的,与维护教堂墓地的情况类似;最后,提供火葬场被认为是慈善的,与提供墓地的情况类似。这一在类推基础上建立类推的相同步骤被《2011 年慈善法》第 3 条第(1)款第(m)项第(ii)目保留。

5.18 公共利益的要求

除符合《2011 年慈善法》第 3 条第(1)款所列的 13 类慈善目的外,一份有效的慈善信托还必须是为了公益:第 2 条第(1)款第(b)项。在 *The Independent Schools Council v. The Charity Commission for England and Wales* (2011) LIKUT 421 (TCC), (2012) Ch 214 中,上诉特别法庭判定两种不同的公共利益的意义:

> 第一层意义即慈善机构目的的本质必须是社会利益,这是公共利益的第一层意义,从这个意义上讲,教育的进步……是有益于社会的必要因素……第二层意义是那些可能从该目的中受益的人必须足够多,并能以这种形式被辨识为"公共的一部分"。

这种区别虽然存在,但并未通过合适的方式进行表述。第一,我们最好将上诉特别法庭对公共利益所理解的两层意义看作两个不同要素,即(1)它是有益的;(2)它使公众受益。第一个要素只是简单地确认其目的是否使人受益,而第二个则是确认这些利益是否延伸到了足够多的公众。将这些框定为公共利益的不同意义——暗示该公共利益在不同的时代意味着不同的情形——是误导人的。

第二,对于(1)什么是有益的及(2)是否使足够多的公众受益这两个问题的区别,在实践中,我们已经通过对(1)信托目的是不是法律认定为(可能)慈善的一种方式,以及(2)这些目的是不是有益于公众这两个问题的区分中得到相应答案[《2011 年慈善法》第 2 条第(1)款],也就是说,受益问题通常根据信托目的是否为慈善性来解决,而我们能从《2011 年慈善法》第 3 条得到答案。因此,剩下的唯一问题就是这种受益的公共性是否充分。

换句话说,在上诉特别法庭称为公共利益的"两层意义"存在一个重要区别,但事实上当我们进入公共利益质询阶段时,通常只指具有决定性因素的"第二层意义",即该利益是否延伸到了足够多的公众。同样,虽然慈善信托确实有益,但大部分都是通过表明其符合《2011 年慈善法》第 3 条第(1)款所列目的之一来实现的。由此可见,一份信托只有提供有益的指导,它才会被视为促进教育[见 *Shaw*(1957)1 WLR 729,*Pinion*(1965)Ch 85 和第 5.6 节]。

所以,问题的关键在于该目的是否使公众受益,它并不要求每个人都受益,只要求一部分公众受益,但我们该如何确定那些从信托中受益的人是这一部分公众呢?正如我们将看到的,法院在不同的时期以不同方式回答了这一问题。

《2011 年慈善法》第 4 条第(2)款规定:"在决定公共利益条文是否符合第 3 条第(1)款所指的任何目的时,不得假定某一特定描述的目的是公众利益。"此条款被包括在内的原因是人们普遍认为在《2006 年慈善法》和《2011 年慈善法》之前,判例法中的关于某特定慈善目的的公共利益有一个假定:见 *National Anti-Vivisection society v. IRC*(1948)AC 31, 42;对比 Hackney,2008;Luxton,2009。事实上,*The Independent Schools Council v. The Charity Commission for England and Wales*(2011)UKUT 421(TCC)中的上诉特别法庭证实从未有过任何假定,并且一直以来任何特定的慈善信托,无论其目的如何,都必须证明它可使公众受益。我们也注意到,在此阶段,慈善委员会根据《2011 年慈善法》第 17 条有义务就如何评估公众利益提供指导:参见慈善委员会 2013b。

尽管可以明确地说,一切慈善信托都必须为了公共利益,但不应该假设,有一个单一的、共同的判断公共利益的标准能够适用于所有慈善信托。在《2011 年慈善法》之前,公共利益的标准对某些慈善目的的适用比其他目的更为严格。因此,虽然所有慈善信托都必须证明其公共利益,但各自有不同的证明方式[见最新案例 *Independent Schools Council* (15)]。其结果是,尽管可以对公共利益的标准作一些声明,但对于从如何将标准适用到一个慈善的分类以给另一个分类提供参考是不固定的。相反,我们必须分别处理四大惯用的 Pemsel 慈善分类,以找出如何适用公共利益的要求。

因此,关于公共利益标准,我们大体上能够说什么呢？正如看到的,我们可以把要求分成两个要素或两个方面(见慈善委员会 2013b):(1)信托必须是有益的;(2)这种受益必须扩大到足够多的公众部分。关于第一点,为了符合受益要求,我们必须弥补它所带来的任何危害或危险。简言之,如果一项信托弊大于利,那表明该信托没有满足公共利益的要求。

这方面主要的例子是上议院在 *National Anti-Vivisection Society v. IRC* (1981) AC 31 案中的裁决:一个以阻止活体解剖为目的的协会被拒绝免税,因为该项目不属于慈善。上议院驳回该协会的上诉,认为该协会无法改变事实结果:

> 在促进道德和教育方面所承担的任何假定公共利益远远超过了对医学科学和研究带来的不利影响,因此如果该协会成功地达到了(阻止活体解剖的)目的,将会影响公共健康。总之,协会目的与公共利益不相干且对其有严重破坏。

慈善委员会(2013b)亦表示,判定是否使公众受益时,只有促进其慈善目的的利益才能被考虑,那些与慈善目的无关的纯粹辅助利益是不能被考虑在内的。慈善委员会此前列举了某个慈善机构的例子,其中涉及为保存一个特殊的历史建筑,该机构在庭院里提供了一个溜冰场来吸引游客以增强其对邻近建筑的欣赏。尽管增强对该建筑物及其周边环境的吸引力将会计入对公共利益的评估中,但人们可能从滑冰这一体育锻炼中获得的健康收益不会被计算在内,因为这与慈善机构的建筑保护目的没有相关联系。

然而,这并不代表只有直接预期的利益才是相关的。慈善组织为追求慈善目的而采取的行动可能会产生有益的副作用,这虽然间接但与信托的主要目的紧密相关,即与公共利益相关联。例如,在 *Rescll's Will Trusts*(1969)1 AC 514 中,该信托为一家私人但非营利性的医院提供基金,其产生的公共利益不仅在于接受治疗的人群获得了健康,还在于缓解了附近公立医院的压力。同样,在 *Neville Estates Ltd. Madden*(1962)Ch 832 中,一份建立和维持犹太教堂的信托被看作慈善的,Cross 法官的观点是,"其中一些利益体现在促进了到教堂做礼拜的同胞之间的情感"。

第三,慈善事业不能以营利为目的。因此,在 *Resch's Will Trusts* 中,如果医院为牟利而不仅仅是为弥补损失而收费,那么即使其带来了公共利益,该信托也无法成立。此外,慈善机构可能会收取所提供权益的费用。

在 *The Independent Schools Council v. The Charity commission for England and Wales*(2011)UKUT 421(TCC),(2012)Ch 214 中,涉及独立且收费学校的慈善地位。仲裁庭认为穷人必然不能被排除在慈善信托之外,但在实践中慈善机构是可以收费的,即使这样做会使一些公众不能享受其利益。事实上收费是否能够达到排除穷人的效果取决于相关情境,但是只要收取的价格仅使慈善机构可以收回成本且低于其他机构,慈善机构有时仍可以收取一定费用。由此可见,对穷人的解释将更加灵活和广泛,因为它专门运用于为扶贫而设立的信托中。上诉特别法庭的结论是,那些每年能够负担 1.2 万英镑的人不能认定为穷人,如果一个学校的目的是收取该笔费用,那就不能视为满足公共利益要求。

尽管慈善信托不能以营利为目的,但慈善信托可以为特定个体带来私人利益,只要这些私人利益纯粹是信托目的[例如,虽然向律师支付专业奖金的信托本身不是慈善的,但律师从法律报告的出版所获取的附带专业奖金,并不能妨碍一个出版法律报告的信托是为了公共利益:见 *Incorporated Council of Law Reporting for England and Wales v. AG* (1972) Ch 73]或受托人履行职责的附带结果[例如,支付他们一份薪水,甚至资助年度晚餐:见 *Coxen* (1948) Ch 747]。

第四,正如一开始所指出的,并不需要让每个公众成员都受益,其中一个原因即是简单的实事求是。即使原则上一个慈善机构的目的是使所有人受益,但实际上也可能仅使一小部分公众从中受益。例如,资助公立医院或提供学校免费课本的遗嘱,最多是使那些需要医院治疗或需要课本的人受益。

难题是对获得这些利益的限制与公共利益的信托是一致的。在下一节中,我们会看到各类慈善所呈现的不同答案。对公共利益要求的要素没有统一标准,在所有其他条件都相同的情况下(见第 5. 19 节),一份能让更多人受益的信托与只能使少数人受益的信托相比更符合要求。因此,将慈善福利延伸到某个特定城镇居民的信托可能属于慈善,而将福利只扩展到特定街道居民的信托很可能不属于慈善。

如果在地理限制之外还对信托利益有额外限制,那么该信托可能会更难满足公共利益的要求。例如,在 *Williams'Trustees v. IRC* (1947) AC 447 案中,一份为促进伦敦威尔士人的兴趣而提供关于威尔士语言、艺术和历史的讲座以及为威尔士文学提供藏书室和提供会场给在伦敦的威尔士人的信托,被认为不是有效的且不属于慈善,因为这些目的不属于《伊丽莎白法》序言中的精神和意图。Simonds 勋爵认为,虽然其目的是慈善的,但并没有使足够多公众受益。

同样的观点可见 *IRC v. Baddeley* (1955) AC 572 案中一个涉及土地的案例。原比赛场地可能被用来促进循道宗宗教的信仰及其循道宗成员的福利,这同样不属于公认的慈善目的类别之中(见《2011

年慈善法》第5.17条)。Sinmonds子爵也认为,该信托同样不符合公共利益,于他而言,这些信托最重要的区别在于提供了一种"可以延伸至整个社区但其本质只能使少数人受益的救济形式;以及一种从大众群体中挑选少数人(这些人也愿意受益)使其受益的救济形式"。前一种可以满足公共利益的要求,而后一种不符合。他通过以下例子阐述:

一座桥服务于大众,毫无疑问属于慈善,与有多少人使用无关。但是将它的使用限制在一定数量的人身上,无论数量有多大且多重要,也显然不属于慈善事业。这不是一般的公用设施:因为它并没有按照其服务公众的本质来达到服务公众的目的。

从慈善信托中获得的利益不应不合理地局限于从一个大团体中挑选出的少数人,这些人原本可以从中受益,但是,这一要求有时也不能理解为慈善信托无法用于"一个类别内的某类别"[见 *IRC v. Baddeley* (1955) AC 572, 591]。

上诉特别法庭在 *Independent Schools Council* 案中强调的最后一点是,当确定一个所谓的慈善信托是不是为了公共利益时,我们必须关注它设立的目的,而不是它是什么以及如何运作的,换句话说,信托设立的目的与实际是否能坚持或在运作中达到这些目的无关。因此,如果该目的建立在使公众受益的基础上,那么该信托就是为了公共利益;如果信托在实践中无法使公众受益,这并不意味着该信托不是慈善的,而是受托人没有遵守信托条款。如果不参考信托的实际效果,我们如何确定它的目的呢?最直接的就是慈善机构的章程规定。在没有章程的情况下,法院必须寻找其他证据来表明信托为何设立,但在还未对信托进行调查前,该问题是否能在实践中得到回答还有待查证。

5.19 公共利益与个人关系

由此可见,我们能直接鉴别出某信托是否以公共利益为目的。如果原则上利益属于每个人,那么即使在实践中只有少数人享有,该信托也是为了公共利益;如果利益仅限于某一部分公众,那么只有在受益人群足够多且该限制从信托目的的性质上讲是合理的,该信托才属于公益。可惜事情并不这么简单。

正如我们在上一节开始时所指出的,公共利益对不同类型的慈善目的有不同的适用标准。从这个意义上讲,慈善委员会制定的一般原则表面上的统一性和早期的描述都是有误导性的。特别是,我们研究的最后一项规则——受益于慈善信托的机会不应不合理地限制在特定的公众部分的规则——在慈善目的四个 Pemsel 类别之间有着不同的解释和适用。

作为一个起点,我们可以说,受益于慈善信托的机会不应被不合理地限制,应该阻止委托人设立仅使与其有某种个人联系或关系的人受益的信托,这些人如家庭成员、朋友或同事。在所有这些个案中,我们期待法院认定这些人士并未构成足够的公众部分,而把不属于这个群体的人排除在外是不合理的,因为他们的需求与这些人士一样大,并且他们值得有受益的机会。然而,这并不总是法院所认为的。

5.19.1 贫困

慈善信托的特点是旨在救济贫困,在 *Scarisbrick* (1951) Ch 622 中,上诉法院就已确认慈善信托对贫困人群的有效性。上议院其后在 *Dingle v. Turner* (1972) AC 601 中指出,一项减轻委托人员工贫困的信托属于慈善信托[另见 *Spiller v. Maude* (1881) 32 Ch D 158n,约克郡一家演艺公司为员工丧葬费、医疗费以及为其孤儿提供资金而设立慈善信托]。

因此,如果信托涉及贫困,法律并没有相关规定禁止委托人将利益授予与之有关的人。就像 Evershed 先生在 *Scarisbrick*（1951）Ch 622,639 中所解释的那样,“基于救济贫困是一种利他性质,我们可推断出其具有公共因素;或者我们可将其视为神圣的、不合逻辑的一般规则例外”。唯一的要求是,信托必须合理解释救济贫困的目的,其受益人必须全部属于狭隘定义的贫困人群:见 *Dingle v. Turner*（1972）AC 601。换言之,该信托必须是目的信托而不是个人信托(见第 4.6 节),尽管对于后一种情况,信托在满足确定性规则条件下也可能以非慈善的私益信托方式生效。

问题在于《2011 年慈善法》后该规则是否会发生变化。《2011 年慈善法》第 4 条第(2)款强调,不存在任何关于各种既定分类的慈善目的、在实践中使公众受益的推定。这意味着法院和慈善委员会对该规定的运用会日趋严格(尽管 *The Independent Schools Council* 案表明并未出现过该类推定)。

然而,我们现在知道,该法令并没有发生变化,旧的规则和诸如 *Scarisbrick* 和 *Dingle v. Turner* 的案例仍然有效。上诉特别法庭在 *Attorney General v. Charity Commission for England and Wales*（2012）UKUT 420（TCC),（2012）WTLR 977 中已经证实。特别法庭在 *The Independent Schools Council* 案中支持在两种截然不同意义的公共利益之间作出区分的同时(见第 5.18 节),将较早的一些案件合理化,认为对于慈善机构主导的信托只要求第一种意义的公共利益。在此基础上,贫困案例仍是例外,对于其他慈善机构主导的信托还必须要求第二种意义的公共利益。人们是否认为这种对旧判例法的合理化具有说服力,很大程度上取决于人们是否认为这里真的存在两种意义上的公共利益。基于前面给出的原因,我们可能会怀疑,第一种意义的公共利益是否有任何完全的公共要素。

5.19.2 教育

谈到促进教育的信托,我们发现法院对受益仅对与委托人(或其某些他个人)有关联的那些人开放的信托有严格的限制。这里的主要案例是 *Oppenheim v. Tobacco Securities Trust Co. Ltd.* (1951) AC 297 案。该案涉及一个信托基金的状况,该基金用于“提供……英美烟草有限公司或其任何子公司或联营公司雇员或前雇员的子女的教育”,并以代理受托人依其绝对的自由裁量权认为的适当的方式进行。其子女可从该信托受益的雇员人数超过了 11 万人。上议院大部分人认为,由于取得受益的资格基于雇员和雇主的个人关系,该类别不属于公众的一部分,因此该信托是无效的。Simonds 勋爵的说明如下:

> 慈善法的一个明确的原则是,信托除非为了公共利益,否则就不是慈善信托。这一点也在有关信托必须使社区或社区的一部分群体受益的提议中被论述。从反面说,如果一个信托只赋予私人利益,那么该信托就不属于慈善……如果从规模的下限开始,父亲为儿子的教育所设立的信托就不属于慈善,因为其提供的公共因素,即其儿子的教育,并不能使公共群体都受益。而在规模的另一端,学校或大学的建立无疑属于慈善事业。当信托不是为了任何现存的或是由信托条款设立的机构的利益,而是为了一大群人中的一个类别的利益而存在时,就会产生问题。问题的关键就在于,这部分人是否可以被视为“公众的一部分”,以达到公共利益的标准。“公众的一部分”的表达原本并不包含任何特殊的神圣感,但是首先,它表明潜在的受益人的人数不可忽略不计;其次,它按照性质形成某个区别于其他团体成员的群体,但不依赖于与特定个人之间的关系……这种群体可能人数众多,但如果他们与一个或几个委托人存在关联,那么他们既不属于该群体也不属于以慈善目的为信托的群体中的一部分。

同样,在 *Compton*（1945）Ch 123 中,一份对三个家庭的儿童提供教育的慈善信托也无法成立,因为没有涉及公共利益。上诉法院明确拒绝将这些贫困亲属的案例与教育类的慈善信托类比。

但与之相反,法院支持为特定行业职工的子女教育设立信托。比如,*Hall v. The Urban Sanitary Authority of the Borough of Derby*（1885）16 QBD 163 中一家收容去世铁路工人孩子的孤儿院,不过这些案例只在德国奥彭海姆才有效。两种情况的区别在于:一种是为特定公司的职工子女提供教育的信托;另一种是为特殊职业的职工子女提供教育的信托。继奥彭海姆之后,法官认为只有后者才是为了公共利益,这意味着虽然为烟草生产厂的职工子女提供教育的信托是慈善的,但无法以此设立慈善信托。对受益人的限制是由公司的规模和所涉及的金钱数量决定,而前者信托最终可能比后者产生更多受益人,因而我们怎可断定只有后者才能使公众充分受益?

MacDermott 勋爵与奥彭海姆的多数人持不同意见,他认为个人关系标准是难以捉摸和难以解释的、任意的和人为的,当法院允许为公众利益(或大部分公众利益)设立信托,该任意性和虚假性被放大且包含了偏向性,如某个特定公司的子女:参见 *Koettgen's Will Trusts*（1954）Ch 252(优先考虑特殊公司员工的家属,涉及从信托得到的收入高达75%);对比 *IRC Educational Grants Association Ltd.*（1967）Ch 993。然而,在这种情况下,受托人必须谨慎行事,不能只是将其视为被优先考虑的信托,否则他们会因未遵守信托文书而受到批评,或者,如果法院发现委托人只是为集团提供信托,该信托就是虚假的行为。

5.19.3 其他慈善信托

对公共利益的要求和因与委托人有个人联系而使信托无效的原则,最严格地适用于促进宗教发展的信托和属于 Pemsel 分类第四个杂项的信托。例如,在 *Gilmour v. Coats*（1949）AC 426 中,上议院认为加尔默罗修道院的信托有效,该信托中的信徒是一群致力于祷告、沉思、忏悔和自我成圣的隐居尼姑。根据该修道院一位红衣主教的观点,他们的活动都是为了公众的利益,因为其祈祷具有价值并且公众将从观察修道院修女的生活方式中受益。这两个论点都被拒绝了,其一是因为证明不够明显,其二是因为修女们没有和外界融合,其榜样过于模糊不清,同时,并没有迹象表明修道院现在和将来有足够多的公众。

而在 *Neville Estates Ltd. v. Madden* (1962) Ch 832 案中则得出了不同的结论,在该案中,关于卡特福德教堂的信托是有争议的。Cross 法官能够区分 *Gilmour* 案的依据是,犹太教堂的成员一生都在世俗社会中度过,而加尔默罗修道院的成员则不是。他还认为:

"法院有权假定,通过组织更多的公民到礼拜场所做礼拜能使更多人受益"。在 *Hetherington* (1990) Ch 1 中的信托被认为是符合公共利益标准的,该信托涉及为委托人和其逝去的丈夫作弥撒,它被认为可以成立。因为公开的弥撒被认为具有公共性且能使参与的人受益。然而,在这两种情况下,公共利益标准只是通过公众从这些信托中获得的(可能的)利益来实现。明显的推断是,可能经常去纳威尔住宅区犹太教堂的人的利益或 *Hetherington* 案中民众的利益不能认为等同于公共利益。

5.20 出于政治目的的信托

即使信托是由慈善机构负责人掌控,法院也认为,如果信托的目的具有政治性,该信托就不可能是慈善的。"政治"信托意味着推动一个特定的政治党派或意识形态,或无论是在英国还是在海外,推动法律、政府政策的特殊变化。因此,例如,在 *McGovern v. AG* (1982) Ch 321 案中,法院推翻了大赦国际设立的信托,该信托的目的包括争取释放良心犯，促成废除酷刑和不人道及有辱人格的处罚。在 *Southwood v. AG*（2000）WTLR 1199 案中，一项"推进军国主义和裁军问题上的公众教育"的信托被认为不属于慈善性质，因为其主要目的是挑战政府的政策。在 *Hanchett-Stmnford v. AG*（2008）EWHC 440（Ch），（2009）Ch 173 案中，表演和圈养动物保护联盟被剥夺了慈善地位，这是一个以禁止动物表演而成立的非法人组织；在 *National Anti-Vivisection Society v. IRC*（1948）AC 31 案（见第5.18节）中，目的的政治性质也是信托无效的另一原因。有关政党的慈善信托的失败案例，请参见 *Bonar Law Memorial Trust v. IRC*（1933）49 TLR 220，*Ogden*（1933）Ch 678 和 *Hopkinson*（1949）ALL ER 346。

法院为这一立场提供了各种理由。第一，由于慈善信托只有在为了公众利益的情况下才能维持，因此法院必须确定相关的政治原因或目标是否确实对公众有利，但有观点认为这是一个法院没有资格回答的问题。见 *Bowman v. Secular Society Ltd.*（1917）AC 406，442（Lord Parker）；*McGovern v. AG*（1982）Ch 321，336－7（Slade 法官）。

第二，有人认为，除了专业知识的问题外，法院不能在不超越其职权范围的情况下确定政治目的信托是否为了公共利益，因为决定是否以及如何修改法律是议会的职责：*McGovern v. AG*（1982）Ch 321，337。正如 Chadwick 法官在 *Southwood v. AG*（2000）WTLR 1199 案中所述，"法院无权决定持有这种观点而不是持有另一种观点对公众更有利。法院不但没有资料帮助其做出选择，也不能试图行使政府的职责"。

第三，就信托目的是为引起法律作出某种改变而言，法院不能解决这种改变是否是有益的问题，不是因为法院没有专业知识或授权作出这个决定，而是因为这不符合法院适用法律的职责。正如 Simonds 勋爵在 *National Anti-Viviseclion Society v. IRC*（1948）AC 31，62 案中所说，"每个法院在决定赠与有效性时，都必须根据法律规定的原则作出判决"。

这些论点没有一个是完全令人信服的。法院的职责往往是决定特定的法律规则是健全的或不健全的、有效的或无效的,因此,任何认为法院没有专门知识来决定拟议的法律修改是否(公开)有益的建议都是无稽之谈。事实上,法院对 *Anti-Vivisection* 案中对建议修改的是非曲直就作了这样的评估(见第 5.18 节)。同样地,不能说他们一定超越了职权而对法律的修改作出判断。在普通法体系中,法律的许多修改都是由法院起草的,即使法院无权更改某一特定法律,他们仍然可能不得不考虑其实质内容,如确定其是否符合人权立法。鉴于所有这一切,没有理由认为法院在承认其在相关案件中适用法律的责任的同时,不能就拟议的法律变更的是非曲直作出判决。在任何情况下,这三个论点都没有涉及政治目的指向外国政府和法律的地方。我们最多只能说,承认这种信托可能会破坏相关国家和英国之间的关系:见 *McGovern v. AG* (1982) Ch 321,338 -9。

因此,尽管看似有理由得出结论,即法院有时无法确定信托是出于一个或其他先前提出的理由而为公众利益服务,但目前对所有具有政治目的的信托的绝对禁止是否具有正当理由仍有待考证[见 *The Human Dignity Trust v. The Charity Commission for England and Wales* (2015) WTLR 789 案对政治目的较为狭义的理解,在第 5.12 节讨论过]。必须强调的是,防止政治信托的规则只适用于信托目的之一是政治性的,该规则并未阻止慈善机构利用政治手段来促进其他非政治目的的实现:见《2008 年慈善委员会》。因此,一个像乐施会这样的慈善机构,尤其是旨在消除贫困的慈善机构,不会失去这种地位,因为它有时会游说政府,以期获得额外的资金来减轻其他国家的债务。

5.21 近似原则

慈善信托法与私人(非慈善)信托法之间最显著的区别之一,是将近似原则(cy-près doctrine)适用于前者,而不是后者。从字面上理解,“cy-près”即“尽可能趋同”。如果慈善信托中所包含的明确条款是不可能或不切实际的,则应适用近似原则,它允许法院指定该慈善信托项下财产运用于类似于——虽然必然不同于——委托人指定的目的。

实施慈善赠与或信托可能基于多种原因而变得不可能或不切实际。例如,一份赠与可以给一个从未存在的慈善机构,或是给生效之前已经解散的慈善机构;或立遗嘱人可能试图设立一项慈善遗嘱信托,但是在起草遗嘱时,该信托目的可能已无法实现(如一项信托的目的是保护某个动物的种类,而在委托人去世时该物种已经灭绝);另一案例为实现慈善目的的信托,但在信托生效时该目的已经实现(如为了促进对证明提供人类基因组初始图谱的可能性的研究而设立的遗嘱信托)。这三个案例都是初始无效的案例,也就是说,一开始就没有达到预期的信托目的。另一种情况是,不可能或不切实际的情况并非发生在信托成立之前,而是在信托存续期间(如信托的目的变得不可能或在信托已经存在一段时间之后实现),这些属于后续无效的情况。

初始无效和后续无效之间的差异尤为重要。在初始无效的情况下,近似原则只适用于信托契据证明委托人具有一般或最重要的慈善意图的情况:见第5.21.1节。而对后续无效的案例没有这样的要求,法院将自动采用近似原则。

需要强调的是,如果信托目的实际并未无效,则该信托不适用近似原则。我们通过以下示例来解释这种情况。我打算留下一笔钱,用以资助贫困的信托研究人员,所以我在我的遗嘱中规定向贫困信托学者基金会支付1000英镑。假设,在我去世也就是该处置即将生效时,该基金会已经解散,那么现在将资金交给一个不存在的基金会是不可能的。但是,将我的钱用于资助贫困的信托研究人员是没有什么不可能的;这个目的依然是完全可能实现的。尽管我不能将钱交给基金会来实现这一目的,却没有什么会阻止其他人或团体基于相同的目的持有并使用我的这笔钱。这里唯一不可能的是基金会(的成员)作为我期待的慈善信托的受托人,不过这不是整个信托无效的理由。正如我们将要看到的(见第12.2节),信托不会因为缺少受托人而无效,这是信托法的一项基本原则。相反,我们需要做的是找到并指定一个替代受托人之人。

当然,这只有在我的意图是设立一个慈善目的信托的情况下才是可能的,因为在这种情况下,信托成功不可或缺的是信托目的,而不是找到负责将资金运用于该目的的机构本身。换言之,这一解决方法只适用于第5.2节所述的2a类型的处置。相比之下,如果我打算通过直接转让给一个已注册的慈善机构来实施我的慈善安排(2b),那么通过指定一个替代受托人之人来实现我的转让的目的是不可能的,原因很简单,我根本没有打算设立信托。在后一种情况之下,如果受托人不存在,我的安排则会直接落空,因为我试图将财产转给一家并不存在的公司[对于这一区别的司法上的认识,见 *Finger's Will Trusts* (1972) Ch 286]。

因此,如果委托人试图对一个已不存在的慈善机构(或实际上从未存在的机构)作慈善安排,存在下列几个问题[见 *Vernon's Will Trusts* (1972) Ch 300n]。

1. 赠与人意图将这些财产转给选定的慈善机构是以信托形式(慈善目的)还是直接转让?[如果该团体是非法人团体,即成员尚未组成公司,则转让必须以信托形式进行,因为直接转让给非法人团体只能作为对其成员的受益转让(见第4.11节),而对一群个体的受益转让不属于慈善性质;如果该团体是法人团体,那么这两种转让都可能发生,所以我们需要确定委托人选择的方式。]

2. 如果赠与人(委托人)意图以信托方式转让,即使该机构已不存在,这些目的仍能够实现吗?

(a)如果不能实现,除非援用近似原则学说,否则信托失败。

(b)如果能够实现,信托将会成功且仅需委任一名新的受托人。但如果委托人要求该信托只能将他选定的机构作为受托人,那么当该机构不再存在时,信托将会失败。

3. 如果赠与人意图直接转让,除非可以援用近似原则学说,否则信托失败[见 *Faraker* (1912) 2 Ch 488]。

在 *Finger's Will Trusts* (1972) Ch 286 中可以找到适用这些原则的范例。一名女遗嘱人将她遗嘱剩余的份额赠与指定的11个慈善机构,其中2个在她去世之前就已不复存在,一个是非法人组织全国镭学委员会(实际上从不存在一个全国镭学委员会,但法院认为她的意思是镭学委员会),而另一个全国妇幼福利委员会已合法注销。Goff 法官认为,如果将份额转给非法人组织镭学委员会,必须是出于慈善目的且以信托形式向成员转让,该目的可以实现是因为女遗嘱人并未要求信托需在委员会存在时才能生效,因此,Goff 法官提出起草一个使其生效的方案。

与之相反,全国妇幼福利委员会是一个法人团体,在没有任何关于立遗嘱人意图以信托方式将财产转给该委员会的建议的情况下,该委员会必须直接接收财产。由于无法找到新的受托人"挽救"目的信托,且无法将财产直接转给不存在的实体,赠与失败了。那么,接下来的问题是,是否可以援用近似原则,通过将财产赠与一个不同的慈善机构,以实现与赠与不存在的委员会相同或相似的目的。对此,Goff 法官认为该女遗嘱人有一个一般的慈善目的——她试图几乎将所有财产都赠与慈善机构——因此,裁决适用了近似原则。最终的结果是,剩余的两部分财产最终都用于女遗嘱人所希望的慈善目的,但后者只是根据近似原则而认定的一般慈善目的。

还有另外一种不援用近似原则也能"挽救"慈善信托的方法。这种方法出现在一项慈善安排由一个不再独立存在但其运作被新机构接管的慈善组织实施的情况之下。对于该种情况,法院认为,向不再存在的机构的赠与应当被解释为对新机构的赠与,并因此而生效。例如,在 *Faraker* (1912) 2 Ch 488 中,上诉法院必须确定对"罗瑟希德地区贝利夫人的慈善组织"的财产转让的结果,然而并没有"贝利夫人的慈善组织”,却有一个为罗瑟希德地区贫困寡妇设立的“汉娜贝利的慈善组织”。该慈善机构与其他13个慈善机构合并为一个慈善基金会,其目的是使罗瑟希德地区的穷人受益。法院认为立遗嘱人确实有向“汉娜贝利的慈善组织”赠与的意图,尽管它不再是以一个独立慈善机构的形式存在,但是它仍以新的形式存在于合并的慈善组织中且扩大了它的目标。

5.21.1 初始无效

所以,只有在慈善安排无法像预期的那样生效时,才会出现近似问题。正如我们已经指出的那样,在初始无效的情况下,近似原则仅在捐赠者有一般的或极为重要的慈善意图时适用。现在的问题是,什么是一般的慈善意图以及我们如何说明捐赠人是否有一般的慈善意图。法院考虑到的区别是,一方面,捐赠者的主要意图是向慈善机构捐赠,其捐赠的确切形式或内容是次要的;另一方面,捐赠人的意图在于作一个特定的慈善安排,并没有扩大受赠慈善机构范围的意愿。Buckley 法官在 *Lysaght* (1966) Ch 191, 292 中提出,

> 一般慈善意图可被视为捐赠人使慈善目的生效的一个最重要的意图,能使法院采取措施将其付诸实施。然而,当该意图不属于真实意图的关键部分时,即不属于赠与人最重要的意图时,赠与人想使其生效就难以实行。相反,如果要使一个特定的慈善意图生效,赠与人只能向法院提供一个特定的具体方法。

上述观点从理论上固然很好理解,但在实际运用中会遇到障碍。相关案例显示,一些法官在面对相似证据时会更愿意接受一般慈善意图。

Biscoe v. Jackson (1887) 35 Ch D 460 是关于一般慈善意图的案例:立遗嘱人将他遗产中的1万英镑用于慈善目的,其中4000英镑用

于“在肖迪奇的教区建立施粥厂和在相邻处建立乡村诊疗所”,但由于未能购得该目的要求的土地,该特定慈善目的无法实现。上诉法院认为立遗嘱人持有的是一般慈善意图,因为该遗嘱整体上表达的是“立遗嘱人赠与 1 万英镑于肖迪奇教区的病人和穷人的意图,并指出了应用方式”,但上诉法院也指出,如果遗嘱规定受托人必须建造一个特定的建筑,那就会导致一个相反的结论。

在 *Lysaght* (1966) Ch 191 中,也存在一般慈善意图:立遗嘱人将资金赠与皇家外科医学院(RCS),以使其设立药理学奖学金。但是,她要求符合条件的人必须是在英国出生,其父亲是合格医学人士,且非犹太人或天主教徒的男性。对于这些条款,RCS 表示不予接受,因此该赠与没有按原计划生效。那么,法院能否适用近似原则以使 RCS 抛开限制来设立奖学金,Buckley 法官认为,立遗嘱人对奖学金有效性的具体限制并不是该意图的一个重要部分。

相反,在 *Rymer* (1895) 1 Ch 19 中没有出现一般慈善意图:立遗嘱人将 5000 英镑赠与“圣托马斯神学院的教区长,用于威斯敏斯特主教区内牧师的教育”。但自立遗嘱人去世到执行该遗嘱期间,神学院已不复存在。上诉法院判定立遗嘱人没有一般慈善意图,因此不能适用近似原则。Lindley 法官提出,法院必须“考虑获得对象的方式是否只能通过组织,或是否该方式不是赠与的实质。依我所见,对神学院的赠与是整个事件的实质”。

在 *Spence* (1979) Ch 483 中也得出了相同的结论,该女遗嘱人将其一半剩余财产留给 Hillworth Lodge Keighley 地区的“老人之家”使病人受益,但该机构在女遗嘱人去世前一年就已关闭。Robert Megarry 大法官认为在规划其赠与时,女遗嘱人用词的特殊性与更为广泛、一般的慈善意图是不一致的。他提出:

如果明确规定一个特定的机构或目的,那么这个机构或目的就是受益对象,而不是其他的。很难想象一个立遗嘱人在一直努力且努力成功的情况下,洋溢着一般博爱的光辉,去找到一些特定的明确规定的机构或目的作为他的恩惠对象。特定可以取代一般。如果立遗嘱人未能明确指明任何特定的慈善机构或可实现的目的(例如,指定机构不存在或提出的目的不切实际),那么,尽管他的慈善意图显而易见,他也没有任何办法使其生效。在这里,缺失"特定""一般"就不会被打扰。

此方法听起来完全合理。问题是,它很难与 *Biscoe v. Jackson* 和 *Lysaght*(甚至和我们之前讨论过的 *Finger's Will Trusts*)一致,虽然后者同样包含了非常明确的规定,但法院仍然认为能够确定一个一般的慈善意图。

正如这些案例所显示的,主要的困难在于,在大多数情况下赠与人仅要求他的资金捐给特定的慈善机构或为特定的慈善目的而持有。几乎或根本没有迹象表明他是否有一个更广泛的、一般的慈善意图,一个不因他所规定的具体处置计划而失效的意图,这是法院面临的根本难题。但事实上,大多数慈善捐赠人不会考虑这个问题,他们只是决定为一个特定的慈善目的提供资金,不考虑如果资助的特定目的不能实施的话应如何应对。因此,我们不仅要确定捐赠人意图,而且要确保在大多数的案例中不会有任何相关的意图。尽管法院倾向于通过询问捐赠人的意愿来处理这个问题,但事实上,他们往往只能询问捐赠人过去的意图。这就开启了法院裁决近似原则的运作方式,不以捐赠人实际或可能的意图为依据,而是根据他们对案例实质的观点以及财产的最佳归属来作出判决。

但这并不代表我们不能为找出一般慈善意图提供更具体的指导。首先,正如 Megarry 大法官在 *Spence* 案中指出的那样,对于捐赠人提出的实际不存在的慈善机构,法院更可能从中找到其一般慈善意图,因为在此我们很难猜测赠与人是否仅希望对一个从未存在的特定机构进行捐赠,理解该意图的唯一方式就是将其视为一个更为广泛的慈善意图[见 *Davis*（1902）1 Ch 876；*Harwood*（1936）Ch 285]。

其次，法院更倾向于找到一般慈善意图，即赠与人对所有共同或类似慈善目的的慈善机构进行捐赠。如果其中一个慈善机构不存在，那么法院认为向类似机构提供捐赠显然表明赠与人的首要意图是将所有这些资金用于该特定目的：见 *Satterthwaite's Will Trusts*（1966）1 WLR 277；Knox（1937）Ch 109。

最后强调的是，法院不会适用近似原则来挽回一个初始即不属于慈善且用非慈善目的取代慈善目的的信托[见 *Jenkins'Will Trusts*（1966）Ch 249]。

5.21.2 后续无效

如果捐赠给慈善机构或慈善信托最初是有效的，也就是说，如果不存在初始无效，那么法院认为相关财产从那时就承诺给慈善事业，因此，即使特定的慈善目的随后无法实现或接受捐赠的慈善机构停止运作，其慈善安排也不会无效。所以，不存在产生归复信托的可能性，即在预期目的无法实现的情况下将财产返还给赠与人或归于其遗产，只有在非慈善目的信托出现后续终止的情况下才会出现归复信托的可能性[见第8.6节 *The Trusts of the Abbott Fund*（1900）2 Ch 326]。相反，倘若慈善目的随后变为不可能或不切实际，那么近似原则将自动适用。即使委托人没有给出任何一般慈善意图，本规则也适用：见 *Slevin*（1891）2 Ch 236。

5.21.3 不可能和不切实际的含义

如前所述，只有在赠与人特定慈善安排意图无效时，近似原则才会被适用。那么，无效在这种背景下意味着什么呢？在19世纪，只有当实施慈善信托变得不可能或不可行时，法院才会适用近似原则。这意味着，当特定的慈善信托变得低效或过时时，近似原则并不适用。正如我们所看到的，这或许是为了使慈善信托永久存在。因此，一项慈善安排在设立时合理、有效,可能由于环境的变化,在几年甚至几个世纪后变为无效,然而,近似原则的局限性意味着如果这些安排能够生效,法院就没有权力修改它们,其结果将导致与基金有关联的慈善机构所获得的公共利益与捐赠人预期相距甚远(或者他已考虑到情况变化)。

《1960 年慈善法》第 13 条放宽了将近似原则的适用限制在不可能和不切实际的情况下这一严格规则。现今《2011 年慈善法》第 62 条也体现了该内容。《2011 年慈善法》第 62 条中确定了财产可以适用近似原则的各类情况。凡满足第 62 条第(1)款中所列的其中任一标准,法庭均可改变该信托的目的并制定任何必要的相应法令。它规定:

(1)在符合以下第(3)款规定的情况下,一项慈善赠与的原有目的可以被改为允许其部分或全部赠与财产适用近似原则的情况如下:

(a)凡原有目的部分或全部

(i)目前为止可能已经实现,或

(ii)无法实现,或没有根据赠与给出的指示和赠与精神实现,

(b)凡依据赠与性质,只有部分财产可用于原有目的,

(c)凡——

(i)依据赠与性质可用的财产,和

(ii)其他可适用于相似目的的财产可通过合并使之更有效,为了使之适用,予以适当的考虑将赠与视为适用于共同目的,或

(d)凡初始目的的订立则参照以下情况——

(i)出于一些其他目的,该地区不再作为一个单元,或

(ii)经过适当的考虑,出于任何原因,某类别对象或某个地区已不适宜,或实际中不能管理赠与,或

(e)如果初始目的,全部或部分,自其制定以来——

(i)通过其他方式得到充分的满足,

(ii)因对社会无益或有害或其他原因而在法律上不再是慈善的,或

(iii)经过适当考虑,停止以任何其他方式提供适当而有效的方法使用因赠与而获得的财产。

(2)上文第(1)款中的“适当考虑”意味着——

(a)(一方面)所涉及的赠与的精神,

(b)(另一方面)在建议调整初始目之时存在的社会和经济环境。

(3)第(1)款并不影响为慈善目的而赠与的财产可以援用近似原则应该适当满足的条件,除非按照这些条件到目前为止初始目的应属无效。

上诉法院遵循这些条款(同《1993年慈善法》第13条)在 *Versani v. Jesani* (1999) Ch 219 中行使其权力,其中涉及一个慈善机构为印度教某一特定派系的信徒提供宗教祭拜的寺庙。然而,该派系在其创立人去世时分裂成两个分支。前者被视为创立人的继任者,而后者否认这一说法。结果是两个分支拒绝一起进行宗教祭拜活动,且后者被驱逐出寺庙。上诉法院认为,慈善机构的初始目的已经无法再提供使用慈善机构财产的适当和有效的方法,考虑到捐赠的精神,《2011年慈善法》第62条第(1)款第(e)项第(iii)目所要求的条件已经具备。在上诉法院意见的指导下,慈善机构的资金在两个对立派系之间进行了分配。

总 结

1. 慈善信托与私人(非慈善)信托有许多重要的区别。它们不必满足受益人原则,适用确定性和永续性的规则并不严格,可以适用近似原则,以使慈善信托免于无效。慈善信托还具有许多财政优势。

2. 有效的慈善信托必须满足两个基本要求:

(1)信托财产的持有和运用的目的必须(完全)为慈善目的;以及

(2)信托必须使(一部分)公众受益。

3. 传统上,慈善目的是参照《1601 年慈善用途法》(《伊丽莎白一世法》)的序言界定的,判例法将该序言所述目的分为四类:

(1)减轻贫困;

(2)促进教育;

(3)促进宗教的发展;

(4)对社会有益的其他用途。

4. 这一分类现在已经被《2011 年慈善法》中包含的新的法定定义所取代,其中第 2 条第(1)款规定,如果符合第 3 条第(1)款规定的 13 个目的之一,则该信托将是慈善信托。

5. 与《2011 年慈善法》之前的情况一样,新的慈善目的,比照现有的慈善目的类别,可以逐步发展。

6. 不能给公众带来明显利益或肯定有害的信托不能是慈善的。

7. 根据慈善目的的性质,对信托受益于足够部分公众的要求有不同的解释和适用。尽管在一些案件中,法院强调受益的机会不能保留给有与委托人的某种个人联系或"关系"所界定的某类人,但其他案件——特别是在扶贫信托领域——允许这样做。

8. 出于政治目的的信托不能是慈善的。该禁止信托的目的包括促进特定政党或意识形态,以及旨在确保英国或海外的法律或政府政策发生特定变化。

9. 如果一个特定的慈善信托或安排在管理上变得不可能或不切实际,或者如果适用《2011 年慈善法》第 62 条规定的标准之一,那么基金仍然可以根据近似原则用于类似的慈善目的。这一原则自动适用于后续无效的情况(慈善安排在首次生效后又失效)。在初始无效的情况下,即慈善安排在一开始就失败的情况下,只有当捐赠人被发现有一般的或最重要的慈善意图时,近似原则才予以适用。

练 习

5.1 讨论“《2011 年慈善法》错过了重新思考什么样的目的值得给予慈善安排地位的机会”。

5.2 私人信托(非慈善信托)和慈善信托的主要区别是什么?

5.3 为什么法律规定有效的慈善信托必须符合(或类似于)现有的慈善目的?为什么不给所有的信托以慈善的地位,使足够多的公众受益?

5.4 为什么支持我的贫穷的亲戚的信托是慈善的?为什么使我的未受过教育的亲戚得到教育的信托不是慈善的?

5.5 法院拒绝给予具有政治目的的信托基金以慈善地位的理由是什么?这些理由合理吗?

5.6 什么是近似原则?近似原则与 *Faraker* 和 *Finger's Will Trust* 等案例中采取的方法有何不同?一般慈善意图的要求是否适当或可行?

拓展阅读

1. Garton, *Public Benefit in Charity law* (Oxford University Press 2013).

2. Hackney, *Charities and Public Benefit*, (2008) 124 LQR 347.

3. Harding, *Charity Law and the Liberal State* (Cambridge University Press 2014).

4. Harris, *The Politics of the Chancery*, (1981) 34 CLP 113.

5. Luxton, *Parliament v. The Charity Commission* (Politeia 2009)

(available at www. politeia. co. uk/p109. pdf).

6. Synge, *The "New" Public Benefit Requirement*: *Making Sense of Charity Law*? (Bloomsbury 2015).

7. Warburton, *Charitable Trusts-Unique*?, (1999) Conv 20.

第6章　形　式

6.1　形式的要求

当你对财产享有权益时,你一般有权以某种方式处理该权益。你可以将该权益转让给其他人。但土地所有人在出租或抵押财产时,通常只获得较少的利益。当然,在介于这二者之间的地带存在设立信托的机会。

如果你想以其中一种方式处置财产,法律不仅要求你形成并表达你的处置意图,还要你采取一些额外措施。有时需要你将意图落实为行动,比如,资产所有权实际交付转让;有时需要第三人来完成交易,比如,受赠人必须作为新所有权人办理登记;有时需要你以某种方式体现意图,一般指在文件上签名。这类规则被称为形式要求。对于交易的适用规则,它主要取决于所涉财产的性质(股份、土地、动产等)以及所转让的利益("所有权"、收费、租赁等;无论利益是普通法上的还是衡平法上的)。

制定这些规则的理由因情况而异。至少就关于形式的规定而言,这些规定往往适用于法律认为具有特殊意义的交易,并由此使人清楚,究竟发生了哪些符合所有人利益的情形。此外,这类规则常常体现在法律意见中,以减少相关方被未知法律规则困扰的可能。所有这些规则都有助于提高交易的透明度,因为它们要求有比口头表达意图更公开、更持久的形式,如通过文件或实物转让,这意味着当事人本身以及联邦最高法院更有可能知道发生了什么。正因为如此,这些规则所产生的警戒作用亦促使人们做事三思而后行(见 *Fuller*,1941)。

无论规则及其理由是什么,我们都必须理解其内涵:为了使处置财产的行为有效,某一方要做的不仅是简单地形成和表达其特定的处置意图,他还需采取额外措施使法律同意赋予该财产处置效力以实现当事人的意愿。由此我们会不可避免地面临以下情形:即使确定了当事人的意图,我们仍然拒绝使其生效,因为它们不满足法律为此类交易而设定的程序。例如,立遗嘱人希望他的财产在他去世时归 X 所有,但由于他没有以必要的形式表达这一意图,法律规定必须归 Y 所有。

这样做当然让人难以接受,因为我们知道,在意图通常是重要的法律领域我们被立遗嘱人的意图打败了。然而,这是存在形式要求的必然结果。某种交易必须采取特定形式才能有效的规则是形式规则。除非另有明确规定,否则此类交易必须采用特定形式,因为最终的问题在于是否可以确定该意图,而不是由该意图产生的形式。

因此,我们不能以避免使当事人的意图无效为由来证明创造形式规则例外的正当性,因为这个例外会使规则无效(我们可以用其他理由来为这些例外辩护)。换句话说,尽管存在形式规则,但是我们允许非正式但明确意图的交易有效,因为我们不想损害各方意见,形式只是交易双方的一种选择,而不是要求。如果我们有充分的理由提出正式的要求,必须接受因不能满足形式要求而使其意图被损害的当事人所遭受的不公正,只有放弃形式的要求,才能防止这种不公正,但是一旦这样,我们便失去了要求形式所带来的好处。我们不能两者兼得。

尽管如此,有时一些个别案例产生的不公正会影响法院的判决,这是制造恶法的不当案例的主要实例[见 Denning 勋爵对 *Vandervell's Trusts*（*No.* 2）（1974）Ch 269, 322 案在英国上诉法院中的评论]。

6.2　受益转让模式

如果你拥有财产,你处理这些财产的一种方式是将受益权转让给其他人。最简单的方式就是将你对该资产的全部权益转让给其他人,就如同你送生日礼物以及在商店付款换取物品一样,受让人或受赠人都得到了你曾拥有的所有物。

然而,这并不是转让财产受益权的唯一方式。法律提供了一种便利,你可以剥离部分受益,而保留剩余部分。当然,这种便利就是信托。受益人获得的不是你初始拥有的权益,而是一个新的、衡平法上的财产受益权。正如我们所看到的,可以通过两种方式设立信托:你可以宣布现在以信托的方式为特定受益人持有你过去直接持有的财产;或者,你可以将权益转让给第三方,条件是他以信托形式为受益人持有该财产。在第一种方式下,你是受托人并保留你的权益;在第二种方式下,第三人成为受托人,而你处置了自己的权益并退出了这一过程。

因此,我们有三种不同的方式来转让财产受益权:

(1)直接转让你的权益;

(2)针对该权益进行自我信托声明,借此你可以以信托形式持有财产,受益人拥有新的、衡平法上的权益;

(3)为受益人利益以信托形式将财产转让给第三方受托人,由此将你的权益转给受托人,一项有利于受益人的新的、衡平法上的权益产生了。

尽管在粗略的意义上,上述三种方式都带来了相同的结果,即受赠人获得了财产受益权[事实上,得益于 *Saunders v. Vautier* 规则(见第 2.6 节),它们都可使受赠人有权掌控财产],但它们的转让方式不同。当你希望以你的财产使某人受益时,法律允许你根据安排自由选择一种方式。但重要的是,每种方法都有其独特的规则和步骤,如果希望使预期交易有效,则必须遵循这些规则和步骤。

模式(1)涉及关于如何将财产权益从一人转移到另一人的规则,确保受让人获得与转让人初始相同的权益。例如,有形财产的法定所有权转让可以通过向受让方实际交付资产并附有转让所有权的意图来实现;土地转让需要执行一份契约,如果土地已登记,则新的所有权人必须在登记簿上登记;债务转让可以通过书面形式并向债务人发出转让通知进行。

相反,模式(2)不涉及这种赠与人权益的转让。在这种情况下,赠与人保留了他的权益,但为受赠人创造了一个新的权益——衡平法上的受益权,二者适用的规则也相应地有所不同。正如我们在第 3 章中所讲,作为一般规则,法律并不要求信托的目的以任何特定形式表现出来,在大多数情况下,赠与人或委托人以某种方式表达其意图即可。我们将在本章后面详细讨论两个例外:土地信托和委托人去世时生效的信托(遗嘱信托)。

模式(3)需要适用以上两组规则。这是因为委托人不仅设立了模式(2)中的信托,而且将其财产权益转给第三方受托人,需要同时遵守模式(1)适用的规则。因此,对于那些希望第三方为期待的受益人担任受托人的人比那些乐于亲自履行职责的人会有更多形式的要求。后者需要的只是宣布信托有效,前者除了需要做到这一点外,还确保将自己拥有的权益转给受托人。后一项要求——受托人将财产转归其名下并以信托方式持有——被称为信托合理设立规则(见第 7.1 节)。在受托人拥有转给他的委托人的权益之前,信托被认为其设立不完整,因此也是无效的。

6.3　不完善赠与

有效的财产转让不仅需要有一个转让意图，有时也会基于财产所有人未采取这些额外步骤导致转让无效，这就是不完善赠与（见第3.3.1节）。那么问题是，信托法是否应该帮助那些希望赠与但又失败的人。这里探讨一下法律是如何帮助的。

可以看出，在第6.2节提出的受益转让模式中，有些模式的要求相对较多，特别是模式（1）和模式（3）通常要求比模式（2）自我信托声明要多。假如一个试图通过模式（1）或模式（3）转让权益的财产所有人因未采取必要步骤而失败，那么他可以将该笔失败的转让视为模式（2）下的自我信托声明，由于这类声明不需要更多的行为或形式，他能够将财产权益转让给预期受让人。

有人认为，即使赠与人初始采取的方式无效，但我们仍应尽力达成他更为一般的意图，帮助其向另一方转让权益。但是，法院驳回了这一观点，法院认为虽然个人可以自由选择受益转让模式，但一旦作出选择，他们就必须坚持该方式。我们曾在 *Jones v. Lock*（1865）1 Ch App 25 中看过一个例子，当事人未能将支票转让给他的幼子（见第3.3.1节），另见 *Richars v. Delbridge*（1874）LIR 18 Eq 11。

Milroy v. Lord（1862）4 De G F 是一个典型案例，其中一名股东采用了契约形式而不是公司要求的形式转让其股份。上诉法院判定该笔转让无效，因为无效的直接转让不能被视为有效的信托声明。Turner 法官对法律规定说明如下：

> 我认为法院对法律的适用处理得很好，为了一项自愿达成的转让协议生效且有效，委托人应该根据协议中财产的性质完成为转让财产所必需的每一件事情，并使协议得到遵守。当然，委托人做这些可以

通过事实上将财产转给他打算为其服务的人,如果他转让财产给受托人是因为转让协议的目的,或者声明他本人出于这些目的而以信托方式持有该财产,则该条款将是有效的,但是,为了使转让协议具有法律约束力,必须采用这些模式中的一种或另一种,因为在法院不存在完善不完善赠与的衡平法。我认为,这些案件在这方面更进了一步:如果财产转让是要通过我所提到的其中一种模式来实现,那么法院就不会同意采用其他模式以使其生效。如果希望通过转让生效,法院将不会把意向转让作为一种信托声明来运用,因为如此每一份不完善的文件都会由于变成一个完美的信托而产生效力。

正如 Turner 法官所指出的,这种拒绝将无效的转让视为有效的信托声明的观点反映在"衡平法不会完善不完善赠与"的规则中。如果你未能通过所选择的模式实现赠与,你就不能要求衡平法提供帮助,将你视为已宣布自己为该财产的受托人。这种相当不宽容的立场是否应该得到支持是非常令人怀疑的,而且考虑到许多潜在的赠与人因不了解法律所提供的一系列选择而未能想到这些特定的赠与模式中的任何一种模式时,这种严格的做法就显得更加令人怀疑了。相反,许多赠与人有着更粗略、未精心思考的受益意图(见第 3.3 节),在这种情况下,我们要求赠与人采用其中一种模式变得不切实际,因此衡平法不应对(某种程度上)意图生效的方式进行干涉。

鉴于此种方法特别严格,*T. Choithram International S. A. v. Pagarani* 提供了一种不同寻常的、少有的规避方式。赠与人为转移大部分财产而意图设立一个基金会,信托契约表明赠与人自身为受托人之一,他可以宣称已将财产转至基金会,然而,在签署将其各类资产的法定所有权转移给信托契约中指定的受托人所需的文件之前,赠与人去世了,但枢密院判定此信托设立是有效的。

枢密院认为,首先,在既定的语境之下,赠与人声明"我将我的财产转让给基金会"可被理解为"我将我的财产转让给按照信托契约上所表明的基金会的受托人”,因此,与 *Jones v. Lock* 案不同的是,这并非对财产进行彻底转让,而是在设立一份信托。其次,由于赠与人也是受托人之一,相关资产所有权的转让对于信托的构成是不必需的,换句话说,他已经做了一个有效的自我信托声明。虽然根据信托契约的规定有意设立若干受托人,但法院认为只要相关资产的所有权委托给其中一名受托人就足够了(尽管他有责任把资产转让给其他受托人)。因此,并非像有些人所宣称的那样,*Choithram* 案并非“衡平法不会完善不完善赠与”规则的例外,事实上,信托之所以有效是因为赠与人本身为受托人之一,如果不是这样,该信托将会无效,赠与人的意图也难以实现。

6.3.1 *Rose* 案中的规则

Milroy v. Lord 案的做法似乎在另一方面导致了不公正,因为赠与的失败可能不是赠与人(或实际上是受赠者)的过错。正如第 6.2 节所述(进一步参见第 7.1 节),有时法律要求第三人在权益转移生效之前采取行动。最常见的情况是,在某些土地和股份交易中,受赠人必须在财产有效转让前进行登记,此时赠与人和受赠人完全依赖于与此交易没有联系或关系的第三人来完成其任务。

此观点在上诉法院的 *Rose* 案中被认可。赠与人 Rose 先生想将其股份转让给原告,因此,他填写了相关的股份转让表格,连同股权证书一起交给原告,然后由原告将这些文件转交公司,公司以此将原告取代 Rose 先生登记为股东,同时完成对股份的合法所有权的转让。然而,Rose 先生在几年后去世,问题由此产生:就转让而产生的遗产税(在转让人去世前的一段时间内对财产的有偿转让征税)是否取决于原告成为股份的受益所有人的确切日期。法院认为,虽然法定所有权仅在原告被公司注册为新股东的情况下才完成转让,但受益权早在 Rose 先生将完成的股份转让表交给原告时就已转让。

为什么会这样呢? 法院认为,当 Rose 先生提交表格时,他已无权取消转让或者保留股票的股息[将表格交给受赠人的代理人意味着赠与人已将其作为股票财产所有人的登记权力转让给受赠人:参见 *Pehrsson v. Von Greyerz*(1999)2 ITELR 230(PC)]。但此说法具有误导性,公司可以批准新的股东登记,也有权拒绝批准,我们无法确保原告能成为新股东。法院认为,如果 Rose 先生已无权取消转让和保留股份的利益,他就不再是股票的受益人,因此,在 Rose 先生转交表格时,他是以信托方式为原告持有股权,直到原告被登记为新股东,股票的法定所有权才发生转让。

尽管 Rose 先生并未打算设立股权信托,而只意图将其完全转让给原告,但法院认为信托产生于该转让完成之前。法院区分类似 *Milroy v. Lord* 案和 *Jones v. Lock* 案的依据是,赠与人没有按照合法有效的财产转让程序进行转让;反之,如果赠与人采用了正确的程序,事实上赠与最终都是有效的,关键是受益权何时发生转让。综上,问题根源并不在于衡平法是否应介入完善有瑕疵的转让,而在于是否应加快未完成但无瑕疵的股权转让。

Evershed 勋爵和 Jenkins 法官在判决中强调,此案的赠与人与 *Milroy v. Lord* 案不同,已尽其所能使转让有效。因此,*Rose* 案一直被认为是该观点的权威判例,即当你试图彻底转让财产时,尽管可能在转让完成前还需进行其他步骤,但只要你采取了所有必要步骤,你将为你预期的受让人以信托的方式持有财产。值得注意的是,无论最终转让是否成功,该规则都适用且信托成立。一旦所有权转让完成,信托就如同 *Rose* 案中一样在转让时宣告结束。

该规则的另一个案例是 *Mascall v. Mascall*(1984)50 P & CR 119。一位父亲将土地转让给他的儿子,他已履行转让行为并交出一份转让契据和土地证书。为完成转让所需手续,儿子应将这些文件递交至土地登记处登记成为新的所有权人,但是在此之前,双方发生了争吵,父亲改变了其转让的想法。然而,由于父亲已尽其所能使转让有效,最终法院判定父亲以信托方式为儿子保管土地。

6.3.2 显失公平

Rose 案中的规则要求只要赠与人尽其所能将法定所有权转让给受赠人,那么衡平法就会用信托的方式来干预,从而完善那些迄今为止尚不完善的赠与,但其言外之意是,若赠与人未能尽其所能完成赠与,衡平法不会向受赠人提供帮助。然而,上诉法院在 *Pennington v. Waine* (2002) EWCA Civ 227,(2002) 1 WLR 2075 中打破了这一结论。

赠与人 Ada 想把 400 股公司股份转让给她的侄子 Harold,她联系并指示审计员 Pennington 准备一份股份转让表格,随后将填写完成的表格交给 Pennington,但 Pennington 并未把它交给公司,而是放在了审计师档案中。因此 Harold 没有登记成为新股东,也没有获得股份的法定所有权。那么,当 Ada 去世时, Harold 是否对股份享有权利。此案中的问题与 *Rose* 案不同,Ada 并未尽其所能以使赠与有效,因为她没有将转让表格交给 Harold 或公司。尽管如此,法院得出结论认为,根据 Ada 的行为足以设立一个为了 Harold 的股权信托。

Arden 法官和 Clarke 法官都给出了判决,第三位法官 Schiemann 也赞同他们的观点。Arden 法官重复了 *Rose* 案中法院的做法,询问 Ada 是否可以自由地背弃之前的转让意愿,事实是 Ada 已将表格转交给 Pennington 以让 Harold 登记成为股东,同时她将此事告知 Harold 且不需要他采取任何行动,Harold 同意成为该公司的董事,而当董事拥有股权是必需的,由此 Arden 法官总结道, Ada 改变转让的想法是显失公平的。因此,Ada 会为 Harold 以信托的方式持有股份。

而 Clarke 法官采用了另一种困难的方法。他指出,虽然股份的法定所有权只能通过登记才能转让,但衡平法上的所有权不登记即可授予,那么需要采取哪些步骤使衡平法上的股份转让生效? *Rose* 案表明,完成股份转让表格,然后交付给受赠人或公司足以让受赠人获得衡平法上的股份利益,但 Clarke 法官质疑这第二步交付是否必要,因为在原理上或判例上都没有显示这是必要的步骤。因此,他认为,假如赠与人打算让转让立即生效,只需完成适当的股份转让的形式就足以授予受赠人对这些股份的衡平法上的利益。

Pennington v. Waine 中的判决存在一些问题。首先,无论 *Rose* 案中的规则是否合理,它至少使法律处于某种可容忍的状态,“只有在赠与人尽其所能使转让有效的时候,信托才会设立”的观点可以直接适用于任何财产转让。相比之下,*Pennington* 案却让法律有了一些不确定性。虽然我们了解股份转让所需程序,但其他形式的财产有哪些不同的转让程序?例如,采取哪些步骤(按照 Arden 法官的说法)足以使赠与人拒绝转让土地是显失公平的,(按照 Clarke 法官的说法)而使该土地得到衡平法上的转让呢?法院并未对此进行说明。

首先,Clarke 法官对“衡平法转让”的措辞偏好不应掩盖其所论述的是信托的设立这一事实。当他说到问题的关键是衡平法上的股份转让需要采取哪些必要步骤时,他真正想问的是设立股权信托需要做什么。假如现在 Ada 试图设立一份股权信托,毫无疑问,她不需要将任何转让文件交付给受益人或公司,甚至不需要完成股份转让的形式。但 Ada 的意图并非设立信托,而是彻底转让,因此 Clarke 法官并未解答真正的问题:为什么我们要把无效的彻底转让当作设立信托?*Milroy v. Lord* 案表明此做法并不合适。

Arden 法官的分析也不到位。她对显失公平的要求完全是循环论证,因为她并没有给出一个标准来确定何时以及为何赠与人改变转让的想法是显失公平的,由此我们无法判断何时以及为何设立信托。与衡平法上的财产所有人禁止反言原则作比较可以说明这一点,在禁止反言案中,财产所有权人同样被要求作出陈述或保证:如果改变主意造成显失公平,那么他要将该财产(或其中的一些利益)转让给原告。但是,法院明确表示,只有在原告信赖所有权人的保证或陈述而对自己不利时[*Gillett v. Holt* (2001) Ch 210, Section 6.3.5],才属于显失公平。

在 *Pennington* 案中,与涉及信赖损害最为相关的是 Harold 担任董事这一事实,尽管失去董事职位并不会让 Harold 处境变糟。但 Arden

法官没有提到信赖损害,这显然表明她并不认为这是必要的[见 *Curtis v. Pulbrook* (2011) ECHHC 167 (Ch),(2011) 1 BCLC 638,在 *Pennington* 中的信托以此为基础作出解释]。然而,如果没有这样的要求,不但 *Pennington* 案的判决和禁止反言规则之间不一致,我们也不清楚为何法院认为 Ada 改变主意是显失公平的。事实上,对上诉法院在 *Rose* 案的结论可以作出相同的批判:尽管所有权还没有发生转让,也没有发生信赖损害,但是 Rose 先生不应被允许改变其转让的想法。简单来说,如果没有人会受到伤害,我们为何不能自由地改变主意呢?

上诉法院近期在 *Zeital v. Kaye* (2010) EWCA Civ 159,(2010) 2 BCLC 1 中的判决表现出对原先的 *Rose* 案中观点的支持。此案也涉及股份的受益权益,死者为两份股权信托的受益人,他生前本打算将股权信托受益权转让给他的合伙人 Stefka。他将两张股份转让表(一张填写了 Stefka 的名字和地址,另一张没有填写)转交给 Stefka,但未能提供股权证书。虽然法院在提到 *Pennington* 案时并未表示反对,但其前提是,只有在死者尽其所能使转让有效的情形下,Stefka 才能获得该股份受益权益。因死者对股份享有的是衡平法所有权而不是法定所有权,任何此类转让均应符合《1925 年财产法》第 53 条第(1)款第(c)项,该条款要求赠与人签署相关文件。死者并未满足此项要求,判定其未能尽其所能促成转让是必然的。原告因此而败诉。

所有这些案件背后的普遍问题是,无论 *Rose* 案的规则是什么,但如果考虑 *Pennington v. Waine* 案,我们就需要能够解释为何衡平法有权超越或规避普通法中关于转让所有权权益的规定。虽然 *Rose* 案看似公平,因为它是一个衡平法帮助人们使其意图生效的例子,但我们必须问,为什么该赠与是无效的。为什么在这里我们需要衡平法的帮助?原因当然是,法律已经制定了在所有权权益有效设立和转让之前所需要的规则,但这些规则没有得到遵守。正如前文所述(见第 6.1 节),此类规则可能会使一些愿望落空,尽管主要是对财产交易的确定性和清晰性的愿望。无论怎样,总会有某些政策上的理由要求此类交易以某种方式进行。当衡平法对未采取必要步骤的交易产生(不确切的)影响时,它实际上是凌驾于这些规则及其所依据的政策之上的。

好坏与否取决于对如何平衡两方面的看法,一方面是这些形式规则背后的确定性和明晰性等政策;另一方面是不希望背离人们明确的意图。但如前所述,我们不能二者兼得。制定限制财产权转让方式的规则意味着有时我们不得不违反明确的预期交易。如果衡平法仅仅是在其意图无法实现的基础上帮助当事人摆脱困境,那么它就会凌驾于这些规则之上,并忽视这些规则所依据的政策。如果法院能够证明这种干预行为是正当的,他们需要说明为何我们能负担得起以及为何他们有权忽略法定的(往往是成文的)财产转让规则所包含的明确的政策选择。

6.3.3 *Strong v. Bird* 案规则

一般规则"衡平法不完善不完善赠与"有三个例外值得在这里强调。

众所周知的 *Strong v. Bird* (1874) LR 18 Eq 315 案规则是第一个例外。该案涉及一笔债务的强制执行。B 欠 A 的钱,A 明确表示她不会要求 B 还款,但是她没有在形式上解除 B 的债务。当 A 去世时,B 被指定为遗嘱执行人。法院认为,结合 A 解除债务的意图,该笔债务现在无法由本应继承 A 债务的人来履行。

这一规则后来被延伸到不完善赠与:*Stewart* (1908) 2 Ch 251 案。假设 A 有意将某项财产赠与 B,但未能符合财产有效直接转让的要求,由此产生了不完善赠与。我们进一步假设,A 没有采取适用 *Rose* 规则所必要的步骤。尽管如此,如果 A 去世,B 被指定为 A 的遗嘱执行人,而 A 未改变其转让意图,赠与将是完善的,B 将完全取得该财产。当你去世时,你的所有遗产都委托给你的遗嘱执行人,他的工作是偿还遗嘱人的债务并根据遗嘱条款分配剩余财产。因此,作为遗嘱执行人,B 将获得 A 打算赠与他的财产的所有权,*Strong v. Bird* 规则显示,B 可以为他自己自由使用该财产,而不是按照 A 的遗嘱的条款处置财产。该规则也适用于 A 去世时未留遗嘱的情形——在这种情况下没有 A 认定的遗嘱执行人——但是 B 成为遗产的管理者,其结果是财产被委托给作为管理人的 B：*James*（1935）Ch 449；*Gonin*（1964）Ch 288。

必须强调的是,该规则的作用是完善不完善的赠与,因此只适用于 A 有意立即将财产转让给 B 的情形。如果仅在某一时刻有意转让而未采取任何步骤实现这一愿望,则该规则不适用：*Freeland*（1952）Ch 110。

6.3.4 死因捐赠

“衡平法不完善不完善赠与”的第二个例外是死因捐赠或临终赠与。这种情况发生在 A 预计自己即将离世,便将财产或代表该财产的东西(例如,车钥匙代表相关车辆,土地所有权由其所有权契据代表)交付于 B,条件是 B 只有在 A 确实死亡的情况下才能保留财产,参见案例 *Cain v. Moon*（1896）2 QB 283；*Sen v. Headley*（1991）Ch 425。若 A 去世,B 即使没有完成财产转让的一般手续也可以获得该财产所有权；若 A 没有去世……或者在他去世前的任何时候……A 可以撤销赠与,那么财产仍由 A 支配。显然,该赠与必须是在 A 的生命面临特定风险的情况下作出的,通常是威胁生命的疾病,但不包括冒险旅程或参加战争的情形。

死因捐赠往往被视为跨越了财产的生前处分和遗嘱处分的类别。就像遗嘱转让一样,只有在 A 死亡后,赠与才会成为不可撤销的。基于此,人们通常将其认为是《1837 年遗嘱法》形式条款的例外(见第 6.5 节)。但是,与一般的遗嘱处分相反,A 应该打算立即赠与,尽管该赠与在 A 死亡前仍是可以解除的：参见 *Solicitor the Treasury v. Lois*（1900）2 Ch 812 案、*Ward*（1946）2 All ER 206 案。因此,用遗嘱之外的理论虽然很难解释秘密信托(见第 6.5.4 节),但是可以用来解释为何这些处分不属于《遗嘱法》范围。

6.3.5 所有权人禁止反言

“衡平法不完善不完善赠与”一般原则的第三个例外来自所有权人禁止反言学说。法院勉强确定了该学说适用的具体情形或者说确定了该学说所设立的权利的基础,其基本观点如下:

(1)如果 A 对 B 表示或承诺,B 对 A 的财产享有或将享有某些权益,以及

(2)B 信赖自己享有或获得该权益的预期,那么

(3)如果 A 拒绝给予 B 该项权益,B 将受到损害(处于更糟糕的境地),则 B 可以基于所有权人禁止反言而进行索赔[见 *Thorner v. Major* (2009) UKHL 18, (2009) 1 WLR 776, (29) (Walker 勋爵); *Gillett v. Holt* (2001) Ch 210; *Wilmott v. Barber* (1880) 15 Ch D 96]。

法院关于应该如何救济 B 享有自由裁量权这一问题,尽管通常的做法是法院裁定 B 应获得所承诺的权益[如 *Pascoe v. Turner* (1979) 1 WLR 431],但这并非唯一可能。特别是近年来,强调救济必须与 B 的信赖损害成比例,因此,法院实际上也可能判定对 B 给予财产的部分权益或其他赔偿[见 *Jennings v. Rice* (2002) EWCA Civ 159, (2003) 1 P & CR 8; Gardner, 2006]。

因此,很明显,所有权人禁止反言远不只是一种完善不完善赠与的机制。它不仅适用于没有赠与意图的情形(例如,A 仅承诺他将给予 B 其财产的权益),而且禁止反言索赔的后果并不一定是给予 B 所承诺的权益(或其公平的等价物)。因此,禁止反言的重点似乎并不是(简单地)使 A 的意图生效,而是弥补或预先防止因获得财产的陈述或承诺而产生信赖损害之人所受到的损害(关于对所有权人禁止反言更全面的分析,见 Gardner and MacKenzie, 2015, Ch 8)。

6.4　土地信托

设立一个信托通常只需设立信托意图的形成和表达(尽管它当然也必须满足一个有效信托的要求,比如,三个确定性:见第3.1节),即口头宣布,委托人不需要采取额外的措施或行为使信托充分有效,但为了确保他并非受托人之一,信托将通过财产所有权转让给受托人来实现。然而,还有一些例外,首先是土地信托。

相关法律规定为《1925年财产法》第53条第(1)款第(b)项:

> 任何针对土地或其权益的信托声明必须有书面文件作为佐证,且须有声明人的签名。

第53条第(2)款也有相关规定:

> 本条不影响默示信托或归复信托的设立或运作。

为什么要区别对待土地和其他形式的财产?传统上,土地(在社会、经济和政治上)是最重要的财产类型,因此,谁对土地拥有权利就更为重要。在这种背景下,不动产交易中的确定性和明确性原则产生了强大的吸引力。土地交易往往进展缓慢,且通常涉及律师,因此,要求采用一定的形式不太可能成为阻碍,也可以避免参与者在不知情的情况下参与交易。土地和形式之间同样的联系在其他地方也可以看到。例如,合同通常可以完全口头订立,但处置土地权益的合同必须以书面形式订立[见《1989年财产法(杂项规定)》第2条]。

6.4.1 是效力规则还是证据规则

《1925 年财产法》第 53 条第(1)款第(b)项规定了什么规则?(见 Youdan, 1984)首先,很明显,它不需要书面形式的设立土地信托的声明。任何签署的证明信托存在和信托条款的文件,均满足形式要求。因此,只要在委托人表示计划设立信托的意愿之后,甚至很久之后,才起草一些文件,也足以证明信托的成立[见 *Gardner v. Rowe* (1828) 5 Russ 258……一个关于第 53 条第(1)款第(b)项前身《1677 年反欺诈法》第 7 条的案件]。

如果没有签署的文件会出现什么情况?关于第 53 条第(1)款第(b)项规则的性质和含义存在分歧。一种观点认为它制定了效力规则:除非有一份签署的文件证明信托存在,否则该信托无效;另一种观点认为它制定了证据规则:设立土地信托并不需要书面形式,但是,如果一方当事人想要向法院证明信托存在,就需要签署书面文件。第 53 条第(1)款第(b)项的措辞可以以其他方式合理解释(有时人们认为条款中"证明"或"证实"一词的存在表明所制定的规则是证据规则而不是效力规则,那显然是错误的。"除非信托以书面形式设立,否则信托无效"这句话明确规定了效力规则)。产生这两种观点的原因在于信托尚未得到任何签署文件的支持。前一种观点认为根本不存在信托:委托人的信托声明并不具有任何法律效力。后一种观点承认信托的存在,只是受益人不能要求法院强制执行,因为法院无法在没有书面文件的情况下认可信托的存在。

这些案件没有给出明确答案。*Gardner v. Rowe* 指出,当文件在委托人设立宣言信托后签署,该信托追溯至委托人作出原始口头声明时即发生效力。但这与第 53 条第(1)款第(b)项的解释是一致的,即制定的是一项效力规则,一旦这类文件存在,信托就会溯及至当时生效。由此看来,法院似乎认为该规则是效力规则[见 *Gissing v. Gissing* (1971) AC 886, 905;*Hodgson v. Marks* (1971) Ch 892;*Lloyds Bank*

Pic v. Rosset（1991）1 AC 107，132 以及 *Hanchett-Stamford v. AG*（2008）EWHC 330（Ch），（2009）Ch 173，（25）]，尽管这些陈述常常被"宣言信托需要以书面形式作出而不仅仅是证明"这样的（错误）提议削弱。

此外，效力规则的解释避免了将该条款理解为证据规则所造成的一些困难。例如，我们是否可以说，口头土地信托的受托人确实负有责任……尽管这是一项不可强制执行的责任……管理预期信托？假如将此提交到法庭，法院可能会判定在没有可采信的证据的情形下土地信托不存在。我们是否还可以说，信托只是简单的存在且仍无法证明？因此，更好的观点可能是遵循法院的引导，将规则视为有效性规则，并将没有签署文件证明的土地宣言信托视为完全无效。

6.4.2 欺诈

在委托人试图宣布自己为该土地的受托人的情况下，第 53 条第（1）款第（b）项的适用并不复杂。此种情况下，适用该条款的后果是信托不可执行，我们无法强迫委托人及其继承人遵守信托，只能由其随意使用财产。

然而，如果委托人 A 没有宣布自己做受托人，而是将土地转让给 B 以信托形式持有，无论是为 A 自己还是为第三方 C，事情便变得复杂了。第 53 条第（1）款第（b）项表明，在没有书面形式的情况下，信托不能被强制执行。但是，从 A 到 B 的所有权转让仍然是完全有效的，所以显而易见的结果是，B 实际可以自由地占用土地。但这其实是有问题的，并非因为这会使 A 的意图落空——正如我们所看到的，这是任何形式规则的必然结果——而是因为它允许 B 无视他取得财产的条件，让他拥有本不该拥有的财产。当然，我们仍然认为法规的政策是如此重要，我们必须遵守。但这不是法院采取的做法。

法院在这种情况下援引的格言是"衡平法不允许将法令用作欺诈手段"，换言之，你不能因为法定形式的欠缺而改成为自己保留承诺以信托方式持有的财产。这是非常公平的。然而,B 不应该被允许为自己保留财产,并未能说明应该由谁来代替 B。

一种选择是使 B 按照约定条款持有该财产,预期受益人是 A 或是 C,则视情况而定。在此种情形下,A 意图设立的信托生效,但似乎完全无视了法律规定。另一种选择是使 B 为委托人 A 以信托方式持有该财产,原因在于,A 意图设立的信托因未能满足形式规则而失败,且 B 不应该被允许为自己保留财产,衡平法上的权益应恢复返还给 A。这是——或看起来像——一个归复信托(我们将在第 8 章研究归复信托)。当然,这一选择未使委托人的意图生效,但其优点是不会完全违背成文法及其根本原则。

目前还不完全清楚这两种方法中哪一种代表法律。这是因为权威性案例——*Rochefoucatlld v. Boustead* (1897) 1 Ch 196, *Bannister v. Bannister* (1948) 2 All ER 133——是两方当事人案件,在该案中,A 转让财产给 B 使其以信托的方式为 A 持有(或者至少他们倾向于被当作两方当事人案件来处理。事实上 *Rochefoucatlld* 案更复杂一些。该案中,A 拥有的土地被抵押给 X。X 作为抵押权人要出售这块土地,于是 A 与 B 口头达成一致:B 将为 A 取得这块土地。因此,B 取得土地不是从 A 处而是从 X 处。然而,X 和 B 之间没有任何 B 为 A 以信托的方式持有土地的协议,所以,无论如何,明确的是 *Rochefoucauld* 案并没有回答我们正在讨论的问题)。在两方当事人案件中,我们采取两种方法中的任何一种都会导致相同的结果:B 为 A 以信托方式持有土地。因此,这些情形下的结果是没有定论的。

Rochefoucauld 案建议法院应赋予这些信托以预期的效力,因为上诉法院将该信托视为明示信托,因而是意定的(见 *Swadling*, 2010)。虽然 *Bannister* 将其归类为推定信托而非按照 A 的预期使其信托生效(见第 9.7 节),但对此可能的解释是,法院不希望显得其凌驾于议会的意志之上,也不是在做任何使按照 A 意图而设立的信托后来产生效力的其他任何事情。这意味着如果 B 从 A 处获得土地,口头同意以

信托形式为C持有土地,法院将要求B按照约定为C持有土地,尽管未能满足法定形式的要求。

法院对秘密信托所持态度进一步证实这一结论,在秘密信托中,法院明确赋予按照委托人的意图而设立的信托的效力,虽然该类推是否适当取决于为什么我们认为法院支持秘密信托(见第6.5.2节至第6.5.5节;另见Feltham,1987和Youdan,1988所提出的不同观点)。其结果是,只有在委托人试图以口头自我声明设立信托的情形下才会涉及土地信托的法定书面要求。相反,如果他试图通过将土地转让给受托人并以信托方式持有从而设立信托,根据*Rochefoucauld*案创立的原则,即使在缺少书面形式的情形下,信托也将是生效的。

6.5 秘密信托

毫无疑问,法律允许你决定在你去世后你的财产的去向,而要做到这一点,你必须以一种特定的方式来表达意图。这里的形式要求是可以理解的。在活着的时候作出的重要决定之一就是决定我们去世后财产的去向,所以一个鼓励我们仔细思考这个问题的规则显然是有益的。当财产处置的决定生效时,委托人已不在世上,因此法律对确定性予以重视是有意义的。

因此,信托声明不需要正式手续,这一一般规则的另一个主要例外是关于遗嘱信托,即打算在委托人去世后生效的信托。《1837年遗嘱法》第9条规定:

遗嘱不得生效,除非——

(a)该遗嘱为书面形式,并由立遗嘱人签字,或者在立遗嘱人在场的情况下,由其他人按照立遗嘱人的指示签字;

(b)立遗嘱人打算以其签名的方式使该遗嘱生效;

(c)在两名或两名以上的见证人同时到场的情况下,立遗嘱人作出签名或承认签名;

(d)每个见证人:

(i)见证并签署遗嘱;或

(ii)在立遗嘱人在场的情况下承认其签名(但不一定是在其他见证人在场的情况下),但无须任何形式的见证。

在我们研究法院如何处理遗嘱信托之前,有必要就遗嘱和临终财产的归属提出更为普遍的观点。

首先,大多数遗嘱中包含了一系列遗产或者将特定资产给予特定的人的遗赠条款,接下来会有一个剩余条款,规定所有未被处置的剩余财产的归属。所以,我可以说:“我的房子归A,我的车归B,剩下的一切归C。”C在这种情况下是剩余财产的受遗赠人。如果我的任何特定遗赠失败了,如由于不确定或因为受遗赠者在我之前死亡,那么这个财产就归入剩余财产之中。根据这类条款,大多数遗嘱能处理立遗嘱人的所有财产。但是,如果立遗嘱人未立下剩余条款,或者剩余条款不成立,那么立遗嘱人的财产至少有一部分可能不会按照遗嘱的规定进行处理,此时这部分资产就会通过无遗嘱规则进行处置,它是一系列默认规则,即谁在没有遗嘱的情况下接受死者的财产。这些规则也适用于完全没有遗嘱的情况。

其次,我们倾向于把遗嘱看作一个单一的文件,然而,事实并非必须如此。可能有一份根据法律规定已经签署和见证的主要文件,其中提及了其他预先存在的文件,那么即使在其他文件中没有签署和见证,也可以通过在主要文件中提及其他文件中所包含的条款,从而将其纳入遗嘱中,这被称为引置条款。值得注意的是,虽然法院已经创设了“遗嘱信托必须满足遗嘱法的规定”这一规则的例外,但如果事实上已经符合形式,就没有必要适用这些例外。在提到半秘密信托时,这一点变得尤为重要(见第6.5.1节)。

《1837 年遗嘱法》第 9 条的形式要求非常简单。需要注意的是,在死亡时生效的信托不能由信托的自我声明产生,因为死者不能作为受托人。预期的遗嘱信托只有在遗嘱中说明受托人是谁和信托条款(当然包括受益人的身份)时才能满足第 9 条的规定。《1837 年遗嘱法》的明确含义是,如果立遗嘱人有意设立信托但不符合该规定,信托则无效。然而,正如《1925 年财产法》第 53 条第(1)款第(b)项所述,法院对形式规则作出了例外规定,使某些口头宣布的遗嘱信托生效。这个例外就是秘密信托。

秘密信托与我们在第 6.4.2 节中关于第 53 条第(1)款第(b)项所讨论的 *Rochefoucauld v. Boustead* 信托非常相似。立遗嘱人 A 在遗嘱中表达大意是将其财产在去世后通过遗赠的方式转让给 B,但 A 单独告诉 B,持有该财产不是为了 B 的利益,而是为了第三人 C,该意图并没有在 A 的遗嘱中体现,遗嘱中既未披露 B 是以信托的方式持有该财产,也未披露信托的条款。由此便出现了信托目的明确但未遵守必要手续的情况。如同 *Rochefoucauld v. Boustead* 一样,大多数人会说 B 违背了自己的承诺,将财产据为己有是错误的。此外,法院没有得出 B 必须以归复信托方式持有财产的结论,而是将这些信托作为意定信托并生效,因此 A 选定的人也作为受益人而真正受益;如在归复信托的情形下,则意味着财产将根据遗嘱转给剩余遗产的继承人或以其他方式转给 A 的无遗嘱的继承人(当然是在 A 过世后)。

6.5.1 完全秘密信托和半秘密信托

所有秘密信托都存在一些共同点。首先,秘密信托只在立遗嘱人去世时才发生效力;其次,即使未遵守《1837 年遗嘱法》规定,秘密信托仍有效。我们通常把秘密信托分为两类:完全秘密信托和半秘密信托。这一区别特别重要,因为这两类信托将适用不同的规则。

这种区别取决于在遗嘱中立遗嘱人希望受遗赠人 B 以信托方式持有财产的意图是否明显。如果从遗嘱本身看,没有证据证明此意图,那么就是完全秘密信托;如果设立信托的意图明确,只是没有具体的信托条款,那么则是半秘密信托。因此,假设我想用我的股份为我的情妇设立一个秘密信托:如果是完全秘密信托,那么仅从遗嘱来看,我的意向受托人 B 将会完全得到我的股份,它和其他受益的遗赠类似,没有迹象表明我希望 B 以信托的方式持有股份(如我的股份将属于 B);如果是半秘密信托,那么对遗嘱的审查不仅会显示股份属于 B,而且会表明 B 是以受托人的身份接受这些股份,遗赠不能透露的是此信托的细节。因此,一个典型的半秘密信托会采取"我的股票给 B,B 根据我规定的条款以信托方式持有股份"的形式。通常情况下,区分完全秘密信托还是半秘密信托很简单,但偶尔也会遇到障碍。

假设我的遗嘱写有"我把股份给 B,完全相信他会以我与他沟通的方式处置这些股份"。从外在证据可以看出,我希望 B 为 C 以信托的方式持有股份,因此我设立信托的意图是没有异议的。但是,该意图是否可以从遗嘱文件本身看出来?这将确定它是完全秘密信托还是半秘密信托。这一点很重要,因为我们在后文将看到,如果它被认定为半秘密信托,该信托将是无效的[见第 6.5.8 节和 *Keen* (1937) 1 Ch 236]。虽然它看起来明显是一个半秘密信托,但更可取的观点是,它实际上是完全秘密的,因而该信托也是有效的。

如果你回想一下第 3 章和关于意图确定性的案例,我们探讨了恳求性用语的问题:附在遗嘱赠与上的用语表达出立遗嘱人的意愿或动机,但没有对受赠人施加法律义务(见第 3.3.3 节)。一个合理的观点是,尽管显然 A 确实有意设立一个信托,但这个意图并非源于遗嘱条款本身,因为"完全相信"一词本身不足以确认该意图。如果这是事实,那么我设立信托的意图只能通过在遗嘱之外寻找才能够确定。这意味着该信托是完全秘密信托,潜在受益人可以基于更为宽松的适用于这种类型秘密信托的规则主张自己的权利。

同样,值得注意的是,即使没有遗嘱,也可以设立一个完全秘密信托。同上例,我希望我的股份以信托的方式为我的情妇C持有,但这次我不立遗嘱,只要求B(根据无遗嘱规则将得到我的股份的人)以信托方式为C持有这些股份,这实质上与我在遗嘱中规定股份归B所有并无不同:按照标准的遗嘱处分规则,B受益于该财产。然而,B已经私下与我达成一致,表示他会为C以信托方式持有财产。尽管我没有遵守《1837年遗嘱法》,但法院会将我意图设立的信托作为秘密信托而赋予其效力。显然,在没有遗嘱的情况下,半秘密信托是不能成立的,因为没有遗嘱,就不可能有有效的遗嘱文件表明B将以未指明的信托的方式而接收财产。

6.5.2　秘密信托的解释

秘密信托一直得到法院的支持,但对其解释仍存在很多疑问,其中有两个主要建议:

(1)秘密信托是为了防止受托人欺诈而产生。

(2)秘密信托在遗嘱之外产生和运作是为了规避遗嘱形式规则。

我们将依次研究这些对秘密信托的解释。

6.5.3　欺诈

我们已经注意到秘密信托与 *Rochefoucauld v. Boustead* 信托的相似性,在该案中,尽管没有达到《1925年财产法》第53条第(1)款第(b)项的要求(见第6.4.2节),但法院仍使土地信托得到了执行。因此,传统的对实施秘密信托的解释,同样可用以支持口头土地信托的执行:[见 *McCormick v. Grogan* (1869) 4 App Cas 82, Gardner (1920) 2 Ch 523]。换言之,如果因为成文法未得到遵守,秘密信托受托人B则不受其以信托方式持有财产的承诺的约束,从而使其能够将财产据为己有,那么,对于受托人B来说就是欺诈。为了防止此类情形的发生,我们在形式要求欠缺的情况下仍赋予秘密信托以效力。

然而,这一观点也存在许多争议。首先,有人认为,对秘密信托的欺诈性解释只适用于当B试图否认信托,从而采取或试图采取欺诈行为的情形。根据这一观点,欺诈无法解释在B乐于信托生效的情形下秘密信托仍得以实施,因为此时并不存在欺诈的风险。对该问题的回应是,法院关注的是欺诈的可能性。因为若受托人寻求将财产据为己有,或将财产转给立遗嘱人指定的受益人之外的其他人,则对于受托人来说这就是欺诈,因此,法院要求将财产以秘密信托形式持有。换句话说,我们认为B不应自由选择将财产据为己有,或按照其意愿转给任何其他人,但我们承认他负有按照A的意图执行信托的义务。这意味着,无论B是否愿意,他都必须为C以信托方式持有财产。B是否愿意实现信托无关紧要,因为承诺人在存在或不存在法定义务的情况下都愿意遵守自己的承诺与承认其为合同义务是无关的。

第二个反对意见带来更大的问题。虽然欺诈论者可以解释为什么B不被允许为自己持有财产,却不能解释为什么要求他为C以信托形式持有财产。这里有一点应指出,赋予意定信托法律效力并不是防止欺诈的唯一方法。另一种方法是要求B为A的遗产以(归复)信托的方式持有财产。逻辑上,B并未打算获利接受财产——这就解释了为什么会存在信托——但是为了C的意定信托由于缺乏形式要求而无效——而这也解释了为什么财产要回归于遗嘱人的遗产中而不是属于C。此方法的好处在于它将很少涉及违反《1837年遗嘱法》,因此也不会违反议会的意图和《1837年遗嘱法》中的根本原则,因为我们不会对不符合法定形式要求的安排给予积极的效力[见第6.4.2节关于针对第53条第(1)款第(b)项的例外规定的相同观点]。在立遗嘱人知道只有满足第9条规定时,他们的财产才会转给意定受益人,这时法律原则才可能在很大程度上得到维护,欺诈也将得以防止。

难以理解的是,为什么法院在可以选择将财产返还归于立遗嘱人的遗产前就选择了赋予秘密信托的效力,但是他们的选择也不足为奇。将财产归还于立遗嘱人的遗产将使立遗嘱人的愿望落空,更何况他已经过世,这个世界无法再给他第二次按照自己的意愿安排自己财产的机会。虽然,正如我们在许多场合指出的那样,严格遵守形式要求通常需要我们接受遗嘱的明确意图将难以实现的现实,但是,鉴于遗嘱处分不可改变的重要性和必要性,法院勉强这样做也是可以理解的。

尽管如此,这也仅表明欺诈理论只有部分是成立的。它可以解释法院介入以防止 B 将财产据为已有,但它不能解释法院采取的“要求 B 为 C 而不是为 A 的遗产以信托方式持有”这种特定形式的干预。然而,当我们考虑完全秘密信托和半秘密信托之间的区别时,欺诈理论的缺陷更为复杂,因为其成立部分也仅限于完全秘密信托,它完全不能解释半秘密信托的实施。

对于完全秘密信托,如果我们仅遵从《1837 年遗嘱法》进行处理,那么,既然遗嘱规定相关财产归属于 B,则 B 就将取得该财产的受益。因此,如果要防止 B 保留财产并实施欺诈行为,就需要对《遗嘱法》的规定进行某种司法限制或背离。但是,关于半秘密信托,如果我们顺其自然遵从《1837 年遗嘱法》,最终的结果将是 B 以信托方式为 A 的遗产持有财产。这是因为,在半秘密信托中,遗嘱明确指出 B 以信托形式持有财产,但未披露受益人身份。情况将会是,“在适用《1837 年遗嘱法》的情况下,遗嘱所声明的信托由于对象的不确定性而无效”,因此,在所有这样的情况下(见第 3.12 节),受托人必须为委托人或其遗产以归复信托的形式持有财产。因此,法院不需要设定形式规则的任何例外以防止欺诈,因为《1837 年遗嘱法》的直接适用本身就排除了这种可能性。

一些人试图拯救该欺诈理论并提出了一种说法,它既能解释为什么我们要使为 C 持有的信托生效,而不是把财产用归复信托的方式返还到 A 的遗产中,也能证明半秘密信托的正当性。这一说法的论点是,我们试图防止的欺诈行为不仅在于 B 将财产据为已有或将财产转给其选择的其他人,而且在于 B 没有履行他与 A 所达成的以信托方式为 C 持有财产的协议(见 Hodge,1980)。根据这一论点,欺诈的实质在于损害立遗嘱人的意图并剥夺受益人本应属于他们的财产(基于这个原因,有时也会认为有关欺诈是一种对受益人的欺诈)。因此,可以理解的是,防止欺诈,只能要求 B 为 C 以信托方式持有财产,这也解释了"为什么我们要使完全秘密信托和半秘密信托都得到执行"。

然而,不幸的是,上述关于欺诈理论的说法并未起作用。秘密信托的问题在于难以解释为什么我们要使未遵守《遗嘱法》的遗嘱信托得到执行。很明显,如果 B 剥夺了本属于 C 的财产,那么,我们可以说 B 既欺骗了 C,又阻挠了 A 的意图的实现。但是,在得出信托是有效的结论之前,我们不能说财产合法属于 C,而这正是我们要确定的问题。因此,"对受益人的欺诈"的观点只是回避了这个问题。

更为根本的问题是,并非 B 违背了 A 的意图,剥夺了 A 希望 C 拥有的财产。相反,根据成文法的规定,除非满足了形式要求,否则信托不能有效设立。这一点在半秘密信托中是最为明确的。如果我们毫无例外地适用遗嘱法,那么信托就会因为信托目的不确定而无效,B 会以归复信托的形式持有 A 的遗产。A 的意图被违背,C 不能对财产主张权利,均与 B 或他的任何欺诈行为无关。对于这一问题,成文法并未给予 B 任何选择,所以很难说 B 未能使意定信托生效是存在欺诈或者有过错。

综上,上述关于欺诈理论的说法仅相当于声称"违背 A 的意图,剥夺本应属于 C 的财产是不公正的"。但《1837 年遗嘱法》规定,只有在满足必要手续的情况下,A 的意图才会生效,C 才有权在 A 去世后获得 A 的财产。如果无论是否符合形式要求都使信托生效,那便是无视《1837 年遗嘱法》以及其中体现的政策选择。

6.5.4 "遗嘱之外"理论

最终结果是,欺诈理论无法证明秘密信托法的正当性。它可以解释在完全秘密信托中需要法院介入,但是它无法解释法院采取的特定的干预形式,也无法解释法院为什么必须要干预所有的半秘密信托。由于欺诈理论的这些缺陷,律师们已在别处寻找秘密信托的解释,提出的主要替代方案是秘密信托并非按遗嘱进行的财产处置，而是遗嘱之外的处置。

当法院首次提出秘密信托是在遗嘱之外运行的观点时，他们的想法是这些信托产生于受托人的同意，而不是遗嘱人意图设立这种信托的结果。基于此，这些信托不需要遵守《遗嘱法》的要求。问题在于，这并没有真正解释这些信托如何能够规避法律。秘密信托确实取决于受托人的同意，但它也是立遗嘱人想要设立的信托（受托人同意按照立遗嘱人的意图以信托的方式持有财产），而且明确这些信托只有在他去世后才会生效。去世后才生效的意定信托正是符合《1837 年遗嘱法》第 9 条的一种信托。

因此，更需要说明为什么该法不应该适用于这些信托。已经形成的论点是，秘密信托事实上不是意图在立遗嘱人去世时才生效的信托，而是在立遗嘱人生前就宣布的信托。作为生前处分而非遗嘱处分，它们不属于《1837 年遗嘱法》的规定范围。相反，它们受信托形成的普遍规则制约，因此不需要书面形式和认证。在委托人 A 与受托人 B 达成一致后，妨碍秘密信托立即生效的唯一因素，且使秘密信托看起来像是按遗嘱进行的财产处置的原因是 A 还未将该财产转让给 B，因此信托未适当地成立。然而，当 A 去世后，财产根据 A 的遗嘱条款或通过无遗嘱死亡条款的规定转让给 B 时，信托就完全成立并且是有效的。该观点的支持者并不认为它可以解释所有关于秘密信托的规则（例如，它无法解释委托人和受托人在完全秘密信托和半秘密信托不同的传达规则：见第 6.5.8 节），但它解释了为什么秘密信托存在非正式形式，我们依旧承认其效力的原因。

虽然秘密信托的出现和运作在遗嘱之外的观点在案例中得到相当多的支持［见 *Blackwell v. Blackwell*（1929）AC 318；Young 11951，第 344 页］，但它应该是被不予考虑的。前一段所提出的论点的主要缺陷在于它歪曲了委托人寻求设立秘密信托的意图。当 A 告诉 B，他将把去世时的财产转让给 B，从而为 C 设立信托，此时，A 不打算立即设立信托(无论我们是主观还是客观地确定这个意图:见第3.3.2节),而是打算去世后才设立信托并生效。这显然是进行遗嘱安排,而不是一个生前的信托声明,它属于《遗嘱法》的范围(见 *Critchley*,1999)。

6.5.5 秘密信托是无原则的吗

这使对秘密信托基础的研究陷入窘境。欺诈理论可以解释为对《遗嘱法》的某些例外或限制的需要,以防止秘密受托人为自己持有财产。但是,它不能解释秘密信托的积极强制执行和半秘密信托的司法干预,因为受托人没有机会带着财产离开。

法院似乎已经决定,在完全秘密信托中,有必要在遗嘱条款之外审查B是否打算以持有的财产获益,这将作为法院判断财产属于谁的前置步骤。换句话说,一旦我们决定基于某个目的(判断B是否打算占有财产)忽略成文法,我们也可能基于另一个目的(判断谁取得财产)而忽略它,而且,一旦已经决定我们可以强制执行完全秘密信托,鉴于完全秘密信托和半秘密信托的相似性,进一步强制执行半秘密信托也不困难。正如 Sumner 勋爵在 *Blackwell v. Blackvell* (1929) AC 318, 335 中所称,完全秘密信托和半秘密信托为什么仅仅因为一个词不同,衡平法判定一个生效而另一个无效(见 *Hackney*,1987,103–4)。此说法能够解释法律最终如何使秘密信托生效,但对于"为何强制执行秘密信托"的解释并不令人满意。

为什么如何解释秘密信托意义重大?原因是法律规则的基础决定了它们的界限。只有明确为什么我们应该承认秘密信托,才能确定秘密信托在何种情形之下得以适用。如果我们无法对秘密信托进行合理解释,即使支持这种信托的案例很多,也难以使其生效。更严格地说,有关较好解释秘密信托的各种观点为我们提供了关于影响其运作的一些更加分散的问题的答案。

例如,《1837年遗嘱法》第15条规定,证明遗嘱的人不得为该遗嘱下的遗产受益人。其产生的问题是,该规定是否适用于秘密信托的受益人。在 *Young*（1951）Ch 344 中认为遗嘱见证人能够成为半秘密信托的受益人。这是建立在“遗嘱之外”理论的基础之上：如果秘密信托在遗嘱之外生效，那么秘密信托的受益人就不是遗嘱的受益人。相反，它表明，第 15 条证明对秘密信托受托人的遗赠是无效的。如果我们采用秘密信托的欺诈性解释理论，就有一个很好的立场相反的论点，即秘密信托的受益人不能成为证人，但受托人可以。

另一个问题是，为满足《1925 年财产法》第 53 条第（1）款第（b）项，土地秘密信托是否需要书面证明？对此，判例的说法不一。在 *Baillie*（1886）2 TLR 660 中，认为土地的半秘密信托需要适用正式形式要求，而在 *Ottaway v. Norman*（1972）Ch 698 中，尽管没有讨论这一点，但认为一个完全秘密的土地信托在没有书面文件的情况下也应该被支持。原则上，采用对秘密信托的欺诈性解释理论使我们可以不以书面形式证明，因为如果欺诈的可能性可以证明对《1837 年遗嘱法》的形式要求的例外是合理的，那么也应该可以证明对《1925 年财产法》所要求的形式的背离是合理的。相比之下，那些赞成秘密信托“遗嘱之外”理论的人认为，由于这是一个直接的生前土地信托，它应像其他明示土地信托一样需要书面证据［关于此观点，尽管缺乏书面形式，但我们也可以通过适用 *Rochefoucauld v. Boustead*（1897）1 Ch 196 的原则来支持这些信托］。

6.5.6 秘密信托的要求

设立有效的秘密信托有三个主要要求［见 *Kasperbauer v. Griffith*（2000）WTLR 333］：

（1）信托满足三个确定性。

（2）A 将其去世后让 B 以秘密信托的方式持有财产的意图传达给 B。

（3）B 接受。

6.5.7 确定性

尽管对于秘密信托是否应被归类为明示信托存在分歧(见第 9.8 节),但很明显,除非立遗嘱人想要设立一个这样的信托,否则秘密信托不可能产生。这里与意图有关的唯一的争议是证据标准。一般地,在达到或然性权衡标准时就足够确定委托人设立信托的意图,但有人认为我们需要更高的标准[见 *Ottaway v. Norman* (1972) Ch 698]。在 *Snowden* (1979) Ch 528 中,Robert Megarry 大法官认为,或然性权衡标准的适用应排除只能通过证明秘密受托人有欺诈行为来设立信托的情况,该限定性解释其实并没有必要。欺诈源于受托人为自身持有财产或将财产转让给受益人以外的其他人,从而违反委托人的意图。在这种情况下,信托取决于委托人的意图。一旦这种意图确立,受托人是否有欺诈行为,或者是否愿意遵循委托人的意愿(见第 6.5.3 节)并不重要。由此可见,传统的或然性权衡标准更适用秘密信托。

就秘密信托的标的和对象的确定性而言,它们同样适用于传统的生前明示信托。关于标的的确定性,我们需要关注浮动信托,即委托人按照条款将财产留给受托人,受托人在其生前可以任意处置该财产,但他必须在其去世时把剩余的财产留给受益人。如前文所述(见第 3.7.2 节),此类信托通常因标的不确定而无效。

然而,在 *Ottaway v. Norman* (1972) Ch 698 案中提出了不同的观点,案例中立遗嘱人设立了一份秘密信托,将其房屋、物件以及遗嘱中的一笔资金交给了管家,要求管家为其儿子和妻子以信托方式持有这些财产。Brightman 法官支持对房屋及物件设立信托,但并不包括这笔资金,因为管家无法将这笔资金与自有资金分开,从而确定剩余金额。但他认为假如这笔资金被分开保管或留给指定受益人,那么该信托是有效的。尽管这可能意味着对标的要求的确定性适用于秘密信托,但这更体现出法院对一般的浮动信托采取了更为规范的态度。

对象的确定性在多数情况下同样适用一般规则。在半秘密信托的背景下出现的一个问题是,受托人是否也能成为信托的受益人。问题在于,在遗嘱上 B 是以信托方式接受财产,并不享有任何权益,B 所提出的财产受益权主张会与遗嘱条款相矛盾(在完全秘密的信托下不会产生这样的问题)。因此,*Rees* (1950) Ch 204 中,上诉法院认为,半秘密信托的受托人无权提供证据证明立遗嘱人赋予他们受益权。

然而,在 *Tyler* (1967) 1 WLR 1269 中,有人对这种严格的方式提出了质疑。由于所有的秘密信托都包括对遗嘱条款的某种背离,不能仅因为与遗嘱规定不一致就否认半秘密受托人也是受益人的可能性。他们认为更为可靠的做法是允许半秘密信托的受托人证明立遗嘱人意图使其享有信托权益,同时对未经证实的证据保持警惕。

关于对象的最后一个问题,如果我要为不熟悉的已过世的人设立信托,则该信托无效,其结果是受托人以归复信托的形式为我(而非去世的受益人)持有财产(如果受益人在信托设立后去世,情况大不相同,他对信托财产的受益权将会与他所拥有的其他权益通过遗嘱或者法定继承的方式转让)。但是,有关秘密信托判例的立场则有所不同。在 *Gardner* (1923) 2 Ch 230 中,立遗嘱人试图为三个受益人设立一个半秘密信托,但在将其意思传达给受托人后,其中一名受益人先于立遗嘱人去世。Romer 法官认为,这并不导致这部分信托无效,信托财产的份额可以由已故受益人的遗产代理人对其享有权益。无论是欺诈性解释理论,还是秘密信托的"遗嘱之外"理论,似乎都没有理由去背离信托形成的正常规则。因此,极为普遍的结论认为该案是一个错误的判决。

6.5.8 传达与接受

一般来说,设立明示信托并不需要先让受托人知道委托人的意图,更不必说信托的有效性取决于受托人是否接受这些意图[尽管 Browne-Wilkinson 勋爵关于信托只有在受托人的良知受到影响时才会产生的观点可能会有相反的暗示:见 *Westdeutsche Landesbank*

Girozentrale v. Islington London BC（1996）AC 669,705(见第 8.5.2 节)]。意定受托人可以选择拒绝这一角色,但结果并非信托无效,而是指定新的受托人。然而,只有在委托人将信托条款有效及时地传达给受托人并被受托人接受的情况下,秘密信托才会产生。这是基于以下观点,即支持秘密信托是为了防止欺诈,因为任何欺诈行为都无法被委托,除非受托人同意以信托形式持有财产。因此,采用秘密信托的"遗嘱之外"理论将导致我们拒绝这些要求。

正是在这里我们发现了完全秘密信托和半秘密信托规则之间的主要差异。完全秘密信托的规则很简单:信托条款必须在立遗嘱人死亡之前的某个时刻传达至秘密受托人并被秘密受托人接受。半秘密信托的规则相对复杂:信托必须在遗嘱执行之前或执行同时传达至受托人并被受托人接受之外,其条款必须与事先向受托人说明的内容一致。换句话说,无论传达是在什么时候发生的,若一个半秘密信托声称"我要告诉 B 将要设立一份持有我房屋的信托",则该信托不能有效设立,因为它表明会(可能会)在将来发生。因此,如果立遗嘱人在遗嘱执行之后都还未将信托条款传达至受托人,或者遗嘱条款表明此传达会(可能会)在未来才发生,那么半秘密信托无法设立。

以上两个规则主要源于 *Keen*（1937）Ch 236:立遗嘱人把 1 万英镑给遗嘱执行人以信托形式持有,"并由在本人生前可能已告知的个人或慈善机构管理该信托"。上诉法院裁定,信托条款虽然已经在执行遗嘱前传达给其中一个受托人,但该信托依然无法设立。Wright 勋爵认为,立遗嘱人意图设立的信托不仅必须符合遗嘱的明确条款,而且"在遗嘱中提及的不明确的信托必须在先于或者至少与遗嘱执行同时成立的遗嘱中进行详细阐述"。简言之,遗嘱必须说明事先已经有了传达,而且实际确实已经事前(或同时)传达。即使 Wright 勋爵认为"可能已告知"一词有事前传达的可能性,但也暗示了有未来传达的可能性,因此尽管立遗嘱人有明确的意图并且做了事前传达,但该信托设立仍然失败。

完全秘密信托和半秘密信托的传达规则之间的差异受到了广泛的批评。《遗嘱法》不允许立遗嘱人进行未来的未经证实的财产安排，因此在 *Keen* 案中的处理方法确保了其与成文法之间更大的兼容性。但所有秘密信托都涉及违背遗嘱的问题，我们不能武断地要求遗嘱和《遗嘱法》保持一致。对于那些怀疑强制执行半秘密信托是否有合理依据的人，我们可以说，其强制执行规则比较严格，需要遵守法定形式。显然在 *Bateman* 案中的遗嘱信托[（1970）1 WLR 1463]得到认可后，对半秘密信托更为严格的设立规则代表了当前的法律状态。

在确定了什么时候必须进行传达和接受之后，我们阐述一下何为有效的传达和接受。简单明了的做法是立遗嘱人确切地告诉受托人该如何处理财产，而受托人也表示他会照此执行。然而，很明显，法院不需要如此明确的规定。第一，关于交流沟通，如果立遗嘱人将载有秘密信托细节的密封信封交给受托人，但是该信封只有在立遗嘱人死后才能打开，这也是足够的：见 *Boyes*（1884）26 Ch D 531，*Keen*（1937）Ch 236。然而，*Boyes* 坚信，立遗嘱人不足以告诉其意定的受托人希望其按照书面文件中规定的条款处理财产，因为这些文件当时并未交给受托人，只有在立遗嘱人死亡后才被公开。第二，接受可以采取心照不宣的默认形式。换言之，如果立遗嘱人告诉你，你将依照其遗嘱为特定受益人以信托方式持有财产，除非你明确拒绝，否则你将成为受托人。

如果遗嘱人要两个人（B1 和 B2）为其预期受益人持有信托财产，那么是否需要向他们传达并使其接受取决于遗赠的性质和传达的时间。在 *Stead*（1900）1 Ch 237 中，Farwell 法官认为，如果遗嘱将财产授予 B1 和 B2，使其作为联权共有人，并且在遗嘱执行之前，B1 同意以秘密信托的方式持有财产，那么即使 B2 可能对此一无所知，此信托对两人都是有约束力的；但如果他们以联权共有人的身份接受财产但在遗嘱执行之后才对 B1 进行传达，或者如果 B1 和 B2 以分权共有人而不是联权共有人的身份接受财产，则 B2 不受该信托的约束，除非他也被告知并接受信托(关于联权共有人和分权共有人的性质和区别,请参见第12.2节,或参见*Gardner*和*MacKenzie*,2015,326-33)。

然而,*Perrins*(1972)反对Fawell法官对此案件结论的解读,他提出以下观点:在立遗嘱人未撤销对B1和B2的遗赠的情况下,B2是否受到约束应该取决于B1是否承诺以信托形式持有财产,而不在于其是否以联权共有人或者分权共有人持有财产。但无论采取哪种观点,由于缺乏传达和接受,B2不受秘密信托的约束,如果是完全秘密信托,那么他对自己所享有的份额具有受益权,如果是半秘密信托,他将以归复信托的形式为立遗嘱人的遗产持有信托。

另一个问题是,如果秘密信托被有效传达和接受,但随后立遗嘱人在未经B同意的情况下试图增加或者改变B本应依据遗嘱接受的财产。在*Colin Cooper*(1939)1 Ch 811中的观点认为,秘密信托只涵盖B同意持有的信托财产,如果立遗嘱人希望B持有更多的信托财产,他必须向B传达并确保其接受信托财产的增加;否则,此额外的或新的财产的秘密信托无效,并导致在完全秘密信托中,这些财产归B持有,在半秘密信托中,B以信托形式为A持有财产。

鉴于秘密信托的有效设立取决于受托人的接受,那么受托人是否可以随后撤销接受而使其无效?在*Maddock*(1902)2 Ch 220中,Cozens-Hardy法官指出,如果受托人死亡或拒绝承认立遗嘱人去世前的信托,则秘密信托将无效。但在*Dicta in Blackwell v. Blackwell*(1929)AC 318案中,法院并未因受托人拒绝承认而判决信托无效,原因是信托在立遗嘱人去世前并未真正设立,受托人的同意是该信托的关键所在。因此,除非在立遗嘱人去世前受托人立即拒绝该信托,否则他无法再提出其他安排。

6.5.9 秘密信托的无效

如果有意设立秘密信托的立遗嘱人未能满足上述各项要求,将会导致什么结果?它取决于该信托是半秘密的还是完全秘密的以及信托无效的原因。

若半秘密信托无效，B作为遗嘱受托人，在A的遗嘱下为A的遗产同时也是为A的剩余受遗赠人（如果有），或为无遗嘱继承人以信托形式持有财产；若完全秘密信托无效，由于信托条款缺乏传达或接受，通常会使B直接享有财产权益，但如果B同意担任受托人，其将为A的遗产以归复信托的方式持有：参见 *Boyes* (1884) 26 Ch D 531。

6.6　衡平法权益的处置

在前面的章节中，我们一直在研究设立一个有效信托所需要的形式。如果这些形式要求都得到满足，那么至少对于固定信托而非自由裁量信托（见第2.1节），受益人将获得信托财产的衡平法权益。在第2.3.2节中提到，衡平法权益是所有权权益，可以完全转让、抵押、设立信托等，那么我们应该采取什么步骤以有效地处置衡平法权益？其中一条重要规定是《1925年财产法》第53条第（1）款第（c）项：

> 一项对衡平法权益或届时存在的信托的安排，必须有处理该事项的人，或其有书面或遗嘱合法授权的代理人的书面签字。

与第53条第（1）款第（b）项（见第6.4节）一样，该条款受到第53条第（2）款的限制。第53条第（2）款规定：形式要求不适用于归复信托、默示信托、推定信托的设立和运行。

第53条第（1）款第（c）项的影响是什么？第53条第（1）款第（c）项明确地规定了衡平法权益“处置”的形式要求，所以问题的关键在于“处置”的含义。最明显的例子是将你的衡平法权益完全转让或分配给另一个人，换句话说，就是我们前面提到的三种受益权转让模式（见第6.2节）中的模式（1）。通过此模式，B从A处取得A最初就享有的权益。我们需要知道的是,其他视为“处置”且通过书面形式生效的衡平法权益的交易。

我们可以首先排除普通的信托声明。信托设立不存在衡平法权益的处置,原因如我们在第 2 章(见第 2.5 节)中提到的,财产是直接持有,而不是以信托形式持有——财产中不存在衡平法权益,只有法定受益权。衡平法权益是信托设立后产生的,因此,在设立信托时不存在衡平法权益从委托人转移到受益人。以下各节通过研究衡平法权益项下的各类交易,从而找出属于第 53 条第(1)款第(c)项规定的情形。

6.6.1 形式要求的原因

我们通常会问本节的目的是什么。要求书面形式和签名的标准理由是双重的。首先,它降低了受益人被人虚构其衡平法权益安排欺骗的风险。衡平法权益的持有人通常无法拥有信托财产,因此若没有形式要求,该持有人可以轻易谎称自己拥有财产。其次,形式规则有助于受托人确定谁是信托项下的受益人,因此知道应向谁分配信托财产。所以,一旦有人向受托人声称自己为新的受益人而索要财产,受托人可以要求他出示经签署的、能够显示其获得衡平法权益的书面文件。

以上这两种解释并不合理。在第一种情况下,同样的论据也可以证明,当衡平法权益被设立而非单纯转让时,采用书面形式要求是正确的,也就是说,如果我们希望使那些谎称自己享有衡平法权益的人感到困难的话,我们也应该要求书面的信托声明。缺少书面形式的要求,不诚实的被告将会发现,他会更容易说服第三方存在一项被声称对他有利的信托。然而,正如我们所看到的,信托声明一般可以以口头形式提出。

第二个理由也存在问题。如果形式要求的目的确实是保护受托人,那么为使财产处置有效,我们将签署的文件转交给受托人则更好。

该处置类似于债权转让,债务人需要明确知道向谁支付款项,其形式规则是,债权转让必须以书面形式进行,并且必须通知债务人。《1925年财产法》第136条规定,如果没有通知受托人,即使在A将其衡平法权益转让给B后,受托人由于不知道转让的发生还会继续将衡平法权益支付给A。

综上,采取这种特殊的形式要求的原因并没有令人完全满意的解释,因为法律要么没有规定这种要求,要么在似乎引起类似困难的领域规定了不同的要求。这导致了一些问题,因为可能期望法院至少部分地根据第53条第(1)款第(c)项的目的来确定适用范围。换言之,在解决衡平法权益的特殊形式是否属于该适用范围时,我们希望法院考虑其形式要求是否符合形式规则背后的原则。若法院对该原则没有清晰的认识,困难也随之产生。可能基于这个原因,除少数例外情况外,法院在裁决有关该本节范围的案件时并没有太多分析其目的。

6.6.2　指示受托人为他人持有信托

在典型的衡平法权益转让中,初始受益人A直接将权益转让给其目标受让人B。然而,另一种在信托下的衡平法权益转让方式是,A联系受托人并指示他们代为保管B的信托财产。其最终效果与直接转让基本相同:B代替A成为信托受益人。

这是否属于A的衡平法权益处置?法院认为这是属于的,虽然交易是以不同的方式进行,A给予受托人指示,而非直接与B进行交易,但实质上并无区别。信托受益人最初是A,其拥有信托财产衡平法权益,A向受托人指示的结果是B成为信托的受益人,因此B现在拥有衡平法权益。由于该权益从A转让到B,属于衡平法权益的处置,因此交易必须有书面形式和签名才能生效。

相关的权威判例来自*Grey v. IRC*（1960）AC 1。股东Hunter将18,000股股份交给两个受托人,并为其设立信托,他们已经为Hunter孙辈设立了六个信托,Hunter口头指示受托人将股份分成六份,每份

3000 股,为孙辈现存设立的每个信托分配一份。几天后,受托人宣布在和 Hunter 签署的契据中,其股份已由六个信托持有。该案件涉及从价印花税是否应依据契据支付,法院需要确定契据是否的确具有转让 Hunter 受益权的作用,或是否其利益早在向受托人口头指示时就发生了转让。假如后一种情况属实,意味着该契据不会影响权益转让,也不会产生印花税。这个问题的答案在于第 53 条第(1)款第(c)项的适用性。

在 Hunter 向受托人指示前,受托人为 Hunter 信托持有份额,相应地,Hunter 对该份额享有衡平法上的权益。上议院一致认为,通过指示他的受托人代其持有为孙辈设立的信托中的股份,Hunter 试图对给他孙辈的利益作出处置,此案件属于第 53 条第(1)款第(c)项适用范围。由于口头指示不符合该条规定,因此将股份利益转让给其孙辈无效。而当契据被履行后,Hunter 的衡平法权益才会进行转让,符合第 53 条第(1)款第(c)项规定的形式。因此,契据影响了股份利益的转让,法院要求缴纳税款也是合理的。

Grey 案的另一个观点是,如果他告诉受托人为 B 设立信托,即使 T 为 A 持有财产的信托条款和 T 为 B 持有财产的信托条款有差异,依然存在对 A 的衡平法权益的处置。尽管信托条款的差异意味着 T 对 B 的义务将不同于他对 A 的义务,但新受益人持有的信托资产的所有权与 A 之前所持有的相同。

如果 A 不是指示受托人 T1 为新的受益人 B 持有信托财产,而是告诉他将这个财产转让给新的受托人 T2 且为 B 设立信托,那么将会怎样呢?这里受益人和受托人同时发生了改变,结果会包括两个独立的处置:A 的衡平法权益转让给 B 的处置,按照第 53 条第(1)款第(c)项的规定,需要书面形式才能生效。T1 财产的合法所有权转让给 T2 的处置的要求取决于该财产的性质(见第 7.1 节)。

有人认为 *Grey* 案实际上就是此类情况,为孙辈设立的信托是预先存在的,股份进行转让的交易不仅涉及衡平法所有权的处置,也涉及法定所有权的变更。此观点认为,尽管最初受托人是为 Hunter 持有信托,但最后他们是以孙辈受托人独立的身份去持有股份,为孙辈设立的信托条款显然与为 Hunter 设立的有所不同,然而这并不影响自始至终委托给同一人的股份的法定所有权的地位和价值。

尽管 *Grey* 案与之不同,但委托人指示受托人将信托财产转让给新的受托人并为新的受益人设立信托包含了对衡平法权益的处置,因此只有符合第 53 条第(1)款第(c)项的规定才有效。

6.6.3　指示受托人将财产完全转让给他人

在 *Grey* 案中,Hunter 试图通过给受托人的指示达到一个目的:将初始为他持有的信托财产最终变为为其孙辈持有的信托财产。尽管后来的信托条款与最初的信托条款有所不同,但显然与衡平法权益的转让类似,因此视为以第 53 条第(1)款第(c)项的目的而为的处置。

但如果受益人 A 指示受托人代替他将信托财产完全转让给另一人 B 呢? 这里的主要区别在于预期的结果不同,B 不会成为该财产的信托受益人,而是完全享有该财产,即信托结束。因此,在这种情况下,尽管 A 一开始就对财产拥有衡平法权益,但由于信托不再存在,B 最终没有获得衡平法权益。我们必须再次强调:财产之上不存在信托就不存在衡平法权益。

基于上述原因,此类交易从形式和效果上都与直接将 A 的衡平法上的权益转给 B 有所不同。我们注意到,这一某种程度上的直接转让是适用第 53 条第(1)款第(c)项的典型实例。那么问题是,尽管存在这些差异,但指示你的受托人将信托财产完全转让给 B 并终止信托是否仍可作为一种处置并需要书面签署的文件才能生效? 上议院在 *Vandervell v. IRC* (1967) 2 AC 291 案中的答案是否定的。

Vandervell 打算为皇家外科医学院(RCS)提供基金使其能够设立药理学主席席位,而为达到此目的简单方法就是向 RCS 支付必要的资金。然而,为了尽量减少交易所支付的税款,Vandervell 采取了另一种方法,方案涉及 Vandervell 的一家以信托形式为其持有资金的银行的股份,Vandervell 将该股份转让给 RCS 以使其从股份的股息中得到资金。由于 Vandervell 想要进一步使用这些股份,而且 RCS 一旦得到股息之后就不再需要股份了,所以他安排 Vandervell Trustees Ltd.(VT)(一家由 Vandervell 设立的信托公司,除了别的事情之外,还为 Vandervell 的子女托管信托财产)回购股份的期权。交易按计划进行:Vandervell 指示银行将股份转让给 RCS,分配股息,然后由 VT 拿着为其孩子设立的信托中的资金回购这些股份。

Vandervell v. IRC 案问题的产生来源于税务局提出的索赔。税务局声称 Vandervell 有义务为 RCS 持有的股份所申报的股息缴纳税款。税务局认为,尽管股份已转让给 RCS,但 Vandervell 保留了这些股份的利益,其有义务承担税款。税务局针对 Vandervell 在转让股份后仍保留利益提出了两个依据:其一,Vandervell 指示银行直接将其以信托方式所持有的股份彻底转让给 RCS,这是对在这些股份中 Vandervell 的衡平法权益进行处置的尝试。由于缺乏书面形式,处置是无效的,所以 Vandervell 保留了他的衡平法权益。其二,授予 VT 从 RCS 回购股份的期权并不能使 VT 获益,只是以信托方式持有(期权是一种财产形式,因此可以成为信托的标的)。但 Vandervell 也并未宣布 VT 持有期权信托,所以在没有任何有效宣布的情况下,VT 就为 Vandervell 以归复信托的方式持有期权。上议院最终采取了第二条理由,要求 Vandervell 为股份缴纳税款。

法院对于第一条理由的拒绝原因如下:上议院一致认为,指示作为股份受托人的银行将股票完全转让给 RCS 不是对 Vandervell 衡平法权益作出的处置,因此不需要满足第 53 条第(1)款第(c)项的形式要求即可有效。Upjohn 勋爵认为,这种情况类似于对股份拥有法定所有权的股东的完全转让,而且由于银行将法定所有权转让给 RCS 本身就需要书面文件,没有理由要求在受益权转让时再提交额外文件。相反,Wilberforce 勋爵认为,这个结果可以解释为是对 *Rose* 原则的适用而产生的(见第6.3.1节),因为Vandervell已经尽其所能将股份转让给了RCS。

两个法官的观点都存在瑕疵。Upjohn勋爵提出的类比是错误的,因为这不是法定所有权和受益权归属于同一个人的情形。此外,他认为第二份文件是多余的,忽视它不仅能够(不同于第一份文件)明确表明股份转让是一个名义法定所有权转让的事实,而且能够表明其他形式的财产可以在没有文件的情况下转让的事实(见第7.1节)。这意味着在其他情况下,将不可能会有其他书面文件存在。

Wilberforc勋爵对于*Rose*原则的运用存在一些问题。*Rose*案中的规则适用于转让人已经尽其所能使转让生效的情形,也就是说,在适用规则前,我们需要知道转让人必须做什么,而法院提出的问题是,Vandevell如果没有遵循*Rose*案所适用的规则,是否必须遵守第53条第(1)款第(c)项,法院必须先回答这个问题。由于此规则无法解决法院所面临的问题,在此运用*Rose*案中的规则并没有意义。

尽管如此,大多数人认同了此案的最终判决。如果我们考虑第53条第(1)款第(c)项的书面要求原则的标准描述,即协助受托人确定谁是信托的受益人(见第6.6.1节),如果受托人本身是交易的一方,且该交易具有终止信托的效果,那么此条款就不适用。此外,这里并未表明该条文同样适用于受益人行使他的*Saunders v. Vautier*案中的权利的情形(见第2.6节),即指示其受托人通过将财产转让给他(而不是像在*Vandervell*案中转让给第三人)来终止信托。

总而言之,在Vandervell看来,同信托声明一样,衡平法权益首次设立既不能使信托终止从而使之前的衡平法权益消除,也不适用于第53条第(1)款第(c)项。

"第53条第(1)款第(c)项不适用于衡平法权益的产生或消除"这一规则的特殊适用可以从*Vandervell*案中的另一部分找到,即上诉法院在*Vandervell's Trusts*(*No.*2)(1974)Ch 269案中的判决。诉讼请求涉及期权被行使,即VT用子女信托中的资金回购股份的期间。

VT 告知税务局这些股份目前是为子女设立的信托,但税务局认为 Vandervell 在行使期权后的四年内仍拥有股份权益,Vandervell 最终执行了一项契据,将他可能拥有的期权或股份转让给 VT。*Vandervell's Trusts* (*No.* 2)案面临的问题是,在 VT 购买股份和 Vandervell 履行最终契据期间,Vandervell 是否的确保留了股份权益。

Vandervell 是基于什么原因保留权益的呢?正如 *Vandervell v. IRC* 一案所称,Vandervell 拥有其授予给 VT 的股份回购期权的衡平法权益。VT 行使期权有效地将财产期权与股份相结合,因此,VT 等同于为 Vandervell 以归复信托的方式持有期权,股份也是如此,如果 Vandervell 想要用这些股份为自己的子女设立信托,那就需要对他的衡平法权益进行处置,但必须符合第 53 条第(1)款第(c)项的规定。由于 Vandervell 没有以书面形式对股份进行处置,他只能保留股份的衡平法权益直到多年后履行契据。

上诉法院驳回了这一论点,认为 VT 在为 Vandervell 的子女持有信托的整个时期都持有股份。法院的推理有两个重要的步骤。首先,法院认为,当 VT 从 RCS 获得股份时,VT(而非 Vandervell 本人)就宣布了为 Vandervell 子女获益的(新的)信托(此结论受到大量批评,见 Battersby,1979,Green,1984,在此忽略)。其次,法院认为这不需要书面形式,即它是第 53 条第(1)款第(c)项适用范围的关键点。但这些结论依据都不够全面清晰。

在 Denning 勋爵和 Lawton 法官的判决中都能发现一个观点,即期权和股份是不同的财产类型,因此,Vandervell 期权中持有衡平法权益并不意味着在股份中也拥有这样的权益。在拥有期权的情况下,如果没有宣布有效的股权信托,结果就是该衡平法权益将会默认属于 Vandervell。但是,既然存在关于股份的信托声明,那么 Vandervell 则从来就不曾对股份拥有该权益,换言之,当 VT 行使期权时,期权必然会被"用完"或者被消灭,而且由于期权已不复存在,Vandervell 就不享有其中的衡平法权益,这些股份是 Vandervell 没有存续的衡平法权益的新财产。因此,为子女利益的信托声明并不涉及任何此类利益的处置。因此第53条第(1)款第(c)项不适用。

然而,Denning勋爵和Stephenson法官提出了第二个更广泛的论点,以此否认该条的适用。该论点在Denning勋爵的判决摘录中被强调,判决摘录如下:

> 委托人的归复信托在没有任何书面形式下设立、消灭,当受益权存在空缺时,它就会生效;当被填补时,它就会终止。在这种情况下,期权被行使之前,受益权会存在空缺。因此,就出现了为Vandervell先生设立的归复信托。但是,一旦期权被行使并且以受托人的名义注册股份,就会设立一个有利于子女财产清算的有效的股权信托。这并不是一个土地信托,这种信托的设立不需要任何书面文件。

在下一章即将看到,当A在信托上转让财产给T,但是信托又未被有效地宣布,T就以所谓归复信托的形式为A持有财产,归复信托有效地填补了A未确定信托受益人的空缺。只要存在这样的空缺,归复信托及其信托项下的A的衡平法权益就会持续下去。

一旦之后A宣布了对财产的信托,那么其归复信托权益就会消失,新的明示信托权益就会从新的受益人B中产生。因此,尽管这看起来与*Gray v. IRC*(1960)案(见第6.6.2节)类似,一开始T为A持有信托,之后A指示T代替他为B持有财产,但实际情况是不同的,因为B享有的权益(在新宣称的明示信托下)与A最初享有的权益(在归复信托下)并不相同,A将其衡平法权益处置给B,不适用第53条第(1)款第(c)项的书面要求。由此看来,在行使期权时宣布信托的事实纯属巧合,如果Vandervell(或似乎是VT)在行使期权之前或之后为孙辈设立信托,都没有必要通过书面形式。

6.6.4　衡平法权益的信托声明

如我们所看到的,信托下的衡平法权益是一种所有权权益,你可以用处理其他类型所有权权益的任何方式去处理衡平法权益。你可以将它交给第三人。但是,除此之外,它也是有关信托的一项要素。那么问题是,关于衡平法权益的信托声明是不是第 53 条第(1)款第(c)项的目的的一种安排呢?

通常情况下,如果委托人拥有财产的法定受益所有权,信托声明的效力是委托人保留其法定所有权,但受益权被转让给拥有新的衡平法所有权或对财产享有权益的受益人。同样,如果信托受益人 B1 宣布其衡平法权益的信托,他保留其衡平法权益,新受益人 B2 将产生一个独特的、额外的衡平法权益。最终结果是设立一个子信托,原信托的受托人对其继续以信托形式为 B1 持有的财产享有法定所有权,而 B1 又为 B2 持有其在信托财产中的衡平法权益,B1 变为次受托人,B2 为次受益人。

另外,该信托也表明衡平法权益不总是一种受益权,衡平法权益和受益权并不是同义的(见第 2.5 节),比如,当你完全拥有财产时,不存在信托,你对财产拥有受益权而非衡平法权益。没有信托就不存在衡平法权益。从子信托中亦能看出,你可能享有衡平法权益而非受益权。次受托人对信托财产享有衡平法权益,但是次受托人为次受益人以信托的方式享有的权益并不是受益权,而次受益人的衡平法权益却是受益权。

就衡平法权益作出信托声明并未剥夺你的权益,只是为次受益人设立了一个二级衡平法权益,它并不涉及已有的衡平法权益的处置,因此并不需要书面形式或签名使之生效[除了土地子信托和遗嘱子信托,这些情形需要适用《1925 年财产法》第 53 条第(1)款第(b)项或者《1837 年遗嘱法》第 9 条]。

这看似确实是法律规定,但在此之前并没有如此清晰。其不确定性的原因基于一系列 19 世纪的案例——*Onslow v. Wallis* (1849) I Mac & G 506, *Grainge v. Wilberforce* (1889) 5 TLR 436, *Lashmar* (1891) I Ch 258——这些案例被认为是支持下述观点的权威:试图设立子信托的行为会作为对初始受益人的衡平法权益的处置而生效,因此应列入第53条第(1)款第(c)项的范围。这也被认为是一个你试图设立的子信托是无担保信托的案例。在无担保信托中,受托人唯一职责就是按照受益人的指示持有信托,如同受益人管理一样。当你作为受益人试图在现存信托下设立一个无担保子信托时,那么结果就是你将无事可做并成为多余的。主受托人继续拥有财产的保管权和被赋予的法定所有权,新的子信托受益人B2拥有财产受益权。因此,处于他们之间的你作为次受托人就显得毫无必要。基于此,建议在这种情形下你作为次受托人从中退出。一旦你及你的衡平法权益消失,留下的不再是子信托而是双方信托,据此,之前形式上为你持有信托的受托人现在为B2持有信托,即B2成为信托受益人。这意味着B2事实上代替你成为信托受益人,且无论交易的形式如何,它看上去就是你的衡平法权益已经转让给B2。如果该情况属实,则它与将你的衡平法权益转给B2并无区别,将直接归入第53条第(1)款第(b)项的范围。

然而在 *Nelson v. Greening & Sykes (Builders) Ltd.* (2007) EWCA Civ 1358, 120081 EGLR 59 中,上诉法院对该观点提出疑问。Lawrence Collins 法官认为,尽管无担保子信托的设立使受托人更为方便地与次受益人直接进行交易(子信托本身并不发挥作用),但其并不等同于“次受托人的衡平法权益不存在或者转让给次受益人”这个法律问题。

因此,法律要求很清楚[见 *Drakeford v. Cotton* (2012) EWHC 1414 (Ch), (2012) 3 All ER 1138],子信托的声明不是处置受益人的衡平法权益,不需要满足第53条第(1)款第(c)项的规定。当然,如果受益人B1不是通过自我信托声明来为其衡平法权益设立信托[先前确定的模式(2)],而是通过将其权益转让给另一方C为B2持有信托[模式(3)],即使信托声明不需要书面形式,其将衡平法权益转让给新的(次)受托人C也需要书面形式。

6.6.5 免责声明和弃权书

看来,如果受益人放弃其权益,就等同于处置,因此根据第 53 条第(1)款第(c)项要求书面形式方可生效:见 *Newlon Housing Trust v. Al-Sulaimen* (1999) 1 AC 313。放弃是指受益人表示他不再作为信托受益人,其持有的衡平法权益必须转让给另一个受益人,或者在归复信托之下归还给委托人[Denning 勋爵关于归复信托运用的观点:见 *Vandervell's Trusts* (*No.* 2) (1974) Ch 269 (第 6.6.3 节)]。相反,有人认为,如果放弃信托下的权益,即潜在受益人从一开始就拒绝信托下的任何权益,则不需要书面文件而生效。见 *Paradise Motor Co. Ltd.* (1968) 1 WLR 1125。

6.6.6 处置衡平法权益的具体可强制执行合同

还有最后一种交易的情况。尽管人们通常将财产无偿赠送出去……真正意义上的礼物……但他们希望得到回报。订立这种交易的协议就是合同:A 承诺将其财产 X 给 B,B 承诺为 A 做某些事情作为回报(如 A 承诺给 B 一辆车,B 承诺付钱给 A)。在这种情况下,交易可分为两个不同的步骤:第一个步骤是合同的订立,于是 A 就负有将其财产所有权转让给 B 的义务;第二个步骤是 A 履行合同义务,将财产所有权转让给 B。在此过程中,B 在第二个步骤完成之前不能得到 A 承诺的权益。

如果 A 违反合同义务,拒绝将权益转让给 B,B 有权对其违反合同的行为提起诉讼。如今,大多数法律将 B 的赔偿金限制在 B 因 A 违反合同给 B 造成的损失的补偿性损害赔偿范围内。例外的是,法院将要求强制履行,即要求 A 按照合同的约定履行义务:在这个案件中就是将资产 X 转让给 B。

由大法官法院发展起来的强制履行是一种衡平法救济。在我们所举的例子中,合同是转让所有权权益的合同,这是至关重要的。这是因为,在这些案件中,衡平法将强迫A完成转让从而使B成为权益的“所有人”,B从合同订立时起就被视为衡平法上的“所有人”。

原因如下:(1)A有义务转让财产;(2)衡平法要求A转让;(3)衡平法视为受益权已经转让给B,因此,从义务产生时起,A就以信托的方式为B持有财产。尽管A的权益在步骤二完成前并没有转至B手中,但步骤一之后财产信托就产生了。这与*Rose*(1952) Ch 499案(见第6.3.1节)类似,由于并没有设立信托的意图,它属于推定信托,但从一般意义来说,其设立使目标交易生效。

我们将在第9章(见第9.5节)中论述这种推定信托,但在这里也有涉及。我们发现,衡平法权益可以在人与人之间转让,但第53条第(1)款第(c)项规定必须使用书面形式,没有签署书面文件的处置没有任何效力。假如信托受益人A签订合同将其衡平法权益转让给B,且该合同义务具有可强制执行性,那么根据上述规则,从合同订立的那一刻起,A即为B以信托的方式持有其衡平法权益。此推定信托意味着B在信托财产中获得了单独的衡平法权益。此外,推定信托的结果是A不再对财产享有受益权益,相反B享有受益权益。其意义在于B在合同履行之前就获得了对信托财产的衡平法上的受益权益,即使合同从未被履行。

有两种方式可能规避第53条第(1)款第(c)项的书面要求。首先,B从A处获得衡平法权益不是由于A的衡平法权益的转让,而是通过权益信托的设立和实施,换言之,是通过子信托实现的。正如我们看到的,这不涉及A的衡平法权益的转让的观点似乎被接受了(见第6.6.4节)。其次,在任何情况下,由于这是一种推定信托,受第53条第(2)款而不受第53条第(1)款第(c)项的约束,从而避免了书面形式要求的必要性。因此,尽管缺乏形式,受益权益的转移仍是有效的。这一推论虽然没有取得上议院强有力的结论,但在*Oughtred v. IRC*(1960) AC 206中被运用。不过,近期*Neville v. Wilson*(1997) Ch 144案接受了这种推论,上诉法院赞成了依据第53条第(2)款不要求书面形式的观点。

最后需要强调的是,上述论点仅适用于可强制执行的合同。正是这种补救措施的有效性产生了推定信托。因此,你需要知道何时实施强制履行,就目的而言,这本质上是在损害赔偿不足以弥补损失的情况下发生,因为在他处无法获得同等的替代财产。在合同中转让或设立土地权益和私人(非公共)股份均属于这种情形。

总　结

1. 如果你想转让或以其他方式处置你的财产,你所需要做的全部就是清楚地表明这是你所希望的,转让方可生效。然而事实上往往需要的更多。例如,你可能需要以特定的形式表达你的意图,如书面形式,或受让人可能需要登记为新的所有人。在这种情况下,只有在采取了其他步骤之后,转让才会生效。我们可以把这些额外的步骤称为形式要求。

2. 不同的形式要求适用于不同种类的处分(例如,赠与、信托等)和不同类型的财产(例如,土地、股份等)。

3. 如果你想将财产利益转给别人,有三种基本的做法:

(1)可以进行直接转让(或赠与)。

(2)可以宣布自己是该笔财产的受托人。

(3)可以将财产转让给某些第三方,以信托的形式为你的预期受益人持有。

4. 法律允许你选择任何一种你喜欢的权益转移方式。但是,作为一般规则,如果你选择失败,法律不会帮助你。衡平法不会完善一个不完善的赠与。

5. 这一规则存在一些例外。最重要的是 *Rose* 案规则。该项规则最初的内容是,如果你打算直接转让财产,只要你完成了使该转让有效而需要你做的一切,即使直接赠与无效(到目前为止),因为其他人没有完成为使该财产转让成功需要其所实施的步骤,但你也将为你期望的受赠人以信托形式持有该项财产。这一规则现在似乎已经被延伸,以至于即使赠与者改变其赠与的意图是不合理的,此类信托也会成立。

6. 信托成立通常不需要正式手续。有两个主要例外:土地信托和遗嘱信托。

7.《1925 年财产法》第 53 条第(1)款第(b)项要求土地信托须有书面文件证明,但是,有一项例外亦被承认。如果委托人履行一项口头协议而将土地转给其预期的受托人,并由其以信托形式为他(或者,可能是第三方)持有土地,则土地口头信托即告生效。在这种情况下,为了防止受托人将财产占为己有,尽管缺乏书面形式,法院也会承认信托的效力。

8. 你可以设立信托使之在你去世后生效,但必须满足《1837 年遗嘱法》第 9 条的要求,该条规定信托必须是书面形式,并有签名和见证人。

9. 但是也有一个例外,即在立遗嘱人告诉预期受托人希望他以信托方式持有财产且受托人也同意这样做的情况下,承认不符合这些要求的信托。这些信托被称为秘密信托。

10. 秘密信托可以是完全秘密的,也可以是半秘密的。在完全秘密的信托中,遗嘱完全没有提及预期的信托;相反,遗嘱似乎显示了对预期受托人的直接赠与。在半秘密信托中,遗嘱清楚地表明财产将以信托的方式持有,但不披露该信托的条款。法院为设立完全秘密信托和半秘密信托制定了不同的规则,主要的区别涉及信托必须转达给受托人并为受托人接受的时间。在完全秘密的信托中,这可以在立遗嘱人死亡之前的任何时间进行。然而,在一个半秘密信托中,信托必须在遗嘱执行之前或执行之时被有效地传达并被受托人接受。

11. 信托受益人通常对信托财产拥有衡平法上的所有权。这种权益和其他所有权权益一样,可以转让给他人。但是,《1925 年财产法》第 53 条第(1)款第(c)项规定,这种衡平法权益的处置必须以书面形式作出,并经签字才能生效。

12. 受益人衡平法权益的彻底转让显然可以视为一项处置;如果受益人指示其受托人即刻以信托方式为他人持有财产,也可视为一项处置。但是,如果受益人告诉受托人将信托财产直接转让给其他人,从而使信托终止,则不存在这种处置。受益人为他人的利益而宣布自己是其衡平法权益的受托人的情况下,也不存在上述处置。

练　习

6.1　为什么我们对所有权权益的转让和创建规定了形式要求?在什么情况下(如果有),如果一项明确意图的交易或处置没有以所要求的形式表达出来,那么否认其效力是正当的吗?

6.2　为什么我们不应该完善不完善的赠与?

6.3　是否有充分的理由支持秘密信托?

6.4　邓肯一直过着充实而刺激的生活,但由于担心末日即将来临,他决定立下遗嘱。根据他的遗嘱,邓肯把他的房子留给乔安妮,把 1000 英镑共同留给迈克和蒂姆,把他收藏的画留给乔,"希望他能按照我给他的指示分发这些画"。

在完成遗嘱后不久,邓肯与蒂姆交谈,并要求他为邓肯的情人艾米尔保管遗嘱中的钱。蒂姆也同意了。蒂姆回家告诉迈克,迈克说他不想参与"肮脏的小阴谋"。几周后,没有与迈克和蒂姆进一步沟通,邓肯就增加了一个附加条款,使迈克和蒂姆的遗产增加到 2000 英镑。随后邓肯看到了乔,并给了他一封密封的信,他告诉乔是不能打开的,直到邓肯去世后。乔看起来很困惑,所以邓肯说,"是关于我的画"。乔点点头,把信放进口袋。

就在他去世前,邓肯决定把房子留给他的私生子克里斯托夫。他给乔安妮打电话,但乔安妮不在。邓肯便在乔安妮的答录机上留了一条信息,告诉乔安妮她将为克里斯托夫以信托形式持有房子。那天夜里邓肯去世了。乔安妮直到第二天早上才收到消息。

就此案给出相关建议。

6.5 《1925年财产法》第53条第(1)款第(c)项规定,衡平法权益的处置必须以书面形式作出。什么原则构成了这项规定的基础?这一原则是否支持法院适用本条款所作出的裁决?

拓展阅读

1. Battersby, *Formalities for the Disposition of Equitable Interests under a Trust*, (1979) 43 Conv 17.

2. Critchley, *Instruments of Fraud, Testamentary Dispositions, and the Doctrine of Secret Trusts*, (1999) 115 LQR 631.

3. Feltham, *Informal Trusts and Third Parties*, (1987) Conv 246.

4. Green, *Grey, Oughtred & Vandervell—A Contextual Reappraisal*, (1984) 47 Ml-R 385.

5. Hodge, *Secret Trusts: The Fraud Theory Revisited*, (1980) Conv 341.

6. Matthews, *The Words which are not there: A Partial History of the Constructive Trust* in Mitchell (ed.), *Constructive and Resulting Trusts* (Hart Publishing 2010).

7. Nolan, *Vandervell VIRC A Case of Overreaching*, (2002) CLJ 169.

8. Perrins, *Can you Keep Half a Secret?*, (1972) 88, 225.

9. Hodge, *Secret Trusts: The Key to the Dehors*, (1985) Conv 248.

10. Swadling, *The Nature of the Trust in Rochefoucauld v. Boustead in Mitchell* (ed.), *Constructive and Resulting Trusts* (Hart Publishing 2010).

11. Youdan, *Formalities for Trusts of Land, and the Doctrine in Rochefoucauld v. Boustead*, (1984) CLJ 306.

12. Youdan, *Informal Trusts and Third Parties: A Response*, (1988) Conv 267.

第7章　信托成立与设立信托的承诺

7.1　信托的成立

前一章提到委托人有两种设立信托的方式:一种是自己担任受托人,另一种是指定他人担任受托人。前一种方式只需委托人有效地宣布(明示的)其设立信托的意图,一般不需要通过口头以外的任何形式进行。但是,假如委托人要求其他人履行这一职责,他必须为信托的设立和运作作更多准备:除有效宣布信托外,他还必须确保信托财产委托给其选定的受托人,换言之,委托人必须将其在信托财产中的权益转让给受托人,这一步骤称为信托的成立。在相关财产的所有权转让给受托人之前,即使委托人有明确的意图,信托也不会产生。

为了将财产权益转让给受托人,委托人需要遵守的规则因该财产的性质和其在该财产中的权益不同而有所差异(见第6.1节)。法律对各类所有权转让有不同的规定:有形个人财产(汽车、画作、银行票据等)的所有权通常通过实物交付相关物品(当附有转让所有权的意图时)进行转让,也可以通过签署赠与契约进行转让;土地所有权的转让需要一份契约[《1925年财产法》第52条第(1)款],如果土地已登记,受让人也应在土地登记册上登记为新的所有人(《2002年土地登记法》第29条、第30条);股份的所有权过去是通过签署股份转让书,然后受让人作为新所有人登记在公司股东名录中,现在也可以通过电子方式实现(《1963年证券交易法》《2006年公司法》第770~772条);债务和其他无形财产转让在法律上需要以书面方式进行,并通知债务人(《1925年财产法》第136条);版权转让要求签署书面文件[《1988年版权、外观设计和专利法》第90条第(3)款];在第3章中,我们讨论了*Jones v. Lock* (1865) 1 Ch-App 25,支票的收款人可以通过支票背书转让其付款权利,即在支票背面签名并写下新收款人的姓名。如前一章所述,当委托人的财产权是衡平法上的,转让必须以书面形式进行,并由转让人根据《1925年财产法》第53条第(1)款第(c)项的规定签署。

如果委托人未能采取必要步骤将其财产权转让给受托人,则信托不会成立。财产仍保留在委托人手中,他可以自由处置。唯一的例外是在上一章中提到的情况:衡平法罕见地愿意完善一项并不完善的赠与(见第6.3节)。

7.2 未来财产的信托

明示信托在受托人取得预期信托财产的所有权之前不能成立,导致的必然结果是委托人无法以其尚未获得法律权益(这里是指"法律认可",包括普通法和衡平法)的未来财产设立信托。然而,法院已经准备把试图以未来财产设立信托看作承诺在收到财产时信托设立:*Ellenborough* (1903) I Ch 697; *Williams v. Commissioners of Inland Revenue* (1965) NZLR 395。当事人的权利取决于法律对该承诺的态度。

7.3　设立信托的承诺

人们可能期待法律以回应一般承诺或传统契约的同样方式对设立信托的承诺作出回应。换言之,我们只需关注合同法,它告诉我们哪些承诺具有法律约束力,承诺被违反时谁有权主张索赔。然而,关于设立信托的承诺的法律似乎在许多重要方面偏离了正统的合同法。尽管如此,似乎没有任何充分的理由对这些承诺予以区别对待,而且区别对待将会显得不公正。因此,我们不妨先看看合同法的基本原则,探究在原则上应如何处理设立信托的承诺。

首先,并非所有的承诺都具有法律约束力,只有在某些情况下,作出承诺才会产生法律上的权利和义务。在英国法律中,承诺产生法律效力的主要情形有两种:第一,承诺在契约中作出。契约是正式的文件[见《1989 年财产法(杂项规定)》第 1 条],承诺人因以该种形式表达承诺而对其具有约束力。契约中所作的承诺也被称为合同。第二,具有对价的承诺。在承诺人要求取得承诺的相应回报时,就产生了对价("如果你承诺做 Y,我保证做 X")。在这种情况下,受诺人应该为承诺支付对价。

应当指出,衡平法在一个重要方面扩展了对价的概念。夫妻结婚之际设立信托,以供养夫妻双方及其家庭,这种做法很普遍。信托财产可能来自其亲属,也可能源于夫妻自身。在后一种情况下,夫妻双方不仅以已经拥有的财产设立信托,而且承诺将他们在有生之年可能获得的其他财产转入信托。其婚姻被认为是对这些承诺支付的对价。此外,这种"婚姻对价"超越了夫妻本身,延伸到了他们的子女和孙辈,因此,他们都被看作为获取承诺而支付了对价。

重要的是,契约承诺的法律效力不同于对价承诺的法律效力。以契约作出但没有对价支持的承诺被违反的,契约的另一方(或多方)只能就违约所致的损失要求赔偿。在给予了对价的情况下,法院有权要求强制履行,迫使承诺人实际履行其承诺而非仅仅赔偿因其不遵守承诺而给受约人造成的损失。由于强制履行是一项衡平法的补救措施,由此产生了“衡平法不支持无偿受让人”的法律格言,无偿受让人即为没有给予对价的人。值得注意的是,该格言的范围仅限于不完善赠与和未完全成立的信托,但显然这并不代表衡平法只赋予那些给予对价的人以权利或赔偿请求权。如果信托有效设立,即使他没有给予对价,也可以由受益人行使权利:见 *Paul v. Paul* (1882) 20 Ch D 742。有关此格言的更多不确定信息,请参见第 1.8 节。

上述观点现已在《1999 年合同(第三人权利)法》中被修改。按照该法规定,假如 A 和 B 签订了一份向 C 授予权益的合同,那么即使 C 既未提供对价也非合同的缔约方(该承诺通过契约作出),C 也有权要求强制执行合同,除非 A 和 B 没有赋予其权利。有人对于该法是否适用契约承诺表示怀疑但证据不足,而该法第 7 条第(3)款表明了其适用性。为便于理解,我们先研究该法生效前的法律,再探究其产生的影响。

7.3.1 普通法上承诺的强制执行

在不考虑《1999 年合同(第三人权利)法》的情况下,S 承诺为 B 设立信托,预计结果如下。

1. 如果承诺既不是以契约作出,也没有对价作为支持,那么即使 S 不履行承诺,B 也无法提出索赔。

2. 如果承诺是以契约形式作出的,但没有支付对价,B 可以就 S 的违约行为对其造成的损失提出索赔,但不能迫使 S 设立信托。

3. 如果为承诺支付了对价,受诺人(或在适用的情况下,婚姻对价范围内的人)同样可以获得违约损害赔偿,但也有权选择要求具体履行合同,从而迫使 S 按照承诺设立信托。

然而,事实并非如此,法院赞同命题1和命题3,但不支持命题2。所以,很明显,如果承诺不是以契约作出,也没有对价支持,则没有索赔权,S既不能被迫设立信托,也不会因此支付赔偿金。同样,法院也确认,在为承诺支付了对价的情况下,在赔偿不足以弥补损失时,他们将强迫S设立信托,无论是以自身为受托人还是将财产转让给其他受托人。事实上,在法院要求S必须设立信托的情况下,从S收到法院的指令时起,S就被视为以信托的方式持有财产:见案例 *Pullan v. Koe* (1913) 1 Ch 9(这是对第6.6.6节中一般规则的适用,详细论述见第9.5节,假如你承担将财产转让的义务,那么在转让前,你会以信托方式为受让人持有该财产)。

困难出现在S以契约承诺设立信托但没有取得承诺的对价的情况。原则上,作为合同受约人——无论是预期受托人T还是预期受益人B——都有权获得因合同违反所产生的损害赔偿金。但是,法院并不这样认为。相反,他们认为,如果B是合同的当事方,B可以获得损害赔偿金[*Cannon v. Hartley* (1949) 1 Ch 213],但合同仅由T签订,在S违约的情况下,B和T都无权获得损害赔偿。

重要的案件是 *Pryce* (1917) 1 Ch 234 案。在该案中法院需要决定结婚协议的受托人是否能够采取措施追回该协议期限内应该转给他们的财产。尽管是契约当事方,但Eve法官仍认为,受托人不应对财产现有持有人提出任何索赔。他得出这一结论的依据是,信托受益人不是婚姻对价范围内之人,因而他们无法寻求具体履行协议,具体履行难以获得支持,主张损害赔偿应该也是被拒绝的。此外,Eve法官还认为,受托人不应该被允许要求索赔,因为这将间接地给予受益人他们不能直接为自己主张的权益。

Eve法官的推理存在一些不足。其主张的"承诺无法履行,则不能进行索赔"显然有误(见 *Elliott*,1960)。合同救济的一般规则是,如果损害赔偿是一种适当的补救措施,则不会要求实际履行合同,换句话说,如果无法强制履行,可以通过损害赔偿的方式弥补违约损失。

因此,损害赔偿取决于实际履行的可能性是毫无根据的。此外,否认一方当事人合法的、将有利于自己没有主张权利的其他人的赔偿请求权,并不存在合理的理由。没有人认为,如果我和你签订合同递送鲜花给我,而你以我要求把鲜花送给别人为由未递送鲜花,你就可以逃避送花的义务,或者说,逃避赔偿损失的责任。事实上,我期望的鲜花接受人没有权利让你送花,但这无关紧要。同样,受托人应该能够行使他们在契约项下的权利,尽管受益人最终得到了受托人所获得的任何财产。尽管如此,*Pryce* 案中的观点在 *Kay's settlement* (1939) 1 Ch 329 案和 *Cook's Settlement Trusts* (1965) 1 Ch 902 案中仍得以适用。

如果与 *Pryce* 案相反,T 可以对违反合同进行索赔吗?有人提出,由于 T 只是作为受托人取得财产,他不会因 S 拒绝交出财产而蒙受损失,这一损失实际上由单独受益于信托的受益人承担。因此,某些人提出,T 对违反合同提出索赔,他最多可以获得象征性赔偿。然而,这似乎也是一个错误。看来,T 有权获得实质性损害赔偿金——赔偿金数额参照 S 转让的财产的价值进行衡量——尽管他只是意在以信托方式接受财产:*Cavendish-Browne's Settlement Trusts* (1916) WN 341; *Elliott*, 1960; *Goddard*, 1988; 参见 *Friend*, 1982。

7.3.2 《1999 年合同(第三人权利)法》

《1999 年合同(第三人权利)法》是如何改变这一切的?该法第 1 条第(1)款规定:

(1)非合同当事人……有权强制执行合同条款,如果

(a)合同中明确规定他可以;或

(b)除第(2)款规定外,条款赋予他权益。

第 1 条第(2)款规定,第 1 条第(1)款第(b)项"不适用于基于对合同条款的合理解释,当事人不打算由第三人执行合同条款的

情况”。

很明显,无论是有对价的支持还是规定在契约内的设立信托的承诺,都属于第 1 条第(1)款第(b)项规定的范围,除非这不是 S 的意图,否则 B 都有权强制执行其承诺。B 在任何情况下享有索赔权,无论是因为他向自己支付了对价,或者像在 *Cannon v. Hartley* 案一样,成为契约的当事方,是没有差别的。其实,传统上,B 没有索赔权,该法使之有了很大的不同。考虑诸如 *Pryce* 案,在该案中 S 与 T 订立合同,为 B 设立一个信托。如同我们所看到的,案例表明,假如 S 没有履行承诺,T 和 B 都没有任何索赔。然而,根据该法,B 和 T 都可以主张索赔。除非证明 S 的意图截然相反,否则 B 有权根据第 1 条第(1)款第(b)项执行合同。此外,由于 B 本身享有索赔权,*Pryce* 案关于否认 T 的索赔权的论点随之消失。

7.4　契约信托

在《1999 年合同(第三人权利)法》生效前,还有另外一种设立信托的承诺被潜在的受益人强制执行的方式,尽管该受益人并未支付对价,也不是契约的当事方。

如果 A 和 B 签订合同,以 5000 英镑的价格向 B 出售 A 的汽车,A 和 B 都享有要求对方履行的权利:A 有权要求 B 向他支付 5000 英镑,而 B 有权要求 A 转让汽车给 B。这些权利或请求是一种形式的财产,有时被称为无形财产。作为一项财产,A 和 B 可以(通常)将这些权利转让给其他人。由此,A 可以分配自己的权利,要求 B 将 5000 英镑支付给 C。这意味着 C 有权获得 5000 英镑,也有权要求 B 付款。就像 A 可以将他的权利全部转让给 C,他也可以宣布以该权利设立一项信托。如果 A 宣布以获得 5000 英镑的权利设立一项以 C 为受益人的信托,A 将继续拥有向 B 索要金钱的法定权利,但是 C 将有权要求 A

强制执行索赔,且 C 能够要求 B 向 A 支付金钱并转而支付给 C。

同样,如果 S 与 T 订立契约,由 S 为 B 设立信托,则 T 将获得要求 S 履行契约的权利。B 并非契约当事人,他没有权利执行该契约。然而,如果 T 为 B 以信托方式持有权利,那么 B 实际上将能够通过 T 来执行契约从而实现其预期利益:*Fletcher v. Fletcher*(1844)4 Hare 67。这避免了 *Pryce* 案(见第 7.3.1 节)所提出的问题,即 T 不能强制执行契约项下的权利,因为这给予了 B 其无权享有的利益,但借助契约信托的优势,B 从此有权拥有该项利益。

有人认为,契约以未来财产即 S 尚未拥有的财产设立信托,基于未来财产不可能存在于现有信托,因此这一选择权是不可以获得的:见案例 *Cook's Settlement trusts*(1965)1 Ch 902; Lee, 1969。但是,该观点是混乱的。正如我们所见,不能以未来财产设立信托是事实(见第 7.2 节),但以未来财产设立信托的契约形成了一项当前的强制执行该契约的权利,而这一现实存在的权利,不是未来财产,可以成为信托的标的:见 *Davenport v. Bishop*(1843)2 Y & CCC 451; *Lloyd's v. Harper*(1880)16 Ch D 290; Meagher and Lehane, 1976。因此,更可取的观点是,如果 S 订立契约将资产 X 转让给 T 并为 B 以信托方式持有,则强制执行契约的权利本身可以以信托方式且为 B 持有,无论当前 S 是否拥有 X,都使 B 处于强制执行 S 订立的契约的地位。

唯一的问题是 T 何时能够持有在为 B 设立信托的契约项下的权利。如果契约包含了有关设立这一权利的明确的信托声明,情况就会很清楚。S 可以与 T 订立契约将他从父亲遗嘱中获得的任何财产转让给 T 并为 B 以信托形式持有,该契约还规定,该契约所设定的权利将由 T 以信托方式为 B 持有。如此,就有明确的以这些权利设立信托的意图。因此,如果 S 取得其父亲遗嘱项下的财产但拒绝将财产转让给 T,B 凭借以契约权利设立的信托可以要求 T 起诉 S,至少,如果我们把追回的损害赔偿金看作替代 S 应该转让给 T 的财产,那么,说 T 以信托方式为 B 持有货币是没有问题的。

但是,如果契约没有关于该契约项下的权利以信托方式为B持有的规定呢?有人认为,在没有信托声明的情况下,明显的结论就是不存在那些权利的信托。然而,一些人争辩认为(见Hornby,1962;Mitchell,2010,71),T始终享有设立信托的契约项下的权利,即使契约本身对这个问题没有规定。为什么呢?理由如下:T在契约中被明确指定为受托人,意味着他也应该基于信托享有执行契约的权利。唯一不同的是,T享有执行契约的权利不是基于信托,而是为了他本身的利益。然而,这被认为是不能被接受的,因为这意味着将由T决定是否强制执行契约。因此,按照这一观点,受托人始终享有执行信托契约的权利,剩下的唯一问题是确定谁是这个信托的受益人。

有人可能认为最可能成为受益人的是B,因为他是契约履行的预期获益之人。然而,我们再一次发现另一种观点也被提出:在没有明确意图表明契约项下的权利是为B以信托方式被持有的情况下,他们应该是以信托方式为S持有(见Mitchell,2010,71-2)。这一想法是,除非S确定了谁是契约项下信托受益人,否则信托就会因对象不确定而无效,就像在第3章看到的,并在第8章将更详细地研究,一项信托因对象不确定而无效,信托财产将由受托人为委托人以归复信托的方式持有。正因为如此,在没有明确的确定的受益人的情况下,T将以信托方式为S持有这些权利。

反过来这也使我们认可*Pryce*案的结果,虽然不是推理得出的结论。除非S明确表示执行契约的权利由T以信托的方式为B持有,否则这一权利应该以信托方式为S持有。在这种情况下,T无论任何原因都不能行使这些权利对抗S,T是以信托的形式为S持有这些权利。任何请求违背S的意愿,都与T为S利益最大化的义务相冲突。

尽管此看法巧妙解释了*Pryce*案,但仍存在质疑的理由。这一看法有两个点可以被挑战。首先,它认为,如果S与T订立契约将财产转让给T设立信托,那么T也应该拥有执行该设立信托契约的权利。为什么呢?如果T完全拥有该权利,则任何人都不能要求他提起诉讼,这是事实,但它不会发生,如果他提起诉讼并成功,他也可以保留为他自己追回的损害赔偿金。不难看出,任何赔偿都相当于(或替代)S 承诺设立信托而转让给 T 的财产,因此他们都要受到契约的约束,T 有义务为 B 以信托方式持有财产。

其次,它认为,除非 S 明确声明执行契约的权利为 B 以信托方式持有,否则该权利应为 S 以信托方式持有,这似乎也很怪异。在没有任何规定的情况下,合理的推论是 B 为契约执行权的预期受益人。毕竟,基于 T 是契约项下转让的财产的受托人,则推断他应该是强制执行契约的权利的受托人,那么,为什么不能基于 B 是契约项下转让的财产的受益人,而推断 B 是强制执行契约的受益人?认为可以推断信托的存在而无法推断信托受益人身份的观点,似乎有些武断。如果问谁是最可能的受益人,答案显然是 B。

当然,这好像比推断权利以信托方式为 S 持有更合理,因为这有效地剥夺了契约的任何法律效力(见 Feltham,1982)。如果 S 是受益人,T 就不能违背 S 的意愿而执行契约,这实际上使 S 有了违反契约的自由。相反,T 为 B 以信托方式持有契约项下的权利的结论,不仅使契约具有真正的约束力,而且可以依靠通过这些安排预期获益的当事人使契约具有可强制执行性。因此,如果我们认同 T 持有设立信托的契约项下的权利的观点,那么,在没有明确相反证据的情况下,我们应假定这些权利的受益人为 B 而非 S。

这一切让法律看起来错综复杂且捉摸不定。它似乎是清晰的,当 B 以契约的形式承诺他将转让财产给 T 并以信托方式为 B 持有,则无论 B 本身是契约当事人或者契约规定 T 有权为 B 执行信托契约,B 都将能够执行承诺。然而,在此情形之外,它又是不清晰的,即为什么说 B 或 T 没有索赔权就是编造谎言?幸好《1999 年合同(第三人权利)法》的颁布解决了这些争议。该法规定,如果没有相反意图,该法均赋予 B 作为契约第三人受益人享有的权利,而无论 B 是否为契约当事人,或以执行契约的权利设立的信托是否有效。

7.5　信托财产的偶然归属

毋庸置疑,如果承诺人不履行承诺,就会产生设立信托的承诺的强制执行问题。如果承诺人遵守承诺将财产转让给受托人,则信托完全成立,受益人也能够像其他信托那样对承诺拥有执行权。尽管如此,在信托成立前,受益人无权执行承诺:见 *Paul v. Paul*(1882)20 Ch D 742。

此外,如果 S 订立契约将财产转让给 T 为 B 以信托方式持有,那么 T 一旦获得财产所有权,则信托便生效,而无关 T 是如何收到财产的。在 *Ralli's Will Trusts*(1964)Ch 288 中,S 通过契约设立了一个信托(信托 1),并订立契约将某些包括 S 因其父亲去世而设立的独立信托(信托 2)项下的利益在内的其他财产转让给信托 1 的受托人。然而,S 始终未将信托 2 的利益移交给信托 1 的受托人。当 S 去世时,T 成为两个信托的唯一受托人。然而,尽管没有移交,但 S 订立契约承诺转让给 T 的财产的法定所有权恰好由 T 持有。Buckley 认为,这对信托成立就足够了,同时意味着信托 1 受益人可以要求拥有 S 在信托 2 项下的利益。

此说法与 *Strong v. Bird*(见第 6.3.3 节)中的规则有很多相同之处。该规则认为,如果转让人死亡,预期受让人被指定为其遗嘱执行人,那么不完善的赠与(所有权转让)将得到完善。作为遗嘱执行人,受让人将获得转让人原本打算转让给他的所有权,因此,赠与最终得以完成,尽管该赠与更多的是靠运气而非判决来完成。同样的事情在这里也在发生:S 订立契约将财产转让给 T,T 最终取得财产,尽管是偶然的。所有的状况就是财产被 T 收到,且 T 一旦收到财产,信托就立即成立。

虽然 *Ralli* 案的结论非常合理,但其权威性还是遭到了质疑。其一,T最终获得S订立契约转让给信托1的受托人利益的这种说法不完全正确。S已订立契约转让其在信托2项下的衡平法权益给T,T最终获得该信托财产的法定所有权。因此,信托是否曾真正成立是不清晰的。第二,*Ralli* 案的判决似乎与早先讨论过的 *Brook* 支付信托案的判决相冲突,而且在作出判决时没有参考该判决。在类似的情况下,尽管预期的信托财产碰巧归属于T,但信托仍是不存在的。

在 *Brooks* 案中,S是其母亲设立的信托对象之一。他随后订立契约将他在原有信托项下享有的全部利益以及未来可能获得的利益转让给受托人。与 *Ralli* 案相同,这两个信托有同一个受托人。他的母亲后来行使原有的支持S的信托项下约定的权利,问题在于受托人应将该笔资金支付给S,或是以S在契约中宣布的信托形式代为持有该笔款项。Farwell 法官认为这笔资金应支付给S,因为以这笔资金作为信托财产的信托并没有有效设立。他关注如下事实:S在履行契约时对这笔钱没有任何利益,只是在多年后对其有利的指定受益的权利被行使,他才获得了这项权益。这是无可争议的。然而,我们关心的重要问题是,现在该项权力已经被行使,S也获得了相应权益,一项资金信托成立是否基于那些资金目前由他与之签订契约的受托人持有。遗憾的是,关于这一点事实上 Farwell 法官的判决并未解决。因此,鉴于偶然提出的归属问题,事实上并没有得到回答,甚至没有被考虑。我们可能会怀疑,是否应将 *Brooks* 案视为反对 *Ralli* 案观点的权威,即信托成立仅要求受托人持有信托财产,与其最终如何持有无关。

总　结

1. 在信托财产所有权归属于受托人之前,信托不能产生。这是信托成立的必要条件。

2. 因此,信托的产生不仅仅是因为委托人承诺设立信托。在这种情况下，受益人的权利（如果有）取决于他执行承诺的能力。在提供对价或在契约中作出承诺时，承诺通常是可以被强制执行的，而且通常只有在给予对价的人或契约的当事方才能强制执行承诺（尽管《1999年合同（第三方权利）法》扩大了这一范围）。然而，根据法律规定，如果设立信托的承诺是在一项契约中作出的，且预期的受托人是契约的一方，而预期的受益人不是该契约的一方，那么将无法要求强制执行该承诺。

3. 尽管预期的受益人自己没有提供对价或作为契约的一方，但提供对价的人或作为契约当事方的人以信托的方式为受益人持有强制执行该承诺的权利，因而预期受益人也可以强制执行设立信托的承诺。

4. 虽然并不清晰，但似乎 T 确实收到了 S 签约承诺转让给他的财产，而信托则将真正地成立，至于财产如何或为什么最终落入了 T 的手中则无须考虑。

练　习

7.1　我们能否证明关于设立信托的承诺的可执行性的现行规则是合理的？

7.2　在什么情况下，签约人享有确定信托的契约规定的权利？谁有可能成为这种信托的受益人？

7.3　我们能否协调瑞丽遗嘱信托案和比若克支付信托案的判决？如果不能，我们应该选择哪一个？

拓展阅读

1. Elliott, *The Power of Trustees to Enforce Covenants in Favour of Volunteers*, (1960) 76 LQR 100.

2. Friend, *Trusts of Voluntary Covenants-An Alternative Approach*, (1982) Conv 280.

3. Goddard, *Equity*, *Volunteers and Ducks*, (1988) Conv 19.

4. Hornby, *Covenants in favour of Volunteers*, (1962) 78 LQR 228.

5. Meagher and Lehane, Meagher and Lehane, *Trusts of Voluntary Covenants*, (1976) 92 LQR 42.

第8章 归复信托

8.1 归复信托的性质

我们称为归复信托的信托有一个共同模式:A转让财产给B,而B最终为A以信托形式持有该财产。因此,这类信托的结果是将财产受益权归还转让人,这就是归复信托名称的由来。归复意为“跳回”:受益权“跳回”初始就拥有它的人(虽然,严格地说,大量案件中的受益权并未发生转让,自始至终都属于转让人)。

它告诉我们归复信托如何运作。然而,重要的问题是,类似信托何时出现以及为什么会出现。当然,何时的问题比为什么更容易回答。然而,可以确认的是,这类信托的产生是出于某种原因,而非转让人有意设立这样一个信托。毕竟,我们已经有了一个信托类别,涵盖了那些有意设立的信托,即明示信托,这一直是关注的重点。正如我们将要看到的,现实情况往往比较复杂。简单来说,委托人可以选择通过将财产转移给受托人来设立一个以自己为受益人的信托,并明确指示该财产应以信托形式为他持有,类似的信托与归复信托具有相同的模式:财产由 A 转到 B,B 为 A 持有信托财产。但我们不将其称为归复信托,它是一种直接的明示信托,只是它恰好把受益权送回到它开始的地方。因此,并非每个带有"归复"模式的信托都是归复信托。

8.2 归复信托的传统案例

传统上,归复信托的产生一般认为有两种情形。下面来自关于归复信托的主要审判报告、Browne-Wilkinson 勋爵在 *Westdeutsche Landesbank Girozentrale v. Islington London BC* (1996) AC 669, 708 中评价的段落对此进行了概括:

> 根据现行法律,归复信托产生于以下两种情形:(1)当 A 自愿付款给 B 或支付(全部或部分)款项购买 B 的单独享有的财产或 A 与 B 的共有财产时,则可推定 A 不打算向 B 赠与:资金或财产以信托方式为 A 持有(如果他是唯一的资金提供者),或者在 A 和 B 共同购买的情况下,按其贡献比例分享份额。必须强调的是,这只是一个推定,但这一推定很容易被先前的相反的推定预赠或有关 A 实施一个完全转让的意图的直接证据所反驳……(2)A 以明示信托的方式转让财产给 B,但信托宣称不会用尽所有的受益权益。

通常的做法是将第一类信托归为推定归复信托,第二类归为自动归复信托(虽然我们也看到 Browne-Wilkinson 勋爵拒绝这些术语)。接下来将依次考察每一个术语。

8.3 推定归复信托

归复信托产生的第一种情形是财产的无偿转让。这包括两种类型的财产转让。第一,A将财产转让给B,B不给予任何回报(如我将汽车赠送给你)。第二,A以B的名义支付部分或全部款项购买财产(如我为你买一辆车)。在这两种情况下,除非能发现相反意图,否则衡平法会认为B为A以信托方式持有财产。如果A是被转让财产的唯一所有权人,或者在购买财产时支付了全部款项,那么他将是信托的唯一受益人[见 *Dyer v. Dyer* (1788) 2 Cox Eq Cas 92]。如果该财产最初共有,或者A只提供了部分购买资金,那么他在该信托中享有的受益权将与其贡献成比例[见 *The Venture* (1908)]。因此,如果A支付5000英镑、B支付3000英镑、C支付2000英镑,以B的名义购买一辆汽车,那么B就为A以及自己、C以信托形式拥有该汽车,受益权在他们之间按比例5∶3∶2分享(除非另有说明,在以下章节中,"无偿转让"一词就包含了这两种情况)。

原则上,无论转让的财产的性质如何,归复信托的推定同样适用。然而,根据《1925年财产法》第60条第(3)款,有关土地转让方面归复信托的适用尚不明确。这说明:

> 在无偿转让中,不能仅因为财产转让未明示为了受让人的使用和受益,就意味着应该有一项为了赠与人的归复信托的存在。

从表面上看,它废除了在A将土地无偿转让给B时出现的归复信托,尽管这对A以B的名义支付费用购买土地时产生的归复信托没有影响。

很长一段时间以来,法院都在避免对该款的效果给出任何确切的结论[见 *Hodgson v. Marks*（1971）Ch 892 和 *Tinsley v. Milligan*（1994）1 AC 340, 371],也有人怀疑这是否是事实上对条款的正确解释。在 *Lohia v. Lollia*（2001）WTLR 101 案中,皇家律师 Nicholas Strauss 认为,第 60 条第(3)款确实意味着不再是这样一种情况,即 A 将土地无偿转让给 B 后会出现推定归复信托。上诉时,上诉法院[(2001) EWCA Civ 1692,（2001）All ER(D)375]对该观点表示同情,但最终认为,没有必要就这一点作出明确的结论。这并没有阻止上诉法院随后在 *Ali v. Khan*（2002）EWCA Civ 974,(2002）All ER(D)170 案中指出,洛希亚(Lohia)高等法院根据第 60 条第(3)款已经确定,涉及土地流转时归复信托的推定已经被废除[虽然在 *Perst v. Resources Ltd.*（2013）UKSC 34,(2013）2 AC 415,(49)案中,第 60 条第(3)款并没有引起司法标准委员会(JSC)Sumption 勋爵的注意]。当然,即使按照该观点,也不能阻止 A 提供证据表明该信托实际上是其所期待的,虽然,如果 A 成功证明了这一点,它也应该被视为一种明示信托而非归复信托。

此外,在接下来的章节中我们将看到更加详细的内容,归复信托的推定在 A 和 B(或者 A 独自)购买土地的案件中似乎已经被放弃,这块土地将成为他们的家并登记在他们共同名下[可能有附加条件,即当事人也承担共同的抵押责任:参见 *Jones v. Kernott*（2011）UKSC 53,(2012）I AC 776,(25);当土地因其他目的而被联名购买时,归复信托的推定被保留]。因此,如果 A 和 B 一起购置房屋,分别支付购房价格的 75% 和 25% ,且他们作为联权共有人取得房屋法定所有权,那么法院将不再推定他们的衡平法权益与出资是成比例的。相反,将推定他们依然是衡平法上的联权共有人,且寻求更大份额的一方有责任表明这实际上是当事双方的意愿。

8.3.1 反驳推定

只有在转让一方没有相反意图的情况下,无偿转让才会导致归复信托;否则,事实上它可能就是赠与。衡平法表明,如果欲使一项赠与生效,必须有证据证明这是赠与人的意图。这是此类归复信托被贴上"推定"标签的原因:有一种推定,即在 A 无偿转让财产给 B 的情况下,B 将以信托形式为 A 持有财产,但这种推定可以被推翻。究竟是什么样的证据和何种意图可以推翻对归复信托的推定是有争议的,我们将在后文详细探讨这一点。然而,有两点是明确的。

第一,如果有证据表明 A 积极打算将财产赠与 B,则不会有归复信托,B 将完全获得该财产。因此,如果法院只知道 A 转让财产给 B,且没有因此收到任何对价,那么结论将是 B 以信托形式为 A 持有财产。但是若有其他信息说明 A 在将财产转让给 B 时的意图,那么法院将权衡这些证据以确认 A 的意图。如果在权衡所有证据后最可能的解释认为 A 意图赠与,则将没有信托。

Fowkes v. Pascoe(1875)LIZ 10 Ch App 343 提供了一个很好的例子。富有的 Baker 夫人买了两只股票,其中一只是以她和 Pascoe 的名义共同购买的,Pascoe 是和她生活在一起的一个年轻人,她把他当孙子看待;另一只是以她和另一个女性同伴的名义共同购买的。Baker 夫人去世后,面临的问题是,Pascoe 是否以归复信托的形式持有她遗产中第一只股票金额,或是否享有该股票的受益。法院认为,虽然归复信托的推定适用该案,但这一推定在事实上已被明确反驳。考虑到当时的情况和当事人之间的关系,除了 Baker 夫人意图把股票赠与 Pascoe 之外,该交易似乎没有其他合理解释。正如 James 法官所说,

> 支持赠与和反对信托的证据是完全毋庸置疑的,这位女士有 500 英镑用于投资;她还有大量的股票在她的名下,以及其他相当多的财产。在心智健全的情况下,她可能想到要以自己和同伴的名义投资 250 英镑,以及以自己和 Pascoe 的名义投资 250 英镑,并让他们为她自己的利益作为信托下的受托人?在这一过程中,什么信托——什么

对象是可以想象的呢?

第二,在某些案例中,衡平法传统上采用了一个不同的推定:推定预赠。正如在下文中提到的,议会已经通过一项废除推定预赠的法律(见第8.3.2节)。然而,这项法律目前尚未生效——事实上它将来是否会生效也是不确定的——无论如何,这种立法都只是前瞻性的(意味着即使这项法律生效了,其后的若干年里法院在审理案件时不得不考虑当事人在该项法律生效之前获得的财产,使推定预赠继续适用于该案)。因此,了解这一推定如何运作依然重要。

当推定预赠适用时,它有效地颠覆了归复信托的推定,因为衡平法假定一个A对B的无偿转让达到了如同对B赠与的效果而不是以A为受益人的信托。这种推定的适用与否取决于A和B之间存在的关系。它适用于丈夫向妻子以及父亲(和其他代行父母义务者,类似父亲身份)向子女的转让。然而,从传统意义上来说,它不适用于母亲向子女的转让[见 *Antoni v. Antoni* (2007) UKPC 10,(2007) WTLR 1335,(20)和 *Close Invoice Finance Ltd. v. Abaowa* (2010) EWHC 1920 (QB)],也不适用于妻子向丈夫的转让。与归复信托推定一样,它也能够被相反的证据驳回。

8.3.2 推定的作用和意义

稍后将详细介绍这些推定在实践中是如何运作的。在此之前,我们需要花费一些时间思考关于推定在法律中的作用问题。

法院所做的大部分工作都是在确定事实的问题。提议是否被接受?伤害是否由被告造成?被告是否故意伤害受害人?有时候相关事实显而易见而且毫无争议,但更多的时候法院要进行专业的推定。被告可能会说,他开枪只是为了吓唬受害人,而并非想杀死他,但法院(或该案的陪审团)必须核实所有证据,并对当时发生的事实给出结论。如果事实是被告把枪指向受害人的头部并扣动了扳机,那么就可以推断出另一个事实,即被告属于故意杀人,换句话说,某些重要的事实通常是被其他事实间接证明的,人们可以通过证明其他事实来推断出重要事实。法院一直在做这类工作。有时法院会从一个或多个其他事实或情形中推断出一个重要事实。因此,如果事实 A 和事实 B 得到了证实,则法院就会推断或假设事实 C 也发生了。所以,如果原告需要证明事实 C 才能胜诉,那么他将通过证明事实 A 和事实 B 来完成举证责任。这就是一个推定:事实 A 和事实 B 存在,那么就可以推定事实 C 发生了。

因此,推定实际上是一种标准化的法律推论。法律事实上在说:"因为在事实 A 和事实 B 存在的情况下,事实 C 也通常存在,我们将假设所有事情都是在同一层面上的,如果事实 A 和事实 B 被证明发生,那么事实 C 也将发生。"然而,被告有可能会提出,尽管 A 和 B 发生了但事实 C 并没有发生。例如,被告确实用枪指着某人的头(事实 A)并扣动了扳机(事实 B),但他并未想杀死那个人(事实 C);比如,被告不相信枪上了子弹。在这种情况下,被告会辩称:"我知道通常当事实 A 和事实 B 存在时,事实 C 也会存在,但这是一个例外,事实 C 与事实 A 和事实 B 并不相符。"如果被告成功说服了法庭,他就驳回了这一推定。

在这里,我们需要正确理解两点。第一,推定适用仅在于解决法院在面对证据不足或矛盾时每天必须作出各类判决所涉实例。事实上,在每一天的生活中,我们一直在做这种推论。比如,我们想知道某个人是否喜欢我们,我们就会寻找信号:微笑、挥之不去的眼神或者无端的身体接触。这样做是因为我们知道通常这些信号——这些事实——表明了另一个事实:那个人喜欢我们。当然,我们也知道这些信号可能是误导性的,尽管有证据表明他或她喜欢我们,但那个人事实上并不喜欢我们。因此,在法院做同样的事情并没有什么特别神秘的。

第二,也是更为重要的,当适用推定且未被驳回,法院将在现有推定事实被证明的基础上继续作出判决。这一点从合同法的一个例子中可以看出。在合同法中,法院运用推定被认为是不当影响推定。从广义上来说,不当影响发生在被告不正当地利用你的权利或影响力之时。如果你能证明你与被告签订合同是由于被告对你施加了不当影响,则你可以撤销该合同。不当影响的案件表明,你可以通过两种方式来证明这一点。

一种方式是举出确切的证据证明被告的行为使你同意签订合同(他说了什么和做了什么来胁迫你)。如果不正当影响通过该种方式被证明,该案传统上被称为“事实上的”不当影响。另一种方式是证明你和被告之间的关系造成了滥用权力的可能(通常被称为“信任和信赖”的关系),而且该合同对你没有明显益处(这需要解释)。确定了这两项事实,不当影响的推定就成立了。换言之,面对这两个事实,法院将从字里行间解读并推定或推断出第三个事实:被告滥用其在关系中的地位促使原告签订合同。这时原告可以成功地使合同被撤销,除非被告能够提出证据证明事实并非如此以反驳这一推定。

这些案件传统上被贴上了“推定的”不当影响的案件的标签。然而,正如 Nicholls 勋爵在 *Royal Bank of Scotland plc v. Etridge* (*No.* 2)(2001) UKHL 44,(2002) AC 77 案中解释所述,尽管标签不同,但两种方式证明了同样事情:被告对你采用了不公平优势(顺便说一句,正如 *Etridge* 案所表明的那样,认为推定逆转了举证责任一说是误导性的。一个希望依靠不当影响的推定而确立不当影响存在的索赔人——同样,一个希望通过参考归复信托的推定来确立一项信托的索赔人——则仍有责任证明产生该推定的事实)。因此,在审理结束时,如果你能够提出不当影响的推定而被告无法反驳这一推定,法院就会得出结论——你已经证明的——不当影响的发生与你已经提供了证据证明的情形完全相同,该证据证明被告到底说了什么、做了什么,以迫使或操纵你签订合同。

这就是推定归复信托领域正在发生的事情。法院根据存在的其他事实(处于某种相互关系的当事人之间的无偿转让)推定或推断事实(关于转让人的意图)。它还告诉你,与其说这是被推定的归复信托,不如说这是某个特定的事实被推定,并导致归复信托出现的结论。当然,关键问题是法院所推定的事实是什么,以便证明财产是以信托方式进行转让的。我们将在适当时候探讨这个问题。在此之前,可以说,虽然运用推定或推论来确定事实问题并不引人注目,但特别推定的正当性取决于它们的准确性。它们符合事实吗? 真的可以说,在A和B发生的情况下,最可能的结论事实C也发生?

可以提出一个强有力的论点,即我们在许多情况下运用的推定是完全不真实的,因为它们不代表对事件最可能的解释,因此出现难以置信的事实推理。所以,配偶之间或父母与子女之间转让的不同待遇常常会受到批判:例如,Reid勋爵、Hodson勋爵和Diplock勋爵在*Pettitt v. Pettitt*(1970)AC 777案中的陈述。正如我们所看到的那样,推定预赠适用于丈夫向其妻子以及父亲向其子女的转让,但不适用于妻子将财产转让给丈夫或(至少直到最近)母亲转让给子女的情况。这里的问题并非简单的不同性别之间受到的待遇不同,而是认为父亲和母亲转让财产给子女的意图通常是不同的,或者夫妻转让财产给对方时通常有不同的意图,这是不真实的。因此,没有充分理由在这里适用不同的推定。更为关键的是,有人可能会认为,无论当事人之间的关系如何,关于无偿转让最可能的解释是A打算赠与B。如此,我们不应该适用归复信托推定,相反,应全面适用推定预赠。

鉴于此,议会最近决定废除推定预赠应看作喜忧参半的决定(见Glister,2010)。相关规定为《2010年衡平法》第199条,其中第(1)款直接指出:“推定预赠(例如,丈夫转让财产给妻子,或者以妻子的名义购买财产,则推定他们为赠与关系)被废除。”好消息是,这将结束对丈夫和父亲以及妻子和母亲之间任意的区别待遇。如果第199条生效,那么丈夫对妻子和妻子对丈夫的转让将按照相同的方式处理,同样地,在父母转让给子女的案件中也是如此。与之相反,它扩大了归复信托推定的范围,无论如何理解,一项推定都不可能反映出绝大多数人无偿转让财产的真实意图。所以,虽然第 199 条所要实现的性别平等无疑会受到欢迎,但理想的情况下,我们还是希望推定符合事实。因此,人们可能会认为,更好的选择也许是牺牲归复信托推定而非推定预赠。

无论如何,推定的内容和正当性只有在其对所适用的案件有决定作用的情况下才真正重要。如果裁决案件时从未依赖推定,则也不必过于担心适用的是不是一个适当的推定。那么,推定归复信托和预赠在多大程度上影响了诉讼的结果呢?虽然我们会自然地将推定作为一个起点,然后当事人可以反驳或通过提出进一步的证据加以确认,但最好的方式是把它们看作证据性的最后手段[见 Upjohn 勋爵在 *Vandervell v. Inland Revenue Cmrs* (1967) 2 AC 291,313 案中],只有在没有其他信息可供法院继续审理的情况下,法院才以它来决定案件。几乎无一例外的是,除了转让事实和当事人之间的关系之外,往往会有更多的证据,这些证据可以说明转让人的意图,案件的结果也会随之改变。

因此,最好将这些推定视为一种工具,一种协助确定事实真相和当事人意图的工具。它们有效但只局限于在案件中协助确定事实。在大多数情况下,它们似乎是法院确定推定归复信托和预赠的依据。在第 8.3.1 节提到的 *Fowkes v. Pascoe* (1875) LR 10 Ch App 343 案就说明了这一点。然而,有时候法院似乎过分拘泥于推定,即便是在推定明显违背事实的情况下,他们也会将其作为判决的依据。例如,在 *Vinogradoff* (1935) WN 68 案中,一名女性将大量股份转至她自己和她 4 岁的孙女共同名下。显然,她不可能让孩子为她充当财产的受托人,因此,对事实的唯一可信的解读是该妇女有意将其作为一项赠与。尽管如此,法院依旧认为归复信托推定未被推翻,孩子以信托方式为祖母持有财产。不过,类似 *Vinogradoff* 案属于反常案例,现代法律趋势是弱化推定的作用。

8.4　归复信托和非法行为

在有其他证据可供法院作出裁决的情况下,推定不会决定案件的结果。然而,直到最近出现一种案件,当事人不愿意举证证明其真实意图,以至于推定最终起了决定作用。A 将财产转让给 B 作为违法计划的一部分就属于上述情形。

我们可以在下述典型案例中看到这一情形:*Tinsley v. Milligan* (1994) 1 AC 340。Tinsley 和 Milligan 共同购买一套房屋并以伴侣身份一起居住,他们达成共识,他们是共同受益人。但是,房屋的法定所有权置于 Tinsley 一人名下。这样做可以使 Milligan 能够虚假申请社会保障福利金,对此 Tinsley 知情亦同意。申请社会保障福利金所得到的款项用于他们共同利益。后来,他们两人分手且 Tinsley 试图将 Milligan 赶走。于是 Milligan 起诉要求出售房屋并平分收益。因此,法院需要确定谁有权获得该财产。

Milligan 提出索赔最直接的方式就是证明她一直都享有房屋的平等份额。问题在于,法院可能会问的第一个问题是,如果 Milligan 为共同所有人,为何没有在法定所有权中占有份额。为此 Milligan 需要讲述他们计划欺骗社会保障署的方案。这样,问题就是法院通常拒绝协助那些试图违反法律而需要协助的人。在此情况之下,法院认为这些证明当事人违法计划和行为的证据是不被认可的,所以,如果 Milligan 提出索赔的唯一途径是依赖于违法行为,则 Milligan 的请求会被驳回。但是,若她能在不涉及该非法行为的情况下证明自己在财产中所占利益,那么即使其他证据或另一方揭露了涉及双方的非法行为,法院也将同意支持她的请求。

这就是归复信托推定的有用之处:Milligan 只需证明她为购买房屋作出了贡献,她就可以提出自己的主张——正如我们所看到的,推定导致了一个对她有利的归复信托——而无须解释她为什么付款或为什么房屋单独登记在 Tinsley 一个人名下。引用 Browne-Wilkinson 勋爵的解释:

> 在适用归复信托推定的案件中,原告不必依赖于非法行为。如果他证明,虽然财产归属于被告一人名下但原告自己提供了部分购买款项,或者自愿将财产转给被告,那么原告就可以在归复信托下确立其主张,除非完全相反的推定预赠代替了归复信托推定或被告提出了反驳归复信托推定的证据。因此,在没有适用推定预赠的案件中,原告可以在任何情况下不依赖于潜在的非法交易而确立其对财产的衡平法权益。……Milligan 女士无须被迫依靠非法行为来证明她的衡平法权益。仅在反复讯问 Milligan 女士的过程中,这种非法行为才显露出来:它就是 Milligan 女士需要依赖的非法行为。

然而,*Tinsley v. Milligan* 案原则受到了抨击。虽然它看起来为涉及非法行为的案件提供了简单易行的解决方案,但是该原则可以被任意操作,很大程度上是因为它所依据的推定本身就是随心所欲的。例如,如果当事人是已婚夫妇而不是未婚伴侣,*Tinsley* 案的结果就会不同,因为当时适用的是推定预赠,而不是由此产生的归复信托推定。然而,为什么这些案件的结果与非法计划当事人的婚姻身份相关至少是不清晰的[对比 *Tribe v. Tribe* (1996) Ch 107 案,此案涉及父亲的股份转让给儿子,该转让带有欺骗父亲债权人的意图。推定预赠适用了,但是父亲恢复股权的要求得到了支持,因为法院认为只要非法计划事实上没有被实施,那么证据就可以被接受]。

这一原则更广泛的问题在于,它寻求为非法转让案件提供解决方案,但忽略了什么是案件的关键所在即索赔人从事非法行为的事实。既然如此,问题是,索赔人自身非法行为引起的索赔的事实是否可以作为拒绝索赔的充分的理由?*Tinsley* 案原则显然并未考虑这一问题,相反,当事人隐瞒有关真实意图的证据时,却参考当事人想要的推定(的确是不可靠的推定)来解决这些索赔。正如 Millett 法官在 *Tribe v. Tribe* (1996) Ch 107,134 案中所述,*Tinsley* 案原则"不符合任何已知的道德原则。它在本质上是程序性的,取决于在特定案件中举证责任的定位"。

也许是姗姗来迟,*Tinsley* 案原则如今已在 *Patel v. Mirza* (2016) UKSC 42,(2016) 3 WLR 399 案中被联邦最高法院拒绝。多数人认为,*Tinsley* 案原则未能适当处理非法行为学说背后的政策理由,即阻止人们从其不法行为中获利,并看到法律是连贯的,不会弄巧成拙(如果有效地宽恕非法行为,就会是这样)。因此,他们认为,这一原则应该由如下做法所替代,即根据提到的政策,直接考量公众利益是否会因接受索赔而受到损害。在得出这一结论的同时,法院必须考虑:(1)被当事一方或另一方违反的法律规则的根本目的,(2)可能因拒绝该索赔而受到影响的其他相关公共政策,以及(3)拒绝索赔是否作为对违法行为的合理回应,因为惩罚是刑事法庭的职责。如何权衡这些因素以及最后得出何种结论,只能根据案件事实来确定,因此,这种方法给予法院很大的自由裁量权。但大多数人认为,在任何情况下这种做法导致的不确定性不会较 *Tinsley* 案原则更大,而且具有正面面对相关政策问题的优势。

就当前的目的而言,关键点是在提出索赔时不再有对非法行为举证的限制,也不再有不提及非法行为而为自己辩护的任何优势。因此,法院无须依靠推定归复信托和推定预赠来处理这类案件。

8.5　推定的内容

显然,归复信托推定的结果是,除非推定被驳回,否则财产无偿转让的受让人 B 将以信托形式为转让人 A 持有财产。同样明显的是,当推定被驳回时,无论是通过相反的证据还是推定预赠,B 都绝对占有该财产。但是,在法院适用归复信托推定时,法院推定的具体内容尚存在某些不确定性。

为什么推定的内容至关重要?因为在某些情况下,它会影响案件的判决。如果证据与推定不一致,换句话说,如果事实告诉我们与推定不同的情况,归复信托推定将被驳回。但是要想知道什么是与推定不一致的证据,我们首先必须知道我们在推定什么。因此,对推定内容的不同看法会导致对归复信托何时产生的不同意见。我们看到(见第 8.3.2 节),在运用归复信托推定时,法院会描绘一个对事实的推定或推断。此外,很明显,这一事实与 A 向 B 转让财产时的心态有关。该事实与 A 将财产转让给 B 时的想法有关。但是,我们应该如何假定 A 当时的心态呢?

8.5.1 推定的两种观点

毫无疑问,正如法院最初设想的,A 意图使 B 以信托形式为其持有财产:见 Swadling,1996;Mee,2014。按照这一观点,若推定未被驳回,归复信托产生并使 A 的意图得以实施。但有人认为,推定现在已经发生了变化,当法院适用归复信托推定时,法院推定的内容有些略微不同,即 A 无意使 B 获得财产利益:见 Birks,1992;2004,185 - 98;Chambers,1997。这一观点假设的是推定归复信托的产生是为了阻止 B 获取 A 无意给予他的利益,或者用标准术语来说,确保 B 不会不当得利。所以,尽管 B 取得了财产的法定所有权,但归复信托允许 A 收回财产,从而剥夺 B 对该财产的利益并将它归还给 A。

我们赞同上述哪种推定的观点有什么区别吗?在大多数情况下,两种观点会导致相同的结果。例如,如果事实表明 A 有意将财产赠与 B,那么推定明显地将被任一观点推翻:A 将财产转让给 B 的意图显然与使 B 为其以信托形式持有财产以及使 B 无法受益的意图不符。同样,如果证据表明 A 确实有意使 B 以信托方式为其持有财产,那么无论我们持何种观点，推定都将被确认，类似信托也将产生。事实上，法院经常将两种表述“A 使 B 以信托方式为其持有”和“A 无意使 B 获利”视为可互换的，因为如果 A 将财产转让给 B 且不打算使 B 从中受益，似乎就可以认为他打算使 B 以信托形式持有财产（见 Mee，2014）。

然而，有人认为，在有些案件中，关于推定的两种观点是分开的且会导致不同的结果。假设 A 出于误解将财产转让给 B：例如，A 误以为自己对 B 有欠款而向 B 支付款项。A 能够宣称那些款项是以归复信托形式为他持有吗？由于 B 并未对该笔款项给予任何回报，归复信托推定便产生了。问题是推定是否会被驳回？很明显，如果我们坚持推定的第一种观点——假设 A 有意使 B 以信托方式为 A 持有财产——推定会被驳回且不会有归复信托的产生。当 A 将款项交给 B，他的意图是为偿还债务而非为他的利益设立一个信托。因此，已证实的事实与推定不一致，也不会有归复信托。

相比之下，如果我们采取第二种观点——我们假设 A 没有意图使 B 受益——有一个很好的论点，就是推定没有被驳回且 B 以归复信托方式为 A 持有这些款项。这里需要稍微解释一下。当 A 交出这些款项时，他意图将款项转交给 B 是为了履行意识到的债务。因此，A 确实有意使 B 获益。然而，A 错了：事实上他没有欠付 B 任何欠款。这里允许 A 解释，尽管他把款项交给 B 并意图使 B 获益，但该意图是以实际上欠付 B 的款项作为条件的，换言之，A 可以声称“我仅仅打算向你支付我欠付的款项，我从未有任何向你支付我不欠付的款项的打算。因为结果是，我不欠付你任何款项，我也没有打算使你从中受益”。在这样的情况下，A 没有意图使 B 受益（见 Webb，2010）。因此，如果我们将推定理解为推定 A 没有使 B 受益于该财产的意图，那么事实将证实而不是反驳该推定，归复信托也将产生，以便撤销或防止 B 的不当得利。这两种推定观点产生的不同结果同样体现在有关不当得利的其他案例中：例如，A 在胁迫下或以某种最终未成就的条件为基础将财产转让给B,以及A在不知情的情况下财产被从A处取出并交给B。

以上就是对我们如何看待在推定归复信托案件中的推定有重大影响的场景及原因。哪种观点在法律上是正确的?正如我们所看到的,很明显,第一个观点是对推定的初期理解和运用。我们需要知道的是,它是否如声称的那样发生改变。推定已经发生改变的论点从未令人信服——例如,在大量不当得利的案件中,甚至没有人认为归复信托可能是正确的补救办法——这一论点最终在 *Westdeutsche Landesbank Girozentrale v. Islington London BC*(1996)AC 669案中被上议院拒绝。

在该案中,原告银行根据一份合同向被告地方当局支付了大笔款项,但该合同因超出地方当局的授权而无效。这一点被发现后,除其他意见外,银行辩称,这是一个银行在无效合同项下支付给当局的款项的归复信托。显然,银行在向地方当局支付款项时并未意图设立一项有利于自己的信托,银行的论点取决于其是否能证实归复信托的存在是为防止或撤销不当得利。为证实这一点,银行辩称归复信托的推定并非假设A意图使B以信托形式为A持有财产的推定,而是A没有意图使B从该财产中获利的推定,或者换句话说,它更倾向于推定的第二种观点。

上议院一致拒绝了这一论点,并(在有一个限定条件的情况下)坚持推定的传统观点:推定归复信托案件中的推定是A意图使B以信托形式为A持有财产。此外,法院认为,这一推定的观点不仅作为权威问题是正确的,在原则上也是正确的。本章的后半部分将探讨该原则。

8.5.2 共同意图的推定

前面提到的限定条件是Brown-Wilkinson勋爵的一个观点,他认为在设立归复信托时重要的是不仅需要考虑A的意图,还需要考虑B

的意图。如他所述,归复信托[(1996) AC 669, 708]:

> 传统上被认为是当事人共同意图导致信托的例子。归复信托不是法律违背受托人意愿强加给他的(一个推定信托),但是实施了他所推定的意图。

这表明归复信托的推定不仅是A意图使B以信托形式为他持有财产,而且是A和B都意图使B以信托形式为A持有财产。由此可以推断,如果A或B中任何一个人表示出来的意图与此不一致,推定都会被驳回。特别地,这意味着除非B知悉他以信托形式为A持有财产,否则这里就不会有归复信托。此外,似乎B在转让时应该知悉且的确有此意愿,如果B只是在事后发现这一切,则归复信托(与推定信托相反:第9.11节)就不能够出现。

Browne-Wilkinson勋爵认为B的意图也是有意义的,这一观点源于他更为普遍的观点,即对于任何信托的产生(无论是明示的、推定的或是归复的),受托人的"良心应该受到影响"。引用他的表述如下:

> 由于执行信托的衡平法管辖权取决于受到影响的合法权益持有人的良心,只要他不清楚据称影响其良心的事实,他就不能作为财产的受托人,直到他意识到其意图是在明示或默示信托中为他人获益而持有财产,或者,在推定信托的情况下,他知悉据称影响其良心的因素为止。

Browne-Wilkinson勋爵坚持这一立场的理由似乎是,将诸如通常伴随明示受托人角色的全部的信义义务强加于没有理由知道自己是受托人的人的身上是不合法的。但是,更有说服力的观点是,不是每一个受托人都要承担所有的义务和责任(见第10.12节),所以,虽然不知情的受托人不应该承担这类义务和责任,但它不应妨碍信托的设立,至少应赋予受益人对该财产的衡平法权益[见 *Independent Trustee Services Ltd. v. GP Noble Trustees Ltd.* (2012) EWCA Civ 195,(2013) Ch 91,(80)]。此外,一些案例也并不支持 Browne-Wilkinson 勋爵有关受托人良心在一项信托能够产生之前就应该受到影响的观点;的确,一系列案件的建议正是相反的(见 Swadling,2000, 257 - 61)。因此,真实情况是,无论从原则上还是作为权威问题,即使受托人不知情,信托也能够产生。因此,将 B 的意图视为与归复信托推定的运用密切相关的理由是站不住脚的。

8.5.3 推定的第三种观点

虽然上议院在 *Westdeutsche* 案中曾公开表示废除推定的第二种观点,但它可能并未完全消失。在 *Westdeutsche* 案后不久,Millett 勋爵对 *Jamaica Ltd. v. Charlton* (1999) 1 WLR 1399, 1412 案中归复信托的运作作出了说明:

> 与推定信托类似,归复信托是依法设立的,虽然不像推定信托一样使意图得以实施。但是,无论转让人是否意图保留受益权益——他几乎是不保留的——归复信托都会产生,因为它对缺少转让人转让受益权益给受赠人的意图作出了回应。

这看起来与 *Westdeutsche* 案所采取的立场不同。正如我们所见,上议院支持如下观点:归复信托的产生使 A 的(可能还有 B 的)意图得以实施,即 B 应该以信托方式为 A 持有财产。同样,只有当 A 意图保留对财产的受益权益时归复信托才能够产生。相反,Millett 勋爵认为,即使 A 在财产转让时没有意图保留受益权益,因此甚至 A 并无意图设立信托,归复信托也能够产生。所以,Millett 勋爵的说法似乎重新引发了关于归复信托推定内容的争论,而 *Westdeutsche* 案似乎在很大程度上已经解决了这个问题。

这些争论有些许复杂。乍看之下，Millett 勋爵似乎是赞同 Birks (1992)关于推定的观点，随后又赞同 Chambers(1997)的观点，但在 *Westdeutsche* 案中又拒绝了。正如我们所见，他们的观点是，推定 A 没有意图使 B 获益，那么，如果 A 因误解、被胁迫或在某一没有成就的条件下将财产转让给 B，就会出现一个归复信托。然而，Millett 勋爵的非法律文件表明，事实上他对 Birks 和 Chambers 的归复信托有着不同的理解。因此，Millett(1998a,201 -2)同意上议院在 *Westdeutsche* 案中的观点，反对 Birks 和 Chambers 的观点，即在误解、被胁迫的或附条件转让的情况下不会产生归复信托。因此，尽管 Millett 以同样的方式像 Birks 和 Chambers 一样构建了归复信托的推定，但是他实际上表达的是与此不同的含义。

Millett 的观点是，如果 A 因误解而转让财产，这将驳斥而不是像 Birks 和 Chambers 争论的那样确认归复信托的推定。为什么？因为在 A 转让时，A 确实意图使 B 受益(见 Swadling,2008)。也可能他后来后悔了，或他可以说“我知道真相，我就不会进行转让”，但是这不能改变在那一刻 A 意图转让受益的事实。因此，基于该事实，Millett 将提出，A 意图使 B 受益，所以推定被驳回，也就没有归复信托的产生。

就这一点而论，Millett 对 *Westdeutsche* 案的结果没有任何问题。银行支付了其意图使地方当局从中获益的款项，因为它(错误地)相信合同是有效的且该款项为欠款。事实上，导致 Millett 的观点与上议院在 *Westdeutsche* 案中支持的方法存在不同结论的唯一情况是，A 不知悉或完全不同意财产转让给 B(比如，B 从 A 手中抢夺他的财产)。在此情形下，在任何意义上、任何时候都不能说 A 有意图使 B 受益，因此，Millett 认为，推定被认可，且归复信托产生。相反，基于 *Westdeutsche* 案的方法，因为 A 明显没有意图设立信托，归复信托的推定将被驳回。

在 Millett 与 Birks 和 Chambers 的分歧点上，应该更倾向于 Birks 和 Chambers 的观点。正如在本章开始时我们所见，虽然如 Millett 正确地指出的那样，错误地转让财产的原告有使财产受让方获益的意图,但这个错误确实是重要的,因为它表明原告进行转让的意图是以某些事实属实为条件的(*Westdeutsche* 案中的条件是合同的有效性)。这意味着原告可以真诚地说,在这种情况下,他没有意图使被告受益。因此,在 *Westdeutsche* 案中,银行显然从未有意图使当局获得该笔款项,甚至即使合同最终被证实无效。如果归复信托的推定是一个 A 没有意图使 B 受益的推定,那么我们应该得出像 Birk 和 Chambers 一样的结论,即这个推定在存在错误或其他条件转让的情形下不会被拒绝,归复信托应该出现(见 Webb,2010)。

无论 Millett 勋爵在此问题上正确与否,他在 *Air Jamaica* 案中的见解并不适用 *Westdeutsche* 案。尽管如此,它仍是重要的,因为它显示出 *Westdeutsche* 案没有结束关于归复信托的辩论,同样不太可能是这个问题的最终结论。既然如此,原则性的争论——归复信托在什么时候以及为什么产生——就更加重要了。对此我们将进行简单探讨。首先,需要了解第二类归复信托:自动归复信托。

8.6 自动归复信托

归复信托产生被接受的第二种情形是,A 转让财产给 B 以明示信托方式持有,但是,由于各种原因,该信托宣告失败或未用尽财产的全部受益权益。在某种程度上,声明的(明示)信托未用尽受益权益意味着将为 A 以信托形式持有财产。

我们已经多次遇到这一想法。例如,如果 A 转让财产给 B 并以信托方式持有,但是由于对象不确定而使信托(全部或部分)无效,则 B 将在信托无效的范围内以归复信托方式为 A 持有财产。因此,如果我把 1000 英镑信托给你,并告知其中 300 英镑是 X 的,300 英镑是 Y 的,300 英镑是 Z 的,但是对剩下的 100 英镑什么也没说,那么剩余 100 英镑的归复信托就将产生,你将按照 3∶3∶3∶1 的比例为 X、Y、Z

和我以信托形式持有金钱。如果我将房产信托给你,并为X终身持有,但没有对剩余权益的分配,那么你将为X以信托方式持有房产直到他去世,剩余财产为我以归复信托方式持有。

自动归复信托的另一例子是曾提到的无效的目的信托。如在第4章中所讲述的,英国法律一般规定非慈善目的信托无效。因此,如果A转让财产给B以目的信托方式持有,且该信托不属于受益人原则的任何例外,那么预期信托将会无效而B将代之以归复信托方式为A持有财产。就我们所认识到的禁止非慈善目的信托原则的例外情况,还存在一种可能性,即初始有效的目的信托后来变为无效,因为目的已经实现或者原有的目的无法实现。在这种情况下,受托人手中留存的任何财产都将以归复信托形式为委托人持有。以 *The Trust of the Abbott Fund* (1900) 2 Ch 326 案为例。在这个案件中,一笔筹款用于赡养和资助两位聋哑妇女。在她们去世后,出现了剩余资金该如何使用的问题。在将其看作一个有效的目的信托(或可能是一个 *Sanderson* 案类型的个人信托:见第4.6节)的同时,Stirling 法官裁定剩余资金将以归复信托方式为其捐赠者持有。

此类归复信托的一个更为复杂但非常重要的例子是 *Vandervell v. IRC* (1967) 2 AC 291 案。我们之前(见第6.6.3节)已经遇到过这个案例,Vandervell 安排股份转让给皇家外科医学院(RCS),该股份产生的股息被宣布用于药理学主席基金。由于 Vandervell 认为在主席职位确定后这可能对重新获得对股份的控制是有利的,他又安排了一项回购股份选择权并授予给他组建的一个受托人公司 Vandervell Trustees(VT)。一旦股息被公布且 RCS 已经获得了必要的资金,该选择权就可以行使。该计划看起来是使 VT 以信托形式为 Vandervell 的子女持有这些股份。然而,这一点在授予选择权时并不明确,因此,尽管 VT 对该选择权(选择权是一种形式的财产权)具有法定所有权,也仍不能确定谁是有资格的受益人。

上议院以微弱多数认为,VT 没有意图持有该选择权获利,事实上它是以信托方式持有。然而问题在于信托受益人没有确定。因此,唯一结论是,在没有任何特定对象的情况下,该选择权为 Vandervell 以归复信托形式持有。

8.7 自动归复信托和意图

在 *Vandervell v. IRC* 案中,很明显的是,Vandervell 并不打算使 VT 以信托形式为他持有选择权。Vandervell 和他的法律顾问为主席职位提供资金,之所以选择的是将股份红利转给 RCS 而非简单地直接支付款项,原因在于尽可能减少 Vandervell 在交易中应缴纳的税款。然而,达到该目的,Vandervell 需要放弃其自身在这些股份中享有的利益。因此,他最不想要的就是对该选择权的受益权益。此外,上议院也承认了这一点。因此,似乎很明显,此类在 *Vandervell* 案中被承认的归复信托没有出现,是因为 A 意图 B 以信托方式为他持有转让的财产。

那么,该信托为什么会产生?Wilberforce 勋爵对结果解释如下:

上诉法院从受托人公司自愿接受选择权这一事实出发,认为这是一个归复信托的推定产生了且没有被推翻的案件。就我而言,我更喜欢一个稍微不同但更简单的方法。该交易在委托人及其代理人的证据的基础上接受了调查,且事实已经查明。在我看来没有必要也没有空间去援引一个推定。根据查明的事实,结论是简单的,就是选择权被委托给了受托人公司作为当时没有明确也许将来会明确的信托受托人。但是衡平权益或受益权益不能存在于空气中:法律的后果一定就是它保留在委托人手中。

Upjohn 勋爵在提及其中有无偿转让财产的(推定)归复信托时也

有类似意思，他继续说道：

> 归复信托的学说在法律中扮演一个非常重要的角色，在我看来，它对案件起到了决定性的作用。如果 A 有意将一份财产受益权益全部放弃，并认为自己已经这样做了，但某种误解、事故或没有遵守法律规定导致他未能完全或部分如愿，那么根据法律，将有一个为他的无效处置部分受益权益的归复信托。如果受益权益属于 A，而且他没能有效地将其转给一个或多个他人或者是慈善信托，那么受益权益就必须由他继续持有。

从这些选段中可以清楚地看到两件事。第一，Wilberforce 勋爵和 Upjohn 勋爵都认为，在明示信托无效的情况下产生的归复信托与在基于无偿财产转让的推定中产生的归复信托，其类型是不同的，运作方式也有差异；第二，产生于明示信托无效的归复信托是自动产生的。它们是明示信托无效的必然结果，这表明如果 A 没有有效地安排受益权益，该权益就应该由他继续持有。

正是这一点使 Megarry 法官在 *Vandervell's Trusts*（*No*. 2）（1974）Ch 269，294 案中创造了推定归复信托和自动归复信托专门术语，并提供以下基础说明：

> 如果 A 有效地转让任何财产的任何权益给 B（或以他的名义设立），无论从普通法还是衡平法上来说，为了 A 的归复信托可能出现在两个不同类型的案例当中……
>
> (a) 第一类案件是，向 B 转让但没有采用任何信托方式。当然，如果转让显示出意图 B 以某种信托的方式持有它，那么这将是决定性的，该案件不属于这一类；如果显示意图使 B 从中获益也是一样。但在其他情况下，存在一种可反驳的推定：B 为 A 以归复信托的方式持有财产。问题是，这不是 A 处置失败的自动后果，而是一个推定：该财

产被运送给B,并且由于没有对价和任何推定预赠,B被推定不仅以信托方式持有A的全部遗产,而且当然地为A持有受益权益。因此,推定既确立了B接受信托,也确立了是什么信托。这种归复信托也许可以被称为"推定归复信托"。

(b)第二类案件是,向B转让采用了信托方式但留下了部分或全部没有分配的受益权益。在此情况下,B自动以归复信托的方式持有财产,且在这个意义上受益权益没有送给他或其他人。此时的归复信托并不取决于任何意图或推定,而是A未处理好其被委托事项的自动后果。鉴于除假设外转让是以信托方式进行的,但归复信托不能创设信托,而仅仅是归还A未完全分配的受益权益。这种归复信托也许可以被称为"自动归复信托"。

多年来,人们都以此诠释归复信托。然而,它的地位受到Browne-Wilkinson勋爵在*Westdeutsche Landesbank Girozentrale v. Islington London BC* (1996) AC 669案中的挑战。下面就是他对归复信托出现时间的描述(先前引述的第8.2节),他说:

两种类型的归复信托传统上被作为实现双方当事人共同意图的信托案例。归复信托并非法律违背受托人意愿强加给他的(如同一项推定信托),而是为实现其推定的意图。Megarry法官在*Vandervell's Trusts* (*No.* 2)中建议,(B)类归复信托并不依赖于意图,而是自动运行的,我不确认这是正确的。如果委托人已经明确地,或通过必要的暗示,放弃信托财产的任何受益权益,那么我认为就不会有归复信托,未分配的衡平法权益将作为无主财物归属于王室。

在此基础上,所有归复信托的产生——无论是因无偿转让或无效的明示信托产生——皆出于同样原因:这是(我们推定的)当事方意图。因此,"自动"归复信托这一用词并不准确,我们应该把无效明示信托视为归复信托推定适用的第二种情形。简言之,没有不同类型的归复信托,只有不同情况下产生的同一类归复信托。

Browne-Wilkinson 勋爵的解读存在一系列问题。对推定归复信托已经作出的批判也适用于此(见第 8.5.2 节)。因此,我们没有充分理由和依据来证明 B 的意图与归复信托的设立有关。此外,对于类似信托的存在看来也不需要 B 的良心"受到影响"。质疑 Browne-Wilkinson 勋爵解读的进一步的理由是对于与"自动"归复信托的关系:他们所提出的实现 A 的意图的建议与案件是矛盾的。

很可能大多数情况下"自动"归复信托的产生都是出于 A 的意图或其曾经的意图。如果 A 转让财产给 B 以信托形式为 C 持有,但信托无效,通常情况下 A 将希望能够收回财产。但是要使 Browne-Wilkinson 勋爵的分析是正确的,这必须都是真实的。这里一个大的障碍是 *Vandervell* 案。正如我们所看到的,Vandervell 虽然没有意图保留任何财产的受益权益(同样 VT 也没有意图保留),归复信托依然出现了。因此,我们很难看清,它是怎样才能够被描述为一个信托实施了当事方共同意图的案件。

Browne-Wilkinson 勋爵对于所说"自动"归复信托和 *Vandervell* 案中的推定归复信托均实施了 A 的(和 B 的)意图的原因是,如果 A 真的没有意图保留受益权益,他可以放弃它。他的论点似乎是,除非能够发现意图被放弃,否则 A 应该意图保留他的受益权益。这是值得怀疑的。有人质疑按照 Browne-Wilkinson 勋爵提出的方式是否能够使受益权益被有效放弃(见 Hudson,1984)。如果放弃是可能的,但这并不意味着,在没有积极的意图被放弃的情况下,A 应该(积极地)意图保留对财产的受益权益。如 *Vandervell* 案所示,既没有意图放弃财产,也没有意图保留对财产的权益,这都是有可能的。A 可能未考虑过谁有资格成为财产受益人问题;或者说,在类似情况下,A 可能选择将财产转让给 C,但这已经证明在法律上无效,A 并未进一步考虑如果信托对 C 无效,谁可以拥有该项财产。

8.8 自动归复信托的基础

显然,*Vandervell* 案并不与 Browne-Wilkinson 勋爵有关归复信托产生的时间和原因的解说一致。鉴于无人认为 *Vandervell* 案至少在这一点上裁决是错误的,因此不能以此解释“自动”归复信托。那么,还有什么其他方式来解释呢?

8.8.1 所有权测算

Upjohn 勋爵和 Wilberforce 勋爵在 *Vandervell v. IRC* (1967) 2 AC 291 案以及 Megarry 法官在 *Vandervell's Trusts* (*No.* 2) (1974) Ch 269 案中提出的解释是,自动归复信托的产生是基于 A 必须保留其未能有效分配的财产。然而,这一观点——有时被描述为“所有权测算论”(见 Hackney,1987,153 – 4)——由于没有准确反映归复信托的运作方式而受到了挑战。

正如我们所见,*Westdeutsche* 案确认,如果 A 拥有财产法定受益所有权,就不存在(A 也没有)衡平法上的所有权。相反,衡平法所有权首次出现于信托的设立。A 在归复信托产生时持有衡平法所有权的说法是不准确的,因为他在开始时并未持有任何权利。同样,A 享有的唯一权利即法定所有权在转让前已经消失,他现在拥有的权利是衡平法所有权——这是一项新的权利。从这个角度看,我们需要的是一个对该新权利如何存在以及为什么存在的解释。

就目前而言,这是正确的,但它忽略了所有权测算论的要点。提出所有权测算论的人清楚地记得,尽管从形式上看,A 在归复信托下的权利与他在信托产生之前所持有的权利是不同的,但从实质上说,他确实保留了某种权利(见 Penner,2010)。他保留的是对财产的受益权,即获得该财产所产生利益的权利。转让前,这些都包含在他的法定(受益)所有权中;转让后,尽管法定所有权涉及的管理和控制权转让给B,但受益权益作为一种截然不同的衡平法所有权,依然保留在A手中。此外,这似乎也适合自动归复信托的案例。A转让财产给B意图使B作为受托人接受它,因此他不收取财产收益但事实上为他人或为某种目的而持有它。如果出于某种原因该预期信托无效,我们似乎对受益权益没有有效的安排,因此,说A没有对他保留的财产进行处置,这似乎不是没有道理的。要拒绝保留的论点,我们确实还需要拒绝受益权益的概念,因为如果你认为A在转让前就持有对财产的受益权益,那么意味着他在自动归复信托案例中确实保留了某种权利。

8.8.2 不当得利

对自动归复信托运作,人们倾向于另一种解释,即自动归复信托的出现是为了防止或避免B的不当得利(Birks,1992;Chambers,1997)。A没有意图使B从转让给他的财产中受益,因此即使法定所有权转给B,但是一项新的衡平法所有权产生了并属于A,以确保B没有对A的不当得利。如前所述,这是*Westdeutsche*案中提出并且拒绝的论点。尽管它不适用于有关推定归复信托的事项,但可以更多地用来分析自动归复信托产生的原因。同时,区别于Browne-Wilkinson勋爵的方法,它能够解释*Vandervell v. IRC*案的判决。即使Vandervell可能没有他自身获得受益权益的意图,至少按照多数众议院议员的调查结果,他也没有意图使VT从选择权中获益。因此,为确保VT无法获得Vandervell意图之外的利益,归复信托随之产生,以防止或撤销VT的不当得利。正是这一原因,那些认为推定归复信托不是建立在不当得利的基础上的人也已经准备承认这是对自动归复信托影响程度的最好的解释:参见Swadling,2004,38(现参见Swadling,2008)。

应当指出的是,Millett勋爵关于归复信托的分析在前文已经受到检验(见第8.5.3节),它介于所有权测算论观点和Birks、Chambers对不当得利的分析之间,同样作为对自动归复信托的一种解释发挥作用。正如我们所见,Millett 和 Birks、Chambers 的观点不同之处在于,他认为在错误转让的情况下没有归复信托,因为他相信,错误的存在并未改变 A 意图 B 接受财产利益的事实。然而,就自动归复信托而言,当 A 以信托的方式转让财产给 B 时,显然 A 没有意图使 B 从财产中获益,因此,归复信托产生了。

尽管自动归复信托不当得利观点的支持者对所有权测算论不屑一顾,但这两种理论惊人得相似。毕竟,这两种观点都认为,归复信托的基础是 A 不同意 B 接受财产利益。此外,它也显示,缺少类似所有权测算论的补充,不当得利论也是不完善的。例如,不当得利理论认为,A 转让财产给 B 但没有意图使 B 受益时,归复信托就会产生。但如果是这样,为什么在 A 转让财产给 B 以信托方式为 C 持有时就没有归复信托(见 Gardner,2011,302)? 我们知道,如果信托有效成立,则不会有为了 A 的归复信托,也不会有支持者争论的不当得利。然而这也是一个 A 转让财产给 B 但没有意图使 B 受益的例子。这告诉我们,以 A 缺乏意图使 B 获益为基础来解释归复信托是远远不够的。这里还错过了某些事项,这些事项告诉我们为什么在误解的情况下而不是在财产转让给 B 以信托方式为 C 持有的情况下会有推定信托。

正是在这里,不当得利的拥护者们可以从所有权测算论中学到一些东西,因为所有权测算论强调的事实是,财产由 A 独自受益,那么 A (且只有 A)可以决定财产应该如何处置(见 Webb,2009a)。此外,在 A 没有有效处置他的利益的情况下,A 应该确实能够收回该财产,因为他有对财产的利益牵涉:它是你的,直到你放弃它(见 Gardner,2011,295 - 302,他将这种情况称为"所有权惯性")。这就解释了为什么当 A 成功地转让财产给 B 并以信托方式为 C 持有时,A 没有主张权利,因为在这种情况下,尽管 A 没有意图使 B 受益,但他通过将受益权益转让给 C 而有效地处置了他对财产的利益。

综上,所有权测算论和不当得利论可以被认为是相辅相成的。不当得利对所有权测算论进行了补充,它告诉我们,只有当 A 对 B 接收财产不给予或仅给予有缺陷的(错误的、强迫的或有条件的)同意时,我们才能说A确实或应当保留对财产的利益。所有权测算对不当得利方法的补充体现在,它告诉我们为什么A同意B从财产中获益具有法律意义:这是因为A初始就是财产所有权人,因此他且只有他才能够决定谁应该得到该财产并从中受益。

8.9 避免不当得利的信托

作为一个权威性问题,*Westdeutsche*案已经做了很多工作来清理有关推定信托的法律。除非适用推定预赠或有证据表明A有意图使B以信托方式为他持有财产,否则推定归复信托会在A将财产无偿转让给B的情况下产生。因此,归复信托的推定将被驳回,不仅由于向B做赠与的积极意图,而且由于显示出在A转让财产给B时A没有积极意图以他自己的名义设立一个信托的证据。我们也知道,当A转让财产给B并以明示信托方式持有,但预期信托全部或部分无效时,自动归复信托就将产生。

然而,正如我们所见,对归复信托推定的这一理解受到了怀疑,特别是Millett勋爵,他似乎赞同有关Birk和Chambers提出的不当得利论的变体。此外,正如我们又看到的,不当得利论——虽然被Browne-Westdeutsche勋爵在*Westdeutsche*案中拒绝——提出了一个对自动归复信托的运作更好的解释(至少在通过所有权测算观点予以补充时)。因此,尽管不正当得利论还没有得到充分的认可,但远未被证明是完全错误的。同样,花费一些时间考虑不当得利在信托法中的价值是值得的。信托应该用于避免不当得利吗?

首先应明确什么是不当得利。尽管该术语有时用法不尽相同,但通常用不当得利这个用语来描述被告B从原告A处获得A没有意图使他获得的利益的情况(见Webb,2009b;2016a,33-53)。例如,在一个案件中,B 未征得 A 的同意从 A 处取得他的财产,或 A 由于误解或被强迫,或在某种未成就的条件下将财产转让给 B(比如,A 以 B 能通过考试为前提向 B 赠送礼物,但 B 未通过考试)。在这种情况下,B 被告知是以损害 A 为代价的不当得利,A 有权要求 B 放弃给他的利益(恢复被另一方收到的利益的请求被称作恢复原状请求权)。在不当得利的情况下,标准的补偿原则是由 B 向 A 支付一笔与他从 A 处所得利益价值相等的金钱,换言之,A 仅对 B 所得利益价值提出了个人索赔而不是可能使 A 收回 B 从 A 处所得特定资产的所有权索赔。正如我们将看到的,这一点对 B 破产时尤为重要(更多关于个人索赔和所有权索赔之间的区别见第 14.2 节)。

首次由 Birks(1992)提出,后被 Chambers(1997)发展完善的论点是,目前法律承认归复信托——它是指无偿转让和明示信托无效的情况——是因为 A 没有意图使 B 从财产中受益。归复信托的产生是为了防止或撤销 B 以损害 A 为代价谋取不当得利。但显然在英国法律中也有很多不当得利未被认定为信托的案例,相反原告仅提出了要求恢复已转让的财产的价值的个人索赔。Birks 和 Chambers 认为,如果归复信托的传统案例中信托确实被习惯用于避免不当得利是正确的,那么为了公平对待相似案件,所有不正当得利案件中都应有信托的出现(事实上,无论是 Birks 还是 Chambers 都没有走得太远,他们都认为,对于某些不当得利的索赔人,应该拒绝给予信托,原因在此不作讨论:参见 Birks,1992,347 - 59 和 2004,194 - 8;Chambers,1997,144 - 70)。

换句话说,通过探究归复信托既定类别的合理性,我们可以研究类似问题出现的案例和有价值的相同的解决方案。按照这一方法,现有的归复信托实例为我们继续证明在相似情形的范围内承认(归复)信托的正当性提供了一块垫脚石。如果归复信托在所有或至少在大量的不当得利案件中产生,这就意味着这些不当得利案件的原告的个人索赔不限于收回 B 所得利益的价值,相反,凭借信托项下衡平法受益权的优势,还提出了所有权索赔,要求收回资产本身。这将带来若干好处,特别是在破产情况下。

这正是 *Westdeutsche* 案所做的尝试。在这个案件中,虽然最多只有少数的权威支持对无效合同项下转让的财产实行归复信托,但仍有人认为,法院应该通过类比现有类别和所有这类案件的共同特点,即 B 都是以牺牲 A 为代价获取不当利益,从而承认归复信托。正如我们所看到的,上议院一致拒绝了这一观点,他们否认现有的归复信托类别是在不当得利的基础上进行解释的,并且倾向于认为它们是为了实施 A(和 B)设立信托的意图。因此,以归复信托判例法作为垫脚石在不当得利案中增加使用信托机会的可能性被预先排除了。

现在,正如前面所建议的那样,甚至作为权威问题,似乎也是值得怀疑的,因为根据 *Vandervell* 案的观点,不当得利(至少在所有权测算作为补充时)似乎是自动归复信托的最佳解释。这意味着支持 Birks 和 Chambers 观点的人只需对其论点稍作修改,接受推定归复信托与不当得利无关,并将注意力集中在自动归复信托上(尽管 Chambers 继续做着无谓的尝试,认为推定归复信托与不当得利有关:Chambers,2010)。这仍然能够让他们提出同样的基本类比论点:"如果我们通过承认对原告有利的信托来应对自动归复信托案件中的不当得利,那么类似案件应该受到同样对待,我们不应在其他不当得利案件中也承认信托吗?"

在任何情况下,甚至如果作为在传统上被法院理解和应用的归复信托仅在 A 有意图时才会产生,那么我们仍应该思考信托法是否应该得到发展,以至于在不当得利的情况下信托也能产生。简言之,问法律是什么是一回事,问它应该是什么又是另一回事。如果有强有力的原则论据支持在不正当得利的情况下承认信托,那么,尽管目前的法律没有这样规定,法院也应这样做。

那么,在不当得利案例中权衡采用信托的利弊时,我们应该考虑哪些因素呢?正如已经指出的那样,在不当得利案件中寻求信托的最重要后果是,不当得利索赔人应拥有所有权而不仅仅是个人索赔。这一点非常重要,其原因在于当被告资不抵债时所有权索赔带来的优势。

8.10 不当得利、破产和所有权索赔

我们已经在第 2 章介绍过破产的概念,概括一下:破产是指个人债务超过其资产价值的情况。当无力偿债的被告被宣告破产(或公司进入破产清算)时,破产受托人(或清算人)被指定负责出售被告的资产以偿付被告的各种各样的债权人(向他索赔的人)。然而,从定义上讲,被告破产意味着没有足够的资金去周转且不可能全额清偿所有债务。破产案件中的关键问题是如何让各个债权人承担这一差额:谁应得到少量资金,谁应该受到损失。

8.10.1 破产优先权的正当性

基本规则为所有债权人按比例(成比例)承担这一差额。例如,被告的债务总额为 2 万英镑,但其资产价值只有 1 万英镑——因此他只有一半资金来偿还他的债务——每个债权人将得到所欠款项的一半。这就是所谓的按同一比例(*pari passu*)分配,确保每个人都能获得被认为他可获得的公平的资金份额。

然而,对于那些拥有所有权索赔的债权人来说情况是不同的。如果你能够对被告持有的资产享有某种形式的所有权利益,那么,在你的利益涉及的范围,你将通常能够优先于其他债权人取回该资产或该资产的货币价值。事实上,在破产受托人能够出售资产并用所得款项偿还被告的一般债权人之前,你可以介入并说“那是我的”。

这有两个重要的后果:第一,它意味着你将避开同一比例分配的隐患。你可以直接取走你的资产(或其同等价值),留下那些没有所有

权索赔权的债权人即无担保债权人,争夺剩下的资产。正因为如此,人们常说,所有权索赔给予你优先权,甚至在被告破产的情况下。第二,所有权索赔被确认的情况下,必然意味着该资产(及其收益)将不可以用于偿付无担保债权人的索赔。因此,所有权索赔越多,剩余的用于偿付无担保债权人索赔的资产就越少。简言之,在破产情况下,每一项所有权索赔都会导致无担保债权人最终获得的赔付减少。

正因为如此,法官和学者们开始对允许不当得利的索赔人提出所有权索赔感到紧张不安。无论如何,如果把不当得利的索赔人列入可以优先求偿的人的名单,无担保债权人将会因不公平待遇而陷入更窘迫的境地。因此,反对给予不当得利索赔人所有权索赔权以及反对承认在不正当得利情况下信托产生的基本论点是,这对其他债权人不公平。原本可以用来满足全体债权人索赔的资产转移到一个单个的不当得利索赔人手中,这种不平等待遇既不应当也不合理。

毋庸置疑,给予不当得利索赔人所有权索赔权将导致与其他债权人的待遇不平等。但是,我们可以质疑这种不平等待遇是否确实是不应当并因而是不公正的。以下面的事实为例。你误将价值1000英镑的财产转给我。不久后我被宣布破产,债务为4000英镑(2000英镑欠X,1000英镑欠Y,以及因不当得利欠你1000英镑),而资产价值仅为2000英镑,其中1000英镑为你转给我的财产。如果你只拥有个人索赔权,同一比例分配的结果就是,X将得到1000英镑,Y将得到500英镑,而你也将得到500英镑(你们每人得到被欠付的一半)。然而,如果你被允许提出所有权索赔,你将能够收回被你转让的资产(价值1000英镑),剩下的1000英镑在X和Y之间分配。由于X借出了2000英镑,而Y借出了1000英镑,所以这笔钱将按2∶1的比例分成两部分,这意味着X会得到666.67英镑,Y会得到333.33英镑。显然留给X和Y的金额少于你提出个人索赔的情况。

但是,考虑一下,如果你从未因为误解而转让,因此我也从未有不当得利,结果会怎么样。我将不曾拥有你转让的价值1000英镑的财产,相反将有剩下的预先存在的共计 1000 英镑的资产。这是可以满足 X 和 Y 索赔的唯一可用资金。因此,X 将获得 666.67 英镑,Y 将获得 333.33 英镑。在此情形下,给予你所有权索赔权,X 和 Y 并不比你从未因误解而进行转让情形下他们所处的境况更糟,因此,他们没有处于比转让前更糟的地位。那么,允许你提出所有权索赔对 X 和 Y 的不公平又是什么呢?事实上,如果你的所有权索赔被拒绝接受,它将意味着 X 和 Y 将从你的错误转让中获利,因为他们在我的破产事件中将收回的欠款要比你未转让财产时更多。因此,就像之前提到的,我从你的错误转让中受益就是不当得利,那么如果允许 X 和 Y 从中受益,他们也应该被视为不当得利(见 Sherwin,1989)。综上,一个强有力的论据可以证明,给予不当得利索赔人的所有权索赔权对其他债权人不会必然导致不公平。事实上,我们还可以更进一步:前几段的论点表明,在这种情况下,原则上应当拥有所有权索赔权,以防止被告的其他债权人获取不当得利。

8.10.2 第三方接收人和受托人义务

在不当得利的情况下,是否有其他理由对承认信托行为持谨慎态度?除了刚刚讨论过的破产影响外,Browne-Wilkinson 勋爵还提出了两个进一步的理由驳斥 *Westdeutsche* 案中的论点。第一,如果我们说信托产生于 A 将财产错误转让给 B 的情况下,这意味着如果 B 随后将该财产转让至 C,那么 A 也能够向 C 提出索赔。Browne-Wilkinson 勋爵认为,这不但对 C 不公平,而且会给商业交易带来不合理的风险。

但是,针对这一点,我们应该注意到,由于 A 只拥有对财产的衡平法权益,只有当 C 不是未经通知的善意有偿购买人,他才能对 C 提出索赔(见第 2.8 节)。如果 C 不是未经通知的善意有偿购买人,为什么 A 能够对他进行索赔,我们就会认为有失公平(见第 14.18.1 节),这是不明确的。同样,这有充分的理由使商业当事人感到不安,因为他们几乎总是会为他们所获得的财产支付对价,因此,只有在他们知道或应该知道A在财产上的权利的情况下才会承担风险责任。这似乎是非常合理的。

第二,Browne-Wilkinson勋爵认为,在不当得利的情况下采用信托会对接受者造成不公平。这是因为他认为这将导致B承担明示信托中受托人的严格义务。这确实是不可取的,但是,正如我们已经注意到的(见第8.5.2节),没有理由假定这样的义务必须存在。当然,避免不当得利只需给予A所有权,无须B也在处置财产方面承担与受托人相同的义务。

总之,尽管在*Westdeutsche*案中上议院强烈反对这一观点,即错误、被迫或有条件地转让财产的索赔人应当能够声称该财产是以归复信托方式为他们持有的,但不当得利索赔人可以提出所有权索赔这一论点并不会消失。该原则的论据是有力的,且在自动归复信托中,我们已经有为避免不当得利而设立信托的案例,这可以作为一个起点更好地利用信托弥补不当得利。

8.11 信托的分类

很明显,至少有一部分——Browne-Wilkinson勋爵认为是全部——归复信托产生以实施A使B为其以信托形式持有财产的意图。这就引出了信托适当分类的问题。毕竟,我们已经有了一个信托的类别,即明示信托,它是参照信托产生以实施委托人的意图而定义的。到目前为止,归复信托的产生源于这是A的意图,那么,很难解释为什么不能直接认定为明示信托。

我们来回顾一下,如果提出的推定没有被推翻,法院将以存在的推定事实为基础进行审理。因此,如果归复信托的推定认为A意图设立一个对他有利的信托,那么在推定未被推翻的情况下就会产生信托,因为这是我们认为的A的意图,换言之,归复信托的推定只是证明

A 意图设立信托的一种方式。无论该意图是通过这种方式证明还是以其他直接证据证明 A 的想法,最终的结果都是一样的(见第 8.3.2 节)。信托产生了,正是因为 A 意图如此。而且,因为重要的是证明什么而不是如何证明,所以,简单地不将所有这些预期的信托归为明示信托是没有道理的(相反,如果法院至少接受某些归复信托的产生以防止 B 的不当得利,那么我们就有充分理由将它们分类到与明示信托不同的类别)。

这不仅看起来很糟糕,而且会导致我们对待这些信托的方式存在不可辩驳的差异。正如在第六章中所看到的,《1925 年财产法》第 53 条对有效设立土地信托和处置衡平法权益规定了一定的形式要求。但是,根据第 53 条第(2)款的规定,在默示、归复和推定信托中,这些形式不需要被满足(尽管默示信托中是否包含了其他内容尚不明确)。这意味着通过推定证明的预期信托不受适用于通过其他方式证明预期信托的书面申请要求的约束。无论我们是否将第 53 条第(1)款第(b)项视为证据规则或有效性规则的规定(见第 6.4.1 节),这种区别都是任意的且不能得到支持。

我们对信托的分类应该反映出法律承认的各种信托之间所存在的重要实质性差异(Webb,2009c,cf. McBride,2000)。很显然,目前的信托分类没有做到这一点。我们能看到某些归复信托似乎与明示信托没有实质上的区别。同样的可能也适用于某些推定信托(见第 9.1 节),这是糟糕的分类。对信托的原则性分类应根据其基本情况、支持对信托予以承认的各种理由进行。其中一个原因就是实施委托人意图。另一个原因是需要信托来防止或避免不当得利。正如我们将在下一章中看到的,除了这些原因之外,还有其他原因。这种分类比目前将信托分为明示信托、归复信托和推定信托的分类更有信息量。不过,只要第 53 条规定仍旧有效,我们就采用目前的分类方法。

8.12 特殊目的(Quistclose)信托

还有最后一种情况需要考虑,在这种情况中被认为由此引起的归复信托产生了。到目前为止,这个问题一直存在,因为这些信托是否真的应被归为归复信托还存在争议,如果可以,那么他们该如何与传统类别上的推定和自动归复信托相适合。这类信托被称为特殊目的信托,它们通常是在贷款的情况下产生的。

通常情况下,当A贷款给B时,A对该笔资金的法定受益所有权会转给B,A拥有的只是收回本金和利息的合同权利。因此,如果B在贷款偿还之前破产,A将直接成为一个无担保债权人,承受由此带来的各种不利。事实就是这样,即使A可以证明B还未使用完所转给的资金,他也不再对该笔资金拥有任何利益;他已经绝对地把资金转给B,且无法收回。

如果A希望避免B破产带来的风险,他就必须从B处获得担保。担保包括借款人将其一项或多项资产的所有权权益给予贷款人。担保权益的一个常见例子就是抵押。抵押是一种所有权权益,它在借款人未能偿还贷款或无力偿债时,贷款人有权出售相关财产并用所得收益偿还债务(这或多或少是土地抵押贷款的运作方式:贷款人借给买方购买土地所需的资金,但要求买方给予其土地上的权利作为担保,以防贷款未能偿还)。只有在贷款人的债务偿还完毕之后,收益中剩余部分才可以在借款人的其他债权人之间分配。事实上,抵押使贷款人对抵押财产固有的款项拥有优先权,从而避免借款人破产所带来的风险。

特殊目的信托提供了另一种保护手段。现有一个既定的判例标准,如果A把资金借给B,条件是只能用于约定的目的,那么至少在这笔资金不可能以这种方式使用的情况下,则这些资金将为A以信托形式持有。有人建议,A 必须要求 B 将贷款资金与 B 的其他资产分开,但这种说法在判例中并未得到完全的支持[该说法并非必需,详见 *EVTR*（1987）BCLC 646 和 Glister,2002,229 – 30]。因此,更好的观点可能是,贷款资金的分隔只有在揭示当事各方的真实意图,特别是他们是否真的意图使 B 将这笔资金仅用于约定的目的时才具有意义。最后,关键问题是,B 收到的资金是不是由 B 自由支配,这样他就有权按照其喜欢的方式花费该笔资金,或者,他使用这笔资金要受到限制,这样他只能将资金用于当事人认可的目的。如果为前者,B 可以拥有资金的使用权,也不会有信托;如果为后者,他将以特殊目的信托受托人的身份接受财产。

因此,特殊目的信托提供了一般规则的一种例外情况,即一旦贷款发放,放款人对该笔资金就没有利益,但凭借 A 拥有的衡平法权益的优势,它们给予 A 一项所有权索赔权,使他在 B 破产时优先于 B 的其他债权人。作为导言,我们看一看引发这一切的案件(至少在现代法律范围内是被关注的):*Barclays Bank Ltd. v. Quistclose Investments Ltd.*（1970）AC 567。

Rolls Razor 有限公司是一家财务困难严重的公司,它的透支已经超过 Barclays 银行的额度,当它宣布股份股息时,却发现自己没有足够资金来支付给股东。因此,它向 Quistclose 寻求贷款以取得支付股息所需要的资金。Quistclose 同意并借出了这笔款项,同时规定该公司要为该笔资金设立一个单独的银行账户且该款项只能用于支付股息。新账户在 Barclays 银行开立,资金随后划入该账户。然而,在发放股息前,Rolls Razor 进入了清算阶段。Quistclose 试图收回账户中的该笔资金,却遭到 Barclays 银行的反对,他们声称他们有权利进行抵销,使他们能够用该笔资金减少 Rolls Razor 欠付银行的债务。

上议院认为 Quistclose 对该笔资金拥有所有权。Wilberforce 勋爵做了唯一一次理性的演讲,他对判决结果解释如下:

调查对象 Quistclose 和 Rolls Razor 有限公司的共同意图以及交易的本质在于，预付款项不应该成为 Rolls Razor 资产的一部分，而应专门用于支付给某一特定类别的债权人，即有权获得股息的债权人。由此产生的必然后果是，从程序上来讲，如果出于某种原因股息无法支付，那么这笔钱就应该退还给调查对象："唯一"或"特定"等词完全没有其他意义或作用。在过去的大约 150 年的一系列案件中，我们可以发现，这种由第三人向一方的债权人还款的安排，已经有了信托的性质，或者说，这是一种有利于债权人的信托，若信托无效，则对第三人有利……如果贷款被提前提出，放款人将获得衡平法上的权利，可以得知该笔资金是否被用于指定的主要目的……当目的已经实现（债务已经清偿）时，放款人可以对负债的借款人实施救济：如果主要目的不能实现，那么问题就是，双方是否曾直接或间接商议第二个目的（如向放款人偿还款项）并达成共识；如果有，则可以援引衡平法救济措施使之生效。

8.12.1　对特殊目的信托的分析

虽然结论很清楚，但没有实现这一目标的确切法律途径。Wilberforce 勋爵谈到了两个信托，尽管有利于放款人的第二个信托的重点是明显的，但主要信托在某种程度上却更为神秘。有观点认为这是一种利于股东（那些分得股息的人）的信托。但如果是这样，我们为什么要将主要信托认定无效而使 Quistclose 能够收回这笔款项呢？毕竟，Rolls Razor 的股东仍然可以得到股息。还有一种说法认为它是目的信托（目的是支付股息），但如何与受益人原则以及一般的禁止非慈善目信托相符合呢？此外，无论从哪一种观点来看，在主要信托无效前都不存在为了放款人的信托，那么，允许放款人监督借款人按规定使用款项的"衡平法权利"的性质和基础是什么？

后来的案例似乎让情况更加扑朔迷离。例如，*Northern Developments (Holdings) Ltd.* (1978, *unreported*) *and Carreras Rothmans Ltd. v.*

Freeman Mathews Treasure Ltd. (1985) Ch 207 案中,有人认为意图从借款人处收到资金的一个或多个放款人有权执行这一安排,这似乎表明主要信托确实是对放款人有利的信托。然而,在 *EVTR* (1987) BCLC 646 案中,发现了一个特殊目的信托,贷款资金用于购买设备,因此没有人有与 Rolls Razor 股东的类似位置,Rolls Razor 股东可以说是主要信托的受益人,或者至少是拥有执行主要信托权利的人。

不确定性也许不受法官和诉讼当事人的欢迎,但对于学者来说是个好消息,他们多年来一直在寻求一个符合正统法律(和衡平法)原则的对特殊目的信托运作的解释,以填补这一空白。如果合同和信托结合后的规则仍不能发现适应这种安排的方法[尽管 Swadling (2004) 坚持认为这的确是不可能的],那将是非常奇怪的。因此,一些作者提出判例法合理化,尽管这是以牺牲某些理性的观点为代价。

多数情况下,探求对特殊目的信托的原则性解释都会被视为寻找圣杯一样:假设只能有一种解决方案,只能有一种有效的分析。事实上,没有合理的理由认为法律可能不会为实现一个目标提供多条路径。通常有不止一种方法可以给合法的猫剥皮。这种观点现在似乎越来越普遍:见 Chambers,2004;Glister,2004。尽管如此,作为权威的一种解释在下述上议院对 *Twinsectra Ltd. v. Yardley* (2002) UKHL 12,(2002) 2 AC 164 案的裁决中已经获得了优势。

Yardley 想购买一些土地,需要借钱才能做到这一点。Twinsectra 同意借款 100 万英镑给 Yardley,但条件是 Yardley 的代理律师提供个人担保,支付 Yardley 无法偿还的资金。Yardley 聘请的律师 Leach 拒绝提供担保,于是 Yardley 找到另一个同意担保的律师 Sims。Twinsectra 把资金支付给了 Sims,Sims 承诺该笔资金仅用于 Yardley 购买计划的财产,他们将保管该笔资金直到相关购买开始止。而与这些条款相反,Sims 将该笔资金支付给了 Leach,后者在购置计划财产之前把钱交给了 Yardley,结果部分款项被 Yardley 用于其他目的。

当 Yardley 未能偿还贷款时,Twinsectra 提起了诉讼,除其他外,其中对 Leach 的起诉基于他从 Sims 处收到款项后，不诚信地协助 Sims 违反信托（见第 14.21.2 节）。为确保胜诉，需要确定 Sims 确实是以信托形式持有这笔资金。Hoffmann 勋爵在这一点上作出主要判断，他直接指出，作为律师，Sims 必须以信托形式持有资金，这是根据他向 Twinsectra 提供的承诺条款所规定的。然而，Millett 勋爵对该信托进行了更全面的分析，他将该信托视为特殊目的信托的一个例子，并提出了自己对这类信托如何运作的看法。

从 Wilberforce 勋爵的双重信托分析开始，Millett 勋爵指出，解释特别目的信托的难点一直在于确定主要信托的性质，从而确定贷款目的失败前对资金的受益权益的定位。他研究了多种可能性。借款人没有资格受益于该笔资金，因为这与放款人有权从借款人破产财产中收回资金不一致（见 Chambers，1997，Ch 3；HO 和 Smart，2001）。Millett 勋爵也对该观点进行了反驳，即这些资金是以信托形式为那些最终想要收到这些资金的人持有的（如 *Quistclose* 案中的股东），在此情形下，并不一定总有处于那样位置的特定的人或群体。如上所述，*EVTR* 案和 *Twinsectrn* 案本身就是这样的案件，资金只是简单地用于“获得财产”。最后，他驳回了该资金以受益权益处于悬念中的目的信托方式持有的可能性，因为他认为从概念上讲就是不可能的（见第 4.4 节）；如果没有关于受益权益的规定，它将以归复信托方式自动回归转让人［见 *Angove's Pty Ltd. v. Bailey*（2016）UKSC 47，（2016）1 WLR 3179，（21），（29），尽管在该案中 Sumption 勋爵称特殊目的信托为“special purpose trusts”］。

现在只剩下了一个既符合原则也符合案件结果的可能性：受益权益从一开始就属于放款人。这确实是 Millett 在 17 年前的一篇期刊文章中所提出的分析（Millett，1985）。通过这种方式，借款人始终以信托方式为放款人持有资金，尽管借款人有权（或根据与放款人的协议条款，有义务：参见 Smith，2004b）将该笔资金用于规定的目的。作为信托受益人，放款人可以限制借款人将资金用于任何其他目的（这解释了 Wilberforce 勋爵确定的强制执行的“衡平法权利”)。这也表示放款人可以撤销使用资金用于指定目的的权力并收回资金,即便资金仍可以使用,就如同 *Quistclose* 案中股东仍可得到股息一样。如果借款人使用资金用于规定目的,则放款人将仅保留借款人归还借款的合同权利。然而,如果借款人滥用资金,放款人可以跟踪并向第三方收款人索要这笔资金,并表明他们不是支付了对价的没有通知的善意购买人[有关最近对这一分析的认可参见 *Bellis v. Callinor* (2015) Civ 59, (2015) WTLR 43]。

此方法的一个重要结论为,它要求我们拒绝 Wilberforce 勋爵的双重信托的分析。相反,针对不同的受益人设立有区别的主要信托和次要信托,则该笔资金只能永远为放款人以信托的方式持有。因此,在目的失败的情况下,受益权益不会转手。在大多数情况下,目的失败会导致借款人之前拥有的将资金用于规定用途的权力的失效。

EVTR (1987) BCLC 646 案中出现了这类原则的一个特别的且可能不适当的应用。原告出借资金给一家公司,条件是资金仅用于为其业务购买设备。该公司使用这笔资金购得了规定的设备,但此后不久就进入了破产程序。供应商能够收回他们所提供的设备,并将他们收到的公司支付的资金退还给公司,但扣除了某些扣减。那么问题是,原告是否可以收回供应商退回的资金。上诉法院认为是可以的,鉴于原告对资金使用的限制,原告向该公司支付资金时,便产生了一个标准的特定目的信托。而且,虽然该资金的确用于规定的目的,但这一目的后来失败了,供应商退回的资金将被视为公司收到的资金,与最初的贷款一样受同一个信托支配。

这样做的困难在于,按照传统的分析方法,该笔资金在用于规定目的前只能以信托形式持有。资金被使用后,接收人就不再受任何信托限制。因此,当供应商收到货款时,他们绝对掌控了该笔资金,原告的衡平法上的权益也就消失了(延伸案例:第 2.7 节)。那么,在供应商返还了一些资金后,这种衡平法权益该如何自发地恢复还不清楚。

尽管如此，该判决似乎是公平的，而且可能被前面所提到的不当得利论证明是正当的（见第8.10节）。原告的意图是，公司只有将资金用于购置设备的情况下才能从中受益。由于该目的最终未能实现，原告可以解释其无意使该公司或其债权人从资金中获得任何利益。既然如此，信托保证了无论是公司还是公司的债权人都不会不当得利。

8.12.2 特殊目的信托的分类

特殊目的信托是归复信托吗？Wilberforce勋爵在*Quistclose*案中并没有提及归复信托。相反，他强调双方当事人的意图，并将主要和次要信托都归为明示信托[见*The Australian Elizabethan Theatre Trust*（1991）102 ALR 681]。在*Carreras Rothmans Ltd. v. Freeman Mathews Treasure Ltd.*（1985）Ch 207案中，Peter Gibson法官更倾向于将其归类为推定信托。尽管如此，现在将特殊目的信托描述为归复信托的例子还是屡见不鲜。

当Wilberforce勋爵的双重信托分析占主导地位时，这是有一定道理的。根据Wilberforce勋爵的说法，有利于放款人的次要信托的产生源于主要信托的无效。从这个观点来看，次要信托的形式和运作方式很像是传统的自动归复信托。放款人A转让财产给借款人B使他以明示信托的方式持有。明示信托一旦无效，B以归复信托的方式为A持有财产。因此，毫无疑问，Browne-Wilkinson勋爵在*Westdeutsche Landesbank Girozentrale v. Islington London BC*（1996）AC 669案中解释归复信托时，将*Barclays Bank Ltd. v. Quistclose* AC 669案列入了“（B）类”（自动）归复信托。

但是，一旦我们拒绝这一观点，因为我们现在似乎已经这样做了，双重信托分析以及把特殊目的信托看作归复信托就显得更加可疑。当然，没有人能够否认*Quistclose*案信托在模式上是“归复”的，因为他们把受益权益归还给了转让财产给受托人的人。但是，正如我们所见，这并不意味着该信托应被归类为归复信托（见第8.1节）。不过，

Millett 勋爵虽然否认了双重信托的方式,但他仍然将特殊目的信托作为归复信托来描述。然而,他在 1985 年提出几乎相同的分析时,归复信托这一专业术语是缺席的。Hoffmann 勋爵对 *Twinsecfra* 案中同一信托的分析则强烈表示,他将其视为明示信托。

对于信托的分类问题的答案应取决于我们承认信托的原因(见第 8.11 节)。如果我们考虑到,当 A 出借资金给 B 时,他意图使 B 以信托形式持有该笔资金,那么我们就应将其视为明示信托。关于这方面的一个明显的例子见 *R v. The Common Professional Examination Board, ex parte Mealing-McCleod*(2009)23 TLI 200 案,与 *Bellis v. Callinor*(2015) EWCA Civ 59 (2015) WTLR 43,(56) –(57)案相比,Briggs 法官认为,为了特殊目的信托的产生,需要 A 有一个设立信托的(客观的)意图,虽然他仍将这些信托称为归复信托,但他基于没有推定的意图而将它们与"传统"的归复信托作了区别。

相反,如果 A 没有意图使 B 获得该笔资金的受益权益,也没有保留受益权益给他自己的积极意图,那么我们就有理由将其认定为归复信托。鉴于以上两种情况都可能存在,因此某些特殊目的信托应被归类为明示信托和其他归复信托。

总　结

1. 归复信托产生于(至少)两种情况:财产无偿转让和明示信托无效。

2. 无偿转让是指,在 A 将财产转让给 B,或将财产的费用支付给 B 的情况下,A 没有收到任何回报,也没有得到任何承诺。在这种情况下,则推定 B 将以信托方式为 A 持有该财产。这通常被称为推定归复信托。

3. A 意图设立一项由 B 作为受托人的信托,但将财产转移给 B

后，由于对象不确定、违反受益人原则等，预期的信托无效。B 将以信托方式为 A 持有该财产。这通常被称为自动归复信托。

4. 很明显的是，推定归复信托通常通过推定而产生。这一推定可能被推翻。如果 A 明确表示将财产赠与 B，那么 B 将绝对占有该财产，就不会产生信托。法律偶尔会采用一个不同的推定，即 A 意图赠送礼物给 B，这被称为推定预赠。根据现行法律，推定预赠只适用于父亲（现在可能还有母亲）向子女的转让和丈夫向妻子的转让。在《2010 年衡平法》生效后，推定预赠将被该法第 199 条废除。

5. 很清晰的是，归复信托的推定可以通过一份积极的赠与意图的证据进行反驳；但对于还有什么其他的证据可用以反驳，仍存在疑问。这个问题的答案取决于我们推定的是什么。有两种观点：第一，我们推定 A 积极地打算设立一个自己作为受益人的信托，而 B 作为他的受托人。第二，A 没有意图使 B 从财产中受益。

6. 虽然每一种观点都有案例支持，但上议院在 *Westdeutsche* 案中支持第一种观点：推定 A 有意为自己设立一项信托。

7. 在预期的信托无效的情况下，无论 A 是否有意图将财产的受益权益归还给他，自动归复信托都会产生。相反，更好的观点可能是，信托自动产生，可以防止 B 的不当得利。

8. 信托是否应该被用来撤销不当得利是有争议的，主要是因为这将给予许多不当得利的索赔人以所有权的权利，而目前他们享有的仅是个人请求权。这样做的主要区别在于，如果 B 破产，这类索赔人将优先 B 的其他债权人。这种信托的正当性在很大程度上取决于给予这种优先权是不是公正的。

9. 如果 A 贷款给 B 并以该款项只作指定用途为条件，则 B 将为 A 以信托方式掌管该笔款项，至少在该款项未用作指定用途的范围内如此。这种信托被称为特殊目的信托。它有时被归类为归复信托，但是它（至少其中一些信托）也可能因当事方的意图而产生，因而应归类为明示信托。

练　习

8.1　归复信托和明示信托有何不同？它们与推定信托有何不同(见下一章)？

8.2　在归复信托的推定适用的情况下,为什么如何识别被推定的事实很重要？为什么会有归复信托的推定？

8.3　(某些或全部)归复信托是否会撤销不当得利？信托是否应当用于不当得利案件的救济？

8.4　特殊目的信托被描述为明示的、归复的、推定的,甚至是自成一格的。这些信托的适当分类很重要吗？

8.5　*Twinsectra Ltd. v. Yardley* 案的一个作用是,每当放款人将一项资金仅可用于规定目的的合同义务强加给借款人时,就会产生一项信托,这是真的吗？这是可取的吗？

拓展阅读

关于归复信托的基础存在很大的争议。Birks、Chambers 和 Swadling 的文章和摘录是理解这场辩论的关键,尽管他们在法律上都不完全可靠。他们一些失实的陈述在 Mee 的文章中得到了纠正。

1. Birks, *Restitution and Resulting Trusts* in Goldstein (ed.), Equity and Contemporary Legal Developments (Hebrew University of Jerusalem 1992); reprinted in Birks and Rose, Restitution and Equity: Volume 1—Resulting Trusts and Equitable Compensation (Mansfield Press 2000).

2. Birks, *Trusts Raised to Reverse Unjust Enrichment: The*

Westdeutsche Case, (1996) RLR 3.

3. Chambers, *Is There a Presumption of Resulting Trust?* in Mitchell (ed.), *Resulting and Constructive Trusts* (Hart Publishing 2010).

拓展阅读续

4. Chambers, *Resulting Trusts* (Oxford University Press 1997).

5. Mee, "*Automatic*" *Resulting Trusts: Retention, Restitution, or Reposing Trust?* in Mitchell (ed.), Resulting and Constructive Trusts (Hart Publishing 2010).

6. Mee, *Presumed Resulting Trusts, Intention and Declaration*, (2014) CLJ 86.

7. Penner, *Resulting Trusts and Unjust Enrichment: Three Controversies* in Mitchell (ed.), Resulting and Constructive Trusts (Hart Publishing 2010), 241 – 66.

8. Swadling, *A New Role for Resulting Trusts?*, (1996) 16 LS 110; reprinted in Birks and Rose, Restitution and Equity: Volume 1—Resulting Trusts and Equitable Compensation (Mansfield Press 2000).

9. Swadling, *Explaining Resulting Trusts*, (2008) 124 LQR 72.

10. Swadling, *The Law of Property* in Birks and Rose (eds.), *Lessons of the Swaps Litigation* (LLP 2000).

11. Webb, *Intention, Mistakes and Resulting Trusts* in Mitchell (ed.), Resulting and Constructive Trusts (Hart Publishing 2010).

12. Chambers, *Restrictions on the Use of Money* in Swadling (ed.), The Quistclose Trust (Hart Publishing 2004).

13. Glister, *The Nature of QuistcloseTrusts: Classification and Reconciliation*, (2004) CLJ 632.

14. Ho and Smart, *Reinterpreting the Quistclose Trust*: *A Critique of Chambers' Analysis*, (2001) 21 OJLS 267.

15. Millett, *The Quistclose Trust*:*Who can Enforce It*?, (1985) 101 LQR 269.

16. Penner, *Lord Millett's Analysis* in Swadling (ed.), The Quistclose Trust (Hart Publishing 2004).

17. Swadling, *Orthodoxy* in Swadling (ed.), The Quistclose Trust (Hart Publishing 2004).

第9章　推定信托

9.1　意图与推定信托

我们在第1章(见第1.5节)提到,信托法的意定信托和强制信托存在基本区别。开篇章节中的明示信托显然属于意定信托。上一章的归复信托却跨越了这一鸿沟,有些属于意定信托,有些则不是。在这里,关于推定信托的类别,我们很明确,它属于强制信托的版图。

这一点反映在推定信托的标准定义中。推定信托是“通过法律实施”而产生的信托,而不是“实施当事人意图”而产生的明示信托。该定义使“通过法律实施”与“实施当事人意图”之间形成了对立。有人提出这并非真正意义上的对立,因为即使是意定信托也要根据适用的法律规则才可生效,换言之,所有信托作为法律的手段,均须因法律的实施而产生。这是事实,但并没有特别的帮助。当我们说推定信托因法律实施而产生时,意思是它们的产生并不是因为财产所有人已经着手设立信托,而是因为法律确定其为信托。为更精确地解释这一区别,我们可以通过对比因委托人意图而产生的信托和因其他目的(如强制性的)而产生的信托。

这种看似明确的区别极易被误解。第二类别包含了因某些原因而产生的信托,但实施委托人意图除外。然而,它并不意味着当事人在这种情况下不想要信托,只是这些信托必然无效或与委托人意图相悖。在多数情况下,当事人会非常高兴地看到信托的产生。对这类信托的定义是,法律承认这类信托的理由并非基于实施当事人意图的愿望,一项信托可能恰好与当事人的意图一致,但这并不是法律最初承认这类信托的目的。

然而,即使我们承认一个信托的理由不是为了实施委托人设立一个信托意图,但意图仍然可能在信托的"设立"中发挥着作用。首先,存在一些推定信托,意图对设立信托是必要的,但其本身不足以使信托产生。相反,信托的存在还需要一些其他的客观因素。这方面可能的例子是秘密信托,我们在第6章研究过[见第6.5节,另见第9.8节;其他例子可以参见口头土地信托(第9.7节)和家庭共同意图信托(第9.10~9.17节)]。显然,除非立遗嘱人意图设立信托,否则不可能有秘密信托的产生。然而,同样明显的是,仅有意图是不够的。除此以外,还要求将信托的条款传达给意向受托人并被其接受。现在,正如我们所见,有关为什么要实施秘密信托的问题还没有达成一致。有一种观点认为,这些信托的产生不是实施立遗嘱人的意图,而是防止在受托人不履行其执行信托的承诺而试图将财产据为己有时可能出现的欺诈行为(见第6.5.3节)。

换言之,仅有意图设立信托是不够的,因为承认信托的原因并非仅是渴望实施立遗嘱人的意图。相反,我们需要更多——受托人接受或同意该信托——因为这证明受托人执行信托是正当的。现在的关键点不在于对秘密信托的基础的理解正确与否。相反,它是为了表明,如果情况如此,那么秘密信托可以与明示信托区分开来,因为尽管秘密信托的确恰好实施了委托人的意图,且信托的产生也需要一个设立信托的意图的存在,但推行信托的原因是不同的。

其次,就某些推定信托而言,委托人使受益人获益的意图可能是解释该信托的唯一重要因素。根据 *Rose* 案规则(见第 9.6 节)产生的信托以及与具体可强制执行的转让财产义务有关的信托(见第 9.5 节)都是如此。在这类案例中,如果我们问这些信托为什么出现,通常唯一的答案是其能够(广泛地)实施当事方的意图。然而,尽管如此,这些信托被归类为推定信托仍是正确的,因为在这些情况下委托人从未试图设立一个信托。正如在第 6 章中所述,设立信托的意图仅仅是受益意图的一种,因此实施使他人受益的一个人的意图的信托未必与意定信托即明示信托是同样的。

从定义上讲,推定信托是强制信托,它是基于委托人意图设立信托以外的某些原因而出现的信托,但法院似乎显然并未将有些强制信托列为推定信托。例如,我们在前面章节中探究的某些归复信托——特别是所谓的自动归复信托——就属于非意定信托。如果此分类无误,我们就有合理论据将其归入推定信托的范畴(如果是这样,那些意定的归复信托可以归入明示信托的范畴)。

相反,可以提出一种观点,即被法院称为推定信托的某些信托的出现是为了实施委托人的意图。这是在前三段中提到的秘密信托和口头土地信托所采用的另一种观点。基于这一观点,尽管在信托生效前法律需要除委托人意图设立信托以外的更多的东西加以证明,但这不能改变一个事实,即执行这些信托的原因是实施其意图。如果这是正确的,该信托就不应该被归为推定信托。相反,我们应该将它们视为简单的明示信托(在这些辩论中,你站在哪一方,取决于你是否接受此类信托的"额外"要求——如秘密受托人接受信托的条款——是执行信托的原因之一,也就是说,它们是否提出了除仅仅实施委托人意图之外实施信托的理由:见第 9.7 节和第 9.8 节)。

所有这一切的结果是,我们对推定信托的定义是相当简单易懂却难以适用的,而且,由于对我们究竟为什么承认某些信托还存在分歧,准确地说,哪些信托应该归为推定信托也没有达成一致意见。

9.2 推定信托与推定受托人

推定信托是信托的一种类型:其财产受益权益不属于法定所有权人而属于受益人。尽管推定信托的受托人承担的义务往往会不同于明示信托受托人承担的义务,但在任何情况下,受托人都不能任意地将财产视为自己所有,而是必须为受益人持有该财产直至转让给受益人。

然而,虽然推定信托是信托,但并非所有被称为推定受托人的人都是事实上的受托人。我们将在第 14 章提到,被告如果不正当地协助受托人违反信托,应对受益人承担因违反信托所造成的损失或被告可能从中获得的任何收益的赔偿责任;被告明知违反信托而接受信托财产,也应当承担类似的责任。在这两种情况下,被告承担责任并不取决于其占有了信托财产。事实上,在第一种情况下,被告通常从未接触任何信托财产。尽管如此,直到最近,人们还经常看到这两类被告被描述为推定受托人(事实上,有时这些形式的责任被列为推定信托一类)。

在这些案件中使用推定信托和推定受托人的用语的理由是为减轻被告"作为推定受托人的责任"。这意味着就责任而言,被告应被视为受托人。换言之,尽管被告并非受托人,但某些对他提出的索赔等同于对违约受托人的索赔。当然,对于那些可能从未接受过信托财产,也从未为原告持有任何信托财产的负有不正当协助责任的被告,这同样适用。故意接受信托财产的案件会更为复杂,因为虽然被告不再以其名义持有任何信托财产,但在以前某一时间段他持有过该财产。由此,将这些被告归为受托人并无不妥(见 Mitchell and Watterson,2010)。

这意味着我们需审慎看待“推定受托人”这一术语。有时,它是指为原告在推定信托中持有财产的人,即真正的受托人。然而,有时它也可能是指从未成为受托人,但以受托人相同的方式对原告负有个人责任的人[见 Smith, 1999, *Dubai Aluminium Co Ltd. v. Salaam* (2002) UKHL 48, (2003) 2 AC 366, (1351) – (143) (Millet 勋爵), *Williams v. Central Bank of Nigeria* (2014) UKSC 10, (2014) AC 1189(Sumption 勋爵),这其中推定信托的定义不仅包括故意接受和不正当协助的情况,还包括本章所述的一些真正的推定信托]。

9.3 推定信托的统一理论

我们在上一章看到,关于归复信托是否构成单一类别,或者说所有归复信托的实例是否都适用于同一基本理论和原则,存在一些争论。尽管 Megarry 法官在 *Vandervell's Trusts* (*No.* 2) (1974) Ch 269 案中提出自动归复信托或推定归复信托从本质上讲是不同的,但仍有人试图依靠某个单一原理来解释此类信托,无论是 Birks 和 Chambers 所主张的不当得利,还是 Browne-Wilkinson 勋爵在 *Westdeutsche Landesbank Girozenlrale v. Islington London BC* (1996) Ac 669 案中提出的实施当事人共同意图。

偶尔也有类似的尝试寻找构成所有推定信托基础的单一的原理或理论。也许最为著名的是由美国的 Cardozo 法官在 *Beatty v. Guggenheim Exploration Co.* (1919) 225 NY 380, 386 案中描述的一段话:

> 推定信托是衡平法上良心发现表达的方法。当财产是在法定所有权人可能出于良心而不保留受益权益的情况下取得,则衡平法将会使其转变为受托人。

类似论述见 *Gissing v. Gissing*（1971）AC 886，905 案(Diplock 勋爵）和 *Finance plc v. DB Thakerar & Co.*（1999）1 All ER 400，408 案(Millett 法官)。然而,这些陈述几乎没有告诉我们推定信托产生的时间和原因,当然也没有确定推定信托的某些共同特征或典型特征。

这可以从两个方面来看。首先,推定信托产生于“法定所有权人可能出于良心而不保留受益权益”,是指推定信托的产生是出于公平或正义的要求。这几乎是什么都没有说。我们需要知道的是,什么时候法院考虑公平要求被告为他人持有受托财产。此外,当问到何时以及为何被告为自身利益持有财产是不公平时,我们发现有事实上很多不同的理由支持信托实施。

例如,一些推定信托的产生是为防止不法行为者从其不法行为中获益(见第 9.13 节),另一些则是为了避免错误转让以及防止不当得利(见第 9.11 节),还有一些是为了实施被告的承诺(见第 9.9 节)。在这些案例中,我们可以说信托是公平和正义所要求的,但这也掩盖了那些案件和我们实施信托的原因之间的真实的和实质性差异。因此,笼统且无条件地提及公平原则并不足以区分它们。

其次,笼统的陈述无法将推定信托从明示信托和归复信托中区别开来。信托之所以产生是因为法律认为法定所有权人不应该(公平地)有权为自己保留财产。因此,推定信托基于良知或公平的表述,不仅不能告诉我们这些信托什么时候以及为什么产生,也不能为我们提供区分这类信托与其他法律承认的信托的依据。

诸如此类的陈述也很危险,因为它们会给人们留下一个印象,法院可以自由地在他们所认为的正义需求下强加信托。虽然有人赞成该观点,但它至少是对推定信托法律和法院权力的误导性陈述。我们将在本章最后详细讨论这个问题。

有时也会有一些在美国比在英国更常见的建议,即不当得利是所有推定信托的基础。在讨论归复信托时提过“不当得利”这个术语(见第 8.9 节和第 8.10 节),我们使用它来指 A 将受益授予 B 时并没有给予适当的同意。显然,不公平的受益不能解释大部分被法律承认的推定信托。因此,在我看来,那些试图以不当得利为基础来解释所有推定信托的人似乎正以不同的含义来使用"不当得利",即描述B持有其不应该被允许保留的东西(财产、权益)的任何情形。当然,无论在何处实施推定信托,都意味着我们认为不应该允许被告或受托人为自己保留有关财产;这就是我们为什么说,被告或受托人必须以信托方式持有财产,并最终将它交给原告。因此,根据对不当得利更为广义的理解,可以说,所有实施推定信托的场景都存在如允许被告为自己保留财产则导致被告不当得利的情形。

然而,这种对不当得利的理解没有什么有用的目的。假如不考虑责任来源,每一项法律责任都可以在此基础上解释为不当得利,而不论责任的来源如何。例如,你因一个合同承诺,或是因你的错误行为给我所造成伤害的赔偿,欠我100英镑。那么,我们可以说,如果你不付我钱,你是不当得利,我的索赔会阻止你不当得利。但是,通过这种方式使用"不当得利"这一术语并不能告诉我们关于被告赔偿责任的依据。需要解释的是为什么被告要承担责任,为什么被告被要求在信托中持有财产。这种广义的不当得利的解释并没有做到这一点。这再一次模糊了法院承认推定信托的各种原因,而且未能确定其不同于法律承认的其他信托的任何特征。

因此,很明显,没有一个单一的原理或理论构成所有推定信托的基础和区分所有的推定信托(见Elias,1990;Chambers,1999)。相反,推定信托的类别最应该是一个包罗万象的类别,可以包含未被归到明示信托和归复信托类别的各种情形。因此,靠近推定信托的唯一路径就是参考英国法中各种推定信托实例,寻找每一个案例中信托设立所需的事实,以及基于该事实解释信托法律实施的原理。这就是我们在下一章节中要讨论的。

9.4 信托财产的受让人

通常情况下,信托受益人对信托财产享有衡平法上的所有权(见第 2.3.2 节和第 2.3.3 节)。这是一种所有权利益,因此能够对财产落入其手中的第三人坚持自己的主张,但有两个重要限制。其一,像所有衡平法所有权权利一样,受益人的衡平法所有权将被未经通知的善意且支付了对价的、法定所有权的真正购买人所击败。其二,受托人通常有权处分信托财产,例如,出售信托财产并将所得收益再投资。如果受托人依其权力处分财产,财产的受让人将不受受益人利益的约束,即使受让人不是未经通知的善意且支付了对价的真正购买人。在此情形下,受益人利益被认为是无能为力的(见第 2.7 节)。

但是,在遵守这两个限制的前提下,受益人可以向收到信托财产的第三人主张其利益。因此,若受托人 T 转让财产给非善意购买人的第三人 C,则受益人 B 所持有的衡平法上的所有权将在法定所有权自 T 转给 C 后继续存在。因此,C 将以信托方式为 B 持有该财产。

惯例将该信托称为推定信托,将 C 称为推定受托人,以区别于受托人和受益人故意将自己或被委托人置于受托人和受益人之间的关系之中的情形。然而,有一种观点认为,该信托应按照以 T 为受托人的最初信托的相同方式进行分类。例如,如果 T 以明示信托的方式为 B 持有财产,那么当该财产转让给 C 时,我们仍应将其视为明示信托。这样做的原因是,B 的衡平法上权益始终保持不变:他对 C 所主张的财产权益与将财产委托给 T 时的权益是相同的。因此,尽管受托人身份和(通常)所承担的义务发生了变化,受益人的利益却没有变化。在这种情况下,一个建议是,我们应当说 C 是明示信托的推定受托人。

9.5 转让特定财产的具体可执行义务

许多法律义务是将财产转让给他人的义务。然而，其中只有一部分是转让特定财产的义务。以损害赔偿索赔为例，如果我违反与你的合同或对你实施侵权行为，我将对由此给你造成的任何损失向你支付赔偿金。为此，我有义务转让财产——一笔资金的总额——给你。但是，这并非转让任何特定财产的义务；也不存在确定的我必须支付给你的一次性现金。资金的来源并不重要：可以是来自我的银行账户，也可以是通过出售其他资产筹集的资金，还可以是从某人或任何其他地方获得的贷款。

如果我在网上商店订购 CD，通常是这样的。假如我订购了一个 Vio-lence 的《永恒梦魇》的副本，商店有义务将与描述匹配的 CD 转给我，但它没有义务转让 CD 的特定副本。这家商店可以邮寄给我它仓库里所有的 CD 副本中的任何一个，或者如果它没有库存，它可以通过从它喜欢的其他渠道购买一个以履行其义务。但是，假如我在合同中承诺将房产卖给你，情况就有所不同。我的义务是将一项特定的财产我的房产转让给你，而非其他资产。同理，如果我们签订的是出售唯一的《永恒梦魇》副本的合同，那么你有义务转让该项特定资产。

如果我有义务转让特定财产给你但我没有做到这一点，法院可能裁决两种典型的救济方式。一种是简单地要求我向你支付因未能转让财产而对你造成损失的赔偿金。最终的结果是，你并没有实际收到你打算得到的财产，而是收到一笔相当于财产价值和你没有收到财产所受到的损失的款项。然而，法院有时会强迫我履行义务而将特定财产转让予你。因此，若我违反了将我的房产出售给你的合同义务，法院可以判令我向你赔偿合同违约金，在这种情况下，你将获得一笔资金但没有房产，或者，强迫我履行合同，在这种情况下，你将得到房产。

后一种救济方式称为“强制履行”。也许令人费解的是,在英国法律中,强制履行只有在特定情况下才被采用,标准的救济方式为损害赔偿。因此,其结果是只有部分法律义务为转让财产,而其中只有一些是转让特定财产,具体可执行的更是少之又少。

关键之处在于:(1)A有义务转让特定财产给B,且(2)该义务是一项法院将会命令其特别履行的义务,则(3)A将自义务产生时起以推定信托方式为B持有财产:见*Shaw v. Foster*(1872)LIR 5 HL 321,*Lysaght v. Edwards*(1876)LR 2 Ch D 499,*Walsh v. Lonsdale*(1881)21 Ch D 9。

这在传统上被解释为“衡平法把应做之事看作是已做之事”这句格言的运用。由于强制履行是衡平法上的救济,强制履行的使用价值意味着衡平法将确保义务被履行。而且,由于衡平法要求A转让财产给B,如果该事项提交法院,那么,引用这一格言,衡平法将视各当事方为转让已经发生,其结果是,B甚至在义务履行之前即为衡平法上(尽管普通法上不是)的所有人。因此,在我们前面所举事例中,将我的房产出售给你的合同一旦签订,我就为你成为房产的受托人。因此,尽管在我将土地交给你之前法定所有权由我保留,但你从一开始就拥有房产的衡平法上的所有权,像任何其他衡平法利益一样,通常情况下可以对抗第三人。

然而,尽管这足以说明此类信托是如何产生的,但无法解释这类信托为什么会产生。该格言的作用是将B从A处获得的财产权利转换为B对该财产的权益。这种转换可能对于A和B并无区别[见*Wait*(1927)1 Ch 606,635－41(Atkin法官)],但对于第三人会有很大影响。现在,依托该信托,B不仅能约束第三人权益,而且B的权益会在A破产时优先于A的其他债权人。然而,并没有明显的理由使B享受这样的有利待遇。

而且,这类信托是相当不寻常的。例如,很明显,在合法转让前A可以为自己的利益使用财产,尽管对B负有合理注意不损坏财产的义务[见 *Englewood Properties Ltd. v. Patel*(2005)EWHC 188(Ch),(2005)1 WLR 1961]。因此,至少在你向我支付购房款前,我当然可以继续居住在我的房子里,并且可以保留在签订出售合同后其产生的任何租金或利润,至少直到你向我支付购房款为止。这与受托人不得从信托财产中获益的一般规则相反。此外,B 对该财产享有的权益不是他能够从第三方所享有的其他所有权权益中分割出来的一项权益(因此他也不能对这项财产设定租赁):见 *Southern Pacific Mortgages Ltd. v. Scott*(2014)UKSC 52,(2015)AC 385。

在我们离开这种类型的推定信托之前,值得再次强调的是,此类推定信托只有在双方都有义务转让具体的、确定的资产且该义务具体可执行时才会出现。把握强制履行的时机至关重要。从广义上讲,只有在损害赔偿无法作为适合的救济措施的情况下或在没有其他可以找到同类资产的情况下,法院才会判令强制履行。因此,转让土地的义务是具体可执行的(通常给出的理由是,每块土地、每套房屋或每个公寓都是独一无二的),公司转让股份的义务也是如此(不同于上市公司的股票有公开市场)(规则运用具体可见于 McKendrick,2015,384-7)。

9.6 不完善赠与和 *Rose* 案规则

我们在第 6 章看到,作为一般规则,“衡平法不会完善一个不完善赠与”是指,假如我试图将财产彻底转让予你但未满足成功转让所需的法律要求,则法院不会将该无效的转让视为对你有利的成功的信托声明。然而,正如我们所看到的(见第 6.3.1 节和第 6.3.2 节),该一般规则的例外在 *Rose*(1952)Ch 499 案中被认可,并在 *Pennington v. Waine*(2002)EWCA Civ 227,(2002)1 WLR 2075 案中得到了扩展。该项规则现在有些不清晰了,但也许最好的结论是,如果 A 试图将财产完全转让予B,则只有当A在其权力范围内尽其所能使完全转让生效或在如果不这样做就会被视为不合情理的情况下,以B为受益人的财产信托才能产生。

我们将不在这里重新探究这一规则,但要指出的是,该信托被视为推定信托是因为,尽管它通过给予B财产受益权益而影响了A的意图,而A从未意图宣布一个为B的财产信托。以这种方式,它类似于在具体的执行转让特定财产义务的情况下而产生的推定信托(见第9.5节)。与在这些情况下一样,基本的原则问题是,由于强制执行信托有效地凌驾于普通法关于资产所有权转移的规则之上,在没有任何此类意图的情况下,我们该如何证明它的正当性。

9.7 口头土地信托与 *Rochefoucauld v. Boustead* 案规则

在第6章中我们看到,根据《1925年财产法》第53条第(1)款第(b)项和第53条第(2)款,除非有书面证据,土地的明示信托是不可执行的。但是,我们也看到衡平法在如 *Rochefoucauld v. Boustead* (1897) 1 Ch 196 (见第6.4.2节)这类案件中出现的例外。因此,如果A和B口头同意A将转让财产给B并以信托方式为A持有,为避免成文法被用作欺诈手段,需要B在缺少书面证明的情况下以信托形式为A持有该财产。然而,对于这些信托应如何分类仍是存在疑问的。

一种观点认为,欺诈的可能性证明了成文法规则的一项例外是合理的,即如果不以书面形式作出,关于A的意图证据将是不可接受的。在此基础上,一旦A关于信托的口头声明的证据被承认,我们就有一个直接的明示信托。这是 *Rochefoucauld v. Boustead* 案本身以及 Ungoed-Thomas 法官在 *Hodgson v. Marks* (1971) Ch 892 案(同样见于 Swadling,2010)采取的方法。然而,在另一种观点看来,这些信托的产生不是为了实施 A 的意图,而是为了防止 B 的欺诈行为(尽管在某些情况下也能使 A 的意图得以实现)。在此基础上,该信托将不被归为明示信托而是归为推定信托。这是 *Bannister v. Bannister* (1948) 2 All ER 133 案和近期 Millett 法官在 *Paragon Finance plc v. DB Thakerar & Co.* (215)(1999) 1 ALL ER 400 案中所采取的立场。这种方法的优点是更容易与成文法一致,因为第 53 条第(2)款免除了推定信托的法定形式。

9.8 秘密信托

秘密信托存在同样的分类不确定性。秘密信托作为《1837 年遗嘱法》(见第 6.5 节)第 9 条规定的遗嘱信托的一般法律形式要求的例外而存在。同样,有一种观点认为,这类信托是明示信托,因为防止欺诈违背了一个规则,即立遗嘱人意图的证据只有在以规则规定的形式表示时才能被引证。另一种观点认为,这是推定信托,其产生并非为实施立遗嘱人的意图,而是为阻止受托人的欺诈行为[见 *Cleaver* (1981) 1 WLR 939,*Paragon Finance plc v. DB Thakerar & Co.* (1999) 1 ALL ER 400]。这可能更容易与成文法相一致,因为这样我们就不需要将秘密信托视为财产处置,因此,适用于遗嘱处置的手续也与之无关。

这两种方法都假定秘密信托是在防止受托人欺诈的基础上成立的(见第 6.5.3 节)。然而,正如前文提到的(见第 6.5.4 节),一种相反的观点认为,秘密信托事实上是当事人生前信托,因此它根本不受《1837 年遗嘱法》规定的约束。按照这一思路,秘密信托显然更适合归类为明示信托。

9.9 依承诺获得的财产

有人认为,秘密信托和 *Rochefoucauld v. Boustead* 案所述的口头土地信托是更广义类别的、产生于 B 基于就有关他使用财产所作出的承诺而接受该财产时的推定信托的一部分(见 Gardner, 2010; McFarlane, 2004)。

同样属于这一范畴的还有许多出现在共同遗嘱案件中的推定信托。在典型的共同遗嘱安排中,两个当事人 A 和 B 同意,他们当中第一个去世的一方应将其财产留给在世者,条件为在世者将来将其财产留给 C。只要双方希望此项安排是不可撤销的,那么,例如,当 A 去世时他的遗嘱与协议一致,推定信托就会产生,以确保 B 去世后财产将按照预期方式转给 C。然而,现在很清楚的是,同样的原则适用于 A 没有按照遗嘱将财产留给 B,导致 B 作为这一安排的成员不会收到 A 任何财产的情况。例如,在 *Dale* (1994) Ch 31 案中,A 和 B 同意将他们各自的财产平分给他们的两个孩子。A 在去世后确实按遗嘱做了,但是 B 随后又作出了一个新的遗嘱,使留给儿子的财产比女儿的多。法院认为,儿子作为 B 的遗嘱执行人,应以信托形式为自己和 B 的女儿以平等的份额持有 B 的遗产[见 *Healey v. Brown* (2002) WTLR 849]。

该信托是什么时候产生的?此协议一经签订即对 A 和 B 具有合同约束力。然而,在早期,只有在 A 去世后信托才会产生。在这一点上,衡平法的介入确保了 B 遵守安排。但是,这并非意味着 B 在 A 去世后被剥夺了使用和享受相关财产的权利。虽然 B 在其有生之年无法通过处置相关资产来改变这一安排(受 A 和 B 安排的条款的限制,可能允许 B 进行某些处置),但 B 不需要像标准信托那样仅为 C 的利益而持有和使用这些资产[见 *Cleaver* (1981) 1 WLR 939]。因此,在共同遗嘱案件中，推定信托是我们早前在讨论对象的确定性和秘密信托时所提及的某种程度上“浮动”信托的另一例子（见第3.7.2节和第6.5.7节）。

另一类在这里适合的案例是 *Pallant v. Morgan* 案。在 *Pallant v. Morgan*（1953）Ch 43案中，原告和被告都有意收购一些正在拍卖的林地。双方代理人同意，原告不会投标其中特定的一块地，作为回报，被告承诺之后会将这块地的一部分出售给原告。随后，被告以比原告在拍卖中对其出价更低的价格获得该地块。当被告拒绝继续向原告出售地块时，Harman法官认为被告是为自己和原告在信托下共同拥有该土地。在 *Banner Homes Group plc v. Luff Developments Ltd.*（2000）Ch 372案中，法院裁定此类信托将出现在：

1. A和B之间有一个安排或谅解，即B将采取措施以获取财产，A在其中将享有部分利益；和

2. 出于对安排或谅解的信赖，A做了（或未做）某件事，使B在取得该财产方面获益，或损害了A在同等条件下取得财产的能力。

这种安排背后对B的有利或对A的不利导致了不公平，因为B将财产据为己有的行为与安排前后矛盾［另见 *Cobbe v. Yeoman's Row Management Ltd.*（2008）UKHL 55，（2008）1 WLR 1752（Scott勋爵）］。

这类案件是否符合信托法通常是一个有争议的问题。最近在 *Crossco No.4 Unlimited v. Jolan Ltd.*（2011）EWCA Civ 1619，（2012）2 ALL ER 754案中，上诉法院的两名成员认为，在 *Banner Homes* 案中已经确定了这些案件适用于共同意图的推定信托，它更普遍地出现在对家庭房产的受益权利结束纠纷的背景之下（见第9.10节）。这是一个令人惊讶的结论，不仅是因为 *Banner Homes* 案并未如此提及（Scotts勋爵在 *Cobbe* 案中的判决中也没有这样说，在 *Crossco* 案中大多数也都支持这一观点），而且还因为 *Banner Homes* 案中提出的要求与那些我们在家庭房产案例中找到的有很大不同（见第9.10节）。

在 *Crossco* 案中,Etherton 法官作为第三法官对这些信托提出了不同解释。他认为在一些案例中,在这些情况下,当事人之间存在信托关系,当被告违背其信义义务,试图将相关财产留给自己时,推定信托便实施了。然而,这种解释并未带来更深远的影响。也许它认为,如果当事人处于信托关系之中,被告所获得的财产应以信托方式持有。但随之而来的问题是为什么当事人之间的关系应被归为信托关系。如果得不到答案,我们依然无法解释信托。

符合这种模式且适用推定信托的用语的最后一类案例是 *Billions v. Evans*（1972）Ch 359,*Lyus v. prowsa Developments Ltd.*（1982）1 WLR 1044 案和 *Ashburn Anslalt v. Arnold*（1989）1 Ch 1 案。这些案件出现在以下情况:A 有权占有 X 的土地,而 X 后来将土地转让给 B。若 A 的权利不能自动约束 B,但 B 仍然同意使其生效且允许 A 继续占有该土地,那么,推定信托将由此产生,以防止 B 违背其承诺。

但是,这种推定信托的性质是不确定的,而且这些案例引起了相当多的学术批评(见 Swadling,1998)。也许最佳观点是,这些信托并非“真正的”信托,而是法院强加给 B 的义务以履行他的承诺(见 McFarlane,2004,678 - 82)。因此,A 所拥有的一切都是针对 B 的个人权利,B 仍然是相关财产的法定受益所有权人。若是如此,这就又提供了一个使用推定信托的语言来描述事实上根本不属于信托的情况的详尽例子(见第 9.2 节)。

9.10 家庭房产的“共同意图”信托

推定信托最重要且最困难的运用之一发生在确立对家庭房产利益的背景下。问题通常出现在以下情况:同居夫妻分居,于是法院需确定他们各自对财产的权利;或者,在未能按期归还按揭贷款时,一名同居者试图建立对家庭房产的衡平法权益以驳回放款方的收回主张。

首先应当指出的是,各当事人可以为自己自由安排各自在财产上的利益究竟应该是什么。尽管法律要求土地信托声明需要以书面形式证明[《1925 年财产法》第 53 条第(1)款第(b)项;第 6.4 节],但只要各方所提供的文件满足必要的正式手续,他们可以其认为合适的方式分割对家庭房产的受益权益。如果他们这样做,这将决定各方的权利,我们所探讨的原则将不适用:见 *Goodman v. Gallant* (1986) Fam 106,*Pankhania v. Chandegra* (2012) EWCA Civ 1438,(2013) 1 P & CR 16。

这个问题的出现是由于很多同居者从未考虑过对家庭房产的受益权利,以至于没有作出任何这样的约定。当事人各自对房产的权利问题只有在出现问题时才真正重要——当他们分手或陷入财政困难时——尽管这些问题远非罕见,但我们能理解在建立关系初期以及成立家庭时,他们不会具体考虑各自的法律权利应该是什么。当然,当第一次购置财产时,财产必须交给某个人,但是有时一方当事人取得法定所有权仅是因为方便起见,而无意使他(她)对财产独自享有受益的权利。即使土地是以共同名义取得的,当事人也许也不能讲清楚受益权益是否共同享有。因此,尽管法律提供了一个相对简单的机制,当事人可以据此自行决定如何持有财产,但在很多情况下,这将无法给出答案。

还有一点需要注意。当事人结婚而后又离婚时,法院对于解决和重新分配财产权利拥有广泛的自由裁量权,包括他们对家庭房产的利益:见《1973 年婚姻诉讼法》第 24 条以及《1970 年婚姻财产和诉讼法》第 37 条。同样的规定适用于民事伴侣:见《2004 年民事伴侣关系法》第 65 条、第 66 条、第 72 条及附录 5 - 7。需要注意的是,此自由裁量权仅适用于离婚(或者民事伴侣关系的解除)。因此,我们所探讨的原则不仅适用于未婚夫妇,而且适用于诸如已婚夫妻设立权益以应对抵押权人的索赔。但是,这些法定条款是例外情况。在这类案件之外,法院对分割财产没有一般自由裁量权,因为他们认为这是公平的,而且法院已转而求助信托法,寻求一套决定如何确立家庭房产受益权益的原则。

在 Denning 勋爵试图构建“家庭财产”概念的尝试失败,并玩笑般地提出将合理但虚构的意图归责于同居者以解决受益权益问题这一想法后,上议院在 *Pettitt v. Pettitt*(1970) AC 777 案和 *Gissing v. Gissing* (1971) AC 886 案中强调,对家庭房产的受益权益只能通过参照各方的真实意图来确定。这似乎是法院放弃其违背当事人的意愿,或至少在没有当事人支持的情况下重新分配对财产的受益权益的一般权利的必然结果。根据《1925 年财产法》第 53 条第(1)款的规定,口头形式的土地受益所有权安排通常是不可执行的(见第 6.4 节),因此,法律增加了信赖损害的要求,以证明在缺少书面形式的情况下维持这类信托的合理性。

对这些原则进行探究的最佳出发点是 Bridge 勋爵在 *LLloyds Bank plc v. Robert* (1991) 1 AC 107, 132-3 案中的判决——尽管可能不会持续很久,但它仍然是最重要的陈述:

> 必须始终解决的首要基本问题是,根据当事人在共用作为他们的住宅的房产和管理共同事务过程中的行为是否可以得出相应的独立的推论,这些行为如下:购置房产前的任何时候,或者某个特定较晚的日期,当事人之间就共享财产利益达成的任何协议、安排或谅解。我认为,查明这种意义上的共享协议或安排,只有基于当事人之间明确讨论的证据,无论其记载多么不完整,条款可能多么不准确。这方面的裁决一旦作出,必然会出现下述情形:一个当事人维护自己的权利,向对合法财产享有所有权的当事人主张一项受益权益,表示他或她的行为对他或她造成了损害,或显著改变了他或她在协议中的地位,目的在于引发一项推定信托或所有权禁止反言。
>
> 与此形成鲜明对比的是另一种截然不同的情形:即使他们思考了这个问题,使达成的安排对于他们来说是多么合理,但仍没有证据支

持一份关于共享的协议或安排的裁决，以及法院必须完全依赖双方当事人的行为，以此作为推断存在共享财产利益的共同意图的基础和作为推定信托产生的行为。在这种情形下，不是法定所有权人的当事人直接支付价款，无论是首付款还是分期支付的抵押贷款，都将轻易地证明存在一个推定信托的推断是合理的。但是，根据我了解的有关权威资料，不这样做至少是值得怀疑的。

因此，如果一个对财产没有法定所有权的原告希望确立对财产的受益权益，他需要证明以下两件事：

1. 他和一个人或一个拥有法定所有权的人有一个共同意图，即原告在财产中享有可受益的份额；和

2. 他对房产受益权益的预期存在信赖损害。

所以基本的等式是“共同意图 + 信赖损害 = 受益权益”。

反过来说，原告可以通过两种方式证明共享受益权益的共同意图的第一个要求。首先，他可以表明，他和法定所有权人讨论了财产权利的问题，并同意原告对财产享有受益权益；其次，可以从当事人的行为中推断出该意图。事实上，法院似乎要表达的是，除非原告被允许在财产中享有受益份额，否则他不会采取行动。因此，如果这种行为得到证明，就相当于证明了必要的共同意图。Bridge 勋爵的观点是，证明这一推论的唯一行为是原告为购买财产而作出的直接贡献，无论是支付部分初始总价还是支付部分抵押贷款（见第 9.10.2 节）。

如果原告通过提供证据证明双方当事人明确同意他将获得财产的受益份额来证明共同意图，那么他还须提供他因该协议而所为信赖损害行为的证据。相比之下，如果原告展示了为购买房产的直接贡献以证明共同意图的存在，就无须提供进一步的证据来证明信赖损害，因为他对价格的贡献也被视为必要的信赖损害。

综上，可以通过两种方式之一提出对财产中的受益份额的主张，并证明共同意图和信赖损害的要求：

(1)与法定所有权人进行明确的讨论,通过讨论同意原告在财产中享有利益,然后原告对由此产生的期望采取了另一种信赖损害单独行为;或

(2)原告对购买房产的直接贡献支持一个推论,即当事双方意图使原告对该财产享有权益及构成必要的信赖损害。

分别探讨这两类案件是有帮助的。

9.10.1 通过明确讨论证明的共同意图

有人可能认为,在这些情况下,证明共同意图需要一次或一系列双方当事人决定原告拥有受益份额的谈话的证据。有些情况确实如此。但是,在另一些情况下,找到共同意图看上去更像是一份困难的任务。在这里举两个主要案例:*Eves v. Eves*(1975)1 WLR 1338 案;*Grant v. Edwards*(1986)Ch 638 案。

在 *Eves v. Eves* 案中,Eves 先生购买了房产,他与女友 Janet 居住在其中。该房产的法定所有权登记在其一人名下,当女友问他为什么她没有成为法定共有人时,他告诉女友说因为她还未年满 21 岁。后来 Janet 在家中做了大量包括装饰的工作,特别注意的是,她用一把 14 磅的铁锤打破了一个混凝土露台。上诉法院裁定,Eves 先生以推定信托方式拥有该房屋,而 Janet 占有 1/4 的份额。

在 *Grant v. Edwards* 案中,Edwards 先生购买了房产,他与伴侣 Grant 搬进了这座房屋。法定所有权转到 Edwards 和他兄弟的名下。Edwards 告诉 Grant 没有被写进产权转让证的原因是担心这可能会影响她的离婚诉讼。Grant 对家庭开支的重大贡献而产生了信赖损害,于是上诉法院得出结论,她在推定信托下拥有此房产一半的份额。

以上两个案件的惊人之处在于都没有我们通常所说的协议。相反,在每一个案件中,原告都会问为什么她的名字不在所有权证书上,而被告则找了一个借口。Bridge 勋爵在 *Rosset* 案中想让我们相信这类交换说明被告确实有意图让原告占有财产的受益份额。然而,这显

然不是 Eves 先生和 Edwards 先生的意图。在每一个案件中，面对原告的棘手问题时，被告并不承认自己不愿与她分享法定所有权或受益权益，而是编造一个理由，他希望她会觉得更加满意。简言之，被告是在欺骗他们的伴侣，为不给其伴侣分配财产而给出一个（不诚实的）借口，而不是在表达其伴侣应享有份额的意图。

上诉法院在近期 *Curran v. Collins*（2015）EWCA Civ 404，（2016）1 FLR 505 案中也承认了这一点。Curran 要求对登记在 Collins 一人名下的财产享有衡平法受益份额。有证据表明，Collins 曾告诉 Curran 法定所有权是不能共享的，因为这要求每个人都投保人寿保险，因此将会更昂贵。与 *Eves v. Eves* 案和 *Grant v. Edwards* 案一样，这只是一个借口：Collins 并不打算让 Curran 享有财产的任何份额。但是，不像 *Eves* 案和 *Grant* 案，法庭认为该理由并未说出或引发 Curran 享有受益权益的共同意图。如 Lewison 法官所说，

给予某人未在所有权证书上的理由会得出一个推论，即应该同意他们对该财产享有利益，这不可能是正确的。如果一个不熟悉法定所有权和受益所有权之间区别的人要求在证书上登记却被告诉“不”，更常见的推断是，他们会明白自己不会成为该财产的所有权人或该财产部分所有权人。

那么，*Eves* 案和 *Grant* 案哪些不同之处使得他们可以把被告的“不”看作“是”来对待呢？法院给出了两个因素。首先，在这些案件中，购买相关财产是在确定会成为夫妻房产基础上的，而在 *Curran v. Collins* 案中并非如此。其次，对于上诉法院来说，Eves 先生和 Edwards 先生的借口很巧妙，但与 Collins 的理由截然不同。回复 Curran 提出的她取得法定所有权份额的问题时，Collins 仅简单地说：“不，这是因为……”相反，在 *Eves v. Eves* 案和 *Grant v. Edwards* 案中，被告们却说：“我本会将所有权的一份给你，但是因为这个原因而不

能……”这两个因素使原告有理由相信被告确实打算让他们成为该财产的受益共有人。

适用信赖损害要求也证明存在问题。一般而言,信赖损害要求的目的是表明被告违背了其语言或行动设定的预期对原告是不公平的。原告这样做显示出他做了(或未做)某些事:

1. 若非被告的陈述,他本不会做;和

2. 若被告此时不履行陈述,他将处于不利地位。

如果没有这两个要素,原告唯一真正抱怨的是他对结果感到失望,因为他的预期没有实现。如果原告没有就其受益份额与被告达成协议,原告采取了没有差别的行动,那么就没有救济,也就不存在信赖损害。

然而,在家庭房产信托的情况下,要求真正的信赖损害更加存在问题。大多数人支付账单、打扫房子、抚养孩子等不是因为他们认为自己已经或者将得到他们与伴侣共享的家庭房产中的利益,而是因为这是家庭生活所涉及的。如果你希望与你的伴侣幸福地生活在一起,那么这将不可避免地需要你完成一些工作和承担一些费用,除非是冷血或贪婪的人,他们这样做不是为获得回报,而是因为这些事情是必须做,因为在真正的夫妻关系中,仅让其中一方来承受所有负担是不合理的。

因此,信赖损害的要求给法院带来了一些问题。如果他们严格执行这一规定,并寻找原告如果不相信他对该房产享有权益从而他不会从事的行为,这一规定几乎永远无法得到满足。这将使大多数对财产没有法定所有权份额的同居人就没有可能要求衡平法上的受益权益。相反,如果法院想保护那些名字没有出现在法定所有权上的人,他们只能通过在没有名字的情况下假装存在信赖损害来做到这一点。这可能会带来更公平的结果,但代价是引入更多的虚构。

法院明确选择后者,淡化信赖损害的要求,使其不需要展现真正的信赖。上诉法院在 *Grant v. Edwards* (1986) Ch 638 案中采取的方法可作例证。Nourse 法官认为,信赖损害要求"除非她对房产享有利益,否则期待她完成家庭工作是不合理的"。换言之,它为信赖损害制定了普遍的"但是为了"因果关系标准:原告的行为方式必须是他或她如果不是为了被告的承诺或陈述而不会采取的。然而,在适用标准时,Nourse 法官相当慷慨地将 Grant 的贡献看作家庭开支作为满足这一要求,从而使 Edwards 可以用自己的钱来偿还抵押贷款,这并不合情理。如果居住人希望继续住在他们的房屋中,就需要支付抵押贷款,且没有理由认为 Grant 在对偿还抵押贷款作出"间接贡献"时,除了为维持与 Edwards 共有的家所需要的一切以外还有别的考虑。

Browne-Wilkinson 大法官意识到这些困难,并采取了另一种不同的比较灵活的方法:

在许多这类案件中,即使原告认为自己对房产不享有任何利益,也不能说原告是否会做出信赖损害的行为。共同布置房屋、养育子女和支付一般家庭开支(并不是为了偿还抵押贷款所必需的)这些都可能与当事人之间相互的爱恋和彼此的感情有关,而不是特别地与原告对她享有该房产利益的想法有关。正如目前所建议的那样,一旦表明存在原告应享有房产利益的共同意图,在我看来,她所做的任何损害双方共同生活的行为,都足够损害其品德。

Grant 满足于这一标准。Browne-Wilkinson 大法官认为,对抵押贷款偿付的间接贡献(即使对方能够用他的钱偿还抵押贷款的贡献)提供了"原告遭受的损害与共同意图之间的充分联系"。

这种方法的优点是,在不存在信赖的情况下,不假装信赖存在,但它会使信赖损害要求看起来相当不确定。一个行为"关系到双方"的共同生活这一说法是什么含义?这种语言倾向于包括诸如家务或抚养孩子等行为,但很明显,Browne-Wilkinson 大法官认为,要达到这个标准,需要的更多。然而,除了购买房产的间接贡献外,还需要满足什么来满足这一要求尚不清楚。

更重要的是,一旦我们不再需要证明"原告不会这样做,但是为了他是财产受益权人的想法",那么,"信赖"损害要求有何作用就不甚清楚了。正如我们所见,要求信赖损害的要点通常是使原告能够提出"如果你不遵守诺言,我的生活会比从前更糟"。正是这一点,使被告不符合原告的期望是不公平的。然而,如果原告期待或试图拥有家庭房产的利益,即使他不认为自己拥有该利益,也会采取同样方式行事,那么该行为也不会增加其主张的价值。

9.10.2 从行为推断的共同意图

至少在某种意义上,在此基础上确立受益权益更为直接。如果原告能够证明他对购买房产有直接贡献,无论是提供部分首付款,还是支付部分按揭分期付款,抑或通过原告得到价格折扣[见 *Springette v. Defoe*(1992)65 P & CR 1, *Oxley v. Hiscock* (2004) EWCA Civ 546, (2005) Fam 211],他从而确立其对该财产享有某些受益权益。

正如我们所指出的,这种直接贡献是非常关键的,因为除了证明必要的信赖损害行为之外,它们使法院能够推断出当事人之间有共同意图,即原告应当在家庭房产中享有利益。简言之,通过证明其为购买房产作出了直接贡献,原告证明了存在关于他应享有利益的共同意图和信赖损害救济。关于这一方面,有三点需要注意。

首先,即使原告的直接贡献很小,法院也试图推断出共享受益权益的共同意图。换言之,它并没有显现出,被告能够争辩原告的直接贡献微不足道,以及对原告意图持有受益份额的推论的基础不够充分。比如,在 *Midland Bank plc v. Cooke* (1995) 4 All ER 562 案中,购买价格 8500 英镑是通过抵押贷款、丈夫的存款以及结婚时他父母赠与的 1100 英镑凑齐的。这一赠与被认为是对夫妻双方的,因此该款项一般可看作妻子的直接贡献。基于此,妻子的直接贡献只占购买价格的 7% 左右,而且甚至该款项来自丈夫的父母的赠与。尽管如此,上诉法院仍认为这足以证明她享有受益权益的共同意图。

其次,与之相反,如果原告对购买没有任何直接贡献,则 Bridge 勋爵的建议是,没有其他形式的行为能够支持对这种共同意图的推断。根据这一观点,尽管相对微不足道的直接贡献必然会将受益权益给予原告,但即使是数目极为可观的间接贡献也不会给原告带来任何好处(当然,除非原告也能证明对共享财产达成了明确的协议,他可以将自己归入第一类案件)。

我们无法为之辩解。如果我们关心的是确立一个真正的共同意图(见第9.10.5节),那么不必说直接贡献数额多么微小,它都是推定共同意图的必要的和充分的基础,或者说,间接贡献不管多么巨大,都永远不能支持这一推断。如果我们认为,几百英镑的直接贡献足以证明双方当事人已意图让原告享有份额,那么几千英镑的间接贡献(如通过支付其他家庭开支)也应该同样表明了这一意图。

只要所有的必要的开支都得到满足,大多数的同居者不太可能考虑或真的在乎这些支出是由谁支付的,这一事实更进一步地支持了上述观点。所以,夫妻双方可能同意平分所有的账单,或者他们可能同意一方偿还抵押贷款,另一方支付市政税和家庭账单。他们所作出的选择几乎总是出于方便和实用的原因,而不是反映他们对房产受益所有权的意图。因此,如果我们关心的是找到真正的共同意图,那么法律既强调原告的缴款形式,又完全忽视缴款数额,这是不现实的[这里可以与加拿大的做法作一个有益的对比,在加拿大直接和间接贡献都与确立对家庭房产的利益有关:见 *Peter v. Beblow* (1993) 1 SCR 980]。

因此,看到案件偏离 Bridge 勋爵的立场也就不足为奇了。例如,在 *Le Foe v. Le Foe* (2001) 2 FLR 970 案中,Nicholas Mostyn 王室法律顾问认为,原告对偿还抵押贷款的重大间接贡献使法院推断有一个她对财产享有受益权益的共同意图。更为重要的是,在 *Stack v. Dowden* (2007) UKHL 17, (2007) 2 AC 432 案中,Baroness Hale 给出的主要判决指出,Bridge 勋爵可能"在某些方面设置了过于高的障碍",Walker 勋爵则进一步指出,"无论 Bridge 勋爵的观察在 1990 年是否合理,在我看来法律已经有所发展,而法律权威也应当朝着同样的方向更多地发展下去"。

现在,*Stack v. Dowden* 案——就此而言,联邦最高法院在 *Jones v. Kernott* (2011) UKSC 53,(2012)1 AC 776 案的后续判决——提出了另一个与上议院在 *Rosset* 案中遇到的不同问题。在 *Stack* 案和 *Jones* 案中,原告享有法定所有权的份额,唯一的问题是原告的受益份额有多大,然而,在 *Rosset* 案中,问题则是原告是否享有任何的受益份额。这意味着这些案件中关于法院如何处理 *Rosset* 案类索赔的意见仅是附带的法官个人意见[关于这一点的明确说明见 *Stack* 案(Hale 男爵夫人)和 *Jones* 案(Walker 勋爵和司法安全委员会的法官 Hale 女士)]。

尽管如此,我们在这些判决中看到了一种不同的观点,与 Bridge 勋爵一部分判决的狭隘性是矛盾的。在这些案件中,法院认为,在询问双方当事人希望原告享有多少受益份额时,法院应该采取所谓的"整体分析"方法:理解双方当事人交往和互动的各个方面,这可能阐明他们的意图(见第 9.10.3 节)。正如前面所提到的,这个定量问题只有在原告确定他对某件事有资格时才会出现,而这正是 *Rosset* 案提出的逻辑上优先的问题。然而,当法院在寻求查明当事人(真正的)意图以确定其份额应该有多大时,对于是否审查更广泛的材料,法院目前是自由的;当确定了最初是否打算使原告拥有任何一种份额时,持续忽视更多的证据对他们来说就没有什么感觉了。

尽管如此,现在说 Bridge 勋爵的建议已被断然拒绝,可能过于草率,毕竟这是事情发展非常明显的路径,Bridge 勋爵的建议是,限制法院据以推断存在没有法定所有权份额的原告应该拥有对财产受益份额的共同意图的证据类型,即对购买财产的直接贡献。就目前而言,我们可以说,即使无法证明曾和被告讨论过受益份额且未直接出资购买财产的原告的地位不是糟糕透顶的,但作出了直接贡献的原告会比间接出资的原告(如果有)处于更强大的地位。

第三点需要指出的是,如果法院认真地认为,一项 *Rosset* 案所规定的类型的推定信托,应该基于当事各方分享受益所有权的共同意图,如果证明没有共同意愿,那么就不应该有这类信托,而不考虑原告可能作出了什么贡献。

这一观点出现于 *Midland Bank plc v. Cooke* 案。我们已经看到,原告通过丈夫父母的结婚赠与能够对购买房产作出直接贡献。因此,按照惯常的 *Rosset* 案原则,法院可以推定她和她的丈夫有一个共同的意图,她应对该财产享有受益份额。然而,原告在审判中承认,她和她的丈夫从未讨论过受益权利问题,也从未形成过任何这样的共同意图。法院需要回答的问题是,这是否排除了一份关于在对原告有利的情况下产生了一个"共同意图"推定信托的裁决。上诉法院一致认为,原告能够确立这样一项利益。Waite 法官在判决期间对共同意图要求的可行性提出了以下观点:

对于成百上千甚至成千上万的其他案件来说,现在的案件尤为典型。当人们,尤其是年轻人,同意在共同的房屋中分享他们的生活是基于一个共同的信任,同时在对于他们的关系能够持久的期待之下。尽管许多负责机构已经付出了努力,为可能的同居者提供咨询服务,使他们认识到在没有法律咨询的情况下共享财产权益的风险,但期望普遍遵循这种咨询意见是不现实的。对于一对正在开始一段认真感情的情侣来说,讨论分手时适用的条款与把他们聚在一起的共同的希望相矛盾。不可避免地会有许多已婚的或未婚的夫妻,他们没有关于所有权的讨论,也许经过深思熟虑,也没有就所有权达成协议。相对于那样的背景,仅仅因为他们足够诚实地承认他们从未思考过所有权或对所有权达成任何协议,便在为分享受益所有权而构建的一个公平、假设的基础上,创设一系列超越了衡平救济范围的购房者,这是反常的。

这使我们处于一个突出的位置,即共同意图不是“共同意图”推定信托的基本要求[同样见 *Drake v. Whipp*(1996)1 FLR 826 案,尽管比较 *Capehorn v. Harris*(2015)EWCA Civ 955,(2016)HLR 1 案,其中双方讨论了财产的受益所有权,但未达成协议,上诉法院裁定排除任何从他们的行为中推断出这种协议的可能性]。只要原告为购买房产作出了直接贡献,即使面对当事人承认没有这样的共同意图,法院也会“推定”共同意图的存在。

9.10.3 受益份额的量化

前面的章节已经列出了原告需要证明什么来使法庭确信他有权在相关财产中享有某种受益份额,但该份额又是什么呢?只要法院所关心的是找到真正共同意图,我们就希望通过探寻当事人共同意图的内容来找到答案,即他们期望如何划分受益所有权?然而,正如我们所看到的,有时甚至在承认从未对这个问题进行过任何讨论或思考的情况下,法院也准备找到一个共同的意图。因此,我们往往无法通过询问当事人的意图回答这一问题。此外,即使是在根据当事方之间的对话确定共同意图的情况下,也往往不会讨论每一方应有的确切份额[见 *Eves v. Eves*(1975)1 WLR 1338 案和 *Grant v. Edwards*(1986)Ch 638 案,第 9.10.1 节]。

在 *Midland Bank v. Cooke*(1995)4 All ER 562 案中,上诉法院驳回了这样一个论点,即在已经作出直接贡献的情况下,原告的份额仅仅是参照其在购买总价款中的出资比例确定。Waite 法官提出了以下方法:

法官的责任是负责调查整个案件中各方之间对于其相关的财产的所有权和占有权以及分享的负担和利益处理的整个过程。这种审查将不局限于有限范围内的直接出资行为，这种行为首先是为确立受益权益所必需的。它将考虑到所有有助于弄清意图取得什么样的份额这一问题的行为。只有在这样的研究表明是没有结果之后，法院才会回到“平等即公平”的格言之上。

换言之，尽管（在没有任何明确的协议或讨论的情况下）可能是原告只能通过直接贡献的方式确立利益，但如果原告证明她有权在此基础上获得受益份额，在确定她的受益范围时，其他各种因素和行为都可以考虑在内。因此，虽然间接贡献本身可能不会使你有权获得对房产的受益份额，但你可以通过直接贡献来确立利益，而在确定份额规模的大小时，可以将间接贡献计算在内。在此基础上，Cooke 太太虽然直接支付了不到7%的购买价，但在财产中占有一半利益。

上诉法院在 *Oxley v. Hiscock*（2004）EWCA Civ 546，（2005）Fam 211 案中认可了这一做法，并确认原告的受益份额通过明确讨论但对受益权益准确的分割没有达成协议而被证明的情况也适用。Chadwick 法官就法院应如何回答原告的利益范围的问题作出了以下说明：

在没有任何证据表明曾有任何关于每个人持有份额数量的讨论的情况下——甚至在证据表明对此没有讨论的情况下——这个问题仍然需要答案。现在应该接受……每个人都有权享有法院在考虑到他们之间就财产进行交易的整个过程后所认为的公平的份额。在这种背景下，“他们之间就财产进行交易的整个过程”包括他们为应付支出而随时作出的安排（如抵押贷款供款、市政税和公用事业费、修理费、保险费和家务开支），如果他们想居住在以此为家的房屋中，就必须满足这些安排。

Hale 男爵夫人在 *Stack v. Dowden*（2007）UKHL 17，（2007）2

AC 432,(61)案中对这一段给予了有保留的支持,强调的问题仍然是,根据各方的行为,什么份额是当事人"有意图的"。因此,法院不能随意"放弃调查,转而支持法院自己认为公平的结果,如果法院将自己对什么是公平的看法强加于当事人自己发现的情况,那就是回到 *Pettitt v. Pellitt* 一案之前的日子里去"。

这引起了一些混乱。毕竟,如果像 *Cooke* 案中所承认的那样,当事人根本就没有考虑到他们各自的受益权利问题,法院除了要公平地考虑他们应该得到什么份额外还能做什么呢?将此问题包装成当事人事实上从未有过的意图卷入调查又有什么作用呢?

实际上,我们似乎兜了一圈(见第 9.10.5 节)。在 *Peltitt v. Peltitt* (1970) AC 777 案和 *Gissing v. Gissing* (1971) AC 886 案中驳回了将不存在的、虚构的意图和协议归责于当事人的可能性后,法院似乎重新回到了创立当事各方从未制定的协议以及定位当事各方从未有过的意图的工作之中(尽管只有在明确讨论的证据被发现或直接贡献被证明时)。在诸如 *Midland Bank v. Cooke* 等案件中,当双方当事人都否认存在任何共同意图,那就没有其他办法来解释信托存在的裁定。

最近,Kerr 勋爵和 Wilson 勋爵在 *Jones v. Kernott* (2011) KSC 53 (2012) 1 AC 776 案中辩称,现在是时候承认,在这样的案件中,我们正在摒弃当事人的意图,而直接探究怎样的财产受益份额分配将是公平的。然而,即使在承认实际上不存在这种意图的案件中,Walker 勋爵和 Hale 法官在作出主要判决时仍不情愿放弃关于意图的想法:

调查主要是查明当事人的实际共同意图,无论是表达的还是从其行为推断出来的。然而,至少存在两个例外。第一个例外……是经典的归复信托推定的适用。事实上,这在家庭背景下是罕见的,但也许可能出现在既是家庭伙伴也是商业合作伙伴的情况下。第二个例外,由于以后将会出现的原因……不是这一案件,但是会更频繁地出现,当受益利益被分享是显而易见时,不可能期待就分享的比例预测出一个共同意图。在这两种情况中,法院会被迫推定当事人可能从未有过的意图。

即使我们知道这种意图是不存在的,为什么还要执着于意图的想法?这个想法好像是这样的。首先,如果当事人(真正)的意图能够被发现,法院就没有权力用他自认为更公平的某些其他解决办法取代这些意图。其次,即使当事各方的意图不能够被发现,甚至在承认没有这种真正的意图可以被发现时,问题也不是"公平的结果是什么?"而是"当事人作为公正的和理性的人,如果他们把注意力集中于此,他们意图做什么?"[见 *Jones v. Kernott*, (47), (60)]。

这两个问题之间似乎没有太大的区别,但是——至少在原则上——法院认为公平的可能并不总是与当事人一致认为的公平相同。*Jones* 案中的大多数人的做法表明(尽管他们几乎没有说清楚),我们所追求的是当事各方均同意的解决办法。在此基础上,虽然这在实践中将涉及他们能够公平合理地达成什么样的解决方案,但焦点仍然停留在当事方及他们关于什么是(或本应该是)公平的概念之上。

9.10.4 共同法定所有权

Rosset 案原则是在原告对财产没有法定所有权的情况下,为处理原告寻求确立其对家庭房产受益权益而制定的。然而,法定共有人也可能试图依靠这些(或类似的)原则来确定比其显示的法定共有权更大的利益。例如,如果财产由 A 和 B 共同持有,那么从法定所有权持有方式来推断,A 和 B 各占 50% 的受益份额。但是,A 可能主张超过 50% 的受益权益。这是在 *Stack v. Dotvden* (2007) UKI-IL 17,(2007) 2 AC 432 案和 *Jones v. Kernott* (2011) UKSC 53,(2012) 1 AC 776 案中索赔的特征。由此确认,如果购买并作为双方住房使用的土地的法定所有权均列入其共同名下[可能还有一项进一步条件,即双方也对抵押负有责任:见 *Jones v. Kernott*,(25),(51)],则推定受益权益也应

共同享有。因此,主张更大利益的一方有责任表明受益份额不是平均分配的共同意图。

因此,参照当事人的共同意图确定共有房产权利的基本方法适用于单一和共同的法定所有权案件。尽管如此,这也是清晰的,即标准的 *Rosset* 公式并不能简单地延伸到法定所有权为共同持有的案件中。正如我们所见,法院在处理仅由一方当事人持有法定所有权的案件时,倾向于在两个不同的阶段处理受益权益问题。第一阶段是询问原告是否能够确立对财产的任何形式的受益权益(如第 9.10.1 节和第 9.10.2 节所述),第二阶段是询问,如果是这样,该权益应该如何量化(见第 9.10.3 节)。

当我们在考虑相互关联的因素时,这种区别变得尤为重要。在第一阶段,*Rosset* 案采用的观点是,在没有明确协议的情况下,支持裁定共享财产的共同意图的唯一事实是对购买价格的直接贡献。然而,在第二阶段,一旦确立了共享的共同意图——因此一旦我们知道原告有权得到某些东西——法院显然可以在计算原告应当获得的确切份额时考虑到其他因素以及其他类型的贡献,或者换句话说,法院为原告设定了一个相当高的门槛使之能够证明当事人的受益权益有别于其法定权益,但是,一旦超过了这个门槛,他们就会在决定如何确定这些受益权益时考虑更加广泛的信息。

困难在于将这两阶段的过程移植到共同法定所有权的背景之下。因为,在这里,不同于那些只有一方当事人持有法定所有权的情况,我们的出发点是双方确实拥有受益份额,且通常情况下,唯一的问题是每一方应拥有多少份额:是法定所有权的五五分,还是其他的不同划分比例?这看起来似乎我们直接进入了一个量化问题——标准单一法定所有权案件的第二阶段。

然而,在 *Stack v. Dowden* 案和 *Jones v. Kernott* 案中,法院都极力强调,共同法定所有权案件中的原告——如没有法定所有权份额的原告——在说服法院他们应该享有更大份额的受益权益时面临着一个巨大的障碍。正如Hale男爵夫人在*Stack*案中指出的,“共同的法定所有权人被认为有关于他们的受益权益应该与他们的法定权益区分开来的意图,这样的案件将是非常不寻常的”。(强有力的)推定是,共同法定所有权人将是共同受益所有权人。

那么,原告如何证明他有权获得更大份额呢?当然,如果各方明确同意这一点[第一种方法:证明*Lloyds Bank plc v. Rosset* (1991) 1 AC 107案中所述的共同意图],这就足够简单明了了。但是,通常情况往往是没有为此目的进行讨论,那又会怎样呢?回顾*Rosset*案,法院认为,一个共同的意图也可以从行为中推断出来,特别是,或许只是原告对购买价格的直接贡献。但是,这推定共同意图的方法不容易移植到共同法定所有权的案件中。在这里,原告不但已经拥有法定所有权的份额,但是他通常会主张获得受益权益更大的份额,正是因为他对购买价格的贡献超过了一半。

*Stack*案就是这种情况,该案中原告的缴款份额约为65%,而*Jones*案中原告的缴款份额超过80%[另见*Fowler v. Barron* (2008) EWCA Civ 377,(2008) 2 FLR 831]。这里的问题是,如果原告能够证明一个共同意图,即他应该享有更大的份额,只要表明他对购买价格的贡献更大,那么关于共同法定所有权人也是共同受益所有权人的推定便毫无意义。相反,我们推定受益所有权与当事人的直接财务贡献相一致,而这一推定受到上议院多数议员在*Stack*案中明确拒绝(事实上,正是在这一点上,Neuberger勋爵对多数议员的做法持异议),不过在之后的*Jones*案中得到了联邦最高法院的支持。

因此,如果原告的(更大的)财务贡献对他们来说不足以推断出一个他应享有更大的份额的共同意图,同时假定在这方面没有明确的协议——何种证据才能支持这一裁定呢?这就是事情变得有些混乱的地方。看来,答案是法院必须对当事人的行为和交易持某种“整体的”观点,就像在法定所有权仅被其中一方持有的案件中处理定量问题一样(见第9.10.3节)。因此,法院不仅会考虑当事人对于购买房产的直接贡献,也会考虑他们在出价时更为广泛的财务交易、安排及出资以确定他们关于房产受益权益的意图[更全面的列表,见 *Stack v. Dowden* 案,(Hale 男爵夫人)]。

然而,法院在共同法定所有权案件中评估这些因素的方式与在量化原告不享有法定所有权份额的财产的份额时如何评估这些因素之间存在至关重要的差异。在后一种情况下,法院——已经确立原告享有某种利益的共同意图——可以说是从一张白纸开始的。法院只是审查所有的证据,看哪一种利益份额最符合双方安排事务的方式。相比之下,我们现在所处理的共同所有权案件中,法院一开始就(强有力的)假设当事人也是共同受益所有人。因此,他们在双方交易中寻求的是足以取代这种假设的证据。那么,如果双方的交易和付款迹象是混合的,并且没有给出明确的信息表明没有共同受益所有权的意图,那么受益权益就会遵循法定所有权并被共同持有。

在 *Stack v. Dowden*[(2007) UKHL 17,(2007) 2 AC 432]案中,法院得出结论认为,这是一个共同受益所有权的推定在特殊情况下被取代的案件。除原告比她的伴侣作出了更大的直接贡献这一事实外——这本身不足以推翻这一推定——法院还注意到,双方当事人虽然长期保持着关系,但其财务状况基本是分开的:他们拥有各自的银行账户,各自进行储蓄和投资。然而,作出主要裁决的 Hale 男爵夫人极力强调,这一案子"极不寻常"。通常情况下,在考虑决定将法定所有权置于联名名下时,会有一个更笼统的资源集中,表明他们在财产中的受益份额不与各自的贡献挂钩的意图。

Jones v. Kernott (2011) UKSC 53,(2012) 1 AC 776 案是另一个"不寻常"的案例。当事人一起购买一套房产,原告对购买价格的贡献大于被告。尽管如此,原告承认,当时没有任何东西可以取代双方当事人有权分享房产受益的法律的推定。然而,两人分手时事情发生了变化。被告搬出去了而且购买了所有权属于他的房产。从那时起,他对原来的房产没有再作出任何贡献;按揭贷款的支付和家庭开支完全

由原告承担。审判法官的结论是,可以推断,当被告搬离并将其资源用于购置和资助自己的房产时,当事各方均打算不再是原有财产的受益联权共有人。相反,原告单独对该财产承担责任,并因此取得后续增加的价值的唯一权益。这一裁决得到了联邦最高法院大多数的支持(少数人认为,尽管这样的意图可能并不存在,但它应该将其归咎于当事各方:见第9.10.5节),最终,原告被认定对该财产享有90%的受益权益。

因此,在 *Stack* 案和 *Jones* 案中,无论是一开始还是在后来的某个阶段,当事各方都将其资金和财产的持有视为不同的,这支持了一个结论,即他们对房产的受益份额应根据各自的贡献(大致)划分。然而,在其他情况下,如果没有这样的证据表明当事人认为并打算将其金融利益和财产各自持有,则法院认为,即使原告提供了全部购买价款,共同受益所有权的推定也不会被取代[见 *Fowler v. Barron* (2008) EWCA Civ 377,(2008) 2 FLR 831]。

9.10.5 推断与假定意图

我们在讨论之初就注意到,共同意图的推定信托源于上议院在 *Pettitt v. Pettitt* (1970) AC 777 案和 *Gissing v. Gíssing* (1971) AC 886 案中的裁决。这两个案件的核心信息是,只有参照当事人的真实意图才能确定在家庭房产中的受益权益。法院不能随意制定当事人不存在的意图,而无论它有多么合理或实际。现在,正如我们所见,法院至少不得不改变这些规则,以求(他们认为的)公正。通常情况下,当事人从不会考虑受益权益问题——或者至少在为时已晚前没有考虑——然而,法院仍不情愿说,这对任何主张来说都应该是至关重要的。*Stack v. Dowden* 案给上议院提供了机会,重申真实意图的重要性还是进一步降低"共同意图"的要求。但是,它发出的信息相当混杂。

一方面,如我们早些时候强调(见第9.10.3节),Hale 男爵夫人对 *Oxley v. Hiscock* (2004) EWCA Civ 546 (2005) Fam 211 案中的建议

表示质疑,该建议认为法院应该通过参照“法院在考虑到他们之间就财产进行交易的整个过程后所认为的公平”来量化当事人的受益权。她对这一提法的批评恰恰是它没有明确表明法院的工作就是确定当事人应该有的意图。事实上,她承认,如果法院诉诸自身对公平的看法来确定受益权,将会忽视 *Pettitt* 案和 *Gissing* 案中的教训。

另一方面,Hale 男爵夫人在多种场合似乎表明,法院确实可以编造当事人未曾有过的意图,这可以从关于当事各方“应该有的意图”中看出[例如,(2007) UKHL 17,(2007) 2 AC 432,(61)和(69)]。为什么不直接问他们意图是什么呢?“应该有”意味着并非现实:虽然他们实际上并无此意图,但我们必须(理由有待解释)表现得如果他们有此意图。另一个迹象来自 Hale 男爵夫人的声明,即“调查是根据当事人对财产的整个行为过程查明当事人的共同意图,是真实的,推断的,或是假定的”。

这里的麻烦在于假定意图的措辞。虽然推断的意图通常被理解为当事人实际上拥有的意图,但这些意图是通过对周围环境的推断而确定的(从当事人的言语和行为中推断出他们真正的意图),我们倾向于使用“假定意图”的术语来描述当事人实际上并不拥有的意图,但我们仍视其为拥有[见 *Stack* 案,(125)和(126)(Neuberger 勋爵)]。上议院正是在 *Pettitt* 案和 *Gissing* 案中摒弃了这种可能性。

正如我们所看到的(见第 9.10.3 节),这里的困难是,通过假定或制造当事人从未有过的意图来解决这些案件,与通过法院对公平的看法来明确地决定这些意图,在实质上似乎没有什么区别。因为,如果不参考他们所认为的公平与合理的意图,法院又应如何确定什么意图视为当事人的意图呢?然而,如我们所见,Hale 男爵夫人明确拒绝了这一观点,即法院应该询问什么样的受益权益分割是公平的。这一显而易见的不一致被 Neuberger 勋爵在异议中发现了,随后由 Rimer 法官在上诉法院的 *Jones v. Kernott* (2010) EWCA Civ 578,(2010) 1 WLR 2401 案中得出结论,Hale 男爵夫人并不想让法院自由地认为当事人从未有过的意图属于当事人。

当 *Jones v. Kernott* 案被上诉到联邦最高法院时，这提供了一个澄清的机会。法院对此没有发声（见第 9.10.3 节），但以下几点是明确的：第一，当事人的真正意图覆盖到家庭中每个成员所拥有的确切的受益份额，那么它们就是不容置疑的，换言之，只要当事人各方在其受益权益问题上确实有真正的共同意图，就没有假定的机会。

第二，如果这些真正的意图未能确定当事人的受益份额，它有时允许法院假定相关意图。作为法院所有的成员所接受的那样，这一假定过程涉及构建——并因此加强——当事人自己可能从未有过的意图。

第三，在确认什么意图被归于当事各方时——以及因此在确定当事各方应获得什么受益份额时——法院应牢记当事各方之间的整个交易过程，并因此考虑的要比当事各方在购买该财产时各自的财务贡献还要多。

在每一个案件中，当事人真正意图不存在或不明确时，是否有可能或确实有必要进行假定？虽然法院并没有完全明确，但答案似乎是否定的。法院只有在确定当事各方真正意图使其受益份额不反映在该财产中的法定权益时，法院才能进行假定。换言之，正如我们所看到的，如果土地在共同名字下，可以推定当事各方也是衡平法上的联权共有人。相反，如果法定所有权只在一人名下，法院的出发点是只有法定所有权人才有资格成为该财产的单独受益人。在这两种情况下，原告若希望拥有比现在更多的受益权益，就必须表明当事各方有一个他应该享有如此多份额的共同意图。这个意图——原告应该享有的公平的利益大于他法律上的利益——看起来应该是真正的，也就是说，它必须是当事人各方所表达的，或（真正）从他们的行为中推断出来的，而非假定的：见 *Jones* 案，(64)，(84)。总而言之，如果当事人各方在一个单一的法定所有权案件中不能被说真正有共同意图，即原告将取得对财产的受益份额，则法院不能假定这一意图，申请将被驳回(见第 9.10.2 节中对 *Midland Bank v. Cooke* 案的讨论)。在法定联权共有产权案件中,如果不能找到关于如何受益持有财产的真正的共同意图,那么,相反,没有假定是可能的,而衡平法上的联权共有的推定将不被推翻。

这意味着,假定只有对"完善"一个不完善的真正共同意图才是有价值的。因此,如果单一法定所有权案件的当事各方意图原告拥有份额,但未就原告应具有何种具体份额形成任何意图,法院可以自由地通过假定他们有这样一个意图来填补这一空白;在一个共同的法定所有权案件中,如果当事人各方意图成为衡平法上的联权共有人以外的其他人,但又未能阐明他们的份额是什么,那么法院也可能在这里假定一个相关意图[见 *Thompson v. Hurst* (2012) EWCA Civ 1752, (2014) 1 FLR 238, *Capehorn v. Harris* (2015) ECWA Civ 955, (2016) HLR 1, *Barnes v. Phillips* (2015) EWCA Civ 1056, (2016) HLR 3]。

我们可能会质疑这种区别的意义:为什么在某些时候可以假定,而在其他时候不可以?我们都同意,如果当事人的真正意图可以被识别,则法院假定他们有其他意图是没有机会的。但是,如果这些意图不存在或者无法确定,那么假定在所有情况下都是合理的,或刚好相反。因此,只允许在第二阶段而非第一阶段进行假定就显得很随意。

的确,这反映了法院处理这些案件的方式存在更广泛的人为因素。在标准案例中,如果原告的名字未出现在法定所有权上,法院会分两个阶段处理受益权益问题:首先,原告能够确立任何形式的利益吗?其次,如果可以,应如何量化该受益权益的份额?正如我们所见,这些案件已经在可用于回答第一个问题的证据和可在第二阶段纳入考虑因素的证据之间作出了区分。Bridge 勋爵在 *Rosset* 案中的评论大意为,如果没有明确的协议,能够推断出共同意图的证据只能是对购买款项的直接贡献,这是针对的第一个问题(他是否会说在第二个阶段可以依赖其他证据尚不清楚,因为这个问题没有出现)。但是,一旦通过了这个阶段,法院将会审查当事各方的更广泛的财务安排和贡献,以识别其共同意图,从而量化其受益份额。

正如我们所见到的,在联名案件中任何这样的划分都少了些许有序。原告的名字显示在法定所有权上意味着我们已经推定他有权获得某些受益份额,唯一的问题是多少。因此,调查似乎直接跳到第二阶段:量化。尽管如此,法院仍试图通过第一阶段涉及询问当事人是不是衡平法上联权共有人以外的其他人来维持两阶段的做法。只有这个问题得到肯定回答,才能进入第二阶段,询问他们的份额是多少。即便如此,这些案件所提出的初步问题显然不同于单一法定所有权案件中的问题。

这一点在 *Stack* 案和 *Jones* 案中很明显。在这两个案件中,法院承认他们并不关注也没有说,第一个问题产生于单一法定所有权案件,即原告究竟是否能够提出任何一种的受益权益。因此,如前所述,如果说这些裁决否认了 Bridge 勋爵有关直接贡献的必要条件,那就错了[*Abbott v. Abbott* (2007) UKPC 53,(2008) 1 FLR 1451 案的裁定也是如此,枢密院在该案中回应了 *Stack* 案对 *Rosset* 案的批评,但只是附带提到,因为原告已经作出了直接贡献]。

这同样适用于 *Rosset* 案公式的第二个元素——信赖损害——同样在 *Stack* 案和 *Jones* 案中也很少提及[见 *Geary v. Rankine* (2012) EWCA Civ 555,(2012) 2 FCR 461 案,法院继续下去显然是基于信赖损害是必要的,现在 *Curran v. Collins* (2015) EWCA Civ 404,(2016) 1 FLR 505 案确认这仍然是一项要求;比较 Gardner,2008]。很可能,当联邦最高法院下次审议原告如何在单一法定所有权案件中确立受益权益问题时,这一公式将得到修订,或者法院可据以推断当事人意图使原告获得份额的因素将被扩大。当然,在 *Stack* 案中也有类似提示(见第 9.10.2 节),不过我们可能还未到达那一步。

尽管如此,在提到量化问题时,*Stack* 案和 *Jones* 案确认法院考虑的不仅仅是当事人对购买房产时的直接贡献,这就提出了一个关于两阶段方法的逻辑的基本问题。如果(就目前而言)两个阶段的问题是当事人各方的意图,那么说某些因素——诸如对购买的间接贡献,在第二阶段相关而在第一阶段无关——是没有道理的。如果我们认为这些因素确实有助于了解当事人有关于财产受益所有权的意图,那么不仅应在量化原告的受益份额时,而且在确定最初他是否拥有该份额时,都应考虑这些因素。相反,如果我们认为这些因素没有告诉我们当事人各方的意图,那么这两个阶段都可忽视它们。目前的做法是不连贯的,当作为我们以此推断当事人各方对这份份额的范围的意图的证据被承认时,间接贡献是否与确定原告意图享有份额有关至少是有疑问的。

9.10.6 背景

有人认为,*Stack v. Dowden* 案标志着法律的一个重要转变,一个深层次的原因是,它表明了家庭背景适用的规则与在其他地方适用的规则不同。在 *Stack* 案之前,大多数人认为,*Rosset* 案原则通常在家庭纠纷中被援引,但也适用于所有土地受益所有权受到侵害的案件[最近对这一问题的司法讨论见 *Crossco No. 4 Unlimited v. Jolan Ltd.* (2011) EWCA Civ 1619]。然而,*Stack* 案和 *Jones* 案表明一件事,即如果土地登记在联名名下,我们的出发点取决于背景是家庭或婚姻还是非家庭或商业。因此,在家庭案件中,推定是当事人为共同受益所有权人。然而,在 *Jones* 案中,联邦最高法院明确表示,归复信托的推定也适用于其他案件,这意味着当事人被推定享有与其各自对财产购买所做贡献相应的受益份额[见(2011) UKSC 53,(2012) 1AC 776,(25),(51)]。

这是不是一个特别显著的分歧值得怀疑。正如我们所看到的(见第 8.3.2 节),无论其内容如何,推定往往是证据的最后手段,在所有这些案件中,我们真正关心的是确定当事人的意图。然而,有一种观点认为,法律处理家庭和非家庭纠纷方式的差异并不限于我们作为起点或终点设定的推定,准确地说,其建议是,现在家庭案件适用的规则与不涉及家庭财产纠纷的案件适用的规则是不同的。这当然是Neuberger勋爵对*Stack*案大部分裁决的理解,也是他提出异议的原因之一。正如他的解释[(2007) UKHL 17,(2007) 2 AC 432,(108);另见*Laskar v. Laskar* (2008) EWCA Civ 347,(2008) 1 WLR 2695],

尽管家庭背景可能会导致与商业背景截然不同的事实考虑,但我并不认为这证明了对共同名义持有的财产的受益权益所有权问题原则上采用了不同的方法。在没有相反规定的情况下,同样的原则应当适用于核定法定共有人之间的受益权益分配,无论这些共有人是处于性关系、柏拉图式关系、家庭关系、友好关系还是商业关系。

然而,虽然Hale男爵夫人确实强调了背景的重要性,这是在讨论什么样的因素可以阐明当事人意图什么或什么可能被认为是意图,他们的受益份额是什么,但这是不是*Stack v. Dowden*案中多数人的想法,还很不清楚。因此,明确的含义是,在所有的案件中的核心问题是当事方的意图是什么,但个人意图可能根据背景和关系的性质而有所不同。因此,尽管可以同意Neuberger勋爵的意见,对家庭财产的案件和商业财产的纠纷案件适用不同的规则和原则,我们应当暂缓得出结论(见第9.10.7节),但所幸*Stack*案中的多数裁决并没有提倡或体现这样的差异。

9.10.7 评价与改革

许多批评是针对法院现在处理家庭房产推定信托的做法。

首先,正如许多场合强调的,尽管*Rosset*案原则指出这种信托依赖于共同意图和信赖损害的证据,但显而易见,法院认定的信托中存在或不存在上述一个或两个要素。这里的批评并不是说法院在这些案件中裁定原告受益权益有误,而是涉及法院如何判决。法院设定了一套规则,如果不折不扣地适用,往往不能给予原告以大多数人认为值得给予的保护。为此,法院不得不采取某种欺骗手段,扭曲或无视这些规则或审理的案件的事实,以确保正义得到伸张。因此,我们面临的情况是法院说一套做一套。这一现象最终被联邦最高法院在 *Jones v. Kernott* 案中(部分)承认,承认法院确定的意图是当事人自己可能从未有过的意图。

现在你可能认为只要正义得到伸张我们就不该愁容满面,但是我们确实应该对法律提出更多要求。法院应该有能力制定一套乐于直接适用而不被操纵的规则,如果现行规定不符合这一标准,则应予以更换。若非如此,只会给需要法律指导和帮助的人制造问题。

现在来谈谈我们可以在此批评法律的第二个理由,很明显,即使法院在应用 *Rosset* 案规则方面有许多自由,但他们也无法全面伸张正义。我们已经看到,在诸如 *Midland Bank v. Cooke*（1995）4 All ER 562 等案中,法院通过一些方法给予一个从未考虑过自己对其所居住的房产的受益资格且对购买该房产只作出较少贡献的原告一份可观的受益份额。但是,如果这样一个原告没有作出这一小笔的直接贡献,她最终可能一无所获。在 *Midland Bank v. Cooke* 案中,没有丈夫父母的结婚赠与,Cook 女士可能不会拥有任何权益。然而,有人可能会合理地问,为什么 550 英镑的赠与能够导致其获得价值远高于这一数额一半房产的份额和没有获得任何份额这样的差别。因此,直到 Bridge 勋爵划出的直接和间接贡献之间的界限被果断地拒绝前,我们会发现,在这些案件中存在任意的区别,导致在给予不同同居者的待遇方面存在不公正的差别。

进一步的批评是,这些规则不仅导致不公正,而且往往是发生在女性身上。因此,这些规则不仅不公平,而且还会导致,甚至可以说会促进一种形式的性别歧视。其原因是,*Rosset* 案规则优先考虑财务上的贡献(如对购买房屋进行的支付),而不是对家庭生活的其他种类的支出,而这些支出应当被视为同样有价值的。这是有问题的,因为男性在工作场所的平均收入虽然比女性多得多,但当需要一方照看孩子时，这一方往往是女性。因此，妇女从事有报酬工作的可能性要低于男子，即使她们工作，其收入也可能更低。所以，男性从事有偿工作的可能性要大于女性，他们往往比女性更能满足 *Rosset* 案中所规定的确立在家庭中受益权益的要求（见 Garton，2015，642－7）。

此外，甚至有人认为，诸如 *Eves v. Eves*（1975）1 WLR 1338 和 *Grant v. Edwards*（1986）Ch 638 等案件，通过只有当女性从事传统上被视为“男人的工作”时才对女性给予赔偿，有效强化了性别定型（见 Lawson，1996）。因此，仅仅抚育孩子和做家务并不能满足信赖损害要求，但用14磅的大锤砸碎露台则可以满足（见 *Eves v. Eves*）。

最后一点——虽然必须指出其重要性远没有那么大——抱怨涉及这些案件带来的信托法原则的腐败。它源于 *Gissing v. Gissing*（1971）AC 886 案，上议院乐于将信托归为“归复的、暗示的或推定的”，按照 Diplock 勋爵的话来说就是“不必基于目前的目的而区分这三种信托”。*Rosset* 案本身同样缺乏对概念划分的关注，其中就有法院乐于提及的“推定信托或所有权禁止反言”。

似乎很明显，在 *Rosset* 案中所确定的两类共同意图推定信托事实上来自两个独立的权威条线：归复信托案件，其中原告的主张仅以其对购买财产的贡献为依据；禁反言或推定信托的案件，其中原告的信赖损害基于被告关于其已经或将会获得该财产利益的陈述。可以说，如果法院没有试图将这两种截然不同的权利要求加以同化，他们就不会陷入如此困境，也不会不得不诉诸如此多的虚构。

然而，指出现行法律的缺陷容易，要确定以何种规则替代它并非易事。主要问题是，对于我们应该依据什么将对家庭房产受益份额授予那些名字未登记在法定所有权项下的人，还没有达成共识。一旦弄清楚为什么我们要承认这些权益，就应该直接制定一套规则来说明这些利益何时产生，因为后者是根据前者得出来的。相反，在弄清楚将权益授予那些名字未登记在法定所有权项下的人的原因之前，我们很难提出一个令人满意的替代 *Rosset* 案的方法。

最大的问题是,自 *Pettit* 案和 *Gissing* 案以来,法院强调确认这种主张取决于证明存在一个共同意图,但我们知道,这些意图是许多原告未曾有过的(见 Gardner,1993)。正如我们在开始时所指出的,很多人对于他们共享房产受益权利的问题从未做过任何考虑。因此,一套规则仅为那些碰巧考虑和讨论这类问题的人提供保护,显然是不适合的(见第 10.2 节中 Waite 法官在 *Midland Bank v. Cooke* 案判决中的第一个摘录,以及 Reid 勋爵在 *Gissing v. Gissing* 案中的发言)。

就此而言,联邦最高法院在 *Jones v. Kernott* 案的裁决是朝正确方向上迈出的一步。在允许将当事人从未有过的意图假定为当事人意图的过程中,我们现在至少承认,根据原告原有的利益和达成的协议提出对房产受益权益的主张,这是适得其反的,用以保护原告的规则是不太可能形成并达成一致的。[为此,比较 Wall 法官在 *Jones v. Kernott* (2010) EWCA Civ 578,(2010) 1 WLR 2401 案中的答辩:"同居伙伴必须……思考和解决不可想象的事情,也就是说,他们的关系将会破裂,他们会在他们拥有和不拥有什么这个问题上出现分歧。"]

然而,一旦我们承认法院认定的意图不一定是真实的,那么继续以共同意图来框定这些主张又有什么好处呢?一旦超越了真正的意图,我们就需要找到一个新的基础来解释为什么它是当事人实际上不曾有的而又要被视为当事人的意图,以及为什么原告被赋予财产的受益份额。

从广义上看,似乎有两种选择(见 Gardner,1993;2008)。一个是法律要保持现有对当事人贡献的关注但要扩大考虑的贡献类型。这将消除目前对直接贡献和间接贡献的不合理区分,并将允许考虑各种形式的非财政贡献(如在家养育子女,从而使另一方能够工作和赚取支付财产的钱)。与此同时,我们要消除那样的贡献才是共享财产真正意图显示的假象,而承认它们与法定所有权人能够为自己保留财产的公正性相关。换句话说,原告的贡献应该给予原告财产上的利益,因为被告同时带着房产和那些贡献的利益而走开,但没有给原告留下任何东西,这是不公平的。

这种想法本质上属于不当得利的一种。双方当事人都在这段关系和共同居住的房产中投入了一定的资金,他们的贡献只是为了共同的生活。如果这段关系就此结束,那么,一方当事人带着与其贡献不成比例的利益离开是不公平的。当然,这将涉及计算方面的困难,但法院似乎没有理由不能广泛评估当事人各自的贡献并据此分配受益权益。

另一种选择是完全摆脱贡献和应得的或赚取份额的想法。相反,只要根据当事人之间存在的关系或存在的关系的性质,就可以将房产的份额分配给原告,换句话说,原告将因其作为法定所有权人伴侣的身份而享有利益。对此观点的理解为,当我们进入某种特定关系时,无论对方有做什么或没有做什么,我们都有义务为他承担相应的责任。

有关这种义务的典型的例子就是父母对子女承担的义务。父母养育他或她的孩子的义务并不取决于孩子的行为或对家庭生活的贡献。相反,它的存在只是因为亲子关系的性质。同样地,我们可以说,如果你开始一段足够严肃的同居关系,你就有义务维护对方的利益,这可以扩大到为对方提供你们共有财产的利益,即使这种关系现在已经结束。当然,我们在法律上已经有了类似的概念,那就是婚姻。随之而来的问题是,如果我们希望采取这种方法,要么需要将其局限于已婚夫妇,要么必须提出一种婚姻以外的关系的情形,但这种关系必须足够严肃和坚定,足以产生这种义务。这是否合理或可取是另一回事。

最后应该指出,法律委员会(2007 年)不久前发表了一份报告,旨在对这一法律领域进行部分改革。尽管无法提出一个替代 *Rosset* 案原则的方案,但它确实建议赋予法院广泛的自由裁量权,当未婚同居伴侣在他们有了孩子的情况下又分居时,以及这对伴侣在已经共同生活了议会规定的最低期限的情况下,给予他们经济救济。政府没有选择向前推进这一改革。

9.11 错误转让

如前一章所述,如果 A 由于错误转让财产给 B,A 对该财产的价值便有了个人索赔权,但是通常对财产本身没有利益也不存在索赔。在一些权威观点中,错误转让的财产可能由 B 以推定信托方式为 A 持有。

在 *Chase Manhattan Bank NA v. Israel-British Bank* (*London*) *Ltd.* (1981) Ch 105 案中,Chase Manhattan 银行被指示向 Isreal-British 银行支付超过 200 万美元。然而,因失误支付了两次该金额,此后不久 Isreal-British 银行进入破产清算。Goulding 法官认为,"在事实错误下向另一人支付款项的人保留了其中的衡平法上的财产,而另一方的良心受到信义义务的约束,必须尊重他的所有权权利",因此 Isreal-British 银行自收到第二笔款项的那一刻起,就以信托方式持有该笔款项。

然而,Browne-Wilkinson 勋爵在 *Westdeutsche Landesbank Girozentrale v. Islington BC* (1996) AC 669 案中作出主要判决时驳回了这一理由。Browne-Wilkinson 勋爵在 Goulding 法官的方法中看到了两个主要缺陷。首先,认为付款人保留这笔款项的衡平法上的权益是不正确的。正如我们已经多次看到的那样,衡平法上的权益只有在信托设立之后才会出现。在此之前,只有法定受益所有权,而不存在衡平法上的权益。因此,在支付款项前,Chase Manhattan 银行对这笔钱拥有法定所有权,在将该笔款项转给 Isreal-British 银行后,它就没有什么可以保留的了。

其次,Browne-Wilkinson 勋爵认为,一旦 Isreal-British 银行收到资金,信托就会产生的结论是不正确的。正如在前一章节(见第 8.5.2

节)中所见,Browne-Wilkinson 勋爵的观点是,只有在受托人良心受到影响时信托才会出现。这意味着,在错误付款的情况下,它要求收款人知道有该笔付款且知道该笔付款是错误的。然而,通常情况下,就像 *Chase Manhattan* 案一样,收款人要在一段时间后才会知道这个错误。

尽管如此,Browne-Wilkinson 勋爵并没有驳回 Chase Manhattan 银行的请求。在他看来,一旦得知付款错误,接收者的良心就会受到影响,信托就在这一刻之后产生。在此基础上,*Chase Manhattan* 案可能获得正确的裁决,因为 Isreal-British 银行在清算之前就知道 Chase Manhattan 银行的错误。

联邦最高法院在 *Angove Ply Ltd. v. Bailey*（2016）UKSC 47,(2016) 1 WLR 3179 案中作出的最新裁决,使人们对 *Chase Manhattan* 案产生了进一步的怀疑。这并非一个支付错误的案件,而是涉及委托人对已经进入破产清算的代理人收回款项的权利的案件。不过,司法安全委员会(JSC)的 Sumption 勋爵借此机会提出了一些更广泛的声明,说明关于商业当事人之间在没有任何明示信托存在时付款的所有权索赔什么时候是可以获得的:

> 如果支付款项的意图是将全部受益权益转让给收款人,则为了确立推定信托,至少必须表明:(ⅰ)该意图是无效的,例如,因为款项是由于根本的错误或根据已被撤销的合同而进行支付的,或(ⅱ)无论付款人的意图如何,从衡平法角度看,款项已经到达错误的人的手中,因为它代表了欺诈、盗窃或违反对第三人的信托或信义义务。上述其中任一条都是必要条件,但可能不是充分条件。

重要的是,并非所有的错误在法律上都被归为基本错误。事实上,基本错误的范畴相当狭窄,仅限于身份识别错误(例如,我把你误认为他人而向你付款)和资产转移错误(例如,我本应给你这幅画,却给了另一幅画)。它没有扩大付款义务——我的错误是认为我欠你钱——因此,对 *Chase Manhattan* 案而言排除了任何推定信托。事实上,即使收款人意识到错误,也似乎排除了信托的可能性。但是应强调的是,这些更广泛的声明只是附带意见。

因此,*Chase Manhattan* 案裁决的可靠性受到了怀疑。但是,这不是说它没有支持者。正如在前面章节所看到的,一个持续的论点认为,在不当得利的情况下应该承认信托,其中包括错误的转让。因此,提出这一论点的人为 *Chase Manhattan* 案辩解,认为错误转让的财产是以信托方式持有的,即使是在收款人知道转让人的错误之前(尽管与提出这一论点的条件一致,但他们认为更应将 *Chase Manhattan* 案看作归复信托而非推定信托)。在上一章(见第 8.10 节)中,我们详细研究了在此情形下支持和反对承认信托的理由,并得出结论,强制实行信托并给予不当得利的原告破产优先权是合理的。在此不再重复这些论点,而就 Browne-Wilkinson 勋爵的建议发表一些看法,即仅在收到错误付款的情况下不会有信托的出现,但信托将(或可能)在收款人意识到错误时产生。

Browne-Wilkinson 勋爵认为,除非 B 得知 A 的错误,否则不可能产生错误付款的信托。然而,相反地,他认为,当 B 知道错误时,信托就会产生。因此,Browne-Wilkinson 勋爵似乎认为,只要 B 保留相关财产或其收益,知道 A 的错误就是信托产生的必要和充分的条件[另见 *Papamichael v. National Westminster plc* (*No*.2) (2003)《英格兰和威尔士高等法院判例》164(Comm),(2003) 1 Lloyd's Rep 341]。

现在,正如我们所看到的(见第 8.5.2 节),Browne-Wilkinson 勋爵关于良心和知情的立场似乎是基于一个错误观点,即所有受托人都必须承担与明示信托受托人相同的全部责任。因此,无论如何,我们有充分理由怀疑他所得出的信托在何种情况下是否会出现的结论。然而,我们也可以注意到,Browne-Wilkinson 勋爵关于一旦 B 得知错误就会或可能产生信托的结论与他所表达的在不当得利的情况下施加信托会造成不公正和不确定性的观点不一致。

正如之前看到的(见第8.10.1节),Browne-Wilkinson勋爵拒绝*Westdeutsche*案中原告论点的理由为,如果信托是在不当得利的情况下施加的,这将对被告的其他债权人不公平,并会给商业当事人造成不可接受的风险,因为他们没有任何手段知晓他们所交易的财产是否属于信托财产。

但是,如果在A得知B的转让存在瑕疵的情况下,信托仍然会产生,那么在许多不当得利的情况下依然会有信托出现。Browne-Wilkinson勋爵的立场与其反对的论点之间唯一真正的区别是,在他看来,信托不会在收到款项后立即产生,而是在随后接收人获得相关信息时产生。如果有什么不同,这将导致更多的不确定性,而不是更少[同样见于 *Maqsood v. Malimood*(2012)EWCA Civ 251,(38),*Wuhan Guoyu Logistics Group Co. Ltd. v. Emporiki Bank of Greece SA*(2013)EWCA Civ 1679,(2014)1《全英国法律判决公报》(通信)870,(19)]。

更根本的是,鉴于承认信托的主要结果是在B破产的情况下给予A的优先权以及向相关财产第三方接收人提出索赔的可能性,很难理解为什么信托的有效性取决于B的认知状态。例如,如果像Browne-Wilkinson勋爵一样,我们认为在B不知道A的错误的情况下,给予A优先于B的其他债权人的权利是不公平的,那么为什么B知道这个错误时就突然变得公平了呢?在A与B的债权人或A与第三方接收人C之间竞争时,B的认知应该被认为是一个不相关的因素。

9.12 盗窃

在*Westdeutsche*案中Browne-Wilkinson勋爵认为,如果A盗窃B的财产或通过欺诈取得B的财产,A将为B以推定信托方式持有该财产[在前面章节的司法安全委员会的 Sumption 勋爵在 *Angove's Pty Ltd. v. Bailey* (2016) UKSC 47,(2016) 1 WLR 3179 案中的判决中也能看到]。乍看起来,这在盗窃情形下似乎毫无必要。在通常情况下,如果有人窃取你的财产,即使你不再占有它,你仍保留其所有权,因为你从未试图失去它。然后你可以起诉小偷非法占有你的财产(这是一种被称为侵占的侵权行为)。因此,即使没有信托,你也拥有财产受益权益并能够起诉小偷。

然而,信托的实施给你带来两个优势。第一,侵权的标准补救措施是,你将收回的是财产货币价值而非财产本身(见《1977 年侵权(货物干扰)法》第 3 条)。相比之下,如果你声称被告是以信托方式持有你的财产,你可以要求他将财产交还给你。

第二,如果小偷将你的财产与其自己的或其他人的财产混合在一起,你的法定所有权可能会丧失。因此,如果一个小偷从你那里偷了现金并存入他现有的银行账户,按正统观点,你失去了对该笔现金的法定所有权,你也不能代之以主张拥有该银行账户的法定(共同)所有权。相比之下,衡平法所有权不会仅因为财产被混同或交换成为其他财产而丧失,受益人能够对该混同财产设立衡平法所有权。因此,当你的现金被小偷存进他的银行账户,虽然他拥有账户的合法所有权,但是你拥有与你的贡献成比例的衡平法权益(见第 14.8 节和第 14.11 节)。

关于小偷以信托方式为财产的合法主人持有偷来的财产的想法遭到了批评。小偷通常不获得真正所有人的财产所有权的事实,使人怀疑他又如何能被视为受托人[见 *Shalson v. Russo* (2003)《英格兰和威尔士高等法院判例》1637 (Ch),(2005) Ch 281,(110)(Rimer 法官)]。要成为受托人,你自己就需要对财产有某些所有权。但是,事实是,小偷没有获得真正的所有权人的头衔,并不意味着他没有自己的头衔。事实上,众所周知,持有财产的意图是将该财产视为你的自身财产,这样你就拥有了对该财产的所有权,除了那些拥有更强所有权的人之外，你能够对抗其他所有人：见 *Armory v. Delamirie*（1722）1 Str 505。由此，小偷通常会获得属于他自己的头衔，并且在概念上不反对他以信托的方式为真正的所有人带着这个头衔，从而使他能够利用衡平法更仁慈的关于追踪和收回的规则的优势。

最后，正如一开始指出的，Browne-Wilkinson 勋爵将盗窃和欺诈归为一类，认为在这两种情况下都会产生推定信托。在欺诈的情况下可能产生推定信托，这是更为正统的说法。然而，法院此后强调，只有在基础交易被撤销的情况下，信托才会在欺诈情况下产生：见 *Shalson v. Russo*（2003）EWHC 1637（Ch），（2005）Ch 281，*National Crime Agency v. Robb*（2014）EWHC 4384（Ch），（2015）Ch 520。

9.13　违反信义义务取得的财产

明示信托的所有受托人和部分（如果不是全部）推定信托及归复信托的受托人（见第 10.12 节）需要承担信义义务。此外，某些非受托人也应承担这些义务。我们将在第 10 章中对此详细讨论。从本质上讲，信义义务要求被告本着诚信至上，以受益人利益最大化行事。由此产生的一个必然结果是，受托人和其他受托人必须避免将自身利益置于与他们所承担的提升受益人利益的义务相冲突的境地。这反过来又产生了一项规则，即受托人不得利用他们的地位获得未经授权的收益。这里涉及的问题是，如果受托人能够利用自己的地位为自己谋取利益，就有可能使他们无法专心地为受益人追求最大利益。

如果受托人或其他受托人违反该义务，获得未经授权的（或有时称为“秘密”）收益，法律早就规定将要求他放弃该收益并交给受益人。这背后有两个动机。一个动机是，不允许不法分子从不法行为中获利。如果被告有意采取不法行为，我们应该剥夺其所获得的任何利益，因为不法行为者从中获利是不公正的。另一个动机是，即使在没有道德过失的情况下,要求受托人放弃其所获收益,也会使其他受托人明白,他们无法利用自己的地位获利,换言之,规则越严格,它向受托人传达的信息就越清晰,因此,(人们希望)受托人就越有可能按照规则行事。

9.13.1 两种补救措施

一旦决定受托人的利益必须被放弃,我们就将选择权留给了受托人。假设T是受托人,因违反信义义务而接受财产,法律可以通过两种方式确保他不从中受益。一种方法是,T以信托方式为受益人B持有财产,这将允许B能够从他那里收回该财产;另一种方法是,要求T向B支付一笔与他收到的财产的价值相当的金额。如此,T保留了他因违反义务而获得的财产,但付给B的款项确保了T没有从中获得净收益。

这两种方法都确保T最终不因其违反义务而获得任何利益,这是补救措施的主要目的,然而,在这两种方法之间的选择尤为关键。在第二种方法中,B仅对T的财产的价值提出个人索赔,财产本身完全归T所有,B对此没有任何利益。相比之下,在第一种方法中,B对该资产享有衡平法所有权权益。这就带来了这种权益相对于单纯的个人索赔的所有通常的好处,特别是在T(或任何其他接收人)破产的情况下,对财产的第三方接收人提出财产和优先权的索赔的可能性。

受托人违反义务所产生的收益可以分为三个基本类别(尽管这些类别并非无懈可击):(1)属于当事人的财产或者是通过交换当事人财产而获得的财产(例如,受托人从信托中取得的财产或将其出售并保留收益)。(2)已经不属于当事人但受托人应为当事人取得(或至少试图取得)的财产,以及如果受托人没有不当行为(如受托人本应为了其当事人的利益谈判一个有利可图的合同,但他以自己的名义订立了该合同),当事人就会(或可能)获得的财产。(3)受托人收到而当事人绝不会收到的财产。

毫无疑问,如果T未经授权的收益属于第(1)类,则该财产将以信托方式为其当事人持有。很明显,属于第(2)类的收益也将以信托的方式被持有:见 *Keech v. Sandford* (1726) Sel Cas Ch 61, *Cook v. Deeks* (1916) AC 554。而第(3)类存在争议。这方面最好的例子就是贿赂资金。我可以向受托人行贿,使其将信托财产投资于我的公司,而不是其他人的公司。这显然是受托人未经授权的收益,但它也很明显不是他代表信托获得的那种收益,因此这并非他为自己的利益而获取本应为信托获得的利益财产的情况。长期以来,在这类案件中的规则是,尽管T要对他所收到的财产负责——他将不得不放弃与该财产同等价值的一笔钱并交给B——但该财产本身不是为B以信托方式持有的:见 *Lister & Co. v. Stubbs* (1890) 45 Ch D 1。这一做法被枢密院在 *Attorney-Ceneral for Hong Kong v. Reid* (1994) 1 AC 324 案中否决,随后被上诉法院在 *Sinclair Investments* (11*K*) *Ltd. v. Versailles Trade Finance Ltd.* (2011) EWCA Civ 347, (2012) Ch 453 案中重新认可。然而,该方法在 *FIIR European Ventures LLP v. Cedar Capital Partners LLC* (2014) UKSC 45, (2015) AC 520 案中被联邦最高法院再一次断然驳回,其结果是,在每一次受托人和其他受托人违反其信义义务接收财产时推定信托都会出现。

9.13.2 贿赂与秘密佣金

为什么第(3)类案例长期以来被区别对待?在第(1)类案件中,T为B以信托方式持有财产的原因显而易见:毕竟它首先是B的财产。第(2)类案件可以看作这一概念的延伸,因为如果T适当地完成了他的工作,该财产将成为B的财产。但这一论点在第(3)类案件并不适用,因此,许多人质疑为什么我们需要的是信托而不是个人责任。此外,如果这里有一个信托,将产生一些重要的影响,特别是在T破产的情况下。这样一个信托的效果是,T在违反信义义务时获得的财产将被B收回而不是用于偿付其他债权人的债权。因此,B避免了T破产所涉及的损失,而留给 T 其他债权人的、满足其索赔得到的资产会更少。事实上,这是上诉法院在 *Lister & Co v. Stubbs* 案中提出的一个理由,认为,没有信托产生,以及原告仅仅拥有个人索赔权[见 *Sinclair Investments (UK) Ltd. v. Versailles Trade Finance Ltd.* (2011) EWCA Civ 347,(2012) Ch 453,(83)(Neuberger 勋爵),另参见 *Attorney-Ceneral for Hong Kong v. Reid* (1994) 1 AC 324,331(Templeman 勋爵)]。

正如前一章中所述,在考虑是否应该利用信托以避免不当得利时(见第 8.10.1 节),虽然实行信托会造成债权人之间的待遇不平等,受益人获得更多,而其他(无担保的)债权人获得更少,但这不总是不公平的。因此,正如当时所论证的,在 A 错误地将财产转让给 B 的情况下证明 B 承担赔偿责任是合理的,同样的原则可以证明允许 A 优先于 B 的其他债权人的债权主张而收回财产是正当的。较之于希望 B 从该项财产中获益,A 更不希望 B 的债权人从该项财产中获益,因为 B 的责任可以防止他的不当得利,信托的实行亦确保 B 的债权人不会不当得利。同样,在考虑是否应该对违反信义义务而取得的财产执行信托时,仅仅指出这将使 B 得到更多而使 T 的债权人得到更少是不够的。相反,我们需要探究这种情形下构成 T 的责任的基本原则,并探讨这些原则是否也证明给予 B 相对于 T 的其他债权人的优先权是合理的。因此,不妨回顾一下我们要求受托人放弃未经授权的收益的原因:(1)确保违法者无法从不当行为中受益;(2)阻止其他受托人谋求利用其地位获利,反过来推动了更高的受托标准。

然而,在 T 破产的情况下,这两项原则似乎都不适用。因此,我们没有理由使 B 的债权主张优先于其他债权人的债权主张。

这是由于在 T 被宣告破产时,他的所有财产都将用来偿付他的各种债权人。唯一的问题是财产如何在他们之间分配。因此,无论相关财产如何分配,T 都无法从中受益。此外,T 不太可能对他的资产如何在他的各个债权人之间分配有任何特别的偏好,因此不能认为对这些债权人的任何合理分配是为了给其他受托人提供更大的激励,使他们不违背自己的义务。所以,在破产的情况下,如果B与T的债权人之间存在竞争,证明B有权就T未经授权的收益提出索赔是合理的理由并不适用。这表明我们没有理由给予B除对T的收益价值的个人索赔以外的任何东西。事实上,可以进一步论证,在T破产时,B就未经授权的收益提出索赔,无论是个人索赔还是所有权索赔,都没有正当理由,因为在这种状况下,T为自己保留任何利益都是没有风险的,因此强加责任的理由也就无法适用。

那么为什么联邦最高法院在 *FHR European Ventures LLP v. Cedar Capital Partners LLC* (2014) UKSC 45,(2015) AC 520 案中仍认定在第(3)类案件中信托应该产生?该案的被告是一家为某酒店所有人寻找可能买家的公司,双方签订合约,如果找到买家,被告将收到该所有人支付的佣金。被告鼓励原告考虑购买该酒店,并继续代表原告就出售事宜进行谈判,但未通知原告其与该酒店所有人的合同或酒店出售时将获得的佣金。原告在交易完成后发现了这一点,要求收回被告收取的佣金。很明显,被告作为原告的代理人,被告与原告之间存在信托关系。问题是,原告因被告违反信义义务可以获得什么。

本案在某种程度上介于上文所述类别(2)和类别(3)之间,即(一方面)受托人取得的且为委托人获取的收益与(另一方面)委托人无法获得的收益之间。为何如此?在第一次查看时,被告只是收到了酒店所有人的一笔佣金,而原告不可能在他们就购买酒店协商时收到佣金。然而,酒店所有人支付给被告的钱本来是可以从购买价格中扣除的(换言之,佣金是酒店所有人的一笔额外费用,如果不支付,意味着他能愿意接受更低的价格出售该酒店)。由于被告的工作是为原告进行价格谈判,因此被告所得到的佣金相当于本可以为原告争取到的折扣。这使案件更接近于类别(2)。

如前所述,根据 *Lister v. Stubbs* 案,类别(2)和类别(3)之间的界限标志着有无信托的区别。上诉法院在 *FHR* 案中的结论是,该案可归属于类别(2),因此,判决被告为原告以信托方式持有该佣金。在向联邦最高法院上诉时,这一判决得到维持,但法院维持原判的依据是所有信托收益都应为委托人以信托方式持有,因此,我们并不需要划清类别(2)和类别(3)之间的界限。

有许多论点支持将受托人违约取得的一切收益都应视为信托财产这一规则。首先,B在信托关系范围内有权获得T的行为所产生的全部利益。在此基础上,T通过这些活动获得的任何收益都是为B而争取的收益,因此T的责任就是将他所获得的财产交付给B。其次,这一规则的优势是简洁性和确定性:信托的产生无须考虑T的收益来自哪里,也无须考虑他为什么会取得收益。相比之下,*Lister*案中采用并在*Sinclair*案中被认可的规则要求将T能够且应该为了B的利益而取得的财产和代表B取得的财产区别开来。同时,法院还强调了贿赂的危害性和"严格"法律回应的必要性。

然而,值得怀疑的是,这些单独或结合的论点是否成功地确立了有必要承认一个信托而不是简单地使T个人对他收益的全部价值负责的原因。例如,即使B有权从T的行为中获得全部利益是正确的,它也不能告诉我们为什么需要一个信托来做这件事。毕竟,信托和对所收财产价值的个人索赔是确保T将所获收益转交给B的两种方式,因此这一论点使我们没有理由选择信托而非个人补偿(见Crilley,1994)。关于法院必须对贿赂采取强硬立场的建议也是如此。毫无疑问他们应该这样做,但是,如果我们的动机是确保腐败的受托人不从他们接受的贿赂中获得任何好处,也可以再次通过个人索赔来实现。法院有更充分的理由呼吁简单地制定一条概括性规则,规定受托人取得的所有未经授权的收益都以推定信托方式持有。但是,尽管这一规则更易适用这一事实肯定对T是有利的,但至少值得怀疑的是,它是否足以抵消人们的一种担忧,即强加信托意味着T的其他债权人无法获得T的财产,从而使他们的处境更糟。

尽管如此,还有一个论点——联邦最高法院仅在判决结束时提出的论点——证明了给予B除个人索赔外更多的权益是合理的。设想这样一种情形,T违背对B的信义义务接受了财产,并将该财产转让给C或利用该财产为C取得其他财产[的确,在*Attorney-Ceneral for Hong Kong v. Reid* (1994) 1 AC 324案中就发生过这种情况]。如果就T收到的财产而产生推定信托,B将能够收回C手中的财产,除非C为未经通知的善意购买人。然而,如果B仅对T所获得收益的价值只有个人索赔会怎么样呢?现在看来,除非C首先不正当协助T违反其信义义务,否则B对C没有索赔权(见第14.19节)。除此之外,C似乎没有违反对B的任何义务,也没有(在这个方法上)持有任何B享有利益的财产。

这意味着,一个不诚实的受托人可能会收受巨额贿赂,并将其转给周围其他人,保留在受益人无法接触该财产的地方。事实上,即使收到T转让的财产的人完全知悉该财产是以不诚实的方式取得的,情况似乎依然如此。这类第三人到达现场时已经来不及做不诚实的助手,收到来自T的财产对他们来说没有错或不当得利,虽然该财产源于违反义务,但他完全拥有它。当然,无论T是否保留财产,B仍然有权就贿赂的价值对T提出索赔。但T有可能破产或失踪,在任何情况下,我们对前景感到乐观都是有问题的,例如,T的妻子或孩子依靠T的违约收益生活。此外,如果受托人知道——尽管他们自己保留的任何利益将不得不放弃,但转移给他人的利益将不会受到影响——则会激励受托人获取未经授权的收益。如果我们同意,T能够将未经授权的收益交给C而C不承担任何责任是不可取的,那么,B对T所获得的资产则应享有所有权权益,这是实施推定信托的结果。综上,尽管*FHR*案的推理可能并不完整,但其设定的标准是可靠的。

9.13.3　非受托人的不法收益

最后一点。我们看到,有两项原则可以支持对违反受托义务而获得的财产实施推定信托。一是希望提高受托人的行为标准;二是确保不法行为者不会从他们的不当行为中获利。然而,第二项原则可以适用于信托关系以外的情况。因此,有时会有一些例子显示,即使在被告和原告之间没有信托关系的情况下,也会对那些非法获取的财产适用推定信托。比如,通过故意杀人而获得的财产就以推定信托方式持有。另一个例子则是对被盗物品实施推定信托(见第 9.12 节)。同样,也有法院在案件中把当事人之间的关系视为信托关系,以便对被告的非法获利施加推定信托。*Reading v. A-G* (1951) AC 507 案就是如此(见第 10.13 节)。

9.14 救济性推定信托

近年来,有关英国法律是否应当或也许已经承认救济性推定信托的讨论日渐增多。当然,这一步是否可取,取决于救济性推定信托究竟意味着什么,因此取决于这种改变对法律意味着什么。因为辩论这些问题的人并不总能看清他们所认为的救济性推定信托的本质,导致这件事变得有些棘手。事实上,不同的人可能在不同的时间用这个词来表达不同的含义。

"救济性信托"一词,第一次是用于区分法律使用信托的两种方式(见 Pound, 1920)。一方面,信托赋予受托人通常为一系列受益人管理和运用信托资产的积极义务,如传统的家庭财产分配;另一方面,我们也遇到过这种情况:信托仅是被告受托人的一种义务,即放弃其所占有财产中的特别资产给原告。在第一种情况下,我们将信托视为"实质性的制度",而在第二种情况下,信托则仅仅作为一种"救济"。语言上的细微之差让我们得以区分制度性信托和救济性信托。基于这种理解,许多推定信托(尽管不是全部,如秘密信托、口头土地信托)在当前的英国法律体制下被归类为救济性的。

然而,相当令人费解的是,很明显,当律师们如今辩论救济性推定信托的特点时,并不是他们心中所想的特质。换言之,尽管我们不断比较制度性信托和救济性信托,但现在我们对这些术语的定义是不同的。那么现代对救济性推定信托的理解是什么呢?在这方面,当代的主流司法解释出自 Browne-Wilkinson 勋爵在 *Westdeutsche Landesbank Girozenlrale v. Islington London* BC (1996) AC 669, 714 – 15 案中的解释:

在制度性推定信托下,信托通过法律运行在条件达成时产生:法院的功能仅仅是宣告这一信托在过去已经成立。信托产生带来的后果(包括可能对临时接手信托财产的第三人产生不公平的后果)也是由法律规则决定,而非由行使自由裁量权确定的。正如我所理解的,救济性推定信托是不同的。它是一种能产生强制性衡平法义务的司法救济:救济性推定信托对于第三方当事人损害事后救济的程度取决于法院的自由裁量权。

上文指出制度性推定信托与救济性推定信托之间存在两个区别。第一个区别,也是最主要的区别是,制度性推定信托是法律规则适用的结果。法律规定了一系列规则,其中规定,一旦出现某些事实,就会产生一项推定信托。因此,当这些事实存在时,就必须承认有推定信托。在此基础上,一旦这些规则到位,法院的任务就是确定必要的事实是否存在,如果存在,推定信托将会出现;反之则没有。相反,救济性推定信托并不取决于对规则的适用,而是取决于司法自由裁量权的行使。法院在这种情况下不受一系列规则的约束,有权自主决定是否应承认信托。

第二个区别派生自第一个区别。因为制度性推定信托源自法律规则的适用,一旦必要条件到位,信托就自动设立。法院仅需确认它们的存在。然而,救济性推定信托的承认涉及法院的自由裁量权,它在法院指令时出现并生效。尽管法院可以指示信托具有追溯效力,但救济性推定信托之出现并生效的时间通常为法院判决之日。

可以明确的是,至少目前英国法律承认大多数推定信托具有制度上的多变性。比如,对受托人取得的非经授权的收益实施的推定信托,以及由于转让特定资产的具体可执行的合同而出现的信托(见第9.5节),这些推定信托并不依赖于任何司法自由裁量权的行使。但是,也存在一些具备救济性推定信托特征的其他例子。

家庭房产的推定信托至少在某些情形下显示包含自由裁量要素。法院传统上否认涉及行使任何自由裁量权,在这些案件中产生的信托始终被视为在法院判决之前产生且独立于法院判决[见 Etherton,2008 和 *Thorner v. Major* (2009) UKHL 18, (2009) 1 WLR 776, (20) (Scott 勋爵)]。然而,很明显,法院有时得出的结论不符合他们声称所适用的规则[见 *Midland Bank plc v. Cooke* (1995) 4 All ER 562;第9.10.2节、第9.10.3节、第9.10.7节],特别是在量化原告应享有的受益份额时,法院似乎运用了一种自由裁量权。诚然,法院在依据所有权人禁反言原则(一个与家庭房产推定信托关系密切的法律领域)对诉求进行裁决时会公开运用自由裁量权方法[见 *Oxley v. Hiscock* (2004) EWCA Civ 546,(2005) Fam 211; Hayton,1990]。不仅如此,法院最近承认,至少在某些情况下,构成这些信托基础的意图并不一定是真正的意图,但可以被"假定"为当事人各方的意图[见 *Jones v. Kernott* (2011) UKSC 53, (2012) 1 AC 776;第9.10.5节],由此可以推测,一部分基于司法自由裁量权行使的信托被搁置了,这部分信托类似于救济性推定信托。

随着时间的推移,现在司法部门对救济性推定信托这一概念的反应参差不齐。在20世纪70年代初的司法判决中,Denning 勋爵试图引入后来被称为"新模式"的推定信托,这是一种"法律在正义和良心需要时施加的信托"[见 *Hussey v. Palmer* (1972) 1 WLR 1286, 1289 - 90;也见于 *Cooke v. Head* (1972) 1 WLR 518; *Eves v. Eves* (1975) 1

WLR 1338]。然而,这一举动很快就因 Denning 勋爵的离开而停止[见 *Burns v. Burns*(1984)Ch 317]。在近期的 *Westdeutsche* 案中,Browne-Wilkinson 勋爵对将救济性推定信托引进英国法律的可能性给予了积极的评价,但拒绝就这一问题发表任何肯定的看法,因为它对此案裁决不是必要的。然而,在 *Polly Peck International plc*(1998)3 All ER 812 案中,上诉法院认为,在被告处于破产的情况下,裁定救济性推定信托将违反管理破产债权的法定方案。这实际上否定了救济性推定信托在商业纠纷中的应用,因为信托的根本价值在于它所提供的破产优势,但是仍然可以在其他情况下一定的范围内适用。最近,Millett 勋爵在 *Foskett v. McKeown*(2001)1 AC 102,127[也见于 *Cowcher v. Cowcher*(1972)1 WLR 425, 429 – 30(Bagnall 法官)]案中指出:

> 财产权由固定的规则和既定的原则决定。它们不是任意的。它们不依赖“公平、公正和合理”的理念。这些概念实际上掩盖了法律原则的决定,在财产法中没有一席之地。

因此,最多可以说的是,虽然法院尚未声明救济性推定信托确实在英国法律中占有一席之地,但对它的引入仍有一些试探性支持,尽管对其届时将发挥的作用分析得很少。

引入救济性推定信托将带来什么好处?感知到的优势是会导致更公平的结果。正如 Browne-Wilkinson 勋爵在之前 *Westdeutsche* 案中所建议的,由于制度性信托不可避免地因发生某些特定事实而产生,当这样的事实存在时,甚至如果信托的实施对被告或第三人将是不公平的,但是法院无权拒绝或改变此类信托的条款。相反,如果一个推定信托的存在取决于法院的自由裁量权,我们就不会被迫走到不公平的结局。取而代之的是,法院可以自由地裁定其认为在该情形下公正的结果。如果救济性推定信托确实能使法律更公正,这给我们引入救济性推定信托提供了一个更强大的理由。

反对引入救济性推定信托的人倾向于承认(至少是含蓄地承认)公平性论点,并将他们的批评转到其他方面。一种论点是,虽然正义是法律的一个核心目标,但并非它唯一关心的问题,还有其他一些方面的考虑限制了法律对正义的追求。这一观点的标准说法是,法律应该是明了而确定的,以便人们依法行事。基于此,救济性推定信托只会给法律带来太多的不确定性。这种论点是常见的,特别是在商业交易方面。长期以来,人们一直认为,即使采用正统的公平原则,也会导致太多的不确定性[见 *Manchester Trust Ltd. v. Furness, Withy & Co. Ltd.* (1895) 2 QB 539(Lindley 法官)]。虽然这有一定道理,但要完全令人信服,还需要说明为什么在特定情形下确定性应被视为高于正义。没有更多,这个论点不过是一种断言。

第二种观点认为,在缺乏成文法权威的情况下,司法自由裁量权对财产权的改变和事实上的重新分配是专横的,超出了法院的法定职能[见 Birks, 1994;1998;*Polly Peck International pic* (1998) 3 All ER 812 (Nourse 法官)]。然而,在一定情形下司法机构的权力不是不受限制的,这无疑是正确的,但是这一观点太极端。主要的是,它忽视了许多财产法,当然包括信托法,都是由法官制定的这一事实。因此,辩称财产权问题超出法院权力范围之外是不可能的(见 Rotherham, 2002)。的确,可以说,几乎所有的法律义务都容易导致财产的重新分配,因为即使该义务不要求被告将财产转给其他某些人,但是违反该义务通常也会产生支付损害赔偿金的责任,要求被告将他的资产即一笔等值的款项交给原告。此外,如果没有给付等值的款项,法院将会下令查封被告的其他资产,并将其出售以取得所需款项。在此基础上,任何普通法法律体系必然授权法院至少在某些情况下实现财产权的变更。

综上,如果我们要拒绝救济性推定信托,就必须基于它所涉及的财产再分配的类型是不可取的或是非法的。是否如此,需要我们更仔细地审视救济性推定信托中所涉及的自由裁量权(见 Gardner,1994)。

9.15　规则与自由裁量权

我们之前总结了一方面基于规则的决策和另一方面自由裁量权之间的区别。然而,一旦涉及基于规则的体系的某些基本特性,这一区别就模糊了(见 Webb,2016b)。

9.15.1　改变规则的自由裁量权

首先,承诺使用基于规则的方式并不能确保该规则能永远不改变或被修改。在普通法体系下,许多这样的改变是法院完成的。因此,可以说,在基于规则的方式中,法院至少在某些情况下有自由裁量权修改或限定所适用的规则。然而,一旦新的规则生效,它就对法院具有约束力,并像之前的规则一样决定案件的结果,至少持续到它也被替代或修改。因此,这是一种自由裁量权,与基于规则的制度完全兼容。此外,很明显,诸如 *Rose*(1952)Ch 499 和 *FHR European Ventures LLP v. Cedar Capital Partners LLC*(2014)UKSC 45,(2015)AC 520 等案件中的自由裁量权在多数情况下已经成为英国法律的一部分,特别是推定信托法律。因此,救济性推定信托的支持者在谈论自由裁量权时必须考虑某些其他因素。

9.15.2　制定规则的自由裁量权

对自由裁量权的第二种理解也符合基于规则的方式。为便于理解,值得花费一点时间探讨我们希望法律规则达到什么目的。一般来说,这些规则应该告诉我们在出现规定的情形或事实后法律后果是什么(索赔、责任等),反言之,要产生某种法律后果必须具备哪些事实。在理想的情况下,法律规则应该简化为一种命题形式,即"事实 A、B、

C 和 D 都出现时,法律后果 X 就会发生”。许多法律规则框架都是这样的。例如,刑法规定,如果你造成他人死亡(事实 A),如果你这样做时,你确实有意图杀人或造成严重的身体伤害(事实 B),那么你就构成了谋杀罪(法律后果 X)。

然而,有时不可能用这些术语来制定一个规则,通常是因为适用该规则的情况和可能影响其适用的情况是如此之多和多种多样,以至于无法将其简化为这种简单的形式。侵权法就是这方面一个很好的例子。过失侵权是这样规定的:特定情况下,我们负有合理注意义务使他人不受行为的伤害。理想情况下,我们需要规则告诉我们具体在什么情况下将承担这样的注意义务。然而,问题是,这个注意义务可以在很多情形下产生,且该义务的存在可能受到各种各样(道德、政治、经济)因素的影响,以至于不可能将承担注意义务的情况归因于一种简单的命题“当事实 A、B、C 和 D 出现时,注意义务就产生了(法律后果 X)”。出于这一原因,法院发现很难制定明确的指导意见规定注意义务什么时候被发现[见 *Caparo Industries plc v. Dickman* (1990) 2 AC 605]。

然而,这并不意味着法院背离了基于规则的方式,这可以从两个方面来看。首先,如果法院认定在一系列特定的情况下负有注意义务,这将约束未来的法院有义务承认在存在相同基本事实的未来的案件中的义务(除非法院决定以上述方式修改法律)。其次,即使以前没有直接涵盖手边案件情况的判决,法院也会参考较早的案件,了解什么因素影响他们裁定或否认注意义务。这对确保法律尽可能地以连贯、一致和有原则的方式发展是必要的。

至此可以说,在第二种情形下,由于没有直接的先例,法院对于结果如何达成以及法律如何发展有自由裁量权。不过,这又是一个符合基于规则的解决方式的自由裁量权。事实上,每一个案件都在不断充实、明晰我们最初以零散的条款制定的框架性规则。每一个判决都使规则的内容变得更加清晰,如同其他法律规则一样以同样的方式起到指引和约束作用。因此,如果将救济性推定信托与当前基于规则的方式进行有意义的对比,那么这不可能是那些主张引进它的人心中所想的"自由裁量权"。此外,尽管与基于规则的方式完全一致,但这种自由裁量权实际上承认,我们无法像希望的那样准确地制定规则。因此,只有在适用规则的情况确实妨碍我们更清楚地制定规则时,我们才应该支持这种自由裁量权,就像在侵权行为中的注意义务一样。如果有人认为这种自由裁量权对于推定信托是必要的,那么首先必须说明,为什么只是实施推定信托的场景无法更加精确地阐述出来。

9.15.3　拒绝规则的自由裁量权

如果救济性推定信托与制度性推定信托对比是有意义的,则应该建立在所涉及的自由裁量权与基于规则的决策不相容的前提下。这将如何运作?规则的好处在于它们制定了统一的、共同的标准。无论何时出现特定事实,都会有一个特定的结果,且所有能证明这一事实发生的人都会以同样的方式来对待。简言之,规则的前提是相似案件必须一视同仁。当然,这并不意味着所有的规则都是公正的。某一规则的内容可能不合理,可能导致不公正。然而,通过选择参照规则来裁决案件,法院则表明了对一致性和平等、为追求正义所不可或缺的理想的重要性的基本承诺。如果要将自由裁量的决策与基于规则的方式区分开来,只能是因为它涉及放弃这种对一致和平等的关注,放弃以同样的方式对待相同的案件。相反,法院至少可以自由地——自由裁量权——至少在一定范围内作喜欢的决定,而不考虑在类似争议中作出的其他决定。其实,每一个案件都将被孤立地看待,法官(大概)以他自己对案件是非曲直的认识为指导,没有任何义务去关心或参考其他案件及其所反映的标准和原则。

只有在极少数情况下,我们才有充分的理由放弃同等对待的目标。此外,认为无视正义这一核心原则就能够实现更大的公平是令人难以置信的。因此,如果我们真的相信目前现有的推定信托的规则是不公正的,那么制定更好、更公平的规则比完全放弃有利于这种自由裁量权的规则更有利于我们。

事实上,当我们看那些公开欣然接受救济性推定信托的司法管辖区时,我们发现,法院已在尽力表明法律应该以有原则的和一贯的方式发展。正如 McLachlin 法官在加拿大联邦最高法院 *Souios v. Korkontzilas* (1997) 2 SCR 217,(35)案中提到的,

法官在面对推定信托主张时,不仅要考虑一般意义上的"公平",还要考虑法院已经发现推定信托的其他情形。其目标是在个案基础上理性地、渐进地发展。

Deane 法官在 *High Court of Australia in Muschinski v. Dodds* (1985) HCA 78,(1985)160 CLR 583,614 案中也明确提出:

衡平法一贯遵循原则行事……事实上推定信托仍然是主要的救济措施,但这并不意味着它代表了一种对于公平和正义特殊的概念的宽容的媒介。作为一种衡平法上的救济,只有以在既定的衡平法原则或合法的法律推理过程为保证,通过类比、归纳和演绎,以正确理解这类原则的概念基础为出发点,推定信托才能发挥作用。

因此,这些法院无论拥有什么样的自由裁量权,它都未包括前面提到的第三种自由裁量权:这一自由裁量权使法院可以自由裁定其喜欢的案件,而无论其他法院如何裁定类似案件。这不足为奇。正如我们所看到的,这类自由裁量权拒绝接受一项基本的公平原则,即类似案件必须得到同样的对待。但这也表明,救济性推定信托始终与经典的旧式的制度性推定信托没有那么不同。在这两种情况下,法院的任务是查明、完善和适用那些确认推定信托何时何地出现的规则。这些规则对法院裁决未来案件具有约束力,直到它们反过来被修订或被否

决为止。

总而言之,对于英国法律应引入救济性推定信托的观点,我们很难作出解释。我们可以承认,上诉法院至少在某些情况下应有权改变推定信托的规则,使他们在新的情况下能够自由地承认推定信托,并能基于事实否认已被认可的信托,但这是他们已经拥有的自由裁量权。不太明显的是,也许我们无法准确地概括推定信托出现的情形。在这种情况下,法院就需要运用自由裁量权来裁决如何将不精确的规则适用于给定的一组事实。然而,如果涉及信托相关因素和情形过于广泛复杂以至于不可能制定精确、清晰的规则,这就是必须的。针对这一影响的论点尚未提出。在任何情况下,这并不涉及背离基于规则的方式,因而也不要求或涉及对新类型的推定信托的认定。但是,正如辩论的条件所表明的那样,救济性推定信托确实背离了传统的制度性推定信托及其基于规则的方式,它只能通过拒绝规则和采取相似的案例的处置方式来裁决案件。除了更大的任意性和不公正性之外,很难看出这会导致什么。

总 结

1. 推定信托通常被定义为因法律实施而不是依靠委托人的意图而产生的信托。但是,有一些推定信托寻求至少在某种意义上使委托人或转让人的意图生效。此外,似乎还有一些非明示信托的例子,这些信托传统上不属于推定信托的类别,例如,自动归复信托。

2. 有时,推定信托的用词被用来描述被告因参与违反信托而被追究责任的情形,尽管事实上他并不持有任何信托财产。这些都不是真正的信托,因为信托需要一个持有信托财产的受托人。在这种情况下,使用推定信托一词仅仅描述了被告责任的性质和程度:他负有责任,就像他是一个违反信托的受托人一样。

3. 人们试图确认一个统一的支持所有推定信托的主题或原则。然而,它们都过于包容(因为它们也涵盖了部分或全部明示信托和由此产生的信托)或毫无启发性(因为它们掩盖了不同推定信托之间存在的重要区别)。更好的观点是,没有这样的统一原则。相反,推定信托是一个无所不包的类别,包括明示信托和归复信托除外的所有信托。因此,每一个推定信托的例子都最好按照其本身的情况加以分析和理解。

4. 如果信托财产被滥用,除非受让人是一个善良的、未经通知且支付了对价的真实的购买人,否则他将以信托方式为受益人持有该财产。这通常被描述为一种推定信托,因为受让人本人并未同意以信托方式持有该财产。

5. 如果 A 有义务(通常是,但不一定是合同义务)将特定资产转移给 B,而这一义务是特别强制性的(在违约的情况下,法院将强迫 A 进行转让,而不是简单地支付损害赔偿金),则 A 将以推定信托的方式为 B 持有该特定资产,直到 B 进行转让为止。

6. 在 *Re Rose* 案规则下产生的信托通常被归类为推定信托。依据 *Rochefoucauld v. Boustead* 案规则而产生的秘密信托和土地信托均被归类为推定性的,尽管有一个观点将它们视为明示信托。

7. 还有一类推定信托,这类信托出现在被告收到其承诺为他人的利益持有或使用的财产之时。

8. 也许最重要的一类推定信托是关于家庭住宅的"共同意图"推定信托。法院主张,不享有住宅法定所有权份额的原告有权获得该项财产的衡平法上的受益权益,如果原告与法定所有权人有共同的意图认为原告应享有房屋的受益份额,且原告对此有信赖损害。原告可通过以下两种方式来证明这一点:

(a)证明法定所有权人表示过,原告将拥有该等权益,而原告其后对这一点作出某项独立的、对该项权益有损害依赖的行为;或

(b)根据原告的行为推断,特别是——也许仅仅是——证明他对

购买财产作出了直接贡献。

9. 有一些权威人士认为，错误的付款是由收款人以推定信托的形式为付款人持有的。

10. 小偷以信托方式为合法所有人持有偷来的财产。

11. 受托人和其他受信人被禁止利用其的地位获取未经授权的利润。受托人或受信人违反受信责任而取得的所有财产将以推定信托的形式为其受益人或当事人持有。

12. 有时对制度性信托和补救性推定信托加以区分，尽管这种区分的性质和特点并不完全清楚。建议是，补救性推定信托是自由裁量的，而制度性信托则不是，将它们引入英国法律，将使其具有更大的灵活性和更大的余地以作出公正的决定。要评估这一诉求，我们必须问，自由裁量权意味着什么，因为自由裁量权有不同的形式，并不是所有的自由裁量权都反对按规则作出判决，也不是所有的自由裁量权都可能带来更大的公正。

练　习

9.1　我们能否在下述基础上区分明示信托和推定信托，即明示信托的产生是为了实施委托人的意图，而推定信托因法律的运作而产生？

9.2　所说的“衡平法把应做之事看作已做之事”的意思是什么？被告对一项财产负有将其转让给原告的可强制执行的义务，那么，对该项财产强制实行推定信托，能够证明是正当的吗？

9.3　原告对购买财产的间接贡献，多大程度上可支持他对该家庭房产受益权益的主张？为什么任何种类的贡献都应支持这一主张？

9.4　被告可否被要求将因错误而收受的财产返还给转让方？应该将出售该等财产所获得的收益用以清偿被告人的债权人的索赔吗？

9.5　我们能证明要求不诚实的受托人为其当事人以信托方式持有他们在信托中接受的贿赂是正当的吗?

9.6　英国法律目前是否承认救济性推定信托?应该承认吗?

拓展阅读

关于推定信托的学术文章有很多。首先,有一些有用的关于推定信托的基本报告和概述:

1. Chambers, *Constructive Trusts in Canada*, (1999) 37 Alberta LR 173.

2. Elias, *Explaining Constructive Trusts* (Oxford University Press 1990).

3. McFarlane, *The Centrality of Constructive and Resulting Trusts* in Mitchell (ed.), *Constructive and Resulting Trusts* (Hart Publishing 2010).

4. Oakley, *Constructive Trusts* (3rd edn, Sweet and Maxwell 1996).

5. Smith, *Constructive Trusts and Constructive Trustees*, (1999) Cam LJ 294.

对推定信托的个别例子进行更详细的分析:

1. Crilley, *A Case of Proprietary Overkill*? (1994) RLR 57.

2. Eekelaar, *A Woman's Place-A Conflict between Law and Social Values*, (1987) Conv 93.

3. Etherton, *Constructive Trusts: A New Model for Equity and Unjust Enrichment*, (2008) Cam LJ 265; Gardner, *Rethinking Family Property*, (1993) 109 LQR 263; Gardner, *Family Property Today*, (2008) 124 LQR 442.

4. Gardner, *Reliance-based Constructive Trusts* in Mitchell (ed.), *Constructive and Resulting Trusts* (Hart Publishing 2010).

5. Goode, *Proprietary Restitutjonary Claims* in Cornish, Nolan, O'Sullivan and Virgo (eds.), Restitutiðn: *Past, Present and Future* (Hart Publishing 1998), 69 –73.

6. Lawson, *The Things We Do for Love: Detrimental Reliance in the Famlly Home*, (1996) 16 LS 21 8; McFarlane, *Constructive Trusts Arising on a Receipt of Property sub conditlone*, (2004) 120 LQR 667; Roche, *Kernott, Stack and Oxley Made Simple: A Practitioner's View*, (2011) Conv 123.

7. Smith, *Constructive Fiduciaries?* in Birks (ed.), Privacy and Loyalty (Oxford University press 1997), 263 –7.

8. Swadling, *The Proprietary Effect of a Hire of Goods* in Palmer and McKendrick (eds.), *Interests in Goods* (2nd edn, LIP 1998), 492 –513.

9. Swadling, *The Vendor-Purchaser Constructive Trust* in Degeling and Edelman (eds.), *Equity in Commercial Law* (Thompson 2005).

10. Swadling, *The Nature of the Trust in Rochefoucau/d v. Boustead* in Mitchell (ed.), *Constructive and Resulting Trusts* (Hart Publishing 2010).

11. Worthington, *Fiduciary Duties and Proprietary Remedies: Addressing the Failure of Equitable Formulae*, (2013) Cam LJ 720.

最后，在救济性推定信托方面有大量的著作：

1. Birks, *Proprietary Rights as Remedies* in Birks (ed.), *The Frontiers of Liability*: 1/01, 2 (Oxford University Press 1994).

2. Birks, *The End of the Remedial Constructive Trust*, (1998) 12 Tru Ll 202; Birks, *Rights, Wrongs, and Remedies*, (2000) 20 OJLS 1.

3. Evans, *Defending Discretionary Remedialism*, (2001) 23 Sydney

LR 463.

4. Gardner, *The Element of Discretion* in Birks (ed.), *The Frontiers of Liability*: *Vol.* 2 (Oxford University press 1994).

5. Rotherham, *Proprietary Remedies in Context* (Hart Publishing 2002), 7 - 48.

6. Webb, *The Myth of the Remedial Constructive Trust*, (2016) 69 CLP 353.

第10章　信义义务

10.1　受托人义务的种类

所有信托都涉及对财产所有权人(通常是普通法上但偶尔是衡平法上的)在处理或交易该财产时施加义务。因此,所有受托人都有义务列明他们对信托财产应该做什么或不应该做什么。在接下来的两章中,我们将研究这些义务是什么。

首先,我们应该注意到,这些义务的内容将因信托类型和受托人不同而有所差别。正如我们在许多场合已经指出的,信托重要特征之一是其用途广泛。信托被依法用于各种目的,它们可以在各种不同情况下产生并采用各种形式。因此,这是不足为奇的,所有案件中都不存在单一的和不可分割的"一揽子"信托义务,但是存在受托人可能受到影响的一系列义务。哪些义务适用于某个受托人将取决于个案情况(见第10.2节)。

然而,人们通常认为,尽管存在差异,但有一些义务对信托而言是基本的、内在的,对受托人而言则是普遍的。根据这一观点,虽然受托人承担的义务可能而且确实各不相同,但某些核心义务是可以在所有案件中发现的。没有核心义务,信托则无法运作或无法成为我们所承认的信托。在 *Armitage v. Nurse* (1998) Ch 241,252 – 3 案中,Millett 法官更明确地表述了这一观点:

> 存在受托人对受益人承担并由受益人强制执行的不可或缺的核心义务,该义务对信托概念至关重要。如果受益人对受托人没有强制执行的权利,则不存在信托……受托人诚实善良地为受益人的利益执行信托的义务,是实现信托最低限度的必要条件。

这种诚实善良为受益人利益行事的义务,我们称为受托人的信义义务。信义义务是信托的组成部分,是信托不可分割的一部分,因此在所有情况下都会存在。这一观点很普遍[例如,这一假设似乎就构成了 Goff 勋爵和 Browne-Wilkinson 勋爵对 *Westdeutsche Landesbank Girozentrale v. Islington London BC* (1996) AC 669 案的判决的基础]。事实上,早在第 1 章我们就已经指出信义义务是信托典型的且最为重要的两个特征之一。

事实上,尽管在这方面有一点小小权威,但是,所有受托人是否在任何情况下都负有信义义务,或者是否确实在所有信托中都能发现一项义务,是非常值得怀疑的(见第 10.12 节)。即便如此,受托人的信义义务有其某些独特之处,则是毫无疑问的。与受托人的其他义务不同,它们所反映的显然不是普通法中合同和侵权的内容。因此,它们值得特别注意。在下一章考察可能对受托人产生影响的受托人的其他义务之前,在探究信义义务这一章我们将开始对受托人义务的分析。

近年来,受托人的信义义务及其他非信义义务之间的区别受到了法院以及学术评论人的更多关注,其中典型的是下面 Millett 法官在

Bristol and West Building Society v. Mothew (1998) Ch 1,16 案中的陈述：

> “信义义务”实际上限于那些特有的信义义务，违反该义务将引起与违反其他义务不同的法律后果。除非这一表述受到限制，否则它缺乏实际效用。关于“信义义务”是受托人承担的特有义务，违反信义义务会产生与违反其他义务所不同的法律后果的表述太过局限，缺乏实用性。从这个意义上说，很明显，并不是每一个受托人违反的义务都是信义义务……将这一表述用于受托人或其他受托人在履行其职责时使用适当的技能和谨慎的义务是不适当的。如果将信义义务的本质限于具有特殊法定后果的情况，那么义务源于衡平法而不是普通法的事实不会使之成为信义义务。

Millett 法官的观点如下：

(1)并非受托人承担的每项义务均可被恰当地称为信义义务；和

(2)信义义务与非信义义务的区别在于违反义务后对受益人的救济措施。换言之，受托人违反信义义务的救济措施与违反其他义务的救济措施并不相同。所以，这两种义务切不可混淆，因为我们需要知道受托人究竟违反了哪一种义务以确定受益人能够得到什么。

事实上，稍后我们会看到(见第 13.5 节)，Millett 法官也许夸大了两种情况下救济措施之间的差异。实际上，作为目前的权威问题，违反信义义务的索赔与其他违反信托的索赔之间事实上是否存在区别，还不够清晰。但是，违反信义义务的救济措施有别于违反受托人其他义务的救济措施，因此我们有进一步的理由分别看待这两类义务。

不过，继续研究受托人可能承担的各项义务的内容之前，我们应先简单看看受托人义务的来源。

10.2　受托人义务的来源

不是所有的受托人都承担相同的义务。因此,关键问题是,我们如何确定哪份义务清单可能交到受托人手中,换句话说,如果不同受托人承担不同的义务,那么我们如何知道某个特定受托人承担的义务是什么?

10.2.1　意定信托

答案可从特定信托的产生原因中寻找。正如我们看到的,有些信托是基于委托人的意图产生,也是为了实现委托人的意图。在此种情况下——它们不仅包括明示信托,也包括在某种程度上被视为有意成立的其他信托(如秘密信托,见第 9.8 节),还包括根据 *Rochefoucauld v. Boustead* 案确立的规则所设定的可供强制执行的口头土地信托(见第 9.7 节)——受托人的义务主要根据委托人在设定信托时的意图而确定。基本原则是,只要他遵守有效信托的原则(如三个确定性原则、受益人原则、反永续原则),委托人可以决定信托,设定他喜欢的受托人的义务。当然,委托人还可以选择设立个人信托或目的信托,固定信托或自由裁量信托,以及决定受益人人选、受益人权利的形式与内容。委托人也可以说,他希望在信托存续期内如何处理信托财产,如他是否希望进行投资以及如何投资。受托人有义务根据这些意图管理信托。

然而,就受托人的其他义务而言,委托人虽可作出调整,但这些义务似乎主要源于一般的信托法而不是委托人有意识的选择。甚至如果委托人说没有受托人对受益人承担的注意义务,显然这项义务也将依然存在。同理,在本章探讨的信义义务也是如此。然而,有一种观点认为,这些义务仍然源于委托人的意图,或者基于法律推定,在没有任何相反证据的情况下,认为委托人意图使受托人承担这些义务,又或者基于一种说法,即这些义务是信托固有的,甚至是其组成部分,在选择设立信托时委托人便决定施加于受托人。

然而,即使根据扩大了的委托人的意图,我们也无法阐明明示受托人的所有义务。这方面最清晰的例子是 *Saunders v. Vautier* 案(见第 2.6 节)中的规则引出的义务:在收到指令时将信托财产转让给享有权利且有完全能力的受益人。正如我们所看到的,这一般会阻碍而不是实现委托人的意图。由此可见,无论我们如何解释这一义务的基础——说受托人义务源于一般信托法是在避重就轻——它都不能被认为是源于参考委托人的愿望。

10.2.2　强制信托

相比之下,其他信托不是源于财产所有权人的意图,而是强加于他的,违背他的意愿。在这种情况下,作为一个原则问题,受托人的义务范围首先应取决于我们实施信托的理由(见第 10.12 节),换言之,如果我们问信托为什么产生,我们的回答也应该能够指导确定受托人义务的适当内容。因此,举例来说,如果我们认为某项信托是为了防止受托人不当得利而产生,那么确定受托人所应承担的义务的范围就应该考虑:为实现目标,哪些义务是必不可少的。

与上述观点(虽然应该注意到,判例法在这个问题上基本保持沉默,但还不能说支持这一观点)相同,另一有说服力的观点认为,没有任何不当行为且其不知道或无法知道自己是受托人的受托人,只有当其得知信托存在时,才开始对信托财产承担义务。此时,受托人有义务将信托财产转给受益人,而且,在转让前,受托人有义务合理谨慎保管财产。但是,在受托人知悉自己的受托人身份前,期望他合理谨慎打理他合理地认为是自己的财产,这似乎是不切实际且不合理的,更别说期望他通过持有和管理这些财产去积极追求一个未知的受益人的利益最大化。

10.3 无权受托人

在前面的章节中,我们探讨了信托产生的各种方式,因此也研究了某人成为受托人的各种途径。如果被合理指定为明示信托受托人,或如果你在支持实施归复信托或推定信托的情况下收到(或持有)财产,那么你将成为受托人。不过,虽然你没有被指定为受托人,也没有持有委托给你的财产,但是你的作为犹如你是现有信托项下受托人,那么你依然像受托人一样承担相同的义务。在这种情况下,你被称为无权受托人(trustee de son tort)。尽管从语义上解释,这项义务在这里是基于不法行为(这是"侵权"的含义),但实际上是基于被告享有的受托人的权力以及因此而承担的受托人的责任和义务[见 *Dubai Aluminium Co. Ltd. v. Salaam* (2002) UKHL 48, (2003) 2 AC 366。正因如此,Millett 勋爵更倾向于"实际"(*de facto*)受托人这一用语]。

何时会有人出任受托人角色?显然,受托人可以合法聘请代理人、律师和其他专业人员来处理某些方面的信托事务。但是,仅仅因为在信托管理中扮演角色,这些人并不被认为是无权受托人[见 *Barnes v. Addy*(1874)LQ 9 Ch App 244,*Mara v. Browne*(1896) 1 Ch 199]。困难在于确定在什么点上某人越过了一定界限并被认为是扮演了受托人的角色。某种程度上,知悉他自己与信托和信托财产的关系是必要的,但很明显,需要的更多。有些权威[如 *Barney* (1892) 2 Ch 265]认为,被告应该事实上收到信托财产便成为无权受托人。其实不然,收得信托财产且知悉该信托的人在任何情况下都将成为真正的(而非仅仅事实上的)受托人(见第 9.4 节)。相反,也有权威们提出,收到信托财产但始终作为信托和受托人的代理人持有财产,且自始至终诚实作为的人不能被认定为无权受托人:见 *Williams-Ashman v. Price and Williams* (1942) Ch 219 案。此外,似乎没有理由将某些人排除在外,因为他们虽然在任何时候都没有被委托信托财产,但承担着决定如何运用信托财产的角色。因此,关于被告必须已经收到信托财产的要求没有必要且并非关键。

确定某人何时成为无权受托人的基本困难在于把握控制的程度,因此,对于被告是否控制信托的问题,答案往往是"是的,在某种程度上"。如此,我们可能不得不说,被告承担受托人通常所做的工作越多,他被认定为无权受托人的机会就越大,但是,法院一般不情愿将义务施加于参与信托事务的诚实的专业人士,虽然他们也许存在疏忽。如果被告被认定为无权受托人,那么他们不仅要像相关信托"真正"受托人一样承担同样的义务,如果他违反义务,他也将承担同样的责任(见第 13 章)。

10.4 信义义务的内容

受托人的信义义务被关注的是确保他以正当理由行使信托项下的权力。正如我们所见,在典型信托中,受托人不仅享有信托财产的实际控制权,还拥有确定该财产如何使用和运用的全部权力。但是,与简单的法定受益所有权不同,受托人行使这些权力应该不是为追求自身利益或实现自我目的,而是为了受益人的专有收益。受托人信义义务的存在就是确保他做到这一点,即在管理信托时,他不偏离对受益人最有利的唯一目标的追求。

因此,我们通常将信义义务定义为为受益人的最大利益而善意行事的义务。但是,信义义务也常常被划分成一系列的次级义务或组成部分。Millett 法官在 *Bristol and West Building Society v. Mothew* (1998) Ch 1,18 案中对此作了简要总结:

受信人是指在产生了信托和信任关系的情况下就特定事项承诺

为某人行事或代表某人行事的人。受信人所特有的义务是忠诚义务。委托人有权要求受信人对自己保持忠诚和专一。核心的义务有几个方面。受信人必须善意行事;受信人不能从信托中获利;受信人不得使自己置于其所负义务与个人利益可能冲突的地位;未经委托人知情同意,受信人不能为了自己或第三人的利益行事。这并不是一份详尽的清单,但足以说明信义义务的本质。它们是受信人的决定性特征。

对于是否将受信人应做和不应做的子规则义务视为信义义务的某些方面,还是视为与其相关但独立的一系列义务,这并没有太大区别,在后面的案例与文章中将看到这两种表现形式。

法律规定受托人只能为受益人专有利益行使权力是不奇怪的。因为信托非常重要的一点是为了受益人的专有利益,而受托人的职责是利用他们的地位确保受益人的这些利益并将该利益交付给受益人。如果受托人时刻将受益人的利益放在心里,受托人将更有可能成功地确保这些利益的实现。受托人信义义务的不同寻常和重要之处在于其范围延伸性。我们将看到,有些案例认为,即使受托人的行为出于正当理由,始终寻求增加受益人利益,他也可能违反了信义义务。

10.5 履行的保证

法律的主要内容是指导人们的行为,促进某些形式的行为以及阻止某些人。法律实现这一目标的主要工具是制定要求或禁止相关行为以及对违反规则的人实施制裁的规则。例如,我们不希望人们相互攻击,因此我们规定禁止侵犯他人人身安全,否则将承担刑事和民事责任。出于对法律的敬畏和避免违反规则导致社会和法律后果,多数人会依照法律法规行事。所以,如果你想打某人,知道这是违法的,而假如你这么做,那么你打人的事实会使你陷入很多麻烦之中,这两者都是决定反对的理由。

然而,这些规则并不能保证所有人都会按照法律鼓励的方式行事。有些人不知道法律要求什么。有些人知道法律是什么但错误地认为他们在遵守法律。还有一部分人则乐于冒险而故意藐视规则。第一类人可以通过进一步宣传法律得以解决;对于后两类人,我们可以试图通过使他们难以违反(无论是故意的还是无意的)这些规则来确保他们行为的方式合法。比如,尽管我们无法杜绝人身侵犯的发生,但至少可以通过禁止持有特定危险物品使人们更难实施严重袭击的行为。因此,我们有禁止持有某些武器的规定,不是因为持有这些武器本身就是不可取的,而是因为我们不希望这些武器被用来伤害他人。如果我们阻止人们拥有这些武器供其使用,那么会做到让造成这种伤害变得更加困难。

关于这种做法,有两点值得注意:首先,这种情况下,我们禁止的不是本身有害或(道德上)不正确的行为,因为我们认为禁令将导致更少的人从事不同形式的有害或不法行为。其次,当人们违反这些禁令,即使他们没有做任何我们认为是“错误”的事情,他们也应承担法律责任。换言之,他们的责任不是通过参照他们所做的固有的不法行为来解释的,而是基于这将劝阻或防止其他人将来(真正地)做出不法行为。例如,危险武器持有人的动机也许完全无辜,但要求其承担责任也是正当合理的,因为这是防止他人在其他时候使用这一武器造成伤害所必须采取的措施。这种方法往往被描述为预防性的——它试图通过设立进一步的禁止范围来减少不法行为的发生,从而使被告更难犯下相关的错误。

当我们研究信义义务规则时,可以发现法律正在做这件事。我们希望受托人作为信托财产的保管人和管理者为他的受益人的专有利益而行使权力。因此,我们有一项规则,即受托人在行使这些权力时,必须只考虑什么对其受益人最有利,相反,他们不应该利用受托人的身份为自己或其他人谋取利益。这一规则以及违反该规则产生的法律责任给受托人提供了一个完全为其受益人最大利益行事的理由。许多人会这么做,但是,像所有法律规则一样,它无法保证所有人在所有情况下都能遵守。因此,法律走得更远。为了尽量减少受托人不按照受益人最大利益行事情况的发生,法律制定了一些规则,旨在防止受托人将自己陷入为自身或他人利益而牺牲受益人利益的境地。

要理解法律如何做到这一点,我们来思考一下为什么受托人可能会违反信托。有些受托人可能出于单纯的故意作对或恶意而忽视受益人利益。但是,受托人未能做对受益人最好的事更常见的原因是,他被个人获益的可能性引入歧途。举下面的例子说明。受托人有1000英镑信托资金可用于投资。他可以投资的一种方式是购买股份,他可以选择购买股份的许多公司之一是他拥有控股权的一家公司,因此,投资于该公司可能会使受托人获利。因此,这里存在一种风险,即受托人在决定如何投资这笔钱时,可能会受到一种独特投资形式将(也)对他有利这一事实的影响,而不仅仅考虑什么对他的受益人最有利。此外,危险不仅在于受托人会有意识地选择优先考虑自己的利益和经济利益,而不是受益人利益。同样合情合理,也同样不可取的是,个人获益的可能性将导致受托人说服自己投资这家他自己拥有的公司对信托也是不错的选择。

为防止出现此类情况,受托人有义务避免使自己处于为受益人最大利益行事的义务与受托人的个人利益或其对第三人所负义务相冲突的地位。这样的一个必然结果或方面就是,受托人被禁止利用其地位获利(除非得到委托人或受益人的授权;因此,该禁令仅适用于未经授权的收益或秘密收益),如果受托人确实获得了任何此类收益,则他们必须将收益交给其受益人。

思考如下[见 *Bray v. Ford* (1896) AC 44,51 - 2 (Herschell 勋爵)]。从某种程度上讲,受托人在决定如何运用信托财产时也在考虑自身获益和他自己的利益,那么他必然没有尽到只考虑什么对他的受益人最有利的义务。出于这个原因,通过禁止受托人使自己处于因考虑受益人利益以外的其他因素而分散注意力的情形,法律希望鼓励坚持受托人应该为其受益人专有的最大利益行事的基本规则。此外,通过规定受托人放弃利用其地位取得的未获授权的收益并交给受益人,消除受托人企图将信托转为对自己有利的任何(或至少大部分)诱惑。

因此,在前面的案例中,受托人被禁止(在未经受益人授权的情况下)将信托财产投资于其享有控股权的公司;如果他做了这样的投资,受托人通过私人股权增值而取得的任何收益都可以被受益人收回。正因为如此,受托人投资于自己的公司所获得的收益,并不比投资于他没有股份的其他公司所得的收益多。在不受潜在的个人利益影响的情况下,受托人更有可能基于他认为的最符合受益人利益的方式来决定如何投资信托资金。

10.6　禁止利益冲突规则

避免利益冲突义务也许被认为是受托人应为受益人最大利益(且应该避免偏向他人利益)行事的基本规则的双重延伸。首先,虽然利益冲突很容易导致受托人倾向于自身利益而不是受益人利益,但这不是必然的结果。受托人在决定如何运用信托财产时可以完全忽视自身利益。因此,禁止利益冲突本身比单纯禁止受托人偏于自身利益而不是受益人利益更有意义。其次,法律所规定的义务不是简单地避免利益冲突本身,而是避免将自己置于其利益可能与其对受益人的义务相冲突的境地。

Keech v. Sandford (1726) Sel Cas Ch 61 案作为早期运用该规则的案例证实了它的严谨。在该案中,受托人为一个孩子以信托方式持有市场收益租约。当租约即将到期时,受托人为受益人的利益提出续签租约。出租人拒绝了,他不希望未成年人从租约中受益。鉴于已无法代表受益人续签租约,受托人为他自身收益争取到了租约。受益人

要求受托人应该将租约转给他并计算在此期间获得的所有收益。最终胜诉。King 勋爵指出:

> 我很清楚,如果受托人被拒绝续租后可以为自己续签租约,那么很少有信托不动产会被续期以提供给 cestui que use(受益人);虽然我并不是说在这种情况下存在欺诈行为,而是受托人更应该选择让租约期满终止,而不是将租约续签给自己。这也许看起来很难,受托人是世界上唯一一个不应获得这份租约的人,但是规则在租约中应该得到严格执行,这是非常合理的;在受益人被拒绝续租后,若允许受托人获得这份租约,其后果显而易见。

这是对预防性或预防性方法的明确说明。受托人被追究责任,并不是因为法院认为他的行为是恶意的,或者未按照受益人的最大利益行事,而是因为这将减少其他受托人在相似情况下违背受益人利益行事的概率。如果 *Keech v. Sandford* 案中的受托人可以为自己续签租约,那么其他受托人也将倾向于同样为自己续签租约,即便可以有机会代表信托续签租约。通过告知受托人在这种情况下他们为自己续签租约是不可能的,我们增加受托人尽一切努力的可能性,确保延长对受益人有利的租约。通过消除受托人利用其地位谋取自身利益的诱惑,我们使他们更有可能寻求提高受益人的利益。

类似做法可以在关于信义义务的主要案例 *Boardman v. Phipps* (1967) 2 AC 46 案中看到。一个信托在 Lester and Harris 公司持有股权。该公司经营不善,事情败露后,信托投资几乎没有给受益人带来收益。被告 Boardman(受托人所聘,负责信托业务的律师)和受益人之一 Tom Phipps 通过他们与信托的关系参加了公司的年度股东会议,并查阅了公司账目。根据所获取的相关信息,他们建议受托人以信托的名义购买该公司更多股份以取得控股权益。届时,受托人将接管公司,并有望扭转亏损。然而,受托人拒绝通过行使他们的权利来增加信托的股份,理由是这不是一项可靠的投资(此外,根据信托条款的规定,受托人不能进一步购买公司股份,除非获得法院授权)。

然而,这并没有阻止被告。他们决定,如果受托人不愿意购买或无法购买更多的股份,他们(被告)将自己出资购买更多股份。为此,被告与该公司及其他股东进行谈判,有时以信托的名义进行洽谈。三个受托人中有两个人知情并同意该做法(第三名受托人年事已高,未参与信托管理)。被告也告知了受益人的计划,但重要的是,法院后来发现被告并没有向受益人提供完整的信息,说明他们确切的计划是什么以及被告自己将从股权购买中获得什么。经过长时间的谈判,被告成功购买了该公司大量的股份,取得公司控制权,出售了该公司的一些资产,并将所得利润分配给了股东。最终的结果是,信托基金(受益人通过信托基金)和被告都大赚了一笔。

人们可能会认为,受益人应该对这一切感到高兴。被告的行为不仅出于善意和自始至终为受益人谋取利益的愿望,而且他们的辛勤工作和愿意用自己的钱承担风险,也为受益人带来了他们原本无法获得的收益。尽管如此,其中一位受益人 John Phipps,也是被告 Tom 的兄弟,对被告不满意并提出了索赔。John Phipps 认为,被告对受益人负有信义义务,他们从其地位中获得利益违反了该项义务。因此,他主张被告所持有的股份以及他们从在公司的投资中所获得的资金是为受益人以信托方式持有的。上议院以 3∶2 的多数票支持了他的主张,尽管上议院也认为,以"自由尺度"估算,被告也应因其要求股份并从中获利所投入的辛勤工作而得到一些津贴。

索赔成功取决于原告证明的两件事情。首先,他应该证明被告对他负有信义义务。其次,他需要证明,被告获得股份并从中获利违反了信义义务。

虽然法官对被告所承担的信义义务性质和形式有不同的看法,但所有法官还是准备认同被告是受信人。我们将很快看到(见第10.13节),受托人并不是唯一一类负有信义义务的人,另一类是对其客户负有信义义务的律师(负有信义义务的人称为受信人,而他所承担义务的对象就是委托人)。因此,显然 Boardman 是受信人。然而,由于他受雇于受托人,所以他应对受托人而非受益人负有义务。John Phipps 要想直接起诉被告违反信义义务,原则上他需要证明 Boardman 与他(也可能是与其他受益人)建立了信义关系。但是,目前还不清楚这是否是法院的判决。

没有一个法官因 Boardman 是受托人的律师而忽略其受信人身份。相反,他们强调 Boardman 和 Tom Phipps 是作为该信托的代表人或代理人出席公司会议。这意味着 Boardman 作为受托人律师的受信人角色,尚不足以为 John Phipps 的主张提供依据,而被告以代理人身份参加公司会议,在相关意义上则成为受信人。由此可进一步推断,被告通过出席和参与公司会议而承担或遵守与受托人相同的义务,因此被告对受益人也负有信义义务。这就可以解释为什么两个被告都负有信义义务,以及为什么他们是对受益人负有该义务,且受益人可以对其违反信义义务的行为提起诉讼。

然而,没有一个法官明确地说过这些话。事实上,判决的很大一部分似乎与上述分析并不一致。大多数法官将被告描述为对受托人承担信义义务,简言之,对信托是没有帮助的。Hodson 勋爵更进一步指出,Boardman 是"相对于受托人而言处于一个受信人地位,通过受托人从而相对于受益人而言也处于受信人地位"。但是,被告对受托人承担信义义务会引发或导致被告对受益人也承担信义义务的这一另类结论并未被解释清楚。同样地, Guest 勋爵也认为,对被告行为的授权需要受托人的一致同意,那么信义义务是对受托人承担而不是对受益人承担就是很平常的了(见第 13.8.1 节)。在这方面,Cohen 勋爵的方法比较可取,他认为与此相关的问题是受益人是否同意被告的行为,因此,它暗示相关信义义务是对受益人承担而不是对受托人承担。

更好的观点是,除了作为受托人律师而产生的信义关系和义务之外,Boardman 以受托人的代理人身份参加公司会议时,他显示出一个独立的信义关系并承担一系列信义义务。这些义务不是(或者说不仅是)对受托人承担,而是对受益人承担。这就得以解释,参加会议的第二个被告 Tom Phipps 虽然没有像 Boardman 一样事先担任已有的受信人角色,却也要受到信义义务的约束(这一结论是所有法官都乐于认同的,但少有人分析,因为 Tom Phipps 谢绝将他自己与 Boardman 的立场相区分)。

总而言之,关键问题在于被告是否违反了这些信义义务。法院对此的意见是有分歧的。大部分意见认同 Hodson 勋爵和 Guest 勋爵以"受信人在未经委托人知情同意时不得从其地位中获利"这一规则作为出发点。很明显,被告已经获利,同意的问题没有争议。所以在此基础上,被告的责任仅取决于收益与受信人地位之间确立的联系。被告掌握了有关公司财务状况及重组获利可能性信息,使他们能够获得收益,这一事实提供了这种联系,至少一开始是这样,因为他们代表信托出席了一些会议。事实上,Hodson 勋爵和 Guest 勋爵都将这种信息本身视为一种信托财产。因此,从其使用中获得的任何收益必然属于信托。

多数票中的第三位成员 Cohen 勋爵采取了不同的路线。与 Hodson 勋爵和 Guest 勋爵的看法相反,Cohen 勋爵认为,从以受信人身份行事时获取的信息中获利并不总是违反义务。然而,Cohen 勋爵认为,被告获得的不仅是他们赖以作出购买股票决定的信息,被告以信托代理人的身份行事时还获得了实际购买的机会(被介绍给公司的董事)。此外,由于 Boardman 声称在大部分谈判中是代表受托人的,故被告应该为他们所获取的收益负责。

Cohen 勋爵还解释了他认为的理由,尽管表面看来,Boardman 的行为有可能造成利益冲突。虽然受托人曾表示,他们无意代表信托取得更多的股份,而实际上尽管他们没有这样做的途径,但他们改变主意也不是不可能的。如果他们正在考虑这样的收购,则很可能会寻求

Boardman 的建议。如此是这样,Cohen 勋爵认为:

如果 Boardman 曾经接受过受托人的咨询,并同时代表自己和 Tom Phipps 就购买股票与公司进行谈判,那么 Boardman 将无法对受托人提供客观的建议。

Dilhorne 子爵和 Upjohn 勋爵不同意上述观点。Dilhorne 子爵认为,只要受托人反对为信托购买更多股份,就不可能产生利益冲突的可能性。确实,从目前来看,受托人只是乐于看到被告获得股权并将其交给信托,从而带给受益人本不会获得的利益。Upjohn 勋爵持有类似观点。关于确定受信人的责任只是通过其行为使其个人利益与其义务可能发生冲突的观点,Upjohn 勋爵作出了回应:

"可能发生冲突"这个说法有待考量。在我看来,这意味着,一个理性的人看待特定案件相关事实和情形时会考虑存在真实的、合理的冲突的可能性,而不是你能够想象某些情况出现就可能导致冲突,任何理性的人都不会考虑将事件中某些想象的可能性当作真实的合理的可能性。

在此基础上,被告的行为从未造成根本的利益冲突。在任何情况下,Upjohn 勋爵所持观点是,虽然被告代表信托首次参加公司会议是以受信人的身份,但这一信义关系在被告购买股份之前就已经终止,因为,一旦受托人明确表示无意购买更多的股份,被告显然是代表他们自己出席会议和购买股票的谈判。因此,当他们最后购买股票时,因为他们不再负有任何信义义务,这不能被看作对信义义务的违反。

大多数人的很多推理都是有问题的。首先,Hodson 勋爵和 Guest 勋爵关于被告在参加公司会议期间所获得的信息是信托财产的观点受到广泛批评。许多人很快指出,英国法律尚未接受信息是或可以是财产的一种形式的提议[例如,信息被认为不符合《1968 年盗窃法》中第 4 条关于"财产"的定义,因此是无法被盗取的:见 *Oxford v. Moss* (1978)68 Cr App R 183]。然而,如果受托人必须放弃所有从信托中产生或与信托相关的利益并交给受益人,而且这种联系是源于一个事实,即收益来自利用受托人职位期间所获取的信息,那么受托人以受信人身份得到的任何信息只能为受益人获益而使用。在这个基础上,将这类信息视为信托财产也许并无不妥。

更相关的问题不是把"财产"标签贴在信息上的对与错,而是关于 Hodson 勋爵和 Guest 勋爵的观点是否正确。他们认为,应该有一个总的规则规定,从受信人地位中取得的全部收益——包括从以受信人身份行事时所收到的信息中获利的——都必须交给委托人(除非经过委托人的同意)。对"无收益"规则的严格解释,得到了上议院早期在 *Regal (Hastings) Ltd. v. Gulliver* (1967) 2 AC 134n 案中判决的支持(该案判决于 1942 年作出,但仅出现在 *Boardman v. Phipps* 案之后的官方报告中)。最好的例子是 Russell 勋爵的如下陈述:

> 衡平法规则强调,利用受信人地位谋利的人应对所获收益负责,这并不取决于欺诈,或缺乏诚信,或在这类问题上考虑:收益原本是否应该给原告,获利人是否有义务为原告争取收益来源,是否为原告的利益承担风险或采取行动,原告实际上是否已经因其行为而受到损害或受益。在上述情况下,责任产生于受托人已经获利的事实。

这种方法的好处是简单。一旦证明受信人获利,仅通过证明收益与受信人角色之间的关联,受信人的责任就确立了。这就避免了对受信人动机以及他的行为对委托人已经造成或可能造成的影响进行的复杂调查。此外,它向受信人传达了一个简单的信息:未经委托人同意你无法利用你的地位获利,甚至想都不要去想。然而,这种做法也可能受到批评,因为它存在使“无秘密收益”规则脱离其基本原理的风险。

“无秘密收益”规则本身被视为是对宽泛的“受信人应该避免潜在利益冲突”规则的最合理应用。如我们所见,受托人和其他受信人有义务避免使自己陷入自身利益与其为受益人最大利益行事的义务可能发生冲突的境地。受托人因此而被禁止获益,因为这是一种方式——事实上是最明确和最常见的方式——在这种方式中,受托人利益可能受其管理信托时所作出的决定的影响,以至于他们可能会有意识或无意识地偏离对受益人最大利益的追求。因此,我们关心受托人所取得的收益,因为它们增加了利益冲突的可能性。但是在此基础上,禁止受托人取得收益的条件应是存在某种风险,即收益的前景可能确实会使受托人分心,使其无法为受益人尽责,换言之,我们没有理由禁止受托人从其地位中获利,除非在这种情况下他们可能会引起利益冲突。正因为如此,Hodson 勋爵和 Guest 勋爵主张的全面禁止可能有些过头。

相较于 Hodson 勋爵和 Guest 勋爵的观点,Cohen 勋爵在这方面的看法有两个优点。首先,他承认“无秘密收益”规则不必适用于从受信人地位中获得的所有收益,关键问题在于是否存在可能的利益冲突。其次,它试图确定事实上产生了什么潜在的利益冲突,以便证明被告的责任。然而,在这方面我们也遇到了问题。正如我们所注意到的,Cohen 勋爵所确认的潜在利益冲突与受托人可能就为信托购买更多股份的可行性向 Boardman 寻求建议有关。但是,这只能解释 Boardman 的责任,而不能解释 Tom Phipps 的责任。Tom Phipps 没有担任类似受托人顾问的角色,因此,对他来说没有出现潜在利益冲突的可能性。然而,正如我们注意到的,Tom Phipps 同意与 Boardman 站在一起,因此,任何情况下,Tom Phipps 的责任基础鲜有得到独立的分析。

此外,Cohen 勋爵所确认的冲突似乎是 Boardman 的个人利益与其对受托人所负义务之间的冲突，因此似乎不足以确立受益人提出的违反对受益人所负义务的要求。我们早些时候曾建议，在 *Boardman v. Phipps* 案中所提出的索赔主张可以支持，但唯一的条件是，Boardman 除了作为受托人律师对受托人负有信义义务之外，还通过出席公司会议与受益人建立了明确的信义关系。因此，受益人如果针对 Boardman 所获收益进行索赔，必须能够证明 Boardman 违反了对受益人负有的信义义务。然而，Cohen 勋爵所描述的义务——就购买更多的股份的好处向受托人提供客观的建议——是 Boardman 作为受托人律师对受托人所负的义务，并非基于参加公司会议而产生的对受益人所负的义务。因此，即便如此遥远的利益冲突足以确立受信人的责任，却无法证明被告对原告即受益人负有责任。

正因为如此，许多人认为 *Boardman v. Phipps* 案走得太远，并赞成法院少数人的观点，尤其是 Upjohn 勋爵的说法，即赔偿责任应取决于存在“真正合理的”冲突的可能性。另外，支持 *Boardman v. Phipps* 案判决结果的人倾向于这样做，其依据是，尽管事实上不存在冲突，但是要求被告承担责任是为了向受托人传递一个明确的信息，即他们不得事实上也不能利用他们的地位谋取他们的个人收益。这个观点委婉地承认了被告的行为本身是无可非议的，但我们应该考虑从更宏观的角度证明被告的责任。

尽管如此，也可以提出一个论点，即法律应该设法阻止受信人以类似 *Boardman v. Phipps* 案中被告的方式行事。当受托人自身利益与其对受益人所负义务背道而驰时就会产生典型的利益冲突。在这种情况下，所担心的是受托人追求自己的利益而因此不去做对受益人利益最大化的事情。但是这种情况在 *Boardman v. Phipps* 案中似乎并不存在。如果被告成功地接管并重组公司，那么这对被告和受益人双方都意味着收益。如果失败了，被告和受益人的持股价值也都将一同处于风险之中。因此，被告和受益人之间的利益远非竞争关系，而是联合关系。乍一看，似乎无法辩称，个人收益的预期可能会使被告偏离其为受益人最大利益行事的义务。如果有可能,这将鼓励被告更加努力确保公司重组成功,使自己和受益人都能够受益。

然而,有观点认为,受托人自身利益与受益人的利益交织在一起从而产生了风险。这是因为,人们对待他人利益往往比对待自身利益更加冷静和谨慎。比如,人们通常在投资自己的财产时比代表他人作出投资决策时承担更大的风险。实际上,出于这个原因,法院为此制定了受托人在投资信托财产时应遵循的注意标准,即如果一个普通谨慎的人有意为他认为在道义上有义务为之提供帮助的其他人的利益进行投资,他会采取更谨慎的态度[见 *Whiteley*(1886)33 Ch D 347,355(Lindley 法官);第 11.2 节]。因此,与没有持有自己的股份相比,持有一家公司(信托亦持有该公司的股份)私人股份的受托人在代表信托行使权力时可能采取不同的行动,承担更大的风险。尽管有时候如 *Boardman v. Phipps* 案一样,这些风险可能会得到回报,但也有例外。因此,我们可以认为,整体而言,受托人冷静谨慎地行事更有利于受益人利益,当信托持有公司股份时,应禁止受托人购买该公司股份。

10.7 放宽规则吗

无论我们如何最好地解读 *Boardman v. Phipps* 案的判决,该案的重要性都在于它认可了前文提及的对预防性方法的严格的描述。它明确规定,受托人(或其他受信人)可能被认为违反了其信义义务,则即使在下列情况下也有责任放弃所得:

(1)他的行为完全出于善意并试图提高其受益人利益;

(2)在其自身利益与受益人利益之间没有任何实际上的冲突;

(3)受托人的行为不仅未给受益人造成损失,反而使受益人实际受益;和

(4)受托人取得的收益是原本受益人无法获得或不是为受益人而

取得。

这一严格的方法不是毫无争议的。其他管辖区域对受信人采取了更为宽容的态度［见 *Peso Silver Mines Ltd.* (*NPL*) *v. Cropper* (1966) SCR 673，以及枢密院在 *Queensland Mines Ltd. v. Hudson* (1978) 18 ALR 1 案中作出的判决；参见 *Canadian Aero Service Ltd. v. O'Malley* (1974) SCR 592］，有人建议英国法院应效仿该案。近期的判决可参见 Arden 法官对 *Murad v. Al-Saraj* (2005) EWCA Civ 959，(2005) All ER (D) 503 (82)–(83) 案所作评论（也可参见 Jonathan Parker 法官所述）：

> 也许法院是时候重新审视在艰难的情形下衡平法僵化规则的运用，例如，受托人完全善意行事，不存在任何欺诈或隐瞒，并且也相信自己的行为符合受益人的最大利益。我只需要说：法院在未来案件审理中，将确定受益人是否不希望自己利用该收益，或者希望受托人采取不同于受托人事实上的行为作为一个事实问题，这不是极为不可能的。此外，作为一个原则问题，现代法院得出如下结论也是可能的，即在不失去规则威慑作用的情况下，这一规则的严厉程度在某些情况下应该得到缓和。另外，在此类案件中，法院可以通过要求违约受托人承担证明这种情况是普遍存在的责任，从而为受益人提供重要的保护手段……总而言之，也许有一天上一级法院应当重新审视关于秘密收益的规则，并使之在适当情况下不那么僵化，因为在某些情况下，该规则无限制条件的运用尤其严格，其结果不符合现代法院的救济应符合案件的公正性的愿望，而且这种做法也不与该规则的其他一些最重要的政策目标相冲突。

尽管如此，正如这一段所承认的那样，该规则目前没有任何松动，事实上，在 *Regal* (*Hastings*) *Ltd. v. Gulliver* 案以及 Boardman *v. Phipps* 案中的严格做法甚至在若干场合得到认可［例如，*Industrial*

Development Consultants Ltd. v. Cooley（1972）1 WLR 443，*Guinness plc v. Saunders*（1990）2 AC 663］。此外，即便是那些相信现行规则需要放宽的人也只是在其规定的范围内调整规则，比如，Upjohn 勋爵在 *Boardman* 案中的不同意见，即确定责任之前应有真正的、合理的利益冲突可能性的存在。因此，似乎各方都同意，责任不应限定恶意行事或未能为受益人最大利益行事的人，还应该扩大到那些动机无可挑剔且行为不会对受益人造成损害的受托人身上。

由此可见，其背后的考虑是促使更大程度地遵守受托人应该善良诚信且完全为受益人最大利益而行事的基本规则。发出的一个明确的信息是，受托人必须明确掌控他的个人利益可能与其对受益人所负义务发生冲突的任何情况。此外，鉴于受托人利用其地位获得的收益可以被收回，而无须证明存在恶意或甚至不存在实际的利益冲突，受托人能够选择自己的利益而不受惩罚的机会几乎为零。从这个意义上说，该规则可能会引导更多的受托人出于正确的理由作出他们的决定，从而为更多的受益人带来信托所能给予的益处。

但是这种方法也有代价。首先，如 *Boardman* 案所示，这些规则事实上可能会阻止受托人达成真正符合受益人最大利益的安排。因此，严格的方法有时可能会有反作用。其次，更重要的是，这些规则的结果有时是对诚实和尽职的受托人施加责任，而他们的行为从未威胁，更不用说损害受益人利益。建议是，虽然这对受托人可能过于苛刻，但一般地对受托人提出更高的标准是必要的。毋庸置疑，我们关注受托人如何履职是正确的。受益人处于相当脆弱的地位，因为他们的受托人，作为信托财产的保管人和管理者，有权决定如何运用信托财产。因此，受益人的财富掌握在受托人手中。因此，如果我们想保护受益人和信托机构，就需要采取措施确保受托人尽职履责。

尽管如此，我们可能质疑，这一原则是否足够强大，足以抵消将责任加诸无辜的受托人身上的不公平，因为这些受托人从未让他们的受益人失望。在这方面，应该指出，信托主要关注的是经济获益和损失。

因此,当谈到需要保护受益人时,我们指的是保护他们免受经济损失(信托基金价值的损失)和为他们争取经济获益。因此,尽管法院偶尔使用夸张的言辞[在 *Parker v. McKenna* (1874) 10 Ch App 96,124 案中,James 法官认为“人类的安全”需要这些规则],但我们对受托人采用如此严格的标准不是为了挽救生命和肢体,而只是为了确保更多的受益人减少经济损失及获得更多的经济收益。

然而,如果看法律其他方面的规定,我们会看到一个对经济损失重要性的不同的态度。比如,在过失侵权行为中,法院过了很久才承认避免纯粹经济损失的注意义务[见 *Spartan Steel and Alloys Ltd. v. Martin & Co. (Contractors) Ltd.* (1973) 1 QB 27,*Murphy v. Brentwood* District Council(1991) 1 AC 398]。当然,即使在这种义务得到承认的例外情况下,也只有在被告没有给予合理注意并给原告造成损失时才承担责任。因此,当我们转向信托与受信人法时,我们看到,即使被告是无过错的而且没有造成损失,也要承担责任,这至少是不协调的,虽然其目的是尽量减少未来案件中经济损失的发生概率。

作为最后一点,永远不应忘记,这项禁令只适用于未经授权的收益或秘密收益。只要委托人设立信托时对受托人予以授权,或是之后得到了受益人的知情并同意,受托人便可自由地利用其地位获益。由此可见,无论法律对于获利的责任的立场多么严格——而且显然多么不公正——这种责任都可通过(通常)首先取得受益人同意的简单方法而避免。

10.8 报酬

禁止未获授权收益的一项应用是,作为一般规则,受托人有权就其所做的工作收取报酬,但仅限于委托人在信托条款中对此作出规定的情况下。但是,该规则现在有一些例外。

首先,这项禁令不适用收回受托人管理信托所合理支出的费用。《2000 年受托人法》第 31 条第(1)款对此作出明确规定:

A 受托人——

(a)有权从信托基金中获得偿还,或者

(b)其代表信托行事时产生的合理费用可以从该信托基金中支付。

此外,该法第 32 条规定,获授权的代理人、名义持有人以及托管人的费用可以报销,并为他们所提供的服务支付合理的报酬。

其次,法院有权命令从信托基金中支付受托人的工作报酬。上诉法院通过 *Duke of Norfolk's Settlement Trusts* (1982) Ch 61 案确认,法院不仅有权在委托人未规定支付款项的情况下授权支付款项,还有权在委托人已经规定支付受托人报酬的情况下更改委托人所定款额。司法管辖权允许法院授权对受托人已经完成的工作和将来将要完成的工作支付款项。

值得注意的是,法院授权支付给受托人的任何款项都将导致受益人可获得的金钱数量减少。因此,法院强调对受托人报酬的管辖权要审慎行使:*Worthington* (1954) 1 WLR 526。在考虑是否作出该等命令时,一个相关因素是,从信托基金中支付款项以确保特定受托人所提供的服务,是否会促进受益人的利益。正如 Fox 法官在 *Duke of Norfolk's Settlement Trusts* (1982) Ch 61, 79 案中的解释:

如果……法院认为,在对比了其他受托人提供服务所要求的报酬的情况下,考虑到该信托的本质、特定受托人的经验和技能、受托人索要的报酬以及考虑到该案所有其他情况,如果增加受托人的报酬符合受益人的利益,那么法院也可以适当地这样做。

然而,如果问题仅是受托人是否应该为已经完成的工作收取报酬,这些考虑显然是无关紧要的。此种情况下,法院会询问,受托人没有收到任何回报,受益人保留受托人工作所带来的价值是否公平[见 *Foster v. Spencer* (1996) 2 All ER 672,其中法院谈及,如果受托人的工作得不到报酬,受益人就属于"不当得利"]。事实是,信托成立时并无可支付报酬的资金,受托人的工作也比最初设想的繁重得多,这都是支持命令受托人获得报酬的阻碍因素。

同样,正如我们在 *Boardman v. Phipps* (1967) 2 AC 46 案中所指出的,在受托人或其他受信人违反信义义务并有责任将获利移交给受益人时,法院可能判决他保留一部分金额,作为他为产生该收益而已经完成的工作的报酬。不过,上议院在 *Guinness plc v. Saunders* (1990) 2 AC 663 案中强调,只是在例外情况下,这种津贴才会给予违约的受信人。当然,正如 Goff 勋爵所说,只有在"不能以任何方式鼓励受托人将自己置于自身利益与其作为受托人的义务相冲突位置的"的情况下,才能作出这样的赔偿裁决。

最后,《2000年受托人法》第29条为信托公司及专业受托人设立了"不付款"规则的一般例外情况:

(1)受托人——

(a)是一家信托公司,但

(b)不是慈善信托的受托人。

信托公司提供或代表信托提供任何服务,均有权从信托基金中获得合理的报酬。

(2)受托人——

(a)以专业身份行事,但

(b)并非信托公司、慈善信托受托人或单一受托人。

如果每个其他受托人以书面形式同意他可以获得所提供服务的报酬,那么他为信托提供的或代表信托提供的任何服务,均有权从信托基金中获得合理报酬。

(3)“合理报酬”是指,与受托人提供的服务相比较,此等报酬在这样的情况下对受托人向信托所提供的或代表信托所提供的服务是合理的。

(4)受托人有权依据本条款获得报酬,即使他所提供的服务也能够由非专业受托人提供。

(5)如果有任何条款规定受托人有权获得报酬,则其无权依据本条获得报酬——

(a)通过信托文件,或

(b)通过任何立法或次级立法任何规定。

本法第28条第(5)款规定,受托人以“专业身份”行事时:

……如果在其从事某一专业行为或业务的过程中,包括提供以下有关服务——

(a)一般信托的管理或特定类型信托的管理,或

(b)一般信托或特定类型信托的管理的任何特定方面,以及他向信托提供的或代表信托提供的服务均属于该范围。

需要注意的关键点是,只有在委托人订立的信托条款中没有规定任何此类付款的情况下,受托人才能在此基础上要求付款,而在个人担任专业受托人的情况下,有权支付款项须经其他受托人同意。

10.9 董事的费用

类似的规则对受托人因其以信托方式持有股份而收到的董事费用也产生了影响。即使受信人是公司董事,在未取得委托人授权时也无权利用其地位获利。一般地,因受托人的工作而向他们支付款项的授权来自公司章程(规定公司如何运作的基本规则的文件)或股东会决议。通常董事是由股东会选举产生,所以,如果受托人以信托方式

持有股份,他便有权投票选举谁成为董事,以及因此谁可以收取董事费用。

因此,有人可能认为,法律应禁止受托人利用他们的投票权选举自己成为董事,否则会产生一定危险,即受托人可能会被赚取这些费用的前景所左右选举自己进入董事会,而不是冷静地考虑谁是最佳董事人选。但是,这样的规则也会产生副作用,因为受托人在公司经营中发挥积极作用往往符合信托的利益[事实上在某些情况下,受托人如果未能确保自己担任董事,他就违反了注意义务:见 *Lucking's Will Trusts* (1968) 1 WLR 866]。因此,法院反而认为,受托人有权行使因持有信托股份而享有的表决权,并选举自己为董事,但必须为他们的受益人以信托方式持有获得的任何费用:见 *Macadam* (1947) Ch 73 案。同样地,被其他股东选举为董事,但可以通过利用股东身份进行阻止的受托人,也必须说明收到的任何好处。

但是,被其他股东选举成为公司董事,而通过行使信托持股的投票权也未能改变该结果的受托人,可以保留董事费用[见 *Gee* (1948) Ch 284]。在这一层面上,在同一家公司拥有私人股权的受托人,只要其愿意也可以行使自己的投票权,包括取得自己的委托,选举自己成为董事,从而保留董事费用。如前所述,是否禁止受托人保留董事费用取决于委托人(在信托设立时)的授权或受益人的授权。

10.10　自我交易

受托人应该避免将自己置于其自身利益与其对受益人所负义务可能产生冲突的地位的规则构成禁止自我交易的基础。这里的自我交易指的是受托人购买信托财产的情况。问题是,作为信托财产的管理者,受托人拥有合法授权出售信托财产,因此,如果出售给他自己则必然涉及利益冲突。作为受托人,他的义务是从买方谋求尽可能的最高交易价格,从而保证受益人获得可能的最大利益。但是,受托人的个人利益是以低廉的价格获得交易财产。这种受托人对他的受益人的义务与其个人利益的冲突的必然性导致法院禁止这种自我交易,除非首先取得受益人的同意。没有受益人的同意,任何向受托人出售信托财产的行为都可以被受益人撤销,而无关交易价格是否公平[见 *Ex parte James*(1803)8 Ves 337;*Tito v. Waddell*(*No.* 2)1(1977)Ch 106, 225],或是否由第三人定价或是由拍卖确定[见 *Wright v. Morgan*(1926)AC 788]。

上诉法院对 *Holder v. Holder*(1968)Ch 353 案的判决是该规则的一个明显例外。在该案中,被告曾被指定为其父亲遗嘱的执行人之一。他随后寻求放弃执行人职务,尽管是在已经执行完部分遗嘱事务之后。其他遗嘱执行人以拍卖形式出售死者遗产中的两处农场,被告购买了该两处农场。原告作为受益人之一,主张撤销出售。执行人负有信义义务,被告的律师在庭审中承认,被告试图放弃遗嘱执行人身份,但未成功。因此,本案似乎完全符合禁止自我交易的规定。然而,上诉法院却认为,被告可以自由竞标这些农场,而且出售是有效的。法院认为该案事实不属于损害禁止自我交易规则的情形。被告既未参与作出出售农场的决定,也未参与对拍卖条款的确定。因此,被告的行为没有引起利益冲突,也没有对受益人利益构成威胁。所以,法院认为没有理由宣布出售无效。Sachs 法官特别认为,禁止所有这类交易的硬性规则是不必要的,且可能会导致不公正。相反,法院应该对事实进行审查,以确定是否有足够的理由撤销出售。*Borardman v. Phipps*(1967)2 AC 46 案中少数法官也持相似观点,即受信人责任应该取决于存在真实、合理的利益冲突可能性。

Holder v. Holder 案的判决与这个领域其他判例法不一致。有人认为它是制定恶法的典型案例。上诉法院明确指出,被告承认其试图放弃执行人身份的努力失败是错误的,如果没有这一点,他们本来可以在更直接和规范的基础上得出同样的结论,即认定被告不是受信

人,因此可以避免适用禁止自我交易规则。当然,其他法院并没有采纳上诉法院放宽禁止自我交易规则的建议,在 *Thompson's Settlement* (1986) Ch 99 案判决中再次确定了传统做法。然而,与前面关于信义义务的一般观点一致,有一个更有说服力的观点是,法院长久以来在这一领域都采用了不必要的严格规则,因此,*Holder v. Holder* 案中更善解人意及切合实际的做法得到了很多认可。

10.11　公平交易

另一个规则为公平交易规则,适用于受托人试图购买信托项下受益人持有的受益权益的情形。正如我们所看到的,受益人至少在标准信托中对信托财产拥有自己的衡平法上的受益权益,而这项权利像其他所有权益一样可以转让给他人,包括受托人。因为,在这种情况下,交易是在受托人和受益人之间进行,公平交易不会产生和自我交易相同的风险,即受托人不是交易的两端。为此,法院采取相对宽松的要求。

传统观点为,除非受托人能够证明他是以公平的价格向受益人购买受益权益,并且取得了受益人的完全知情同意,否则受益人可以撤销该类交易:见 *Tito v. Waddell* (*No.* 2) (1977) Ch 106, 225。然而,近来有人提出了一个更具说服力的观点,即当局实际上仅要求受托人证明受益人对该出售完全知情同意就是无可指责的(见 Conaglen, 2006)。按照这一观点,交易价格的"公平"至多仅是受益人是否同意的证据,也就是说,低廉的交易价格可能推断出受益人的同意存在瑕疵。但是,只要受托人能够证明受益人完全知情以及他的同意是真实的,那么该交易行为不能仅仅因为价格看起来很低而被撤销。

还有人认为(见 Conaglen,2006),与禁止自我交易一样,公平交易规则源自受托人必须避免利益冲突的基本规则,这是有疑问的。受托人并非为受益人处理其信托项下受益权益的代理人。尽管受托人对信托资产享有广泛的处置权,但他们没有转让受益人在信托项下的利益的权力。这是受益人独享的决定。换言之,受托人的信义义务涉及其如何行使他持有的与信托财产相关的权力,这一权力源于其对信托财产(普通法上的)的所有权。但是,虽然受托人的这些权力可能使他能够影响受益人的利益(如通过他作出的投资决定,通过运用财产权力的行使),但受托人对信托资产的所有权并未赋予其处理该利益的权力。因此,很难看出在公平交易的情况下存在任何实际或潜在的利益冲突。受托人的利益确实牵涉其中,但受托人对这类交易有什么义务尚不清晰(该地位可能与其他受信人不同,如律师可能有义务就该等交易提供咨询)。

对公平交易规则更合理的解释为,这些规则与不当影响规则具有相同或相似的作用。对于某些合同,由于交易性质或交易双方之间的关系,法院怀疑该合同是不是当事人的自由选择,或是一方利用其有影响的地位优势或权力对另一方施加影响的结果(见第 8.3.2 节)。在这种情况下,弱势方能够撤销合同,除非另一方能够证明他的同意是真实的而不是被强迫的。这似乎就是公平交易规则的情况。法院考虑到受托人与受益人之间的权力与信息的平衡,因此要求受托人在向受益人购买其受益权益时,证明其未利用其(可能的)权力地位或影响力的优势施加于受益人。

10.12 所有受托人都是受信人吗

正如我们在本章开始时所指出的,通常假定信义义务是所有信托固有的,因此是受托人都负有的义务[见 *Lonrho plc v. Fayed* (*No.* 2) (1992) 1 WLR 1, 12 (Millett 法官)]。然而,从原则上讲,这是很有问题的。信义义务异常严格,要求受托人积极采取措施促进受益人的利益,甚至当受托人的行为动机无可挑剔且没有做任何损害或威胁受益人地位的事情,信义义务也有可能被违反。当然,如果受托人是自由地选择担任这一角色,他就不能对此提出任何抱怨。在这种情况下,受托人知道或应该知道他让自己这么做是为了什么。即使不存在任何关于担任受托人的协议,如果被告故意为不法行为或干预原告的财产,也可以(几乎)证明有理由让被告承担这种义务[如 *Reading v. A – G* (1951) AC 507 案(见第 10.13 节)]。

然而,期待不同意担任受托人(或以其他受信人身份)且理所当然地未意识到信托的人,以受益人的最大利益行事和处理信托财产,似乎是不合理的,实际上也是不现实的。在这种情况下,我们对受托人最大的期望是,当他获悉信托时,完整保留信托财产直到受益人提出申请,并按要求将财产交给受益人(见 Hackney, 1987, 167 – 8; Smith, 1997a)。此外,在这种情况下,原则上施加信义义务似乎不是必要的。举例来说,如果我们将(某些)归复信托视为对财产意外转让的撤销(见第 8.9 节),那么需要信托所做的就是要求被告有义务在被要求时归还财产。信托财产由不知情的第三方接收(见第 9.4 节),推定信托根据 *Rose* 案规则(见第 6.3.1 节和第 9.6 节)或作为转让该财产的具体可强制执行义务的结果而被实行(见第 9.5 节),情况也是如此。

根据这一观点,这种受托人与普通明示信托的受托人共有的唯一义务源于 *Saunders v. Vautier* (1841) 4 Beav 115 案(见第 2.6 节),即接到要求时,放弃财产并交给受益人。因此,这项义务看起来有一个强大的诉求,即该项义务被认作为信托义务的"不可或缺的核心"(见第 10.1 节)。然而,尽管 *Saunders v. Vautier* 案中的权利及其相关义务至少有可能以某些形式存在于所有个人信托中(虽然受益人人数众多的情况下,其行使实际上可能是不可能的),但就真正目的信托而言,显然不存在这样的权利或义务,因为根据目的信托的定义没有人要求这样的转让。当然,有些人认为这是目的信托概念不可能存在的一个理由(见第4.4节)。但是,它回避了这个问题,因为它假定,独特的衡平法权利和之后 *Saunders v. Vautier* 案中的权利确实是所有信托的必要特征。目前尚不清楚为什么要把这看作必要的,当然目前法律也未作出规定。因此,更合理的观点是,在所有信托中都不存在单一的义务,而是存在不同义务的集合,这些义务可能在不同的信托、在不同的时间、以不同的组合方式出现。

10.13 信托之外的信义义务

我们已经注意到信义义务并不是受托人特有的义务。事实上,信义关系有许多成熟的分类,包括律师与当事人、公司董事与公司、代理人与委托人、商业合伙人与商业合伙人、受托人与委托人[受托人以委托人名义或按所有人(委托人)指示持有商品]以及(至少在一定情形下)雇员与雇主的关系。此外,法院曾多次指出,信义关系并非封闭的。这意味着即使被告与原告的关系不属于原先确定的信义关系范畴,仍可以认定被告对原告负有信义义务[事先确立的信义关系类别(其中,信义义务伴随当事人处于这种关系的事实而自动产生)和事先未确立但事实上可能被认为产生信义义务关系的区别,有时被表述为典型信义关系与特殊信义关系之间的区别]。

在我们探讨法院如何判断某一关系是否属于信义关系之前,有必要先研究为何要将这种关系归为信义关系。首先,最明显的是,受信人所负义务通常比非受信人更为广泛。因此,举例来说,虽然我们通常有义务不互相伤害,但一般并不需要我们采取积极措施促进他人利益,甚至是将他人利益优先于自身利益。这是信义义务所包含的内容(见 Birks,2002a)。所以,很简单,如果我能证明你是我的受信人,那么我可以要求你为我做那些如果你不是受信人则我不能要求你做的事情。依此类推,如果你是受信人,原本完全合法的行为也将构成义务的违反,并因此你将承担法律责任。例如,如果 *Boardman v. Phipps* (1967) 2 AC 46 案与 *Keecll v. Sandford* (1726) sel cas Ch 61 案中的被告没有被划归为受信人,则由于其不存在侵权行为或违反合同的行为而不能对其提起诉讼。

最后,也是最为重要的一点,当你为违反信义义务而承担责任时,你的潜在责任(可以对你提出的各种索赔)远大于你违反其他义务的责任(违反信托导致的索赔及其对其他受信人违约的适用,详述见第 13 章和第 14 章)。因此,如果你出现违约或侵权行为,你通常只承担向原告支付他因此而受到的损失的补偿损害赔偿金。但是,如果你违反了信义义务,你将为你因违反信义义务而获得的任何利益承担责任。此外,受信人将以信托方式持有非法所得(见第 9.13 节),原告将取得在被告资不抵债时的优先权以及可能对该等资产的后续接收人提出的索赔权(见第 14 章)。另外,虽然这一点更值得怀疑,但似乎补偿性赔偿金额的核定是以对原告更慷慨为原则的。

因此,简言之,确定被告是否为受信人可以考虑以下因素:

(1)确定在第一个例子中被告面对原告应该如何行为;和

(2)确认如果被告没有相应行为,原告将对被告和其他人提出什么主张。

这反映在法院在确定某人是否为受信人时所采取的两种方法上。第一种方法是审查原告与被告之间存在的事实关系,并分析该关系是否具备既定类别的信义关系的主要特征以及是否与其具有相似之处。如果具备这些特征,被告应承担同样的义务,根本上是基于类似的案件应同样对待的原则。当然,接下来的一个重要的问题是,什么才是信义关系的主要或定义性特征。这是一个困扰了司法和学术数十年的问题,至今没有明确的答案;事实上,有人认为信义关系没有单一的模式,它是多样化的(见 Sealy,1962)。

显然,一方当事人的某些事务或幸福特别依赖于另一方当事人的行为或决定时,信义关系便会产生。因此,受益人在很大程度上依赖于他的受托人确保信托基金得到妥善管理。公司的事务在很大程度上掌握在控制它的董事的手中。请求律师提供法律意见的人,当然会依赖律师就他们寻求意见的事务提供建议。由此可见,确定一个关系是否属于信义关系,关键在于双方之间是否存在这种依赖关系(这并不是说双方必然处于不平等地位,相反,他们之间可能是像商业伙伴一样的相互依赖的关系)。

有时也有人建议,潜在受信人必须同意对其他受信人的事务承担责任:见 *Hospital Products Ltd. v. United States Surgical corp* (1984) HCA 64, (1984) 156 CLR 41, 96 – 7;*Galambos v. Perez* 2009 SCC 48,(2009) 3 SCR 247,(77);Edelman, 2010。当然,大部分(而不是全部)已确立类别的信义关系中都存在一些承诺因素。但是,如果这意味着被告不仅必须选择或承诺其信义义务所附带的角色,而且还必须选择或承诺那些特定的义务,这未免太强人所难,判例法也不曾出现过这样的情况。例如,在 *Keech v. Sandford* 案和 *Boardman v. Phipps* 案中,法院没有依靠询问被告到底承诺了什么而作出判决。多数派和少数派在 *Boardman* 案中意见的分歧并不在于对被告承诺的范围或内容的理解,而在于对那些自身处于如此地位的人施加什么义务。因此,即使我们说受信人的地位永远是责任,这也不能被作为对信义义务的具体范围或内容的解释。这是一个问题——何时以及为何我们要在被告已经承担责任的基础上仍施加被告以信义义务?——我们正在寻找答案。

但是,所需的承诺也的确强调,如果被告不愿意使自己处于原告依赖的地位,那么将如此重大的义务施加于被告,则是有失公平的。还有一个建议是,只有当被告得到合法授权或批准(而不仅仅是在事实上有能力)作出影响原告利益的决定时,信义义务才能存在[见 Weinrib,1975;*Galambos v. Perez*, (83)]。但是,在此需要重申的是,尽管这一要素存在于许多信义关系中,但并非必不可少,它与将信义义务作为被告干涉他人事务的结果而施加于被告的情况也不一致(受托人侵权法提供了这方面的一个例子,见第 10.3 节)。

法院确定信义义务是否存在的第二种方法不是寻找与已确立的信义关系相类比的方法,而是询问原告是否能够提出与违反信义义务的受害人相同的一系列索赔。例如,我们已经看到,与侵权行为和违反合同不同,违反信义义务使原告有权合理地追回被告的收益。在此基础上,法院有时将被告归为受信人,以便对其收益提出索赔。这方面一个很好的例子是 *Reading v. A-G*（1951）AC 507 案。Reading 是驻埃及军队的一名中士。有几次,走私者付钱给他,让他穿着军装,乘坐满载非法烈酒的卡车,协助走私活动。当时想的是,如果卡车上有军官乘坐,可以免于被搜查。当 Reading 最终被逮捕时,王室控制了他所收到的所有金钱。Reading 出狱后提起诉讼,要求归还该笔钱款。上议院认为王室有权保留这笔款项。法官们对此给出了各种理由。其中一个法官认为 Reading 是受信人,因此他应该放弃未获授权的收益并交给委托人即王室。如果我们从信义关系的既定类别考虑,Reading 对王室负有信义义务的结论是值得怀疑的。显然,本案与信义关系既定类别中的任何一种都没有明显相似之处,说王室或国家特别依赖 Reading 以确保他们利益似乎也是不可信的。相反,把 Reading 视为受信人似乎只是为了便于解释他不能染指这笔不义之财的理由。

Chase Manhattan Bank NA v. Israel-British Bank（*London*）*Ltd.*（1981）Ch 105 案中也存在相同情况。如我们所见(见第 9.11 节),案件发生于 Chase Manhattan 银行向 Israel-British 银行错误地支付了 200 万美元,随后 Israel-British 银行进入了破产清算程序。Chase Manhattan 银行认为,这笔款项属于以信托方式为其持有的财产,它有权优先于 Israel-British 银行的其他债权人收回这笔资金。该项主张的一个明显障碍是,Chase Manhattan 银行采取的是电子转账汇款,Israel-British 银行此前并未持有 Chase Manhattan 银行的任何财产,所以使 Chase Manhattan 银行主张成立的唯一途径是依靠追踪规则(这些规则实质上使你有可能主张以你争取的财产换取你的财产;见第 14.3 节

至第 14.12 节)。但是,一般认为,除非原告能够确定当事人之间存在信义关系且信义关系被不正当使用,原告才能适用衡平法的追溯规则(见第 14.5 节)。Goulding 法官认为,错付款项的收款人就该笔款项对付款人负有信义义务,因此 Chase Manhattan 银行依靠追踪规则不存在障碍。

如果我们再次以信义关系的既定类别作为模板,则我们很难得出这一结论,即 Israel-British 银行成为受信人仅仅因为其收到 Chase Manhattan 银行的错误转账。Goulding 法官认为 Chase Manhattan 银行的索赔能够取得成功,是因为它"制造"了这种信义关系,使它能够获得其想要的结果,这是最为合理的解释。

信义义务和受信人术语的机械的使用受到了广泛的强烈的反对。的确,这会产生对信义义务的内容及其目的曲解的风险。此外,它有可能会导致不公正。尽管存在争议,但多数观点认为 *Chase Manhattan* 案的结果是公平的。然而,如果将这一结果建立在付款人和收款人之间存在信义关系的基础上——这种关系的存在只是为了证明适用衡平法的追踪规则是合理的——就有可能导致诉讼当事人和其他法院得出结论,认为错付款项的收款人应向付款人承担本章所述的全部严格意义上的信义义务。这显然是不可取的。

需要强调的是,这里的批评并非针对像 *Reading v. A-G* 和 *Chase Manhattan* 等案件得出的结论,而是针对法院作出判决的过程。因此,并不是说 Reading 应该可以带走其非法行为的收益,或者衡平法上的更宽宏大量的追踪规则不应该适用类似 *Chase Manhattan* 的案件。相反地,关键在于我们应该能够得出这一结论,而不必凭空幻想出信义关系。在类似 *Reading* 这样的案件中,我们会更好地明确指明,即使没有信义关系,非法行为人的非法所得也可能至少在某些情况下收回,然后继续调查这种主张应该提供的可以找到的确切情况。幸运的是,这似乎是法院正在行进的方向。

最后,在考察不同类别的信义关系时,其标准通常参照 Fletcher

Moulton 法官在 *Coomber*（1911）1Ch 723，728－9 案中发出的警告：

> 信义关系有多种不同类型：它们将我自己的关系延伸到一个跑腿的男孩，他必然将我的变化带回到双方之间可能存在的最亲密和最信任的关系中，在这样的关系里，一方出于对另一方的无限信任而完全依靠另一方。所有这些都是信义关系的案件，法院反复强调，在存在信义关系的案件中，完全独立的双方之间的干预和撤销行为都是有效的。于是一些人心中产生这样的想法，如果存在信义关系，则无论何种类型的干预都是正当的。他们认为，每一种信义关系都为每一种干预的合理性提供了理由。这当然是荒谬的。信义关系的本质必须是它足以证明干预是正当的。

我们的建议是，我们不能假设所有受信人都负有本章所讨论的全部信义义务（尽管他们必然承担其中一部分）。但是，这一声明是在受信人被贴上了更广泛和更不受限制的义务以及其他法律关系的标签的时候做出的（例如，在 *Coomber* 案中，原告辩称，被告是受信人，以便提出不当影响的推定）。目前趋势是保留受信人为委托人的最大利益而善良诚信行事的义务的标签，以及支持这一义务的子规则，不够清晰的是，它是否真的会说，不同的受信人负有不同的信义义务（尽管同样地我们不应该毫无疑问地假设，所有受信人必须负有同样的义务）。可以确定的是，这些义务的范围——其所适用的转让或交易的界限——将因个案而异，因为源于受信人同意担任受信人角色或委托人同意的条款的豁免各不相同：见 *Kelly v. Cooper*（1993）AC 205；*Hospital Products Ltd. v. United States Surgical Corp*（1984）HCA 64，（1984）156 CLR 41，97。

总　结

1. 所有信托对部分受托人在运用信托财产方面施加义务。这些义务的确切内容将因信托而异,也因受托人而异。

2. 受托人义务的内容取决于信托最初产生的原因。在明示信托中,受托人的义务主要(但不完全)参照委托人的意图而决定。在强制信托中,受托人的义务应参照支持将信托加诸其身的原则来确定。因此,如果信托是为了扭转不当得利而产生,那么受托人的义务应该通过询问什么样的义务才能扭转其不当得利来确定。

3. 受托人所承担的义务,也会由那些虽然不是严格意义上的受托人,但假定他们就像受托人一样,就信托及信托财产行事而承担受托人的权力及责任。这些人被称为事实上的受托人。

4. 一个典型的受托人所应承担的最重要的义务是其信义义务。信义义务是为了受益人的利益而诚实行事的义务。

5. 这些义务值得注意的是其严格性。它们不仅禁止受托人追求自己或他人的利益优先于受益人的利益,还禁止受托人将自己置于一个他的利益可能与他对受益人的义务相冲突的地位。这就需要进一步禁止受托人利用其地位获得任何未经授权的收益,否则,个人收益的诱惑可能会影响受托人对受益人最大利益的专注追求。

6. 如果受托人或其他受信人利用其职位获利,他将有责任放弃这些收益,即使他本着诚意行事,试图在整个过程中促进受益人的最大利益,也没有给受益人造成损失,甚至受益人不可能以其他方式获得该收益。

7. 受托人没有自动获得工作报酬的权利。但是,付款可由委托人或法院授权。《2000 年受托人法》第 29 条规定了信托公司和专业受托人获得付款的进一步权利。

8. 禁止受托人购买信托财产，这就是所谓的自我交易规则，因为此类交易必然涉及明显的实际利益冲突：受托人的工作是为受益人争取尽可能高的价格，而他的个人利益将是支付尽可能少的费用。

9. 受托人有权购买受益人在信托项下的衡平法权益，前提是受益人对出售给予完全知情的同意，并且可能的话，所支付的价格客观上是公平的。这就是所谓的公平交易规则。

10. 一般认为，所有受托人都负有信义义务。但是，作为一个原则问题，这一点值得怀疑。当然，很难理解期望待那些有理由不知道他们以信托方式持有财产的人能够仅为受益人的最大利益而运用该财产是合理或公平的。因此，许多归复和推定信托项下的受托人不应被视为负有信义义务。

11. 很明显，信义义务存在于信托之外，并由受托人以外的人承担。例如，律师、代理人、公司董事和商业伙伴都负有信义责任。在确定某一被告是否为受信人时，第一种方法是询问原告和被告之间的关系是否类似于既定的受托关系类别之一。第二种方法是询问在受托人违反义务的情况下，可获得的救济是否也是原告可获得的。然而，第二种方法可能会扭曲我们对信托关系的理解。

练　习

10.1　什么时候区分受托人的信义义务和他可能对受益人负有的其他义务是重要的？

10.2　是否所有受托人都负有信义义务？他们应该负有信义义务吗？是否义务是所有受托人都应该承担的“不可缺少的核心”义务？

10.3　为什么我们要禁止受托人将自己置于一个他们的个人利益和他们应该为受益人的最大利益而行事的义务可能发生冲突的境地？

10.4 关于受信人对取得的秘密收益的责任的规则是否过于严格？如果我们放松这些规则会发生什么？

10.5 禁止自我交易、公平交易规则和禁止可能的利益冲突的一般原则之间有什么关系？

拓展阅读

1. Conaglen, *A Re-appraisal of the Fiduciary Self-dealing and Fair-dealing Rules*, (2006) Cam LJ 366.

2. Hicks, *The Remedial Principle of Keech v. Sandford Reconsidered*, (2010) Cam LJ 287.

3. Smith, *Constructive Fiduciaries* in Birks (ed.), *Privacy and Loyalty* (Oxford University Press 1997). 有大量著作详述了信义义务的本质和基础。Finn 的著作被广泛认同为主流观点,Garton 的著作中对各种理论有很好的概述。

4. Birks, *The Content of Fiduciary Obligation*, (2002) 16 Tru Ll 34.

5. Conaglen, *Fiduciary Loyalty: Protecting the Due Performance of Non-fiduciary Duties* (Hart Publishing 2010).

6. Edelman, *When Do Fiduciary Duties Arise?* (2010) 126 LQR 302.

7. Finn, Fiduciary Obligations (Law Book Co 1977).

8. Finn, *The Fiduciary Principle* in Youdan (ed.), *Equity, Fiduciaries and Trusts* (Carswell 1989), Garton, *Moffat's Trusts Law: Text and Materials* (6th edn, Cambridge University Press 2015), 791 - 843.

9. Sealy, *Fiduciary Relationships*, (1962) Cam LJ 69.

10. Weinrib, *The Fiduciary Obligation*, (1975) 25 UTLJ 1.

第11章　非信义义务

11.1　善良诚信之外

我们在上一章开头讲述,并非所有受托人负有的义务都被恰当地描述为信义义务。因此,虽然(大多数)受托人确实必须为他的受益人的利益而善良诚信行事,但这些并非受托人的全部义务。事实上,如果受托人的义务仅限于他的信义义务,信托将不再是特别有用的制度,委托人的意愿也将很少能够实现。这都是出于正确的理由(这是信义义务的重点)而实施的良好的行为,但如果信托是为实现信托目的——通常向某些人传递某些利益——我们还必须要求受托人具有一定能力。更明确的是,他们必须遵守委托人规定的条款(如由谁支付以及何时支付)。

本章要探讨的是其他义务。我们将研究受托人在履行处理信托财产的行政管理职责(比如,投资或保险)时所承担的义务,以及在自由裁量信托项下行使被授予的决定性的自由裁量权或指定的权力时受托人应当注意的必须考虑的事项。本章结尾我们将评估受益人及对象有权获得的关于他们所感兴趣的信托基金的信息类型。

11.2 注意义务

直到《2000 年受托人法》于 2001 年 2 月 1 日生效之前,受托人有义务像一名普通谨慎的商业人士在管理自己的事务一样行事:见 *Speight v. Gaunt* (1883) 9 App Cas 1 案。当涉及决定如何投资信托财产时,标准进行了调整,以便受托人必须尽到像谨慎的商业人士在为那些"他认为在道义上有义务为之提供帮助"之人的利益行事时所尽的注意[见 Lindley 法官在 *Whiteley* (1886) 33 Ch D 347, 355 案]。

如今,由判例法提供的该项标准已被《2000 年受托人法》第 1 条规定的法定标准所取代,即受托人必须:

> ……此类注意和技能在特别考虑到下述方面的情况下被视为合理的:
>
> (a)他所拥有或自认为拥有的任何特殊知识或经验;以及
>
> (b)如在业务或专业过程中担任受托人,则应符合任何在该业务或专业过程中对一个人合理期待的特殊知识或经验。

这一法定的注意标准适用于受托人在管理信托资产过程中实施的多数重要的行为(见《2000 年受托人法》附表 1),但不适用于受托人的决定性的决策(在这种情况下普通法仍继续适用)。在特别情况下,它适用于受托人的投资权,与土地取得有关的权力,对信托财产保险的权力和指定代理人、提名人和托管人(执行受托人的某些职能,如作出投资决策或持有信托财产)的权力。

《2000 年受托人法》第 1 条所包含的标准并不强制要求平等适用

于所有的受托人的注意标准,而是取决于每个信托的情况。这样做的原因在于信托种类繁多以及不同的个人和公司都可成为受托人。

一种极端情况是由一个对信托或信托资产管理完全没有专业知识的人管理的小型家族信托。举个例子,简单遗嘱信托中,遗嘱人可以指定家人的一个没有法律或金融专业知识的朋友作为儿子 1 万英镑终身信托的受托人,此后作为某一孙辈的全权受托人。很可能的情况是,信托未规定受托人应获得的报酬:家人的朋友出于对遗嘱人的忠诚和责任接受了委托,认为管理信托不会占用其大量时间。

另一极端情况是由专业受托人或专门提供受托人服务的公司管理的规模非常大的信托。例如,一个由信托公司管理的大型上市公司员工的养老金信托。该类信托可能包含价值数十亿英镑的资产,其管理可能极其复杂(涉及信托财产的投资,以便能够向数千名已对该计划缴款的现任、前任雇员支付养老金)。信托公司可能会有几名雇员专门管理该信托,并由专门的专业顾问(如律师、法律顾问、会计师、保险精算师和投资顾问)提供协助。毫无疑问,信托公司将因其提供的服务而获得报酬。

关于《2000 年受托人法》第 1 条规定的法定检验标准,最重要的一点是,它规定一种视相关情况而定的可变的注意义务,因而,较之家人的朋友管理小型遗嘱信托所负有的义务,管理养老金信托的信托公司负有更高的注意义务。

关于第 1 条标准有四点需要说明。首先,它包含了主观和客观两个因素。第 1 条标准的客观部分可以通过第 1 条第(b)款中对从事某一特定业务或职业的人的“合理预期的专业知识或经验”的引用看到。因此,如果一家小型律师事务所的律师成为受托人作为其执业的一部分,对他的评判将参照对作为受托人行事的该类律师的合理预期进行,尽管事实上,实际的律师可能完全没有信托方面的知识或信托管理的经验。

在这个客观标准之上是第 1 条第(a)款所规定的主观标准,它要求法院考虑受托人实际拥有的知识或经验,或他声称自己拥有的知识或经验。这一因素可以适用于受托人在其业务或专业方面没有作为的情况。在购买股票和股份方面,对专门研究股票的投资银行家作为受托人期待的标准,可能比养蜂人作为受托人的标准更高。这一标准也适用于受托人拥有或自认为拥有超出该业务或专业合理预期的知识或经验的情况。因此,一家拥有 20 年离岸信托经验的小事务所的律师可能比没有类似经验的类似事务所的同行(对他们来说,期待此类经验是不合理的)负有更高的注意义务。

关于第 1 条的标准,第二点需要补充的是,第 1 条第(a)款和第(b)款部分所列因素并非详尽无遗。相反,它们是在确定适当的注意义务时应"特别"加以考虑的因素。其他相关因素也将对受托人所负的具体义务产生影响。在特定情况下,这些因素包括信托基金的规模,信托的复杂程度以及受托人报酬的水平等。

第三点需要指出的是,第 1 条标准的规定并没有从根本上改变法院以前在确定受托人的注意义务时所采用的方法。事实上,第 1 条标准与 Brightman 法官在 *Bartlett v. Barclays Bank Trust Co. Ltd.* (1980) Ch 515, 534 案中提出的观点很相似:

> 我认为,像信托公司这样专门从事信托管理业务的人显然应该承担更高的注意义务。信托公司在其广告宣传中标榜自己能力高于普通人。由于信托公司拥有一批训练有素的信托业务人员和管理者组成的专业队伍,能够随时提供财务信息和专业意见,日复一日地处理并解决信托问题,信托公司能够坚守自己,有能力提供专门知识。而这些能力和知识的要求,对那些可能是无偿地,有时是不情愿地但出于家庭责任的原因而接受受托人职责的负担的普通的谨慎的人来说,是不现实的,也是不公平的。

最后一点是,第 1 条的注意义务可以明确通过信托契约中的条款约定而不适用(见《2000 年受托人法》附表 1 第 7 段),尽管人们并不认为许多在《2000 年受托人法》生效后设立的信托实际上排除了该注意义务。

现在我们已经评估了第 1 条的注意义务的性质,可以继续思考其中最重要的领域:投资。

11.3 信托财产的投资

在几乎所有的明示信托中,受托人都被要求作投资决策。这一点可以从第 11.2 节中对讨论的两个信托的简短分析中看出。在简单遗嘱信托的情况下,受托人不得不安排好信托的 1 万英镑以及决定如何投资,以便提供所获得的信托财产的收入给遗嘱人的儿子(信托的终身受益人),同时也对在终身受益人去世后将取得该财产的遗嘱人的孙辈公平行事。若受托人将全部信托财产存入计息银行账户,他将能够为终身受益人提供一生稳定收入,但这一投资决策也意味着孙辈的剩余权益的价值将逐渐被通货膨胀所侵蚀。本章后文中将提到,这一结果,正如我们在本章后面将看到的,可能恰恰违反受托人在终身受益人和剩余受益人之间公平行事的义务。因此,受托人需要采取一种组合的投资策略。

而养老金信托的例子则复杂得多。同样,信托公司不能将信托财产存入一个计息银行账户来简单地进行“投资”。相反,它需要将信托财产投资到一系列不同的投资资产中,以保护信托资产免遭风险,并从这些投资中获得合理的回报,确保能够履行信托对数千名不同的现任和前任雇员所承担的定期提供养老金的义务。可以想象,这将涉及一个非常复杂的投资策略。

上述两个案例说明了为什么需要受托人作出投资决策。但是,受托人如何投资信托基金呢?这里我们需要研究两个问题:第一,受托人可以进行什么类型的投资;第二,受托人如何在允许的可供选择的投资中进行选择。

研究上述两个问题的出发点是规定了受托人一般投资权的《2000年受托人法》第3条第(1)款。该条款规定:“在符合本部分规定的情形下,如果受托人完全有权享有信托资产,则他可以进行他能够进行的任何类型的投资。”因此,受托人有非常广泛的投资选择。如果委托人出于某种原因担心这可能不适当地限制受托人的投资可能性,也可以通过信托契约中的明确约定进一步扩大潜在投资的范围[见第6条第(1)款第(a)项]。《2000年受托人法》第3条适用于所有信托,无论是在2000年法令生效之前还是之后成立的,除非这与信托的明确约定不一致或被排除在外:见《2000年受托人法》第7条。据此,早前的只允许受托人进行某些特定类型的“安全”投资的《1961年受托人投资法》的管理要求不再适用。

简单说一下第3条禁止的投资。第一,受托人不得在联合王国境外取得房地产永久产权或租赁土地[见第8条第(1)款]。第二,对于受托人是否能够适当地取得不产生收入的资产,还存在疑问[诸如古董或黄金,见 *Wragg* (1919) 2 Ch 58,该案表明这些资产不符合投资的条件;相反地,更现代的观点见2000年法令所附注释性说明第22段]。尽管如此,我们无须过于在意广泛的一般投资权的这些例外:它们的范围是有限的,而且许多现代信托契约都含有明确的投资权的内容,从而扩大了第3条的一般投资权。

11.4 投资准则与建议

正如第11.2节所讨论的,在进行投资时,受托人在一定情况下必须具备适当技能并谨慎行事。《2000年受托人法》第4条和第5条对期待受托人做什么规定了进一步要求。第4条规定了受托人在投资时必须考虑的标准投资准则。

(1)在行使任何投资权力时,无论该权力源于本部分或其他方面,受托人必须考虑标准投资准则。

(2)受托人必须不定时检查信托投资,并根据标准投资准则考虑是否需要作出调整。

(3)有关信托的标准投资准则是——

(a)与拟进行或保留的任何特定投资相同类型的投资,以及该特定投资作为此类型的投资对信托的适宜性;以及

(b)在适合信托的情况下,信托投资多样化的需要。

因此,受托人必须考虑特定投资对他们所管理的信托的适当性,以及多元化投资的需要。

我们可以相对容易地处理“适当性”的要求。如果一个信托规模非常小或存续期限很短,它可能不适合进行除存入计息银行账户以外的信托资产投资。相反,一个规模巨大的信托,其存续期限可能较长,它就不适合简单地将其资产进行短期投资。当然,将大部分信托基金用于高风险投资,对受托人而言,也是不适当的(尽管我们会看到,将基金中的一小部分作为多元化投资组合的一部分用于高风险投资并不违反信托)。最后,投资信托基金时着眼于投资在本质上是否合乎道德,对受托人而言,通常则是不适当的(见第11.6节)。

根据《2000年受托人法》第4条第(3)款第(b)项,受托人也必须考虑信托投资的多元化需要。在某种程度上,这是一个很容易理解的概念:受托人不应该把所有的鸡蛋放在一个篮子里。不遵守这一规则的后果同样也很容易解释:信托进行巨额投资的公司或行业发生重大问题,可能给整个信托基金带来灾难。最近公司倒闭的很多案例足以说明这一点(如安然、苏格兰皇家银行、雷曼兄弟、世通等)。

但多元化也可以从更详细和技术层面去理解。在投资股票市场

时,投资某个公司或行业的风险可以通过投资一个竞争行业来抵消。因此,投资石油或煤炭公司的风险,可以被其他可再生能源的投资所抵消;投资于新兴经济体的风险,可以通过投资发达经济体所抵消;而投资股票的风险可以通过投资其他政府债券、公司债券或财产所抵消。如此,即使一项或一类投资失败,整体投资组合也不会受到很大程度的不利影响。这些多元化和风险抵消的观点通常被称为"现代投资组合理论"的原则。

关于《2000 年受托人法》第 4 条和第 5 条,还需要说明另外两点。首先,受托人在进行最初的信托投资时只采取适当的谨慎和技巧是不够的。投资还需要定期复查,如果投资不适当就必须作出调整。根据第 4 条第(2)款的规定,这类复查应按照心中的标准投资准则进行。

其次,许多受托人并不具备必要的投资经验或专业知识来恰当地决定应该对信托进行哪些投资。认识到这一点,《2000 年受托人法》第 5 条第(1)款规定,受托人有义务"就如何在参照标准投资准则的情况下行使〔其投资权力〕获取和考虑适当的建议"。该等建议必须由"受托人根据其在与建议投资有关的财务及其他事项方面的能力和实际经验,有理由相信其有资格提供该等建议"的人士提出:见《2000 年受托人法》第 5 条第(4)款。如取得建议是不必要或不适当的,则该项义务不适用:见《2000 年受托人法》第 5 条第(3)款。例如,在涉及的信托基金或投资的价值极小以至于获得建议会花费不成比例的大量资金,或者受托人本身就是投资专家的情况下,受托人没有必要再获取建议。

11.5 公平性

在第 11.2 节的简单遗嘱信托案例中,我们假设了一个信托,该信托对于立遗嘱人的儿子是终身的,剩余利益则完全归属于有名字的孙辈。这样的信托赋予终生受益人在其有生之年从信托财产中获取收入的权利,也赋予剩余受益人在终身受益人去世时获得信托资本的权利。在任何信托中都存在一个内在矛盾,即不同个人都有终身利益及剩余利益。终身受益人希望受托人以他获得收入最大化的方式投资信托基金,他可能不介意这些收入是以牺牲信托资本(剩余受益人的资本)为代价的。相比之下,剩余受益人的利益将截然相反。很明显,受托人的投资决定将直接影响终身受益人和剩余受益人的经济利益。例如,如果受托人投资黄金或古董等资产,虽然这些不会产生任何收益,但可能会迅速升值。在另一个极端,如果受托人利用信托资本投资于消耗性的资产,虽然它产生高收益,但其资本价值会随着时间推移而贬值为零(如短期租约或专利权组合)。

那么,在平衡终身受益人和剩余受益人的利益时,受托人应该做些什么? 简言之,他必须诚实而公正地在两者之间保持公平的平衡(该等义务是受托人信义义务的一部分),以合理的谨慎和技能行事(根据《2000 年受托人法》第 1 条),在忽略不相关的因素的同时,考虑相关的因素(见第 11.9 节)。这是否意味着受托人应该始终投资于平衡终生受益人和剩余受益人的利益的资产——如股票,它被认为也许可以满足双方利益的资产,因为它提供了收益(通过股息)和资本增值(通过股价上涨)的两种前景——或者还是应该平衡不产生收益的投资和消耗性资产的投资? 这并不是必然的。虽然这两种方式也许都是合理的经验法则,但是在终身受益人和剩余受益人之间保持合理平衡的原则不是机械的。相反,特定信托的情况有时会要求优先考虑终身受益人或剩余受益人。正如 Staughton 法官在 *Nestlé v. National Westminster Bank plc* (1993) 1 WLR 1260, 1279 案中所说,

有时很不容易决定何为(终身受益人和剩余受益人之间的)平衡……如果终身受益人生活贫困,而剩余受益人已拥有大量财富,那么受托人基于现实情况,虽然不一定是以牺牲资本为代价寻求最高收

益的可能性,但也会倾向于这个方向。在采取这些措施之前,我认为受托人应该对事实进行核实。

11.6 道德投资

道德投资是指不以财务问题为导向,而是以道德或政治考虑为导向的投资。因此,道德投资战略可能排除对烟草、军备和化石燃料行业的投资。法院不得不努力解决的一个问题是,受托人是否能够奉行一种道德投资政策,如果可以,他必须遵循哪种道德投资的概念。

一般原则是,受托人在投资或管理信托基金时,必须把所有的伦理或道德因素放在一边。我们通过两个案例解释这一原则。第一个是 *Buttle v. Saunders* (1950) 2 All ER 193 案。在这个案例中,受托人有一项口头的——因此不具约束力——以 6142 英镑的价格向 Simpson 夫人售卖土地的协议。随后,一位信托受益人就出售同一块土地提出了 6500 英镑的报价。当他的报价被拒绝后,他向法院申请禁制令禁止受托人完成向 Simpson 女士出售土地,因为他说,受托人的职责是为信托获得最好的价格。Wynn-Parry 法官批准了禁制令,他认为:

> ……受托人及其律师的行为遵循了错误的原则。现在他们唯一考虑的是,他们与 Simpson 夫人在谈判中已经走得太远了,从商业道德的角度上看,他们终止交易是不合适的。

相反,受托人应该对增加的要约进行调查,如果他们确认受益人能够在短时间内继续完成交易,他们就应该接受。只有这样,受托人才能履行其"为受益人争取最好价格的首要的义务"。

第二个案例是 *Cowan v. Scargill*（1985）Ch 270 案。在这一案例中，国家煤炭理事会雇员和前雇员的养老金信托的受托人持有价值约 30 亿英镑的资产。十个受托人中有五个是由国家煤炭理事会指定，另外五个由代表国家煤炭理事会许多员工利益的全国矿工工会指定。专家咨询小组协助受托人作出投资决定。1982 年，专家制订了一项投资计划，但全国矿工工会受托人拒绝了，根据全国矿工工会的政策，除非该计划修改为：(1)禁止增加海外投资；(2)在最适当的时间撤回信托已经持有的海外投资；(3)禁止任何与煤炭竞争的能源投资，受托人才能够接受投资计划。国家煤炭理事会受托人向法院申请指示。Megarry 大法官认为，全国矿工工会受托人在行使其投资自由裁量权将道德因素考虑在内而违反了信托。他认为：

> 如果信托目的是为受益人提供经济利益，通常情况下，受益人的最大利益就是经济利益最大化。就投资权力来说，如本案一样，受托人必须以为受益人带来最大的收益为目的行使权力，在进行投资决策时将其个人利益和观点抛开。受托人可能抱有强烈的社会观或政治观。他们可能坚决反对在南非或是其他国家进行任何投资，或者他们可能反对涉及酒精、烟草、军备及其他产业的任何形式的投资。当然，他们在处理自己的事务时，可以自由回避任何此类投资。但在信托项下，若一类投资比其他投资可能使受益人获益更多，受托人不应该因他们自身观点而拒绝该项投资。

因此有说服力的主要的形式规则是，受托人在投资信托财产时不得考虑道德因素。不过，这一原则不是一成不变的，它有三个例外。

第一个例外简单明了：信托契约本身可以明确授权一项道德投资政策。但契约起草人在落实委托人这一意愿时必须谨慎，因为“道德投资”一词没有确定的法律含义。因此，最好建议起草人特别说明受托人应该或不应该进行的具体投资。委托人也必须注意不要限制受托人的投资权力范围,以至于其无法进行适当的多元化的投资组合。重要的是不要低估过度限制允许的投资范围的危险。例如,在 *Harries v. The Church Cmrs for England*(1992)1 WLR 1241 案中,专家们提出的证据表明,禁止投资于在南非有利益的公司的决策将导致受托人无法对股市中 24% 的公司进行投资。

关于道德投资一般规则的第二个例外是,所有信托的受益人都达到一定年龄并且同意该道德投资政策。对于这个例外,Megarry 大法官在 *Cowan* 案中,用以下说法进行了解释:

> 如果一项信托中唯一确定的或潜在的受益人都已成年,且他们对道德或社会事务方面抱有极其严格的观点,谴责任何形式的酒精、烟草、流行的娱乐活动以及武器,我能够充分理解,在信托项下通过投资这些项目,他们可能获得比受托人将信托基金进行其他投资的情况下他们所收到的要大得多的经济回报,但这可能不是受益人期望得到的"利益"……但是我必须强调,这种情况似乎极为鲜见。

当然,受托人应当注意确保所有受益人年龄均符合要求,而且他们都同意一项特定的道德投资政策。

第三个例外仅适用于慈善信托。在这里,正如 Nicholls 大法官在 *Harries v. The Church Cmrs for England*(1992)1 WLR 1241 案中所持的观点,主要的形式规则保持相同,但如果信托投资于某一特定类型公司与信托试图实现的慈善目的相冲突,那么该规则就无法适用。因此,对癌症潜在治疗方法进行科学研究的信托将能够采纳不得投资于烟草公司股份的政策。此外,如果一项投资的结果可能使潜在的信托援助的接受者因为慈善资金的来源而不愿意接受援助,或者进行该类投资可能会失去为慈善机构提供财政支持的人,那么受托人可以决定不做这项对公司的投资。这样的案例似乎极其罕见。预防虐待动物的信托不对开展动物研究的公司进行投资被证明是正当的,可能就是这样的一个例子。

11.7　绝对控股

受托人往往会发现自己持有公司大多数股权。这通常发生在已经成功设立了一个公司的委托人出于税收或其他原因而成立信托的情况下。现在,这样的委托人可能不会打算信托受托人为了分散信托投资而出售公司股份,因此,他的律师可能会在信托契约中列入一个条款,免除受托人分散信托投资部分的任何义务。

但是,持有一家公司大多数股权意味着信托的大比例,或者甚至是全部资产与该公司命运息息相关。换言之,信托的鸡蛋全部或大部分放在了一个篮子里。法院已经意识到这种状况的不稳定性,并通过对持有大部分股权的受托人施加特殊义务来应对。简言之,该类受托人可以获取因他们持有股权而能够取得的有关公司的信息以及普通股东可以获得的信息。此外,如果受托人收到的信息显示该公司没有审慎管理,受托人应该在必要时介入公司的管理[见 *Bartlett v. Barclays Bank Trust Co. Ltd*. (1980) 1 Ch 515]。

Bartlett 案原则要求对股份所有人可以行使的权利作出解释。正如我们所看到的,股东有权获得与他持有的股份有关的股息(这些股息通常代表公司在上一个财政年度的利润)。但是,股东也有权干预其持有股份的公司的管理。根据《2006 年公司法》第 168 条,“管理”权力中最重要的一项是可以召集股东大会,以简单多数票罢免公司董事(并在适当时候任命替代董事)。因此,如果他们不按照受托人的意愿行事,拥有大多数股权的受托人可以很简单地解聘公司董事。所以,受托人可以要求董事提供大量有关公司的信息。如果这些资料显示情况不能令人满意,受托人可以利用威胁行使他在第 168 条项下的权力,变更公司董事采取的政策。最后,如果一切都失败了,受托人可

以解聘该公司的现任董事,并任命自己和(或)被他提名的人为公司董事。

那么,受托人应该取得什么信息确保信托在特定公司的投资不存在风险?除了“为确保公司得到适当管理而提供的合理必要信息”之外,没有其他硬性答案。这些信息通常以月度管理账目或董事会会议议程和记录的形式提供。受托人仅依靠公司股东和公众所能获得的信息,如经审计的账目(无论如何,这些账目通常在相关会计期结束后几个月内编制)是不能够做什么的。

这些原则在 *Bartlett v. Barclay Trust Co.* 案中得到了适用。在这个案件中,信托持有一家不动产公司 99.8% 的股份,该公司是由委托人设立的。公司由董事会管理,董事会由两名测量师、一名会计师和一名律师组成(没有人是被作为受托人的信托公司指定的)。1960 年,董事会启动了一个投机性房地产开发项目,特别是开始以高于市场价值的价格购得 Old Bailey 附近的住宅物业。受托人很少注意公司的新动向,而且只获取了股东通常可以获得的信息。如果受托人采取适当措施调查该公司的交易,他不仅会发现 Old Bailey 项目的危险性,而且能够在不遭受任何损失的情况下将公司从这一项目中解救出来。在这个事件中,Old Bailey 项目得以保留,并最后以巨额亏损售出。Brightman 法官毫不犹豫要求受托人为损失承担责任。

11.8 例证

前面讨论过的几项不同的原则可以通过考察 2000 年以前的主要案件 *Nestle v. National Westminster Bank plc* (1993) 1 WLR 1260 案加以归纳。1922 年去世的遗嘱人设立了一个遗嘱信托,其中受益人包括他的遗孀、两个儿子及其配偶以及他的一个孙子。信托项下产生的利益分配如下:遗嘱人的妻子享有家庭房产的终身权益及免税年金;视信托利益而定,两个儿子在21岁至25岁享有年金,25岁以后各自享有一半信托基金的终身受益权(他们有权将其份额的收益分配给在世配偶);他的孙子,即本案原告 Edith Nestle,享有的是剩余权益。

在1922年4月去世时,遗嘱人的投资的价值约为53,963英镑。1986年,遗嘱人在世的儿子去世,原告对资本总额达269,203英镑的信托基金开始享有完全的权利。原告诉称,如果该基金进行适当投资,其价值应达到180万英镑。有明确的证据表明,信托公司完全误解了信托中的投资条款,直到1959年之前未能做到对信托投资进行定期复查,而且它"远远没有维持基金的实际价值,更不用说达到普通股价格的平均涨幅"。此外,上诉法院认为,该信托公司没有"诚实、公平和谨慎地"行事,"银行在管理……信托方面并没有多少值得骄傲的地方",而且"鉴于这一案例,没有遗嘱人会选择该银行对其投资进行有效的管理"。然而,违反信托的索赔失败了。

对该判决有各种解释。在一定程度上,这个结果与案件事实和辩论方式中的一些问题有关。比如,由于遗嘱人的两个儿子在国外居住,受托人采取了投资免税金边债券的策略。虽然这意味着基金的实际价值不会像其他投资那样大幅增长,但确实意味着该基金将有可能在儿子和妻子死亡时免除遗产税。此外,该银行似乎在艰苦的审判中赢得了专家证人的支持。法院接受的专家证据的一个特别论点是,在1959年以前,股票被视为风险投资。因此,Staughton 法官认为:

受托人的表现不应该以事后聪明来评价:正如近3000年前的诗人所言,事情发生之后,傻子都是明智的……我们必须记住,信托的早期投资理念与后期截然不同……20世纪20年代和30年代的股票被认为是有风险的……直到1959年它们才变得更流行了。

因此,受托人不能因为未能在1959年之前采用更为激进的股权投资策略而受到批评,因为当时的共识是,股权是不谨慎的投资。相反,正如 Hoffmann 法官在第一个例子中所指出的,“现代受托人在其投资权力范围内行事时,有权根据当前投资组合理论的标准进行判断,该理论强调整个投资组合的风险,而不是孤立地处理每一项投资所带来的风险”。因此,现代受托人将信托基金的一小部分投资于可能会丧失全部价值的高风险投资,如果这样的投资仅仅是按照现代投资组合理论行事,则受托人的行为可能不会构成违反信托。

还有一些更广泛的观点解释 *Nestlé* 案的结果。第一,为了使索赔获得成功,原告不仅需要证明受托人未能适当履行其职责,她还必须证明由于受托人的失职给她造成的损失。原告未能做到这一点。尽管证据表明,如果作出不同的投资决定,信托基金的价值可能会大得多,但原告未能在均衡各种可能性的基础上证明这本来就是事实。这表明索赔失败是因为原告没有证明受托人的违约行为造成了任何损失。

但是,在判决的其他部分有种迹象表明,受托人事实上并未构成违反任何义务。这是一个比较令人惊讶的结论。毕竟,正如我们所看到的,法院接受了信托公司误解了信托条款,因此也误解了自身的投资权力的观点。不仅如此,法院还得出结论,未能就其在信托项下的权力取得法律意见是“不可原谅的”。由于信托公司未能掌握其在信托项下的真正投资权力,因此信托公司未能相应地考虑对其开放的全部投资范围。这一切不是明显违反了受托人的注意义务吗?这就是法院似乎认为受托人可能没有违反其义务的原因。尽管受托人未能意识到可选的投资范围,但这也没有表明,如果受托人适当履行了职责,他所作的任何决定都是不合理的。换言之,即使受托人理解了信托契约,因而适当地考虑了更广泛的投资,受托人仍可能合理地决定按原来的方式投资信托基金。只要受托人有充分理由这样做,即使事实上出于糟糕的原因,也不会出现受托人行事不当的问题。

此外,在确定什么是(或本来是)合理的同时,法院似乎采取了一个更为普遍的标准。因此,法院指出,受托人未能实现投资多元化并非"不谨慎的受托人遵循的方向"，而是一种标准，该标准似乎表明 *Wednesbury* 案的不合理性[取自公法案例中的一个标准，*Associated Provincial Picture Houses Ltd. v. Wednesbury Corporation*（1948）1 KB 223；对于不赞成这种公法类推，见 *Pitt v. Holt*（2011）EWCA Civ 197，（2012）Ch 132，（77），（235）]将在受托人对其不当投资决定而承担责任之前提出。换句话说，如果一个受托人未能做到采取最佳行为，但只要另一个理性的受托人会做同样的事情，那么它就无关紧要了。有一个很好的论点是，如果法院适用《2000 年受托人法》第 1 条规定的标准，*Nestlé* 案将会得到不同的判决。关于在适用《2000 年受托人法》时对 *Nestlé* 案的支持，见 *Daniel v. Tee*（2016）EWHC 1538（Ch），（2016）4 WLR 115，（184）。

11.9　行使决定性自由裁量权的规则

在涉及受托人对信托资产的管理时会产生行政自由裁量权（例如，关于投资、保险和任命代理人的决定）。另外，受托人的决定性自由裁量权则是产生于自由裁量信托或指定的权力，受托人必须决定哪些受益人或对象将从信托中获益（见第 2.1 节和第 2.2 节）。换句话说，当受托人行使决定性自由裁量权时，他们决定了谁得到什么。

我们以一个持有各种不同股份的固定期限的自由裁量信托为例，在该信托下，受托人对在 10 个受益人中分配收益和本金有自由裁量权。为了使问题简单化，假设无权积累收入，收入在产生时就必须分配。因此，当信托持有的股份分派股息时，受托人必须在合理的时间决定哪个受益人或哪些受益人应该得到这些股息收益，并做出适当的支付。受托人还必须时时考虑，是否分配信托资本（信托持有的实际资产）。由于这是一项自由裁量信托，受托人必须在信托期限届满时将信托财产分配给 10 名受益人中的 1 名或多名受益人。如果这是一项指定的权力而不是信托,那么受托人就没有义务分配该项财产(见第2.2节)。

我们在后文将看到,法院多年来发展了一些学说,试图规范受托人行使决定性自由裁量权的方式。这些学说为受托人提供了指导,指导他们在行使决定性自由裁量权时应如何行事,从而寻求确保受托人对面临的任何事实作出适当的决定。在该事件中,如果受托人不履行其各种决定义务,受损害的受益人可使该受托人的决定无效,在严重情况下,还可以将受托人解职。

受托人在作出决定性决定时所承担的首要义务是遵守信托条款,尤其是只将信托财产分配给信托受益人或权力对象。因此,前面提到的自由裁量信托的受托人只能将收益和本金分配给信托契约确定的受益人。他不能支付给其他任何人。此外,正如可以预料的那样,受托人也不得通过将财产分配给其中一位指定的受益人再让其转交给受托人或其他第三人的方式来规避信托条款中的义务(例如,受托人不得同意将其全部信托财产分配给他的一个受益人,以换取所有该等分配10%的秘密佣金)。如果受托人达成了这样的协议,他将被认为犯了权力欺诈罪[关于该原则的进一步讨论,见 *Vatcher v. Paull* (1915) AC 372, 378]。

行使决定性自由裁量权的受托人还应该定期考虑是否应行使该自由裁量权。但是,受托人不得简单地决定将信托财产分配给第一个受益人或他们遇到的权力对象。相反,他们必须首先调查对象或自由裁量受益人的范围,以便在知情的情况下作出决定。这项研究还应包括考虑信托基金的规模、可供分配的数额,以及如果受托人行使指定权力,则考虑在不行使该权力的情况下有权获得基金的受益人。这项调查一旦开始,受托人需考虑个别指定的适当性。

指定权力涉及一个非常大的潜在对象类别的情况下(例如,一项指定将收入分配给世界上除委托人或现任或前任信托受托人之外的任何人),受托人一方承担调查一个类别范围的义务可能被认为是有问题的。而对所有该类权力对象进行深入调查的义务简直是天方夜谭。不过，受托人不必担心自己去“调查从中国到秘鲁的世界”[Harman 法官在 *Gestetner Selllement* (1953) Ch 672, 688 - 9 案中如此解释]。相反，他们仅仅需要“对领域的宽度有一个估计，而无论一个选择是从几十个，还是几千或几百万对象中产生”[Megarry 大法官在 *Hay's Settlement Trust* (1982) 1 WLR 202, 210 案中如此解释]。

不出所料，无论出于什么原因，受托人都不能采取行动。这种义务通常被定义为不任性的义务。正如 Templeman 法官在 *Manisty's Settlement* (1974) Ch 17 案中所解释的那样，如果受托人出于以下理由行事，法院将进行干预：

> ……可能被认为不合理的、任性的或与委托人任何的合理预期不相关的理由；例如，如果他们根据身高或肤色，或者根据他是否大伦敦居民这一不相干的事实选择受益人。

违反该义务的一个很好的例子发生在 *Klug v. Klug* (1918) 2 Ch 67 案。在该案中，受托人拒绝行使自由裁量权同意向其女儿(该信托一个受益人)进行分配，理由是该女儿未经他的同意便结婚了。当该决定被拒绝接受时，法院下令受托人进行分配，信托其他受托人也同意该项分配。

受托人一方作出决定性决定时的最终义务与 *Manisty* 案设立的规则有关。它是一项考虑所有与作出任何决定相关的因素而忽略与之无关的所有因素的义务。重要的是，出于错误原因而作出的决定可能不仅构成受托人一方违反义务，也可能会被法院撤销。正是由于后者的这一特点，使信托法特别受到受益人(实际上是受托人)的欢迎，因为他们也希望避免因考虑不周的处分或决定所产生的后果。

在过去 20 年左右的时间里，法院发展出了后来被称为 *Hastings-Bass* 案规则[*Hastings-Bass* (1975) Ch 25 案之后的规则]。Lloyd 法

官在 *Sieff v. Fox*（2005）EWHC 1312（Ch），（2005）1 WLR 3811，(119)案给出的表述中可以清楚地看出该规则的广度：

> 当受托人依据信托条款赋予的自由裁量权行事时，在他们可以自由决定是否或不行使该自由裁量权的情况下，行使的效果与他们的期望存有差异，在他们明显没有行使本应行使的自由裁量权的情况下，如果他们不是未能考虑而他们应该考虑的因素，或考虑到了他们不应该考虑的因素，则法院将干预他们的行为。

在受托人的决定导致比计划或预想更大的纳税责任的情况下，该规则尤其受到欢迎。例如，在 *Abacus Trust Co. v. NSPCC*（2001）WTLR 953 案中，受托人接受了关于尽量减少信托税务责任的最佳方法的建议，但是未能在纳税年度结束之前而不是之后执行该避税方案。在 *Green v. Cobham*（2000）WTLR 1101 案中，一些信托基金受托人的重新安置意味着，当一名受托人的居住身份发生变化时，将会产生灾难性的资本收益责任。在这两个案件中，如果考虑到所有相关因素，就不会作出该等决定。最终，在两个案件中，决定均被撤销，纳税责任也得以避免。

因此，原本规定受托人在管理信托时必须保留更多义务的规则变成了管理的工具，使他们能够在决策结果不佳时，可以有重新决策的机会。但是，这一发展目前已被上诉法院突然叫停，并在 *Pitt v. Holt*（2013）UKSC 26，（2013）2 AC 108 案中得到了联邦最高法院的支持。

该裁决涉及两项合并申诉。在第一起案件中，原告的丈夫在交通意外中严重受伤。在丈夫的损害赔偿要求解决之后，原告（作为丈夫的财产管理人，她以受托人身份行事）为丈夫和其他家庭成员设立了一个资金信托。在她的丈夫去世时，在信托方面产生了一大笔遗产税债务。如果在信托契约中增加一项内容，就很容易避免这种责任。因此,原告以其未能考虑到这一因素要求撤销这项处置。在第二起案件中,自由裁量信托的受托人以他们认为可以避免资本利得税的方式进行了一系列的安排。事实上,他们误解了法规而产生了重大的资本利得税债务。因此,受托人试图宣告其各种处置事实上无效。

法院认为,首先必须考虑受托人所声称的行使的处置权是否实际上属于赋予受托人的权力范围。如果经审查该项权力不涉及受托人所作的处置,那么事实上根本没有有效行使该项权力,结果则是该处置无效。若该项处置属于相关权力的适当范围内,则下一个问题是受托人行使权力的方式是否违反了义务,包括受托人考虑所有有关的因素和不考虑任何无关的因素的义务。行使属于该权力范围内的权利但又违反了义务,则是可撤销的,不是无效的,这取决于受益人的指令和法院自由裁量权以及任何适用的抗辩的限制。这就是 *Hastings-Bass* 案规则真正的依据和阐述(虽然法院指出,这是一个用词不当的问题,因为 *Hastings-Bass* 案规则本身并非这种情况)。

如果自由裁量权的行使既在该权力范围内,又未涉及违反受托人的信义义务,则 *Hastings-Bass* 案规则不能因为该项权力的行使有不可预见的或出乎预料的结果而允许它被简单地撤销。在这种情况下,剩下的可能性是在错误处置的基础上寻求补救。然而,联邦最高法院在此认为,错误应该足够严重,以至于不给予救济则会有失公正,而且只有当错误涉及交易的法律性质或本质,或涉及对该交易至关重要的某些事实或法律时,才属于这种情况。

法院由此得出结论认为,两个案件中受信人都没有违反义务,因此,根据 *Hastings-Bass* 案规则,该等处置没有撤销的余地。虽然处置所涉税务问题(在适当的情况下)是受托人在行使这些权力时应考虑的因素,但事实上他们在此作出处置确实考虑到了这一因素。问题在于他们——或者更确切地说,他们根据法律顾问的建议——作出了错误的判断。然而,法院确实认为,第一个上诉中的处置应该被撤销,是因为妻子的错误具有足够的严重性,应给予救济。

11.10 知情权

本章前几节已经解释了受托人在执行管理职能和处置职能时对受益人或权力对象所负的义务。但是,该类权利只有在受益人或权力对象拥有与信托有关的信息时才有意义,以便他们能够评估受托人是否履行了其义务,如果没有,受益人可以采取适当步骤重组信托基金,并宣布有关决定无效或解除行为不当的受托人的职务。

对于受益人和权力对象形式上有权取得有关信托的信息这一宽泛原则,有三个独立的部分。第一,受托人有义务告知受益人或权力对象他们是受益人或权力对象的事实。第二,法院有时会强制委托人或其他与信托有关的人士向受益人披露信托现任受托人的详细情况。第三,法院有广泛的自由裁量权命令受托人向受益人和权力对象披露有关信托的信息。

受托人一方告知受益人身份信息的义务产生于受益人达到成人年龄即 18 岁之时[见 *Hawkesley v. May* (1955) 3 WLR 569]。无论受益人在信托项下享有固定或是自由裁量的权益,都是适用的。然而,受托人没有绝对义务向全部的权力对象告知他们的身份,因为指定权力在实质上可能会有很大程度的差异。在一种极端情况下,可能有一种可以长期行使的指定的权力,其中只有少数几个对象。此时受托人有义务告知对象其地位。但是,如果指定的权力非常广泛,如中级权力(指定信托财产分配给世界上除某些特定人以外的任何人的权力),受托人将有义务只通知主要权力对象。

"主要对象"的标准产生了明显的问题,即确认这些对象是谁。这实际是一个事实问题,要视具体情况而定。例如,在 *Manisty's Settlement* (1974) Ch 17 案中,Templeman 法官认为,在一项权力有益于委托人的子女、亲属以及信托所拥有的公司员工的情况下,受托人仅有义务告知委托人的子女他们作为对象的身份。这一规则的理由在于,法院不希望受托人因不得不接触,然后处理一个关系遥远的权力对象而负担过重,这些对象只是在理论上有机会从信托中获得一些分配。这样一个远程对象的例子,如 *Manisty* 案中的事实,可能是信托拥有的公司的一个低级别临时雇员。

宽泛原则的第二部分受益人和权力对象在形式上有获得有关信托的信息的权利,适用于受益人或权力对象知悉自己在信托中的地位,但不知道信托现任受托人的身份或联系方式的情况。在这里,法院也有自由裁量权,可以命令正在或曾经参与信托的人提供关于现任受托人的信息。这方面的一个主要案例中,一名受托人被迫向自由裁量信托的受益人提供了此类信息[见 *Murphy v. Murphy* (1999) 1 WLR 283]。法院行使自由裁量权支持一个受益人,因为他是委托人的孩子,因此不能说是一个关系疏远的受益人,而且他并不富裕。这些因素表明,该受益人确实有希望从信托基金获得分配。如果要求披露的受益人经济能力良好且关系甚远,法院可能不会行使对他有利的自由裁量权。

Murphy 案原则没有理由只适用于信托受益人。在适当的情况下,法院可以更好地行使自由裁量权支持指定的主要对象。事实上,没有任何理由可以不对委托人以外的其他人发出指令。比如,前任受托人、前任信托顾问或现任信托顾问很可能掌握了信托当前受托人的信息,要求这些人提供当前受托人的联络信息,通常不会对他们形成沉重的负担。然而,对先前与信托毫无关联的,仅偶然知道信托当前受托人身份及联系方式的第三人发出指令是不太可能的。

该项原则的第三部分是法院有自由裁量权迫使受托人向利益相关人士提供与信托相关的文件信息以及其他信息。这方面的主要案例是枢密院在 *Schmidt v. Rosewood Trust Ltd.* (2003) UKPC 26, (2003) 2 AC 709 案中作出的判决。该判决认为,要求法院发布命令迫使受托人提供信息的权利,可以被固定信托和自由裁量信托的受益人取得,也可以由指定的权力对象取得。然而,枢密院强调,任何特定的受益人或权力对象都没有绝对的权利来获得信息,尤其是在受益人或对象在信托项下只有“不超过理论上获得利益的可能性”的情况下。

当然,行使自由裁量权命令披露信息时,法院会慎重考虑披露信息可能产生的潜在不利后果。例如,法院将谨慎限制披露可能造成尴尬的受益人的个人信息(比如,可能涉及医疗或财务状况)。如果敏感商业信息的披露可能会对信托的财务状况产生负面影响(例如,它可能破坏受托人正在谈判的商业交易),那么敏感商业信息的披露也将被迅速限制。法院并不热衷在查找和复制文件方面对受托人施加巨大的额外负担(尽管一般原则是获取信息的受益人必须付费才能复制文件)。

有人批评枢密院的推论,理由为它给这一法律领域带来了不确定性(因为现在没有受益人可以说他绝对有权看到任何特定的信托文件),并且它可能会在受托人和受益人之间造成对立关系(后者试图获得信息,而前者试图拒绝披露)。然而,实践中需要有一些令人信服的理由才能阻止主要受益人查看核心信托文件,如信托契约或信托账户,它们显示信托基金如何由受托人进行投资和分配。

根据 *Schmidt v. Rosewood* 案原则,受托人可以被迫披露的文件类型还有一个特殊的例外:受托人没有义务披露任何揭示他们作出某项决定的原因的文件[见 *Beloved Wilkes' Charity* (1851) 3 Mac & G 440]。在对受托人提议分配给她的数额感到不满的受益人要求提供有关该信托的信息时,上诉法院在 *Londonderry's Settlement* (1965) Ch 918 案中认可了这一原则。上诉法院的成员就坚持受托人不需要披露其决定的理由给出了各种解释,指出任何其他规则都会引起家庭纠纷,导致诉讼徒劳无功,或使受托人作用“不可能”。这一原则无疑为其后大多数判决所接受。不过在澳大利亚的 *Harligan Nominees v. Rydge* (1992) 29 NSVVLR 405 案中,Kirby P. 抨击了这一原则,他发表意见说,对专业受托人来说,提供合乎逻辑的决定不会带来过度的负担,他认为,与没有给出理由的决策相比,它更不可能引起冲突[关于受益人权利的讨论见意向书,以及 *Breakspear v. Ackland* (2008) EWHC 220 (Ch), (2009) Ch 32 案最新的判决,见第 16.3 节]。

总　结

1.《2000 年受托人法》第 1 条规定了受托人在作出管理决定时应注意的标准:受托人必须表现出在当时情况下合理的谨慎态度,这一标准考虑到受托人是否在其业务或专业领域中行事,以及他是否具有或认为自己具有特殊知识或经验。

2.《2000 年受托人法》第 3 条授权受托人进行几乎任何类型的投资,只要信托契约没有明示或暗示地限制这一权力。受托人在作出投资时,必须考虑标准投资准则,即某项投资是否适合,以及分散投资的需要。受托人还必须就投资决策听取意见,除非没有必要或不适当这样做。

3. 受托人尤其必须在终身受益人和剩余受益人之间公平行事。他们在投资时也必须几乎总是忽略道德方面的考虑。此外,当他们持有公司的多数股权时,他们必须特别注意获取信息。

4. 关于受托人如何行使自由裁量权,有许多不同的规则。特别是,受托人必须遵守信托条款,只将信托财产分配给受益人或指定的权力对象。此外,受托人在作出特定的决定之前,必须调查他们可以分配的受益人或对象的范围。最后,受托人不得随心所欲地行事,行事时必须考虑相关因素,忽略不相关的因素。

5. 受益人和权力对象有三个主要的知情权:第一,被告知他们是权力对象或受益人;第二,寻求关于当前受托人的详细信息;第三,从受托人那里寻求关于信托的信息和文件。

练　习

11.1　《2000年受托人法》规定的法定注意标准太高,会阻碍个人同意成为受托人。对此进行讨论。

11.2　一个信托的受托人找到你,该信托持有一家家族公司的多数股权。这家公司在过去的几年经营状况不佳,受托人告诉你,从公司最近的一组账目来看,他怀疑这家公司管理不善。他告诉你,他想卖掉公司的股份,把所有的收益都用来投资一家销售太阳能面板的公司,因为他和委托人都非常热衷于可再生能源。他们应该采取哪些措施?

11.3　一个信托的受益人找到你,告诉你他怀疑唯一的受托人与另一名受益人有染,因为在过去的5年里,另一个受益人从信托基金中获得了90%的分配款,尽管该受益人是10个可自由支配的受益人之一,而且受益人本身很富裕。受托人可能违反了哪些义务?受益人可以获得哪些关于信托的信息?如果找到你的人是权力的对象而不是自由裁量的受益人,你的回答会有什么不同(如果有)?

拓展阅读

1. Davies, *Correcting Mistakes: Wither the Rule in Re Hastings-Bass*, (2011) Conv 406.

2. Getzler, *Duty of Care* in Birks and Pretto (eds.), Breach of Trust (Hart 2002).

3. Lord Nicholls, *Trustees and Their Broader Community: Where*

Duty, *Morality and Ethics Converge*,(1995) 9 TLI 71.

4. Mitchell, *Reining in the Rule in Re Hastings-Bass*, (2006) 122 LQR 35.

第 12 章　信托的管理

12.1　引言

本章以简短的章节集中介绍信托在启动和运行期间如何管理的几个方面。我们将首先研究两个问题——受托人身份的变化和信托的变更——这两个问题的出现是由于明示信托往往存续时间较长(对于期限的限制,见第 4.8 节永久性规则的讨论)。在此基础上,我们将研究受托人可以委托行使其权力的情况,最后研究其中最重要的两项权力:抚养权和预付权。

12.2　受托人的委任和罢免

第一个要解决的问题是受托人的角色。首先,选择受托人是(涉及意定信托)委托人的问题。委托人可以决定受托人的人数以及由谁来担任受托人。法律对此几乎没有限制。一是儿童不得担任受托人(《1925 年财产法》第 20 条)。二是土地信托的受托人不能超过四个

(《1925 年受托人法》第 34 条)。其次,被委托人选定的受托人有权拒绝,但是,如果被选定的受托人拒绝了,信托也不会无效。原则是信托将不会因为需要受托人而无效,法院将确保指定其他人担任受托人。最后的措施是,信托可以采取公共受托人方式,由国家指派受托人。

随着时间的推移,现有受托人离职而新受托人接替他们的职位,可能是容易的,甚至是必要的。例如,受托人可能去世或病重而无法继续,或者只是不再愿意肩负该等责任。因此,法律允许受托人辞任,并指定新的受托人。

《1925 年受托人法》第 36 条规定了基本规则:

(1) 由法院指定或以其他方式指定的、初始的或替代的受托人,如果去世,或者在联合王国境外停留超过 12 个月,或者渴望解除全部或部分信托或解除被搁置的或被授予的权力,或者拒绝或不适合承担信托职责,或者没有能力担任受托人,或者还是婴幼儿,那么:

(a) 设立信托的文件(若有)指定的人或为指定受托人而被提名的人;或

(b) 若无该类人士,或者没有能够胜任或乐于担任受托人的人,则为在世的或留任的受托人或临时受托人,或最后一名在世或留任受托人的个人代表;

可以以书面方式指定一人或多人(无论是否为行使权力之人)为受托人,替代前述已经去世、仍在联合王国境外、渴望被解聘、拒绝或不适合或没有能力,或者还是婴幼儿的受托人。

(2) 根据设立该信托的文件规定的权力,受托人被予以免职,则一名或多名新受托人可能被指定替代被免职的受托人,就像如果受托人去世了一样。

……

(7) 根据本条款指定的每一名新受托人,所有信托财产无论之前还是之后依据法律,或以担保或其他方式归属于他,受托人均享有相同的权力、权限及自由裁量权,各方面都等同于他初始就被依据设立信托的文件(如有)指定为受托人一样。

如果受托人的留任显然不利于信托执行,则法院有权免去其职务[见 *Lettertedt v. Broers* (1884) LR 9 App Cas 371],并可以指定新受托人。这样做是合理的,但是没有法院协助的情况下这样做是不适当的、困难的和不切实际的,尤其是在现有受托人患有精神疾病或破产的情况下:见《1925 年受托人法》第 41 条及 *Tempest* (1866) LR 1 Ch 485 案。此外,若委托人没有规定由谁决定新的受托人的指定,如果所有受益人已达法定年龄,心智健全且绝对有权拥有信托财产,则受益人可以以书面方式指令现有受托人辞任或指定新受托人:见《1996 年土地信托和受托人任命法》第 19 条。

在有多名受托人的情况下,受托人将作为联权共有人持有信托财产。联权共有的实质是,没有任何单独的共有人被视为对该财产拥有清晰的、在其去世时可以传给其继承人的权益或份额。相反,联权共有人中有一人去世时,所有权留给幸存的所有人。因此,如果一名受托人去世,他只是从信托中退出,留下的信托财产委托给剩余受托人。只有当最后一名剩余受托人去世时,信托财产所有权和受托人职责才会转让给已故受托人的遗产代理人。

12.3 信托的变更

信托条款由委托人决定。但是,信托通常存续期较长,不断变化且不可预见的情况可能导致原本的信托条款无法保障该信托设立时意欲为受益人提供的利益。换言之,在当时看来是很好的条款可能成为实现委托人基本意愿及促进受益人利益的障碍。例如,委托人可能禁止投资某类商品,因为当时市场极不稳定,该类商品的投资将引起信托基金的巨大风险。然而,多年之后,该类投资的风险可能已基本消失,此禁令不仅没有保护受益人,反而切断了一条可以满足其利益的潜在途径。

法院能够在不可预见的紧急情况下[见 *New* (1901) 1 Ch 534]出于权宜之计(《1925 年受托人法》第 57 条)而变更信托条款。多数情况下,这种管辖权仅延伸至受托人的管理权力,而无权改变信托项下受益人利益的数量或形式:*Chapman v. Chapman* (1954) AC 429 案。但是,有一个例外是,一个家庭信托规定信托财产的收入是累积的而不是在收入增长时就分配给受益人,但是法院可以授权受托人立即向儿童受益人支付款项以确保他们得到充分的资助。

另一种可能性是受益人通过行使 *Saunders v. Vautier* 案权利也可以带来这种变更(见第 2.6 节)。该权利使受益人能够终止信托,并将该信托财产以其新的喜欢的条件设立新的信托。但是,这一选择权仅在所有受益人都已达法定年龄且心智健全,从而有能力行使该等权利时才可以享有。在有未成年受益人或受益人患有精神疾病或无能力的情况下,这是不可能的。《1958 年信托变更法》弥补了这一不足。它事实上授权法院代表那些自身无法行使其 *Saunders v. Valltier* 案权利的人为其利益(例如,儿童、精神病患者以及仅是该信托项下潜在的其他受益人)同意批准变更信托。根据这一点,在未征得所有成年且心智健全的受益人同意的情况下,不能只是因为取得他们的同意不切实际,或者因为他们中的少数拒绝同意从而损害了大多数人的利益,就适用该法批准变更。

如前所述,只有在受益人本人无法同意变更的情况下,法院才会批准变更议案[见《1958 年信托变更法》第 1 条第(1)款第(d)项]。法院已经明确表示,利益不应仅从经济角度进行评估,在适当情况下,还应包括身体、情感甚至“道德”方面。例如,在 *Weston's Settlements* (1969) 1 Ch 223 案中,法院拒绝认可一项变更议案,该变更议案对儿童受益人在经济上是有利的,但要求他们迁往泽西岛。另一个例子是 *Remnant Settlement Trusts* (1970) Ch 360 案,在这个案件中,法院接受提议,废除了信托的一项原始条款,该条款拒绝对虔诚的天主教徒或与虔诚的天主教徒结婚的人的子女给予利益。该家庭一半是新教教徒,一半是天主教徒,因此,这一变更剥夺了原本属于新教教徒子女的财产。尽管如此,法院认为,这种变更虽然在经济上对他们不利,但对促进家庭和睦和婚姻选择方面是有利的[与 *Tinker's Settlement* (1960) 1 WLR 1011 案类似]。

法院根据《1958 年信托变更法》所做的许多批准的变更将涉及不可预见的事件,委托人会在考虑到这些问题后给予支持。然而,类似 *Remnant Settlement Trusts* 案表明,法院的权力依照该法已超出此类案件范围,甚至在与委托人意图明显不一致的情况下,他们也接受变更信托的提议。当然,委托人的意图只有在他们阐明其对相关受益人有益的情况下才有价值[见 *Goulding v. James* (1997) 2 All ER 239]。这与 *Saunders v. Vautier* 案规则是一致的。正如我们所见(见第 2.6 节),该规则提供了一个法院一方面解决受益人利益和愿望之间,另一方面与委托人的有利于受益人的意图之间的冲突的例子。

Saunders v. Vaulier 案中的规则与《1958 年信托变更法》规定似乎存在矛盾。尽管法规的措辞很宽泛("法院可以……批准……任何安排……变更或撤销所有或任何一项信托"),但人们认为该法不能用于完全撤销现有信托并设立全新的信托:见案例 *T's Settlement Trusts* (1964) Ch 158;*Re Holt's Settlement* (1969) 1 Ch 590[提议的"变更"是否真的构成撤销的问题,见 *Ball's Settlement* (1968) 1 WLR 899]。如果这是正确的,则使我们处于奇怪的境地,即在所有受益人都已成年且心智健全,可以行使其 *Saunders v. Vautier* 案权利的情况下,他们唯一的选择是撤销原信托,并重新安排;而如果一个或多个受益人没有能力,该法所能提供的仅是现有信托变更的可能性。原则上,在两种情况下,两种选择都是成立的。

12.4　受托人权力的委托

受托人希望委托其权力可能出于两个主要原因。他在一段时间内可能无法履行其义务，也许是由于暂时生病或不在国内。或者，他因缺乏履职的专业知识而希望将其特定的权力予以委托，比如，投资权。受托人委托其权力有两种主要依据，即《1925 年受托人法》和《2000 年受托人法》。

《1925 年受托人法》第 25 条允许受托人在 12 个月以内，通过委托书将其所有职能委托给任何其他人（称为被授权人）。受托人委托被授权人的通知必须发给其他所有受托人以及有权在信托项下指定新受托人的任何人。此类通知必须在作出委托之前或之后 7 日内发出，并且必须提供诸如"权力生效日期及期限、权力的被授权人、授权理由、委托（仅受托人的部分权力）地点、委托的信托、权力和自由裁量权"的信息［见《1925 年受托人法》第 25 条第（4）款］。对于可委托的权力，或被委托为被授权人（可以包括一位共同受托人或一位受益人）的类型，第 25 条没有限制规定，尽管根据本条款委托其权力的受托人应对被授权人的作为或者不作为负责，就像他们自己作为或不作为一样［见《1925 年受托人法》第 25 条第（7）款］。最后一条规则说明第 25 条事实上是不受欢迎的受托人权力委托的一种方式。

另一项重要的法律是《2000 年受托人法》。根据该法律，受托人可以委托某些更受限制的职能（关于土地信托，另见《1999 年受托人委托法》第 1 条）。因此，只要符合《2000 年受托人法》第Ⅳ编的规定，受托人就可以将其可委托的任何职能委托给代理人。在私益信托的情况下，可委托的职能包括除下列职能以外的任何职能［见第 11 条第（2）款］：

(a)与是否或以何种方式分配信托资产有关的任何职能;

(b)信托基金支付的任何费用或其他款项是否应由收入或本金支付的决定权;

(c)指定某人为信托受托人的任何权力;或

(d)任何其他法律或信托文书所授予的任何权力,该等权力允许受托人将其任何职能予以委托,或指定某人作为被提名人或保管人。

从广义上讲,根据《2000 年受托人法》中规定的权力,受托人管理性的但不是处置性的职能可以被委托。值得注意的是,这些委托的权力延伸至指定被提名人或代表受托人持有信托财产的保管人。在慈善信托方面,对委托职能的界定更为严格[见《2000 年受托人法》第 11 条第(3)款]。

尽管根据《2000 年受托人法》第 12 条受托人不得将其职能委托给受益人(无论该受益人是不是受托人),但根据该法第 11 条受托人可以将其职能委托给另一受托人。执行委托职能的代理人必须遵守本法关于履行该等职能的任何指导:《2000 年受托人法》第 13 条。因此,举例来说,被委托受托人的一般投资权的代理人必须按照第 4 条的标准投资准则进行投资。

当然,在指定代理人时,受托人必须按照第 1 条的注意义务行事,体现出在当时情况下的合理的注意和技能。举一个极端的例子,受托人不能任命一位没有投资经验的家族朋友来行使他对一个大型信托基金的一般投资权力:《2000 年受托人法》第 23 条。但是,如果受托人已经按照他的注意义务行事,他对代理人随后的过失所造成的损失不承担责任。正因如此,根据《2000 年受托人法》指定代理人比根据《1925 年受托人法》指定被授权人更具有吸引力。

此外,受托人不得不与其希望指定为代理人的人协商具体的合同条款(例如,关于代理人的委任期限及其因履行职务而获得的报酬的条款)。一般来说,在协商这些条款时,受托人被给予相对广泛的自由裁量权，但除非有合理的必要，他们不能同意关于允许代理人指定代替者，允许代理人在有利益冲突时行事，或允许代理人限制其对信托的受托人或受益人的责任的条款：《2000 年受托人法》第 14 条。

特殊的限制适用于资产管理权的委托。在此，受托人有义务制作一份政策报告，解释如何行使资产管理职能：《2000 年受托人法》第 15 条第(2)款第(a)项。与代理人就资产管理权达成的任何协议必须是书面的，且必须包括一个条款，即代理人将遵守受托人的政策报告或其任何更新版本的要求：见《2000 年受托人法》第 15 条第(1)款和第(2)款。

12.5　抚养权

受托人经常为未成年受益人持有信托财产，这造成了明显的困难。将一个未成年人拥有完全利益的财产转让给该未成年人，显然是不明智的。事实上，受托人没有义务在受益人成年即年满 18 岁之前向其转让财产。同样，将未成年人拥有未成年时期权益的财产所产生的收入转给未成年人也不明智。

《1925 年受托人法》第 31 条规定了受托人处理未成年人享有权益的信托所产生的收入的义务，但信托文件中含有任何相反条款约定除外。《1925 年受托人法》第 31 条第(1)款涵盖了受托人应如何处理其为未成年人以信托方式而持有的信托财产，无论该未成年人对这些财产享有任何利益，是既得利益(如为“儿子”或“儿子终身”信托)，或满足《1925 年受托人法》第 31 条第(3)款要求的或有利益(如“如果我的儿子年龄达到 27 岁，将为儿子的终身信托”)。如果这些条件得到满足，受托人在受益人婴幼儿期间可以向其父母或监护人支付其认为合适的收入，或以其他方式支付其抚养费、教育费或福利费：见《1925 年受托人法》第 31 条第(1)款。在作出是否支付款项的决定时，根据最初颁布的《1925 年受托人法》第 31 条的规定,受托人必须考虑婴幼儿的年龄、需求和案件的情况(包括是否可将其他来源的收入用于相同目的)。然而,受托人在作出这些决定时应考虑的因素清单目前已经从《2014 年遗产和受托人权力法》的条款中删除,理由是受托人据此所得到的信息不会超过他们在任何情况下所知道的。如果受托人在一年内未将收入用于未成年受益人的抚养,他们必须积累收入。然而,在婴幼儿未成年期间,受托人可以将前一年累积的收入作为受益人下一年的福利;见《1925 年受托人法》第 31 条第(2)款。

如果受益人在结婚(包括建立民事合伙关系)或者年满 18 岁时绝对有权享有该信托基金的全部款项,或在其未成年期间享有该信托基金的既得终身利益,则他应该取得年满 18 岁时或更年轻但结婚时根据抚养权累积的所有收入。另外,如果受益人不满足这些条件,那么累积部分必须加到受托人持有的其他资本中。因此,对受托人更好的建议是,考虑将所有累积收入在受益人达到 18 周岁之前不久指定给那些无权获得累计收入的受益人,因为一旦达到这一年龄,该指定权力将会消失。

12.6 预付权

对于受托人来说,尽早将信托资本应用于受益人,这通常是明智的。例如,一个年满 40 岁才能获得利益的受益人,可能在此之前需要资金创业或就业。或者是,有权享有剩余权益的受益人,在有同龄的并享有终身权益的终身受益人的情况下,如果先于终身受益人去世,他将无法从其利益中获得任何个人权益。

为了适应这类情形,《1925 年受托人法》第 32 条赋予受托人支付或运用任何资本金的权力,但必须是一个为具有绝对或偶然利益的受益人的发展或受益而设立的信托。尽管受益人利益“可能因指定权力或撤销权的行使而受损,或因其所属类别的增加而被减少”,但该项权力仍适用:见《1925 年受托人法》第 32 条第(1)款。

《1925 年受托人法》第 32 条最初将支付或特定受益人申请的预付款金额限制在该受益人在信托财产中的推定或既定份额价值的一半以内。因此,如果受益人对现有价值 10 万英镑的信托基金享有偶然权益,则他仅可以得到预付总额 5 万英镑(如果预付了,即使随后信托基金的价值有增加,他也无法获得更多预付款)。但是,《2014 年遗产和受托人权力法》取消了这一限制,将受托人的预付权扩大到信托受益人对信托基金的全部份额。当然,对受益人的任何预付款必须在该份额绝对充分且不可撤销的情况下予以考虑(例如,已被预付一半信托资本的受益人仅有权接受之后的另一半)。

另一限制适用于在受托人考虑预付资本给剩余受益人的情形。此种预付将直接影响信托终身受益人的利益,因为预付信托资本的一半也可能使终身受益人的收入减少一半。为应对这种预付所造成的潜在不公平现象,《1925 年受托人法》第 32 条要求在作出任何有损害的预付之前,必须征得终身受益人的书面同意。

由此可见,预付权能够用于受益人的预付或获益。这些术语被广义解释,扩展到军队的采购佣金、装修房屋,创立受益人或其配偶的企业,支付债务或遗产债务,甚至是受益人以“道德义务”向慈善组织的捐款等[见 *Clore's Settlement Trusts* (1966) 2 All ER 272]。如果出现特殊的个人或税务原因,预付权甚至可以用于解决新的信托项下增加的财产[见 *Pilkington v. IRC* (1964) AC 612]。

总　结

1. 法律为现有受托人离职和新受托人的任命提供了很大的自由度。根据《1925 年受托人法》第 36 条,拒绝履行或不适合或无能力履行其职责的受托人可能被撤换。普通法和《1925 年受托人法》第 41 条规定了解除受托人职务的进一步权力。

2. 法院有权根据《1925 年受托人法》第 57 条和《1958 年信托变更法》变更信托。前一项规定允许法院批准在意外紧急情况和权宜之计情况下的变更,但这并不适用于受益人利益的变更。后一项规定允许法院代表未成年或心智不健全的受益人同意对现有信托的拟议变更,包括对受益权利的变更,条件是成年的且心智健全的受益人亦同意。

3. 受托人可以根据两项主要法律规定委托其职能:《1925 年受托人法》第 25 条和《2000 年受托人法》第四部分。根据前一条款,受托人可依据授权书将其任何权力转授给被委托人,但他应对被委托人的作为或不作为承担法律责任,犹如该作为或不作为是他自己的作为或不作为一样。根据后一项规定,受托人可以指定一名代理人行使任何可委托的职能,并在选择和任命这类代理人时承担遵守注意义务的一般责任。

4.《1925 年受托人法》第 31 条和第 32 条有时赋予受托人供养儿童受益人的权力(为了他们的利益调动信托财产产生的收入,例如,支付这类受益人的学费),以及向尚未有权获得付款的人预先支付信托资本的权力(将这类受益人的部分或全部推定份额转让给他,以便他能够开始经营企业等)。

练　习

12.1　一个年长的家族信托的唯一受托人找到你,尽管他年事已高,而且患有轻度痴呆症,但他非常希望继续担任受托人,他提供给你一份信托契约的复印件。该契约规定:

(a) 受托人须累积收入至 2015 年;

(b)这些累积收入,自由裁量信托提供给委托人的 5 个孩子直至 2050 年;

(c)归入自由裁量信托的收入,应在 2050 年被设立为一项由在世的委托人子女享有平等份额受益的固定信托。

受托人告诉你,他希望将信托的收入用于任意受益人的利益,其中一些人目前是未成年人。他还告诉你,他希望在未来十年内将资金指定给信托受益人,而不是在 2050 年(那时死者财产委托人最小的孩子将年满 50 岁)。最后,他无意中透露,他已将全部信托基金投入威斯特敏斯特国际银行(National Westminster Bank)的活期账户,年利率为 3% 。他问你他应该采取什么措施来妥善管理信托。

请给出建议。

12.2　信托变更的规则往往过于僵化,以至于对信托受益人没有任何用处。对此进行讨论。

第 13 章　违反信托及受托人责任

13.1　违反信托

违反信托是指受托人违反其对受益人的义务。在第 10 章和第 11 章中,我们已经重点讨论了这些义务的内容。现在的问题是,当受托人因过错未能履行义务会发生什么。一旦明确了受托人负有何种义务,我们只需审查其是否尽责的事实,即可以很容易判断其是否违反信托。因此,本章中我们的重点不在于确定什么时候发生了违反信托行为,我们的关注点将转向法律如何处置该行为。主要内容包括受益人可以提出何种诉讼主张;若其诉讼成功,将获得何种赔偿以及受托人该如何抗辩等。

正如我们所看到的,在存在违反信托的情况下,受益人可以起诉的不仅是受托人。信托法还允许针对第三人(有时被称为信托的陌生人)提出的一系列索赔,我们将在第 14 章对此进行讨论。因此,本章只涉及对受托人违反信托而提出的索赔。

13.2　义务、过错和救济

在探讨受益人对受托人提出的索赔时，有必要区分一下法律认可的两种义务。一种是关于日常事务中我们应为哪些行为的义务。例如，我们应该注意不伤害他人、不能说有损他人名誉的话、要履行我们所订立的任何合同等。这些义务有时被称为主要义务，也是法律对我们要求的基本标准。这些主要义务反映在该义务相对人所拥有的主要权利之中。因此，你不伤害我的合理注意的义务与我要求你采取合理注意不伤害我的权利相关；你履行合同承诺的义务反映在我要求履行合同的权利之中。

除此之外，还有第二类法定义务。这些义务产生于不当行为之上——在其他（主要）义务被违反的情况下——这些义务旨在扭转或消除（某些）因违反义务而造成的后果。因此，若受托人违反合理注意义务或未履行合同义务，那么他将承担因违反义务而使受益人遭受损失的赔偿责任，同时，还负有将因违反义务而取得的任何收益移交给我的义务。这些义务通常称为次级义务，体现在次要权利中。你违反注意义务导致对我的损害的补偿义务与我要求你补偿我的权利相关。

13.2.1　两种类型的索赔

两种类型的权利和义务表明原告可以在被告违反对其所负义务时提出两种不同类型的索赔。首先，原告可以要求行使其主要权利。换言之，他请求法院迫使被告履行其全部义务。其次，原告可以争取维护其次要权利，即请求法院要求被告：（1）对原告造成的损失进行弥补（补偿）；或者（2）放弃其基于违约行为而取得的利益（追回或归还），作为违反义务的后果。需要注意的是，对于第二种索赔，主要义务仍未履行，而原告则应确保要么其没有因此而遭受损失，要么被告并未因此而获利。

这一区别也许在违约索赔中最为明显。例如,我与你订立合同约定由你为我修建一座游泳池,但你违反合同并未建造,那么有两种可能性:其一,我可以要求法院强制你建造游泳池,那么,最终——尽管存在延迟且需要法院的协助——合同得以履行,我得到了我的游泳池。其二,我可以就你没有修建游泳池给我造成的损失要求损害赔偿。这并不能使我得到我想要的游泳池,但可以保证我不会因没有得到游泳池而受到损失。

然而,应该指出的是,法律并不总是给予原告在这些不同类型的索赔中作选择的机会。有时要求被告履行其主要义务是不再有可能的。假设你的义务是不使我受到伤害或替我保守重要的秘密信息。此类义务一旦被违反就无法再履行。伤害只能治愈但无法消除;信息一经传递就不能收回。同时,尽管有些情况下存在履行主要义务的可能性,但法律也许仍决定被告无须履行合同,通常是因为这对被告将是不公平的或因为这将造成资源浪费。例如,雇佣合同的案件中,考虑到有对立情绪的双方继续近距离工作会对被告的自由造成太大的干扰,而且存在产生进一步纠纷的更大的风险,法院将不会要求继续履行该合同。在此类案件中,原告只能选择(次要)索赔,要求补偿损害赔偿金,以及有时要求被告交出由此获得的收益。

13.2.2 对违反信托的两种类型的索赔

两种义务和伴随违反义务而提出的两种类型的索赔之间的区别,对信托法也同样适用。正如第10章和第11章所述,法律确认了一系列详述受托人在管理信托时应如何行为的义务。例如,在决定如何投资信托财产时,受托人必须尽到合理的注意,他必须善良守信以及完全为受益人最大利益行事,同时必须仅依据信托条款只能向受益人分配信托财产。这些都是受托人的主要义务,不履行其中任何一项均构成违反信托。在一些案例中,受托人则需承担次级义务以弥补其给受益人造成的任何损失,并且放弃因违反信托而获取的任何收益。

因此,假如你是我的受托人且违反了某项信托义务,我可以要求以及法院可以命令你继续履行该项义务。或者,我可以要求以及法院可以命令你对我造成的损失进行弥补(补偿),或放弃你基于违约而取得的利益(归还或追回)以消除未履行义务所造成的后果。因此,一般而言,受益人对受托人违反信托义务提出的索赔可以分为以下几类:

(1)要求受托人履行其未履行义务的主要索赔。

(2)次要索赔又可以细分为:

(a)对被告因违约所造成的损失提出的补偿索赔;

(b)归还或追回就被告违约而获得的所有收益的索赔。

然而,尽管主要索赔和次要索赔之间的区别真实且意义重大,但它常常被忽视。正如我们将看到的,这一点在股权和信托领域尤其突出,因为常常使用的术语最好的情况是不作解释,而最坏的则是产生误导。因此,存在一个危险,即我们将看不到违反信托之后的不同索赔和裁决的对象的实质性不同。因此,尽管主要索赔和次要索赔术语尚未被法院所采纳,并且只是刚刚出现在这一领域的学术文献中,但我们在此仍将使用这一术语,因为它所显示的区别是重要的。此外,有迹象表明,为了更好地反映这一差别,相关法律已具备雏形。

13.3　主要索赔

长期以来,衡平法相较于普通法来说更倾向于强制执行主要义务(见 Chambers,2002)。若受托人仍有可能履行其义务,法院将强制未履行义务的受托人履行其义务。因此,未按信托条款分配信托财产的受托人将被要求将信托财产移交给相关受益人[见 *Locker's Settlement Trusts* (1977) 1 WLR 1323]。同样,受益人可以通过要求法院签发禁令以防止受托人不当分配信托财产[例如,*Fox v. Fox*(1870) LR 11 Eq 142]。另一个案例是受托人未经授权擅自对信托基金进行投资。此时受益人可以要求受托人出售该投资,并针对出售所获得的收入以授权的方式再次投资(如果该未经授权的投资有利可图,受益人也有可能接受该项投资)。

13.4 补偿索赔

并非所有义务被违反后都能继续履行。如果受托人违反义务捐赠了信托财产,但阻止其捐赠已为时太晚,甚至在违反的义务能够被履行的情况下,受益人所能要求的只是受托人立刻履行。例如,未尽到注意义务考虑如何投资信托财产的受托人可以被要求从现在开始给予足够的注意。但是,到现在为止的注意义务则无法履行:历史不能重写,没有什么能够改变受托人直到这一刻未履职的事实。在该等情况下,受益人最多只能要求法律消除受托人违约造成的一些不利后果。法律能够做到这一点的主要方式是要求受托人赔偿受益人因违约而受到的任何损失。

向违约受托人追偿的基本原则是,受益人只能就若非受托人违反义务其本来不会受到的损失进行追偿,换言之,赔偿只能针对违约造成的损失,而不是在任何情况下受益人可能遭受的损失。两个典型案例证实了这一不令人意外的原则:*Target Holdings Ltd. v. Redferns*(1996) AC 421 案以及 *AIB Group*(*UK*) *plc v. Mark Redler & Co. Solicilors*(2014) UKSC 58,(2015) AC 1503 案。

在 *Target Holdings* 案中,Target 是一家金融公司,同意贷款 152.5 万英镑给 Crowngate 用于购买某一房产,并获得该财产抵押权。按照惯例,这笔款项支付给 Crowngate 的代理律师,一家名为 Redferns 的律师事务所,支付条件为该房产购买完成且执行抵押时才能将这笔款项转给 Crowngate。在此之前,Redferns 以信托方式为 Target 保存这笔款项。然而,Redferns 在整个购买流程完成之前向另一家公司 Panther 释放了 149 万英镑。尽管如此,该笔交易最终完成,且该笔抵押也在 Target 的要求下得以执行。当 Crowngate 随后未能偿还贷款并进入破产清算时,房地产市场价格大幅下跌, Target 只能从出售该房产中收回 50 万英镑,这使 Target 承受了巨大损失。因此,Target 以违反信托为由试图通过索赔从 Redferns 获得补偿。

Redferns 划款给 Panther 显然违反了信托。复杂的因素是,根据假定的事实,即使 Redferns 适当地履行其义务,在执行抵押之后才释放该笔款项,Target 还会遭受同样的损失,也就是说,即使 Redferns 在支付任何款项前始终等待购买完成,Target 抵押房产的最终价值也只有 50 万英镑,不足以偿还 Crowngate 对它所欠付的债务。因此,采用"但是因为"(but for)关系的标准,无法得出 Redferns 违反信托而造成 Target 任何损失的结论。问题是,这是否妨碍了 Target 追回 Redferns 挪用的款项。

上诉法院认为,信托财产的不当使用使受托人立即承担恢复信托基金原状的责任,并不取决于能够证明,如果没有违约,就不会遭受损失。鉴于此,Target 有权收回 Redferns 违反信托所支付的全部款项,但它必须考虑 Target 出售抵押财产收回的金额。然而,上议院允许 Redferns 上诉,认为 Target 只能获得被证明是由于 Redferns 违反信托造成的损失的赔偿。Browne-Wilkinson 勋爵作出主要判决时指出:

在普通法中,关于损害赔偿的判决有两个重要的原则。首先,被告的不当行为必须对原告造成了损害。其次,原告所获的补偿或赔偿能够使得原告恢复到未遭受该不当行为时原告所应有的状态……正如我们所见,尽管在许多方面衡平法是基于不同出发点来处理违反信托的赔偿责任,但我认为这两个原则在衡平法和普通法中均适用。两种制度下的赔偿责任都是基于过错建立的:被告只对其侵权行为给原告造成的后果承担责任,并弥补该侵权行为造成的损失。被告对不是其侵权行为造成的损失,或者是超出侵权行为造成的损失,不承担赔偿责任。虽然衡平法对因果关系和量化损失的细则,至少在表面上与适用于普通法规则有所不同,但是构成两种体系的原则是一样的。

在 *Target Holdings* 案中,受托人的主要义务是在抵押执行前不支付信托资金。这项主要义务一旦被违反,就无法得到履行。该笔资金被划走了。因此,Target 公司必然无法提出(主要)索赔,要求受托人继续履行其已违反的义务。在这种情况下,*Target Holdings* 案受益人的唯一选择是提出(次要)索赔,要求收回因违约而遭受的损失。但是,在这个案件中,原告能否胜诉取决于受益人能否证明若受托人未违反信托义务,受益人就不会遭受损失。由于 Target 公司无法证明这一点,其要求补偿的主张未能得到支持。

一切都显而易见且足够合理。但是,我们在不久后将看到,一些评论者质疑该规则:如果损失不是由受托人违反信托义务造成,就不应进行赔偿。此外,后来的一些案件似乎也使人对这一规则产生了怀疑,认为至少在某些情况下,即使违约没有发生,受益人遭受损失也可以获得赔偿:[见 *Bristol and West Building Society v. Mothew* (1998) Ch 1, *Swindle v. Harrison* (1997) 4 All ER 705 (Evans 法官)]。其中的一些困惑似乎来自 Browne-Wilkinson 勋爵在 *Target Holdings* 案中的判决:

受益人的基本权利是按照信托文书的规定(如有)和一般法律的规定使信托得到适当管理。因此,就传统信托而言,如果信托基金是为了若干拥有不同的、通常是连续的、公平权益的受益人持有(例如,A 为终身受益人,B 为剩余受益人),则每个受益人的权利是将整个信托基金归属于受托人,以获得满足其自身的衡平法上的权益。因此,在受托人违反信托包括不当地划走信托财产的情况下,受托人的责任是将信托基金恢复原状。衡平法关于对违反信托的补偿规则得到很大发展与这种传统信托有关。在传统信托中，所有受益人权利都能够得到保护的唯一途径是恢复信托基金原状。在这种情况下，基本规则是，违反信托的受托人必须恢复信托财产原状，或者向该信托财产支付违反义务而造成的信托财产的损失或是该等损失的补偿……但是，如果在对违反信托要求补偿索赔时，信托终止了呢？再次以 A 为信托终身受益人而 B 为剩余受益人的信托为例。A 在世期间，B 的唯一权利是要求对信托进行适当管理，在出现违反信托的情况下，则要求恢复信托基金原状。在 A 去世后，B 成为绝对有权利的人。他当然有权要求受托人继续保留信托财产直到受托人向他完全说明这些资产的情况。但是，如果受托人违反了信托，则没有理由要求对信托基金而不是受益人以恢复原状或补偿的方式来实现违反信托的补偿。受益人的权利不再是简单地要求信托得到适当管理：他在衡平法中是信托财产的唯一所有人。基于同样的理由，恢复信托基金原状不是保护其他受益人的必要条件。因此，尽管我并不完全排除这种可能性，即在这种情况下恢复信托基金原状的要求也可能是适当的，但在受益人成为对信托基金拥有绝对权利的人的一般情况下，法院命令的不是恢复信托财产原状，而是直接向受益人支付补偿金。补偿金的标准是相同的，即受益人事实上收到的金额与若没有违反信托他本应收到的金额之间的差额。

Browne-Wilkinson 勋爵随后又提出：

即使该类案例可以直接适用源于传统信托中的衡平法原则，就像我一直试图表明的那样，对信托基金拥有绝对权利的受益人也不是在所有情况下都对恢复信托基金原状享有当然的权利。因此，即使适用传统信托中的严格规定，我对目前 Target 是否有权要求恢复信托基金原状依然存有疑虑。但是，在我看来，全盘取消在传统信托制度下制定的详细规则,然后再设法将其适用于完全不同的信托制度,无论如何都是错误的。在当今世界,信托已经成为商业和金融交易中一种有效的工具。衡平法的基本原则同样适用于这类信托,正如这些原则最初制定时适用于传统信托一样。但是,我认为,如果不想信托在商业上变得没有价值,就必须区分信托法的基本原则和针对传统信托制定的专门规则,这种专门规则只适用于类似的传统信托,其基本原理并不适用于完全不同的信托……我毫不怀疑,在基本商业交易完成之前,律师可以被要求将错误支付的款项划回至客户账户。但是,将交易完成后恢复信托基金原状的义务纳入该信托之中则完全是人为的。在传统信托的案件中所适用的恢复信托基金原状的义务反映了这样的事实:没有一个受益人对信托财产是有权利的,并且由于违约需要对所有受益人予以赔偿。该理论基础不适用于当前这种情况。通过强加这样一项义务给受托人,使受益人(客户)能够从律师那里获得的赔偿超过了客户实际的损失,这直接违反了衡平法补偿原则。

上述段落被引用多次,尤其是第二段,这也是我们大篇幅引用的原因。例如,有人认为,Browne-Wilkinson 勋爵在此提倡制定一部单独的商业信托法,该法仅大体反映在家庭财产处置的背景之下首次得到发展和适用的信托法。这是不是 Browne-Wilkinson 勋爵的意图是高度怀疑的。更确切的说法是,尽管用语和语气比较宽泛,但他只是指出信托法的基本原则是全面适用的,对当事人的实际要求将取决于具体情况。打个比方,在任何情况下,信托项下的衡平法权益都将信托财产的购买者与有关该财产源于违反信托的告知绑定在一起,但在商业和非商业交易中,通知的模式可能存在较大差异,反映了我们期望买方在每种情况下进行的询问种类(见第 14.17.4 节)。

尽管如此,很明显,Browne-Wilkinson 勋爵并不是在暗示,在违反信托的情况下,当涉及可能提出的索赔或回收的金额时,在商业信托和非商业信托之间适用不同的规则[见 *Bairstow v. Queens Moat*

Houses plc（2001）EWCA Civ 712,（2002）BCC 91]。正如他在判决中所表明的,在这些段落的一些核心问题上,所有情况下,受益人都只能收回若受托人没有违反信托则受益人本应不会受到的损失。Browne-Wilkinson 勋爵强调的是补偿的形式将根据信托的性质而变化。

以最简单的例子来讲,当只有一个享有绝对权利的受益人时,受托人违反信托所造成的任何损失将由该受益人单独承担,相应地,任何补偿也将直接支付给该受益人而非信托基金,这样受托人(或受托人的替代者)就可以按照与原信托相同的条款为受益人持有该款项及任何其他剩余信托财产。相反,信托项下有一些享有不同利益的受益人时(例如,Browne-Wilkinson 勋爵所举信托例子中,A 为信托终身受益人而 B 为剩余受益人),在不同受益人之间分配损失通常是不可能的或任意的。因此,唯一的可能性是将补偿放回信托之中,使之能够以信托方式为受益人持有,其依据亦与受托人先前误用的财产相同。因此,在 Browne-Wilkinson 勋爵所举的案例中,所获得的补偿金以信托方式持有,A 为终身受益人,B 为剩余受益人,而不是直接支付给 A 和 B 或其中之一。然而,值得强调的是,在所有情况下,对信托基金的补偿或恢复原状均限于受益人或若没有违反信托则其本应不会受到的损失。

联邦最高法院在 *AIB Group*（*UK*）*plc v. Mark Redler & Co. Solicitors*（2014）UKSC 58,（2015）AC 1503 案中认可了这一规则和 Browne-Wilkinson 勋爵在判决中的解读。该案事实与 *Target Holdings* 案存在某些相似之处。原告银行 AIB 同意向 Sondhis 发放贷款 330 万英镑,并获得 Sondhis 的财产抵押权。该财产之前已抵押给 Barclays 银行,于是 AIB 把将部分贷款资金用于偿还 Sondhis 对 Barclays 的债务作为其贷款的条件,从而确保 AIB 拥有对该财产的第一抵押权。然而,Sondhis 的律师 Redler 从 AIB 收到款项后没有这样做,而是直接将全部款项交给了 Sondhis。这意味着 AIB 只获得对财产的第二抵押权,排在 Barclays 银行第一抵押权后面。当 AIB 试图强制执行其担保时,结果却是,在 AIB 对出售财产所得提出任何要求之前,Sondhis 欠付 Barclays 27 万多英镑的债务首先得到了偿还。该财产实际价值远低于 AIB 贷出的 330 万英镑,意味着 AIB 只能收回不足 87 万英镑,也就是说,AIB 在该交易中损失了近 250 万英镑。尽管如此,联邦最高法院认定,Redler 违约给 AIB 造成的唯一损失是率先偿付给 Barclays 的 27 万英镑,其余损失是房地产市场价格下跌造成的,而且即使 Redler 履行了其义务,AIB 也会遭受损失。

但是为什么 AIB 认为其有权获得更多赔偿?同样重要的是,为什么许多评论家认为 AIB 的索赔应该得到支持?要理解这一点,我们需要考虑违反信托的索赔传统上是如何被界定和处理的。

13.5 记账义务

“记账义务”这个词组也许不止一个含义。最基本的含义是受托人有义务提供其处理信托财产的账目:信托财产如何投资、分配等。这是明示信托的所有受托人以及推定信托和归复信托的受托人一方负有的最基本的主要义务(从根本上说是一个行政事务)。这有助于受益人密切关注受托人,确保其以正确的方式管理信托。若受托人没有妥善保存账目,受益人可以将其诉至法院要求其履行该项义务,这是一个简单明了的主要索赔。如果受托人未能履行保留账目的义务,可以请求法院使其履行该项义务。

但是,更为常见的是记账义务的用语被用于描述一种不同的义务,这种义务超出了简单地保存“受托人处理信托财产的符合需要的记录”的义务。例如,假设受托人在行使其投资权时没有采取合理的注意,或将财产赠与非受益人,从而构成违反义务。受托人对其违约造成的损失当然有责任且应该承担责任。但是,这似乎与受托人保存其处理信托财产的账目无关,除非一份完全准确的记录证明这确实是受托人(错误地)对信托财产所做的。尽管如此,法院通常会从违反受托人记账义务的角度解释该项索赔。

具体情况如下(见 Millett,1998b):在第一种情况下,受托人疏忽投资信托财产而造成信托损失的,受益人有权要求设置"附加费"账目。这意味着受益人可以迫使受托人更改账目,从而阅读起来似乎受托人适当地做了资产的投资,换言之,账目改变不会显示一项有损失的投资,而体现的是一项投资,该投资产生的收益是受托人没有疏忽本可以获得的数量。当然,账目的这种更改一旦发生,信托基金的账目价值与受托人实际拥有的货币或财产数额会产生差异,因为账户记载的是投资获得了比实际收益更多的金额。受托人随后便有责任用自己的资产弥补这一差额。最终的结果是,受托人承担了因其违反义务而造成损失的责任。

第二种情况与之类似,受托人违反信托在于将信托财产赠与了非受益人。受益人此时可以要求"伪造"账目。一份准确的账目本应显示受托人赠与了相关财产。但是,因为受托人不应该这样做,受益人可以要求将该条目从账目中抹掉。这意味着,根据该账目,相关财产仍由受托人持有,如前所述,结果是账目显示的信托基金所含财产与受托人实际持有的财产存在差异。因此,受托人有义务通过支付弥补差异所需款项以确保信托基金与账目相符。同样,这意味着受托人应该对受益人的违约而造成的损失进行补偿。

基于这种方式,受益人提出的索赔在这两种情况下均被定义为强制执行受托人提供其处理信托财产账目的义务,以及确保信托基金与账目状态相符的相应义务。这样做的一个结果是,它似乎使我们能够将这些索赔视为主要索赔,旨在确保受托人履行其保存完整和准确的账目的(主要)信托义务,而不是作为旨在补偿受益人因违反信托所造成的损失(尽管可能间接有这个效果)的次要索赔:见 Birks,1996a,44 - 8。

类似的观点认为,在信托财产被误用的情况下,第二种类型的索赔应理解为一种替代履行的索赔。受托人的主要义务是根据信托条款的要求保护和运用信托财产。如果受托人对信托财产作出未获授权的处置,虽然要确保该财产运用于使受益人获益可能为时已晚,但受益人仍可以要求受托人通过向信托基金支付其错误处置财产的货币等价物来履行其义务。最终的结果是,受托人将不得不用自己的资金来保持信托账目的平衡:参见 Elliott, 2002, 589 - 91; Elliott and Mitchell, 2004, 23 - 8。

在以上情形中,为什么我们如何解释受益人的索赔是重要的呢?毕竟,无论我们认为这是对因违反信托义务而造成的损失的补偿而提出的索赔,或是要求受托人履行其提供适当账目义务而提出的索赔,最终的结果似乎都是一样的:受托人有责任向受益人支付一笔款项作为受益人损失的补偿。然而,这两种不同的对索赔的理解方式将导致不同的结果。

AIB 案就是这样的案例。正如我们所见,在未违约的情况下,AIB 唯一可以避免的损失是支付给 Barclays 的 27 万英镑。但现在的问题是,它是否可以在希望 Redler 对处理 AIB 支付的 330 万英镑的账目承担责任的基础上要求比该数额更多的赔偿。现在,辩论开始了,AIB 需要索赔的全部是,信托账目应当通过删除支付 330 万英镑给 Sondhis 进行更改,因为它违反了信托。账目中这个条目一旦被更改,则意味着信托账目显示的是受托人本应持有的资金。因此,Redler 的义务就像受托人一样是支付一笔资金存入信托基金,以确保信托账目与信托基金的真实状况之间不存在差异。从这一角度看,这笔资金在任何情况下都不会有损失的事实就不重要了。

问题是,法律是否允许受益人以这种方式重新定义他的索赔,以规避只有违约引起的损失是可收回的规则。*AIB* 案告诉我们答案是否定的。正如司法安全委员会的 Toulson 勋爵所说,所有人都承认受益人的基本权利是使信托按照信托文书(如有)和一般法律的规定得到适当管理。如果发生违反义务的情形,任何救济的基本目的将是要么使受益人处于与违约行为未发生时相同的地位,要么将受托人因违约而可能获得的收益归属于受益人(这些收益应该代表受益人持有)。使受益人处于若没有违约其本应处于的相同的地位,可以包括恢复违约而损失的某些财产的价值,或赔偿违约导致的经济损失。但是,金钱补偿作为一种惩戒性的手段,既不反映过错人造成的损失,也不反映其获得的利益。

换言之,当受益人寻求弥补因违约而造成的损失以外的损失时,我们应该问"他为什么要这样做?"(另见 Burrows, 2004, 604 – 6)。毫无疑问,受益人应该有权要求受托人在履行义务是可能的情况下继续履行义务。但 AIB 要求收回其支付给 Redler 的 330 万英镑剩余部分是基于:这是 Redler 履行信托项下(主要)义务的一种替代形式,这种想法显然是不切实际的。Redler 的义务是在确保对 Barclays 的债务解除后才能支付这笔款项。AIB 并没有要求 Redler 履行该义务,既成事实后再要求 Redler 履行该义务已经太迟了。鉴于此,AIB 可能提出唯一合理的索赔是次要索赔,投诉并寻求撤销因 Redler 违约所造成的后果。然后,我们当然需要研究这些后果是什么,这依赖对因果关系的调查。

13.6　收回损失的限制

案例 *Target Holdings Ltd. v. Redferns*（1996）AC 421 和 *AIB Group*（*UK*）*plc v. Mark Redler & Co. Solicitors*（2014）UKSC 58,（2015）AC 1503 清楚地表明,补偿是可以收回仅针对若没有受托人违约则受益人本不会受到的损失。但是,法律很少允许原告收回因被

告违反义务而实际造成的所有损失。例如,对合同和侵权行为中补偿性损害赔偿金的普通法索赔往往受限于限制收回被告违约后产生的合理可预见的损失的合理预见规则(rules of remoteness)。同样,法律通常规定,如果存在“连锁因果关系中断”或“新介入行为干预”,如损失是独立第三人的行为直接导致,则没有违约本不会受到的损失可能无法要求赔偿。目前尚未解决的问题是,此类或相似的规则在多大程度上适用于限制违反信托后的补偿性赔偿。

在 *Target Holdings* 案中,Browne-Wilkinson 勋爵强调,虽然受益人需要证明没有违约则本不会遭受损失,但在要求衡平法索赔时,“普通法上损害的合理预见规则及因果关系并不适用”。举例来说,受托人不能通过证明损失的直接原因是第三方的欺诈或疏忽而逃避责任,这在普通法上视为连锁因果关系中断。他还赞同 McLachlin 法官对加拿大 *Canson Enterprises Ltd. v. Boughton & Co.* (1991) 85 DLR (4th) 129 案件的意见,指出普通法中的合理预见规则,即将赔偿限制在合理可预见的损失范围内,也是不适用的。

这样的做法,如在 Browne-Wilkinson 勋爵其他的判决中一样,并未区分违反信托的不同类型[见 *Caffrey v. Darby* (1801) 6 Ves 488]。然而,在 *Bristol and West Building Society v. Mothew* (1998) Ch 1 案中,Millett 法官表示,确定何种损失可收回的规则应取决于受托人违反义务的性质。如我们所看到的,受托人应对其受益人负有注意和专业技能义务。尽管注意义务是在衡平法中发展起来的,但其意图与目的都与(普通法)过失侵权行为的注意义务相同。基于同等对待相似案件的原则,Millett 法官认为,“为什么普通法因果关系规则、损害合理预见规则和损害判定规则不能通过类推适用于受益人针对受托人违反注意义务的索赔,原则上是没有理由的”。相反,违反信义义务并不反映普通法下的合同或侵权中索赔的标准,且鉴于信义义务的严格性,正如 Browne-Wilkinson 勋爵的建议,不将赔偿限制在可预见的损失范围是合理的。

联邦最高法院在 *AIB* 案中对这一做法给予了有力的支持。在所有情况下(包括普通法和衡平法),补偿的正确判定取决于主要义务的性质和基础。若受托人在合同和侵权行为中所承担的或将要承担的远超出他应负义务范围,我们不应期望违反这些义务的补偿标准与普通法所采用的相同。因此,即使信托在商业交易中出现,对于违反信托应支付的赔偿金(不同于仅违反合同而支付的赔偿)将不限于可预见的损失。

在计算受托人违反义务对受益人所造成的损失时,法院一般不扣除受托人通过其对信托管理的其他方面给受益人带来的收益。因此,如果受托人多年来对信托财产的投资都产生收益,但随后又因疏忽做了一系列不良投资,受托人不能抗辩称由此造成的损失折抵之前所获收益。受益人的控告是,因受托人违反信托而使其财务状况恶化。受托人之前带来的收益与违约无关,因此与问题无关,换言之,问题不在于受益人的利益在受托人管理信托的整个过程中受到何种影响,而在于其处境因受托人违反义务受到何种影响。受托人不能因为在其他方面做得好,甚至非常好就逃避违反义务的后果。

相反,法院将抵消受托人因同一违反义务而获得的收益和受到的损失。困难之处在于如何确定相关的违反义务行为。例如,是把所有未获授权的投资视为单一的、持续的违反义务,还是将每次作出新的投资决定都视为一系列单独的违反义务?至少在某些情况下,法院似乎愿意将看似独立的违约视为单一混合交易的不同方面,从而允许收益和损失相抵消。以 *Bartlett v. Barclays Bank Trust Co. Ltd.* (1980) Ch 515 案(见第 11.7 节)为例,在该案中,受托人未能尽责监督和影响信托拥有多数股权的公司的行为。该公司的董事们投资了两个高风险的建筑开发项目,其中一个给公司并因此也给信托造成了巨大的损失,而另一个则获得盈利。Brightman 法官认为,投资成功的收益应该抵消投资失败的损失。

13.7 追缴索赔

我们已经看到,受托人即为受信人,有义务避免从其信托经营中取得未获授权的收益(见第10.6节)。因此,以受托人身份获利的事实通常会引起一种责任,即放弃获益并交给受益人。在某些推定信托和归复信托的案例中可能有例外。在这些案件中,受托人(合理地)未意识到自己以信托方式持有财产,对于这类情况,更合理的观点是,也许他对受益人不负有信义义务(见第10.12节)。

本章前面提到,如果受益人要求对因受托人违反信托所造成的损失予以补偿,他必须证明如果没有违约则不会受到这些损失。然而,如果受益人要求收回受托人的获益,情况就不一样了。法院明确表示,因违反信托而获益的受托人,不能通过证明即使他没有违反信托义务也会获得类似的收益,来逃避放弃收益的责任。例如,在 *Boardman v. Phipps* (1967) AC 46 案(见第10.6节)中,尽管被告说服了法院,如果他们没有使用自己的资金和专业知识控制 Lester 和 Harris 公司,则他们通过把时间和精力投入其他商业项目中将会赚同样多的钱,但也不得不放弃他们的获益,换言之,检验标准并非受托人没有违反义务是否会取得这些(或同等)收益[见 *Gwembe Valley Development Co. Ltd. v. Koshy* (*No.* 3) (2003) EWCA Civ 1048; (2004) 1 BCLC 131]。我们应该关注这些收益事实上来自何处。如果该等收益的确源于违反信托,那么受托人必须放弃,即使受托人能够合法地获取这些利益。

这方面的例子是 *Murads v. Al-Saraj* (2005) EWCA Civ 959; (2005) All ER (D) 503 案。此案中,Murads 和 Al-Saraj 为收购一家酒店成立合资企业。收购价格是410万英镑,其中 Murads 现金出资100万英镑,Al-Saraj 出资50万英镑。事实上 Al-Saraj 并未支付这笔

款项。相反，他的“贡献”是通过抵消房产卖家对其负有的不可强制执行的债务，包括为安排出售而付给 Al-Saraj 的佣金。Al-Saraj 以歪曲财产实际价格以及谈判、收取秘密佣金的方式违反了对 Murads 的信义义务。因此，Murads 要求收回 Al-Saraj 投资酒店的获益，因为这些收益源于其违反信义义务。复杂的情况是，审判法官认为，如果 Al-Saraj 没有违反其义务，而是向 Murads 透露了交易的真实性质，那么 Murads 仍然愿意与其一起投资，但会要求更多的酒店股份和收益。因此，Al-Saraj 辩称，认为应当减轻其责任，以反映其无论如何都会获得收益的事实，换言之，他认为他应该仅放弃那些他本不可能获得的收益（因违反义务而获得）。

上诉法院以多数票驳回了上述观点。就违约受信人而言，不能通过证明他能够在授权的情况下取得同样的收益来减少他交出未获授权的获益的义务，这是不会放开的。简言之，法院关注的是他的实际行为而不是假设行为。此外，法院根据事实认为，Al-Saraj 的所得完全是未获授权的，因此完全是违反义务的结果（这一结论受到了批评，但实际上法院坚持这个观点，认为 Murads 所答应的交易与实际上他们进行的交易不同，因此 Al-Saraj 所获收益中的任何部分都不能认定为授权所得）。

为何我们要求以“但是因为”（but for）的关系来收回损失而非获益返还？审判 *Murads* 案的法院认为，这一规则源于难以确定如果受信人没有违反其义务会发生什么。但是法院不得不一直回答此类假设的问题，如果说他们能够回答这一问题是为了确定受信人对损失的责任而非对获益的责任，这似乎有些荒谬。就像 Arden 法官所指出的（见第 10.7 节），随着证据规则和民事诉讼程序的进步，我们没有理由认为法院不能解决这类问题，如果是这样，那么放宽有关规则的时机也许已经到来，即要求受托人承担放弃收益的责任并不需要证明若非受托人违反义务则不会取得这些收益［此外，如果追缴索赔不是针对违约受托人或受信人而是针对协助违反义务的第三人提出（见第

14.22 节),则要求该获益是基于被告的行为取得:*Novoship* (*UK*) *Ltd. v. Nikitin* (2014) EWCA Civ 908, (2015) QB 499]。

当然,受托人必须放弃因违反信义义务而取得的所有获益这一规则的必然结果是,违约受托人可自由保留非违约行为而取得的获益。例如,我们已经在 *Keech v. Sandford* (1726) Sel Cas Ch 61 案中看到这样的规则,其中规定,持有信托租约的受托人必须为其受益人以信托方式续约该租约(见第 10.6 节)。但是,有人认为如果新租赁的土地多于原租赁土地,则受益人只能在原租约所涵盖的土地范围内享受新租约的利益:*Giddings v. Giddings* (1827) 3 Russ 241 案。*Murads* 案上诉法院证实,一般来说,受信人可以保留任何可认为是基于自己的技能和劳动成果,而非由于违反义务行为所取得的获益。

澳大利亚高等法院在 *Warman International Ltd. v. Dwyer* (1995) HCA 18 (1995) 128 ALR 201 案[也可参见 *Docker v. Somes* (1834) 2 My & K 655, *Vyse v. Foster* (1872) 9 Ch App 309]中的判决提供了一个有用的例子。被告作为原告公司的董事,为自身获益而接受一个原本提供给原告但被原告拒绝的商业机会。法院认为,虽然被告以自己名义利用了这个机会而违反了对原告的信义义务,但并不意味着被告应该放弃由该业务所产生的所有收益:

在商业案例中,迫使犯错的受信人不定期地说明其商业行为的全部收益或利用当事人的商誉所取得的全部收益是不恰当和不公平的。在这种情况下,根据具体情况允许受信人拥有一定比例的收益可能是合理的。当受信人利用自身技能、精力、财产、资源以及他所引入的资本和他所承担的风险已经使利润大幅增长时,只要其并未对委托人的财产造成危害,那就可以说,利润增加的相应部分并不是原告财产本身的产物或结果,而是受信人所付出的技能、精力、财产、资源所获得的产物。

因此,法院认为被告应该放弃仅是其在开始两年业务中所赚取的收益。

现在看来,*Warman* 案的判决似乎合情合理——让被告承担放弃他可能从该业务中获得的所有收益的责任,显然过于苛刻——但我们可能会质疑关于受信人的收益是否(或在某种程度上)归因于他的技能和努力而非违反信托的问题是否有意义。其原因并不是两者的界限难以区分,而是事实上两者之间根本不存在界限。被告的受信人义务是指只要在该义务范围内,他必须利用自身的技能和精力为其委托人带来利益,换句话说,他违反义务在于他运用自身的技能、劳动、知识增进了自身的利益而非委托人利益的极端事实。

由此,需要我们回答的问题就不是收益是否归因于受信人的技能和努力;答案几乎是肯定的。在某种程度上,我们应该审查他的信义义务的范围:义务可以延伸到什么程度?在多大程度上要求被告运用他的技能和努力为委托人带来利益?一旦我们知道这些,就能计算出其违约带来的收益,否则,要求被告放弃全部收益就是不公平或者不可行的,正如 *Warman* 案一样,应说明其义务范围而不是首先假设这些收益不是由于受信人违反义务的行为取得。

即使发现受托人的收益确实源于违反信义义务且表面上应交给受益人,法院仍有自由裁量权允许受托人保留部分利益作为其投入所应获得的报酬。*Boardman v. Phipps* 案中就确认了这样的补贴(见第 10.6 节),如果受托人自始至终诚实行事且善良守信,法官更可能行使自由裁量权。然而,如 *Murads* 案和 *Warman* 案所表明的,即使是一个未诚实行事的受信人,有时也会因他为获利所付出的努力给予相应报酬。

最后,如果受托人或其他受信人取得了未获授权的收益,法律可能会采用两种方式剥夺他们的收益。第一种方式是可能要求受托人向受益人支付一笔与未获授权收益金额等值的款项;另外一种方式是受托人收到的特定财产(或其可追踪收益,参见第 14 章)被以信托方式为受益人持有,因此应该交给受益人。根据联邦最高法院在 *FHR European Ventures LLP v. Cedar Capital Partners LLC* (2014) UKSC 45, (2015) AC 520(见第 9.13.2 节)案中作出的判决,任何违反信义义务所获得的财产都将以信托方式为受益人持有。因此,只要受托人保留了该财产或该财产可追踪到的收益,受益人对该财产就有索赔权,且在受托人破产清算中享有优先权。若受托人不再持有该财产,受益人对受托人以不正当方式获得的财产的价值仍拥有个人索赔权。

13.8 抗辩

受托人在面临违反信托的索赔时,可提出一系列抗辩。我们首先要考察的是同意。

13.8.1 同意

如果取得了所有相关受益人的知情同意,受托人将免于承担违反信托的责任。我们看到,这与信义义务有关:尽管通常受托人不被允许利用其职位获利,但是如果获得了受益人的授权,受托人就可以这样做。其他信托义务的履行也是如此。受益人的同意可以在受托人行为之前或之后作出。因此,受托人可以请求受益人同意有计划的违约;或者,受益人可以在事件发生后允许或授权违反信托。在这两种情况下,受益人均排除了就受托人违反义务提起索赔的可能。但必须强调的是,它应为真实的同意。在 *Murads v. Al-Saraj* (2005) EWCA Civ 959, (2005) ALL ER(D)503 案中,如果仅是受益人被请求,受托人不能抗辩证明受益人就会同意受托人的行为。

有人认为,受托人此时抗辩的理由是,受益人同意受托人违反信托后转而起诉受托人是不公平的。因此,Wilberforce 勋爵在 *Pauling's Settlement Trusts* (1962)案中认为,为了确定受益人的同意能否为违约受托人提供抗辩,法院必须询问,在这种情况下允许受益人起诉受托人是否公平公正。如果受托人依据受益人先前的授权而违反信托,该抗辩就能充分发挥作用,但在违反信托发生之后授权的有效性就不好说了。对此更合理的说法是,受托人的义务是为受益人的利益和看护受益人而存在的,如果受益人认为这并不是他们想要的,法律应该尊重他们的选择。如果受益人授权违反信托,则受益人意愿的有效性超过委托人首先加给受托人的相关义务。由此可见,受益人可以授权违反信托的规则与 *Saunders v. Vautier* 案(见第 2.6 节)中的规则相似。

受益人的同意只有在受益人成年且心智健全,知悉所有相关信息,不受任何胁迫或不正当影响的情况下才能具有免除受托人责任的效力。知情同意要求受益人知道受托人要做什么(或已经做了什么)的所有关键事实以及背景,但受益人没有必要(也不需要)知道受托人的行为实际上构成违反信托:见 *Holder v. Holder* (1968) Ch 353 案。

如果众多受益人中只有一人同意受托人违约,法院可以扣押该受益人在信托中享有的利益,这意味着针对受托人违反义务的赔偿将从该受益人在信托基金中的份额扣除,而不是由受托人支付。只有当受益人唆使违约或从中获利时才可能发生上述情况:见 *Chillingworth v. Chambers* (1896) 1 Ch 685 案、《1925 年受托人法》第 62 条。

13.8.2 《1925 年受托人法》第 61 条

《1925 年受托人法》第 61 条中规定了第二种抗辩:

> 如法院认为受托人(无论由法院委任或以其他方式委任)对任何违反信托均须承担或可能承担个人责任时……如果受托人行为诚实且合理,应该公平合理地原谅其违反信托及忽略就其违反承诺事项取得法院指示的行为,则法院可以免除其全部或部分个人责任。

为了确定《1925 年受托人法》第 61 条是否能为违反信托的受托人提供抗辩,需要回答三个问题:

(1)受托人的行为是否诚实?

(2)受托人的行为是否合理?

(3)在这种情况下免除受托人责任是否公平?

应当强调的是,只有在这三个问题全部得到肯定答复的情况下,才能提出抗辩,而且关于这三个问题的举证责任应由受托人承担。请注意,这并不意味着仅仅因为受托人行为是诚实和合理的,他就可以被免除责任。毕竟这样做会导致受托人的损失将由受益人承担。因此,尽管受托人行事诚实而合理,但法院应该考虑受托人是否应该在受益人之前承担损失,因为受益人可能或根本没有过错[见 *Perrins v. Bellamy*(1898)2 Ch 521(Kekewich 法官)]。

根据该条款,法院拥有广泛的自由裁量权,不可能就受托人何时可以在某个条件下获得豁免制定任何具体的检验标准。但是,我们可以作一些一般性评论。首先,违反注意义务的受托人不太可能符合《1925 年受托人法》第 61 条的规定。尽管我们不应该坚定地假设在所有情况下,合理的要求都具有相同的含义或相同的标准,但法院很少会认为受托人在没有表现出合理、谨慎的前提下仍采取合理行动[见 *Daniel v. Tee*(2016)EWHC 1538(Ch),(2016)4 WLR 115]。而第 61 条往往只适用于那些无知的违反严格义务的人,例如,当受托人诚实而合理地误解了信托文书的内容,并最终向错误的对象支付了款项[见 *Allsop*(1914)1 Ch 1]。

其次,相对于专业受托人违反信托,法院更容易理解非专业受托人违反信托的行为。因此,只有在极少的情况下,专业受托人才可以根据第 61 条免责[见 *National Trustees Company of Australasia Ltd. v. General Finance Co. of Australasia Ltd.*(1905)AC 373,*Pauling's Settlement Trusts*(1962)1 WLR 86;(1964)Ch 303]。

最后,虽然受托人依赖专业意见行事并不意味着一定会被免除责任，但受托人尤其是没有经验和非专业的受托人（在不知情的情况下）依赖专业人士的建议而违约将会更符合第 61 条的要求：见 *Marsden v. Regan*（1954）1 WLR 423，*Daniel v. Tee*（2016）EWHC 1538（Ch），（2016）4 WLR 115。

13.8.3 免责条款

一个意图设立信托却不想自己担任受托人的委托人通常会在宣告设立信托并将信托财产转让之前征得意定受托人的同意（如果他不想担任受托人，而其意定受托人也不愿接任，信托并不会无效。尽管没有人成为明示受托人，但信托法的基本原则是不会因缺少受托人而使信托无效，而是指定新的受托人：另参见第 12.2 节）。意定受托人可能会在第一次与委托人见面时表明其担任受托人的条件，因为管理信托任务繁重且负有受托人义务，特别是信义义务要求严格。这可能使担任受托人成为没有吸引力的提议。

为使这份工作具有更多的吸引力，受托人会要求从中获得某种形式的报酬。受托人作为受信人，通常会被禁止利用其职务获利，但如果委托人同意（见第 10.8 节），他们可以获得报酬。受托人接受担任受托人角色的另一个要求是，屏蔽一些通常属于受托人的义务和责任。换言之，他可以要求在信托条款中规定免去某些通常受托人承担的义务，或者他不应对某些违反义务的行为承担责任。例如，受托人通常被期望在他经营管理信托过程中采取合理的注意和运用专业技能，并对未能尽到注意而造成的损失承担责任。但是，受托人可以要求不要首先对他施加这种注意义务（在这种情况下，未能尽到合理注意并不构成违反信托），或者免除在他未谨慎行为的情况下向受益人承担的赔偿责任（受托人虽然有义务合理注意行事，但若违反该义务，于他而言也没有责任）。这种规定通常被称为免责或豁免条款。

当然，面对该类要求，委托人可能会到别处并挑选其他的受托人。但是，他也可能决定，即使有这样的条件，他仍希望这个人是受托人。

如果他同意,这些条件就会成为信托的约束性条款。因此,正如我们所注意到的,尽管默认规则是指受托人不应因其工作而获得报酬,但长期以来委托人对受托人支付报酬条款作另外规定的情况早已被认可,在这种情况下,受托人有权获得委托人在信托文件中规定的报酬。同样,原则上委托人可以自由地决定是否同意受托人提出的免责条款,但在这种情况下,只要免责条款适用,则受托人可以对违反信托的索赔提出抗辩。

受托人报酬条款和免责条款的运用必然对受益人不利。受托人收到的报酬都将从信托基金中支付,而这些资金本来会属于受益人。免责条款剥夺了受益人本能提出的索赔和本应获得的补偿。此外,在某种程度上,若受托人知道自己不必为自己的过失承担责任,就会失去做好本职工作的动力,因而这种条款可能降低托管标准。那么,为什么还允许此类条款存在?

原因之一可能是希望受托人职位更易被接受。我们认为信托是个好东西,有助于达到多种目的,但要达到这些目的,我们需要愿意担任受托人的人。鉴于其工作艰难,法律需要提供优惠条件来吸引人才。但从根本上说,这些条款的有效性反映了一个基本原则,即委托人有权决定信托条款。假如委托人乐于让受托人因其工作而收到报酬或让受托人的责任被限制或者免除,这是委托人自由做的一个选择,法律应予以尊重。当然,受益人可能更希望不包含这些条款。但是,与那些没有收到更大、更好的生日礼物而不满的人相比,他们没有更多的理由去抱怨。

尽管如此,近年来关于免责条款在多大程度上可以有效免除受托人对违反信托责任的争论越来越多。其中最具权威的是上诉法院在 *Armitage v. Nurse*（1998）Ch 241 案中的裁决。此案中 Millett 法官认为,免责条款制定恰当,能够免除对受托人因疏忽甚至严重疏忽而违反信托的责任,这是有可能的,但是任何免除因不诚实而违约的责任的尝试都会失败。这是基于受托人诚实、善良守信地为受益人的利益而为的信义义务形成的存在于所有信托中的“无法简化的核心”(见第 10.1 节),换言之,一个缺少了受托人善良守信并为受益人的最大利益而为的信托就不是信托。

可以从三个方面有效阐述这一观点。第一,尽管根据这个观点受托人的信义义务不能完全被免除,但仍可以通过信托文书条款予以限制。正如在第 10 章中所看到的,其原因是,即使受托人诚实且以促进受益人的利益为目的而行为,仍可能违反信义义务。鉴于 Millett 法官对“免除因不诚实而违约的责任的尝试”画了一条线,因此免除诚实但仍违反信义义务的责任是可能的。事实上,正如我们所看到的,委托人可以规定受托人因其所做的工作而收取报酬,当然,由于受托人负有信义义务,他通常被禁止利用其职位获取任何收益。

第二,即使接受 Millett 法官关于信托存在“无法简化的核心”的观点,我们也可以怀疑他的结论,即关于免除因不诚实而违反信托的责任使信托剥离了其核心内容。将(主要)义务的内容简单地定义为违反义务后的索赔,是一种误解,尽管这是一种常见的误解。换句话说,你不能因为违反义务起诉,就由此得出义务本身一定是虚幻的。以下两种说法之间理论和实践上都存在重要差异:一种说法是受托人不需要诚实行事,另一种说法是受托人必须诚实行事,尽管他无须对未能诚实行事而造成的损失(或获得的收益)承担责任。在第一种情形下,我们发出的信息是,受托人可以自由地按照自己的意愿行事,这可能被视为与设立信托的目的相悖。在第二种情形下,我们仍然认为受托人必须诚实行事,即主要的信义义务是存在的。通过不履行主要信义义务而弥补损失,这只是次要义务,它是消极的。除非我们相信,受托人履行职责的动机仅仅是因为,如果他们不履行职责,就可能被起诉,否则没有理由假设这些不同的信息不会得到不同的理解且据此而采取不同的行动。简言之,免除因不诚实而违反信托的责任并不意味着诚实行事的义务毫无意义或不切实际(见 Penner,2002)。

第三,Millett 法官认为故意违反信托义务不一定是不诚实的。受托人可能明知但仍然实施了违反信托的行为,因为他相信这符合受益人的最大利益。例如,他可能会因高额回报而在未获授权的情况下进行投资。法院对这种“明智的”违反信托持有相当矛盾的态度。他们不愿意给受托人留下这样的印象,即当受托人认为是适当的就可以背离信托条款,但法院也意识到盲目遵守信托条款对受益人也许并不是最好的[见 *Perrins v. Bellamy* (1898) 2 Ch 521;(1899) 1 Ch 797]。据此,Millett 法官认为在这种情况下受托人并非不诚实行事,更倾向于认为,不诚实意味着知道一个人的行为与受益人最大利益相反,或者不计后果无视事实的情况[见 *Trustee Co. Ltd. v. Hutcheson* (2011) UKPC 13,(2012) 2 AC 194,(60);第 14.21 节]。因此,故意但出于善意的违反信托的责任可以被免除。在 *Walker v. Slones* (2001) QB 902 案中,上诉法院对此增加了限制性条件,至少在专业的或“专家”受托人的情况下,如果证明受托人考虑过该行为符合受益人利益是不合理的,则不诚实可以被确认。

枢密院近期在 *Spread Trustee Co. Ltd. v. Hutcheson* (2011) UKPC 13,(2012) 2 WLR 1360 案中肯定了 *Armitage v. Nurse* 案所阐述的英国法律关于受托人免责条款的有效性规定。尽管如此,很多人认为目前关于免责条款的规则规定的标准过低,对于受托人过度有利。这个问题不久前还是法律委员会年度报告(2006)的主题。早前一份咨询文件曾建议,专业受托人不应再被免除其因疏忽而违反信托的责任,然而,对这一建议的评价褒贬不一,法律委员会在最后的报告里放弃了立法改革的想法,而提出了一种“基于实践的方法”,即有偿受托人应采取合理措施确保委托人意识到免责条款的意义和影响。

这种做法的优点是,它承认反对免责条款的真正原因并不在于其对受益人不公平,而是存在它们并不是委托人一方真实同意的结果的危险。如果委托人的首选受托人同意担任受托人而仅要求免责条款的保护,而且委托人乐于如此,那么就很难看出受益人反对的理由是什么,以及为什么法律可以干预阻止。

13.8.4 时效

大多数法律索赔，如果想要成功，则应该在规定期限内提出。若相关时限届满，无论案情如何都将败诉。但是，《1980 年时效法》第 21 条第(1)款规定：

> 本法规定的时效期限不适用于信托项下的受益人以下行为：
>
> (a)涉及任何欺诈或者欺骗性违反信托行为，受托人是一方当事人或者利害关系人；或
>
> (b)收回受托人持有的信托财产或受托人持有期间信托财产的收益，或之前由受托人所收取且转为己用的信托财产或其收益。

因此，针对受托人交付信托财产给受益人或受托人有欺诈性违反信托行为的索赔没有时间限制。相反，如果受托人因无意或疏忽而违反信托(如违反了注意义务或对信托条款有误解)，但该违反未造成信托财产脱离受托人控制，则索赔应在 6 年内提出，《1980 年时效法》第 21 条第(3)款对此有相关阐述。

在《1980 年时效法》未规定时限的情况下，如果在提出索赔方面出现了不合理的延迟，以致受益人继续诉讼将对受托人不公平，那么受益人的索赔将可能根据“懈怠”原则而被禁止。对知道的收入或不诚实协助负有责任的被告，尽管有时被描述为推定受托人，但他们并非真正意义上的受托人，因为他们没有为受益人以信托方式持有相关财产(见第 9.2 节)。因此，此类索赔不在第 21 条规定范围内：见 *Williams v. Central Bank of Nigeria* (2014) UKSC 10, (2014) AC 1189。相反，适用于相应普通法索赔的时效期限可以类推适用。该时效期限仍是 6 年，但根据该法第Ⅱ部分可以延长的期限除外。

13.9　共同受托人的责任

一个信托有多个受托人时,受托人必须行动一致。这意味着,例如,当受托人应该决定如何投资信托财产时,尽管实际上可能有一个受托人牵头提出并评估潜在的投资,但最终决定必须由受托人共同作出。因此,如果他们的共同行为构成违反信托,每个受托人都将对此承担责任。即使一个受托人单独行事并违反信托——例如,一个受托人单方面挪用部分信托基金——如果他的共同受托人被证明由于未能干涉或阻止该行为而违反注意义务,其共同受托人也将承担责任:见 *Bahin v. Hughes* (1886) LR 31 Ch D 390 案。

如果两个(或两个以上)受托人有违反信托行为,且两个违反信托的行为对受益人造成同一损失的后果,受托人应当承担连带责任。这意味着受益人可以就全部损失对任何一个受托人提起诉讼。该受托人随后可以向其他共同受托人提起诉讼,要求其作出贡献,以收回该受托人必须支付的赔偿部分:《1978 年民事责任(分担)法》第 1 条。该受托人从其共同受托人取得补偿金的多少,取决于法院对每个受托人所承担的责任的比例的认定,尽管传统上,按照受托人共同行动的规则,每个受托人应该作出同等贡献。

总　结

1. 受托人不履行信义义务,为违反信托。受益人可以提出违反信托的索赔。

2. 一般而言,违反信托的补救办法有两种。首先,法院可以命令受托人履行其所违反的职责,从而做他一直以来应该做的事情。我们可以把这些称为主要索赔。其次,法院可以命令受托人消除其未能履行职责而造成的一些后果,或者赔偿受益人遭受的损失,或者放弃其违约而获得的任何收益。我们可以称为次要索赔。

3. 传统上,许多针对受托人的索赔都是通过受托人对账户的责任这一语言来表达的。然而,必须指出的是,这不会也不应该对这些索赔的性质产生影响。特别是,如果被违反的义务不再履行,受益人只能追回受托人的收益(如果有)或他所遭受的损失。后一种情况下,受益人必须证明,如果不是受托人违反信托,他不会遭受这种损失。

4. 对于违反信托的索赔,存在许多抗辩。其中之一是,如果受益人在事件发生之前或之后同意受托人这样做,则没有权力主张。

5.《1925 年受托人法》第 61 条规定了第二种抗辩。如果受托人的行为是诚实且合理的,那么他就可以免于承担违反信托的责任。

6. 委托人同意受托人应享有排除条款的保护。就这些条款而言,这些条款的效力,是豁免受托人就违反信托行为所负的法律责任。有人认为,只要措辞适当,排除条款就可以有效地免除责任,即使是对严重疏忽的违反信托的行为。但是,不能排除不诚实违反信托的责任。

7. 个别受托人只对他们自己的违反信托的行为负责,但是受托人在他的共同受托人违反信托行为时袖手旁观,他自己可能要对自己未能阻止这一行为负责。

练　习

13.1　受托人对账户应承担的责任(或义务)是什么?它是否有助于解释受益人在信托被违反后可能提出的索赔要求?

13.2　是否存在合理的理由要求违约的受托人赔偿即使没有违反信托也会遭受的损失?我们是否有充分的理由认为受托人有责任放弃即使他没有违反信托也会获得的收益?

13.3　Virginia 和 Louise 是信托的受托人。对他们投资权力的唯一限制是,他们不能投资于制造、推销或销售酒类的公司。Virginia 是这家公司的董事和股东,这家公司目前不太成功,但她确信只要进行一点投资,公司就会盈利。因此,她建议 Louise 将信托基金中的 5000 英镑投资于 Y 公司的股票。Louise 不想和 Virginia 争论,所以同意。由于信托公司的投资,Y 有限公司确实转亏为盈,股票价值翻了一番,Virginia 获得了 1000 英镑的奖金。

与此同时,一天晚上,Louise 在酒吧和她的朋友 Hugh 聊天。她告诉 Hugh 信托正在寻找投资机会,只要他们不与酒精有关。Hugh 刚刚成立了一家公司——Z 有限公司,销售他开发的一种新的洋蓟味的酒精饮料,并且需要额外资金。他建议 Louise 投资 Z 有限公司,但是他告诉她,这种饮料是不含酒精的。Louise 认为这是个好主意,她和 Virginia 同意以信托方式收购 Z 有限公司 2000 股股份。然而,事实证明,洋蓟味饮料的需求量不大,这些股票的价值急剧下降,以至于信托公司的股份现在只值 2500 英镑。

请提出建议。

13.4　为什么受益人的同意是违反信托的抗辩理由?

13.5　是否有任何理由限制委托人和受托人同意他们认为合适的任何免责条款的自由?

拓展阅读

1. Birks, *Equity in the Modern Law: An Exercise in Taxonomy*, (1996) 26 U West Aus LR 1, 44 – 8.

2. Burrows, *Remedies for Torts and Breach of Contract* (3rd edn, Oxford University Press 2004), 597 – 636.

3. Chambers, *Liability* in Birks and Pretto (eds.), *Breach of Trust*

(Hart Publishing 2002).

4. Elliott, *Remoteness Criteria in Equity*, (2002) 65 MLR 588.

5. Elliott and Mitchell, *Remedies for Dishonest Assistance*, (2004) 67 MLR 16.

6. Millet, *Equity's Place in the Law of Commerce*, (1998) 114 LQR 214.

7. Mitchell, *Stewardship of Property and Liability to Account*, (2014) Conv 215.

8. Payne, *Consent* in Birks and Pretto (eds.), *Breach of Tru*st (Hart Publishing 2002).

9. Penner, *Exemptions* in Birks and Pretto (eds.), *Breach of Trust* (Hart Publishing 2002).

第 14 章　所有权索赔与第三人责任

14.1　违反信托和第三人

受托人违反信托义务的，受益人当然有权要求受托人承担违约责任。我们在前一章研究过这类索赔主张。然而，法律还为受益人提供了一系列其他请求权，尤其是针对参与违约或与接触信托财产的第三人。这些索赔可分为三类：

(1)针对信托财产持有人的所有权索赔。

(2)针对收到被挪用的信托财产的第三人因其知情接受财产而提出的个人索赔。

(3)针对违反信托的第三人同谋因其不诚实的协助而提出的个人索赔。

我们将在适当的时候逐一研究这些问题。首先需要就受益人可能对第三人提出的索赔类型的差异提出一些意见。

14.2　个人索赔和所有权索赔

在审查违反信托后可能产生的索赔时，一

个关键区别是个人索赔和所有权索赔的区别。在之前的章节中我们已经提到过,特别是不当得利案件中的归复信托(见第 8.9 节和第 8.10 节)以及因违反信义义务而获得财产的推定信托(见第 9.13.1 节)所起到的作用。虽然已经很了解他们的区别,但我们还是得回顾并补充一些内容。

所有权索赔是对被告所持资产的所有权权益的主张,其最基本的表达形式是,"这项资产是我的"。因此,主张被告手中的一项特别资产是以信托方式为你持有的相当于指出该项资产是你的(受益资产和权益资产)。法院通过承认你的权益并允许你要求被告将该项权益转给你,从而使该索赔主张生效。任何能够以信托方式持有的财产,均是法律予以承认的财产,都可以作为所有权索赔的标的。这些财产包括有形资产(如汽车、房屋、短期债券和货币)和无形资产(如股票、银行账户和其他债务)。

受益所有权的索赔,即声称财产是以信托方式为你持有,并非可能存在的所有权索赔的唯一类型。其他类型的所有权权益在法律上也得到了认可,因此,其他类型的所有权权益的索赔也是可以提出的。或许可以说,所有的所有权索赔在某种程度上等同于"它是我的",但也可能在不同的范围和以不同的方式是"你的"。举个清晰的例子,某项财产是共同所有(按照普通法或衡平法),那么,与其简单地说"该项财产是我的",不如换一种说法——如果这是事实——称"该项财产的一半是我的"。在这里,你的索赔基本上属于同一类型(受益所有权),只是范围缩小了(共同受益所有权而不是单一所有权)。

第二个稍复杂一些的例子是原告对财产主张担保权利。抵押(或留置权,二者事实上可互换)是一种权利,是对该财产在一定金额内的货币价值享有的权利。所以,如果我对你的房屋享有价值 10 万英镑的担保权利,则我有权从它的销售收入中获取 10 万英镑。这就是土地抵押贷款的运作方式。这是一种所有权权益,因为它可以约束财产受让人,而且可以使你在破产中享有优先权(在其他债权人能够占有之前,担保权人可以从销售收益中取得相应金额的款项)。此刻,该财产在某种程度上是我的,财产的固有价值在一定范围内也归属于我。

就其本质而言,只有在原告确认其对某项财产拥有所有权权益的情况下,针对该项财产的所有权索赔才有可能获得。此外,仅可以确定过去某一时刻拥有该财产权益是不够的,原告还必须确定它是现存的权益。作为信托项下受益人,你对信托资产享有所有权权益;而作为一项所有权权益,它可以约束接受或取得该项资产权益的第三人(见第9.4节)。但是,因为你的所有权权益是一种衡平法上的权益,它将被任何一位支付了对价且未经通知而获得该项资产法定权益之人所打败。因此,如果你要对被挪用的信托资产提出索赔,你应该同时确认该项资产不是来自善意的、支付了对价且未经通知的真正的购买人之手(见第2.8节)。

获得所有权索赔的另一个限制是,即使你对财产的权益从未受到破坏,但如果财产本身遭到毁损,你的索赔也将被终止,例如,现金被烧毁或食物被吃掉。这一切都使衡平法上的所有权权益以及由此产生的衡平法上的所有权索赔显得不堪一击。不过,我们在后面可以看到,这种情况因追溯规则在很大程度上得到了改善,该规则允许受益人有权获得初始以信托方式持有的财产之外的其他财产的权益。

个人索赔是不同的,它是对个人权利的诉讼。由于每一项个人权利都是另一方相应的义务的反射,个人索赔则等同于要求被告履行其对原告所承担的义务的诉讼主张。因此,所有权索赔等同于声称“它是我的”,而个人索赔则等同于要求“做这件事”。在本章所探究的所有个人索赔中,“这件事”就是被告支付一笔根据被告给原告造成的损失(赔偿)或被告获得的收益(归还或获益返还)而判定的款项的义务。但是,这并不能得出个人索赔就是“金钱主张”的结论。

对此,有两点理由。首先,个人索赔强制执行的义务并不一定是支付款项。如果签约一方主张具体履行,这是一项个人索赔,但是原告要求被告做的是履行其合同义务(如建造一个游泳池),而不是支付一笔款项。其次,货币——无论是特定短期债券,还是银行存款——是财产,因而原告可以就被告手中持有的特定资金提出所有权索赔。这是非常关键的区别。例如,你有义务向我支付(你欠我)100 英镑,与你的钱包或银行账户中特定的 100 英镑是我的,存在很大区别。前者为个人索赔,后者为所有权索赔。若确定的 100 英镑遭到了毁损或传递到善意的、支付了对价且未经通知的真正的购买人之手,那么,后者的索赔将会失败;而前者则不会。后者将使我在你破产的情况下享有优先权(在你的其他债权人对其提出主张之前,我就可以取走 100 英镑);而前者则没有[与其他无担保债权人一样,按照平等原则,我只能得到被欠付的一定比例的款项份额(见第 8.10.1 节)]。

尽管个人索赔和所有权索赔之间的区别是根本性的、明确的,但需要重点关注的问题是,财产法可能同时涉及了这两种索赔方式。任何一项所有权索赔的核心是原告能否确认其对相关资产拥有所有权权益的问题。同样的问题可能是进行某些个人索赔的首要的问题。例如,因为你错误地干预或损坏了我的财产,我想申请赔偿。这是一项个人索赔——我强烈要求赔偿我的损失。但是,明显的是,除非我能够证明你确实干预了我的一项资产,反过来要求证明你干预的财产在那一刻是我的,否则我的索赔不会成功。因此,尽管索赔是个人索赔,但其成功取决于财产法的一个问题:确认原告对相关资产是否拥有所有权权益。

这方面的例子是一个被称为知情受让的个人索赔案,我们将在后文对该案例进行详细探讨(见第 14.16 节和第 14.17 节)。该项索赔的一个关键要素是,被告收到财产时原告对该项财产享有受益的权利。不像所有权索赔,要求原告对相关财产享有现时存在的所有权权利,个人索赔仅要求原告在早些时候即被告收到或干预该项资产时对相关资产享有所有权权利。原告现在对该项资产不再拥有权益,就个人索赔而言并不重要。

14.3 追溯

由此可见,原告能否证明其对某项资产拥有所有权权益的问题,不仅是所有权索赔成功的关键,也是某些个人索赔的基本要素。那么,如何确定财产在某种意义上归属于原告呢?正如第14.2节所述,在信托资产被挪用的情况下,只要该项资产没有被毁损,亦未被善意的、支付了对价且未经通知的真正的购买人所获得,该项资产(受益以及衡平法上)就继续归受益人所有。再次强调,问题的关键不在于该财产现时是否在真正的善意购买人手中,而在于该财产被挪用后是否始终在真正的善意购买人手中,因为善意购买规则的效力会约束原告衡平法上的权益(见第2.8节)。真正的善意购买人一旦获得该项财产,原告的权益就被破坏了,以至于资产以及后来的受让人的状况——是否支付了对价以及是否有通知——都无关紧要了。

但是,信托受益人仍有权获得初始以信托方式持有的财产之外的其他财产的权益。这是追溯规则的优势(或者说,这是追溯规则和索赔主张的组合效应,以尊重那些说我们没有混淆二者的人)。追溯的基本原则是,受益人可以将交换信托财产所取得的财产视为他的财产。例如,受托人挪用信托资金为自己购买了股票,则受益人可以主张这些股票归他所有。

在完全替代,即新获得的财产完全因交换信托财产而取得的情况下,状况是最为明晰的。当然,该规则也适用于部分以受益人的财产和部分以他人的财产交换而获得财产的情况。例如,受托人从信托基金中取出部分资金,将其与自有(或第三人的)资金混合在一起购买股票,此时受益人将对所购买的财产拥有权益,只是这一次是有限的。

对追溯规则的一种普遍的解释是,该规则与定位初始信托财产的价值有关(见 Cutts,2006)。因而当受托人以信托资金购买股票时,该笔资金的固有价值体现于股票价值上,或者由股票来代表。当他把股票又换成一辆车,其价值又将转嫁到车上。由此,我们可以将追溯与追随进行对比[见 *Foskett v. McKeown* (2001) 1 AC 102, 127 (Millett 勋爵)]。追溯是定位特定资产固有价值的过程,而追随是定位资产本身的过程。因此,每一次信托资产被挪用时,受益人都有两个基本的选择:追随资产到接收人手中,或追溯交换信托财产所获得的财产价值。

总之,要证明被告持有(或曾经持有)的资产是(或曾经是)信托资产,你有两种方法可以选择。首先,你可以证明该资产是受托人最初以信托方式为你持有的资产,在其被挪用后,最终落入被告之手。其次,如果受托人或第三方接收人以初始信托资产的替代品换取了该资产,那么你可以对该资产确立权益,虽然它并非你的初始信托资产,但它是初始信托资产的替代品(即使替代资产换成另一个资产,你也可以追溯到替代资产的替代资产)。

对原信托资产的追随和索赔相对简单,但将资产确定为可追溯的信托资产的替代资产,并对其提出主张就没那么简单了。很快我们将会详细研究这些规则。但是,我们首先要解决的问题是,为什么法律允许以这种方式对替代资产主张索赔。

14.4　针对可追溯替代品的诉讼的依据

为什么允许受益人将没有被宣布设立信托且他们对其没有优先权益的资产作为信托财产索赔?这是法院直到最近都很少关注的一个问题。一直以来,学术文献中的观点认为,这些索赔要求建立在不当得利基础之上,具体如下:如果我用你的信托资金为自己买了一辆汽车,并把该汽车留给自己,那么,我将会不当得利。因此,允许你主张衡平法上的受益所有权,要求返还车辆或阻止我的不当得利(见

Birks, 1995; Burrows, 2001)。

但是上述分析存在一些难点。例如,如果我继续将汽车交换为股份,很明显,你就可以就该股份的所有权提起诉讼。然而,作为第二次交换的结果,认为我再次不当得利似乎并不准确(见 Rotherham, 2002)。对追溯规则的这一解释,被上议院在 *Foskett v. Mckeown* (2001) 1 AC 102 案中驳回。然而,大法官们也没有提出更多的替代理由,只是简单地认为追溯是财产法的问题,而不是不当得利法的问题。但 Burrows(2001)表示,这是不能令人满意的。如果我们同意对一项资产拥有所有权权益是常见情形,那么人们对交换所取得的财产亦可以拥有权益,我们也应该能够解释为什么会存在这样的情形。*Foskett* 案则认为,"好吧,这就是财产的运作方式",这根本就不是什么解释。

也许我们可以通过对财产受益所有权的深入探讨来找到更好的解释。这种所有权,无论是在普通法还是在衡平法上,都等同于对相关资产所得利益的独有法定权利。当你完全有权享有某项财产的利益时,并不意味着你必须保留所有利益。如果你愿意,你当然可以这样做,但是你也可以选择至少将部分利益转给其他人。举例来说,作为某些股票的信托受益人,我可以选择为自己保留所有股息。不过,我也可以把这些钱或是信托项下的全部权益交给他人。此外,我可以设置任何此类转让的条款。我可以说,我会向你支付股息,前提是你给我某些物品——其他财产——作为回报。因此,我的受益权益通过交易会获得潜在其他财产。我可以用信托财产的受益权益,或其中的某些部分换取你的财产。

换言之,财产受益权益的好处之一是,随着该权益的扩展,它使受益人,而且只有受益人,能够使用该财产获得其他"新"的财产。这是一种为受益人而保留的对财产的"使用",只有受益人才有权享用的有利条件。在此基础上,承认受益人对以初始信托资产交换而获得的新的资产拥有受益权益是有意义的,因为这样做,我们确保了受益人,且仅是受益人,从这些初始信托财产的处置中受益(当然,就信托而言,受益人受益利益的这一方面可能受到信托条款的限制,特别是受托人可能拥有的超越受益人利益的任何权力:见第 2.7 节)。简言之,受益人拥有受益权益,意味着只有受益人有权享有因使用该资产而产生的任何利益,并且作为这种“使用”之一是将该资产与其他资产进行交换,因此,允许受益人对这些替代资产享有受益权益,可以被视为其对初始信托资产的(部分)受益权益的实现(见 Webb,2016a,182 –5)。

如何解释针对可追溯的替代物的索赔为什么重要呢?我们之所以关注规则的基础,是因为它决定规则的内容和范围。因此,当我们不确定规则是什么或它们应该是什么时,这些问题只能通过探寻在这方面摆在首位的应是什么样的规则来解决。因此,举例来说,如果说对可追溯的替代物的索赔是不当得利的索赔是正确的,那么,似乎可以得出结论,情势变更的抗辩应适用于这些索赔(见第 14.15 节),因为这是针对不当得利的索赔的标准抗辩(事实上,有些人更进一步建议彻底重新制定追溯规则,使之与不当得利原则保持一致,例如,见 Evans,1999)。相反,如果这些索赔不是基于不当得利,那么至少这一抗辩是否应适用就不那么清楚了。因此,这个问题还远没有解决,但鉴于其重要性,我们无法置之不理。

14.5　追溯的先决条件

追溯规则不仅适用于滥用信托财产的情况,也适用于其他违反信义义务而滥用财产的情况。例如,代理人拥有你的部分财产。通常来说,该财产从法律和实质上都属于你,代理人(不同于受托人)对该财产不享有法定所有权。然而,他在财产处置上对你负有信义义务(见第 10.13 节)。他若不当赠送或出售该财产,你可以利用衡平法的追溯规则对其滥用初始资产而换取的资产进行索赔。

然而,长期以来的一个观点是,如果原告的财产从一开始就不是信托财产或信义关系下的财产,那么追溯规则并不能帮他追回财产。因此,该规则规定,相关信义关系的存在是适用衡平法追溯规则的先决条件:见 *Diplock* (1948) Ch 465 案(普通法也有追溯规则,但被认为其范围太小,无法处置混合基金,只能处置单一替代资产)。因此,迫切希望求助于更慷慨的衡平法追溯规则的原告,竭尽全力试图根据事实找出某种信义关系,这反过来导致法院有时扩大信义关系的范围,以便使他们认为其索赔有价值的原告胜诉。以 Goulding 法官的结论为例,他认为 *Chase Manhattan Bank NA v. Israel-British Bank (London) Ltd.* (1981) Ch 105 案的两家银行存在信义关系(见第 9.11 节)。不过,结论的前提是有一部连贯而原则性的信义关系法。

然而,由于两个因素,情况正在发生变化。首先,在过去的几年里,有一种观点认为,普通法和衡平法的追溯规则应是相同的,因为确定作为你的财产的回报获得了什么(现在可以追溯到的替代资产)的过程不涉及价值判断,因此应该与财产事先持有的方式无关(它是否由受信人持有):见 Birks,1995,295 - 300;Smith,1997b,120 - 30。事实上,争论更进一步,有人认为,普通法和衡平法规则不仅只应是相同的,而且根据权威的正确解读,两者是相同的,只是法院一直曲解旧的判例法(见 Smith,1995a)。这一观点正在获得支持,尽管未被 *Foskett v. Mckeown* (2001) 1 AC 102 案判决采纳,但上议院的一些成员都给予了支持。

第二个因素是 Browne-Wilkinson 勋爵在 *Westdeutsche Landesbank Girozentrale v. Islington London BC* (1996) AC 669, 716 案中的名言,盗窃者以(推定)信托的形式为盗窃受害人持有被盗财产(见第 9.12 节)。这种信托关系与其他关系一样,被盗财产换成其他财产后允许适用衡平法追溯规则。这一分析受到了怀疑,因为偷盗人通常对赃物没有所有权,很难理解如何适用标准的信托原则(该原则要求受托人享有财产权益)。但 Browne-Wilkinson 勋爵轻松解决了问题,因为作为财产被滥用的受益人会比作为盗窃受害人处于更有利的地位。如果这一观点成立,那么,区别普通法和衡平法中的追溯规则也就不再有意义。这是因为,很难想象在没有违反信托或盗窃的情况下财产被误用的情况。如果有遗留的情况,而我们希望适用衡平法追溯规则,那么,Browne-Wilkinson 勋爵的判词支持这样的观点,即预先存在的信托关系可能是不需要的。

最后一个支持原告适用衡平法追溯规则无须信义关系的观点是,在某些归复信托下,我们已通过追溯获得财产。若 A 和 B 都购买以 B 的名义出售的财产,B 将以信托方式按各方缴款比例的份额持有该财产(见第 8.3 节),那么虽然 A 最初对其资金享有普通法上的所有权,但他最终获得的是该财产(部分)衡平法上的所有权。这看似是一个追溯案例,但在购买前无论双方是否存在信义关系,最终都会出现归复信托。综上所述,如果允许原告在先前无信义关系的情况下通过归复信托追溯自己获得的财产,我们就不应要求在适用衡平法追溯规则的情况下存在预先信义关系。

14.6　所有权索赔

我们现在来探讨所有权索赔的细则。首先,我们注意到强调规则的独特性已越来越普遍,一方面是追随规则和追溯规则——根据这些规则,资产被确定为代表信托资产或源自信托资产;另一方面是索赔规则——根据这一规则,原告有权收回这些资产(见 Birks,1995;Smith,1997b)。从逻辑上讲,这无疑是正确的。然而,这些案件几乎没有或根本没有试图将这些问题分开。此外,当我们查看相关规则时,通常很难清楚哪些应该被归类为识别规则,哪些应该被归类为请求规则:参见适用于信托财产与受托人自有财产混合或结合的规则

(见第14.8节和第14.11节)。任何情况下,追随规则和追溯规则在法律上都是不相关的,除非它们构成某种形式的索赔的必要步骤。因此,在后面的章节中对这些问题将不作区分。

14.7 追随

正如我们所看到的(见第2.3.2节和第9.4节),受益人对信托财产(无论是初始信托财产、受托人后续获得的财产,还是滥用信托资产的可追溯收益)的衡平法上的所有权,可以向该财产持有人主张,并使受益人能够从该财产的所有持有人处收回该财产,除非且直到受益人的所有权属于下列情况之一:

(1)因受托人有效行使不受受益人利益影响的处分财产的权力而无能为力;或

(2)因该财产被支付了对价且未经通知的真正的善意购买人取得而灭失(见第2.8节)。

除上述情况外,导致受益人难以收回信托财产的唯一问题是其确定该项资产位置的能力,对此有两点值得注意。

一是存入银行的款项。虽然我们通常说的资金"在"银行账户,即一个人付款到一个账户,只是把资金存入银行以妥善保管,但这实际上不是法律上的事实。更确切地说,银行账户不是资金的存放处,而是要求银行支付与该账户余额相等的一笔款项的债权,简言之,是银行欠账户持有人的债务。相应地,当款项付给银行时,交易就发生了。付款人将其对资金的所有权转让给银行,而银行赋予账户持有人(若该账户未透支)请求权,可以向银行要求归还同等金额及利息:*Foley v. Hill* (1848) 2 1-IL Cas 28。因此,与其他交易一样,将信托资金存入银行账户的受益人有两个基本选择。首先可以追随资金至银行,其次可以追溯其价值至银行对账户持有人所欠的债务。

追随资金至银行的诉讼鲜有胜诉,因为银行以还款加利息的形式支付了对价,因而银行就成为支付了对价且未经通知的真正的善意购买人。相反,对账户中资金的诉讼主张的基础实际上是追溯而非追随。受益人声称(至少部分)账户持有人从银行获得支付的权利(本身为"权利动产"的财产形式)是以信托形式持有的。这样他就可以说有权要求银行支付相关金额的人是他自己,而非账户持有人(后文将详述追溯银行账户的规则:第 14.9 节至第 14.11 节)。

二是关于物理混合物。我的油或糖和别人的混在一起,我可以追随至该混合物。但要确定混合物的哪些部分是我的或者分离出我的部分是不可能的,那我还能收回吗?法律区分了两种情况。如果我的信托财产与另一个无责方的财产混合在一起,我有权享有与我的定期缴款比例相符的混合财产份额。因此,如果受托人将我的 2000 公升油与你的 1000 公升油混合在一起,我们将会以 2 : 1 的比例持有 3000 公升的混合物,而该混合物的提取或损失也按相同比例承担。

相比之下,若信托财产与受托人或其他不当行为人(如对违反信托知情的购买人)的财产混合,我们则更倾向于将整体混合财产视为以信托形式为受益人持有[见 *Frith v. Cartland* (1865) 2 H & M 417, 420],但现行法律仍允许各方拥有相应比例的受益份额。然而,若部分混合财产被提取或损失,结果会有所不同。与混合替代资产的追溯规则一样(见第 14.8 节),受益人可以要求被提取或损失的财产只影响被告而不影响自己的份额。因此,如果受托人将我的 2000 升油和他自己的 1000 升油混合在一起,一旦损失 500 升,影响的会是他份额中的油,即剩余部分为我的 2000 升油和受托人的 500 升油。

若财产不复存在,我们就无法通过追随该财产而提起诉讼主张。例如,以信托形式保管的一幅画被烧毁或酒被喝完,(除后者的空瓶子外)受益人没有可诉的财产。我们有时甚至难以确定某项资产是否或何时失去。当财产作为制造过程的一部分时,这个问题最为明显,因为它与其他财产结合形成了一些新资产。如果我的财产在物理上仍然可以识别和分离,我可以追随财产并提起诉讼主张。例如,我对车辆轮胎享有衡平法上的权益,我的主张就不会因此被推翻,我可以收回轮胎。

更多的问题是在受益人的财产无法返还的情况。这类案例介于追随和追溯之间。这并不是一种交换——原始资产并不是作为另一种资产的交换而转移的——但原始资产不再具有任何独特的存在,这意味着它与直接的追随案例有截然不同的问题。在这种情况下,受益人财产本质上已被消费,因此无法对最终财产进行诉讼主张:见 *Borden (11K) Ltd. v. Scottish Timber Products Ltd.* (1981) Ch 25。但如果信托财产被错误地用于制作新财产,法院应允许受益人对新财产提起诉讼主张。

下一个问题是受益人能收回什么。同样,情况会根据谁在制造过程中提供了其他财产而有所不同。若其他财产源于不当行为人,受益人有权提起诉讼主张;反之,若其他财产源于无责任人,最合理的解决方案为"通过与追溯规则类比、参考其定期缴款价值从而分割开各受益人之间的受益所有权"(但该方法因实施困难而未在 *Borden* 案中被采用)。对此问题的进一步分析,请参见 Akkouh and Worthington,2006。

14.8 基于追溯的索赔

上一节涉及的是对现有信托财产转让以及与其他财产结合的诉讼主张。但是,对于先前未以信托形式持有而是以现有信托财产换取的财产,法律同样允许受益人对该财产的索赔。在这种情况下,受益人可以追溯到替代资产,并通过处置来收回该资产,就像收回的是先前的信托财产一样。当初始信托财产在未经通知的情况下转让至善意购买人而无法再基于追随提出请求时,追溯就变得尤为重要。

最简单的例子是一个无保留的替换。这是仅以信托财产交换替代资产的情况。在这种情况下,受益人可以主张,作为对信托财产的回报而获得的财产同样以信托的方式为他持有。因此,如果我的信托资金中的 1000 英镑被用来购买一幅画,或者我的股份被用来交换一辆汽车,那么我可以主张对这幅画或汽车衡平法上的所有权。

"混合"替代资产则会引发更多问题。当以不同来源的财产换取替代资产时,比如,用 A 的 1000 英镑和 B 的 1000 英镑购买一幅油画,或者用 C 的股份和 D 的金条换成一辆车。在信托财产作为混合替代资产的一部分被转让的情况下,对受益人来说,可获得的索赔取决于谁提供了交换替代资产的其他资产。

如果这些财产源于无责任人,替代资产将被按比例以信托形式为各方持有,最终根据可行性,在对该资产无法直接分配的情况下,对其出售所得进行分配。例如,受托人 T 挪用 A 的 2000 英镑信托基金和 B 的 1000 英镑信托基金购买了一幅画,T 会按 2∶1 的比例为 A 和 B 以信托形式持有这幅画,若画的价值上升,A 和 B 将按比例获得收益;若价值下降,A 和 B 将按比例承担损失(但 A 和 B 可以对 T 的违反信托义务提起诉讼)。

如果这些财产源于不当行为人,情况会相对复杂(包括违约受托人和对违反信托知情的信托财产购买人)。例如,受托人 T 用 3000 英镑的信托基金和自己的 2000 英镑购买一幅画,根据上议院在 *Foskett v. McKeown* (2001) 1 AC 102 案中的判决,受益人 B 有选择权。一种选择是,在该项购买的所有出资人均是无辜的情况下,受益人可以主张与他的贡献成比例的替代资产的份额。在上述案例中,B 可以持有这幅画 60% 的份额。但是,还有另一种选择。作为另一种选择,他可以对替代资产中其出资的价值部分主张抵押权,这将使 B 有权出售这幅画,并从出售所得中得到 3000 英镑。

这一选择的重要性显而易见,因为该财产自购买以来一直在贬值。假设最初 5000 英镑的画的价格降为 4000 英镑。若 B 选择持有画的份额,他将按比例承担部分损失,即剩余利益为 2400 英镑(4000 英镑的 60%)。若 B 选择提出留置权,则他仍可以从出售这幅画的收益中收回 3000 英镑,尽管这幅画贬值了。这使 T 会承担因贬值而产生的所有损失。当然,如果画的价值低于 3000 英镑,B 的留置权并不能收回全部 3000 英镑,只能是按出售的价值收回(剩余差额可以向受托人提起诉讼再次收回)。相反,如果替代资产价值上升,受益人选择持有相应份额可以获得增值收益,而选择留置权只能收回初始份额的价值。

总之,当以信托财产与不当行为人的财产合并取得替代资产时,如果替代资产价值上升,受益人会选择持有一定比例的份额;如果替代资产价值下降,受益人会选择提出留置权;如果价值维持不变,两种选择皆可。

为何法律会赋予受益人选择权?因为法院希望保护因受托人违反信托而处于不利地位的受益人,认为损失应由受托人(或其他不当行为人)而非受益人承担,这也是留置权的作用。这也解释了在混合替代资产中,若其他份额源于另一无责任人,受益人没有留置权选择的原因。在双方都无过错的情况下,我们无法偏向其中一方,而要求另一方承担更多损失,只能通过限制享有相应比例的替代资产以确保公平。

但是,也有人对法律偏向受益人而非不当行为人的规则提出疑问。Millett 勋爵在 *Foskett v. McKeown* 案中建议受益人在一定比例的受益权益和留置权之间进行选择,以确保受托人无法非法获利。然而,事实并非如此,如果替代资产价值上升,受益人可以获得增值部分的相应份额,但同时受托人或其他不当行为人拥有增值部分的相应份额。如上例中的画当前价值为 6000 英镑,那么 B 占有的比例份额为 3600 英镑,T 的比例份额为 2400 英镑,由于 T 只缴纳了 2000 英镑,他最终获得 400 英镑收益。基于 T 不应以受托人身份获益的原则,所有增值都应归于 B,而 T 只能收回其份额的价值(若资产价值下降,则 T 不应获得其份额价值)。

应当强调的是,当涉及不当行为人资产的混合替代时,给予受益人的优惠待遇取决于为交换作出贡献之人,而不取决于目前持有替代资产的人。所以,如果 T 把画赠与第三人 C,C 没有给予对价且对 T 违反信托不知情,那么尽管 C 是无辜的,B 仍有权在持有比例份额和留置权之间作出选择。

14.9　银行账户内外的追溯

当信托资金存入银行账户,受益人可以选择追随资金至银行,或追溯其价值至账户持有人享有的权利。如果信托资金为该账户唯一的资金,那么该替代资产结构清晰,受益人有权追溯账户中的所有取款和转账。但更为常见的情况是,存入账户有负债或后续有其他来源资金,导致产生混合替代资产的问题:账户持有人付款资金一部分源于信托资金,另一部分源于其他资金,简言之,该账户为受益人和其他人共同所有。

在资金没有被提取时,情况会相对简单,账户持有人可以按缴纳份额的比例以信托形式为缴款人持有。因此,如果将 1000 英镑信托资金存入已有 2000 英镑的账户中且随后又存入 1000 英镑非信托资金,账户余额为 4000 英镑,那么受益人有权获得账户受益份额的 1/4。然而,当资金随后从账户中提取或转出时,问题随之而来,因为我们需要区分该笔资金属于账户中谁的份额,换句话说,当资金从账户转出时,有多少钱应该被视为信托资金。

14.10　出资人为无责任人的银行账户

与其他混合替代资产一样,法院根据其他出资人是无责任人还是不当行为人制定了不同的规则。首先假设其他资金源于无责任人,受托人 T 以不正当手段从 B 的信托基金中取出 1000 英镑存入其新设立的账户中。几天后,他以同样方式从 C 的信托基金中取出 1000 英镑存入同一账户,此时账户余额为 2000 英镑。这时,T 以信托形式同比例持有 B 和 C 的资金。但如果 T 从账户中提取 500 英镑会怎样?鉴于取款前 B 和 C 的份额相等,人们认为取款金额应以同比例分摊给两人,即 B 和 C 各自分摊 250 英镑。然而,法院并非如此理解。

14.10.1　先进先出

法院一般适用的"先进先出"规则或 *Clayton's Case*(1816)1 Mer 572 案规则规定取款应与存款顺序相同:先存先取。因此,上例中提取的 500 英镑应全部源于 B 的份额,只有 B 的所有份额被取完才会提取 C 的份额。如果 T 提取 1500 英镑,则应看作为 B 的 1000 英镑加上 C 的 500 英镑,账户中剩余 500 英镑仅为 C 的份额。

如果同时存入不同来源的资金,则在取款时根据两者份额按比例分摊。例如,T 同时存入 B 的 1000 英镑和 C 的 500 英镑,后又存入 B 的 500 英镑,则 B 在账户中的份额为 75%,C 为 25%。如果 1000 英镑被取出,根据"先进先出"规则,这笔资金应产生于先存入 1000 英镑的人,而在 1500 英镑的初始存款中,B 占 2/3,C 占 1/3,因此,按比例分摊,666.67 英镑来自 B 份额,333.33 英镑来自 C 份额。

"先进先出"规则的优点在于它根据时间顺序来记录存款和取款的过程,这简单易行[但在 *National Crime Agency v. Robb*(2014)EWHC 4384(Ch),(2015)Ch 520 案中,对规则的适用过于复杂以至于被否定],但缺点是可能会造成不同的结果。比如,先存入 B 的 1000 英镑,次日存入 C 的 1000 英镑,多年后,1000 英镑被取出购买双倍价值的股票,按照“先进先出”规则,用于购买股票的 1000 英镑应来自 B 的资金,B 会因股票增值而获得全部意外之财,而假如后一笔 1000 英镑用于赌博或一顿饕餮盛宴,且无任何可追溯收益,C 将一无所获。至少,令人怀疑的是,为什么多年前 B 的钱碰巧比 C 的早一天存入账户的事实会导致如此不平等的结果。

当然,从“先进先出”规则中受益的并非都为先存入资金的人。如果将上述案例稍作修改,先取出的 1000 英镑被挥霍,后 1000 英镑用于购买股票,则获益的是 C 而不是 B,这取决于存款和取款的偶然顺序。然而,该规则的问题不仅在于会导致出资人直接的不平等和不公平,而且在于其本身并不现实。无论资金以何种顺序被存入银行,银行都对账户持有人负有债务,但它是一个混合整体,而非一系列单独的与个人存款相关的个人债务。因此,将先取出的资金理解为先存入的资金是错误的。

由于这些问题,“先进先出”规则饱受争议。值得庆幸的是,该规则似乎将被废除。上诉法院在 *Barlow Clowes International Ltd. v. Vaughan* (1992) 4 All ER 22 案中对这一规则提出批评,认为尽管在账户中混有无责任人的资金为默认规则,但不排除有不适用该规则的例外情况。

首先,该规则不适用于确定或可推断出资人意图的情况。当出资人有意将账户作为共同基金,个人取款将不会被视为对某特定存款的取款,这是 *Barlow Clowes v. Vaughan* 案没有适用“先进先出”规则的原因。多个出资人成立基金投资一家公司,其并非专门为特定投资者而设立,由此法院推断,从账户中取款并再投资,出资人并未打算以出资顺序记入。

在 *Barlow Clowes* 案中,出资人的资金将与其他资金一起存入同一账户中,受托人有必要询问其意图(或推定意图)及分配事项。但是,在典型的违约信托案例中,受托人从信托基金中挪用资金,并存入自己或他人的账户,受益人可能从未或永远不会想到其资金被存入混合账户。因此,就"先进先出"规则是否适用这一问题询问其意图是徒劳无用的。尽管如此,Woolf 法官在 *Barlow Clowes* 案中支持了这样一个观点,我们可以询问出资人若知晓资金的去向,他们会有何打算。如果这观点是对的,我们很难想象滥用信托资金的案例会适用该规则。

更进一步来讲,Woolf 法官认为"先进先出"规则不适用于"不切实际或引起不公"的情况。单从简单的字面理解就可看出在大多数情况下,该规则会导致不公。值得注意的是,尽管 Leggatt 法官和 Woolf 法官一样反对此规则,但是 Dillon 法官和 Leggatt 法官远不及其研究深入。

Woolf 法官的观点在之后的案例中得到了支持。在 *Russell-Cooke Trust Co. v. Prentis*（2002）EWHC 2227（Ch）,（2003）2 All ER 478 案中,Lindsay 法官注意到法院准备限制"先进先出"规则的运用,从其在任何意义上遭遇共同不幸的受益人之间的实际应用来看,*Clayton* 案作为例外情况可能更准确。随后,在 *Commerzbank Aktiengesellschaft v. IMB Morgan plc*（2004）EWHC 2771（Ch）,（2005）2 All ER（Comm）564 案中,Lawrence Collins 法官同意了 Woolf 法官的说法并基于"不切实际和不公正"反对适用该规则[见 *Charity Commission v. Framjee*（2014）EWHC 2507（Ch）,（2015）1 WLR 16]。

14.10.2 平等

如果像 *Barlow Clowes* 案一样,"先进先出"规则无法适用,那么应如何分配出资人之间的取款?思考下面这个案例。受托人 T 第一天从 B 的信托基金中非法取出 1000 英镑存入新设立的账户中。第二天,T 从 C 的信托基金中挪用 1000 英镑存入同一账户。第三天,T 从该账户中取出 1000 英镑并在当晚挥霍一空。最后,第四天, T 非法取走 D 信托基金中的 2000 英镑存入该账户,账户余额为 3000 英镑。如果根据“先进先出”规则，取出挥霍的应为 B 的资金，而剩余保留的应为 C 的 1000 英镑和 D 的 2000 英镑。

有人提出了两种“先进先出”规则的替代方法。第一种称为“滚动收费”，即“滚动平等”或“北美”方式[由于北美某些司法管辖区倾向于采用这一方法：见 *Ontario Securities Commission* 和 *Greymac Credit Corp*(1986)55 或(2d)673]。在每个阶段将账户视为一个基金，出资人按其缴纳金额的比例享有份额。因此在第二天存款后，B 和 C 在 2000 英镑的余额中所占份额相同。当 1000 英镑被取出时，它应在 B 和 C 之间以相同的比例分配，当 D 的资金被存入，余额提高至 3000 英镑，D 因支付 2000 英镑而获得占 2/3(2000 英镑)的份额，而 B 和 C 每人则分别占 1/6(500 英镑)。

第二种方法为简单的平等法或“追溯既往法”。这仅仅是把出资人缴款总额加起来，按其缴款总额计算每个人在账户最后余额中占有的份额，无论他们何时缴款。因此，在上例中，共有 4000 英镑存入账户，B 和 C 分别存入 1/4(1000 英镑)，D 存入 1/2(2000 英镑)，然后将余额 3000 英镑按比例分给出资人，B 和 C 分别得到 750 英镑，D 得到 1500 英镑。

正如 Woolf 法官和 Leggatt 法官在 *Barlow Clowes* 案中指出，“滚动收费”是一种更公平、更连贯的方法。上例中，T 在 D 的资金存入前从账户中取款消费，该笔款项显然不应归于 D，而简单的平等法要求 D 按比例分担 T 从账户中转移资金所造成的损失。因此，相较于简单的平等法而言，滚动收费方法涉及更复杂的运算。

为此上诉法院更倾向于适用简单的平等法而非烦琐且高成本的“滚动收费”方法[见 *Charity Commission v. Framjee* (2014) EWHC 2507 (Ch),(2014) WTLR 1489, Henderson 法官拒绝采用部分“滚动收费”的方法]。然而，应该指出的是，上例只有少量的存款和取款，其计算的复杂性和成本并不高，*Barlow Clowes* 案支持了“滚动收费”方法。Rimer 法官在 *Shalson v. Russo* (2003) EWHC 1637 (Ch),(2005)

Ch 281 案中也采用了这一方法。

最后应注意的是,“先进先出”规则只适用于银行账户(不适用于两个或多个无辜的投资者将货币放于同一钱包或商店的情况),且只适用于活期存款账户,而不适用于定期存款账户。

14.11 出资人之一是不当行为人的银行账户

若账户的另一出资人是不当行为人,银行账户存入和支取的规则是不同的。如前所述,如果受益人和不当行为人对可追溯替代资产有竞争性求偿,那么法律会倾向于受益人,以尽可能确保损失由不当行为人承担。这同样适用于不当行为人将信托资金存入自己银行账户的情况。

以下面的例子为例。受托人 T 挪用了 1000 英镑的信托资金,并将其存入自己的银行账户,而他自己已经向该账户存入了 1000 英镑。过了一段时间,他又向该账户存入了更多的钱,总计 3000 英镑,并多次提款,总计 2000 英镑,但这些款项未留下任何可追溯的产品(例如,他将这些款项用于度假、吃饭和支付账单)。因此,该账户余额变为 3000 英镑。接下来的问题是,受益人 B 可以主张什么。

如果采用“先进先出”规则,信托资金存款将被视为已被提取而受到损失。因此,T 将对账户中剩余财产享有绝对所有权,而 B 无法提出所有权索赔(尽管他仍然可以起诉受托人违反信托并获得赔偿)。如果改为采用简单的平等法,那么 B 按照账户缴款比例在最终余额 3000 英镑中享有份额。他占有 20% 的份额(出资 1000 英镑,账户总额 5000 英镑),因此可以主张 600 英镑。虽然与“先进先出”规则相比,这种情况下 B 获取得多,但 B 仍承担部分损失。因此,如果要充分保护受益人,这两种方法都是不够的。

14.11.1　信托资金首先被花费的推定

上诉法院在 *Hallett's Estate*（1880）13 Ch D 696 案中遇到了这一问题，大多数人采用的解决方法是采用一个推定，即将信托资金和自己的资金混合的受托人或不当行为人推定为优先使用自己资金。只有在 T 自己的钱被取完时，法院才会将取款归于 B。因此在上例中，所有取款都归于 T，所有损失都由他承担，B 可以全款收回款项。

这种方法对一些案例的事实以及 *Hallett* 案的类似事实是公正的。但法院在 *Hallett* 案中制定规则的方式并不总是有利于受益人，它也可能导致不公。我们改变一下案例情况：T 从 B 的信托资金中取出 1000 英镑存入包含其自有的 1000 英镑账户中，之后又多次将自己的钱存入账户，总额为 3000 英镑，但这次 T 第一次取走的 1000 英镑是用于购买股票，随后股价翻番，T 又多次取款直至账户无余额，且未留下可追溯收益。因此，虽然 T 的银行余额为 0，却持有价值 2000 英镑的股票，那么如果可以，B 能主张什么？

如果采用"先进先出"规则，B 依然一无所获，因为第一笔存款 1000 英镑是 B 自己的钱。采用简单的平等法，B 将在账户中享有与其出资比例份额相应的权益，他最终可以得到 400 英镑（2000 英镑的 1/5）。因此，我们有一个类似于前面例子中遇到的问题，法院在 *Hallett* 案中也面临这个问题，在这个案件中，两种传统的方法都不能充分保护 B。无论如何，如果采用 *Hallett* 案中设定的解决方案，假定 T 首先花费的是他自己的钱，B 还是一无所有。股票产生于银行账户的第一次取款，因此应该视为用 T 自己的钱购买的；B 的资金应视为后来被支取的款项并且损失了。

14.11.2　择优挑选

这一问题出现在 *Oatway*（1903）2 Ch 356 案的法庭上。Joyce 法官认为，受托人将信托资金存入其银行账户时，应采用以下方法：

如果受托人继续支付款项,并不时用支票取款,但是贷款账户仍有余额,则认定他无权适用 *Clayton* 案中的“先进先出”规则,这一规则会确保其已提取的、消费的那笔无法被收回的资金代表信托资金,而剩下的余额不是信托资金而只是代表存入账户的自有资金……在我看来,当提取的任何资金用于投资且投资仍以受托人名义或受到受托人控制,余额的剩余部分随后被他消费时,显然受托人不能主张以投资剩余的部分仅代表自己的资金,而花费的以及无法追溯和收回的资金就是信托资金。换言之,当受托人的私人资金和以受托人身份持有的资金在同一银行账户中混合存在且随时会出现各种付款时,为确定余额或已经从账户支出的任何投资应当属于谁,受托人必须就被提取的和被其使用的,且无法再恢复的款项记入借方,用相似的方式将提取出来进行适当投资的任何款项以合适的受托人的名义记入借方。

换言之,受托人不能主张将挥霍的资金归为受益人的,而将剩余或成功投资的资金归为自己的。相反,无论他们将款项存入账户的先后次序如何,其可赚取利润的投资应归于受益人,而挥霍的款项则归于受托人;或者说,受益人可以“择优挑选”哪些取款应被视为“他的”以及哪些应被视为受托人的。

将这种方法应用于上述案例,意味着 B 可以说用于购买股票的 1000 英镑为存入账户的 1000 英镑信托资金,而所有损失都由 T 来承担。在此基础上,尽管有人质疑 *Oatway* 案方法是否给受益人提供了超过其价值财产的任何额外的价值,但受益人应可以主张在该项财产中享有与出资成比例的受益权益。在这个例子中,如果 B 为唯一出资人,那么只有 B 才能从股票增值中受益。

关于 *Hallett* 案和 *Oatway* 案的相互影响,也许还有问题尚未解决。在最后一个例子中,如果第一次提取的 1000 英镑购买股票后,T 继续取款并再花掉 3000 英镑,账户中只剩下 1000 英镑,B 能够收回什么?

这里的区别在于,如果我们采用 *Hallett* 案的假设,即受托人先花的是自己的钱,那么,B 将有权对仍然记入在该账户内的 1000 英镑提出主张。接下来的问题是,B 是否有权主张,用于购买股票的钱(现在价值 2000 英镑)应归因于存入的信托资金。换言之,*Oatway* 案的方法是否只适用于 *Hallett* 案的假设会使受益人蒙受损失的情况?或者,受益人是否一直有权自由地"择优挑选"哪些取款将被视为信托资金的取款,以便他可以享受最好的世界?在 *Turnet v. Jacob* (2006) EWHC 13 17 (Ch), (2008) WTLR 307 案中,Patten 法官认为,当受托人在账户中保留了足够的资金来偿还受益人时,*Hallett* 案假设适用,从而使受益人对账户中的资金可以索赔。

但是,对受益人在任何情况下都有择优挑选的权利的观点,还需要进一步阐明。该观点不仅在 *Shalson v. Russo* (2003) EWHC 1637 (Ch), (2005) Ch 281, (144)案中得到了 Rimer 法官的支持,且似乎更符合法律在混合资产类似情况下的处理方式[见第 14.7 节;也见 *Foskett v. McKeown* (2001) 1 AC 102, 132 (Millett 勋爵)]。这意味着,在修改后的例子中,B 可以声称提取后用于购买股票的 1000 英镑是信托资金中存入账户的 1000 英镑,并以此申请股票的衡平法所有权。

14.11.3 最低中间余额规则

但即使采用择优挑选的方式,受益人可以主张的权益最多只能达到信托资金存入账户的价值(加上该金额的任何利息)。如果信托资金中的 1000 英镑已存入账户,那么受益人只能追溯 1000 英镑的取款和购买。若受托人取出的 2000 英镑因投资股票获利,那么受益人最多可以主张这笔资金中的 1000 英镑属于信托资金,且最多可以在股票中享有 50% 的衡平法权益。

类似的想法形成了另一条限制受益人从混合账户中追溯取款权利的规则。这就是所谓的"最低中间余额规则"。关注以下案例。第一天,T 将信托资金中的 1000 英镑存入已有 1000 英镑的银行账户中。第二天,他提取了 1500 英镑用于支付市政税,最后在第三天,他存入自己的 2000 英镑,此时账户余额为 2500 英镑。在这种情况下,即使通过结合使用 *Hallett* 案和 *Oatway* 案方法给予受益人优惠待遇的权益,运用最低中间余额规则,B 最多可以申请账户余额的 500 英镑(1/5)。其原因在于,虽然 B 的 1000 英镑存入了账户,但第二天取出的 1500 英镑至少有 500 英镑一定来自 B 的份额,因为在银行账户中 T 自己只有 1000 英镑。因此,在信托资金存款日期到 B 提出主张日期期间,B 的利益被限制在账户最低余额。

同样,如果账户在此期间的任何时候都处于透支,那么无论现在的账户余额为多少,B 对账户都没有所有权索赔。这一规则是在 *James Roscoe* (*Bolton*) *Ltd. v. Winder* (1915) 1 Ch 62 案中规定的,并得到了 *Bishopsgate Investment Management Ltd. v. Homan* (1995) Ch 211 案中上诉法院的支持。由此推断,受托人此后存入账户中的资金虽然增加了账户余额,但受益人不能对其享有所有权,除非有少数情况,受托人愿意赔偿先前消费的信托资金。

然而,最低中间余额规则以及一旦资金转入透支账户中追溯过程便终结的观点在 *Federal Republic of Brazil v. Durant International Corpn* (2015) UKPC 35, (2016) AC 297 案中被枢密院淡化。Sao Paulo 前任市长收取大量贿赂并将资金存入其控制的一家公司的银行账户中,通过一系列转账进入被告公司账户。被告试图依靠最低中间余额规则限制其责任。法院驳回被告论点,法院认为重点应为"该案件中交易的实质内容,而不是……事件发生的严格顺序";"无论账户持有人是在透支账户还是在结算账户期间,账户都可能被用作基金转账的渠道"。

在此,法院似乎结合了两种截然不同的观点,我们有必要分开探讨一下。其一是涉及银行转账的性质及账户借记和贷记的顺序。在下文的"回溯"中,我们会进行研究。其二是如何使用透支和其他信贷手段。假设我的账户及银行允许的透支额为 1000 英镑,而目前已透支 500 英镑。如果我因滥用信托资金而向该账户存入 2000 英镑,账户结存余额就会提高至 1500 英镑。根据最低中间余额规则,1500 英镑是受益人可追溯的最高值;另外 500 英镑由于被用来消除我的透支而无法进行追溯。但把这笔资金存入我的账户的结果就是我的透支功能提升了。在存入账户前,我只能从账户中提取 500 英镑,存款后,我可以提取 2500 英镑:1500 英镑为账户资金和 1000 英镑为可透支的全部额度。换言之,根据最低中间余额规则,该资金只是用来偿还银行债务——透支——实际是为我开放了同等的信贷额度。因此,如果我从银行提取 2500 英镑——1500 英镑账户资金和 1000 英镑透支额,那么把其中的 2000 英镑(不仅是 1500 英镑)视作存入账户的可追溯的信托资金,不仅是可能的,而且是明智的。

枢密院并不完全赞同这个结论。委员会表示,"无论账户持有人将账户用以结存账户还是在透支贷款账户","账户都可以作为基金转账渠道"。但接着又提出,追溯透支账户的能力和扩展到追溯超出账户最低中间余额的能力取决于把进出账户看作在实质上为单笔交易的不同的阶段;或者换句话说,我的意图是存入和支出的款项为同一笔资金(虽然从实际严格意义上不可能为同一笔,尤其是由于没有票据和货币交接,只是不同银行账户简单的借记和贷记)。因此,在上例中,只有在我存入信托资金且随后以这种方式提取信托资金的情况下,受益人才能规避最低中间余额规则向我索要 2000 英镑。这可以通过举例来说明,例如,我拿到信托资金的目的是给自己购买一辆摩托车,而事实上我从自己的账户中提取的款项就是这样使用的。

14.12　透支债务偿还的追溯

并非交换所有的信托财产都会产生可以追溯到信托财产价值的

替代资产。例如,当把资金用于度假、看电影或画展,或者吃饭等消费时,就会出现这种情况。一般来讲,使用信托资金偿还债务被认为是另一例证。我们可以把偿还债务看作一种交换,债权人放弃或丧失对债务人的求偿权以换取债务的偿还。但是,如果这是一种交换,它是一种在债务人手中没有留下任何替代资产的交换。因此,虽然用于偿还债务的资金可能会流入收到资金的债权人手中,但债务人手中并没有任何财产可以追溯,因此也没有受益人可以主张的财产。

正因为如此,长期以来,人们一直认为受益人无法追溯信托资金存入透支银行账户的情况。如果银行账户有结余,则银行对账户持有人负有债务。但在账户透支的情况下,则账户持有人对银行负有债务,而存入透支账户的资金就是用于还清或偿还债务的。

14.12.1 回溯

然而,近年来,越来越多的人支持这样一种观点,即支付信托资金以清偿债务并不一定标志追溯过程的结束(见 Smith,1995b; cf. Conaglen,2011)。有人认为,应该首先探究债务是如何产生的。如果债务是通过购买财产而产生,那么当信托资金被用来偿还债务,则受益人可以追溯到该财产。例如,我通过贷款购买了一辆汽车,我拿到了车但需要以后支付车款,因此,债务就在我和供应商之间产生了。如果我用信托资金来偿还这笔债务,受益人应该能够说这辆汽车是他付款的可追溯的产品。这就是所谓的回溯,本质上,无论交易即时发生(我在购买汽车的同时支付了全款),还是延迟发生(贷款购买),二者均不重要,只要都有相同的交换——金钱换汽车——受益人都应当能够追溯通过这种交换获得的财产。

Bishopsgate Investment Management Ltd. v. Homan (1995) Ch 211 案对这一观点进行了司法审查。在一审中,Vinelott 法官已经愿意接受他认为是在两种情形下回溯的例子。第一种情形是,用从透支账户中提取的款项购买财产,可以推断,当提取这笔款项时,被告的意图是

用信托资金偿还。第二种情形是,将信托资金存入透支账户以释放被告的透支额度,并使其可以购买特定资产。上诉法院的 Dillon 法官认可这些陈述,并认为,基于这样的事实,受益人对相关资产拥有衡平法上的留置权"至少是有争议的"。相反,Leggatt 法官则认为回溯是不可能的:

> 对于挪用资金前获得的资产在衡平法上没有救济,因为根据假设,我们无法追随至收到该笔资金以及未得到该笔资金援助前获得或存在的财产。

第三位法官 Henry 对这一问题并未发表意见,只是同意了上述两个判决。

尽管 *Bishopsgate v. Homan* 案引起人们关注回溯,却并未使其在英国法律中占有一席之地。上诉法院的法官对其可行性没有达成一致意见;此外,有人对由 Vinelott 法官提出并由上诉法院讨论的两个例子的可靠性表示怀疑(见 Smith, 1994)。然而,枢密院在 *Federal Republic of Brazil v. Durant International corpn* (2015) UKPC 35, (2016) AC 297 案中(见第 14.11.3 节)明确表明支持回溯,虽然只是部分支持。

委员会一开始就明确指出,关于受益人可以从偿还债务一直追溯至为偿还债务而获得的任何财产的说法太极端。原因之一在于其扩大了受益人所能追溯的所有权索赔的范围,从而使被告的其他债权人处于劣势,特别是:

> 如果处于破产边缘的受托人使用信托基金偿还他个人对无担保债权人的债务,在无特殊情况下,受益人的债权很难优先于无担保债权人的债权。

但重要的是,这并不意味着不可能存在回溯合理的情况,特别是“当发生债务和使用信托基金清偿之间存在密切因果关系和交易时”。比如,涉及银行定期转账的案例,似乎是不会引起回溯的问题,但人们为什么会认为可能存在。当我想从我的银行账户转一笔资金到你的账户时,我需要做的是对我的银行下达扣款指令,并对你的银行下达存款指令。然而,在通常情况下,资金从我的银行转移至你的银行前,你的账户会被记入贷方(可能两家银行的其他客户在我们转账的同时向彼此转账。为使转账更简单,银行不会分次进行资金转移,而是把所有加在一起整体转移。如果他行客户向我行客户转账的价值超过了反向转账的价值,那么最终将由他行向我行支付净差额)。由于你的账户贷记发生在你的银行收到转账款项前,这便是需要回溯的问题。长期以来,法院都允许受益人通过此类转账追溯,但并未涉及过任何回溯[例如,*Agip* (*Africa*) *Ltd. v. Jackson* (1990) Ch 265]。不过 *Brazil v. Durant* 案已明确表示,法院将公开允许回溯这类案例。

这类转账显然满足了法院对密切交易联系的要求:我向你转账时,我可以清楚看到我的账户扣款和你的账户存款为同一笔款项,你获得了“我”的资金;此外还有一种情况,即以信托资金偿还债务或在提供资金基础上获得信贷财产。你为我提供资金投资购买特定财产,但实际上我是从其他渠道贷款购买的财产并用你的资金偿还了这笔贷款[这一案例得到了枢密院的认可,见 *Agricultural Credit Corpn of Saskatchewan v. Pettyjohn* (1991) 79 DLR (4th) 22]。

因此,可以说,法院在某些情况下支持回溯,而在另一些情况下又反对回溯。那么,它到底能否可行?我们难以判断。对于受益人追溯信托设立前或更久以前获得的财产的想法——如果没有回溯的障碍——似乎是不现实的。然而,如果彻底反对回溯,洗钱者的资金便无法追溯:将信托资金从透支账户转移,受益人将无法向他们提出诉讼主张。很明显,*Brazil v. Durant* 案的委员会对此深有感触,正如司法安全委员会的 Toulson 勋爵所言,洗钱方式不断向复杂精细发展,往往涉及中介机构之间的信贷网络,因此,法院禁止以相互交易的伪装来掩盖其真正的总体目的及策略特别重要。如果法院对各项措施是协调计划的一部分非常满意,那么无论是作为故意编排的部分,还是可能由于银行系统事件,在互惠信贷进入之前中间银行账户出现借记,这都不重要……衡平法救济措施的有效性应取决于正在讨论的有关交易的实质内容而不是相关事件发生的严格顺序。

此外,如果追溯仅限于真正的即时、同时交换,那么鉴于大多数商品销售合同的履行方式(货物所有权是在付款前转移),基于追溯的索赔实际上非常有限(见 Smith,1997b,146)。因此,*Brazil v. Durant* 案可能为两个极端之间的一个务实的妥协。

14.12.2　代位权

即使不考虑通过债务偿还而进行回溯是否可行,明确的是,法律提供了另一种机制,依靠该项机制,其信托资金被用以偿还债务的受益人可以提出索赔。在一项债务被信托资金清偿的情况下,受益人可以承接其债务已被清偿了的债权人的权利。这就是所谓的代位求偿权,受益人接替债权人权利。

因此,如果受托人 T 欠债权人 C 100 英镑并以信托资金偿还这一债务,那么受益人 B 获得了 C 向 T 索要 100 英镑的权利。如果债务人是违约受托人,这并不会对 B 造成很大影响,因为他已经向 T 索赔 100 英镑作为对违约信托造成的损失赔偿。在这两种情况下,代位权给 B 带来了明显的优势。

第一种情况是,信托资金被无辜的受赠人持有并用于偿还债务。在这种情况下,没有任何债权是针对债务人的,因为(我们可以假定)债务人不是知情的接受者(见第 14.16 节),也没有任何可以成为所有权索赔的标的、可以追溯的收益。但在这里,代位权使 B 能够向一方当事人提出索赔。第二种情况是,如果 T 或后来的接收人使用信托资金偿还存在按揭或抵押担保的债务(见第 8.12 节和第 14.2 节),代位权允许受益人不仅承继 C(个人)收回债务的权利,而且承继他在按揭或抵押下的(所有权)权利。因此,如果 T 使用信托资金偿还其购买住房的按揭贷款,则 B 获得与银行或建筑协会作为抵押权人对 T 所拥有的相同权利[见 *Boscawen v. Bajwa* (1996) 1 WLR 328]。因此,B 有权对 T 的房子提出所有权索赔,体现了所有所有权权益高于个人权利的通常的优势。

14.13 追溯与“资产膨胀”理论

假设你收到我的 1000 英镑信托资金,尽管你是无辜的,但由于你没有对所收到的款项给予任何对价,因而你并非支付了对价且未经通知的真正的善意购买人。只要我找到这笔资金或知其流向,便可从你处收回资金或其可追溯的收益,前提是我有抗辩权。但是,如果你将信托资金用于支付电费了,那么,根据传统的追溯原则,现在我不能追溯,因而也就无法对你手中的任何财产提出索赔。

但是,尽管你不再拥有任何信托财产,你还是因信托财产而得利。通过使用信托资金支付账单,你避免了自己的花费,换言之,如果不以 1000 英镑的信托资金支付电费,你需要花费自己的 1000 英镑。总之,你可支配的总资金有净增长的原因在于收到了信托财产。因此,我可以要求以你的资产来偿还 1000 英镑作为收到信托资金的对价。这对你并无任何不公,只是使你回到原有未收到信托资金的状态。

这种被称为“资产膨胀理论”的观点似乎是受到(有争议的)对可追溯的替代物的所有权索赔是不当得利索赔观点的影响,或至少得到了支持(见第 14.4 节)。换言之,如果我们相信,原告应该能够对以信托财产取得的替代资产提起诉讼,因为这是确保被告无法不当得利所必需的,那么似乎我们就有充分理由使我在所举的案例中从你那里收回 1000 英镑。这是因为,尽管无法指出你所持有的任何特定资产是替代资产,但知道你已经且仍然以我的利益为代价不当得利,我收回你总资产中的 1000 英镑是防止你和你的债权人(在破产时)不当得利(因我的信托财产而获得更多)。

这一观点得到了 Templeman 勋爵在 *Space Investments Ltd. v. Canadian Imperial Bank of Commerce Trust Co.* (*Bahamas*) *Ltd.* (1986) 1 WLR 1072 案中的司法支持。然而,法院随后支持了传统观点,即追溯只能使受益人在以信托财产作为回报而获得的已确认的资产中确立所有权:见 *Goldcorp Exchange Ltd.* (1995) 1 AC 74 案和 *Bishopsgate Investment Management Ltd. v. Homan* (1995) Ch 211 案。因此,无论资产膨胀理论原则上有多么强大,它目前在英国法律中还未获得认可。

14.14 用于改善、维护或修理财产的信托资金

如果信托资金用于改善、维护或修理财产,那就产生一种交易:这笔资金换取的是维修人员的劳动。显然,劳动无法构成所有权要求的标的物资产,但受益人能否追溯其所从事劳动的财产?这里的判例法并不明确。

在 *Foskett v. McKeown* (2001) 1 AC 102, 109 案中, Browne-Wilkinson 勋爵建议,如果不法行为人使用信托资金来改善、维护或修理自己的财产,受益人将对财产享有抵押权,以确保用于该项财产的信托资金得到偿还。无论支出是否增加了财产价值,这都是事实。若这项工作确实增加了财产价值,则受益人有权选择在该财产上设置抵押以保证该项增值的索赔,并确保不当行为人无法从其使用信托资金

中获利。Richard Scott 大法官在上诉法院的 *Foskett v. McKeown* (1998)265, 278 案中甚至表示,在这种情况下,受益人应享有反映于财产在使用信托资金后总价值上升的受益份额。

如果以信托资金来改善、维护或修复无责任人的财产时,有权威机构指出,诉讼主张不会成立。以 *Diplock* (1948) Ch 465 案为例,一些慈善机构收到了被挪用的资金,其中一些资金被用于改善和修复财产。上诉法院拒绝了受益人对该项财产的抵押要求。Greene 勋爵驳回该项索赔的理由如下:

信托资金的受益所有人设法追随并收回这笔资金,为此,他申请在适配财产上使用抵押权机制。但首先,这笔资金可能无法被追随。从任何角度来讲,这笔资金已经没有了。举个简单的例子。房屋的主人作为不知情受让人,将受托人转交的信托资金用于改造房屋,其结果可能并不会让房屋增值,甚至可能会降低它的价值……在这种情况下,信托资金是否可以追溯并且可以从变更的资产中提取出来?显然不是,因为资金已经消失了,没有留下任何货币痕迹……但这不仅是一个定位和确认资金的问题。宣告抵押权的结果是为了分离信托资金,并使信托资金从其所涉及的混合体中以货币的形式被提取出来。这只能通过在该抵押权下售卖来完成……但是如果受让人出的不是金钱,而是诸如土地等自己的其他财产,那又当如何呢?当不知情受让人提供的是土地本身,迫使其仅因土地的价值而接受抵押权是否公平呢?在我们看来,这是不可能的。

这里有两种推理,一种与追溯有关,另一种与诉讼主张有关。第一个论点是,受益人不能追溯到使用信托资金的财产,因为该财产可能没有增值,在这种情况下,这笔资金的使用不会产生可追溯的收益。第二个论点更为复杂,即使追溯可行,要求不知情的财产所有人通过出售其财产来补偿受益人的主张也是不公平的。

第一个论点只提到,如果这项工作和所花费的资金没有产生资产增值,不应该有任何索赔,这好像没错,但它并没有告诉我们为何在产生增值的情况下也不能追溯。一个合理的说法是,在这种情况下,受益人收回与增值额相等的资金也许会受信托资金总额的限制。

至于第二个论点,受益人强迫无责任人出售其财产确实并不公平,尤其在 *Diplock* 案中,这是一个重要的土地占有情况。然而,在 *Boscawen v. Bajwa*（1996）1 WLR 328 案中,Millett 法官认为,这不足以否定 *Diplock* 案中的主张,法院应将这一主张的执行推迟至无责任人能从其他来源获得资金的时候。但在 *Foskett v. McKeotvn*（2001）1 AC 102, 109 案中, Browne-Wilkinson 勋爵赞成 *Diplock* 案的观点,即对于受益人的信托资金被用于改善或维护另一无责任人的财产,如果授予所有权权益是不公平的,则该项权益就不应授予受益人。

14.15　地位变更

另一种方式来解释 *Diplock*（1948）CH 465 案的结果是,虽然可以到改善后的财产中追溯信托资金,但受益人的所有权索赔仍被否定,理由为不知情的被告可拥有有效辩护,即所谓的地位变更。

地位变更是针对不当得利索赔(见第 8.9 节)提出的一项抗辩。例如,如果我误付你 100 英镑,我可以向你索赔等值金额。但如果在意识到我的错误之前,你认为这笔钱是自己的,决定犒劳自己,比如,吃一顿大餐或买几件新衣服。这并非你本应承担的支出,而是由于收到错误的支付(没有这笔钱,你无法负担如此奢侈的消费),你认为偿还该金额是不公平的。因为这使你的生活比原来更糟。如果不是因为你相信收到的 100 英镑是你的,你就不会花那么多钱;因此,如果你必须向索赔人支付 100 英镑,你就会赔钱。地位变更抗辩是要在支出范围内辩驳诉讼主张(如果这顿饭花费 80 英镑,我只能收回 20 英镑)。相应地,地位变更的作用是确保不知情的被告不会因不当得利索赔而处于更糟糕的境地。

这一辩护本可以适用于 *Diplock* 案以反驳受益人的所有权索赔。不知情受赠人将信托资金用于其对土地进行改善和修复工作。假如没有收到信托资金,他们不会用自己的资金支付这笔费用。虽然这项工作可能导致该财产增值,但要求以出售土地来偿还这笔增值会对被告造成损害,因为这笔费用只能通过出售地产偿还,而被告所需要的是土地本身而并非出售地产所获得的剩余份额。

然而,将地位变更适用于滥用信托资产的所有权索赔是有争议的。Millett 法官在 *Boscawen v. Bajtva* (1996) 1 WLR 328 案中对此表示支持。但在 *Foskett v. McKeown* (2001) 1 AC 102 案中,他和上议院的其他成员似乎给这一建议"泼了冷水"。正如我们所见(见第 14.4 节),法院驳回了追溯主张是建立在不当得利基础上的观点,认为这种所有权索赔仅仅是为了财产权。在讨论不当得利索赔和滥用信托资产索赔之间的区别时, Millett 勋爵提出:

> 一项不当得利的索赔受限于地位变更抗辩,这通常是通过减少或者消除得利因素来实现的。像现在这样的索赔受限于善意购买人的抗辩,目的是消除被告的所有权。

地位变更的明确含义是,地位变更并不是对信托财产的所有权主张的抗辩(见 Rotherham, 2003)。事实上,如果这不是 Millett 勋爵的本意,那么很难看出这些评论的意义何在。尽管如此, Millett 勋爵(2005, 324 –5)强调,他并未打算在这种情况下关闭发展地位变更作为抗辩方式的大门。因此,其地位依然是不确定的。

14.16 知情接收

所有权索赔仅是基于被告持有某物的事实,而受益人依靠其享有的衡平法上的受益所有权,对该物拥有更强的索赔权,于是受益人就有权要求被告交出相关财产。不过,所有权索赔只能针对目前持有信托财产的人。

但是,信托财产的接收人也可能因其掌控信托财产时的行为方式而成为不同的个人索赔的目标。我们将这种索赔称为"因知情接收而索赔"。重要的是,此类索赔所依赖的不是被告对信托资产的持续保留。相反,要求被告承担责任是基于其在占有该信托财产时的不当行为。因此,我们可以说,尽管所有权索赔建立在被告拥有的基础上,但因知情接收而承担责任则是基于被告做了什么。

我们从一开始就注意到,对于针对信托财产接收人的个人索赔是否应该或必须是基于他们的不当行为,存在相当大的争议(见 Mitchell 和 Watterson,2010),我们将在第 14.18 节进行详细研究。但是,很明显的是,作为基于不当行为的一项索赔,因知情接收而索赔一直发展并存续至今[见 *Williams v. Central Bank of Nigeria*(2014)UKSC 10,(2014)AC 1189,司法调查委员会 Sumption 勋爵]。被告是因其不当占有或处置受益人的信托财产而承担责任。正是这个原因,顾名思义,被告承担责任不仅取决于其已经收到财产,而且取决于他是否知道其手中的财产因违反信托而出现。

可以看出,因知情接收而索赔一方面可能比所有权索赔更宽泛,另一方面可能比所有权索赔更狭隘。因知情接收而索赔更宽泛在于,它不像所有权索赔一样,不要求被告保留其所占有的任何信托财产。然而,因知情接收而索赔又较狭窄,因知情接收而索赔要求有过错,而所有权索赔并不取决于被告对财产源于违反信托的事实的知悉(不过,如果被告试图证明其是支付了对价且未经通知的真正的善意购买人,那么这一点可能就属于相关的了)。因此,虽然受益人通常能够对特定被告提出所有权索赔和因知情接收的索赔,但在其他情况下,只能提出其中一种主张。

14.17 一项知情接收索赔的要素

我们把知情接收的索赔分为两个组成要素:一是行为要求,即被告是否接收了信托财产?二是心理或过失要求,即被告在收到或占有财产时,是否充分了解财产源于违反信托的事实?我们将依次考察这些问题。

14.17.1 接收

第一项要求——被告在某一时刻收到信托财产——牵涉曾探讨的关于所有权索赔的追溯和追随规则的适用。因此,受益人需要证明被告收到的资产属于下列情形之一:

(1)由受托人初始为受益人以信托方式持有(以及随后被挪用);或

(2)是被受托人初始持有以及挪用的资产的可追溯的替代资产。

而且,与所有权索赔一样,如果被告是支付了对价且未经通知的真正的善意购买人,或者他收到的资产经过了支付了对价且未经通知的真正的善意购买人之手,但在其收到该资产之前即出现了初次违反信托情形,则不存在因知情接收而索赔,因为在这种情况下被告收到的资产已经不再是信托财产。

对于被告已收到信托财产这一要求,似乎还有一个方面,而这一点在所有权索赔中并不存在。这就是,被告接收财产是“为自己使用和获益”:见 *Agip (Africa) Ltd. v. Jackson* (1990) Ch 265, 292(Millett

法官);*El Ajou v. Dollar Land Holdings plc*(1994)2 All ER 685,700(Hoffmann 法官);*Twinsectra Ltd. v. Yardley*(2002)UKHL 12,(2002)2 AC 164,(105)(Millett 勋爵)。这样做的效果是免除那些仅代表他人取得财产以及仅为他人的利益而持有财产的人的责任,如代理人。这些案例有时被称为“部长级接收”的例子。

在 *Agip* 案中,Millett 法官认为,只有在收到和使用信托资金用于减少或免除客户的透支时,银行才应该承担知情接收的责任,因为在所有其他情况下银行都是作为客户的代理人而支付和收取资金。这是有问题的。如果由账户持有人或“代表”账户持有人向银行付款,则无论该账户是否有贷方或透支,银行均可收到该款项(见 Mitchell,2002,182－7)。对透支账户的付款与对贷方账户的付款之间的区别仅在于,在前者,付款免除或减少账户持有人的债务,而在后者,付款产生或增加银行对账户持有人的债务。只有当银行收到款项时,债务才可以被免除或产生。

我们可能也会质疑,为什么代表他人取得财产的人可以免于承担知情接收的责任。值得注意的关键点是,这一规则的效果是使这些人逃脱责任,甚至如果他完全知悉财产源于违反信托,但也不将财产归还给受益人,而是将财产交给其当事人。在这种情况下,被告就像在为自己的利益处置财产一样的行为,与受益人对财产的权益是不一致的。因此,很难理解,为什么不能对这些人进行索赔。

如果知情接收的索赔是基于不当得利而不是不当行为,那么,要求被告收到财产是获利的则是有意义的,因为如果被告没有获益,也就不存在不当得利。事实上,这就是 Millett 勋爵所赞成的关于知情接收的观点,他赞成 *Agip* 案和 *Twinsectra* 案中对接收获益的要求。然而,正如我们所看到的,尽管支持这一观点的人很多,但目前还没有取得实质性进展,权威理论仍然固守不当行为的方法。因此,除非并且直到法院确实采纳了 Millett 勋爵所喜欢的关于知情接收的索赔的不当得利的分析,否则,我们最好拒绝这一观点,即责任只能由那些为自身利益而收到财产的人承担。

14.17.2 知情

收到信托财产的被告需要知道,什么会使其对知情接收承担责任?显然,如果被告知其所持有的财产源自违反信托,则他将承担责任。问题在于,若被告不知情,但他本可以且本应知情,那么被告是否以及何时应承担责任?

多年来,法院面对这一问题都用 *Baden v. Société Générale pour Favouriser le Développement du Commerce et de I'lndustrie en France* (1993) 1 WLR 509 案中的方法解决(该案件在 1983 年作出判决)。它确定了接收信托财产时知情的五种类型:

(1)实际知悉。

(2)故意对显而易见的事视而不见。

(3)故意而鲁莽地不做一个诚实而理智的人会做的调查。

(4)对情况的了解可以向诚实理智的人表明事实。

(5)对情况的了解可以让一个诚实而有理智的人接受调查。

人们可能会怀疑,这是否穷尽了所有可能性,以及它是否可以(趋向于)被看作一个变化的尺度。无论如何,它至少反映了法院可能面临的不同种类的实际情况,以及在决定划分界线时必须作出的选择。然而,法院就其中哪一种类型应在知情接收上承担赔偿责任还未达成共识。有人认为只有(1)到(3)类需要承担责任[如 *Montagu's Settlement Trusts* (1987) Ch 264],而其他人则认为这 5 类都需要承担责任[如 *Agip (Africa) Ltd. v. Jackson* (1990) Ch 265]。

在其他情况下,法院会通过询问被告是否知悉(或告知)或者是否可以推定知悉(或告知)违反信托来处理该问题。然而,这方面也没有达成共识,不同法官对这些术语的运用似乎也不一样(再次与 *Montaguand Agip v. Jackson* 作对比)。其他判决则建议,该要求应根据案件是否涉及商业交易和(或)涉及的财产类型而有所不同[见

Eagle Trust plc v. SBC Securities Ltd. (1993) 1 WLR 484 和 *Cowan de Groot Properties Lld. v. Eagle Trust plc* (1992) 4 All ER 700]。

简言之,相互冲突的判决导致了一片混乱。然而,在 *Bank of Credit and Commercial International (Overseas) Ltd. v. Akindele* (2001) Ch 437 案中,出现了一个清理问题的机会。在该案中,上诉法院注意到判例法中的不一致之处,并承认需要一个单一的标准。因此,委员会着手设定一项可适用于所有未来案件的知情或过失的要求,从而消除法律先前的不一致性和模糊性。法院结论载于 Nourse 法官判决书中的以下段落:

> 既然有关于知情协助的不诚实的单一标准,那么也应该有对知情接收中知情的单一标准。接收者的知情状况必须使其保留接收的利益是显失公平的,虽然无法避免适用过程中的问题,但应该避免之前分类所导致的定义和分配上的困难。与此同时,它应更好地使法院在商业领域作出常识性的决定。

14.17.3　显失公平

所以现在,在所有接收信托财产的案件中,法院必须首先调查被告对信托违约的知情情况。在查明情况后,法院必须确定,被告保留其从接受和使用信托财产中获得的利益是否不合情理。换言之,我们的问题:"鉴于被告对所持有的财产和违反信托之间的关系知情(或不知情),他保留财产所获得的利益是否会显失公平?"

当然,关键的问题是,什么样的事实和知情会支持显失公平的结论。当我们试图回答这个问题时,*Akindele* 案标准的缺陷就显现出来了。问题在于,上诉法院对于被告的知情将证明他保留从接收财产中获得的利益是显失公平的结论几乎没有提供任何指导。因此,*Akindele* 案标准虽然提供了问题范围,却并未就如何回答提供线索。

我们来看下面的案例。被告本应有机会发现获得的信托财产源于违反信托,但因其懒惰或愚昧而未能知情,那么他应对知情接收承担责任吗?这种未能了解其持有信托资产的情况造成了显失公平。但也可以说,显失公平需要更多有意识的不法行为。这两种方法都未涉及语言的误用,从原则上来讲都是站得住脚的。那么究竟哪一个正确?很可惜,*Akindele* 案标准并没有告诉我们,甚至它也没有试图告诉我们。

问题源于显失公平的用语。在第 6.3.2 节和第 9.3 节可以看到,"显失公平"是衡平法律师在试图将被告的行为或某个结果描述为不公平、不公正或不当的情况下选择的术语。而且,与(不)公平和(不)公正的语言一样,任何我们可能关心的规则都可以用显失公平的方式加以规定。因此,例如,"由对价支持的承诺具有法律约束力"的规则可以重新表述为"不履行由对价支持的承诺是不公平(不合理)的"或者"良知(公平)要求由对价支持的承诺得以履行"。现在,以这种方式重新修改规则并没有什么错误,但显然,我们并未因此对规则添加任何内容,也未澄清任何关于其应用的内容。它们只是表达了同一件事的不同方式。所以,仅从"良心、公平要求"或者"承诺者不履行是不合理的"来找到对价支持的承诺具有约束力的原因是不可能的。

我们要探究的是违反这类承诺所造成不公平或不合理的原因。同样,我们可以(大致地)总结一下合同规则,如果当(法律认为)它是公正、正义和良知所要求的,那么承诺就有法律约束力。但在实践中,合同仅提供了最为宽松的指示。此外,在模棱两可的情况下,如果双方对承诺是否具有法律约束力都有充分的理由时,那么引用公平或良心并不能提供任何帮助。

重点是,尽管法律在广义上涉及实现公平、防止不公正和不合理的行为使其内容同样在广义上决定了何为公平、公正以及在良心上是公正的,但"法律要求的是公平或良心"这种说法的效果,最多只能在法律究竟是什么以及法律对我们有什么要求方面给我们一些模糊的概念,否则所有的法律教科书都可以减少到只有一两句话,"违反承诺是不公平、不合情理时就产生了合同”,“某人不公正、不公平地侵犯了他人利益的时候就触犯了侵权法”,“信托产生于财产持有人将资产留给自己是不公平或不合理的情况”。法律书籍和课程阐述得比这更多的事实表明,简单地提及公平、正义和良知,会留下所有难以回答的问题,比如,法律的内容及其未能解答问题的原因。

因此,回到知情接收的责任,“显失公平”与“不公平”一样,能描述任何数量的替代方法和不同程度的过错[事实上,严格责任的案例有时在显失公平的基础上已经进行了解释:见 *Kelly v. Solari* (1841) 9 M & W 54]。但我们需要知道实际知悉或推定知悉是否足以认定显失公平?若是后者,对于保留财产的不合理利益,什么证据才足以确定为推定知悉?

法院对 *Akindele* 案的结论是,鉴于被告对欺诈行为不知情,且无足够理由质疑其收取挪用资金不恰当,因此该利益归于被告。

事实上,该结论与 *Akindele* 案判决前的分析并无区别。此前,对于推定知悉的被告人——不知道,但能够且本应知道——是否及何时在知情接收情况下应承担因违反信托而取得财产的法律责任的问题,并没有明确答案。*Akindele* 案并没有让我们更接近答案。它只是用“显失公平”一词重述了旧观点,而并未使我们接近一个答案。

在之后 *Armstrong DLW GmbH v. Winnington Networks Ltd.* (2012) EWHC 10(Ch),(2013)1 Ch 156,(132)案中,Stephen Morris 法官对 *Akindele* 案留下的不确定性又回归至本节开头列出的五种知情类型,他总结道,“在商业环境”下五种类型都显失公平,虽然第 4 类和第 5 类足以证明被告知情,即基于被告知晓的事实,任何理智的人会意识到该转让违反了信托,或通过调查和咨询来确定违反信托的可能。实际上这是推定通知的标准[另见 *Starglade Properties Ltd. v. Nash* (2010) EWHC 148 (Ch),(2010) WTLR 1267,(571)以及现在的 *Papadimitriou v. Crédit Agricole corpn and Investment Bank* (2015) UKPC 13,(2015) 1 WLR 4265,(33),其中,司法安全委员会的

Sumption 勋爵声称,知情接收责任中相关的“知情”标准与阻止购买者利用善意购买规则的告知程度相同;见第 2.7 节]。

相反,在 *Arthur v. A-G of the Turks and Caicos Islands* (2012) UKPC 30 案中,枢密院似乎认为显失公平需要的不仅仅是推定通知,“在知情接收的意义上,知情不仅仅意味着告知,根据 *Akindele* 案,它还意味着会使接收人因显失公平而成为欺诈”。简言之,一个案例证明只要被告对接收的源于违反信托的财产具有推定知悉,显失公平就存在,而另一案例则要求提供更多证据。

14.17.4 设置过错标准

为更好地理解知情要求的相关问题,我们可以思考产生法律规则的原因及其作用。在判决案件时,法院适用规则来裁决某些事实发生后的法律结果,或者从相反的角度来看,必须确定哪些事实才能产生合理的法律结果。一般而言(尽管并非一直可行;第 9.15.2 节),法律规则应是“当事实 A、B 和 C 存在时,遵循法律结果 X”的形式。在确定 X 的有效性时,法院必须查找与知情接收有关的事实 A、B 和 C,但即使明白确定该主张所需的某些事实(对信托财产的受益接收),法院并不知晓其他事实(除被告心理活动外)。因此,这一等式如下:

(A)对信托财产的受益接收 + (B)? =(X)知情接收。

如果要制定一个可行的规则来确定何种情况下可以提出知情接收的诉讼主张,法院必须填补这一空白。这只能通过确定需要什么额外事实来实现;换句话说,就是被告表现出来的心态或知情情况。*Akindele* 案失败的原因就在于此。显失公平本身并无法描述一种心态(不仅是不公平或不公正),也无法对这个等式所需要的精神状态以及事实提供援助,因此,基于或采用显失公平的标准总会造成有瑕疵的法律规则,它们无法指出判定责任所需的事实。

唯一能支持显失公平的标准,且被 *Akindele* 案上诉法院认可的论点是,它赋予了法院更大的灵活性,使其能根据案件事实作出更自由的裁决;换言之,法院应有自由裁量权,而非制定有约束力的规则。但正如第 9.15 节所述,我们可能会质疑这种自由裁量权是否真的会导致更公平的结果,而不仅是更大的不确定性和增加不公正决定的风险。我们也可能会问,法院为何会将其视为一个需要更灵活处理的领域。

的确,这是一个难以平衡的问题。标准越严格(足以产生责任的知情要求越低),财产接收人所承担的风险就越大,为避免责任,他们所做的调查就越多。这可能会损害商业各方的利益,因为他们希望能够迅速、不受阻碍地处置自己的资产。然而,一项严格的措施将促使买卖财产的人采取更高的行为标准,迫使他们采取更多的措施,以确保交易的资产不是欺诈所得。此外,这将更广泛地为受益人、信托和信托利益提供更大的保护。但是,尽管相互对抗的论点在比重上不相上下,它意味着制定必要的标准是有难度、有争议的,但并不代表法院会放弃标准,允许法官根据具体情况作出裁决。所谓的灵活性实际上是允许不同的法院在不同的时间适用不同的标准,而不是一味地制定硬性规定。

关于灵活性的另一个观点是,这使法院在商业案件中采取不同于非商业案件的方法。正如我们刚才指出的,反对更严格的知情标准的主要理由是,它可能导致商业交易放缓或中断,但这并不适用于非商业交易或非快速交易(如土地转让)。因此,在商业案件中需承担责任的知情程度应比其他案件中的知情程度更高[对这一观点的司法支持,见 *Eagle Trust plc v. SBC Securities Ltd.* (1993) 1 WLR 484, 504–6(Vinelott 法官);*El Ajou v. Dollar Land Holdings plc* (1993) 3 All ER 717, 739 (Millett 法官)]。当然,我们会问,是否应该仅以商业当事人觉得麻烦不便为理由而降低赔偿责任条件。如果答案是肯定的,那我们就得考虑制定两个规则(一个用于商业交易,一个用于其他交易)。这显然不能像 *Akindele* 案一样,成为让法院全权处理事情的理由。

关于信托财产接收人需要拥有怎样的知情才能在知情接收中承

担责任这一方面,无论可能存在怎样的不确定性,在其必须负有责任的时候就一目了然。与“知情接收”可能出现的建议相反,当占有财产时,被告人在任何方面获得必要的知情就足够了。换句话说,当他首次接收财产时,无须证明他有这方面的知情,只要他在放弃这些资产和收益之前知情即可。

因此,根据法律规定,财产在被收到之前可以立刻(通过追随规则和追溯规则)被确定为信托财产的接收人的状况总结如下:

(1)如果他不知道该财产产生于违反信托的事实亦无理由怀疑,且他支付了对价,那么他是支付了对价且未经通知的真正的善意购买人,不承担任何责任,无论是所有权方面还是个人方面。

(2)如果他不知道且不可能知道该财产源自违反信托,在未支付对价的情况下(他是无辜的受赠人),只要他占有该财产或其收益,他将是所有权索赔的目标,并被要求恢复财产原状。但如果他不再保留该财产,则他将不承担责任。

(3)如果他不知财产来自违反信托,但可以且应该知道,那么无论他是否支付对价,只要他保留该财产或其收益(他是一个经告知的买方),所有权索赔就会成立。但是,若他不再保留任何财产,则只有在法院判定他保留财产收益的行为显失公平时,他才会承担知情接收个人责任。

(4)如果他知道财产来自违反信托,或故意对其视而不见以规避知情,那么,只要他保留了该项财产,他就是所有权索赔的目标,或者是因知情接收而索赔的目标。

正如命题(3)所表明的那样,重要的一点取决于如何适用 *Akindele* 案显失公平的标准。可能存在一类接收人,他们虽然不足以“无辜”到被归类为支付了对价且未经通知的真正的善意购买人(因此,当资产在他们手中时,他们可能会受到所有权索赔的约束),但也不完全是“有过错的”或知识渊博可以如同知情接收人一样承担责任[Robert Megarry 大法官在 *Montagu's Settlement Trusts* (1987) Ch

264, 277 – 8 案中以及 Terence Etherton 法官在 *Arthur v. A – G of the Turks and Caicos Islands*（2012）UKPC 30 案中都表达了相同的看法]，但是，在第 14.17.3 节中提到，司法委员会的 Sumption 勋爵在 *Papadimitriou v. Crédit Agricole Corpn and Investment Bank*（2015）UKPC 13，（2015）1 WLR 4265 案中忽视或拒绝了这一看法。总之，在考虑信托资产接收人的潜在责任时，应始终将被告是不是善意购买人和他是否可能对知情接收承担责任区分开。

14.18 针对信托财产接收人的个人索赔的正当性

如果因知情接收而承担责任所需要的过错或知情的程度存在不确定性还不足够，还有一种得到了越来越多证据支持的观点，即对信托财产接收人的个人索赔完全不是基于有过错，而应该是严格。正如我们最初所注意到的，知情接收作为不当行为的一种形式得到了发展，就像"衡平法侵权行为"一样，因其不当处理或处置他人的信托财产而被施加责任。在此基础上，要求接收人存在某种过错或犯罪意图因素，然后才能追究其责任，这是有道理的。

14.18.1 不当得利

然而，近年来，有人认为，我们能够在完全不同的基础上向信托财产接收人提出个人索赔，即不当得利。无论被告在其取得财产或随后的财产处理过程中是否采取错误的行为，他都应放弃属于受益人的任何获益。如果这个论点有依据（见后文），我们可以证明，即使被告对违反信托并不知情，没有任何过错，但是他们也应该承担责任。简言之，对接收人施加责任的理由是很重要的，因为它将决定这种责任的范围，即谁应承担责任。

这一争论之所以重要还有另一个原因。不仅要知道谁有责任，而且要知道他们有什么责任,也就是说,我们需要知道在被告的责任确定的情况下原告可以得到什么赔偿。不同的施加责任的原因将证明不同类型的救济是正当的。因此,如果我们采用传统的对接收人责任的不当行为分析,在确定赔偿责任时,原则上可以要求被告放弃他已经获得的利益和弥补他错误处理信托财产而造成的损失。相反,正如我们将看到的,关于不正当得利方法,虽然责任会很严格,但它只能证明要求被告放弃他从接收和使用信托财产中获得的任何利益是正当的,换句话说,他的责任应限于他(继续)不当得利的程度。

有必要在一开始就强调,尽管人们对应该要求何种程度的过错或知情存在疑虑,但毫无疑问,错误地接受或处理他人信托财产的人应该对其行为承担责任。因此,虽然一度争论的是不当得利的严格责任是否应该替代目前的过错责任制度,但更有意义的争议是,不当得利的索赔是否应该补充现有的基于过失的知情接收的索赔(另见 Nicholls,1998; Birks,2002b)。如果是这样,这将意味着可能有两种针对信托财产接收人的个人索赔:

(1)基于错误处理或处置信托财产的索赔。这些索赔依赖于过错,但随后也可以证明基于损失和收益的索赔也是合理的(此外,这类索赔在后面可能被归入不诚实协助的错误范围:第 14.22 节)。

(2)基于不当得利的索赔。这些索赔并不取决于过错,而是仅在被告持续的不当得利的范围内证明要求其承担责任是正当的。

对不当得利应当有明确的严格责任请求权的论点,通过一个例子可以得到理解。想象你收到 1000 英镑被挪用的信托资金,你并不知情且未怀疑它来自违反信托。你用其支付必要的开支,如租金或燃气费。由于你不再保留这笔资金或任何可追溯的替代品,受益人无法向你提出所有权索赔(除非我们接受"膨胀资产"理论:第 14.13 节)。因此,根据现行法律,只有当你存在 *Akindele* 案下的显失公平裁决的知情时,你才会承担个人责任。基于你既不知情也无任何理由知道违反信托,该诉讼主张不成立。

然而,我们可以看到,如果事情这样发展下去,你会因为收到并使用信托财产而生活得更好。如果你没有使用信托资金来支付租金或煤气账单,你将不得不从自己的基金中支出这笔资金。你对信托资金的使用,虽然完全是不知情的,却使你不用自己花钱,因此,你现在可以支配的资金比你从没有收到信托资金时要多,也就是说,虽然信托资金已经没有了,但你仍然富有。那么,为何你可以自由地拥有这种不正当的获益,而受益人要(受制于他可能拥有的任何其他主张)承担损失?(因此争论的焦点是)原告应该能要求你交出相应金额来放弃这种不当得利。你不应该对此抱怨,因为你只是被要求交出你用信托资金支付账单时节省下来的资金,所以你只是一直处于你原本该处于的位置。

最后一点很重要。人们本能地认为,严格责任对被告是苛刻的,因为它表明被告尽管不犯任何错误,仍负有责任。确实,这种责任要求被告承担损失,被告的生活会比计划中更艰难。就如同在一辆拥挤的公交车上,当它转弯时,我撞到你,你即会受伤。虽无可指责,但如果法律要求我赔偿你受到的伤害,我将会承受比事故从未发生还要糟的损失。很多人会认为没有合理的方式可以避免让你受伤,将其归咎于我并不公平。法律大多数情况(也有一些重要的例外)认同这一观点,因此只有在人们因过错造成损失或承诺承担责任时,才会将损失转移给他们(这可以证明在合同法中实行严格责任是合理的)。

如果强制责任的效果不是将损失转移到被告身上,而是简单地从被告身上移走一笔收益,那么情况就不同了,如果事情按计划进行,被告将永远不会得到这笔收益。所以,如果你去一家商店,店员最终找给你零钱过多,即使你没有注意到且不应被怪罪,你也有责任归还多余的钱。虽是店员的责任,但因为你只是被要求放弃本不应属于你的财产,你只是被剥夺了收益而不是被要求承受损失。

对接收信托财产施加严格责任的论点,实质上与在店铺中找零过多时你所负有的严格责任的论点相同。在这两种情况下,你都会得到别人有权获得(一种情况下的店主,另一种情况下的受益人)而你本不应获得的财产,而责任的效力是要求你放弃所得到的相同利益价值的钱,这样你就不会比你一直应处的状态更好抑或更坏。

但是,请考虑我们示例中的以下变化。你在不知情的情况下收到1000英镑的被挪用的信托资金,你用它支付租金或账单。在这个阶段,尽管有这笔开支,但通过收到信托资金,仍可以保持1000英镑的收益,你随后用800英镑预订了度假费用。在这种情况下,你可以争辩,如果要求你偿还全部1000英镑,你的生活将比未收到信托资金时更糟糕,因为自己根本不会在假期花800英镑,你会将资金节省下来满足其他更多必要的开支。此时你会有地位变更的抗辩。

我们在讨论所有权索赔时(见第14.15节)遇到过这一问题。在那一章节,抗辩的目的是确保对不知情被告的索赔不会使其生活更落魄。它的做法是,从原告可以收回的金额中扣除被告所承担的任何支出或其他损失的总和,这些支出或损失是被告在没有收到信托财产的情况下不会承担的。在这里,如果你没有收到信托资金,你不会花800英镑去度假,所以,原告有权收回的只有200英镑,这是你的剩余财富的总和。

综上所述,所提出的论点是,信托财产接收人应当承担严格责任,并通过地位变更抗辩予以缓和,使不知情接收人在接收和使用信托财产方面既不受损失也不会获得任何利益。这反映了普通法中(非信托)财产在胁迫或失败的情况下被错误转让的情况。就如店主支付过多找零的例子,责任是严格的。而且,近年来法院也认识到了这种地位变更抗辩:见 *Lipkin Gorman v. Karpnale Ltd.* (1991) 2 AC 548 案。所以,如果因走出商店发现找零比你想象中的要多(但没有意识到或怀疑原因)而决定买一本杂志或一个松饼(但你原本不会这么做),你就可以对这笔开支进行抗辩。代表这一观点的另一种说法是,收到被挪用的信托资产,就像收到错误或强制转让的非信托财产一样,是不当得利,普通法和衡平法都应该对不当得利的案件作出共同的回应。

关于信托财产接收人严格责任的论点,仅得到了判例法最少的支持。在这些案件中,法院之间的分歧是在知情接收中确立责任所需的知情程度。这一点明确的含义是部分知情,因此存在某些过错是承担责任的先决条件。换句话说,若接收信托财产存在另一种个人责任形式,且其不要求任何过错,那么推定知悉的被告在知情接收中是否应负有责任这一争议在很大程度上来说都无关紧要。此外,Browne-Wilkinson 勋爵在 *Westdeutsche Landesbank Girozentrale v. Islington London BC*（1996）AC 669, 707 案中,上诉法院在 *Bank of Credit and Commercial International*（*Overseas*）*Ltd. v. Akindele*（2001）Ch 437 案中,以及联邦最高法院在 *Williams v. Central Bank of Nigeria*（2014）UKSC 10,（2014）AC 1189 案中都明确地赞同接收人承担责任是基于不当行为,从而要求存在过错的观点。

对于这一点,我们只有少数赞同严格责任的相关言论。例如,在 *Twinsectra Ltd. v. Yardley*（2002）UKHL 12,（2002）2 AC 164,（105）案中,Millett 勋爵提出以下观点:

> "知情接收"的责任是以接收为基础的,它并不取决于过错。诉因是恢复原状,且只有被告为自己使用以及为自己利益接收和使用财产的情况下才适用……没有理由要求对违反信托实际知悉作为责任的条件,更别说不诚实了。推定通知是足够的,可能甚至不是必要的。接收人的责任与其他返还赔偿案件中的责任相同,也就是说,严格但要受制于地位变更抗辩,这一主张得到了强有力的学术支持[见 *Criterion Properties plc v. Stratford UK Properties LLC*（2004）UKHL 28,（2004）1 WLR 1846,（4）（Nicholls 勋爵）]。

严格责任方式的支持者将注意力从接收信托财产的案件扩大到遗嘱执行人滥用财产的案件[这些案件与滥用信托财产的不同之处在于,与信托的受益人不同,根据遗嘱,意定的受遗赠人在该财产中不会有衡平法权益:*Cmr of Stamp Duties* (*Qld*) *v. Livingston* (1965) AC 694]。在这些案件中,法院认为,因遗嘱执行人的滥用而接收财产的接收人将根据个人责任放弃所得财产的价值:见 *Diplock* (1948) Ch 465 和 *Ministry of Health v. Simpson* (1951) AC 521。由于这是衡平法诉讼而非普通法诉讼,所以这些案件被用来支持这样一个论点,即衡平法并没有对不当得利作出严格的个人责任的回应。

对 *Diplock* 等案件的依赖似乎让人绝望。如果关于信托接收人的严格责任的争论要在权威的基础上解决,哪一方是赢家是没有疑问的。所有的直接判例都支持过错要求,反而 *Diplock* 案变得毫无意义。然而,上诉法院在 *Reifo v. Varsani* (2014) EWCA Civ 360,(2015) 1 BCLC 14 案中作出的判决,目前可能为严格赔偿责任索赔的发展提供了更为有力的司法支持。

Relfo 是 Varsani(被告)的父亲和另一名商人 Gorecia 成立的公司。此后,Varsani 从公司股份中拿走了股份,留下 Gorecia 和他的妻子成为唯一的董事和股东。Relfo 公司有 140 万英镑的未付纳税责任。Gorecia 并没有用它的资金来偿还这笔债务,而是让 Relfo 公司向一家名为 Mirren 的公司支付 50 万英镑。第二天,另一家公司 Intertrade 向 Varsani 的银行账户支付了几乎完全相同的金额。然后从那个账户里拿出 10 万英镑支付给了 Gorecias。基于 Relfo 公司向 Mirren 公司支付的款项违反了 Gorecia 对该公司的信义义务,Relfo 公司的清算人因 Varsani 知情接收违约所得的财产而向其提出索赔。

法院的一个问题是,是否有可能将 Relfo 公司支付给 Mirren 公司的款项与 Intertrade 公司支付给 Varsani 的付款联系起来。在 Mirren 公司收到资金之后,不可能准确地确定这些钱究竟花在了什么地方,但是周围的证据意味着法院准备推断 Intertrade 公司支付的是 Mirren 收到的资金的可追溯收益。基于 Varsani 接收了信托资金,且证据也表明他充分知情,那么,如何做才能在这个案件中支持可能的严格责任?

作为知情接收索赔的一种替代方案,清算人还以 Varsani 从

Intertrade 公司收到款项是不当得利为由，对其提起诉讼，也就是说，即使证据没有证明 Varsani 从 Intertrade 公司收到的款项是 Relfo 公司支付的资金的可追溯产品（如果知情接收成立，这是必要的），但它至少证明了它与 Relfo 公司的初始付款有因果关系。考虑到法院对知情接收索赔的胜诉判决，绝对有必要知道若败诉会产生什么样的结果。尽管如此，法院还是认为，不当得利的另一种索赔会成立：即使证据不足以证明 Relfo 公司支付的款项与 Varsani 收到的款项之间的交易联系（此为知情接收索赔所需），但是这些支付之间有充分的因果联系，以支持不当得利的索赔。

这一判决之所以重要，原因之一是它揭示了就不正当得利法而言，什么可视为充分的因果关系。然而，就我们的目的而言，关键在于该判决支持独立的不当得利索赔的有效性，以及在受托人或其他受信人滥用财产时对知情接收的通常的索赔。虽然 *Relfo* 案并非如此，但大概像其他不当得利的索赔一样，通过地位变更抗辩，这种索赔可以延伸到不知情的受惠人身上。因此，*Relfo* 案支持扩大不当得利的范围，从而推定严格的责任，对信托财产不当使用的接收人提出索赔。事实上，它进一步支持了甚至对那些没有收到信托财产但由于信托财产的滥用而不当得利的人提出的主张。

然而，这一判决是在没有对支持以及反对将责任扩大到不知情接收人的观点进行任何详细分析的情况下，以及没有对与此不一致的判决和意见进行审查的情况下作出的。而且，正如我们所见，判决的这个方面对上诉的决议来说并不必要，因为法院认为被告在任何情况下对知情接收都负有责任。因此，很难说 *Relfo* 案代表了法院对处理接收人责任方式的决定性转变。

14.18.2　对不当得利分析的批判

我们最多可以说，作为一个权威问题，现在有一些人直接支持对信托资产的接收人和实际上因滥用该项信托资产而富裕的其他人的索赔实行严格责任。作为一个原则问题,这一论点是如何站得住脚的?类似主张的基本情况已经概述过了:收到被挪用的信托财产,就像收到被错误转让的非信托财产一样,构成不当得利,该不当得利应该放弃并还给受益人。这一论点在两个方面受到了质疑。

首先,一些人认为,严格责任的引入会导致不利的实际后果;简言之,它会导致不公平或不受欢迎的结果。这是上诉法院在 *Bank of Credit and Commercial International (Overseas) Ltd. v. Akindele* (2001) Ch 437 案中的观点。正如我们所看到的,法院在这个案件中提出了基于显失公平的标准,在这个过程中,Nourse 法官还简要评述了应该制定法律以使接收信托财产的责任成为严格责任的建议:

虽然在一般情况下,我们可能会赞同将赔偿法的更多部分纳入不当得利原则的倾向,但请允许我怀疑,在许多商业交易中,严格责任加上地位变更抗辩是否比基于过错责任更可取,例如,这个案件中,收到的是公司的资金,是该公司的董事挪用的资金。在没有争论的情况下,武断是不明智的,而在这种情况下,它似乎在商业上是行不通的……那就是,只要有公司内部滥用资金的证据,责任就应该转移到接收人身上,他们可以通过地位变更或其他方式为接收进行抗辩。

换言之,尽管目前受益人需要证明被告收到了信托财产且他具备必要的知识,但在严格责任方法下,他所需要做的只是证明被告收到了信托财产。然后,责任转移到被告身上,被告通过表明其地位变更以逃避责任。

为什么这是有问题的?这里可能有两个担忧。第一,受益人更容易对信托财产的接收人提出表面上的权利主张,其结果是这些接收人将更多地投入时间和成本来对这些索赔进行抗辩。因此,虽然凭借地位变更抗辩的优势,他们将免于承担责任,但这将比现行规则涉及更多的麻烦,没有被告知情的证据,索赔就不能启动。

第二,也是更为重要的担忧是,如果被告要逃避责任,他不仅要承担更大的负担,而且他可能无法承受这一负担,因为没有证据表明如果没有收到信托财产,他不会发生这类支出。所以回到前面的例子,如果你收到 1000 英镑的信托资金,但随后申请了你本不会申请的需要花费 800 英镑的假期,理论上你应该有一个抗辩。在实践中,只有当你能使法院相信,若没有收到信托资金你就不会申请这个假期,你才能进行辩护。当然,这可能很难证明,因为往往没有证据来支撑你的故事。因此,法院可能不会相信你,你可能要承担责任,尽管原则上没有任何索赔。总之,这里所关心的是地位变更抗辩,尽管其理论上可行,但是在实践中可能因为举证的困难无法达到公平。

这些担忧是合理的。不过,有两点可以作为回应。首先,大家似乎都同意,对信托财产接收人索赔,即使是严格的,也将受到善意购买规则的约束。事实上,这也是对普通法不当得利索赔的抗辩。因此,除地位变更外,源自违反信托的财产的接收人亦可通过证明其是支付了对价且未经通知的真正的善意购买人而避免承担责任。

这也给接收人带来了负担。然而,证明你支付了对价且没有收到违反信托的通知的责任将更容易满足。事实上,这就是仍然持有信托财产的接收人必须承担的抗辩所有权索赔的责任。因此,大多数当事人,以及几乎所有的商业伙伴(这就是 Nourse 法官特别关注的原因)都不必证明地位变更就可以进行抗辩。唯一需要依靠地位变更抗辩的当事人,也就是引入严格责任会对他们产生实际影响的当事人,是那些对他们收到的财产没有支付对价的人,即无辜的受赠人。这些人很可能只占所有案件的一小部分。

其次,即使在接收人确实需要依靠地位变更的情况下,来自普通法不当得利案件中的建议是,这种抗辩已经适用了好多年,效果相当不错。由于意识到很难证明被告如果没有(不正当)致富而他将会发生或不会发生什么支出,法院并没有设置太高的证据门槛,并且对无辜被告的主张表示同情,即如果他们没有收到错误的付款,他们就不会花这么多钱:见 *Philip Collins Ltd. v. Davis* (2000) 3 All ER 808。因此,如果在普通法不当得利索赔方面,根据地位变更而承担的严格责任没有被证明是不可行的,那么,似乎没有理由认为,将其范围扩展到接收挪用的信托资产被证明是不可行的。

这使我们面临反对引入严格责任的第二种挑战。这里的观点是,把接收信托财产视为不当得利等同于——因而受到同样的对待——接收错误转让的非信托财产的观念是错误的,换言之,严格责任方法的支持者在接收信托财产和传统的普通法不当得利索赔例子之间进行的类比是错位的。

这一论点有多种版本。有人指出了法定受益所有权和衡平法受益所有权之间的区别(见 Smith,2000,418 - 34)。另一个问题是,信托财产的接收是否能够适用法院和评论员分析和描述不当得利索赔所使用的框架。所以,比如,有人质疑财产的接收人是否真的可以被认为是获益的,以及在这种情况下是否存在一些不公正的因素,如错误或胁迫,从而证明原告的要求是合理的,任何获利都应交给他(见 Smith,2000,414 - 25;Penner,2016,392 - 4)。

其中一些批评很有道理。公平地说,不当得利方法的支持者未能提供一个完全令人信服的理由,说明为什么我们应该把信托财产的接收视为不当得利,并将其与普通法上的不当得利主张相提并论。但这些空白或许能被填补。关于滥用信托财产的主张在一审中取决于受益人对该财产的权益,因此,必须以衡平法受益所有权的审查为出发点。虽然这种权益不同于且在某些方面弱于法定受益所有权——特别是,它可以被越权以及支付了对价且未经通知的真正的善意购买人所击败(见第 2.8 节和第 9.4 节)——但只要它一直存在,它就像法定受益所有权一样,赋予受益人对财产利益的独有权利。在这个意义上,与普通法索赔的类比是贴切的。因此,在信托财产被滥用的情况下,被告从中取得的任何利益都是基于其衡平法受益所有权而保留给受益人的利益。这证明了受益人要求被告将收益归还的合理性,无论被告对受益人在该资产中的利益是否知情。

那么最终对接收信托财产产生的获益的索赔是否应该实行严格

责任,取决于我们如何理解受益人对该财产的权益(见第 2.3 节)。如果我们认为受益人在信托财产中拥有所有权权益,使他有权从这些资产中获得所有的利益,则我们有充分的理由使他提出索赔,以确保这些利益归属于他,而不是其他任何人。相反,如果受益人事实上对信托资产没有所有权权益——或者如果他对这些资产的权益使他没有资格享有运用这些资产所产生的所有利益——那么,我们否认不当得利索赔的严格责任就是正确的(这似乎是 Smith,2004a 以及 Penner,2010 采取的立场)。

14.19　不诚实协助

正如我们所看到的(见第 14.16 节),传统上理解的知情接收是错误地处理信托财产的一种个人责任形式。因此,这些索赔只能针对那些已经取得信托资产的人提起。相反,存在第二种可能与第三人有关且不取决于他们是否收到任何信托财产的个人责任。这就是现在所称的不诚实协助的索赔。同样,这是一种基于不当行为的索赔,此处的不当行为是帮助或促使受托人违反信托义务。因此,不诚实协助是司法安全委员会 Sumption 勋爵在 *Williams v. Central Bank of Nigeria* (2014) UKSC 10,(2014) AC 1189,(9)案中所称的辅助责任的一种形式:责任源自并依赖于被告参与他人(受托人)所犯的错误,或是对他人所犯之错有所协助。最明显也是最具说明性的类比是刑法中关于协助和教唆的规定(更多关于不诚实协助责任的性质及其与受托人主要责任的关系,见 Elliott and Mitchell, 2004; Ridge, 2012)。

14.20 协助

就像知情接收一样,我们可以把主张不诚实协助的要件分为两个。首先是行为要素:被告是否协助或促成了受托人对信托的违反?再则须符合过错要件:被告是否实施了不诚实的行为?

首先来看一下行为要素,关于参与信托的违反究竟到什么程度才足够使其承担责任并没有大量的判例法(更多信息参见 Mitchell, 2002, 171 -7)。显然被告通过鼓励或指示促成了受托人违反信托:见 *Eaves v. Hickson* (1861) 30 Beav 136。关于协助的认定可能更成问题,然而很多情况会很直观,所以伪造文件或主动隐瞒违反信托的证据显然就足够了,但界线也许并不那么清晰。

Brinks Ltd. v. Abu-Salell (*No.* 3) (1996) CLC 133 提供了一个案例,被告的丈夫参与了一起盗窃金条的洗钱活动,这迫使他多次带着现金驾车去瑞士,有几次被告也随之出行。法院必须决定的一个问题是,这是否构成足以承担责任的协助。Rimer 法官认为事实并非如此,被告是以妻子的身份陪伴丈夫前往这些地方,而并非像原告认为的那样,为他的洗钱行为提供掩护。虽然丈夫或许在旅途中因获得被告的陪伴而使其违反信托的过程变得愉悦,但这并不是"足以使她成为违反信托的从犯的本质上的协助"。

有一种观点认为,被告无论如何不诚实,无论在违反信托方面有多大责任,只有在受托人同样不诚实的情况下,才有可能获得或协助违反信托:参见例子 *Belmont Finance Corp Ltd. v. Williams Furniture Ltd.* (1979) Ch 250。然而,这并不重要,因为尽管被告的责任是以受托人自己违反信托应承担的责任为条件的,但由于被告在这一违反行为中所起的作用,被告仍然要为他的所作所为承担责任。因此,没有充分的理由认为被告的责任取决于受托人的精神状态。此外,这也留下了一个缺口,即一个不诚实的第三人密谋策划了一个无辜且不知情的受托人违反信托的情形。枢密院在 *Royal Brunei Airlines Sdn Bhd v. Tan* (1995) 2 AC 378, 392 案中也接受了这一点。所以,假如存在违反信托的情况,受托人的精神状态与被告的从犯责任问题无关。

与知情接收不同的是,不诚实协助导致的责任并不取决于被告是否获得信托财产(但在适当情形下,知情的接收人没有理由不对不诚实协助负责)。而且,似乎也没有任何理由需要滥用信托财产。正如我们所看到的,违反信托的方式有很多种,但只有一些涉及信托财产的滥用。只要被告不诚实地促成或协助违反信托,受托人违反了什么义务就无关紧要。还需强调的是,不诚实协助中的责任主体不仅包括那些在最初违反信托时提供帮助的人,还包括那些随后帮助掩盖的人,例如,隐瞒和处置任何因违反信托获得的收益:见 *Twinsectra Ltd. v. Yardley* (2002) UKHL 12, (2002) 2 AC 164, (107) (Millett 勋爵)。

14.21　不诚实

在很长一段时间里,在协助索赔的过错要求方面,与在知情接收索赔方面,存在同样的不确定性(见第14.17.2节)。有的法院要求对违反信托实际知悉,有的法院认为拥有某类有帮助的知识或通知就已足够,由于存在上述分歧,法院无法就何种程度或类型的知识足以使被告承担责任达成一致(因此,这种类型的责任后来被称为"知情"协助)。然而,这种不确定性似乎已通过枢密院在 *Royal Brunei Airlines Sdn Bhd v. Tan* (1995) 2 AC 378 案的裁决中解决了。在该案中,Nicholls 勋爵作出委员会的裁决时认为,正确的问题是简单地询问被告是否是不诚实的,而非对知情或者告知设定要求。

14.21.1 客观标准

当然,关键问题是何为“不诚实”,Nicholls 勋爵给出了以下解释:

> 无论在某些刑事案件或其他情况下可能处于什么地位……在从犯责任原则的语境中,行为不诚实,或缺乏诚实,这是同义词,仅仅意味着该情形下没有像一个诚实的人一样行事,这便是客观标准。乍一看,这似乎令人惊讶。诚实具有主观性的内涵,与疏忽大意的客观性截然不同。诚实确实具有强烈的主观因素,因为它是对某种行为类型的描述,评估此类行为须依据行为人当时实际知道什么,而非一个理性人应当知道或者察觉什么。此外,诚实和其对应的不诚实主要关乎注意行为,而非疏忽行为。粗心大意不是不诚实。因此,不诚实很大程度上等同于有意识的不当行为。然而,这些诚实的主观特性并不意味着个人在特定的情况下可以自由地设定他们自己关于诚实的标准。构成不诚实的标准并不是主观的。诚实不是一个可选择的天平,不会根据每个人的道德标准而具有更高或者更低的价值。

Nicholls 勋爵在此提出了两个要点。第一点相对清晰,被告不能仅凭表明他个人不认为其行为是不诚实的就能证明他并非不诚实。因此,不诚实并不取决于特定被告的道德品行。从这个意义上说,诚实是客观的;无论他们是否接受,同样的标准适用于每个人。

第二点没那么直接。适用这一普遍客观的标准,需要考虑被告实际知悉自己在做什么和其周围的情况。换句话说,我们在判断个人是否为不诚实行为的时候,不能不考虑行为人当时所想。例如,我在下飞机后等待取走行李,此时传送带上出现了一个看似是我的但实际不属于我的包,我将它拿起带走。我是否不诚实完全取决于我当时所想。若我真的相信那个包是我的,那么无论我看起来是多么粗心大意,我都是诚实的;但是,若我注意到这个包属于别人,并且抱有我可以利用它和我的包长得相似来窃取它的想法,那我肯定是不诚实的。如果我只是怀疑包不是我的,但还是带走了它,那么这也很可能会被视为不诚实。

这里的关键在于,我们对被告是否不诚实的结论将由被告当时的想法决定。事实上,如果没有这些信息,就不可能对某人的诚实作出判断。在先前的例子中,只有你知道了我的信念和意图,然后问我是否诚实才是有效果的和有意义的。因为我知道或怀疑包不是我的,我才是不诚实的。因此,正如 Nicholls 勋爵所指出的,认定不诚实必然涉及某种主观性的询问,它要求我们对被告的心态、意图和信念进行考察。

然而,这并不意味着我们所采用的标准不那么客观或普遍。我们不是在探究被告的心态,以了解他对自己行为的想法(道德上、规范上):这些行为是正确的还是错误的,合理的还是不合理的。相反,我们要探究的是被告知道或相信的事实。了解了这些后,我们就可以运用共同的、客观的诚实标准。实际上,问题是"根据被告当时所知道和相信的情况,他所做的是否不诚实",基于此,对被告信念的主观探究是适用认定诚实的客观标准的先导。

14.21.2 组合标准

然而,上议院在 *Twinsectra Ltd. v. Yardley* (2002) UKHL 12, (2002) 2 AC 164 案的判决使问题复杂化。正如我们早已看到的(见第 8.12.1 节),这个案子与贷给 Yardlev 的特殊目的信托资金有关。被告的律师 Leach 接收了这笔资金, Yardley 只能在出于购买财产的目的时才能获取该笔资金。然而,Leach 在没有寻求任何保证这笔钱会用于约定目的的情况下将钱给了 Yardley,而 Yardley 事实上将这些钱里的一部分用于了其他目的。Leach 因不诚实地协助违反信托被起诉。Leach 知道贷款的条件,但声称他确信他是根据 Yardley 的指示持有这笔钱。在此基础上,初审 Carnwath 法官认为他并非不诚实。

上诉法院推翻了这一判决,并认定他应承担责任。Leach 随后上诉到上议院,上议院的法官以 4 : 1 的投票多数支持了 Carnwath 法官的判决,认为 Leach 不必承担责任。在此过程中,他们对不诚实的认定标准进行了细致的审查。

Hutton 勋爵在这一点上作出了主要的判决。他认为在 *Royal Brunei Airlines v. Tan* 案中确立的不诚实要件有两个要素。第一,以理性诚实的人的一般标准来判断,被告的行为必须是不诚实的。第二,被告本人必须意识到,按照理性和诚实的人的一般标准,他的行为是不诚实的。Hutton 勋爵称这种标准是组合标准,因为它要求我们提出两个问题,一个是客观的,另一个是主观的:

(1)客观的问题是:诚实理性的人会认为被告的行为是不诚实的吗?

(2)主观的问题是:被告意识到了诚实理性的人认为他的行为是不诚实的吗?

只有两个问题都得到肯定回答,被告才会被认定为不诚实。

Hutton 勋爵为支持此种对不诚实要件的解释提供了两点理由。第一,他认为这就是 Nicholls 勋爵在 *Royal Brunei Airlines v. Tan* 案中所持的观点。尽管 Nicholls 勋爵从未提到过被告需要意识到根据诚实理性的人的标准其行为是不诚实的,Hutton 勋爵认为只有如此,Nicholls 勋爵提到不诚实具有主观因素或主观的一面才有意义。

第二,Hutton 勋爵认为,作为一个原则问题,第二个问题也同样重要:

> 法官对被告人不诚实的裁决是一个严肃的裁决,对专业人士,如律师,尤其如此。尽管这个问题出现在衡平法中,而不是在刑法中,但我认为,当被告知道设立信托的事实,没有注意到他的所作所为在诚实的人眼中是不诚实的情况下,法律如果允许裁决被告是在不诚实地协助违反信托,则是不公平的。

Millett 勋爵在这个问题上持有异议,他对 Hutton 勋爵采用组合标准的两个理由均不同意。他认为 Nicholls 勋爵曾打算制定一个客观的标准,即考虑被告人的(主观的)认识、经验和智慧,并参照诚实理性人标准来判定被告人的诚实,而不需要被告已经意识到他违反了这些标准。并且, Millett 勋爵相信这种做法原则上是合理的:

意识到行为违法是犯罪意图的一个方面,并且是刑事责任的要件之一:它不属于民事责任的合适要件。这通常是疏忽大意或故意行为造成的。从民事责任的目的来看,被告认识到其行为不诚实并无必要;它构成故意的不法行为便已足够。

毫无疑问,Millett 勋爵关于 Nicholl 勋爵判决的解读才是正确的。特别地,正如我们之前所见,不需要 Hutton 勋爵引入的第二种主观的标准,我们可以清楚地解释他所提到的不诚实具有主观因素。

但是,就从原则出发的论证而言,两者都不是特别有说服力的。Hutton 勋爵的论点是,如果我们要诬蔑被告为不诚实抗辩,将错误纠正过来,那么第二个主观观点是必需的。我们的标签("不诚实""欺诈""显失公平"等)应由相关规则的内容决定。如果不满意的是给被告贴上"不诚实"的标签,而不是把责任加在被告身上,则应改变标签以更好地反映规则,而不是改变规则以适应标签。然而,Millett 勋爵反对组合标准的第二个理由也并不完全令人信服。尽管民法的确准备在刑法中找不到过错和责任的情况下找出过错和责任,但这并不意味着在所有情况下民法都应适用弱化的过错概念,或者不涉及真正的道德过错。毕竟,无论是刑法还是民法,我们都需要一个正当的理由来证明责任的成立。道德上的不法行为就是这样一个理由;没有任何真正罪责的不法行为通常不是这样的。

但是,反对组合标准以及其要求被告意识到他违反了诚实理性的人持有的关于诚实的标准,则是有充分理由的。首先,这使真正不诚实的被告逃脱法律责任变得更为容易。只要被告可以说服法院,他没有考虑到诚实理性的人会如何评价他的所做所为,他就能逃脱责任。当然,法院不会简单地采信被告的一面之词,而像"道德上的无知"这种更加难以置信的主张可能会被驳回。尽管如此,这确实为不当行为人提供了一条潜在的逃脱责任的路径。

这是所有主观意图要件的必然结果。很少有任何直接的证据来证明被告的精神状态,所以被告总是可能谎报自己的精神状态。因此,这种逃脱责任的路径也总是行得通的。但是如果这一要件对针对被告的案件的道德影响很小或没有影响,我们应该特别警惕地给予被告这种逃脱责任的机会。在 *Twinsectra* 案中,双方似乎都假设,真正道德上的过错要求意识到了你违反了诚实理性的人的标准,但是可能并不如此。可以说,那些意识到自己违反了这种标准的人,至少对法律和社会其他成员的期望有一定的认识。相比之下,我们可能会认为,那些甚至没有意识到这些标准的人,或者能够说服他们自己认为其行为会被认为是可以接受的人,表现得更加漠视法律和社会习俗,会造成更大的危险。

其次,无论是 *Twinsectra* 案中的多数观点还是少数观点,似乎都误解了主观的过错或犯罪意图在法律上的普遍意义,尤其是在刑法上。通常情况下,当我们把过错要件描述为主观的而不是客观的时候,我们的意思是被告必须自己有意或预见到他的行为的某些相关后果,或相信存在某些事实。相反,当一个理性人足以预见其行为可能带来的后果或意识到特定的周遭情况,因此被告也应该能够预见或意识到时,过错要件便是客观的。因此,主观的放任要求被告预见到相关风险(如会对受害人造成伤害,损害其财产),而客观的放任只要求一个理性人会预见到这一点[见 *R v. G* (2003) UKHL 50, (2004) 1 AC 1034]。

因此,使过错要件成为主观的是,它根据被告所相信的事实和他打算或认为他可能实现的事实来判断被告。我们通常不会说主观的过错要件要求被告自己意识到或接受他的行为在道德或法律上是错误的。因此,要判定谋杀有罪,被告必须有杀人或造成严重身体伤害的意图。虽然你确实打算杀死受害人或对其造成严重的身体伤害,但是你认为你的所作所为并不违反法律或违背社会道德标准,这并不是一种抗辩(如果这种说法听起来难以置信,你可以试想一个关于安乐死或者故意杀死一个正在逃跑中的窃贼的案例)。同样地,在具备主观放任的要求的犯罪中,被告必须已经预见到相关的危险,但并不要求他应该考虑到他所冒的险是不合理的,或者他应该注意到一个诚实理性的人会认为这是不合理的危险。

简言之,在所有这些情况下,尽管过错要件是主观的,因为它要求探究被告本人实际意图,以及被告预见、相信什么,但我们适用的标准是客观的。而且,我们并不要求被告知道或接受这个标准。刑法只有一个例外——在 *R v. Ghosh* (1982) QB 1053 案中所确立的认定不诚实的标准。在该案中上诉法院确立的标准与后来 Hutton 勋爵在 *Twinsectra* 案中采用的标准一样。但在该案中,与这里的情况一样,被告必须意识到他违反理性人的标准是反常的且不必要的,上诉法院提出它只是因为法院错误地认为使标准具有主观性是有必要的。实际上,Nicholls 勋爵规定的不诚实标准是主观的,因为这一术语在刑法中常常被使用。尽管应用的标准是客观的,因为无论被告是否乐意或是否知道,它都是强加在被告身上的,但它是通过根据被告所知道的和所想的来判断他。

因此,与 Millet 勋爵相反的更合理观点是,主观的过错是协助违反信托责任的一个恰当的基础,但与 Hutton 勋爵观点相反,这并不要求附加一项要求,即被告知道他的行为方式是诚实和理性的人会认为不诚实的。

所幸,枢密院在最近的 *Barlow Clowes International Ltd. v. Eurotrust International Ltd.* (2006) 1 WLR 1476 案中再次确认了

Nicholls 勋爵的方法。令人难以置信的是,Hoffmann 勋爵在给出委员会的判决时称,Nicholls 勋爵在 *Royal Brunei Airlines v. Tan* 案和 Hutton 勋爵(以及其他持多数意见的成员)在 *Twinsectra* 案中所使用的方法并没有什么不同,相反却称 Hutton 勋爵的判决中只有一项模棱两可的原则:

> 这可能会鼓励一种信念……即 *Twinsectra* 案已经脱离了以前理解的法律,不仅要探究被告对他所参与的交易的精神状态,还要询问他对普遍接受的诚实标准的看法。

Hoffmann 勋爵认为,第二步并没有必要,要确认的唯一相关问题是,鉴于被告对他所卷入的交易的了解,以诚实理性的人的标准来看,他是否不诚实。正如 Huffmann 勋爵所说,"尽管一个不诚实的精神状态是一种主观的精神状态,但法律据以认定是否不诚实的标准是客观的"。

BarlowClowes v. Eurotrust 案的判决是枢密院作出的,所以 *Twinsectra* 案仍然是我们这里所说的领先案例。然而,为了只是进一步澄清而非背离 *Twinsectra* 案中所述,法院遵循了 *Barlow Clowes* 案中确定的方法:见 *Abou-Rahmah v. Abacha*(2006)EWCA Civ 1492,(2007)1 All ER(Comm)827;*Starglade Properties Ltd. v. Nash*(2010)EWCA Civ 1314。因此,不诚实的判定并不取决于是否确定被告意识到他的行为会被诚实而理智的人认为是不诚实的。

Barlow Clowes v. Eurotrust 案还明确了另一点,在 *Brinks Ltd. v. Abu-Saleh*(*No*. 3)(1996)CLC 133 案中,被告并不知道她的丈夫是在协助违反信托,而是认为或怀疑他涉嫌逃税。Rimer 法官认为这不足以导致不诚实的协助责任,且被告有必要知道信托的存在,或者至少要知道使信托产生的事实。Huffmann 勋爵反对这一观点,被告知道或者怀疑他在协助滥用资金或者其他财产就够了。

14.22　回归“知情”协助

这给我们留下了一个尚待解决的问题。正如我们在 *Barlow Clowes v. Eurotrust* 案中所看到的和 Huffmann 勋爵所强调的，假如对不诚实的认定取决并源于被告对他所涉及的交易的了解，即他是否知道或怀疑自己参与或协助了违反信托或其他非法计划，那么，不诚实的要求与知情的要求有何不同？事实上，Millett 勋爵在他对 *Twinsectra* 案的异议中认为，这样理解的不诚实和知情为框架的标准并无区别。如果被告知道自己正在参与违反信托行为，或者如果他已经对此产生了怀疑，但选择不加询问继续进行，那他就是不诚实的，因此要承担法律责任[见 *Barlow Cloves International Ltd. v. Eurotrust International Ltd.* (2005) UKPC 37, (2006) 1 WLR 1476, (10)]。

这个问题很关键，因为不诚实作为过错要件带来了一些我们以前在知情接收中有关显失公平的标准遇到的相同问题(见第14.17.3节)。正如我们已经多次提到的(见第9.15.2节和第14.17.4节)，在理想情况下，我们希望我们的法律规则能够对用以证明责任产生的情况和事实进行确定。“不诚实”并不是一个事实，而“知情”是。因此，以不诚实为框架的标准总是要求我们询问“依据哪些事实，某人会被认定为不诚实”，但这是我们的过错要件应该做的事情：它应该告诉我们，什么样的事实，什么样的精神状态是认定被告承担责任所需要的。所以，一个认定不诚实的标准并没有告诉我们所需要知道的内容(除非不诚实等同于知情，在这种情况下，为什么要首先引入不诚实这一概念呢)。

在 *Royal Brunei Airlines v. Tan* 案中(见第14.21.1节)，相较于以知情为框架的标准而言，Nicholls 勋爵更支持不诚实要件，因为他认为这使法院避免了在限定导致责任所需的确切的知悉程度时遇到的困难。但是,鉴于被告的诚实只能参照他所知悉和打算的内容来确定,所以检验不诚实的标准不可避免地需要对被告的精神状态进行调查,并确定什么类型或程度的知悉是导致责任所必需的。因此,我们也许会问,我们是否该忘掉不诚实这个标准,转而清楚说明被告若要承担责任,须有什么样的知悉和心理状态才是更好的做法。法院似乎倾向于这么做。在这种情况下,我们可能很快就会再次谈论知情的协助。

较之于以知情为框架的标准,不诚实标准唯一的优点是,可能存在被告知道其在协助违反信托,但我们仍然认为他没有违法行为,或者至少没有错误地行事以至于需要承担责任的情况。也可能存在这样一种情形,受托人明智地违反信托,在此种情况下,违反信托是为了使受益人获利。如果我们确实认为,被告知道自己协助违反信托,但因为其(或许是被误导)确信这是为了最有利于受益人而不应该被追究责任,那么,设计一个将是否承担责任纯粹取决于被告对信托违反的知悉的标准显然是不够的。

一种解决方法就是根据意图或放任而不是知情来确定过错要件。例如,如果被告有意使其行为与受益人的权益背道而驰,或者他对其行为是否与受益人的权益背道而驰是放任(或漠不关心)的,则我们就可以说被告应该承担责任。这比不加限定因而也是不精确的不诚实的要件更为可取,因为它确定了需要证明何种具体事实——何种确切的心态——被告即应承担责任。

14.23 合并索赔

我们已经看到,遭到信托违反的受益人原则上都可能提出一系列索赔。他可以通过起诉受托人违反信托而收回损失(如果有),或者受托人因违反信托所获得的任何收益。他还可以对在知情情况下仍接收信托财产或不诚实地协助受托人违反信托或帮其掩饰的第三人提出类似的索赔。最后,他可以追回他对其享有现存的衡平法上权益的财产。因此,在某些情况下,受益人可能会针对多个不同的被告提出多项不同的索赔。那么接下来的问题是在何种程度上要求他在这些主张中进行选择。

作为原则问题,受益人应该能够合并索赔,只要:

(1)这些索赔不会导致双重损害赔偿;以及

(2)这些索赔并不相互矛盾。

某种程度上受益人需要在可替代索赔之间作出选择,一旦法院作出裁决,受益人因而确切知晓哪些索赔会获得支持以及哪些索赔能够使他收回财产,他就需要作出选择:*Tang Man Sit v. Capacious Investments Ltd.* (1996) AC 514。

双重损害赔偿是指原告就同样的损失要求赔偿两次的情形。显然,一旦一名被告已经赔偿 B 因其违反信托而给 B 造成的损失,B 就不能再向另一名被告要求赔偿这一损失。因此,如果受益人同时对受托人和提供不诚实协助的第三人提出索赔,那么原则上两个人都有责任赔偿受益人所遭受的损失。但是,虽然受益人可以从中选择要求赔偿的人,但他并不能同时从他们那里得到全额赔偿,因为这样他所获得的赔偿将超过他的全部损失。

另一个例子就是受托人因违反信托获益而受益人遭受损失的情况。收回受托人所获利益一定程度上必然能够补偿受益人遭受的损失。因此,受益人不能同时获得受托人的全部赔偿和全部利润:见 *Tang Man Sit v. Capacious Investments Ltd.* (1996) AC 514. cf. Birks, 1996b。

通过一个例子可以很好地来理解互相排斥的索赔。假设受托人 T 错误地将其信托项下持有的股票出售给了第三人 D,并且 D 知道 T 的行为是违反信托。在该案中,如果 D 保留股份并且 T 保留他所收到的款项,那么受益人有两个可能的所有权索赔:他可以追随至 D 手上的股票或者追溯 T 获取的款项,但他不可以同时主张股权和款项。追溯背后的理念是,替代资产(指款项)可以被视为代表或体现原信托财产(股份)的价值:见第14.3节。显然,受益人不能说原本属于他的初始信托财产的价值现在体现在货币上,但同时坚持股票是属于他的。“替代”的语义也体现了这一点。替代资产取代了初始信托资产,因此不得再主张其他。同理,如果D在此之后将股票转让,因此没有任何可追溯的替代资产,受益人不能同时对T提出金钱价款所有权索赔,又对D提出知情接收索赔。这是因为知情接收索赔涉及将由D持有的股份作为信托财产处理,这与受益人主张出售该股份而获得的金钱价款也是信托财产是不相容的。

有人提出,在受托人挪用信托财产的情况下,受益人不能将为了赔偿而对受托人的个人索赔与基于追溯而产生的索赔(无论是所有权索赔还是基于知情接收而索赔)合并。例如,受托人T挪用1万英镑的信托资金购买了一辆汽车,然后把它送给了第三人D。由于D没有支付任何对价,他便不是未经通知且支付了对价的真正的善意购买人。这辆汽车当前只值6000英镑,受益人B对T提出了赔偿其损失的要求,并对D主张汽车的所有权,因为它是信托资金能够追溯到的替代资产。当然,由于收回汽车减少了B的损失,B不能同时对车和对T的1万英镑进行主张来作为赔偿。但是B可以要求从D处收回汽车并且从T处收回4000英镑吗?毕竟,如果B收回了这辆汽车,他仍然有4000英镑的损失,所以从T处收回4000英镑并不会导致双重损害赔偿。

然而,有人认为B不能这样做(见Penner, 2016, 362–4)。该观点认为,当B追溯到与原始信托财产交换所获得的替代资产时,他认领了T转让或出售的信托财产,尽管T通过使用信托资金购买汽车,构成了违反信托,但B可以选择将此视为已经授权的使用信托资金的行为,因此将汽车视为代表信托而购买的。这使T滥用信托资金变得合法。但是,如果是这样,B就不能再针对T违反信托提出索赔,并且据此要求就T的行为造成的损失获得赔偿。换句话说,B可以把购买汽车看作是错误的,在这种情况下,他可以起诉 T 违反信托,但不能对汽车提出主张。或者他可以把它当作经授权的购买,在这种情况下,他可以收回这辆汽车但不能主张违反信托。既对汽车提出主张又要求赔偿仍存在的损失会涉及自相矛盾且互相排斥的索赔。

这种追溯理论是不切实际的。同时,也是毫无必要的,因为我们有另一种更合理的方式来理解为何允许受益人追溯至替代资产。正如我们已经看到的(见第 14.4 节),一种普遍的观点是,可追溯替代资产的索赔是对不当得利的回应;上议院在 *Foskett v. McKeown* (2001) 1 AC 102 案中的倾向性观点是,对替代资产主张权利的能力仅是受益人就信托财产享有的衡平法受益权益的一个方面或必然结果。这些观点都不涉及受益人的授权或同意受托人对信托财产的明显滥用,而且他们都没有迫使我们把基于追溯的索赔与违反信托的索赔看作互斥的。另外,在采纳的观点上,我们无法解释在被告无权处置信托财产的情况下进行追溯。在大多数推定信托和归复信托中,情况可能就是这样。此外,它使我们需要对普通法上的追溯作不同的解释,在这种情况下,没有人能够处在类似于受托人的地位有权处置原告的财产。

相应地,无论是原则还是(最近的)权威都不支持这种采用观点。因此,我们应该允许受益人既可以主张对不当使用信托资产的可追溯收益的所有权,又可以要求受托人(或第三方不当行为人)对违约而造成的任何剩余损失予以赔偿。

总　结

1. 出现违反信托的情况下,受益人可以就该违约向受托人提出索赔。但是,法律也承认其他三种类型的索赔,它们是:

(1)针对滥用信托资产的现有持有人的所有权索赔。

(2)针对收到被挪用的信托财产的第三人因其知情接收财产而提出的个人索赔。

(3)针对促成或协助违约的人的不诚实协助而提出的个人索赔。

2. 个人索赔和所有权索赔之间有重要的区别。所有权索赔相当于受益人的一种主张,即他对被告持有的某些资产享有权益,因此,受益人应该能够收回该项资产(或其部分或其价值)。相比之下,个人索赔只是要求被告对受益人或为受益人做些什么(例如,赔偿他造成的损失)。

3. 只有在相关财产和受益人在该财产中的权益仍然存在的情况下,所有权索赔才有效。个人索赔则不必如此限制。相比之下,在被告资不抵债的情况下,所有权索赔将给予受益人优先权,而对资不抵债的被告提起个人索赔的受益人最多将获得所欠款项的比例份额,因此至少承担被告资产的部分差额。

4. 在信托资产被挪用的情况下,受益人可以向目前持有信托财产的人追讨信托财产,但该信托财产由支付了对价且未经通知的真正的善意购买人持有或经支付了对价且未经通知的真正的善意购买人转手的除外。受益人也可以主张以先前存在的信托财产为交换条件而取得的财产。这一过程被称为追溯。

5. 在完全替代的情况下(只有信托财产被转移以换取替代品)和混合替代的情况下(替代品是通过换取信托财产和其他来源的财产而获得的),追溯都是可能的。在这种情况下,受益人可以要求的赔偿取决于其他财产是属于另一个无辜之人还是属于不当行为人。

6. 当信托资金被支付到另一个人的银行账户时,适用特殊规则。同样,根据账户中的其他资金是来自另一个无辜者还是来自不当行为人,规则也会有所不同。

7. 如果银行账户的所有出资人都是无辜的,传统的解决方案是采用"先进先出"的规则。这就是说,资金从账户中取出的顺序和存入的顺序是一样的。然而,法院越来越倾向于采用一种不同的方法将所有提款视为由该账户的所有出资人按其对该账户总存款额的贡献比例分享。

8. 如果进入账户的其他资金来自不当行为人,法院似乎允许受益人“挑选”从账户中提取的哪些款项将被视为信托资金的提取(相反,哪些款项将被视为来自不当行为人自己的资金)。唯一的限制是,受益人不能将不可能由信托资金构成的提款声称自己的提款。

9. 如果信托财产的转让没有获得任何交换,就不可能追溯。传统上,人们一直认为这是信托资金被用来偿还债务的情况。然而,有人认为,如果债务是赊购财产而产生,受益人应该能够追查到该财产。这就是所谓的回溯。

10. 收到挪用的信托财产的被告,也可能因知情接收而承担个人责任。这一索赔有两个要件:

(1)被告收受信托财产;和

(2)当他收到该财产,或在他拥有该财产时,他知道,或者也许应该知道,该笔财产是违反信托而产生的。至于知道的确切程度足以使他承担法律责任,存在相当大的疑问。

11. 受益人也可以对任何不诚实地促成或协助违反信托的第三人提出索赔。不诚实的测试要求法院询问,鉴于被告对自己的行为以及周围的情况的了解,诚实和理性的人是否会认为他的行为不诚实。

练　习

14.1　个人索赔和所有权索赔之间有什么区别?什么时候每一项都对索赔人有利?

14.2　能否将衡平法财产权追溯规则简化为一套合理的原则?

14.3　Lee 是一项重大和解的受托人。他的朋友兼商业伙伴 Dan 告诉他,如果他把一部分信托基金投资于 Dan 的新企业,那么受益人将获得丰厚的回报。Dan 还向 Lee 承诺,他将从投资获得的任何利润中给他佣金。Lee 觉得这一切听起来太棒了,于是马上写了一张支票,从信托基金里转了 10 万英镑给 Dan。

事实上,Dan 并没有新的商业冒险的想法,只是想要得到一笔钱用于自己的目的。他拿起支票,把钱存入他在 Barclays 银行的账户。当他把支票递给他时,收银员 Venethia 开玩笑说:"你不会抢银行了吧?"Dan 得意地笑着回答说:"这件事只有你和我知道。"然后塞给 Venethia 一张 50 英镑的钞票。Venethia 心慌意乱地把 50 英镑装进了口袋。

Venethia 不好意思把发生的事告诉银行的上级。她把这 50 英镑拿来买彩票,其中一张彩票为她赢得了 1000 英镑的奖金。她把奖金给了她弟弟 Jeremy。随着时间的推移,这笔钱就会从她的银行账户消失。证据只显示,Dan 用了 5 万英镑来偿还房子的抵押贷款,至于剩下的钱去了哪里就不得而知了。Lee 从未从这笔钱中得到任何分成。

请给受益人提出建议。

14.4 为什么认为信托财产的个人责任应该严格?我们是否应该允许那些无辜受益于他人滥用信托财产的人保留这些利益?

14.5 Sanders 在赛百味外面等着买三明治,这时 Morel 和 Red 走近他。Morel 从 Sanders 手里抢过他的钱包,扔给 Red。当 Morel 控制 Sanders 时,Red 翻他的钱包,拿出一张 5 英镑的钞票。然后她走进赛百味,要了一罐可乐。在收银台后面工作的 Jamie 看到了发生的一切,对 Red 说:"你真的应该把钱还给他。"Red 轻蔑地瞪了 Jamie 一眼,Jamie 随后收下了 Red 偷来的 5 英镑钞票,作为买可乐的款项。

喝完可乐后,Red 把钱包扔在地上。然后她和 Morel 跑掉了,留下 Sanders 去捡他的钱包,他的钱包现在少了 5 英镑。Red 和 Morel 带着剩下的零钱 25 美分去了报刊亭。Morel 用这些钱买了一张刮刮卡。他刮掉了面板,发现自己中了 1 万英镑。就 Sanders 对 Morel、Red 和 Jamie 提出的任何衡平法上的索赔,向他提供建议。

14.6　我们如何确定被告在有关不诚实协助的索赔中是否不诚实?

拓展阅读

这方面的学术写作倾向于关注两个问题。第一个问题是关于追溯规则的基础和内容的讨论。在这个方面主要是 Smith 的著作。第二个问题是关于(知情)接收的大量文章和评论。在这个问题上,最好从 Nicholls 的文章出发,它巧妙地提出了基本问题,在此基础上 Smith 和 Birks 构建了更为复杂的内容。

1. Akkouh and Worthington, *Re Diplock* (1948) in Mitchell and Mitchell (eds.), Landmark Cases in the Law of Restitution (Hart Publishing 2006).

2. Birks, *Receipt* in Birks and Pretto (eds.), Breach of Trust (Hart Publishing 2002).

3. Burrows, *Proprietary Restitution: Unmasking Unjust Enrichment*, (2001) 117 LQR 412; Conaglen, *Difficulties with Tracing Backwards*, (2011) 127 1 - QR 432; Cuffs, *Tracing, value and Transactions*, (2016) 79 MIR 381.

4. Èvans, *Rethinking Tracing and the law of Restitution*, (1999) 115 LQR 469.

5. Hayton, *Equity's Identification Rules* in Birks (ed.), Laundering and Tracing (Oxford University Press 1995).

6. Birks, *Receipt* in Birks and Pretto (eds.), Breach of Trust (Hart Publishing 2002).

7. Mitchell, *Assistance* in Birks and Pretto (eds.), Breach of Trust (Hart Publishing 2002).

8. Mitchell and Watterson, *Remedies for Knowing Receipt* in Mitchell (ed.), Constructive and Resulting Trusts (Hart Publishing 2010).

9. Nicholls, *Knowing Receipt: The need for a new Landmark* in Cornish, Nolan, O'Sullivan and Virgo(eds.), Restitution:Past, Present and Future (Hart Publishing 1998).

10. Nolan, *Civil Recovery after Fraud*, (2015) 131 LQR 8.

11. Smith, *The Law of Tracing* (Oxford University Press 1997).

12. Smith, *Tracing into the Payment of a Debt*, (1995) Cam LJ 290.

13. Smith, *Tracing, "Swollen Assets" and the Lowest Intermediate Balance: Bishopsgate Investment Management Ltd. v. Homan*, (1994) 8 Tru LI 102.

14. Smith, *Unjust Enrichment, Property, and the Structure of Trusts*, (2000) 116 LQR 412.

第 15 章　禁制令

15.1　衡平法的救济措施

在第 1 章中我们已经了解,衡平法规则的发展是为了减轻普通法的严格执法所带来的困难。因此,普通法救济通常是命令被告给原告支付一笔款项。虽然这样的法令确实能够在绝大多数向法院提出的索赔中提供足够的救济——例如,由于一方当事人未能按照合同提供货物或服务所产生的债务,由于疏忽驾驶所造成的人身损害,抑或由于建筑师设计了一个有缺陷的建筑物所造成的专业疏忽——但也有一些需要另外的救济来伸张正义的案例。

比如,原告的前雇员窃取了机密信息,并打算用它来建立一个竞争业务;或是,原告申诉一些不速之客正非法入侵他的土地;或是,原告对有嫌疑的欺诈者提出索赔,而后者很有可能为了防止索赔人执行任何最终判决而隐藏自己的资产;抑或,原告认为其专利产品正在被非法复制,而倘若被告得知原告将对他提起索赔,他可能会将罪证销毁。

在以上的这些情况下,只有通过除金钱判决之外的救济才能达到正义,或者说才可以更好地实现正义。在第一种情况下,法院应有权防止机密信息的泄露所带来的威胁(防患于未然)。在第二种情况下,土地所有者可能更想将不速之客从他的土地上清理出去并使之远离,而不是获得因此带来的赔偿金。在第三种情况下,法院所面对的是一个会通过隐藏财产以避免被执行法令的被告。在第四种情况下,法院必须与试图毁灭相关证据使原告更难证明自己申诉的被告做斗争。

针对以上情况,法院发布禁制令,即“令被告做某事的命令(强制性禁制令)”,或“令被告不做某种事情的命令(禁止性禁制令)”。因此,在适当的情况下:可能会要求前雇员向原告交出所有机密信息,且不得建立竞争性业务;那些不速之客可能会被要求离开他们所擅自进入的土地(强制性禁制令)并不得返回(禁止性禁制令);隐藏财产的被告可能会被要求不得在判决之前处理其资产(冻结令);对于可能毁灭证据的被告,可能会被要求让原告的律师进入他的不动产,以获取并复制存储在那里的相关文件(搜查令)。

这些措施在理论上听起来都不错,但在现实中这些法令又是如何实施的呢?特别是,如果被告以不正当的方式行事或打算以不正当的方式行事,何以见得他会在意法庭的法令呢?在法院发布的每一项禁制令的首页上,都会有一段粗体的处罚告知,从中我们可以得到答案:

如果你(被告人姓名),不服从这个法令,你将被认为是藐视法庭,你可能会被关押、罚款或扣押财产。

任何明知此法令却依然帮助或纵容被告违反法令条款的人,也可能被认为是藐视法庭,并判处拘留罚款或扣押资产。

因此,法院有权以藐视法庭罪将违反禁制令者送入监狱。帮助他人违反禁令的处以同罪。尽管在过去的几年中,法院可以判处不定期刑——主要是告知违反法令的被告人(藐视法令者)他将一直被关押在监狱,直到其能够说服法院,保证以后遵循法令——但根据《1981年藐视法庭法》第 14 条,目前该罪行的法定最长监禁时间也只有两年。

衡平法制定了进一步的救济措施,来处理普通法不能有效应对的一些情况。例如,在衡平法中,法院有时会命令已经签订合同的人完成交易(比如,被告同意向原告出售私有公司的 100 股股票,但后来违背了交易)。我们称为特定履行。在另一些情况下,法院也有可能宣布撤销合同或赠与(例如,原告给被告的赠与已被不当影响所破坏)。最后,衡平法有时会宣告正式的协议并不代表当事人的真实意图(比如,在起草合同时犯了文字处理上的错误,本来对价是 1000 万英镑,结果写成了 100 万英镑)。在这种情况下,法院会宣布双方达成真正协议中的对价是 100 万英镑。我们将这种救济方式称为修正。

前段所述的特定履行、废除以及修正这些衡平法的救济和法令都很重要,但一般在合同文本和课程中会着重讨论。因此,在这里,我们将重点讨论本节所提到的第一个救济措施:禁制令。

15.2　分类

前面我们已经提到了两种禁制令:命令被告做某事(强制性禁制令,正向禁制令),以及命令被告不做某事(禁止性禁制令,反向禁制令)。

第二个需要我们重点区分的是终局禁制令和临时禁制令。终局禁制令是在法院已经明确当事人各自的权利后,在审判最终授予的禁制令,也称为永久禁制令;临时禁制令是在审判之前法院授予的禁制令,也称为临时禁制令。我们可以看到,法院在授予临时禁制令时面临一定的困难,因为他们必须在审判之前,即在得知原告的案件是否胜诉之前作出决定。

最后需要我们区分的是,有一种禁制令是在当事人都有机会出庭并进行陈述的庭审之后颁发(各方之间或"事先通知"的禁制令),另外,还有一种禁制令则会在只有申请禁制令的人出席的庭审之后颁发(单方或"不事先通知"的禁制令)。

正如本章后面所要解释的那样,在绝大多数情况下,法院授予禁制令都会事先通知。但是,也有一些例外的状况,比如,在极端紧急的情况下,或者事先通知被告反而可能不利于原告希望阻止的事情,这时法院有权酌情授予禁制令,并且不另行通知被告。

15.3 何时颁发禁制令

下一个我们要讨论的问题是,法院在决定一个禁制令是否颁发时所用的标准。如同我们看到的那样,法院所依据的基本准则是:只有当法院为了保护申请人的普通法或衡平法权利免受实际的损害或威胁时,才会颁发禁制令。此外,法院在考虑禁制令申请时拥有自由裁量权,因此如果被诉的行为实质上是微不足道的,则可以拒绝下令(见第15.4节)。

接下来本章将讨论在过去的半个世纪中,法院在此方面活动的三个主要内容:第一,法院应何时颁发临时禁制令(在审判前发出禁制令,在还未有证据证明任何事情的情况下,要求一方当事人去做某事或阻止他以某种方式行事)(见第15.5节);第二,法院在何种情况下可颁发冻结令,要求被告不得处理其资产(见第15.6节);第三,法院应何时颁发搜查令,要求被告允许原告的律师进入他的居所以获取并复制文件(见第15.7节)。

高等法院的法官通常是依据《1981年高级法院法》第37条规定颁布禁制令。该条款规定:

在所有的案件中,若高等法院认为是公正与便利的,其可以通过法令的形式颁发(临时或终局的)禁制令。

同样的文案也载于《1984 年郡法院法》第 38 条规定之中,它是下级民事法庭的办事依据。乍一看,这一条款看起来几乎毫无限制。这是否意味着任何人都可以以道德或其他原因为依据,因为不赞成他人的行为而申请禁制令?申请人是否可以通过申请禁制令来阻止他的邻居发展婚外情,或者禁止某个政治家实施令申请人感到不快的政策,或者禁止哈里王子回到拉斯维加斯?

根据常识也知道答案显然是否定的。如果在任何人以道德理由反对另一人行为的情况下法院都给予救济,那么他们整天就会为处理这些琐碎的争执而忙个不停。上议院在 20 世纪七八十年代对一系列案件的判决为这一答案提供了法律论证。

第一个这样的判决是在 *Siskina v. Distos Compania Naviera SA* (1979) AC 210 这一案件中。在该案中,原告确实有诉讼被告的诉因,但该事件在法院管辖权之内不具有可诉性。上议院认为,根据 Diplock 勋爵提出的以下原则,英国法院是没有管辖权来颁布禁制令以援助申诉人立场的:

获得临时禁制令的权利并不是诉因,其不能独立存在。获得禁制令的条件取决于事先存在的一个诉因,该诉因要表明被告对原告的法定或衡平法权益确实造成了实际或威胁性的侵略行为,并且该行为在法院管辖权的范围之内。获得禁制令的权利仅仅是原有诉因的附属物。

因此,在绝大多数法院颁发禁制令的情况下,都是因为原告的权利遭受了实际或威胁性的侵犯。例如,法院命令非法占用土地者离开该土地,其行为是为了维护原告对该土地的所有权,该入侵行为侵犯了原告的土地所有权权利,所以可以成为原告的诉因。法院命令邻居禁止整夜大声播放音乐,则是因为被告的行为很可能违反了《1997 年免受骚扰法》中的规定,对他人造成了私人妨害,因而这又会成为原告的诉因。此外,法院的权力是足够灵活的,它能够在申请人的普通法或衡平法权利即将受到侵害的时候,就能采取一定的行动。因此,如果原告有证据证明那些不速之客有意入侵其土地,那么法院就可以在他们入侵土地之前就禁止他们踏入原告的土地。这样的命令被称为“因恐惧禁制令”,字面意思就是“因为他(她)害怕”。

但是,法院颁布的禁制令并非全都与申请人的法定或衡平法权利遭到实际或威胁性的侵犯有明显关系。在 *South Carolina Insurance Co. v. Assurantie NV* (1987) 1 AC 24 案中,上议院不得不面对反诉讼禁制令的申请,即禁止英国诉讼一方在另一法院诉讼之前提起或继续进行诉讼。准确来说,即是原告寻求一种反诉讼禁制令,防止被告继续向美国地区法院提出请求,要求披露与英国诉讼相关但由第三方持有的文件。

Brandon 勋爵给出了主要的判断,认为 Diplock 勋爵提出的禁制令的有效性范围需要作进一步的拓展。他认为法院在以下两种情况下都应颁发禁制令:其一,在法院的管辖权之内,若一方对另一方的法定或衡平法权利已经造成侵犯或有侵犯的威胁性(这与 Diplock 勋爵在 *Siskina* 案中处理方式达成共识);其二,一方已经采取不当行为或有不当行为的威胁性(对于不当行为的讨论及其引起的问题,见第 6.3.2 节和第 14.17.3 节)。

但同时,Brandon 勋爵也意识到,即使已经对 Diplock 勋爵提到准则的范围进行扩大,但该准则依然是不完善的。在上述两种情景之外,依然存在应当颁布禁制令的情况。他举了以下两个例子。

Brandon 勋爵给出的第一个例子是,如果英国法院可以为他们的判决提供更为合适的诉讼地,则禁止当事人将该法律程序移交给其他管辖区而颁布的禁制令;即使当事人可以(并非不合理)向另一管辖区提出诉讼。比如,在一个案件中,如果所有证人都居住在英格兰和威尔士,或者所有文件都是英文的(因而如果将此案件交于另一诉讼地审判则会需要大量的翻译费用),抑或索赔所涉及的财产都在法院管辖区的范围之内,那么英国法院就可以颁发这样的禁制令。

Brandon 勋爵给出的第二个例子是冻结令(以前称为资产冻结禁制令:见第 15.6 节)。在这里,原告没有法定或者衡平法权利以阻止被告在审判之前处理他的资产。正如 Nicholls 勋爵在 *Mercedes Benz AG v. Leiduck* (1996) AC 284, 306 案中所述,"与其他中间救济措施不同,资产冻结救济措施与诉讼中讨论诉因的主题无关。资产冻结禁制令并不阻止被告人做可能引起救济的错误行为"。出于类似的原因,不能明确被告在审判之前处理财产的行为是否都属于不当行为。但是,正如我们后文将看到的那样,20 世纪 70 年代,法院开始颁布冻结令(或者说资产冻结令)禁止被告提前处理其财产。

这里再列举一些并不完全符合 Brandon 勋爵的标准的例子:*Norwich Pharmacal* 披露令[以 *Norwich Pharmacal v. Customs & Excise Cmrs* (1974) AC 133 案命名]通常是针对那些无知地陷入另一方不法行为的第三人而颁布,该披露令要求第三人向原告指出或提供与犯罪嫌疑人或原告潜在诉因相关的其他信息。即使原告没有针对第三人本身的诉因,法院通常也会颁布该法令,要求第三人提供详细的信息,因而这种法令相当于强制性禁制令[见 *Singularis Holdings Ltd. v. Pricewaterhouse Coopers* (2015) AC 1675, (22)案]。事实上,即使原告可能不确定他是否有诉因,或者即使申请人可能无法肯定地说他的所有诉因都在英国法院的管辖权之内,法院依然会颁布该禁制令。搜查令也是如此(见第 15.7 节),即使原告没有法定或衡平法上的权利要求被告为其提供纸质或电子记录,我们可以看到法院依旧会颁布搜查令。

所以到了 1987 年,最权威的法院已经承认最初关于何时可以颁布禁制令的解释是不完善的,并且修改后的双层解释本身至少还存在两个例外。不幸的是,对那些喜欢统一原则(这些原则有助于解释法院为何会这样做)的人来说,事情并没有进一步改变:某些法官对 Brandon 勋爵所制定的标准表示不安,这阻碍了事情的发展。

在南卡罗来纳州,Goff 勋爵同意 Brandon 勋爵大部分的决定,但在 Brandon 勋爵的标准是否正确地解释了法院管辖权这一方面,他持怀疑态度。理由如下:

> 我不愿意接受法院仅有权对某些类别颁布禁制令的主张。根据法规(《1981 年高级法院法》第 37 条),法院颁布禁制令的权力是不受约束的,而且我们目前不可能预见到所有应该进行救济的情况。特别是,我不认为限制某人在外国法院开始或继续进行诉讼的这种权利的行使就是某些特定类别(在这些类别中权利可以单独行使)的例外情况。在我看来,限制诉讼程序在外国进行仅仅说明为了公平正义法院可以行使颁布禁制令的权力。

在此阶段,Scarman 勋爵在 *Castanho v. Brown & Root* (*UK*) *Ltd.* (1981) AC 557, 573 案中也指出 Diplock 勋爵在 *The Siskina* 案中最初的提法是不合适的,因为衡平法的范围和灵活性是不能通过分类加以削弱的,法院在适时避免不公正的时候,可以针对一方当事人颁布禁止令。Browne-Wilkinson 勋爵响应了 Goff 法官在 *Channel Tunnel Group Ltd. v. Balfour Beatty Construction Ltd.* (1993) AC 334 案中所提出的疑问。Nicholls 勋爵在 *Mercedes Benz AG v. Leiduck* (1996) AC 284, 308 案的反对意见中指出,法院可以颁布禁制令,"在需要避免不公正的情况下……世界情势转变的同时,法院也应适应情势,适当行使管辖权以颁布禁制令。行使法院的管辖权必须有原则性,但原则总是围绕'不公正',它随着当今情势的变化而变化"。

对于一个统一原则的寻求从未停止。所有法院都旨在避免不公正,因此对不符合要求的诉求未能提供更多信息。事实上,《1981 年高级法院法》第 37 条已经告诉法院，只有在公正与便利的情况下，法院才可以颁布禁制令。因此，关于不公正标准的提议并不会推动事情的进一步发展。那么，我们可以提出更好的建议吗？我们很难把所有可以颁布禁制令的状况都列举出来。但是目前有一个初步的建议：在原告的法定或衡平法权利受到实际侵犯或威胁时，法院有权颁布禁制令以维护原告的权利，或者使申请人能够行使或可能行使某种权利的程序以及可能事关这些程序，从而使判决更加有效。

对于禁制令的有效性，法院尚未制定出任何令人满意的标准，这一点重要吗？或许不重要。即使法院对于可适用于所有可能颁布禁制令的情况从未作过一个连贯和总体的分析，但是法院依旧每天都在颁布禁制令。此外，绝大多数禁制令是针对申请人的法定或衡平法权利受到实际或威胁性的侵犯而颁发的。

15.4　代替禁制令的损害赔偿和自由裁量权

但是，我们也不能说每当原告的权利受到被告的威胁或侵犯时，法院都可以依法颁布禁制令。为了与衡平法上的其他救济措施保持一致，禁制令的颁布是在法院的裁量权之内的。该裁量权并非不受限制：法官和受托人一样，都必须考虑相关因素，忽略其他不相关因素；如果他们的酌情判决结果超出了合理的分歧范围［见 *G v. G*（1985）1 WLR 647（Fraser 勋爵）案——如果其自由裁定判决是有明显错误的］，那么他们的判决结果将会受到上诉仲裁庭的审查；法官必须运用一些已经制定出的原则来解决一再出现的具体问题。

其中最重要的原则如下：在以下几种情况中，法院可以拒绝颁布禁制令：其一，诉讼是错误且微不足道的；其二，原告在寻求救济时以不当的或无理的方式拖延；其三，原告本身在一些相关方式上行为不当；其四，在实际执行时，被告根本无法遵守该禁制令；其五，该禁制令需要法院进行长期的监管;其六,该禁制令对被告而言执行起来过于困难。

在没有授予禁制令的情况下,原告仍有权因合法权益受到侵犯而获得赔偿。依照传统的惯例,大法官法庭不会因衡平法上的不当行为判处损害赔偿。然而,《1858 年衡平法院修正法》使该情况有所转变;(相关的规定现于《1981 年高级法院法》第 50 条中可见),该法允许以损害赔偿代替、补充禁制令或实际履行的法令。

该法的重要意义在于,在普通法管辖权内不能判以损害赔偿时,可用该法对其判以损害赔偿。基于衡平法诉因的案例中,普通法不承认任何索赔;即使索赔成立,也不能判处任何损害赔偿。例如,普通法不允许对未来财产损失判处赔偿。

该法所赋予的关于判定损害赔偿的新管辖权仅适用于原则上可获得禁制令或强制履行的情况。因此,举例来说,这其中就不包括法院绝不会令其强制履行某个行为的合同。但是,即使根据事实,强制履行或禁制令将被驳回,只要有可能获得强制履行或禁制令,也可以根据该法判处损害赔偿。事实上,这些是判决损害赔偿管辖权极其重要的情况。

法院通常会更偏好判处损害赔偿,而非实际救济。所以,在合同法中,其基本规则是只有在损害赔偿可能导致救济不足的情况下,法院才会判处强制履行。关于以损害赔偿代替禁制令这个问题,直到最近法院才提出和之前相反的看法。他们曾将 A. L. Smith 法官在 *Shelfer v. City of London Electric Lighting Co.* (1895) 1 Ch 287, 322 - 3 案中确立的四个标准视为良好的工作原则,并加以应用。只有在以下情况下,损害赔偿才可以代替禁制令:(1)原告合法权利所受的损失较小;(2)损失可以用金钱来衡量;(3)损失可以用少量金钱赔偿;(4)颁布禁制令会对被告造成巨大损失。

联邦最高法院在 *Lawrence v. Fen Tigers Ltd.* (又称 *Coventry v. Lawrence*)(2014) UKSC 13, (2014) AC 822 案中重新考虑了这一指

导标准。Neuberger 勋爵作出主要判决,强调法院判决以损害赔偿代替禁制令的权力涉及经典的裁量权的行使,该权利的行使不应受到 *Shelfer* 案指导标准的机械化应用的束缚。事实上,他甚至说,上诉法院确立的坚定的指导标准可能是弊大于利。因此,他只愿意声明,一旦原告确立了获得禁制令的初步权利,被告则须说明为何要用损害赔偿代替禁制令(根据举证责任,其他的推定都不得支持或反对以损害赔偿代替禁制令的判决)。

因此,*Shelfer* 案指导标准发挥的作用是微乎其微的。大部分的情况是,如果各方面情况都满足,且没有出现与之相反的相关情况,那么法院应该判以损害赔偿代替禁制令。但仅是不满足 *Shelfer* 案指导标准的事实不再意味着应当颁发禁制令。最后要强调的是,如果在这个管辖权范围内判决了损害赔偿,那么在评估普通法中的损害赔偿时也要采用同样的标准:*Johnson v. Agnew* (1980) AC 367。

15.5 临时禁制令

现代诉讼的一个特点——也是大型诉讼的一个特性——就是案件审判之前有一段相当长的延迟。开始提出索赔与最终裁决(可能是上诉)之间的时间间隔可以从几个月到几年不等。这个延迟乍看起来可能令人惊讶。但这是因为任何向法庭提出的索赔都要先走一系列的法律程序:首先,当事人要在所谓的诉状文件中表明其立场;其次,当事人相互公开相关文件;最后,他们要出示证人证词以及(或)专家证人的报告。只有这样才能进行审判(法庭要有时间,检察官或律师要有时间,证人需要被通知到,并在开庭前做好充分的准备)。

原告要求法院在审判前对被告发出禁制令的情况下,这个时间间隔对法院造成了特定的困难:原告要求法院在原告证明情况之前就对被告发布法令。因此,如果原告败诉,这种限制被告行动自由的法令就没有正当理由。让事情更加困难的是,这样的禁制令对原告和被告来说通常都是至关重要的。

举个例子,一公司正陷于困境之中,而该公司的总经理突然辞职了。几天后,公司的股东得知总经理正打算组建一家竞争企业——尽管在其雇佣合同中有一些竞业限制条款禁止他在两年之内这样做——以及,原告带走的联系人列表中还包含一些涉及利益的信息。股东们咨询他们的律师,律师说他们的前任总经理很可能违反了雇佣合同中的竞业限制条款(尽管有人认为该协议的条款可能无法履行,因为其内容过于宽泛)且联系人列表也可能被认定为是机密信息,公司可以禁止总经理加以利用(虽然这一点也不是特别清楚,因为联系人列表中的大量信息都是一般信息,某些具体信息则是公开信息)。

这就是要求法院在审判前根据已经或未确定的诉因颁布禁制令的情况。如果法院不颁布禁制令,原告的公司可能会倒闭。如果法院颁布禁制令,就得阻止前任总经理寻求商业的机会,而这个商业机会在审判期间是完全可行的。的确,在审判结束后,前任总经理组建自己企业的机会可能就一去不复回了。为了应对这样的情况,上议院在 *American Cyanamid Co. v. Ethicon Ltd.* (1975) AC 396 案中制定了所谓的美国氰胺公司原则。

15.5.1 美国氰胺公司原则

美国氰胺公司原则的第一条是,法院必须考虑原告的索赔是否具有实质性。毕竟,如果原告的索赔是虚幻的或者是推测的,法院则不得对被告发布侵入性的命令。

Morning Star Co-Operalive Society Ltd. v. Express Newspapers Ltd. (1979) FSR 113 案就是一个很好的例子。在该案件中原告的索赔理由不足以让法院颁布禁止令。在该案件中,发行左派《晨星报》(Morning Star)的原告对被告打算发行名叫《每日星报》(Daily Star)的这种行为进行控诉,原告认为该行为会导致《每日星报》被误认为是

原告自己的报纸。实际上,这两个报纸各方面都不一样,法官不约而同地认为,只有匆忙的傻瓜才会混淆两份报纸。因此,原告胜诉的概率渺茫,无法获得临时禁制令。

但是法院并没有坚持原告在授予临时禁制令之前必须给出一个非常充分的索赔理由或可能会成功的索赔理由。准确来说,原告仅需证明他的索赔是一个有待审理的严肃争议即可。Diplock 勋爵在美国氰胺案中是这样证明该规则的合法性的:

> 在诉讼阶段,法院的任务并不在于试图解决证词中的证据冲突或者关于任何一方当事人的诉求可能最终依赖的事实冲突,也不在于裁断需要具体论据和成熟思考的法律疑难问题。

换句话说,诉讼开始时,在案件争议的问题还没被确定,法院还未审理证人证言的情况下,就进行微型审判以判断双方孰是孰非的行为是不可取的。只要申诉人的索赔具有实体性,或者案件中有一个有待审理的严肃争议,则满足了美国氰胺公司原则的第一项。

第二项原则要求法院考虑损害赔偿对于原告而言是否意味着充分的救济。Diplock 勋爵提出这个原则的内容如下:“如果在普通法可补救的措施中,损害赔偿对原告进行了充分的救济,而被告也有能力支付,那么法院一般不会颁布禁制令。”在合同纠纷中,判以损害赔偿通常是一种充分的救济。例如,如果货物销售者或服务提供者未能履行合同规定的义务,而这些货物或服务可以在其他地方获得,则原告可以被告违反合同为由获得损害赔偿来得到充分补偿(该违约金是用以支付符合原告利益的替代行为)。

相反,如果被告没有能力支付审判中可能要求其赔偿的数额,或者其错误行为不能用金钱来补偿(如丧失投票权),或者损害是非金钱损害,或者市场中没有本应向原告提供的货物或服务,或者损害很难评估(比如,前文所提到的,如果未能颁布禁制令则会使该企业倒闭),

此时损害赔偿就并非充分的救济。在这种情况下就满足了美国氰胺公司原则的第二项。

美国氰胺公司原则的第三项侧重于禁制令对被告的影响。尤其是,如果因原告败诉,审判过程中发现本不应该对被告发布禁制令,这时法院应当考虑,被告能否充分地获得因同时服从禁制令而造成的损害赔偿。如果被告可以得到这样的赔偿,法院会考虑原告是否有能力为这种损失提供赔偿。如果原告有能力赔偿,法院将要求原告保证(或承诺),如果法院授予了临时禁制令但最终原告败诉,那么原告要弥补对被告造成的损失。这被称为原告的损害赔偿承诺。如果法院对原告的偿付能力存有怀疑,则可以要求原告通过向法院支付钱款或取得银行担保等方式来"强化"他的承诺。

如果原告满足了以下几个条件,法院通常会继续发布禁制令:(1)案件中存在一个有待审理的严肃争议;(2)损害赔偿对原告而言不够充足;(3)如果原告败诉,损害赔偿可以对被告进行充足的救济(并且原告可以支付这些损害赔偿)。那为什么 Diplock 勋爵会为临时禁止令的授予继续制定第四项原则?该原则通常被称为"便利平衡"原则,在其他一些地方被称为"衡量不公正之危险"原则[May 法官在 *Cayne v. Global Natural Resources plc* (1984) 1 All ER 225 案中提到]。

至少存在两个原因。首先,法院往往不能绝对保证损害赔偿对被告是否充分以及对原告是否不充分。在现实生活中,情况往往没有这么明确。其次,有些情况下,颁布临时禁制令将有效地决定该诉讼(如颁布禁制令的权利仅仅在短时间内有价值)。正是在这种情况下,便利平衡将显得更加重要。在这里,法庭旨在尽可能避免作出对当事人造成不可补救的偏袒的命令。

只有案件处于便利平衡标准的这个阶段即法院要权衡的各个因素都同等重要时,案件才会进入最终的分析阶段。在这一情况下,如 Diplock 勋爵所述,法院应该采取考量过的措施以维持现状。如果原告寻求救济时没有任何延误,那么现状意味着被告被起诉之前的活动状态。因此,在这种情况下应该颁布禁制令以阻止尚未开始的行为,而不是结束正在进行的事态。

在结束这一话题前,最后说明两点。首先,美国氰胺公司原则是法院普遍使用的一个原则,但是在例外的情况下也会采取其他策略。例如,若没有详细的证据证明,但申请人的诉讼显然是强有力的,那么法院也非常愿意颁布禁制令。相比之下,法院在审理某些类别的案件时会更谨慎。例如诽谤诉讼,如果被告以言论自由的重要性而有意请求辩护,这时法院通常不会颁布临时禁制令。

其次,就前面假设的情况法院可能发布怎样的法令?我们来用美国氰胺公司原则解决这个疑问。即使该索赔在审判时不一定会成功,但显然申请人的索赔提出了一个有待审理的严肃争论。损害赔偿对于原告而言是不是一种充分的救济措施,这一点确实存在疑问,因为该公司可能由于前任经理的行为而被迫倒闭。但是原告此时已陷入了极端的财务困境,所以可能难以提供坚实的损害赔偿承诺以满足原则的第三项规定。所以法院很可能不得不考虑便利平衡。因而,我们很难预测法院在此阶段会作出怎样的判决。案件的审判将取决于一些具体的事实,如前任总经理与原告的竞争可能会产生的影响,以及如果颁布禁制令后对于前任经理在经济、个人以及职业方面所带来的影响。如果所有这些因素都同等均衡,并且假设原告并未造成延迟,法院就会基于维持被告进行不法行为之前的现状的原则,批准所要求的禁制令。

15.6 冻结令

冻结令是在某些例外的情况下,命令被告在审判前不得处理、处置或耗散其资产的禁止性禁制令。应用于商事法院标准形式的世界性冻结令中最重要的条例文本如下:

5. 在开庭日或法院进一步命令之前,被告不得——

(1)将位于英国和威尔士境内的价值××英镑(包括原告要求索赔的最高数额及利息和原告在诉讼期间可能产生的一笔诉讼费)的资产转让出去;或

(2)以任何方式处置、处理或缩减其在英国和威尔士境内外同等数额的资产。

上述要求对被告的所有资产适用,无论其是否以本人名义还是单独或联名所有,也无论其是否在法律、获益或其他方面与被告有利害关系。为了达到该法令的要求,被告的财产包括他有权直接或间接处置或处理——恰如他本人所有的情形——的任何资产。如果持有或控制资产的第三人依被告的直接或间接指示行事,这也视为被告拥有上述所说的权力。

我们可以立刻看出这些规定是非常烦琐的,其目的在于防止被告处理任何可能被归类为他的资产的东西(最高数额为原告要求的索赔)。这其中也有少量例外情况,我们将在后面介绍。这种特殊的救济办法在民事诈骗诉讼和涉及对被告不诚实的指控的其他案件中特别有用。毕竟,原告并不想看到自己花费大量的资源和时间得到判决,最终却发现被告已经转移了他的资产,因此无法被执行。

但冻结令的强大效力意味着法院只有在适当的情形下才会谨慎地颁布冻结令。尽管授予冻结救济一直是自由裁量权的问题,但法院通常会自问四个问题[见 *Ninemia Maritime Corp v. Trave Schiffallrts Gmb H & Co. KG*; *The Niedersachsen* (1983) 1 WLR 1412 案]。

第一个问题是申请人是否有在英格兰和威尔士可以进行诉讼的合理诉因。如果没有,按逻辑来说,就没有诉因来支持颁布这种侵入性禁制令。实际上,这一点并不十分清楚。《1982 年民事管辖和判决法》第 25 条赋予法院司法管辖权以授予临时救济,其中包括冻结救济,以协助在外国管辖权内发生的行为。但在正式实施时,法院会一直认真对待,并且在意见和实践中对审理案件的法庭给予协助;换句话说,它的目的是协助外国法院而不是干涉它的审理过程。

第二个问题是申请人是否拥有一个充分论证的诉由。例如,在一个合同违约索赔中,我们需要询问原告是否拥有充分论证以说明被告违反了所指称的违约行为。这比通常在批准临时禁制令方面所采用的标准更高——正如我们所看到的那样,一般的标准是看原告是否拥有一个有待审理的严肃争议——因为冻结救济是一个本质十分严厉的措施。但是,除此之外,我们很难准确地说出什么是“充分论证的诉由”。Kerr 法官在 *Ninemia Maritime* 案中提供了最权威的参考:一个充分论证的诉由显然是严肃的论证,但法官认为其胜诉机会也不必一定超过 50% 。

在分析这一点上,我们应该提到实际应用时的一个问题。冻结令一般是在没有事先通知庭审(该庭审是在没有对被告进行通知因而其无法上诉的情况下进行的)的情况下颁发的。其原因很明显:如果你事先通知一个可能会耗散其财产的人说法院要将他的财产冻结,他很可能会在命令发布之前就把资产转移走。但以下这件事与在没有事先通知的基础上发布命令显然同等重要:自然公正需要一个双方都能够出席的庭审。

这方面存在很多难题。首先,法院只会在非常紧急的情况下,或者当事人都出席的庭审可能会破坏正在寻求的救济(如冻结令的情况)的情况下发出不事先通知的命令:见 *First Express Ltd*. (1991) BBC 782(Hoffmann 勋爵)案。其次,一方当事人如申请不事先通知的命令,他有完整坦率披露的义务,即有义务向法院提交所有相关信息(尤其是对申请方无益的信息)。最后,当不事先通知的命令发布之后,通常情况下,法院会要求在短时间内(通常是一周左右)应再次考虑进行事先通知或当事人均出席的庭审,以便被告有机会在短时间内对该法令提出异议。这个庭审被称为出庭日。如果申请禁制令的人未能履行完整和坦率披露的义务,法院通常会在出庭日庭审上解除禁制令。

看似离题的这一部分说明是有必要的,这可用于解释申请冻结令的人需要以一个充分论证的诉因说服法庭,同时要履行完全和坦率的披露义务。所以他需要让法庭注意到他在案件中遇到的困难情况,以及被告可能提出的抗辩。

法院提出的第三个问题一般是被告在冻结令可以生效的法院管辖权内是否有资产,如银行账户、不动产、股票、动产等。但这其实是一个误导性的法律陈述:见上诉法院在 *Derby v. Weldon*(*Nos* 3 &4)(1990) Ch 65 案中的判决。该判决表明即使被告在英国和威尔士没有财产,但只要他本人在法院管辖权内,法院就有权颁发全球冻结令。如今,法院经常颁发全球冻结令。因此,第三个问题旨在确保冻结令对无论在世界何处、可能存在的资产都能产生作用。

第四个问题往往是最困难的:原告是否有证据证明被告会在有条件的情况下存在耗散其资产的风险,换句话说,对于遵守针对其提出指控的任何判决的任何人,法院是不会发布冻结令的。是否存在真正的耗散资产的风险是一个事实问题,法院会参照一些因素来进行评定,诸如是否有证据表明被告有不诚实的行为,被告以前是否违反过对他所作出的判决,是否有证据表明被告已经采取措施从管辖区内转移资产,以及被告的资产是否具有流动性(可以迅速转让)。

之前我们已经提到,不服从禁制令的被告可能因藐视法庭罪而坐牢。在最近的 *JSC BTA Bank* 案中,一些被告因未能遵守冻结令的多个方面而被判处漫长的刑期。一个寡头政治家因不当隐藏和处理其资产被判处最长刑期 22 个月:见 *JSC BTA Bank v. Ablyazov*(2012) ECWA Civ 1411,(2013) 1 WLR 1331 案。

还有其他三个因素可以确保冻结令的有效性。第一个因素是,禁制令不仅仅对其直接指向的人起作用。正如刑罚通知所表明的内容,任何明知禁制令而违反禁制令条款的人，或帮助、纵容被告违反禁制令条款的人，也可能被视为藐视法庭，并可能被判处罚款或扣押其资产。

因此，冻结令涉及的第三人，如银行，如果其仍然允许被告违反冻结令而提款，也将被视为藐视法庭。当然，银行和其董事等机构都希望能够避免这种结果，所以他们有一套制度，在他们得知冻结令颁发后，立即阻止被告从账户上提款，其他第三人如土地注册处及负责股份登记册的公司秘书，亦会煞费苦心防止被告违反冻结令，以免自己被视为藐视法庭。

第二个因素是，颁布冻结令的同时几乎会颁发强制性禁制令，要求被告向原告披露其全球范围内的资产性质和细节。法院甚至认为冻结令在没有披露的情况下通常无法生效：见 *Motorola Credit Corporation v. uzan*（2002）EWCA Civ 989，（2002）2 All ER（Comm）945。这个说法至少有以下三个原因：当被告披露其资产时，原告可以向参与管理的第三人送达冻结令（从而大大减少了第三人协助被告处理资产的机会）；原告有时也能够监视相关资产以确保它们不被销售，还可以公布其特定资产已被冻结的事实；被告在已经披露自己拥有该资产的情况下则不太可能违反冻结令而处理其资产。

第三个因素是，如果授予冻结令有很大的风险不能为原告提供有效的救济，法院可以指定一个接管人来看管被告的财产。在这种情况下，接管人是指法院指定的，在审判结束之前掌管和保护一项财产的人。在 *JSC BTA Bank v. Ablyazov*（2010）EWCA Civ 1141，（2011）Bus LR D119 案中发生过这样一种情形，主要被告没有完全披露其财产，他的财产是不透明的，因而难以对这部分财产进行保护。他的行为使法院无法信任他会遵守冻结令，因而发出更进一步及更具侵略性的接管救济法令是很有必要的。

在结束这个话题之前,我们应该说明“一刀切”禁制令涉及处理、处置或耗散财产三个例外。第一个叫作日常生活费例外,它赋予被告有权每周花费一定数额费用。第二个是所谓的法律费用例外,它使被告有权在法律咨询和代理上花费合理数额,以便在对他提起的诉讼中为自己辩护。第三个例外是——被称为公司的正常贸易或 *Angel Bell* 条款[因 *The Angel Bell* (*Iraqi Ministry of Defence v. Arcepey Shipping Co. SA*) (1981) QB 65 案而命名]——允许被告以正常合适的公司流程继续进行日常交易。所以尽管对其颁布了冻结令,但公司法人被告依然可以购买物资并支付其雇员的费用。

15.7 搜查令

冻结令被认为是法律的两个核武器之一:见 *Bank Mellat v. Nikpour* (1985) FSR 87, 92 (Donaldson 法官)案。另一个核武器则是搜查令。搜查令旨在找出并保护原告向被告提出诉讼所需的证据。例如,在 *Anton Piller KG v. Manufacturing Processes Ltd.* (1976) Ch 55 案中,制造电脑部件的原告认为作为销售代理人的被告向其竞争对手出售了有关原告产品的机密信息。但是,如果无法获取被告所持的文件,则无法证明原告的说法。因而,上诉法庭下令,让被告允许原告的律师进入他们的场所,以发现并检查这些文件(在作出这个判决之后,这些命令就被称为 *Anton Piller* 案法令)。

法院对于颁布这些法令的管辖权见于《1997 年民事诉讼法》第 7 条规定。

(1)就法院现有或拟议的法律程序,根据本条款法院可下令,以确保:

(a)相关或可能相关的证据的保护,或

(b)是或可能是诉讼主体的财产,或诉讼过程中出现或可能出现任何问题的财产的保护。

……

(3)该命令可指示任何人准许或确保该命令所述的任何人士可:

(a)进入其在英格兰及威尔斯的处所,及

(b)在处所内,按照法令条款的如下步骤来行动。

(4)这些步骤是:

(a)进行搜查或检查该命令中描述的任何事物,以及

(b)制作或获取所描述的任何东西的副本、照片、样本或其他记录。

该法令本身并不赋予原告进入被告处所的权利。但是,由于该法令指示被告允许原告进入其处所,所以被告任何拒绝原告进入其处所的行为都被视为藐视法庭。此外,若案件审判中,被告拒绝准予原告搜查则会对被告造成不利推论(法院很可能认为被告拒绝原告搜查恰恰是因为其隐瞒了什么东西)。原告必须给予损害赔偿承诺:见第 15.4 节。在执行该法令时,还有一些条件,包括搜查令由在执行该法令方面拥有经验丰富的独立事务律师监管(被称为监管律师);搜查必须在办公时间内进行,以便被告获取法律意见;原告须列出将要取走的用以复制的物品清单;原告不得获取涉及法律职业特权或免于自证其罪特权的物品。

由于搜查令的目的是寻找以及保护可能会被被告毁坏或隐藏的资料,因此这些法令是单方面的(不事先通知:见第 15.6 节)。其原因是为了确保被告不会事先知晓,以减少他在执行命令之前处理相关材料的可能性。然而,这意味着搜查令会对被告的普通公民自由产生极大的影响。你不大可能会愿意看到一大堆律师在你家里出现,挥舞着一张搜查令,并说除非你让他们进来,允许他们搜寻并复制你的文件和电子记录,否则你有可能会被逮捕入狱。因此,法院强调,不仅要严

格控制法令的执行,而且要严格控制法令执行的时效性。在 *Anton Piller* 案中,Ormrod 法官为发布搜查令提出了以下基本前提条件:

> 首先,必须存在一个极其确凿的初步证据。其次,对于申请人来说,潜在的或是既定的损害必须极其严重。最后,必须有确凿的证据证明被告持有犯罪的文件或资料,并且在当事人可以进行任何申请之前,被告确实有可能毁坏这些资料。

尽管如此,在决定是否发出这样的命令时,这些准则显然给予了法院很大的余地。事实上,尽管审理 *Anton Piller* 案的上诉法院强调,这些法令只会在十分例外的情况下颁布,但一直有人批评道,法院如今很轻易地就颁发这些法令[例如,见 *Columbia Pictures Industries Inc v. Robinson*(1987)Ch 38(Scott 法官),*Lock International plc v. Beswick*(1989)I WLR 1268(Hoffmann 法官)]。

有时候有人认为搜查令可能与被告免于自证其罪特权背道而驰[例如,见 *Rank Film Distributors Ltd. v. Video Information Center*(1982)AC 380 案]。这种特权意味着被告有权拒绝做一些在刑事诉讼中可能控其有罪的事——如回答问题。那么,这与搜查令有什么关系呢?在 *Rank Films* 案中,虽然这个特权没有扩大到允许被告拒绝原告为了发现证据而进入其处所,但这确实意味着他可以拒绝被迫回答问题,或者更重要的是,可以拒绝披露任何相关文件。然而,将特权范围扩大到披露位于被告住所的文件的这一想法已被驳回[见 *C. plc v. P.*(2007)EWCA Civ 493;(2008)Ch 1;*Zuckerman*,2007;*JSC BTA Bank v. Ablyazov*(2014)EWHC 2788(Comm),(2014)2 CLC 263]。此外,《1981 年高级法院法》第 72 条规定了与某些侵犯知识产权诉讼相关的免于自证其罪的特权例外(类似的例外情况,见《2006 年欺诈法》第 13 条)。

总 结

1. 普通法通常只对胜诉的索赔作出损害赔偿的判决，而衡平法则发展了其他补救办法，如强制履行、撤销和修正。

2. 禁令可以是强制性的，即要求被告做某事，也可以是禁止性的，即要求被告不以某种方式行事。强制令可在充分确定当事人各自权利和义务的审判结束时发布（最终或永久性强制令），或在审判之前发布（中间或临时强制令）。

3. 发出禁令是为了支持索赔人所持有的法定或衡平法权利受到侵犯，或使索赔人正在执行或可能寻求执行这种权利的程序以及在这些程序中可能作出的任何判决更加有效。

4. 强制令的授予由法院酌情决定。法院也有裁定损失赔偿金的自由裁量权，以代替禁令。

5. 如果索赔人有可争辩的案件，如果作出损害赔偿裁决不能提供适当的替代补救办法，则可发出临时强制令，而便利的平衡则支持这种强制令。

6. 冻结令是禁止被告处理其资产的一种特殊形式的禁制令。这些命令是在担心被告可能会处置其资产，以阻止执行就索赔人的索赔作出的任何判决时发出的。

7. 如认为被告在其处所内藏有可使索赔人证明其索赔的材料，并担心被告可能会销毁或处置这些材料，则可发出搜查令。

第16章　信托的实际运用

16.1　引言

我们在本书开始时就提到了这样一个问题：大多数人不会接触到信托的概念，除非或直到他们发现信托的概念在获得法律学位中不可避免。许多法律专业的学生尽管获得了法律学位，但他们并未见过信托合同，或者并未深入洞察信托法的操作机制。

本章中，我们通过检验分析一些假定的信托文件，来弥补上述这一知识的空白。以一个潜在委托人去找事务律师协商遗产规划开始讨论；事务律师建议他建立一个信托，之后我们会审查一下以他的名义起草的信托合同和意愿书。接下来我们会看一下信托受托人是怎样履行自己职责的（如通过设立收入分配和准备账目）；再接着我们会检查一下受托人辞任和替换的机制；最后，我们会审查一下受托人不当行使权利和被控违反信托所产生的后果。

起草信托文件的主要著作是 Kessler 的 *Drafting Trusts and Will Trusts：A Modern*

Approach（12th edn，Sweet & Maxwell,2014）。在本章出现的自由裁量信托、指定收益契约以及辞任都是基于这部作品中包含的案例判决。

16.2　设立信托的决定

Bernard 通过修建海滨连锁旅馆发家致富,他算得上是一个成功的企业家,只是有时候脾气很暴躁。他已经退休几年了,有一天,他去找事务律师处理他那笔巨额家产。他希望妻子 Sarah、三个孩子(年龄最大的是 22 岁)和其他一些亲戚能够分得一些财产。他还希望惠及他之前的员工,因为这些人对他事业的成功功不可没。另外,他也不希望孩子们成为自己口中所说的"懒汉",只期盼在"老一代"去世时或去世前继承数百万的财富[就这点来说,他与 Denning 勋爵有些共鸣,Denning 在 *Weston's Settlements*（1969）1 Ch 223, 245 案中这样说道:就是因为给的太多,许多孩子都被毁了]。

Bernard 的律师建议他设立一个自由裁量信托。律师说,这样做的话,Bernard 就可以推迟作出分配财产决定的日子。律师还告诉 Bernard,他可以就分配问题在一封名叫意愿书的保密文件里同受托人交流想法。Bernard 觉得这样的安排能满足他的要求,于是,在采纳了会计的税务建议后,就让律师去起草必要的文件。

一周后,Bernard 签署了一份信托合同,并发送了一份意愿书,描述如下:

信托契约

Bernard Flewty 2016 年财产转让方案

本方案订立于 2016 年 5 月 1 日,双方为:

1. 住在德文郡 TQI 1BF,托基市,Isham 路,福禄体塔的 Bernard

Flewty(“委托人”)为一方。

2.1 住在伯克郡BK2 8H,布丁派巷,古森拉夫,杏树村14号的Abigail Tomms。

2.2 牛津郡OX7 4HN,布雷,金合欢大街22号的Melton勋爵(“初始受托人”)为另一方。

鉴于:

1.1 该委托人有一个妻子、三个孩子:

1.1.1 Sarah Flewty(娘家姓Chesterton)。

1.1.2 Stewart Flewty,出生于1994年3月7日。

1.1.3 Madeline Flewty,出生于1999年11月17日。

1.1.4 Gwendolyn Flewty,出生于2000年1月26日。

1.2 本方案亦称为《Bernard Flewty 2016年财产转让方案》。

本契约现在见证如下:

1. 定义

在本方案中:

1.1 受益人是指:

1.1.1 委托人的后代。

1.1.2 委托人后代的配偶。

1.1.3 委托人后代在世的配偶。

1.1.4 委托人在世的配偶。

1.1.5 Bernard Flewty集团股份有限公司所有现任或前任雇员。

1.1.6 受托人通过契约形式,并经以下人书面同意,添加个人为受益人或增加受益人的一个类别:

1.1.6.1 委托人;或

1.1.6.2 两名受益人(如果委托人已经离世或者丧失同意的能力)。

1.2 “配偶”包括《2004年民事伴侣关系法》第1条规定的伴侣;无论是否再婚或者注册形成了另一段民事伴侣关系的人都是“在世的

配偶”。

1.3 “人”包括世界上任何地方的人,包括受托人。

1.4 “受托人”是指初始受托人或本方案的受托人。

1.5 “信托基金”是指:

1.5.1 依据本方案条款转给受托人持有的财产。

1.5.2 随时随地能代表上述意义的所有财产。

1.6 “信托期间”是指本方案订立之日起的125年的时间。这是根据反永续规则而适用于本方案的永久期限。

1.7 “信托财产”是指所有包含在信托基金的财产。

2. 信托收入

受在下面的最重要的权力的约束:

2.1 在信托期间,受托人可能积累的全部或部分信托基金的收入。这些收入必须被记入信托基金。

2.2 在信托期间,受托人以其认为合适的方式,或为任何受益人的利益,支付或使用剩余的收入。

3. 最重要的权力

受托人应享有下列权力(“最重要的权力”):

3.1 指定的权力

3.1.1 根据受托人认为合适的条款,受托人可以指定他们为受益人的获益持有任何信托财产。

3.1.2 一份指定可以设立多个条款,尤其是下列条款:

3.1.2.1 自由裁量信托;

3.1.2.2 处置权或管理权;可由任何人行使。

3.1.3 指定受益必须以契约方式作出,可能是可撤销的,也可能是不可撤销的。

3.2 预付的权利

3.2.1 受托人可以为了给任何受益人预付财产或补助而支付或使用任何信托财产。

3.3　最重要的权力只有在下列条件下才可行使:

3.3.1　在信托期间内;以及

3.3.2　受托人为两个或两个以上,或者受托人为经营信托管理业务或包括信托管理业务的公司。

4. 默认条款

在此前提下,该信托基金以信托形式为 Stewart、Madeline 和 Gwendolyn 绝对等额持有。

5. 受托人的指定

委托人在世时,委托人行使指定受托人的权力;委托人离世后,可依据委托人的遗嘱指定受托人。

6. 附加规定

适用信托和遗产管理人的标准规定(第 2 版)。

7. 不可撤销性

本方案不可撤销。

各方已于文首载明的日期签名盖章或者加盖公章(视情况而定),以资证明。

本契约由 Bernard Flewty 在见证人面前签署:

见证人签名:

见证人姓名(大写):

见证人住址:

本契约由 Melton 勋爵在见证人面前签署:

见证人签名:

见证人姓名(大写):

见证人住址:

本契约由 Abigail Tomms 在见证人面前签署:

见证人签名:

见证人姓名(大写):

见证人住址:

意 愿 书

福禄体塔

一山路

托基市

德文郡 TQ1 1BF

2016 年 5 月 1 日

尊敬的 Melton 勋爵和 Tomms 夫人，

感谢你同意成为《Bernard Flewty 2016 年财产转让方案》的受托人。

我写信给你，是让你进一步了解我为什么想要将该协议落到实处，并列出你在管理该财产转让方案所需要注意的其他相关事项（尤其是当你在做自由裁量决定时要考虑的注意事项）。当然，我知道也承认这封信的内容并不具有法律效力，但尽管如此，我还是希望它会对你有所帮助。

该方案赋予了你，我的受托人，极大的自由裁量权。不过我认为，我的妻子 Sarah 和我的三个孩子应该成为该方案的主要受益人，尤其是，我的妻子应该在她余下的一生过她一直以来习惯的生活，尽管这种生活很奢侈。至于我的孩子们，我尤其考虑的是在我的孩子们还太年轻的时候不要给他们太多钱，因为我怕这会对他们职业选择有不好的影响。另外，要尽最大可能全面支持他们的教育，在适当的时候，还要为他们的住房需求提供适当的帮助（但是，我认为没必要直接给他们购买很大的房产）。

这也并不是说其他亲戚不应该分得财产，虽然我不希望我其他的亲戚分到与我的妻子和孩子同样多的财产，但我希望其他的亲戚，特别是我的侄子们，分到的财产能够对他们读书有所帮助，能够为他们购房提供首付。

我不希望忽略了我以前的雇员。他们对我事业的成功付出了艰辛的努力,作出了很大贡献。我并不希望给这些受益人分得很大一部分财产,只希望该财产授予至少能够在他们困难的时候给予帮助。我要特别提到一名员工,他的名字叫作 Michael Gonzales。尽管我没有时常表现出来,但他为我工作这么多年,我为他感到骄傲。

最后,我要说的是(我的律师告诉我的),这份协议还包含一个条款允许加入其他的受益人。我之所以加入这一条,主要是担心我的老朋友遇到困难,这可以给他们提供帮助。如果他们真的遇到了困难,就像律师告诉我的,经我的同意就可以把他们加入受益人行列。如果我去世了,就要征得其他两个受益人的同意。

我相信,你会对我的意愿进行适当的考虑。

谨启

Bernard Flewty

16.3 关于信托契约和意愿书的评注

信托契约的引言部分列出了财产转让方案执行的日期和契约各方,在此无须过多阐述。在该部分出现了"鉴于"一词,随之介绍委托人妻子和孩子的详细信息以及该财产转让方案的名称。在契约中,该条款被称为"说明条款",用来通过说明相关背景信息,帮助读者理解。

注意,这里有两名受托人。受托人为个人形式是行业标准,出于下列两个主要原因。第一,对单一受托人能做的事情有一定的限制,比如,受托人不能对出售土地取得的金额开出有效的收据[见《1925年受托人法》第14条和《1925年财产法》第27条第(2)款]。第二,正如我们在第13.9节所见的那样,私益信托的受托人必须要行为一致,因此,有两个受托人的话,受托人不当适用信托财产就会更加困难。

接下来看看"该契约现在见证如下"这句话:这真的只是一句废话(尽管旧的契约中"现在这份契约为追求所述的愿望而作出见证"的表

述更糟糕)。这只不过是一个标记,用来引出信托契约执行的条款罢了。

条款1中列出了信托契约里用到的定义。某些信托契约在条款出现的时候才加以解释,但若一开始就给出主要定义,就意味着后续起草工作就会更加简便。虽然大多数定义相对直白,但某些定义还是需要加以说明:

在给信托受益人下定义时需要注意,确保可以被归为受益对象的人无一人被排除在外。比如,起草时确保包括委托人后代的民事伴侣,还包括委托人后代的已再婚的配偶。Benard公司现任和前任雇员也包括在内。这就引出了一个相对广泛的自由裁量受益人的分类,但因为对象要求的确定性,满足"是或不是"条款标准,不至于造成困难[见第3.8.2节至第3.8.3节,尤其是其中有关*McPhail v. Doulton* (1971) AC 424的讨论]。此外,增加受益成员的规定,必须要征得Bernard(他有能力的情况下)或者其他两名受益人的同意之后才能订立;这就增加了契约的灵活性,在中期或长期的时候会更加有用[如Bernard在意愿书中提到的那样,将他的老朋友,或者他后代的长期伴侣(但未结婚)加入受益人行列]。

该信托期限为125年,是英国法律允许的最长时限(见《2009年永续年金和积累法》第5条;第4.8节)。这里没有信托法积累期限的定义,因为《2009年永续年金和积累法》第13条废除了收入只能累积21年的规定。

条款2~4都是非常重要的规定,其中包含了该信托的处置性规定。

条款2讲的是收入问题(比如,信托拥有的不动产收入的租金、信托股票收入的分红、信托银行储蓄的利息等)。它规定受托人能够决定积累收入[比如将收入添加到其他信托财产中去(这些财产通常被称作"资本"),这对应条款3和条款4的内容]。但是,如果受托人决定不行使他们积累收入的权利,就要将这种权利以有利于受益人的方式保留在自由裁量信托里。在实际操作过程中,受托人可以决定使用这个条款,为 Sarah 每月支付 5000 英镑来供她生活消费,或者定期为 Bernard 的孩子付学费。

条款 3.1 和条款 3.2 载有广泛的指定的权力以及为受益人预付信托资金的权力。正如我们在第 2 章(见第 2.2 节)所看到的,这种权力允许但不强迫受托人作出有利于受益人的指定。给受益人提供补助最简单的方式就是直接预付给他现金。所以,受托人可以行使诸如条款 3.2 中的权力,为 Bernard 的孩子买房付上一大笔资金[注意:条款 3.2 没有重复《1925 年受托人法》第 32 条中的严格规定,见第 12 条第(6)款]。我们稍后就会举例说明受托人根据条款 3.2 会如何行使预付权。受托人可能决定补助受益人另外的方式就是改变信托条款(在条款 3.1.1 中有特别说明)或者以受益人的利益订立一个次级信托(见条款 3.1.2.1)。当受托人想要公平对待委托人的孩子和他们的家人时,就往往会这样做;在这种情况下,受托人可能会为委托人的每一个孩子和家人订立一个次级信托,在这些次级信托中均分信托基金,这样就可以确保家里的每个人(或者如信托律师所说"家族")分到同等份财产。

条款 3.3 表明,最重要权力只在信托期间(如 125 年)内可以行使。条款 4 讲的是默认信托,即该信托是在信托期间结束时仍有未分配的信托财产时生效。条款 4 还规定,只依据条款 3 不能作出决定,除非有两个人(或者一个专业的信托公司)担任受托人。这就引出了判定的"四只眼"要求。正如早先所提到的,这个理论就是若必须两个受托人同意,这样就更有可能作出明智的决定,不诚实的受托人就更不可能滥用信托财产了。

条款 4 讲的是默认信托,该信托是在信托期间结束时仍有未分配的信托财产时生效。这就像规定的最后制止器,在这之前,信托基金很有可能会被全部分配。尽管个人是默认受益人,但慈善机构(通常是红十字会)也常是默认受益对象。

条款5讲的是赋予Bernard对该信托的一些持久权力。正如我们先前所看的,受托人必须行动一致。所以说,如果Bernard对信托的运行感到不满意,他就有权力再添一个拒绝同意决议的受托人(甚至可以向法院提出申请,以指示信托未来应该如何运行)。当然,希望未来不会发生什么困难,而且Bernard相信,自己选受托人不会看走眼;但是,当信托长期运行时,条款5可能就变得有关联了(Bernard保有罢免受托人的权力,尽管一般情况下不常使用这种权力)。

条款6讲的是管理规定,比如,受托人投资、委托的权力、受托人的薪酬和受托人违反信托所应承担的责任。参引合并STEP(信托和房地产从业者协会)的标准规定是常见的做法(尽管这些规定也可以加到信托契约的附件中)。更早的财产转让方案至少都有20页,一字不漏地陈述了详细的管理规定。这在现在大多数情况下看来都是没有必要的。简单的以参照方式纳入行政管理规定,减少了文件的长度;外行人得以告知的都是他们感兴趣的(比如,谁得到了什么);意外省略或者错误添加规定的风险得以排除;熟悉STEP标准规定的执业律师就不会浪费时间去分析每个案件的特定规定。

条款7规定该财产转让方案不可撤销。当然,这是默认的观点:因为一旦你有效地分发了财产,就没有办法再收回你的财产(缺乏无效因素)。但由于可撤销的财产转移会产生极其严重的税务后果,所以在这里要讲清楚。

最后提到了执行规定,这些规定以契约方式为信托的执行提供了一个标准(见《1989年财产法(杂项规定)》第1节)。这些规定已经说得很明白,在此不再赘述。

越来越多的时候,自由裁量信托都会包括一份意愿书。为了说明意愿书的功能,我们需要回到前面的内容,思考现代信托授予受托人的广泛自由裁量权。Bernard的信托就是一个很好的例子,该信托里面包含的受益人不仅有他的妻子和后代,还有他公司里现任或以往的雇员[见 *McPhai*l *v. Doulton* (1971) AC 424 里的信托]。

广泛自由裁量信托,或者广泛自由裁量信托所拥有的加添受益人的广泛权力,具有众多的起草方面的优势。第一,以一种宽泛的方式起草的话就会减少遗漏某个重要人士的可能性。第二,有了广泛的自由裁量遗产继承对象,就意味着受托人可以应对变化的形势(比如,家庭中的一方买彩票中了奖;家庭中的另一方的主心骨生了病;某个特定的受益人对毒品上了瘾)。第三,没有了固定的津贴,会激励更年轻的受益人们自己挣钱养活自己(而不是人们通常所称呼的"信托宝贝"或者是颇受争议的"信托嬉皮士")。第四,没有了固定的津贴,有助于这些年轻受益人避免债权人或前伴侣对他们提出索赔。

尽管如此,广泛的自由裁量信托还是有一个明显的不足。如果自由裁量受益对象的人数,如有 1000 个人,那么受托人又应该怎样在他们之间进行选择呢? 此时,受托人不能通过在 1000 个人之间平均分配基金来简单解决问题;毕竟,Bernard 无意让曾在 Bernard Flewty 集团工作三个月的清洁工与妻子和儿子分到同样的财产。

受托人所需的是一些关于订立该信托原因的指导。这类的信息可以为他行使处置性自由裁量权提供基石,然后把更多最新进展考虑在内。将背景事项记录在一个信托契约里,这并不常见。抛开别的不说,这些背景事项可能具有极度的私密性。比如,委托人希望某个孩子分到的财产比其他孩子多;或者是委托人想分配财产给一个亲戚,而家里人多半都不会同意;又或者是委托人想供养一个私生子。如果将这些事项明明白白地写在受益人的文件里,就很尴尬了。在行业的不断发展中,衍生出来的解决办法就是在一封名叫意愿书的文件里,为委托人记录相关的背景信息,即委托人决定设立信托背后的原因。大概在执行信托合同的同时,意愿书通常会被送到受托人手中。

意愿书是一封保密文件:见 *Breakspear v. Ackland* (2009) Ch 32。一旦信托建立并开始运行,这封保密文件就由受托人所保管,受托人可以自己保留该文件(拒绝给受益人公开这封意愿书,因为他们感觉有可能会造成家庭不和)，可以合理地对之放宽(例如，以修订的形式将意愿书给几个主要受益人看)，或者可以完全弃之不用(将其提供给任何想看的受益人)。

最后，需要重点强调的是，意愿书不应声称命令受托人在任何既定的场合该做什么或者不该做什么。在心怀不满的受益人看来，这封意愿书不符合委托人设立自由裁量信托的意图，因此之后可能会引起信托的有效性的质疑，在此自由裁量信托一旦被指无效，随之而来的后果是不确定性、法律成本和显著纳税责任的风险。正如读者所见，在 Bernard 的意愿书中，这些问题都被避免了，其明确指出，该意愿书不具法律效力。

16.4　向受托人转让财产

信托文档就此形成。但是只要没有记入资产，信托就不存在。为何如此呢？该问题的答案会因委托人希望转移到信托里的财产性质的不同而改变。以下是最常见的几种财产类别(见第 7.1 节)：

(1)现金。受托人首先要做的事情之一是开设一个信托银行账户。在这个案例中，信托银行账户可能会以受托人的名义设立(信托并没有独立的法律属性)，但是会以《Bernard Flewty 2016 年财产转让方案》的子名字形式被指定到这个银行成为一个信托账户。一旦信托账户开立之后，委托人就可以决定转账到该账户。

(2)不动产。不动产的处理没有这么容易。不动产(若已登记)通过委托人以有利于受托人方式通过填写土地转让表格，受托人在土地登记处进行登记的形式完成土地转让(TRI 方式经常被使用)。如果未进行登记，委托人就需要正式地将土地转让给受托人，这样受托人就可以申请注册登记。

(3)股票。股票是通过股本转让形式进行转让，转让之后，受托人应该申请查看有相关公司保留的股东登记信息。

(4)动产。尽管可直接交付给受托人,但是动产通常还是通过转让合同进行转让。

16.5 信托的设立与运行:报表和指定

回过头来看《Bernard Flewty 2016 年财产转让方案》。Bernard 已经完成了他的信托契约和意愿书。在接下来的一个月里,他将下列财产转让给了受托人:现金 150 万英镑,受托人之后将这笔钱投资到一些股票中;六套临海公寓,这些公寓如果租给度假者就会产生一笔收入以及大量股票,尤其是他在 Bernard Flewty 集团股份有限公司里剩余的股权。

自此以后,受托人就对收入进行自由裁量分配,来资助 Sarah 的生活开销,以及为孩子们支付学费。2016 年年末,受托人做出了以下财务报表:

报　　表

Bernard Flewty 2016 年财产转让方案

2016 年 5 月 1 日至 2016 年 12 月 31 日的财务报表

资产负债表		
	票据	2016 年
现金		£
首次开户的直接信托的账户号码 12345678		348, 592
股票、股份、金边证券和债券		886, 282
iShares FTSE 指数(137, 594 个单位) BP 普通股(票面价值 0.25 美元)(20, 428 股)		98, 345

续表

Vodafone 普通股(票面价值 10p)(45,348 股)		156,293
英国政府 10 年期金边证券(234,934 个单位)		765,483
iShares 英镑企业债券(30,984 个单位)		412,834
Bernard Flewty 集团股份有限公司(45,000 股)		12,000,000(估算)
固定资产		
灯塔海景大厦的六套公寓 Lane, Bournemouth BMI 3JH		1,800,000(估算)
资产合计		16,467,829
应付账款		
会计费用(毕马威会计师事务所)		16,400
法律费用(Farrer & Co.)		7500
受托人费用		4200
负债合计		28,100
净资产		16,439,729
由下列作为代表		
资本账户		16,119,237
收入账户		464,387
已支付分配	1	(143,895) 16,439,729
资本账户		
2016 年 5 月 1 日至 2016 年 12 月 31 日	票据	2016 年
投资成本		16,023,449
投资收益		95,788 16,119,237
收入账户		
2016 年 5 月 1 日至 2016 年 12 月 31 日	票据	2016 年
收入		
银行利息		34,228

续表

股票分红		343, 282
金边证券分红		28, 347
公司证券分红		19, 383
海景大厦租金收入		76, 300
		501, 540
开支		
向英国税务与海关管理局付税		25, 816
顾问费		4500
银行收费		1082
保险		978
信托费用		4837
		37, 213
收入(年底)		464, 327
附注		
附注 1:已支付的分配		
		£
Sarah Flewty		98, 100
Stewart Flewty(法律实践课程费用)		11, 995
Madeline Flewty(学校费用)		16, 900
Gwendolyn Flewty(学校费用)		16, 900
		143, 895

我们已经列出了一个信托账户的三个主要部分,资产负债表(简述信托的现状)、资本账户(显示信托资本在会计期里的增长,在该案例中是2016 年5 月1 日至2016 年12 月31 日)以及收入账户(显示相关会计期信托的收入和支出)。在相关会计期结束时,这三项陈述为信托的财政状况提供了相当详细的信息。附注为这三项内容提供辅助;其中一个附注在上述内容中已经出现过了,但是这类附注在描述如涉及专业费用的细节时更常见。私益信托的账户并不一定需要审

计,上述信托并非如此。最后应当提到的是,上面列出的账户反映了当前信托投资的价值;但是许多信托,尤其是没有确定市场价值资产的信托(比如,土地、画作等),并不反映资产的现有价值,而是历史性的或者购买价值。

2017 年年初,受托人决定分配更多的资本给 Stewart。受托人之所以决定这样做,是因为 Stewart 已经获得了法律学位并完成了培训,如今正在准备买房。在与 Stewart 进行讨论并打电话给 Bernard 征得其同意之后,这些受托人决定指定 12 万英镑给 Stewart,为他计划买的 40 万英镑的公寓付上一笔可观的首付。受托人将这笔分配记录在了附有日期 2017 年 3 月 17 日的指定受益契约里:

指定受益契约

本指定受益契约在 2017 年 3 月 17 日由下列人所订立:

(1) Abigail Tomms,伯克郡 BK2 8H,布丁派巷,古森拉夫,杏树村 14 号。

(2) Melton 勋爵,牛津郡 OX7 4HN,布雷,金合欢大街 22 号(两人合称"受托人")。

鉴于:

(A) 本契约是对 2016 年 5 月 1 日 Bernard Flewty 与受托人之间订立的财产转让方案("财产转让方案")的补充。

(B) 该转让方案的条款 3.2.1 授予了受托人下列权力(称为"指定的权力"):

"受托人可以为了给任何受益人的预付财产或补助而支付或使用任何信托财产。"

(C) 受托人就是该财产转让方案当前的受托人。

现在该契约见证如下:

1. 在该契约中:

(1) Stewart 指 Stewart Flewty,住址为 54 Candy Wharf,Bow,伦

敦 E3 6HN;

(2)该契约中的定义与财产转让方案里的定义意思相同。

2. 受托人行使财产分配指定权,指定了 12 万英镑给 Stewart。

以资证明

一旦这个文件被执行,受托人就要立即转让该 12 万英镑,可能通过银行直接转给 Stewart 或者 Stewart 的律师。

16.6 受托人的辞任

2017 年年中,Melton 勋爵意识到自己开始健忘,于是就决定辞任受托人的职位。当 Melton 勋爵与 Bernard 讨论他的决定时,Bernard 建议 Melton 勋爵和 Abigail Tomrns 同时辞任,以将职位让给 Eureka 信托有限公司。这个公司由他的新任财政顾问,一个阔气的城市商人推荐。所有人都认为这似乎是个好的建议,然后该信托的律师起草了以下辞任和指定契约[基于《1925 年受托人法》第 36 条第(1)款受托人辞任和指定相关的规定(见第 12.2 节)]:

指定和辞任契约

本契约在 2017 年 7 月 1 日由下列人所订立:

(1)住在德文郡 TQT 1BF,托基市,Ilsham 路,福禄体塔的 Bernard Flewty(委托人)为第一方。

(2)位于伦敦 EC3 60M,机缘巷,尤瑞卡街、专门开展管理信托业务的 Eureka 受托人有限公司为第二方。

(3)住在牛津郡 OX7 4HN,布雷,阿卡西亚街道 22 号的 Melton 勋爵和住在伯克郡 BK2 8H,布丁派巷,古森拉夫,杏树村 14 号的 Abigail Tomms(辞任的受托人)为第三方。

鉴于:

(A)本契约是对2016年5月1日委托人与辞任的受托人之间订立的财产转让方案("财产转让方案")的补充。

(B)该财产转让方案第5条授予了委托人指定新受托人的权力。

(C)辞任的受托人希望退出该财产转让方案。

本契约现在见证如下:

委托人行使《1925年受托人法》第36条第(1)款赋予的权力,指定新的受托人代替辞任的受托人成为财产转让方案的唯一受托人。

以资证明。

16.7　违反信托

因此,Eureka受托人有限公司承接了《Bernard Flewty 2016年财产转让方案》项下受托人一职。最开始没什么变化。信托基金投资收益可观,获得了足够的收入来满足受益人的需要;因此,受益人和Bernarde都感到非常高兴。但后来Eureka受托人有限公司被别人接手,一些高级管理层发生了变化,特别是一个名叫Vernon Dobson的信托遗嘱管理人被指定来管理该财产转让方案。

为什么Eureka受托人有限公司给了Dobson先生这样一个职位,我们无从知道,因为他是一个负有多个刑事罪名的不诚实的人。在数月之内,他就将信托股票和股份换成了现金(超过500万英镑),并把这笔钱转让给了注册在英属维尔京群岛的一家公司,该公司名叫Lucky Investments有限公司。该公司实际上就是Dobson先生的另一个身份,是他注册成立以协助他挪用信托资金。

在接下来的几个月里,Bernard的妻子Sarah发现该信托里出现了欺诈情况。她咨询了律师,律师建议她起诉Euraka、Vernon和Lucky Investments有限公司。律师接受指示,并列出以下索赔详情。

索赔详情

高等法院大法官法庭分庭		索赔编号:2018CH023457
当事人为:		
	Sarah Flewty	
		原告
	和(1) Eureka 受托人有限公司	
	(2) Vernon Dobson	
	(3) Lucky Investments 有限公司	
		被告

索赔详情

介绍

1. 原告是订立于2016年5月1日的《Bernard Flewty 2016年财产转让方案》("信托")的主要受益人。

2. 被告一(Eureka)是1998年11月14日进行注册,成立于英国和威尔士的公司,注册编号:123754939。该公司业务为信托经营和管理。Eureka在2017年7月1日被指定为该信托的唯一受托人。

3. 被告二(Dobson先生)于2017年1月3日开始,到2018年5月1日Eureka结束其雇员身份为止,是Eureka的一个雇员。其间,Doboson先生担任高级信托遗嘱管理人一职,拥有所有与信托相关的遗产管理的决策权。

4. 被告三(Lucky Investments)是位于英属维尔京群岛的一家公司,注册时间2017年1月6日,注册编号:234846。Lucky Investments是在Dobson先生的指示下成立的,自那以后,Dobson在所有关键时刻都为该公司唯一的负责人和股东。

信托

5. Bernard Flewty 根据 2016 年 5 月 1 日的财产转让方案,设立了信托。该信托的主要受益人,在本案审理期间,一直是原告及 Bernard Flewty 的三个孩子。

6. 该信托最初受托人是 Melton 勋爵和 Abigail Tomms("初始受托人")。

7. 根据订立的《2017 年指定和辞任契约》,初始受托人辞任受托人一职,并支持 Eureka 担任受托人。不久之后,该信托项下的财产被初始受托人转交给了 Eureka。这些财产包括:

(a) iShares FTSE 指数交易基金 137,594 单元;

(b) BP 普通股 20,428 股;

(c) Vodafone 普通股 45,348 股;

(d) 英国政府十年期金边证券 234,934 个单位;

(e) IShares 英镑企业债券交易基金 30,984 单元。

[上述(a)到(e)所提到的投资在下文中被称为公开交易投资。]

侵占财产

8. 具体日期原告尚不清楚,大概是 2018 年 1 月,Eureka 订立合同出售这些公开交易投资。根据这些合同,该信托的受托人 Eureka 公司在 2018 年 2 月 7 日或 2 月 7 日前后因出售这些公开交易投资而获得了 5,182,494 英镑的收入。

9. 在 2018 年 2 月 9 日或 2 月 9 日前后,Dobson 代表 Eureka 公司,通过直接银行转账的方式向 Lucky Investments 公司转账 5,180,000 英镑。该信托并没有收到任何对价。

Eureka 公司违反信托

10. Eureka 违反了作为受托人的责任,使该转让受到了影响。

违反信托的详情

(1) 该信托并未收到此次财产转让返回的对价;

(2)此次转让是为了Eureka公司一个雇员的个人利益;并且

(3)Eureka未对Dobson进行任何或任何适当的监管,因此在所有情况下,都未能尽到一个专业信托公司该有的注意、技能和谨慎。

Dobson的不诚实协助

11. Dobson促成这笔财产转让,导致了Eureka公司违反信托。

12. Dobson的上述事宜,是不诚实的行为。

不诚实的详情

可从下列事实和事项中得知Dobson的情况:

(1)他促成财产转让是为了个人利益;

(2)该信托从财产转让中没有获得任何回报;并且

(3)他将财产转给Lucky Investments公司是意图掩盖他对信托财产的侵占行为。

13. 以上列出的事项的结果是,Dobson作为推定受托人,对5,180,000英镑和利息负法律责任,如下列所述。

Lucky Investments公司知情接收

14. 2018年2月9日或2月9日前后,Lucky Investments公司接收了由Eureka公司违反信托转让的5,180,000英镑。

15. Lucky Investments在接收上述财产时,做法显失公平。

显失公平的详情

我们可从下列事实和事项中得知Lucky Investments公司的情况:

(1)该公司明知Eureka公司并没有为该次转让返回对价;

(2)该公司知道或者应该已经知道其不是信托受益人,因而此次转让是不合法的;并且

(3)作为Lucky Investments公司唯一董事及股东,Dobson的知情信息都属于该公司。相应地,Lucky Investments公司应该已经知道Dobson为了个人利益涉嫌不诚实滥用信托财产。

16. 以上列出的事项的结果是,Lucky Investments 公司作为推定受托人对这5,180,000英镑和利息负责,如下列所述。

损失和损害赔偿

17. 由于上面列出的事项,信托中有5,180,000英镑的财产已经被侵占,信托也就遭到了损失和损害赔偿。

衡平法的所有权请求

18. 进一步来说,或者换句话说,金额为5,180,000英镑的财产是通过违反信托而转让给非善意对价的第三人购买者。因此,这笔钱可以在衡平法中得到追随和追溯。通过索赔,原告可以追回这笔财产或者可追溯的收益,利用所有适当的法令、账目和声明寻回相同数目的金额。

利息

19. 基于法庭认为在那期间的合适利率,原告根据法院的衡平法管辖权提出复利索赔或者根据《1981年高级法庭法》第35A条的利益提出索赔。

原告提出以下索赔:

1. 所有与被侵占的5,180,000英镑以及或者同样可追溯的收益返回相关的必要的法令、账目和声明;

2. Eureka 因违反信托应付的衡平法赔偿金;

3. Vernon Dobson 对违反信托提供的不诚实协助应付的衡平法赔偿金;

4. Lucky Investments 公司对违反信托知情接收所应付的衡平法赔偿金;

5. 法院认为合理的进一步或者其他的救济;

6. 利息;以及

7. 开支。

正如早先所提到的,这份文件通常被描述为索赔人的索赔详情(尽管它也被称作“案件陈述”或“诉状”)。这是两份正式文件的其中之一,通过这份文件,索赔人可在英国法庭提起诉讼(另一份文件叫作索赔要素,更加简短,包含着正式信息,比如,各方当事人的名字和住址、索赔的简短描述、索赔金额和法庭费用金额)。

起草索赔详情的目的是:(1)列明索赔人对被告人起诉的性质;(2)说明原告对每个被告的诉因;并且(3)说明索赔人由于这些诉因而寻求什么救济。正如我们所见的,Sarah 的索赔详情是以列出索赔人和三个被告的身份和职能开始的。随后总结信托的背景信息并且说明财产是怎样被不当使用的。

接下来的三部分非常重要,是因为每个部分陈列了基于 Sarah 提起的对三个被告的不同诉因。Eureka 是因为滥用信托基金而被起诉违反信托。违约行为是很明显的:Eureka 转让信托财产是为了雇员的个人利益,并没有返回对价。出于高度谨慎,第三个违约详情被进一步申诉:据说 Eureka 公司未能采取适当的行为,因为它未能正确地监督 Dobson。Dobson 本人因为在违反信托中提供不诚实援助而被起诉。没必要陈述诸多事实,揭示 Dobson 如何帮助违反信托或者实施不诚实行为——他正是为自己的利益侵占财产的那个人。最后,Lucky Investments 公司因知情接收违反信托的资金而被起诉。很容易申诉 Lucky Investments 接收了信托基金。证明该公司的显失公平(见第 14.17.3 节)要困难一些;要得到证明,就得证明 Lucky Investments 公司在转让中没有支付对价、知道或应该已经知道其在该信托项下获利是非法的,并且也获取了 Dobson 的知情信息。

诉状的其余部分列出了这些诉因引发的后果。第一,索赔人想为信托遭受的损失要求赔偿。第二,万一被侵占的资金还未转让给善意的第三人购买,索赔人想申诉恢复滥用的财产或者可追溯的收益。第三,为了不使信托资金因被侵占不能用于投资而处于劣势,索赔人想要获得利息。

索赔详情的最后一部分被称为祈祷词，以“索赔人索赔”这句话开头。其目的是总结申诉的救济。对于起草（或“订立”）索赔详情的律师来说，将自己的名字加在这部分内容之后是常规的。

尽管此处的索赔事实和细节有所简化，但是它们对信托违约的索赔是如何发起的作了些许描述。令人感到高兴的是，最终该信托一切安好：Dobson 意识到了自己的错误，同意连本带利归还侵占的资金；Eureka 同意辞任；并且，令 Bernard 感到极大宽慰的是，他执行了指定和辞任契约，他的律师和会计因此取代了 Eureka。

图书在版编目（CIP）数据

信托法：第五版 /（英）查理·韦伯，（英）蒂姆·阿库赫著；汤淑梅译. -- 北京：法律出版社，2024.

ISBN 978 -7 -5197 -9391 -3

Ⅰ. D912.282

中国国家版本馆 CIP 数据核字第 2024G5E123 号

信托法(第五版)
XINTUOFA (DI-WU BAN)

[英]查理·韦伯
[英]蒂姆·阿库赫 著
汤淑梅 译

责任编辑 李 军
装帧设计 李 瞻

出版发行 法律出版社
编辑统筹 法律应用出版分社
责任校对 朱海波
责任印制 刘晓伟
经 销 新华书店

开本 710 毫米×1000 毫米 1/16
印张 39 **字数** 600 千
版本 2024 年 10 月第 1 版
印次 2024 年 10 月第 1 次印刷
印刷 涿州市星河印刷有限公司

地址:北京市丰台区莲花池西里 7 号(100073)
网址:www.lawpress.com.cn
投稿邮箱:info@lawpress.com.cn
举报盗版邮箱:jbwq@lawpress.com.cn

销售电话:010 - 83938349
客服电话:010 - 83938350
咨询电话:010 - 63939796

书号:ISBN 978 -7 -5197 -9391 -3
定价:168.00 元

凡购买本社图书,如有印装错误,我社负责退换。电话:010 - 83938349